Rainer Karlsch – Stefanie van de Kerkhof –
Andrea H. Schneider-Braunberger

Waffeningenieure im Zwielicht

Rainer Karlsch
Stefanie van de Kerkhof
Andrea H. Schneider-Braunberger

Waffeningenieure im Zwielicht

Die Mauser-Werke, die HASAG und die Gründungsgeschichte von Heckler & Koch

Siedler

Erstellt in Zusammenarbeit mit der
Gesellschaft für Unternehmensgeschichte e. V.
www.unternehmensgeschichte.de

FSC www.fsc.org
MIX
Papier | Fördert gute Waldnutzung
FSC® C014496

Penguin Random House Verlagsgruppe FSC® N001967

1. Auflage

Lektorat: Marina Burwitz, Das Blaue Büro, München
Umschlaggestaltung: Büro Jorge Schmidt, München
Umschlagabbildungen: ganz rechts © Privatsammlung Klaus Laufer; andere © Archiv Heckler & Koch GmbH
Satz: Uhl + Massopust GmbH, Aalen
Druck und Bindung: GGP Media GmbH, Pößneck
Printed in Germany
ISBN 978-3-8275-0191-2

www.siedler-verlag.de

Inhalt

Einleitung

Den Anstoß für die vorliegende Publikation gaben Medienberichte im Jahr 2020, in denen die bis dahin weitgehend unbekannte Geschichte Edmund Hecklers als Betriebsingenieur bei der Hugo Schneider AG (HASAG) in Leipzig während der Zeit des Nationalsozialismus kritisch hinterfragt wurde. Die Artikel erregten vor allem deshalb Aufsehen, weil es sich bei ihm um den Mitgründer des renommierten Waffenherstellers Heckler & Koch in Oberndorf am Neckar (Baden-Württemberg) handelte. Zwar war der 1906 geborene Edmund Heckler bereits 1960 gestorben, doch allein schon der Bezug zum Firmennamen sorgte für Aufmerksamkeit und Entrüstung. Die Vorwürfe, bis hin zur Beteiligung an der »Vernichtung durch Arbeit« von überwiegend weiblichen Konzentrationslagerhäftlingen, wogen schwer.[1]

Vorstand und Aufsichtsrat der Heckler & Koch AG reagierten umgehend und beauftragten im November 2020 die Gesellschaft für Unternehmensgeschichte in Frankfurt am Main mit der Bildung einer unabhängigen Historikergruppe. Wir sollten dabei nicht nur den erhobenen Vorwürfen weiter nachgehen, sondern die Vor- und Frühgeschichte des 1949 gegründeten Unternehmens insgesamt untersuchen und darstellen. Dazu gehörten vor allem auch die Biografien der drei Firmengründer und Geschäftsführer Edmund Heckler, Theodor Koch und Alex Seidel. Der vierte Gründer, Erich Unterkofler, war weder Waffeningenieur, noch arbeitete er in einer Rüstungsschmiede, sodass ihm kein eigenes Kapitel gewidmet wird.

Die drei erstgenannten Gründer hatten ihre beruflichen Karrieren in den späten 1920er Jahren bei der Mauser-Werke AG, einem international renommierten Waffenhersteller, in Oberndorf begonnen. Die Mauser-Werke waren in dieser Zeit den Bestimmungen des Versailler Vertrages unterworfen und weiteten die zivilen Produktionsbereiche aus. Aber schon seit Mitte der 1920er Jahre dominierte bereits wieder das Geschäft mit Handels- und Sportwaffen. Kurz nach der nationalsozialistischen Machtübernahme stellte das Unternehmen seine Produktion mehr und mehr auf die Waffenfertigung für das Militär um und expandierte stark. Während des Zweiten Weltkriegs kamen bei den Mauser-Werken in Oberndorf zunehmend Zwangsarbeiterinnen und Zwangsarbeiter, Kriegsgefangene und Häftlinge aus Arbeitserziehungslagern (AEL) zum Einsatz. Koch und Seidel waren an der Waffenfertigung und -entwicklung in unterschiedlichen Funktionen beteiligt. Daher steht die Geschichte der Mauser-Werke AG am Anfang unserer Darstellung. Ohne diese bliebe auch die Gründungsgeschichte von Heckler & Koch unverständlich.

Der Blick in die Frühphase von Heckler & Koch galt nicht zuletzt der Frage, ob das Gründungskapital möglicherweise bereits in der Zeit des Nationalsozialismus erwirtschaftet wurde. Gleichfalls blieb zu klären, ob bei Etablierung des Ingenieurbüros 1948 tatsächlich schon die Überlegung mitschwang, bald auch wieder Waffen herzustellen. Retrospektiv erscheint dies logisch. Allerdings – und das ist nicht zu vernachlässigen – hatten die Mauser-Werke in Oberndorf nach dem Ersten Weltkrieg die Erfahrung machen müssen, erst nach 15 Jahren wieder zum alten Produktionsprofil zurückkehren zu können, und dies auch nur in kleinerem Umfang. Auch war zu untersuchen, warum ausgerechnet die kleine mittelständische Firma Heckler & Koch den ersten Bundeswehrauftrag erhielt.

Nachdem Heckler, Koch und Seidel ab 1932 für kurze Zeit gemeinsam bei den Mauser-Werken gearbeitet hatten, trennten sich ihre Wege. Heckler ging 1934 zur HASAG, einer großen Metallwarenfirma, die im Zuge der Aufrüstung zu einem Munitionsproduzenten umgewandelt wurde. Er wurde Oberingenieur und stieg 1940 zum Betriebsleiter eines Zweigwerks in Taucha nahe Leipzig auf. Koch und Seidel blieben hingegen als Abteilungsleiter bzw. Waffeningenieure bis Kriegsende bei Mauser in Oberndorf. Alle drei waren während der Zeit des Zweiten Weltkriegs als »unabkömmlich« gestellt. Ihre unterschiedlichen Karrierewege und ihr erneutes Zusammentreffen nach dem Krieg in Oberndorf sowie ihr gemeinsames Wirken machten es erforderlich, sowohl die Unternehmensgeschichten der Mauser-Werke AG und der Heckler & Koch GmbH in Oberndorf, seit April 2014 Aktiengesellschaft, als auch der HASAG in Leipzig in den Blick zu nehmen. Dies erwies sich als ein schwieriges und anspruchsvolles

Vorhaben, vor allem aufgrund der disparaten Quellenlage und des multidisziplinären Forschungsstandes.

Denn die Beschäftigung mit den Geschichten deutscher Waffenhersteller blieb lange Zeit den Firmen selbst sowie Waffenexperten und Sammlern vorbehalten.[2] Deren Fokus lag im Fall von Heckler & Koch vor allem auf der detaillierten Beschreibung der einzelnen Waffentypen und einer Würdigung ihrer Entwickler.[3] Der zeithistorische Kontext spielte dabei nur eine randständige Rolle. Erst auf den Druck von kritischer Forschung und Friedensaktivisten, z. B. von Karl-Heinz Roth, Jürgen Roth und Jürgen Grässlin,[4] sowie der Öffentlichkeit öffneten Rüstungskonzerne ihre Archive der Forschung bzw. gaben selbst Studien bei renommierten Forschern wie Lothar Gall und Werner Abelshauser in Auftrag.[5] Zunächst waren es hauptsächlich die breit diversifizierten Konzerne, deren Rüstungsbereich sich in der Zeit nach 1945 deutlich verkleinert hatte bzw. nicht so eindeutig zuzuordnen war, wie MAN, die Fried. Krupp AG oder die Daimler Benz AG.[6] Die Rüstungsindustrie im engeren Sinne, d. h. diejenigen Unternehmen, die bis in die Gegenwart hauptsächlich Waffen und Munition produzieren, gehörten nicht zu den Pionieren einer offenen Aufarbeitung. Die verstreut vorliegenden Quellen mit hohen Verlusten im Hinblick auf die Kriegszeit oder fehlenden Akten zu den Konzernzusammenhängen, wie im Falle der Mauser-Werke AG, taten ihr Übriges. Daher wurden zur Beantwortung der offenen Fragen in den Biografien der Gründer von Heckler & Koch neben der entsprechenden Forschungsliteratur zur Unternehmens- und Zeitgeschichte eine Vielzahl von in- und ausländischen Archiven besucht und Archivalien ausgewertet.

Gefragt wurde vor allem danach, welche Positionen Heckler, Koch und Seidel in den Firmenhierarchien einnahmen. Welche Entscheidungsspielräume besaßen sie? Und inwiefern spiegeln sich bei unseren Protagonisten die bisherigen Befunde über die Tätigkeit von Technikern und Ingenieuren im Nationalsozialismus wider? Wolfgang König und Herbert Mehrtens konnten zeigen, dass sich Ingenieure nicht der nationalsozialistischen Umgestaltung ihrer Berufstätigkeit entzogen: Teilweise kollaborierten sie, teilweise gestalteten sie aktiv und übereifrig mit, teilweise waren sie lediglich Mitläufer oder zogen sich stärker in das Privatleben zurück.[7] Wie haben sich Heckler, Koch und Seidel politisch positioniert? Was lässt sich über ihre Verantwortung für den Einsatz von Kriegsgefangenen, Fremd- und Zwangsarbeitern und Häftlingen aus Arbeitserziehungs- und Konzentrationslagern sagen?

Im Zusammenhang mit der letzten Frage ist darauf zu verweisen, dass sich in den Quellen der Betriebe eine Vielzahl von Bezeichnungen für die verschiedenen Personengruppen finden lässt. Meist ist von »Fremdarbeitern«, »ausländischen Zivilarbeitern«, »Polen«, »Fremdvölkischen« und nach den Polen- und Ostarbeitererlassen von 1940 bzw. 1942 auch von »Ostarbeitern« oder »Russen« die Rede. Ihre Situation war zum einen von ihrem unterschiedlichen Rechtsstatuts abhängig. Zum anderen erfolgte ihr Einsatz auf der Grundlage der nationalsozialistischen Rassenideologie.[8] In der jüngeren Forschungsliteratur wird nur noch von »Zwangsarbeitern« gesprochen, da die Quellenbegriffe häufig euphemistisch die Realität der Rassenideologie überdeckten.[9] Genauer beachtet werden muss dabei die Zeitachse. In den ersten Kriegswochen versuchte das nationalsozialistische Regime, ausländische Arbeitskräfte auf freiwilliger Basis zu gewinnen. In Kroatien, Polen, der Ukraine und Weißrussland hatte die HASAG bereits 1940 bzw. 1941 mit der Anwerbung von Freiwilligen begonnen. Nachdem sich jedoch in den besetzten Ländern die oft dramatisch schlechten Lebensumstände der Arbeitseinsätze im Deutschen Reich herumsprachen, scheiterten weitere Werbekampagnen.[10] Der »Generalbevollmächtigte für Arbeit«, Fritz Sauckel, ging daraufhin seit dem Frühjahr 1942 im Osten und dann auch im Westen zu Zwangsverpflichtungen über. Vereinfacht gesagt: Bei den ab Mitte 1942 zur HASAG oder zu den Mauser-Werken gekommenen ausländischen Arbeitskräften handelte es sich nun fast ausschließlich um Zwangsrekrutierte. Auf der Grundlage der nationalsozialistischen Rassenideologie wurde dabei ein System von Besser- bzw. Schlechterstellungen entwickelt und praktiziert.

An einer Erforschung dieser problembeladenen Geschichte von Mauser sowie Heckler & Koch hatte die Gemeinde Oberndorf nur ein begrenztes Interesse. Für die Kleinstadt war der Waffenproduzent Mauser seit Ende des 19. Jahrhunderts der wichtigste Arbeitgeber. Vereinfacht gesagt: Mauser war Oberndorf und

Oberndorf war Mauser. Lediglich in den ersten Jahren nach dem Ende des Zweiten Weltkriegs und der Demontage der Mauser-Werke schien eine Neuausrichtung auf andere Gewerbezweige unausweichlich. Doch schon seit Beginn der 1950er Jahre kam es zu einer erneuten Bindung der Gemeinde an Unternehmen, die man im weitesten Sinn als Spin-offs der ehemaligen Mauser-Werke beschreiben könnte, wurden sie doch von deren ehemaligen Ingenieuren gegründet, wie eben auch die Heckler & Koch GmbH.

Betriebliche Akten der Mauser-Werke AG aus der Kriegszeit blieben bis auf wenige Ausnahmen nicht erhalten. Als Leiter des Waffenmuseums in Oberndorf fungierte zunächst ein Nachfahre aus der Familie des ehemaligen Mauser-Waffenkonstrukteurs Fidel Feederle (1859–1930) und später in den 1980er und 1990er Jahren der Sohn des Mauser-Personalchefs und Waffensammlers Dipl.-Ing. Walter Schmid. Er sah wie zuvor der Stadtdrogist Hermann Heim auch die archivalische Überlieferung in seiner Verantwortung, bevor im Jahr 2003 seitens der Stadt ein ausgebildeter Archivar eingesetzt wurde.[11] Viele Bürgerinnen und Bürger in Oberndorf und Umgebung waren zudem ehemals Anhänger der NSDAP gewesen – all dies schuf eine Gemengelage, die auf die Verdrängung oder das Verharmlosen des Anteils der ortsansässigen Firmen und der Stadt an der nationalsozialistischen Kriegswirtschaft und insbesondere an den Verbrechen im Zusammenhang mit dem Einsatz von Zwangsarbeiterinnen und Zwangsarbeitern, AEL-Häftlingen und Kriegsgefangenen hinauslief.

Im Stadtarchiv verblieben hauptsächlich die Akten aus der Maschinenbau- und Fahrzeugabteilung der Mauser-Werke AG, wohingegen keinerlei Unterlagen aus den Waffenabteilungen mehr vorhanden sind. Dies ist zum einen auf eine Evakuierungsaktion von Konstruktionsplänen, Entwicklungsunterlagen usw. kurz vor Kriegsende mit dem sogenannten Mauser-Zug zurückzuführen und zum anderen auf die Aktivitäten von Mitarbeitern und diversen Sammlern, in deren Hände nach und nach Teile der noch vorhandenen Unterlagen gelangten.[12]

Nicht mehr zur Verfügung für diese Studie standen die Ratsprotokolle von Oberndorf. Diese wurden ab Jahrgang 1936 bis 1945 vernichtet. Auch die Oberndorfer Seiten des »Schwarzwälder Boten« sind nicht mehr vorhanden. Auffällig ist gleichfalls das Fehlen aller Zwangsarbeiter-Akten (Melde-Akten) im Stadtarchiv.

Günstiger stellte sich die Quellenlage für die Unternehmensgeschichte von Heckler & Koch dar. Das Unternehmen selbst hat kein Archiv und besitzt nur sehr wenige Akten aus der Frühzeit. Allerdings ließen sich diese Lücken dank der Bestände des Bundesarchivs Freiburg (Militärarchiv) und des Stadtarchivs Oberndorf kompensieren. Ähnliches kann auch für die Quellen zur HASAG gesagt werden. Ein größerer Teil des Unternehmensarchivs wurde bei Kriegsende vernichtet, doch existieren umfangreiche Aktenbestände der Hausbank im Sächsischen Staatsarchiv Leipzig sowie Akten mit HASAG-Bezug in diversen Beständen des Bundesarchivs, sodass von einer dichten Überlieferung gesprochen werden kann.

Unser Dank gilt daher dem Stadtarchivar in Oberndorf, Simon Zimmermann, der uns auch während der Pandemie die Reste der wenigen noch vorhandenen Mauser-Akten sowie die Überlieferungen zur Heckler & Koch GmbH zugänglich gemacht und unbürokratisch geholfen hat. Ferner danken wir auch den Privatsammlern Mauro Baudino und John Speed für ihre Unterstützung. Ein besonderer Dank gebührt dem ehemaligen Bürgermeister von Oberndorf (1983–1999), Klaus Laufer. Er hat in den letzten Jahrzehnten eine große Privatsammlung von Unterlagen zusammengetragen, die er uns komplett zur Verfügung stellte sowie noch weitere Quellen für diese Studie erschloss. Neben seinen Ausführungen zu den wirtschaftlichen und privaten Netzwerken in Oberndorf war auch ein mit der Familie Koch geführtes Interview hilfreich.

Dem Team der Gesellschaft für Unternehmensgeschichte, insbesondere Michael Bermejo-Wenzel, sei gedankt für Aktenrecherchen im Fall der HASAG. Die Mitarbeiterinnen der Gedenkstätte für Zwangsarbeit in Leipzig, Anne Friebel und Josephine Ulbricht, gaben wertvolle Hinweise und halfen uns mit Bildmaterial. Martin Clemens Winter von der Universität Leipzig hat den Beitrag über Edmund Heckler kritisch kommentiert und Tipps für weiterführende Archivrecherchen gegeben.

Persönliche Unterlagen der Firmengründer der Heckler & Koch

GmbH gibt es kaum. Selbstzeugnisse, Tagebücher, Briefe oder Dienstkalender haben nie existiert oder sind nicht mehr vorhanden. Dies lässt Fragen zu den persönlichen Motiven für bestimmte Handlungen offen.

Wo kein ausreichendes, überprüfbares und faktenbasiertes Wissen vorhanden ist, können sich rasch Legenden verbreiten. So lag die Deutungshoheit über die Geschichte der ortsansässigen Unternehmen in Oberndorf vor allem beim langjährigen Bürgermeister Otto Kenntner (1946–1975) und bei seinem Stellvertreter Robert Gleichauf (1949–1962). Gleichauf war auch Abgeordneter im württembergischen Landtag (1952–1980) und von 1968 bis 1989 Finanzminister von Baden-Württemberg. Ihr unbedingter Wunsch nach Wiederansiedlung metallverarbeitender Betriebe ließ sie Anfang der 1950er Jahre die Wahrheit großzügig auslegen. Auf einen Artikel in der »Stuttgarter Zeitung« vom 23. September 1951 reagierte Kenntner empört und behauptete, dass die Mauser-Werke vorwiegend Waffen hergestellt hätten, »die für die Kriegsführung des Zweiten Weltkriegs ohne ausschlaggebende Bedeutung waren. Außerdem fertigten die Mauser-Werke in mehreren größeren Abteilungen Industrienähmaschinen und Messzeuge.«[13] Das Narrativ vom Unternehmen, das zwar auch Rüstungsgüter produzierte, aber nur eine untergeordnete Rolle in der nationalsozialistischen Kriegswirtschaft gespielt habe, behielt er in der Folgezeit bei. Auch die Tätigkeit Hecklers als Werkleiter in einem Munitionsbetrieb der HASAG deutete Kenntner um, indem er ihn kurzerhand zu einem Experten für die Nähmaschinenfertigung erklärte. Mehr musste er dazu nicht sagen, da niemand in Oberndorf Genaueres über die HASAG wissen wollte. So konnten sich Legenden festsetzen und wurden bis vor wenigen Jahren fortgeschrieben.

Das vorliegende Buch kontrastiert diese Narrative mit den Fakten und korrigiert einerseits damit die historische Erzählung und versteht sich andererseits als ein Beitrag zur Debatte. Es ist in drei selbstständige Studien gegliedert, die chronologisch und inhaltlich aufeinander aufbauen. Stefanie van de Kerkhof skizziert in der ersten Studie die Geschichte der Mauser-Werke von ihrer Gründung im Jahr 1811 über die Eingliederung in die Deutschen Waffen- und Munitionsfabriken (DWM) 1896 und deren Übernahme durch den Quandt-Konzern 1928 bis zur Expansion des Oberndorfer Unternehmens im Zuge der Rüstungskonjunktur und Kriegswirtschaft in der Zeit des Nationalsozialismus und der Demontage 1947/48. Ein Schwerpunkt wird auf die bisher nicht hinreichend erforschte Beschäftigung von Zwangsarbeiterinnen und Zwangsarbeitern gesetzt. Erstmals wird auch die fatale Trägerschaft der Mauser-Werke AG für das Arbeitserziehungslager (AEL) Aistaig offengelegt.

Theodor Koch und Alex Seidel waren seit 1929 bzw. 1932 mit Unterbrechungen bei Mauser als Ingenieure tätig und blieben bis Kriegsende im Unternehmen. Koch trug dabei als Abteilungsleiter und seit 1944 als Oberingenieur eine größere Verantwortung. Beide gingen aus der Entnazifizierung als nicht bzw. minderbelastet hervor und avancierten nach dem Krieg gemeinsam mit Edmund Heckler zu Firmengründern.

Im Mittelpunkt der von Rainer Karlsch verfassten Studie stehen die Geschichte der HASAG und die Tätigkeit Edmund Hecklers dort. Das Leipziger Unternehmen hatte sich als großer Messingwaren- und Lampenhersteller etabliert, stellte aber ab 1933 sein Produktionsprofil nahezu komplett um und entwickelte sich zu einem der größten Munitionsproduzenten des »Dritten Reiches«. Gefragt wird danach, welche Stellung Heckler im Konzern einnahm und ob er zum engeren Kreis der Führungsriege um den Betriebsdirektor und fanatischen SS-Anhänger, Paul Budin, gehörte. In der Endphase des Krieges mobilisierte die HASAG alle Kräfte zum Hochfahren der Panzerfaustproduktion, die ab 1944 zusätzlich zur Munitionsherstellung aufgenommen wurde. Dafür wurden Tausende, überwiegend weibliche Häftlinge aus Konzentrationslagern an den verschiedenen Standorten der HASAG eingesetzt, so auch in dem von Heckler geleiteten Zweigwerk in Taucha. Allerdings geschah dies in einem neuen Werksteil, für den nicht er, sondern ein anderer Betriebsingenieur die Verantwortung trug. Die historische Untersuchung abschließend, wird auf die Verfolgung und Bestrafung von HASAG-Mitarbeitern, die Verbrechen gegen die Menschlichkeit begangen hatten, Bezug genommen und nach der Verantwortung von Direktoren, Prokuristen und Aufsichtsräten gefragt.

Andrea Schneider-Braunberger widmet sich in der dritten Studie der Gründung der Heckler & Koch GmbH und ihrer Wandlung zu einem Rüstungsunternehmen in den 1950er Jahren. Hier begegnen uns Heckler, Koch und Seidel wieder. Die Gründer kannten sich teilweise bereits aus Schul- bzw. Studienzeiten und versuchten, sich nach der kompletten Demontage und Liquidation der Mauser-Werke AG durch die französische Besatzungsmacht gemeinsam eine neue wirtschaftliche Existenz mit der Konstruktion und dem Bau von Nähmaschinenteilen aufzubauen. Ihr mittelständisches Unternehmen blieb notorisch unterkapitalisiert. Dies war ein bleibendes Problem auch bei der Transformation zur Produktion von Handfeuerwaffen. Eine zentrale Rolle spielte dabei die nicht nur aus patent- und lizenzrechtlichen Gründen verwickelte Geschichte des CETME-Sturmgewehrs, das 1959 als Standard-Sturmgewehr G3 in der Bundeswehr eingeführt wurde. Diese wird erstmals auf dichter Quellenbasis dargestellt.

Die drei Gründer ergänzten sich beim Firmenaufbau auf nahezu ideale Weise. Heckler organisierte die Außenbeziehungen, pflegte die Kontakte zum Amt Blank, dem Vorgänger des Bundesministeriums für Verteidigung, ebenso wie zum Centro de Estudios Técnicos de Materiales Especiales (CETME) in Spanien und bewies dabei Verhandlungsgeschick, Seidel brachte seine Kenntnisse als Konstrukteur leichter Infanteriewaffen ein und Theodor Koch seine Erfahrungen als Oberingenieur und Werkzeugkonstrukteur. Wie es der Heckler & Koch GmbH als mittelständischer Firma gelang, sich beim Gerangel um den ersten großen Auftrag der Bundeswehr zur Lieferung von Sturmgewehren zu behaupten, gehört zu den spannendsten Geschichten aus der Frühzeit der Wiederbewaffnung.

Die Unternehmensgeschichten von Waffenproduzenten im Allgemeinen sowie von Heckler & Koch im Speziellen werden auch künftig umstritten bleiben und Anlass zu Kontroversen geben. Diese Diskussionen, soweit es den hier in Rede stehenden Untersuchungszeitraum und die Gründerbiografien betrifft, auf eine möglichst sichere Faktenbasis zu stellen, ist das Anliegen des vorliegenden Buches.

Theodor Koch und Alex Seidel als Beschäftigte der Mauser-Werke und Gründer

von Stefanie van de Kerkhof

Die Mauser-Werke und ihre Bedeutung für Oberndorf

Einführung

Möchte man es etwas vereinfachend auf den Punkt bringen, so lässt sich sagen: Die Mauser-Werke waren Oberndorf und Oberndorf war die Mauser-Werke. Die Kleinstadt am Neckar wurde spätestens seit der Wende zum 20. Jahrhundert von dem Unternehmen dominiert. Andere Branchen wie die Weberei oder die Textilfärberei verschwanden sukzessive aus der lokalen Wirtschaft. Die Dominanz des Waffenproduzenten verschärfte sich durch die Kriegswirtschaft während des Ersten Weltkriegs. Ähnlich wie bei der Fried. Krupp AG in Essen wurden nicht nur erhebliche Aufwendungen in sogenannte Kriegsbauten wie den C-Bau und den D-Bau für die Waffenproduktion getätigt, sondern auch Arbeiterwohnungen durch Mauser erbaut.[1]

Die neuen Fertigungsanlagen ergänzten die vormaligen Bauten, in denen Waffen gefertigt wurden, wie die Klosteranlagen, das Obere Werk, das Äußere Werk und den Schwedenbau. Um für

Abb. 1: Die Dominanz der Mauser-Werke AG in der Talstadt von Oberndorf a. N. (Postkarte)

die neuen Anlagen der Mauser-Werke Platz zu schaffen, wurde während des Ersten Weltkriegs sogar eigens der Neckar verlegt und kanalisiert, sodass ein gänzlich neues Stadtbild entstand. An den damaligen infrastrukturellen Arbeiten wirkten im Übrigen erstmals Kriegsgefangene als Zwangsarbeiter mit.

Abb. 2: Russische Kriegsgefangene bei den Mauser-Werken im Ersten Weltkrieg, 1915

Diese scheinbar zwangsläufige Entwicklung soll zum Ausgangspunkt genommen werden, um zunächst die Relevanz der Mauser-Werke für Oberndorf genauer herauszuarbeiten: Wann entstand die Abhängigkeit zwischen Stadt und Unternehmen, warum bildete sie sich heraus, und wohin führte die Dominanz der Rüstungsproduktion? Zu betrachten ist dabei auch, welche Akteure lokal vor Ort wirkten, welche Rolle aber auch übergeordnete Interessen, z. B. von Kapitalgebern oder Banken, spielten. Hatten Ingenieure wie Theodor Koch und Alexius Seidel neben dem lokalen Management einen gewissen Einfluss auf die Verfügungsrechte beim Unternehmen in Oberndorf, und wie konnten sie diese gegebenenfalls geltend machen? Diesen Fragestellungen wird sich das Kapitel zur »Gründung und Bedeutung von Mauser« ausführlich widmen.

Nach erheblichen Schwierigkeiten des Waffenherstellers, in der Demobilmachungsphase der 1920er Jahre zivile Produktionskapazitäten aufzubauen, z. B. im Werkzeugbau, in der Automobilproduktion und mit Büro- oder Rechenmaschinen – vergleichbar der Entwicklung bei Rheinmetall Sömmerda und der Krupp AG –, stiegen die Produktionszahlen von Waffen zunächst wieder leicht und ab 1933 enorm an. Dabei spielten die Eigentumsverhältnisse, die kurz beleuchtet werden, eine erhebliche Rolle. Denn die Mauser-Werke AG gelangte bereits am Ende des 19. Jahrhunderts sukzessive zunächst unter den Einfluss der Berliner Ludwig Loewe & Co., danach 1928 unter die Regie von Dr. Günther Quandt (1881–1954) als Mehrheitsaktionär der Deutschen Waffen- und Munitionsfabriken (DWM). Er übernahm ab 1942 auch den Vorstandsvorsitz des Oberndorfer Waffenproduzenten und löste damit den erfahrenen Manager Generaldirektor Hermann Zillinger ab, der das Ruder bereits zu Zeiten des Kaiserreichs in der Nachfolge der Gründer Paul und Wilhelm Mauser übernommen hatte. Daher ist der Fokus deutlicher als bei bisherigen Untersuchungen über Oberndorf hinaus auch auf die DWM und den Konzernzusammenhang zu legen, der intensiver im Kapitel »Die Mauser-Werke im Reich der DWM« thematisiert wird.

Zu fragen sein wird auch, wie sich der Zweite Weltkrieg und seine Erfordernisse auf die Mauser-Werke AG auswirkten. Dabei soll im Kapitel »Kriegwirtschaftliche Produktion und Arbeitskräfteeinsatz« u. a. untersucht werden, ob im Jahr 1942 – ähnlich wie bei anderen Unternehmen – eine Totalisierung der Kriegsproduktion und des Einsatzes von Menschen und Maschinen zu beobachten war, die sich im Zeichen des »Totalen Krieges« und der daraus folgenden Konsequenz einer Neuausrichtung der Waffen- und Munitionsbeschaffung unter Rüstungsminister Albert Speer vollzog. Welche Rolle spielte die beständige Ausweitung der Kriegsproduktion für die Mauser-Werke AG? Wie sehr stieg der Bedarf an Arbeitskräften in Oberndorf, aber auch allgemein im Konzern?

Die Mauser-Werke AG war wie andere Rüstungsunternehmen, z. B. die benachbarten Pulverwerke in Rottweil, an der deutschen

Wiederaufrüstung unter der NSDAP-Regierung von Beginn an beteiligt bzw. spielte schon vor 1933 eine gewisse Rolle bei verdeckten Rüstungsgeschäften. Unter dem Druck der kriegswirtschaftlichen Produktion ab dem Vierjahresplan zur Mobilisierung 1936 und verstärkt ab Kriegsbeginn 1939 wurde auch der Zugriff auf Arbeitskräfte aus anderen Ländern und aus neu geschaffenen Bereichen wie der »Arbeitserziehung« verstärkt. Hier wird ausführlich zu analysieren sein, woher die Arbeitskräfte kamen, wie sie untergebracht und versorgt wurden, welchen Umfang ihre Beschäftigung einnahm und wie sie behandelt wurden. Welchen Stellenwert hatten Zwangsarbeit und Repression, gab es auch Gewalt gegen die Arbeitskräfte? Ein Artikel im »Schwarzwälder Boten« aus dem Jahr 1993 berichtete, dass »bis 1945 […] 5200 Männer und Frauen aus der Sowjetunion, Holland, Belgien, der Tschechoslowakei, Polen, Frankreich, Italien und Jugoslawien nach Oberndorf« kamen. Er führte weiter aus: »In den dortigen Barackenlagern starben bis Kriegsende 283 ausländische Arbeiterinnen und Arbeiter an den Lebens- und Arbeitsverhältnissen in Gefangenschaft.«[2] Ob dieser Befund tatsächlich zutreffend ist, soll nun erstmals ausführlicher als bislang anhand der Quellen aus verschiedensten Archiven untersucht werden.[3]

Es wird gezeigt werden, dass neben den Zwangsarbeitenden, Kriegsgefangenen und Konzentrationslager (KZ)-Häftlingen, die im Kapitel »Sowjetische, polnische und niederländische Arbeitskräfte« im Mittelpunkt stehen, auch eine weitere Gruppe, nämlich die Häftlinge des Arbeitserziehungs-Lagers (AEL) Aistaig, einem eingemeindeten Ort bei Oberndorf, und ihre Bedeutung für die Mauser-Werke im Kapitel »Das Arbeitserziehungslager Aistaig« genauer in den Blick genommen werden müssen als bisher.

Neben einem Ausblick auf die Nachkriegsgeschichte widmet sich der dritte Teil dieser Studie abschließend einer genaueren Analyse der beiden Mitbegründer von Heckler & Koch, Theodor Koch und Alexius (genannt Alex) Seidel, ihrer Sozialisation, ihren beruflichen Anfängen und ihren Rollen in der Weimarer Republik, im Nationalsozialismus sowie in der frühen Nachkriegszeit. Dabei sollen auch ihre Lebensläufe, familiäre Verortung und Netzwerke genauer als in der bisherigen Forschung betrachtet werden.

Insbesondere soll dabei auch thematisiert werden, inwieweit Theodor Koch und Alex Seidel die Aufrüstungspolitik der Zwischenkriegszeit und die Rüstungsexpansion bei der Mauser-Werke AG während des Zweiten Weltkriegs mit verantworteten. Die Schlussbetrachtung resümiert die Ergebnisse, ordnet sie ein und markiert offene Fragen für zukünftige Forschungen.

Gründung und Bedeutung von Mauser

Die Mauser-Werke wurden ursprünglich im Jahr 1811 als Königlich Württembergische Gewehrfabrik im ehemaligen Augustinerkloster von Oberndorf am Neckar begründet, zusammen mit einem Eisen-Hammerwerk. Die Gewehrfabrik lieferte während der Zeit der Napoleonischen Kriege nicht nur an das Königliche Arsenal in Ludwigsburg, sondern exportierte bald auch in andere, zunächst umliegende Herrschaftsgebiete und in die Schweiz. In Verbindung mit dieser Expansion waren binnen Kurzem neue Fertigungsräume notwendig, und die Gewehrfabrik wuchs stetig.[4]

Abb. 3: Klosterkirche, Werk der Kgl. Gewehrfabrik bzw. Mauser-Werke AG, um 1935

Ähnlich wie andere Kleinstädte am oberen Neckar war Oberndorf im 19. Jahrhundert als strukturschwach zu bezeichnen. Als Ackerstädtchen mit tiefen, dunklen Tälern und einem nur kleinen Anteil an Handwerkern war die Wirtschaftsstruktur der rund 1000 Einwohner zählenden Gemeinde auch nach dem Übergang des Territoriums an das Königreich Württemberg 1805 durch eine niedrige Ertragskraft gekennzeichnet. Die Handwerker mussten nebenbei noch Land- oder Forstwirtschaft betreiben – der Export von Getreide ging in die Schweiz und nach Österreich –, um überhaupt überleben zu können.[5] Im 19. Jahrhundert entstanden zwar auch Tuchmachereien und Färbereien, doch wurde mit der Gründung der Königlichen Gewehrfabrik die Waffenfabrikation schnell zum dominierenden Wirtschaftszweig, ähnlich wie die 1861 begründete Uhren- und Zünderproduktion der Firma Junghans im nahen Schramberg. Die Beschäftigtenzahl der Oberndorfer Produktionsstätte lag zu Beginn bei knapp 130. Nach der Wirtschaftskrise Ende der 1840er Jahre sank diese Zahl bis 1853 auf weniger als 60 Personen. Erst nachdem die Gebrüder Paul und Wilhelm Mauser in den gemieteten Räumen der Koppschen Sägemühle 1872 eine eigene Gewehrfabrikation gegründet hatten und die königliche Konkurrenz im Augustinerkloster zwei Jahre später übernahmen, wuchs die Zahl der Arbeiter und Angestellten in der Waffenproduktion schnell an. Die Gewehrfabrik firmierte nun als Gebrüder Mauser KG & Cie., an der sich die Württembergische Vereinsbank nicht nur mit Kapitaleinlagen beteiligte, sondern auch einen kaufmännischen Leiter bestellte, während die technische Leitung bei Paul und Wilhelm Mauser verblieb. Aufträge der Preußischen Heeresverwaltung, Serbiens, der Türkei und Chinas für das neu entwickelte M71-Gewehr ließen die Beschäftigtenzahl auf 2500 im Jahre 1895 wachsen. Zu dieser Zeit lebten rund 4000 Menschen in Oberndorf. Mit neuen Fabrikationsstätten im nach 1874 erbauten »Oberen Werk« und im 1894 errichteten »Schwedenbau«, der nach einem anstehenden Großauftrag aus Schweden benannt wurde, konnten die notwendigen Kapazitäten geschaffen werden. Die Gebrüder Mauser setzten mit ihren innovativen Gewehrtypen, wie dem modernen Hinterlader mit Metallpatrone M 71 oder dem Repetiergewehr M 71/84, den technologischen Standard für die Gewehrproduktion im Deutschen Reich. Deutliches Interesse an den neuartigen Produkten vom oberen Neckar signalisierten die weltweiten Probelieferungen an Spanien, Schweden, Russland, Norwegen, Dänemark, Holland, Chile, Brasilien, Argentinien, die USA, Rumänien und Italien.[6]

Abb. 4: Deutscher Bau und Schwedenbau der Gewehrfabrik Mauser mit Seilbahn, 1908

Obgleich die in der führenden Lütticher Waffenschmiede Fabrique Nationale d'Armes de Guerre geschulten Brüder Paul und Wilhelm Mauser in den 1870er und 1880er Jahren entscheidende Fortschritte in der Waffentechnologie erzielten, konnte ihre Entwicklung auf betriebswirtschaftlichem Gebiet nicht mithalten.[7] Nachdem sie schon beim Türkei-Auftrag miteinander kooperiert hatten, stieg daher die Ludwig Loewe & Co. 1884 mit Aktienkäufen ein, als Mauser in eine Kommanditgesellschaft auf Aktien umfirmierte. Die Aktienübernahme wurde danach fortgesetzt, bis die Loewe & Co. eine kontrollierende Mehrheit beim Oberndorfer Waffenproduzenten erreicht hatte. Ludwig Loewe sollte damit zum strategischen Entscheider aufsteigen, der von Berlin aus zunächst selbst die Geschäfte steuerte. Nach seinem Tod 1886 wurde sein Bruder Isidor zuständig bzw. von 1905 bis 1928 der Geschäftsführende Generaldirektor der Ludwig Loewe & Co. AG,

Paul von Gontard.[8] Die Mauser-Werke agierten aber erst seit 1896 als Teil der Deutschen Waffen- und Munitionsfabriken (DWM).[9]

Schon 1889 hatte Isidor Loewe seiner Berliner Maschinenbau- und Konstruktionsfirma den Rüstungs- und Maschinenbauproduzenten Wilhelm Lorenz in Karlsruhe insofern angegliedert, als er deren Munitionsproduktion in die neu gegründete »Deutsche Metallpatronenfabrik« integrierte. Nur wenige Jahre später gründete Loewe 1896 die DWM und brachte darin nicht nur den Karlsruher Munitionshersteller, sondern auch die Mauser-Werke und zwei Berliner Betriebe der Loewe & Co. ein. Mauser wechselte daraufhin zum 1. Januar 1897 die Gesellschaftsform von der Kommanditgesellschaft auf Aktien zur Aktiengesellschaft. Loewes eigene Betriebe in Berlin dagegen zogen sich nach der Gründung der DWM aus der Waffen- und Munitionsproduktion zurück und beschränkten sich auf Maschinen- und Werkzeugbau, wurden in dieser Funktion allerdings zu einem Großlieferanten für die Mauser-Werke.[10] Leider sind keinerlei Bestände der DWM überliefert, die lückenlose Einblicke in die strategischen Entscheidungen bezüglich der Mauser-Werke, ihrer Produktion und ihres Arbeitskräfteeinsatzes geben könnten.

Die Auftragslage der Mauser-Werke schwankte während des Kaiserreichs (und später auch in der Weimarer Republik) offenbar stark und mit ihr auch der Beschäftigungsstand entsprechend des Systems der »Maßschneiderei«. Dies ist ein für die Rüstungsfertigung übliches Produktionsregime, bei der die hoch spezialisierte Entwicklung für einen engen Kundenkreis – i.d.R. militärische Beschaffungsstellen der Nationalstaaten – nicht zwangsläufig zu einem für die Waffenproduzenten profitablen Serienauftrag führt. Beispielsweise musste bei Mauser in der Zeit der Großen Depression 1881 und 1896 der Facharbeiterstamm stark reduziert werden, da nach den Entwicklungsaufträgen die Nachfrage nach einer umfassenderen Serienproduktion ausblieb.[11] Die Schwankungen hatten auch deutliche Auswirkungen auf die städtischen Finanzen von Oberndorf. Nach 1900 rangierte der Anteil der Mauser-Werke an der Gemeindeumlage zwischen 50 Prozent und über 60 Prozent. Im Ersten Weltkrieg stieg er sogar auf 80 Prozent an, während das zweitgrößte Unternehmen am Ort, der Schwarzwälder Bote, nur auf rund 15 Prozent kam. Dies de-

Abb. 5: Gewehrmontage im Mittleren Werk, um 1900

monstriert die wirtschaftliche Monostruktur Oberndorfs im 19. und frühen 20. Jahrhundert und legt auch die starke Abhängigkeit von der Waffenproduktion offen.[12] Jörg Widmann hat in seinem Beitrag zur Stadtgeschichte Oberndorfs zu Recht darauf hingewiesen, dass sich durch die dominante Position Mausers, das begrenzte Arbeitskräftereservoir und die beschränkten räumlichen wie finanziellen Spielräume in der kleinen Stadt sowie dem ländlichen Umland am oberen Neckar kaum Zulieferer- oder Folgebetriebe vor Ort etablierten, weshalb die Stadt stets den schwankenden Konjunkturen der nationalen und bald auch internationalen Waffennachfrage unterworfen war.[13] Diese Abhängigkeit hing zum einen mit der bereits erwähnten strukturschwachen Region zusammen: An den Hanglagen entlang des Neckars war kaum ertragreiche Landwirtschaft möglich, und aufgrund der mangelnden Verkehrsanbindung bis zum Eisenbahnanschluss 1867 entwickelte sich auch nur wenig umsatzstarkes Gewerbe.

Eine Textilindustrie im gleichen Umfang wie z. B. auf der Schwäbischen Alb entstand hier nicht, da sich keine Skaleneffekte entwickeln konnten. Andererseits konnten – ähnlich wie die Uhrenfabrikation in Schramberg oder die Pulverproduktion in Rottweil – durch den hohen Spezialisierungsgrad der Produkte und die sensible feinmechanische Arbeit, die einen hoch qualifizierten, technikaffinen und geduldigen Facharbeiterstamm benötigte, profitable Unternehmen mit guten Zukunftsaussichten entstehen wie die Mauser-Werke. Sie lieferten keine Massenprodukte, sondern höchste technologische Qualität für Kenner und Spezialisten, die auch bei schlechter Infrastruktur noch ausreichend gewinnträchtig erschien. Auch ohne erhöhte Nachfrage nach Waffen wie in Kriegszeiten ließen sich die innovativen Gewehre und Pistolen, später auch kleinere Geschütze ins In- und Ausland transportieren und mit satten, für Rüstungsgüter im engeren Sinne durchaus üblichen Profiten vermarkten.[14] Daher griffen die DWM unter Ludwig Loewe zu, als sich die Chance zum Einstieg bzw. zur Übernahme ergab, und vermarkteten Mauser-Waffen wie schon zuvor ihre eigenen Produkte weltweit.

Die Mauser-Werke im Reich der DWM

Nachdem Mauser & Cie. einen weiteren Großauftrag der Preußischen Heeresverwaltung erhalten hatte, kam es 1896 zum Zusammenschluss mit der DWM, die nun deutscher Marktführer wurde. Während die Waffenfabrik Mauser zu einer Aktiengesellschaft umfirmiert wurde, schied der nach dem Tod Wilhelm Mausers im Jahr 1882 verbliebene Gründer, sein Bruder Paul, als Miteigentümer aus und wurde zunächst erster Direktor und Vorsitzender des Vorstands. Nach seinem Tod 1914 übernahm Generaldirektor Hermann Zillinger (*1876 in Esslingen, †1946 in Rottweil) diese Funktionen.[15] Die Geschäftsführung von Mauser löste sich zwar damit langsam von der Gründerfamilie, doch der Name wurde als Markenartikel und Werbesignet symbolisch für qualitativ hochwertige Waffen »Made in Germany« – oder zu einem »weltweit bekannten Begriff für Zuverlässigkeit und Treffsicherheit«, wie Wolfgang Seel es nennt. Die DWM nutzte die international bekannte Marke »Mauser« und deren Goodwill bei Kunden, Interessenten und Geschäftskontakten weiterhin für ihr Marketing.[16]

Zillinger stieg zugleich bei der DWM in den Vorstand auf und hatte damit auch Einblick in die Steuerung des gesamten Konzerns. Joachim Scholtyseck geht davon aus, dass Zillinger vonseiten der DWM »relativ freie Hand« hatte und wie seine Kollegen im Vorstand des Konzerns »als erfahrene[r] Manager das dynamische Tagesgeschäft der ihnen zugeordneten Rüstungsbetriebe« führte.[17] Somit stehe er für »vielfältige personelle Macht- und Kompetenzverflechtungen zwischen DWM, Mauser-Werken und den Dürener Metallwerken [...], weil sich die Fertigungsgebiete überschnitten und zeitraubende Einarbeitungen der Fachleute selten notwendig waren«.[18] Er war zudem in der Stadt Oberndorf bestens vernetzt. Schon 1930 wurde er Oberschützenmeister einer der wichtigsten städtischen Vereine und des ältesten Netzwerks der Stadt, der Schützengesellschaft 1558 e.V. Oberndorf/Neckar. Sie soll von Stadtschultheiß Peter Laur im Jahr 1558 begründet worden sein. Die Frau des späteren Mitbegründers von Heckler & Koch, Edmund Heckler, hieß Cilly Laur (1908–1966) und stammte vermutlich aus dieser bedeutenden Oberndorfer Familie.[19] Die Vorgänger Zillingers im Amt des Oberschützenmeisters bei der Schützengesellschaft waren u.a. Wilhelm (1875–1882) und Paul Mauser (1881–1914) sowie dessen Sohn Paul Mauser jun. (1914–1930). Der Mauser-Direktor hatte sein Amt bei den Schützen bis zum Kriegsende 1945 inne, als das Sport- und Vereinsschießen von den Alliierten verboten wurde. Sechs Jahre später trat 1951 der Vater von Alex Seidel, Paul Seidel, bei der Wiedergründung der Gesellschaft als 2. Schützenmeister in eine ähnliche Position.[20] Dies zeigt nicht nur die Netzwerkfunktion der Schützen an, sondern weist auch auf eine Tradition des Sport- und Freizeitschießens in der Stadt hin, die unhinterfragt bis in die Gegenwart fortgeführt wurde. Damit verbanden sich sportliches Freizeitvergnügen, Waffenkult, innovative Technik und lokale Traditionen auf das Engste miteinander. Die Mauser-Werke und ihr Direktorium bzw. die leitenden Mitarbeiter von Mauser und später der anderen Oberndorfer Waffenproduzenten waren nicht nur Teil dieses Netzwerks zur zivilen Waffennutzung und profitierten von den langfristigen Verbindungen und der städtischen Reputation der Schützen. Sie leiteten und gestalteten den Verein und das Vereinsleben zudem aktiv und in zentralen Funktionen mit.

Die Konstruktionen des im Mai 1914 verstorbenen Geheimrats Dr. ing. h.c. Paul von Mauser[21] »dienten überwiegend der militärischen Ausrüstung. Die Fabrikation von Handelswaffen war nebensächlich und unbedeutend«, wie in einem Antrag der Mauser-Werke 1929 betont wurde. Neben dem Deutschen Reich führten 27 ausländische Staaten das Mauser-Gewehr Modell 71 als Ordonnanz-Waffe ein. Insgesamt wurden während der Serienproduktion bis zum Jahrhundertende 2,9 Mio. Gewehre von Mauser hergestellt, davon 1,5 Mio. exportiert. Ausschließlich deutscher Stahl wurde dazu verarbeitet. Die DWM fertigte die passende Munition.[22] Noch unter der Ägide Paul von Mausers wurde das Modell 98 als ein weiteres neues Gewehr mit so großen Absatzzahlen lanciert, dass die Werksbauten in Oberndorf großzügig erweitert werden mussten. Bis 1904 sollten mehrere 100 000 Gewehre an das Preußische Kriegsministerium geliefert werden, über 500 000 Gewehre gingen bis 1914 in den Export und 1912 wurde die 100 000. Pistole produziert. Die Stadt veränderte ihr Gesicht durch die Erfolge Mausers im nationalen und internationalen Waffengeschäft, denn »für diese Großaufträge wurde mit der Überbauung der gesamten Neckartalaue von der Markungsgrenze bei Altoberndorf bis zur Oberndorfer Neckarbrücke begonnen«.[23]

Mit der massiven Ausweitung der deutschen Heeresrüstung um 1900 und der Kriegswirtschaft des Ersten Weltkriegs expandierten die Mauser-Werke von 2 800 (bei 4 000 Einwohnern) auf 6 500 Beschäftigte im zweiten Kriegsjahr 1916 (bei über 8 000 Einwohnern),[24] davon erstmals 200 Frauen, die aufgrund des Krieges als Ersatz für die eingezogenen Soldaten beschäftigt wurden. Im Jahr darauf sollte die Belegschaft auf die Höchstzahl von knapp 8 000 Arbeitskräften wachsen, von denen über 1 500 weiblich waren. Zudem machte es die Kriegslage notwendig, die Arbeit in ein Mehrschichtensystem von beinahe 24 Stunden auszuweiten. Am Ende des Krieges kam Oberndorf immerhin noch auf 6 000 Einwohner.[25]

Hinzu kamen noch Kriegsgefangene – z. B. im April 1915 die ersten 150 russischen und im Juni die ersten 200 französischen (Zwangs-)Arbeiter –, die schwere Erdarbeiten bei der Korrektur des Neckarlaufs erledigen mussten, um großflächig angelegte, hochwassersichere Werkhallen für die Kriegsproduktion der Mauser-Werke und eine Werkssiedlung mit über 100 Wohnhäusern errichten zu können.[26] Erste schwere Bombardierungen durch französische Flieger – was für den Ersten Weltkrieg im Deutschen Reich noch ungewöhnlich war – und die entsprechende Verdunkelung gehörten seit Februar 1917 zum Kriegsalltag der Oberndorfer.[27]

Die enorme Kriegsexpansion Mausers »im Reich der DWM«, an die die Ludwig Loewe & Co. Berlin 1897 ihre Aktien abgegeben hatte, war nur über eine Kapitalerhöhung zu bewerkstelligen. Hatte das Grundkapital seit 1884 2 Mio. Mark betragen, so wurde es 1915 auf 10 Mio. Mark erhöht und vollständig von der DWM übernommen.[28] Die Mauser-Werke betonten in den 1920er Jahren selbst, dass vor dem Ersten Weltkrieg nur vorsichtige Werkserweiterungen stattgefunden hätten:

> »Erst der Krieg stellte unser Unternehmen vor gewaltige neue Aufgaben. Der Mangel an Handfeuerwaffen machte sich alsbald nach Kriegsausbruch derart fühlbar, dass die Heeresverwaltung die dringende Forderung auf bedeutende Steigerung unserer Produktion stellte. Unter dem Druck der Heeresverwaltung waren wir gezwungen unsere Betriebs-Anlagen ganz bedeutend zu erweitern, weil es uns einfach unmöglich war, den hochgespannten Anforderungen mit den bisherigen Anlagen und Einrichtungen zu genügen. Welches Ausmass die Erweiterungsbauten nahmen, zeigen nachstehende Zahlenvergleiche:

	Friedensbauten 1914	Kriegs- und Friedensbauten 1918
Gebäudesteuer-Kapital	M 46 386,–	M 217 755,–
Arbeitsfläche	rd. 29 000 qm	105 000 qm.«[29]

Neben den Kriegs- und Friedensbauten zur Produktion von militärischen und zivilen Gütern wurden während des Ersten Weltkriegs außerdem noch 95 Arbeiter-Wohnhäuser, eine Massenherberge mit großer Kantine, ein Werkshotel und ein Schwimmbadgebäude errichtet. Die Kosten der gesamten Neubauten mit Einrichtungen und Maschinen beliefen sich auf die enorme Summe von 32 Mio. Mark. Vom Konzern, der DWM, und von den Banken mussten die Mauser-Werke dazu über 19 Mio. Mark leihen.[30]

Abb. 6: Kriegsbauten der Mauser-Werke AG in der Talstadt von Oberndorf a. N., 1915

Ähnlich wie bei anderen Rüstungskonzernen, z. B. bei der Fried. Krupp AG in Essen, nachgewiesen werden konnte, erfolgten diese Erweiterungen wohl ohne größere Diskussion über ihren Nutzen in Friedenszeiten.[31] Auch die Stadt Oberndorf verschuldete sich hoch, denn für den umfangreichen Ausbau der Werkhallen (siehe Abb. 6) in den vormaligen Neckarauen waren aufwendige Kanalisierungs- und Infrastrukturprojekte sowie Ameliorationen notwendig. Es handelte sich dabei u. a. um die Neckarverlegung, den Bau von Wasserleitungen in der Arbeitersiedlung, die durch die Neckarverlegung bedingte Friedhofsinstandsetzung und Wiederherstellung zweier Straßen, die Kanalisierung und Verlegung des Sulzbaches sowie die Wasserleitungsunterführung unter dem neuen Neckarverlauf. Für diese Aufwendungen wurden 1,3 Mio. Mark benötigt, wovon 1919 noch 873 000 Mark als Schulden bestünden, wie der Gemeinderat gegenüber den Anfragen des Unternehmens betonte. Durch die hohen Kosten, »die die Stadt durch die Expansion der Werke zu tragen bereit gewesen sei«, sei sie so hoch verschuldet, dass sie nun nach dem Krieg keine Finanzmittel für die Mauser-Werke AG zur Verfügung stellen könne.[32]

Demobilisierung und Umstellung von Kriegs- auf Friedenswirtschaft

Die Umstellungsprobleme von Kriegs- auf Friedenswirtschaft und die Demobilmachungsphase bedeuteten für Mauser ebenso wie für die anderen Branchengrößen Krupp und Rheinmetall erhebliche Schwierigkeiten und eine längerfristige Destabilisierung. Dazu gesellten sich noch weitere ernsthafte Komplikationen für eine erfolgreiche Geschäftstätigkeit wie die zurückgestaute Inflation des Weltkriegs und der anschließende Währungsverfall bis 1922, die Krisen der Weimarer Jahre mit Ruhrbesetzung und Hyperinflation 1923 sowie der Beginn der Weltwirtschaftskrise 1927/28.[33] Zwar hatte Mauser im Herbst 1914 einen Vertrag mit der Heeresverwaltung über die Lieferung von 800 000 Mauser-Gewehren Modell 98 mitsamt passenden 800 000 Seitengewehren für die Zeit nach dem Krieg abgeschlossen. Doch der Auftrag wurde am Kriegsende annulliert, anstelle – wie erhofft – der Fabrik fünf Jahre dauerhafte Beschäftigung und Nachfolge-Aufträge zu sichern. Der Vorstand der Mauser-Werke AG betonte gegenüber dem Oberndorfer Gemeinderat, dass die Anfertigung von Kriegsmaterial für das Deutsche Reich und das Ausland gesetzlich im Versailler Vertrag verboten wurde und damit erhebliche Umstellungsschwierigkeiten für den Waffenproduzenten mit sich brachte.[34]

Nachdem schon am Ende des Ersten Weltkriegs die Zahl der Beschäftigten langsam auf 4 700 zurückgegangen war, fiel sie 1919 entsprechend stark auf 1 500 Beschäftigte ab. Das Produktionsverbot von Kriegswaffen hatte also deutliche Auswirkungen auf das Werk und die Stadt. Doch gelang es, mit zivilen Waffen für Jagd und Sport sowie Messwerkzeugen (ab 1920) zunächst den teils hoch qualifizierten Facharbeiterstamm auf niedrigem Zahlenniveau zu halten.[35] Nachdem die Herstellungsbereiche ziviler oder umrüstungsfähiger Art (Dual Use) ab 1921 mit der Produktion von Automobilen, Industrie-Nähmaschinen und Rechenmaschinen ausgebaut worden waren, wurde das Unternehmen umbenannt.[36]

Der Name wurde passenderweise 1923 in Mauser-Werke AG geändert, »und zwar mit Rücksicht auf die Einstellung der Interalliierten militärischen Kontroll-Kommission, der gegenüber wir

Abb. 7: Die Automobil-Modelle der Mauser-Werke AG, um 1926

auch nach aussen dokumentieren mussten, dass die Herstellung von Waffen nicht mehr unser Hauptbeschäftigungszweig sein sollte«.[37] Diese Camouflage-Strategie galt auch für die Konzernmutter, die aufgrund der Bestimmungen im Friedensvertrag 1922 in Berlin-Karlsruher Industrie-Werke AG (BERKA) umfirmierte. Dies sollte sich spätestens mit dem Vierjahresplan 1936 wieder ändern, der alte Name, DWM, kehrte mit dem nun offen praktizierten Bruch des Versailler Vertrages und der gezielten Aufrüstung für den Zweiten Weltkrieg zurück.[38]

Einen deutlich kleineren Auftrag als die starken Heeresvermehrungen des Kaiserreichs brachte die Ausrüstung der auf 100 000 Mann begrenzten Reichswehr in der Weimarer Republik. Er ging allerdings anstelle von Mauser 1925 an die thüringische Konkurrenzfirma Simson.[39] Andere Waffenbestellungen folgten aber, sodass die nominelle Umstellung der Firmierung bei Mauser ebenso wie bei der DWM letztlich vorgeschoben war: Bereits 1925 war die Waffenproduktion wieder so stark ausgebaut, dass sie 62 Prozent des Umsatzes erreichte, allerdings auf deutlich niedrigerem Niveau. Diese Entwicklung hielt an, was auch die Belegschaftsentwicklung in den einzelnen Produktionsbereichen von Mauser in der folgenden Tabelle deutlich macht:

Tab. 1: Belegschaftsstärke in den einzelnen Bereichen der Mauser-Werke AG, 1928–1933, Oberndorf a. N. [40]

Jahr	Rechen-maschinen	Waffen	Mess-zeuge	Näh-maschinen	Auto-reparatur	Gesamt
1928	–	1471	181	332	15	1999
1929	–	1030	170	286	6	1492
1930	22	605	247	299	5	1178
1931	75	702	174	183	5	1139
1932	49	874	101	157	4	1185
1933	52	1289	150	198	4	1693

Die Automobilproduktion wurde, wie bei vielen anderen der 150 deutschen Autohersteller, 1929 mangels Nachfrage wieder eingestellt, wohingegen die Addiermaschinen florierten.[41] Die Konzentration auf Handelswaffen für den zivilen Bedarf wie Jagdgewehre und andere Dual-Use-Fertigungen wie z. B. Messwerkzeuge oder der Vorbereitungsbau hing allerdings auch mit einer Umorientierung in der Unternehmenspolitik nach der Übernahme der Kontrollfunktion durch Günther Quandt zusammen.

Abb. 8: Messwerkzeugbau der Mauser-Werke AG im Äußeren Werk

Übernahme von BERKA und Mauser-Werke AG durch Günther Quandt

Im Sommer 1928 schwächelte die BERKA als Nachfolgerin der traditionsreichen Rüstungsschmiede DWM weiterhin. Gründe dafür waren fehlende Auftragseingänge und mangelnde Rationalisierung. Generaldirektor von Gontard plante daher die Halbierung des Grundkapitals. Die Aktionäre waren unzufrieden, die Banken alarmiert. Bankier Paul Hamel, der Mitinhaber des Bankhauses Sponholz, soll nach den Aussagen Günther Quandts diesen bei einem persönlichen Besuch um Hilfe gebeten haben. Quandt kannte den Bankier aus dem Aufsichtsrat seiner Accumulatoren-Fabrik AFA. Der umtriebige Industrielle besaß tatsächlich bereits BERKA-Anteile. Bankier Hamel konnte die Mehrheit der BERKA-Aktionäre gegen die Pläne des amtierenden Vorstands und gegen den Aufsichtsrat in Stellung bringen, sodass Letzterer zurücktrat und den Weg zur Übernahme durch Quandt, Hamel und weitere Getreue im Aufsichtsrat frei machte. Quandt übernahm zunächst den Vorsitz im Aufsichtsrat, später auch die Leitung der BERKA bzw. DWM im Vorstand, wo von Gontard rasch abgelöst wurde.[42] Damit kam die Mauser-Werke AG ebenfalls unter eine neue strategische Ausrichtung.

Neben der Rationalisierung, der Schließung unrentabler Bereiche und dem Versuch, in weitere profitable Produktionsfelder vorzudringen, versuchte Quandt mit dem massiven Druck des Vorstands der Mauser-Werke, weitere Subventionen von Stadt und Staat zu beschaffen, um die zukünftige Rüstungsproduktion zu sichern und die Zeit bis dahin gut zu überbrücken. Die Chancen hierfür standen gut, wie gleich zu sehen sein wird. Quandt ließ später in einer Festschrift stolz über seine engagierte Tätigkeit bei BERKA bzw. DWM und Mauser in den Zwischenkriegsjahren resümieren:

> »So gelang es, die Rentabilität der verbleibenden Betriebe sicherzustellen, und wenn auch noch jahrelang von der Wiederaufnahme der Dividendenzahlung Abstand genommen werden musste, so wurden doch die Anteilseigner vor Vermögensverlusten bewahrt. Die immer noch überaus umfangreichen,

hochmodernen Fabrikanlagen wurden pfleglich behandelt, in der festen Zuversicht, dass der Wiederaufbau der Nation nicht mehr fern sei, dass endlich die Zeit kommen müsse, die die Fesseln von Versailles sprengen würde.«[43]

Gezielt wurde also der Oberndorfer Gemeinderat unter Zugzwang gebracht. Direktor Zillinger und Mauser-Enkel Paul argumentierten trotz der hohen städtischen Investitionen während der Kriegszeit, die Werke hätten bislang keine Subventionen erhalten und wären auch nicht bei der Umstellung auf die Friedenswirtschaft unterstützt worden. Um den Betrieb mit neuen Produkten und entsprechendem Vertrieb aufzubauen, sei dies aber notwendig, denn der bisherige Vertrieb im Ausland sei für den Verkauf von Handelswaffen nur eingeschränkt geeignet. Solche Pistolen könnten bislang nur in Ost-Asien auskömmlich vertrieben werden, in allen anderen Staaten seien sie noch unprofitabel. Dies erzeuge eine weitere Schieflage v.a. vor dem Hintergrund, dass die während des Ersten Weltkriegs stark erweiterten Werksanlagen nur zu etwa einem Drittel ausgelastet seien. Die Auslandskonkurrenz erstarke, v.a. auch dadurch, dass Patente abgelaufen seien. Spanische Konkurrenten würden Mauser-Modelle sogar in täuschender Weise nachahmen.[44] Obgleich der Vorstand unter dem neuen Aufsichtsrat verstärkt auf zivile Bereiche gesetzt hätte, sei dies noch nicht gelungen, denn:

»Neue Produkte wie Spezial-Nähmaschinen und die Fabrikation von Automobilen sind noch nicht so erfolgreich, obwohl sie guten Anklang fanden. Aufgrund der erdrückenden, v.a. amerikanischen Konkurrenz wurde die Produktion der Kfz eingestellt. Die Auto-Sparte brachte damit einen Verlust von ca. 3 Mio. M. Die Spezial-Werkzeuge von Mauser werden gut nachgefragt, haben aber keine ausschlaggebende Positionierung im Konzern-Absatz.«[45]

Des Weiteren wurden Bürgermeister und Gemeinderat Oberndorfs darüber informiert, dass 1929 noch 1,6 Mio. Mark Bankschulden bestünden, die Mauser nicht aufbringen könne. Die DWM bzw. 1922 umfirmierte Berliner IWK könne nicht einspringen, da sie ähnliche Probleme habe. Berlin und Karlsruhe würden mit ihren Werken ebenfalls nahezu stillstehen. Insgesamt ca. 2500 Arbeiter und Angestellte stünden dort vor der Entlassung. Der Konzern beabsichtige durch Rationalisierung eine Gesundung zu erreichen, dies könne aber für Oberndorf die Stilllegung und Schließung bedeuten. Der Staat Baden und die Stadt Karlsruhe würden für die IWK finanziell einspringen und die Mauser-Werke AG würde nun hoffen, dass dies auch in Oberndorf geschehe, da für die Stadt und die angrenzenden Bezirke die Werke eine wesentliche Bedeutung hätten.[46] Belegt wird dies sehr ausführlich mit der Beschäftigtenzahl, den Löhnen und Gehältern sowie Steuern. Das Werk in Oberndorf benötige nun Kapital zur Einführung neuer Fabrikationsartikel wie einer elektrischen, durch Patent geschützten Rechenmaschine und der Übernahme der Strickmaschinen-Abteilung der Elite-Werke in Siegmar/Sachsen, um nicht durch Fusion mit Karlsruhe weiter von der Stilllegung bedroht zu sein. Benötigt würden dazu insgesamt 3 Mio. Mark. Es wurde als Sicherheit auch auf die Assets hingewiesen, die in Form von Versicherungen und Gebäudewerten benannt wurden. Zwar gab es Verluste in den Jahren von 1924 bis 1926, gute Aussichten bestünden aber perspektivisch, denn im Jahr 1928 sei erstmals wieder ein Reingewinn von etwa 250 000 Mark erwirtschaftet worden.[47]

Nach dem Wechsel in der Besetzung des Aufsichtsrats der BERKA, der nun mit Rohde, Quandt und Hamel auf eine Zusammenlegung der Werke drängte, versuchte Zillinger gemeinsam mit dem Oberndorfer Stadtvorstand in der Württembergischen Gesandtschaft in Berlin die Generalversammlung der BERKA von der Notwendigkeit des Überlebens der Oberndorfer Werke zu überzeugen. Am 17. Juni 1929 wurden dazu bei einer Sitzung mit Staatspräsident Bolz weitere Mittel für den Bau von Werkswohnungen für die Mauser-Werke AG reklamiert, die dann in Höhe von 1,35 Mio. Mark auch – bis auf eine kleinere Beteiligung seitens des Werkes – von Staatsseite im Rahmen eines baugenossenschaftlichen Vorgehens zugesagt wurden. Alle Beteiligten betonten, »dass die Schließung des Oberndorfer Werks für die Stadt und Bezirk Oberndorf katastrophal wäre«.[48] Auch der Bau eines neuen Gaswerks zur Verhinderung der Liquidation wurde sofort zugesagt. Direktor Wesemann von der BERKA zeigte sich überrascht darüber, »denn eine solche große Unterstützung sei in Berlin nicht möglich«.[49] Joachim Scholtyseck konnte in seiner großen Studie über den Aufstieg der Familie Quandt deutlich zeigen, dass Günther Quandt und sein Management bei diesem Vorgehen nicht nur geschickt die Gegensätze der Länder Baden – wo das IWK-Werk der DWM in Karlsruhe beheimatet war – und Württemberg gegeneinander ausspielten, um höhere Kredite zu erhalten. Im Gegenzug zu den staatlichen Zusagen versprach die DWM-Konzernmutter nämlich auch, die Oberndorfer Werke bis 1939 weder zu verlagern noch zu verkaufen oder stillzulegen. Doch der interne Druck zur Steigerung der Profitabilität wurde weiterhin aufrechterhalten.[50]

Über die waffentechnischen Unternehmungen, die Günther Quandt und sein Sohn Herbert in der Zeit der nationalsozialistischen Kriegswirtschaft leiteten und stark erweiterten, ist bislang immer noch wenig bekannt. Ihre Dual-Use-Unternehmen wie der Batterien- und Akkumulatoren-Hersteller AFA (später VARTA), die leicht auf zivile Produktion umgestellt werden konnten, sind inzwischen besser erforscht und hatten nach 1945 zunächst deutliche Vorteile gegenüber reinen Waffenherstellern wie der DWM und den zugehörigen Mauser-Werken. Dies stellt

Abb. 9: Mittleres Werk der Mauser-Werke AG mit C- und D-Bau, um 1920

auch Scholtyseck zutreffend fest: »Während die AFA in der Nachkriegszeit wieder relativ rasch auf Erfolgskurs gebracht werden konnte, entwickelten sich die ehemals so erfolgreichen Rüstungsbetriebe der DWM und ihrer Töchter überwiegend zu Sorgenkindern des Quandt-Imperiums.«[51]

Die Waffenproduktion bei den Mauser-Werken zog schon nach einem kurzen Einschnitt in der Weltwirtschaftskrise 1931/32 deutlich an. Doch der Produktionsrückgang in der Krise war erheblich: Die Anlagen der Oberndorfer Betriebe waren im Vergleich zur glänzenden Rüstungskonjunktur des Ersten Weltkriegs im Jahr 1930 nämlich nur zu 23,5 Prozent ausgelastet.[52] Die schwache Nachfrage war verbunden mit der Entlassung vieler Fachkräfte und Ingenieure, einer Arbeitslosenquote von 15 Prozent und einem starken Rückgang der Einwohnerzahl Oberndorfs auf 4 322.[53] Zu den 1931 Entlassenen zählte auch der spätere Gründer von Heckler & Koch, der junge Ingenieur Theodor (genannt Theo) Koch, der erst seit 1929 eine Stelle in der Abteilung Werkzeug- und Vorrichtungsbau der Mauser-Werke AG in Oberndorf bekleidet hatte.[54] Schwierig war in der Weltwirtschaftskrise allerdings nicht nur die Lage des jungen Ingenieurs Koch, sondern Manfred Maul-Ilg bezeichnet zwischen 1926 und 1931 aufgrund des Absinkens der Mauser-Beschäftigtenzahl und der Steuerzahlungen auch die »Situation der Stadt [… als] prekär: Die wirtschaftliche Lage der Mauser-Werke, die von einem starken Auf und Ab gekennzeichnet war, bestimmte im Grunde, was in der Gemeinde finanziell möglich war. Auf der anderen Seite schlugen die Versuche, andere Betriebe anzusiedeln, fehl.«[55] Direkt nach dem Machtantritt Adolf Hitlers und der NSDAP sollte aber die Produktion beim Oberndorfer Waffenproduzenten wieder deutlich anziehen und sich aufgrund der expansionistischen und militaristischen Ziele des Regimes schnell und anhaltend steigern.[56] Die örtliche NSDAP, die sich wie die übergeordneten Parteistellen die Bekämpfung der Arbeitslosigkeit auf ihre Fahnen geschrieben hatte, forderte in Konsequenz sogleich, die Mauser-Werke AG sollte zusätzliche Arbeitskräfte einstellen.[57]

Illegale Wiederaufrüstung in der Zwischenkriegszeit

Schon in der Zwischenkriegszeit war die Mauser-Werke AG ebenso wie andere Rüstungshersteller, z. B. Rheinmetall, an den Aufrüstungsplänen der deutschen Reichswehrführung beteiligt, die gemäß den Bestimmungen des Versailler Vertrages illegal waren. Insbesondere wurde versucht, über geheime Tochterunternehmen in der Schweiz die Entwicklungen aus dem Ersten Weltkrieg fortzuführen. Dies galt z. B. für die Waffenfabrik Solothurn, die für Rheinmetall in den 1920er Jahren entwickelte, produzierte und den Export verantwortete.[58]

Während die BERKA schon ab 1927 an einem neuen Sturmgewehr beteiligt gewesen sein soll, begann die Mauser-Werke AG ab dem Sommer 1929 mit der Konstruktion und mit Versuchen an einem neuen Maschinengewehr. Dieses wurde nach weiteren Planungen und den Verhandlungen mit den ebenfalls nicht untätigen Konkurrenten wie Rheinmetall und Simson ab 1936 als MG 34 im späteren Mauser-Zweigwerk Berlin-Wittenau produziert. Eine weitere Umgehung der Versailler Verbote wurde mit der 1931 gegründeten Mauser-Tochter »Metallwarenfabrik Kreuzlingen AG« in der Schweiz, direkt an der deutschen Grenze, angestrebt. Sie nahm die Karabinerproduktion für Chile auf und plante weitere Exportlieferungen für die Vorkriegskunden Peru, Ecuador, Venezuela und Türkei.[59] Scholtyseck geht dagegen davon aus, dass in Kreuzlingen nicht produziert wurde. Das Werk »stellte eine Tarnorganisation ohne eigene Fertigungsanlagen dar«: »Auf diese Weise sollten für das Chile-Geschäft und andere Aufträge die Exportbestimmungen des Versailler Vertrages umgangen werden.«[60]

Weitere Aktivitäten wurden in den späten 1920er und frühen 1930er Jahren entfaltet, vermutlich in Kooperation mit ausländischen Herstellern in Brünn (der Tschechoslowakischen Waffenfabrik AG) und Herstal bei Lüttich (der schon genannten Fabrique Nationale d'Armes de Guerre), die später im Zweiten Weltkrieg von der DWM unter Günther Quandt akquiriert wurden. Beide Unternehmen waren nach den Angaben bei Seel ebenso wie die Mauser-Werke involviert in die Weiterentwicklung des Modells 98 zu einem neuen Militär-Standardgewehr seit 1924 (Modell 24). Dieses wurde von Mauser u. a. als Standard-Modell Kaliber 7,9 mm schon vor 1933 nach Serbien und China exportiert und nach der Machtübernahme der NSDAP sogleich massenweise produziert und auch nach Äthiopien, Honduras, Bolivien, Paraguay und Portugal geliefert.[61]

Die Expansion der Rüstungsproduktion im Nationalsozialismus

Im ersten Jahr der nationalsozialistischen Herrschaft bis 1934 stieg aufgrund der Vorbereitung von neuen Waffenentwicklungen, intensiviert durch die Rüstungsprogramme der Reichswehr 1928 und 1930, und dem damit ermöglichten schnellen Einstieg in die massenhafte Serienproduktion von Infanteriewaffen die Zahl der Mauser-Belegschaft in Oberndorf wieder sprunghaft von 1858 auf 5396 an (siehe Tab. 2). Bei den Neu- und Weiterentwicklungen ist beispielsweise der Karabiner 98 (abgekürzt K98k) zu nennen, der als Ordonnanzwaffe des deutschen Heeres die meistverbreitete Waffe wurde. Durch den kontinuierlichen Ausbau der Rüstungsproduktion wuchs die Zahl der Mauser-Mitarbeiter bis 1939 auf 8931 Beschäftigte an. Der Umsatz verzwölffachte sich vom Geschäftsjahr 1931/32 bis 1938/39, wobei der Anteil der Waffenproduktion sich ebenfalls von 66 Prozent im Jahr 1931 auf 86 Prozent im Geschäftsjahr 1938/39 steigerte.[62]

Zurückzuführen war diese Expansion, wie bereits angedeutet, auch auf den Ausbau der Entwicklungs- und Forschungsabteilung der Mauser-Werke AG unter Ott-Helmuth von Lossnitzer (siehe Tab. 2, bis 1940 Abt. Waffenforschung). Bis Kriegsende konnte er über 500 hoch qualifizierte und teils namhafte Experten der Waffenkonstruktion und Munitionsfertigung in Oberndorf um sich scharen.[63] Die großzügigen Forschungseinrichtungen und der Druck von Staat, Konzern und Werkleitung führten schnell zu positiven Ergebnissen im Sinne der NSDAP. Hilfreich war dabei auch die Erweiterung der Oberndorfer Produktion durch ein weiteres Werk in Berlin-Wittenau.

Tab. 2: Beschäftigtenzahlen der Mauser-Werke AG, Oberndorf, in den Jahren 1933–1940 nach Abteilungen (Stand jeweils am Jahresende)[64]

Nr.	Abteilung	1933	1934	1935	1936	1937	1938	1939	1940
1	Waffenbau	906	3201	3764	4876	5774	6286	5389	5703
2	Waffenforschung	–	–	–	–	176	286	372	435
3	Nähmaschinenbau	174	242	230	239	220	229	190	89
4	Handels- u. Meßzeugbau	110	233	249	396	444	491	485	511
5	Rechenmaschinenbau	71	141	177	228	285	324	276	266
6	Autoreparatur	3	3	3	2	–	–	–	–
7	Holzbearbeitung und Schaft	78	201	203	211	–	–	–	–
8	Dampf-Kraft-Licht	38	69	69	97	92	103	110	139
9	Schmiede und Gesenkbau	42	79	113	129	190	196	169	182
10	Werkzeug- u. Vorrichtungsbau	168	413	402	568	712	883	805	1073
11	Lehrenbau	40	62	63	–	–	–	–	–
12	Revision	25	304	403	528	–	–	–	–
13	Hilfsbetriebe	116	314	371	477	362	408	451	464
14	Lehrwerkstatt	–	–	–	–	210	231	192	186
15	Kaufm.-techn. Verwaltung	87	134	174	216	387	481	497	601
16	Polnische Staatsangeh.	–	–	–	–	–	–	–	464
	GESAMT	1858	5396	6221	7967	8852	9918	8931	10113

Hier hatte zunächst die DWM bzw. BERKA produziert, nach der Stilllegung aufgrund des Wiederaufrüstungsverbots des Versailler Vertrages waren die Maschinen laut der Recherchen von Scholtyseck heimlich im Rheinland untergebracht, zurückgekauft und in der Karlsruher Zentrale wiederaufbereitet worden. Ab 1933 fertigten mit diesen Maschinen nicht nur die Mauser-Werke AG Waffen und Munition im Auftrag und auf Rechnung des Reiches, sondern auch die DWM und eine weitere Tochter der Quandt-Gruppe, die Dürener Metallwerke. Mauser mietete zu diesem Zweck einige Produktionshallen auf dem riesigen Fabrikareal im Berliner Stadtteil Wittenau an. Die Oberaufsicht übernahmen Dr. Friedrich Dörge und Dr. Ing. Kurt Fleck, die bis April 1934 für die Einstellung der ersten Facharbeiter sorgten. Die Massenproduktion von Maschinengewehren, Pistolen (P 08) und des Karabiners 98k konnte schon 1935 in Berlin anlaufen.[65] In Oberndorf gefertigt wurden seit 1933 nicht nur Standard- und Ordonnanzgewehre, sondern auch automatische Militärwaffen, 2-cm-Flaks, die Maschinengewehre MG 34, MG 81, MG 181 und Selbstladepistolen. Zudem gab es Zwillings-Flaks und weitere Neuentwicklungen im Zweiten Weltkrieg wie die 3-cm-Flak, die Maschinenkanone MK 37/27 mm, die schwere Panzerbüchse 42 und Drillingslafetten.[66]

Abb. 10: Konstruktionsbüro der Mauser-Werke AG im C-Bau, um 1930

Aufgrund der Bestimmungen des Vierjahresplans 1936 und der ergänzten Form von 1942 wurde bei Mauser wie bei anderen Rüstungsgrößen sämtliche zivile Produktion (sogenannte Friedensplanungen und -entwicklungen) eingestellt, was auch die durchaus profitablen Rechen- und Buchungsmaschinen betraf, für die 5000 Bestellungen vorlagen.[67] Die Dividende stieg durch die

Abb. 11: Mauser-Werke AG, Äußeres Werk, um 1935

Beteiligung Mausers an der deutschen Rüstungskonjunktur fast jährlich von zunächst 3 Prozent 1933 auf 5 Prozent 1935 (bei über 600 000 Reichsmark Reingewinn) und 7 Prozent 1939.[68]

Mit der Umstellung auf Kriegsproduktion verbunden war auch, wie schon erwähnt, der im Jahr 1936 offen vollzogene Bruch der Abrüstungsbestimmungen des Versailler Vertrages, den zum einen die Rückfirmierung in Deutsche Waffen- und Munitionsfabriken AG (DWM) deutlich markierte. Zum anderen wurden die als »jüdisch« gebrandmarkten Mitglieder von Vorstand und Aufsichtsrat im Zuge der Arisierung aus ihren Ämtern verdrängt, die Erben von Ludwig und Isidor Loewe flüchteten ins Ausland. Bei der Mauser-Werke AG stieg 1939 die Zahl der Beschäftigten trotz des Verzichts auf die zivilen Produktionsbereiche auf über 9 800 Personen an, da die Rüstungsproduktion bis an die Kapazitätsgrenzen gesteigert wurde.[69] Oberndorf hatte im selben Jahr 8 250 Einwohner – dies unterstreicht abermals die regionale Bedeutung der Mauser-Werke AG. Denn rund 75 Prozent der Belegschaft in den Oberndorfer Betrieben kamen aus dem Umland, insgesamt verteilt auf 242 Städte und kleine Ortschaften im Radius von 50 Kilometern.[70]

Zum Quandt-Konzern gehörend, war die Mauser-Werke AG in Oberndorf am Neckar nun ein zentraler deutscher Rüstungsproduzent, der schon seit 1872 mit den DWM bzw. dem Vorgängerunternehmen, Deutsche Metallpatronenfabrik, in enger Geschäftsbeziehung gestanden hatte und weiter unter der Ägide der DWM agierte, z. B. auch im Hinblick auf die Expansion in das europäische Ausland während des Zweiten Weltkriegs.[71] Hier sind insbesondere die Übernahme eines der größten Maschinenbauwerke in Polen, die H. Cegielski AG (Posen), sowie des bedeutendsten belgischen Waffenproduzenten, der Fabrique Nationale (FN) im belgischen Herstal bei Lüttich, zu nennen.

Die Expansion in das besetzte Westeuropa

Zur FN bestanden nicht nur durch die Gebrüder Mauser, sondern auch durch die Ludwig Loewe & Co. bereits seit der zweiten Hälfte des 19. Jahrhunderts engere Kontakte. Die Mauser-Brüder hatten hier bei der Entwicklung neuer Waffen mitgewirkt, und Loewe war zunächst weltweiter Exporteur der mit Mauser-Lizenzen bei FN gefertigten Waffen und später auch Anteilseigner. Diese frühe Kooperation, die ebenso ein Verkaufskartell umfasste, endete erst nach dem Ersten Weltkrieg zu Beginn des Jahres 1919.[72]

Mit dem Überfall auf Belgien am 10. Mai 1940 und der Einnahme von Lüttich zwei Tage später wurden bereits am 17. Mai erste Verfügungen der deutschen Besatzungsmacht über die ökonomisch und strategisch wichtigen Werke der FN in Herstal getroffen. Zwar hatte die Direktion vor dem Einmarsch noch versucht, die Produktion zu verlagern, doch war dies nicht gelungen, und die Wehrmacht hatte die zügige Wiederaufnahme der Waffenfertigung angeordnet. Nur wenige Wochen später wurde am 19. Juni die FN unter die Verfügungsgewalt der DWM gestellt, die auf die erfolgreiche frühere Kooperation verweisen konnte. Der kaufmännische Direktor der Mauser-Werke in Berlin, Dr. Franz Scharpinet, wurde zunächst als kommissarischer Leiter der FN eingesetzt und konnte die noch vorhandenen Widerstände der Belgier brechen. Danach übernahm mit Carl Bolle ein Vorstand der DWM die Oberaufsicht über Herstal. Günther Quandt begann mit dem Aufkauf von Aktienanteilen, um das Unternehmen völlig unter seine Kontrolle zu bringen. Bis sich die DWM-Direktion von FN im September 1944 nach Deutschland absetzte, wurden die Betriebe kräftig ausgebaut: Waren 1940 noch knapp 1000 Arbeitskräfte verblieben, zählten die FN-Werke vier Jahre später 12000 Beschäftigte, darunter eine große Zahl von Zwangsarbeitenden.[73]

Bei der Waffenfertigung in Belgien während des Krieges scheint es wieder zu einer gewissen Kooperation mit der Mauser-Werke AG, die ja Teil der DWM war, gekommen zu sein. Darauf deutet auch die Reise von Abteilungsleiter Theodor Koch nach Herstal hin. Koch gab in seinem Befragungsbogen anlässlich der Entnazifizierung im Jahr 1946 an, er sei im Herbst 1944 für drei Tage auf Mauser-Kosten nach Lüttich gefahren, um Geräteteile bei der FN abzuholen.[74] Möglicherweise ging es dabei bereits um die geplante Verlagerung der Produktion aus Belgien in das Deutsche Reich.

Neben der FN in Belgien verfügte Mauser mit der Totalisierung des Krieges 1942 auch über eine kleine Produktionsstätte in einem ehemaligen Werk der Vereinigten Seidenwebereien AG (Verseidag, Hauptsitz Krefeld) in Spaichingen. Zudem konnte die DWM im Zuge der Westexpansion des Reichs nach Frankreich mehrere kleinere elsässische Werke in Bitschweiler, in Reichsweiler und in Thann »in die Hand bekommen« und 1941/42 dort mit der Produktion beginnen.[75] Weiteres ist dazu bislang nicht bekannt und harrt noch eingehender Erforschung. Das Verseidag-Werk Spaichingen wurde jedenfalls für die Rüstungsproduktion von Mauser – allerdings gegen den Widerstand der Betriebsleitung, die weiterhin Textilien produzieren wollte – umfunktioniert. Dort spannte der Oberndorfer Waffenproduzent im Zuge der Sauckel-Aktionen zur »Auskämmung von Arbeitskräften für die Rüstungswirtschaft« die wenigen restlichen Beschäftigten der Verseidag seit 1944 für seine Zwecke ein.[76] Für die Mauser-Werke AG in Oberndorf waren aber nicht nur die Erweiterungen des eigenen Unternehmens mit angegliederten Betrieben u.a. in Berlin, Spaichingen und Herstal von Bedeutung für die Expansion in der Kriegs- und Nachkriegszeit, sondern auch die Ostexpansion der DWM.

Die Ostexpansion der DWM und ihre Bedeutung für die Mauser-Werke AG

Im Unterschied zur schnellen Übernahme der Verwaltungsbefugnisse bei der Fabrique Nationale, dem belgischen Branchenprimus in der Waffenfertigung, trafen die Bestrebungen Quandts und der DWM, nach der Einnahme Posens durch die deutschen Besatzer am 10. September 1939 auch eines der größten polnischen Unternehmen in den Konzern einzuverleiben, auf härtere Konkurrenz. Gute Chancen zur Inbesitznahme der H. Cegielski AG im neu geschaffenen »Warthegau«, der Region um Posen, rechneten sich nämlich auch die Reichsbahn und die Hermann-Göring-Werke aus. Denn die lukrativen Maschinenbauwerke waren ein bedeutender Eisenbahnproduzent, der auch Rüstungsgüter herstellte, mit zunächst ca. 5 000 Beschäftigten. Doch letztlich erhielt die DWM den Zuschlag und konnte die Werke nach der Übernahme zu einem der größten Waffen- und Munitionsbetriebe des Deutschen Reichs mit über 10 000 Arbeitskräften aufbauen. Bis 1944 erhielten die DWM-Werke Posen im Zuge der Ostexpansion die höchste Prioritätsstufe vonseiten der Rüstungsbehörden. Sie dienten auch als Kompensationsobjekt für die Verlagerung des Stammwerks in Karlsruhe, das zu nah an der französischen Grenze lag und durch die Werke in Berlin, Lübeck und Posen ersetzt und auf weiteren Ausbau getrimmt werden sollte. Das vormalige Produktionsprogramm im Eisenbahnbau wurde in Posen aufrechterhalten, dazu die Rüstungsproduktion mit Infanteriewaffen, Luftwaffenprojekten und Maschinenwaffen massiv ausgeweitet. Als Arbeitskräfte dienten während des Krieges – soweit bislang bekannt – in immer größerem Umfang auch polnische Arbeitskräfte, die mit mehr oder weniger Zwang eingesetzt wurden.[77]

Für die Mauser-Werke AG waren die Expansionsprojekte der DWM, insbesondere aber die ehemaligen Cegielski-Werke in Posen ebenfalls von großer Bedeutung. Denn letztendlich hing das Fortbestehen der Waffenproduktion in Oberndorf am Neckar im und nach dem Krieg davon ab. Finanziert wurden die Neuerwerbungen und die Erweiterungsbauten in Posen nämlich u.a. durch eine Hypothek auf die Oberndorfer Werke in Höhe von 25 Mio. Reichsmark, die Quandt und die DWM mit Hilfe der Hausbank, der Dresdner Bank, aufgenommen hatten. Diese hypothekarische Belastung wurde in der Nachkriegszeit insofern zum Politikum, als Quandt sie nutzte, um in den Jahren 1948/49 jegliche alternative Nachnutzung der noch bestehenden Mauser-Bauten in Oberndorf zu verhindern. Die französische Militärkommandantur in Rottweil am Neckar und der Militärverwalter der Mauser-Werke strebten eine Mischnutzung – u.a. auch die Neuansiedlung eines Textilkonzerns – an. Doch durch das geschickte und zähe Lavieren Quandts wurden diese Pläne, die von der Stadtspitze und vom Stadtrat Oberndorfs in weiten Teilen unterstützt wurden, vereitelt und die Basis für den Wiederaufbau der Waffenproduktion als dominierender Branche in der Stadt gelegt.[78]

Kriegsproduktion bei Mauser

Während des gesamten Zweiten Weltkriegs produzierten die Mauser-Werke in Oberndorf, Berlin und in den besetzten Gebieten von Kleinwaffen über MG bis zur Flak und dazugehöriger Munition für alle Bereiche der Heeresrüstung. Zudem wurden einige Projekte für die Luftwaffe entwickelt.[79] Mit Kriegsbeginn wurde Oberndorf sogleich zum Luftsperrgebiet erklärt und drei schwere Flakbatterien in den Nachbarorten Boll, Hochmössingen und Epfendorf installiert sowie mehrere leichte und mittlere Geschütze um die Werksanlagen von Mauser platziert. Weitere für alle sichtbare Tarnmaßnahmen, z.B. der entsprechende Anstrich aller Fabrikgebäude und der evangelischen Kirche, Verdunkelungsaktionen, Tarnnetze und künstliche Einnebelungen der Stadt folgten ab 1940, sodass Oberndorf erst 1944 einen ersten schweren Bombenangriff zu verzeichnen hatte.[80]

Mit der Kriegszeit expandierte die Waffen- und Munitionsproduktion abermals bis an die Kapazitäts- und Belastungsgrenzen der Belegschaft. Die Arbeitszeit je Beschäftigtem wurde auf 6 Tage/Woche und 12 Stunden/Tag ausgeweitet, um z.B. den Karabiner K98k im monatlichen Umfang von 70 000 Einheiten herstellen zu können. Dafür erhielten die Betriebe auch – durchaus öffentlichkeitswirksam – mehrfache Auszeichnungen mit dem »Gaudiplom der Deutschen Arbeitsfront« (DAF) für hervorra-

Abb. 12: Verneblung der Mauser-Werke AG als Tarnaktion gegen Fliegerangriffe ab 1940

gende Leistungen. Die Mauser-Werke wurden zudem »Musterbetrieb« (siehe Abb. 13–15).

Der Output wurde gegen Kriegsende zwar geringer, aber noch im November 1944 lieferten die Oberndorfer Werke über 66 000 Gewehre an die Heereswaffenämter. Erst ein schwerer Fliegerangriff am 22. Februar 1945, der 26 Menschenleben kostete und das zentrale Kraftwerk der Mauser-Werke AG zerstörte, beeinträchtigte die Waffenproduktion. Zu weiteren Kriegsschäden kam es nur in geringem Maße, sodass die französischen Besatzer beim Einzug am Kriegsende die Werksanlagen nahezu intakt übernahmen und bis 1946/47 unter ihrer Ägide weiterproduzierten.[81] Im April 1945 befanden sich noch rund 7500 bis 8 000 Maschinen und Apparate in den Betrieben, die teilweise die Grundlage für die Nachkriegsproduktion der Mauser-Werke AG und der verschiedenen neu gegründeten Unternehmen im Messwerkzeug- und Feinmechanikbau der Region bildeten.[82]

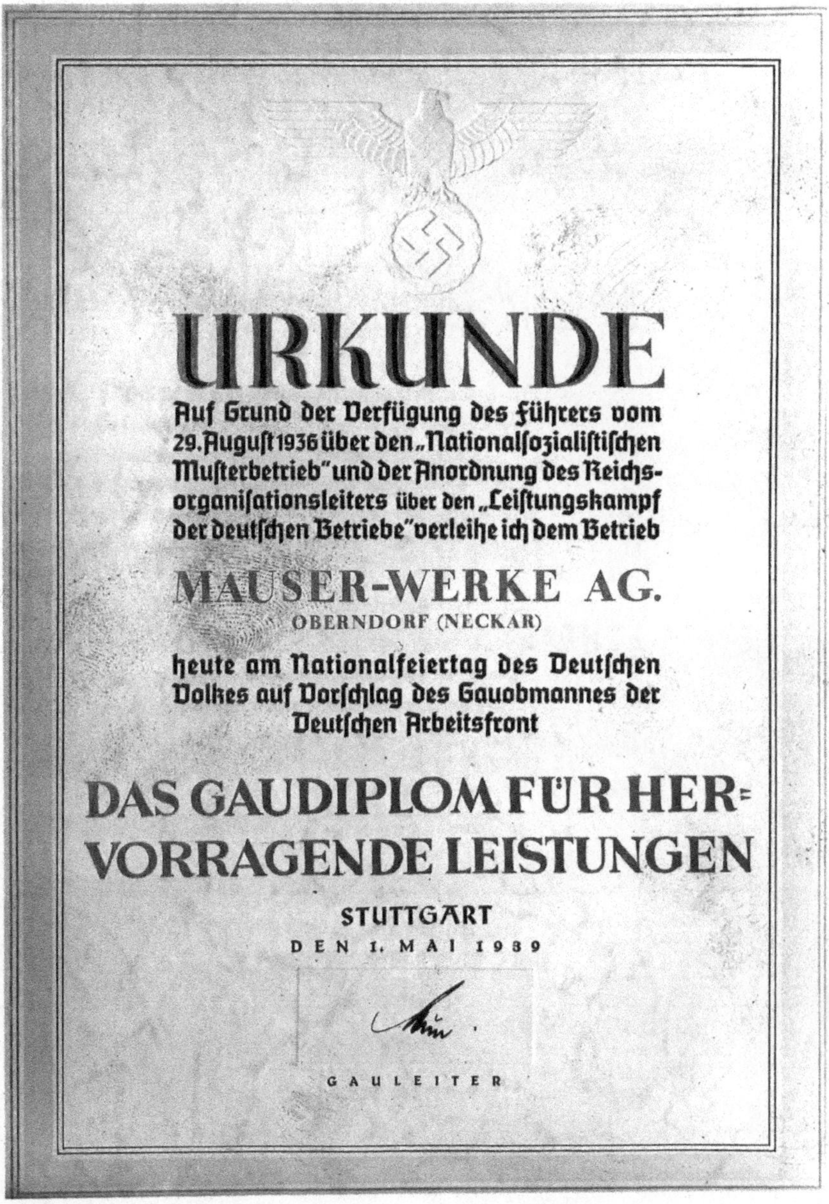

URKUNDE

Auf Grund der Verfügung des Führers vom 29. August 1936 über den „Nationalsozialistischen Musterbetrieb" und der Anordnung des Reichsorganisationsleiters über den „Leistungskampf der deutschen Betriebe" verleihe ich dem Betrieb

MAUSER-WERKE AG.
OBERNDORF (NECKAR)

heute am Nationalfeiertag des Deutschen Volkes auf Vorschlag des Gauobmannes der Deutschen Arbeitsfront

DAS GAUDIPLOM FÜR HERVORRAGENDE LEISTUNGEN

STUTTGART
DEN 1. MAI 1939

GAULEITER

Abb. 13: Gaudiplom 1939

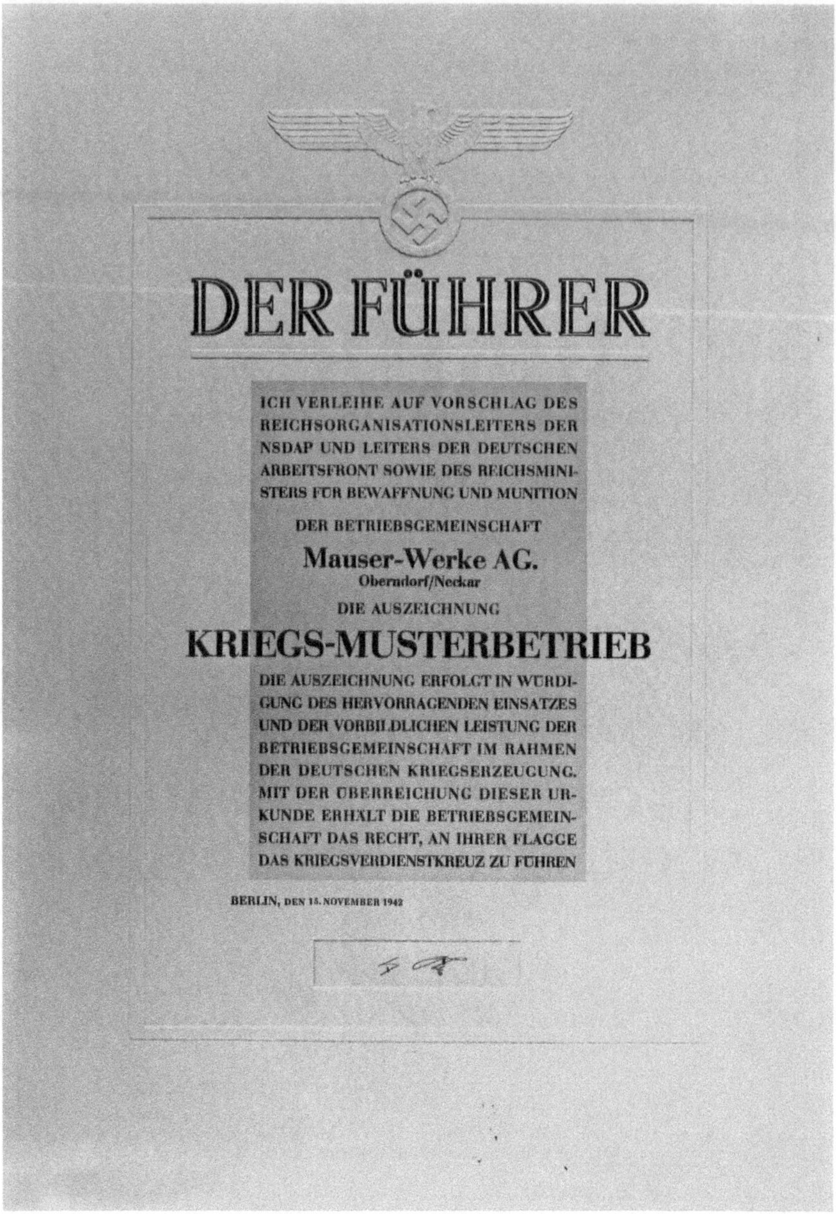

DER FÜHRER

ICH VERLEIHE AUF VORSCHLAG DES REICHSORGANISATIONSLEITERS DER NSDAP UND LEITERS DER DEUTSCHEN ARBEITSFRONT SOWIE DES REICHSMINISTERS FÜR BEWAFFNUNG UND MUNITION

DER BETRIEBSGEMEINSCHAFT

Mauser-Werke AG.

Oberndorf/Neckar

DIE AUSZEICHNUNG

KRIEGS-MUSTERBETRIEB

DIE AUSZEICHNUNG ERFOLGT IN WÜRDIGUNG DES HERVORRAGENDEN EINSATZES UND DER VORBILDLICHEN LEISTUNG DER BETRIEBSGEMEINSCHAFT IM RAHMEN DER DEUTSCHEN KRIEGSERZEUGUNG. MIT DER ÜBERREICHUNG DIESER URKUNDE ERHÄLT DIE BETRIEBSGEMEINSCHAFT DAS RECHT, AN IHRER FLAGGE DAS KRIEGSVERDIENSTKREUZ ZU FÜHREN

BERLIN, DEN 15. NOVEMBER 1942

Abb. 14: Kriegs-Musterbetrieb 1942

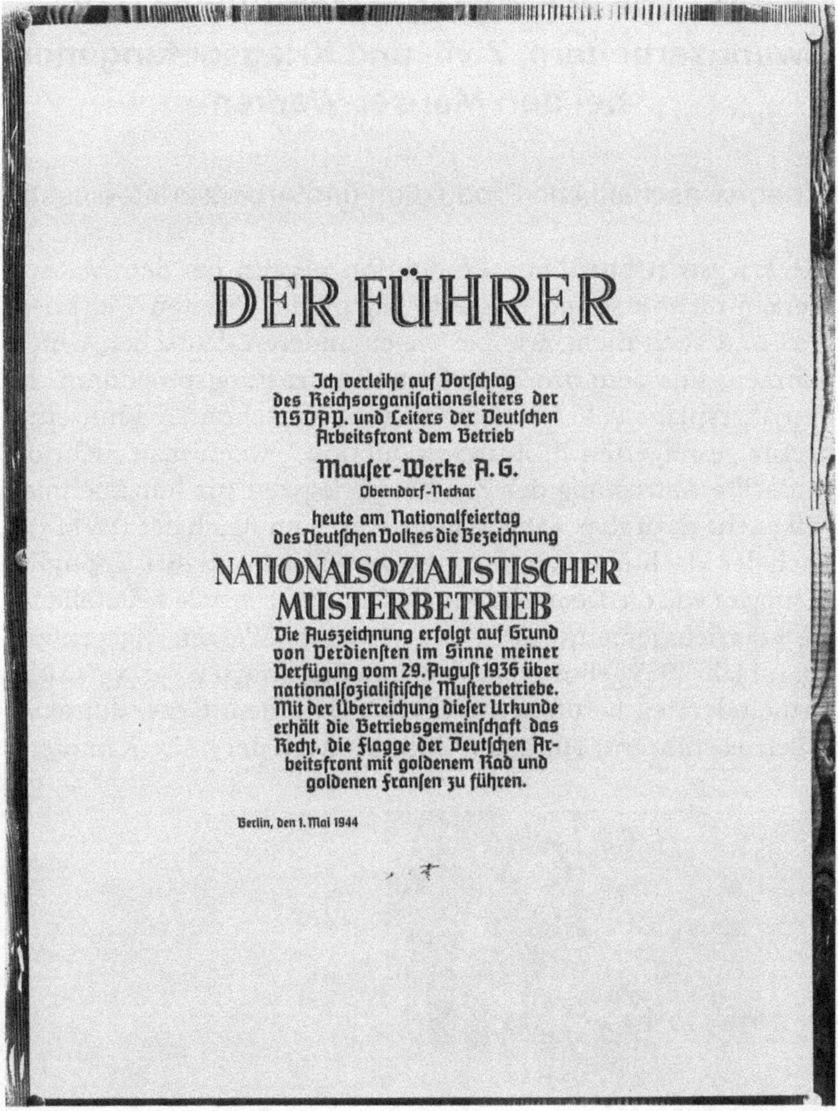

DER FÜHRER

Ich verleihe auf Vorschlag
des Reichsorganisationsleiters der
NSDAP. und Leiters der Deutschen
Arbeitsfront dem Betrieb

Mauser-Werke A.G.
Oberndorf-Neckar

heute am Nationalfeiertag
des Deutschen Volkes die Bezeichnung

NATIONALSOZIALISTISCHER
MUSTERBETRIEB

Die Auszeichnung erfolgt auf Grund
von Verdiensten im Sinne meiner
Verfügung vom 29. August 1936 über
nationalsozialistische Musterbetriebe.
Mit der Überreichung dieser Urkunde
erhält die Betriebsgemeinschaft das
Recht, die Flagge der Deutschen Arbeitsfront
mit goldenem Rad und
goldenen Fransen zu führen.

Berlin, den 1. Mai 1944

Abb. 15: Nationalsozialistischer Musterbetrieb 1944

Die Lage von Zwangsarbeiterinnen und Zwangsarbeitern, Zivil- und Kriegsgefangenen bei den Mauser-Werken

Kriegswirtschaftliche Produktion und Arbeitskräfteeinsatz

Die kriegswirtschaftliche Produktion begann bei den Mauser-Werken nicht erst kurz vor dem Beginn des Zweiten Weltkriegs 1939 und auch nicht, wie bei vielen anderen deutschen Unternehmen, mit dem groß angelegten Aufrüstungsprogramm des Vierjahresplans 1936, sondern mindestens schon 1933 mit einer massiv gesteigerten Rüstungsproduktion – wenn man nicht die verdeckte Aufrüstung der Zwischenkriegszeit gar hinzunehmen will (siehe dazu Kap. »Die Mauser-Werke im Reich der DWM«).[83] Nach der Machtübernahme waren die NSDAP und ihre Untergliederungen wie die Deutsche Arbeitsfront als zentrale Leitstelle für die »Betriebsgemeinschaft« in den Mauser-Werken allgegenwärtig: Im Jahr 1935 gehörten zu den vom Beauftragten der NSDAP zu Gemeinderäten berufenen Bürgern neben dem Generaldirektor (»Betriebsführer«) Hermann Zillinger auch der »Alte Kämpfer«,

Abb. 16: Einzug der Nationalsozialisten in das Oberndorfer Rathaus zur 1. Gemeinderatssitzung am 5. Mai 1933 (v.l.n.r.: Preusch, Weihmiller, Möller, Müller, Knäble, Stier, Schättle)

NSDAP-Mitglied Franz Knäble, zugleich Werkmeister und Angestelltenvertreter, Parteigenosse Walter Dahlke, Kaufmann, Ortsgruppenleiter der NSDAP und ebenfalls Angestelltenvertreter der Mauser-Werke, sowie weitere Facharbeiter des Unternehmens.

Als langjähriger Gemeinderat im Kaiserreich und im Nationalsozialismus sollte Zillinger – sicherlich nicht ohne deutliche Unterstützung der NSDAP und ihrer Ziele – im Jahr 1939 zum Zweiten Beigeordneten Oberndorfs bzw. zeitweisen Bürgermeister der Stadt aufsteigen. Er blieb dies auch nach seiner Verrentung 1942 noch bis 1945. Am 1. April 1939 wurde er zudem Ehrenbürger der Stadt, was deutlich macht, wie hoch die Parteigenossen der NSDAP im Stadtrat ihn und seine Arbeit im Dienste von Mauser und der Stadt schätzten.[84] Er war im Jahr 1935 wieder in den Gemeinderat berufen worden, »um die Beziehungen der Stadtverwaltung und der Mauserwerke zu fördern«. Gleichzeitig schenkten die Mauser-Werke der Stadt das Obere Werk, das für Schulung, Unterbringung der Arbeitskräfte und ihre Versorgung genutzt werden konnte.[85] Zillinger erhielt wie andere leitende Manager der Oberndorfer Mauser-Werke sowie Günther Quandt selbst den Titel des »Wehrwirtschaftsführers«, der nicht nur seine Verdienste um die Stadt, sondern auch um die politischen Ziele der NSDAP, vor allem der Aufrüstung Deutschlands, signalisierte. Zu den Titelträgern bei der Mauser-Werke AG zählten außerdem Fleck, Dörge und von Lossnitzer.[86]

Nach Zillingers Ausscheiden aus dem Mauser-Vorstand übernahm Günther Quandt, der ja mit knapp 51 Prozent Mehrheitsaktionär und seit 1942 auch Vorstandsvorsitzender der DWM war, zusätzlich bei den Mauser-Werken den Vorsitz im Vorstand. Hingegen wurde der in der Partei gut vernetzte Zillinger stellvertretender Vorsitzender des Aufsichtsrats. Hauptsitz der Mauser-Werke AG wurde nun Berlin, wo auch das Zweitwerk in Wittenau bestand, die kaufmännische Leitung übernahm Dörge als Betriebsführer des Gesamtunternehmens. Technischer Leiter und Betriebsführer des Werkes Oberndorf wurde Fleck. Vorstandsmitglied von Lossnitzer blieb verantwortlich für Forschung und Entwicklung.[87]

Im Werk waren sowohl die Partei selbst als auch die DAF und die Hitlerjugend ständig präsent, besonders aber zu herausgeho-

Abb. 17: Lehrwerkstatt im Schwedenbau – Berufswettkampf deutsche Metallarbeiterjugend 1935

benen NS-Feiertagen wie dem 1. Mai. Während sich die Mauser-Geschäftsleitung mit der »umsichtigen Führung der Gemeindeverwaltung« gänzlich einverstanden erklärte, sprach der strikt auf NSDAP-Kurs liegende Parteigenosse (Pg.) Bürgermeister Paul Fritz (*1.2.1892 in Schwäbisch Hall) davon, dass »die Zusammenarbeit mit der Führung der Industrie und den übrigen größeren Gewerbebetrieben [...] eine wirklich gute« war. Bei beiden Seiten – Mauser-Werke AG einerseits und lokale NSDAP-Führung andererseits – kann daher wohl von einer großen Übereinstimmung ausgegangen werden.[88] Bürgermeister Fritz war als frühes

Parteimitglied der NSDAP ebenfalls ein »Alter Kämpfer« und bezeichnete sich als »Nationalsozialist aus innerster Überzeugung«. Er war vor seinem Amtsantritt in Oberndorf bereits Bürgermeister in Neuenstadt am Kocher gewesen. Nachdem er am 1. November 1933 in Oberndorf zum Nachfolger von Karl Bayer, der unfreiwillig aus dem Amt geschieden war, ernannt wurde, gestaltete er die städtische Politik entsprechend der NS-Ziele um. Ein Beispiel dafür sind die Neu- oder Umbenennungen von vielen Straßen, die die Namen von »Alten Kämpfern«, Führern der NSDAP – wie z. B. die Adolf-Hitler-Siedlung – oder von militärischen Erinnerungsorten wie dem Skagerrak erhielten. Fritz brachte sich in das städtische Leben ein und war neben seiner Diensttätigkeit u. a. im Oberndorfer Musikverein als »Vereinsführer« und auf überregionaler Ebene als Obmann des Deutschen Gemeindetags engagiert. Im Unterschied zu seinem Nachfolger Ludwig Georg Priester (*16.6.1907) galt Pg. Fritz als ausgesprochener Verwaltungsfachmann. Priester war dagegen als Sparkassen-Oberinspektor zunächst bei der Württembergischen Sparkasse in Stuttgart, dann von 1936 bis 1944 bei der Kreissparkasse in Schramberg und Oberndorf Oberinspektor und Zweigstellenleiter in wirtschaftlich verantwortungsvoller Position gewesen, bevor er Dahlke als Ortgruppenleiter der NSDAP folgte. Fritz wechselte im März 1944 als Bürgermeister in die nächste größere Stadt, ins benachbarte Rottweil. Auch sein Nachfolger Priester galt als ein »typischer Nationalsozialist mit höchster Aktivität«.[89]

Am Anfang des Krieges hielt Reichshauptamtsleiter Claus Selzner in Anwesenheit des NSDAP-Kreisleiters Otto Arnold und des Kreisobmanns der DAF Dürner eine Rede vor der Geschäftsführung und der Belegschaft der Mauser-Werke AG. Ein Fanfarenzug der HJ, die Werkschar, die Frauengruppe und ein Orchester der NSDAP sorgten für den entsprechenden Rahmen der militaristisch geprägten NS-Feier.[90] Generaldirektor Zillinger unterstützte diverse NS-Sammelaktionen und empfing – für beide Seiten propagandawirksam – die Größen von Partei und SA wie den Stabschef der SA Viktor Lutze und SA-Obergruppenführer Prinz August Wilhelm von Hohenzollern sowie den Reichskassenverwalter der SA, SA-Obergruppenführer Georg Mappes. Zudem hielt er wäh-

Abb. 18: Bürgermeister Paul Fritz, NSDAP-Ortsgruppenleiter Ludwig Georg Priester, Reichsapotheker Albert Schmierer, Mauser-Generaldirektor Hermann Zillinger (stehend v.l.n.r.) und Mauser-Forschungsleiter Ott-Helmuth von Lossnitzer (sitzend), Oberndorf, vor 1944

rend des Krieges gemeinsam mit dem NS-Bürgermeister Fritz auf »Kameradschaftsabenden« aufbauende Reden, um die Moral an der »Heimatfront« hochzuhalten.[91] Schon zu Beginn des Krieges hatte die NSDAP-Ortsgruppe Oberndorf-Stadt mit dem DAF-Orts- und Mauser-Betriebsobmann Weißenbühler sowie Ortsgruppenleiter Leicht aus dem benachbarten Städtchen Boll eine Versammlung abgehalten, wobei sie »die große Verantwortung der inneren Front« betonten. Sie »zeichneten ein Gesamtbild unserer außerordentlich günstigen militärischen, außenpolitischen und wirtschaftlichen Lage. Insbesondere die weitreichende Bedeutung der Achse Rom-Berlin im Kräftespiel der Weltpolitik wurde überzeugend dargelegt.«[92] Dies zeigt auch die anhaltende Bedeutung der Belegschaft der Mauser-Werke für die städtische Politik von der Zwischenkriegszeit bis in den Zweiten Weltkrieg hinein. Es wurde versucht, die Moral von Kriegsbeginn an aufrechtzuerhalten, um die expansive Rüstungsproduktion für den Eroberungskrieg nicht zu gefährden. Vonseiten des Werkes und seiner Leitung wurden die Ziele der NSDAP ohne aktenkundig gewordenen Widerspruch oder Widerstand mitgetragen.

Dass die Auslastung der Mauser-Werke AG bereits vor 1936 – ebenso wie die Wohnsituation in Oberndorf und dem Umland – angespannt war, zeigt die Verlegung einer Gruppe von Arbeitern des Reichsarbeitsdienstes (RAD), die im Oberen Werk untergebracht wurden, und der Bau eines Reichsarbeitsdienstlagers. Dieses Barackenlager wurde nach dem frühneuzeitlichen unbarmherzigen Verteidiger des Hohentwiels im Dreißigjährigen Krieg, dem Kommandanten Konrad Wiederhold, benannt und zwischen 1935 und 1937 auf dem Lindenhof errichtet. Der Reichsarbeitsdienst mit einer sechsmonatigen Dienstpflicht für alle

Abb. 19: Betriebsappell der »Werkschar« auf dem Gelände der Mauser-Werke AG mit einer Ansprache von Generaldirektor Hermann Zillinger

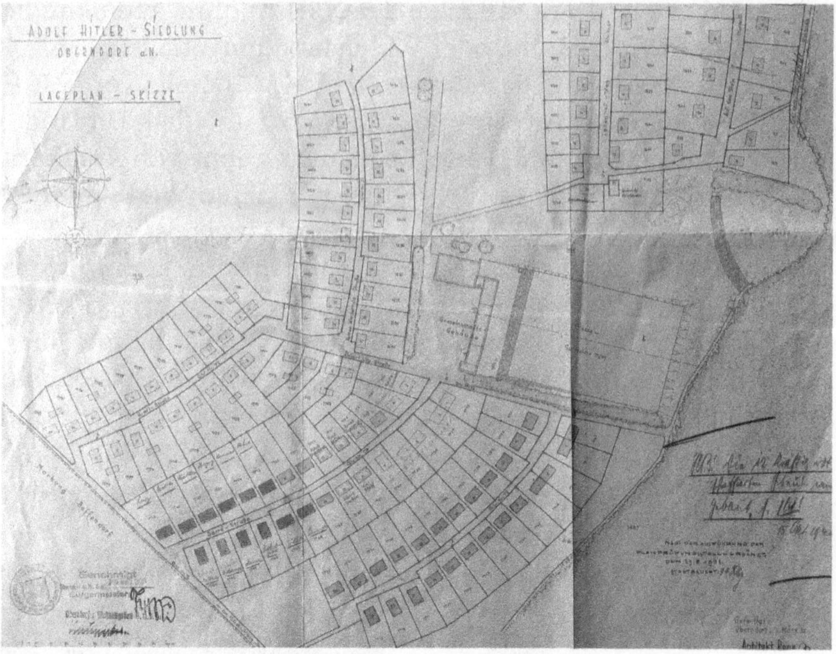

Abb. 20: Übersicht über die geplante Anlage der Adolf-Hitler-Siedlung auf dem Lindenhof-Areal

jungen Männer nach dem vollendeten 18. bis spätestens zur Vollendung des 25. Lebensjahres war nach der Machtübernahme der NSDAP als paramilitärisch organisierter Zwangsdienst aus dem schon 1931 eingerichteten Freiwilligen Arbeitsdienst hervorgegangen. Er wurde im Jahr 1934 auf den freiwilligen Dienst für junge Frauen zwischen 17 und 25 Jahren erweitert, und seit 1939 galt die Arbeitspflicht für alle Jugendlichen zwischen 18 und 25, die in den Arbeitsdienstlagern mit erzieherisch-militärischem Drill auf die Ideologie der NS-Regierung eingeschworen wurden. Das Lager, von der Stadt Oberndorf zusammen mit zehn Gemeinden der Umgebung als »Zweckverband Reichsarbeitsdienstlager« errichtet, stand von April 1936 bis Oktober 1939 gegen Pachtzahlung dem RAD zur Verfügung. Danach diente es bis April 1942 der Wehrmacht, bevor es die Mauser-Werke per Vertrag vom 15. Mai 1942 übernahmen. Die Arbeitsdienstleistenden halfen bei der Kultivierung von Land und der Errichtung der Adolf-Hitler-Siedlung bzw. der ersten 150 Wohnungen und ihrer Infrastruktur (Anlegung von Sträßchen) auf dem Lindenhof-Areal (siehe Abb. 20).[93]

Bei der Mauser-Werke AG wurde bereits im März 1938 unter höchstem Druck gearbeitet, wie die Zahl von 8 000 bis 10 000 Arbeitern und die Arbeit in drei Schichten für den Bereich der Heereswaffen in einem zeitgenössischen Pfarrbericht deutlich machten, den der evangelische Stadtpfarrer anlässlich einer Visitation verfasst hatte. Täglich fuhren »50 große Personenomnibusse aus der näheren und weiteren Umgebung die Arbeiter an ihre Arbeitsstätte und wieder zurück«. Die Stadt Oberndorf war mit Beschäftigten der Mauser-Werke AG überfüllt, und es herrschte Wohnungsmangel. Die hohe Relevanz der Waffenproduktion für die deutsche Kriegswirtschaft sieht Michaela Häffner, eine der Autorinnen der modernen Oberndorfer Stadtgeschichte, als Grund dafür, dass die Stadt »politisch und wirtschaftlich eine wichtigere Rolle ein[nahm] als andere Städte vergleichbarer Größe in Südwürttemberg«.[94]

Schon im Jahr 1934 wuchs die Belegschaftsstärke im Waffenbau um das Dreieinhalbfache (von 906 auf 3 201), ebenso bei den entsprechenden Hilfsbetrieben wie Schaft- und Vorrichtungsbau, während der Zuwachs in den anderen Bereichen der Mauser-Werke überschaubar blieb. Diese Steigerung setzte sich in abgeschwächter Form in den Folgejahren fort, wobei mit dem Vierjahresplan und der direkten Kriegsvorbereitung bis 1938 eine klare Expansion zunächst des Bereichs Waffenbau, dann auch der Waffenforschung zu verzeichnen war. Ab 1939 kam es bedingt durch den Kriegsbeginn und der Einziehung von wehrfähigen Männern zum Kriegsdienst zu einem gewissen Personalrückgang im Bereich Waffenbau, der aber schon im darauffolgenden Jahr wieder ausgeglichen werden konnte. Zivile Bereiche wie der Näh- und Rechenmaschinenbau sowie die Automobilreparatur waren dagegen nur mit wenigen Hundert Arbeitskräften seit 1933 vertreten und müssen eher als Randbereiche der Fertigung bzw. Vorhalten von Dual-Use-Möglichkeiten für den Friedensfall angesehen werden (siehe Tab. 3).

Tab. 3: Statistik über die Umsätze in Fertigerzeugnissen der Firma Mauser-Werke A.-G. in Tsd. RM[95]

Geschäfts-jahr	Waffen	Messwerk-zeuge	Rechen-masch.	Näh-masch.	Kraft-wagen	Gesamt
1925	3 987,7	340,8	–	524,7	1128,0	5 981,2
1926	4 085,0	209,0	–	315,0	1013,0	5 622,0
1927	4 966,0	377,0	–	1002,0	1220,0	7 565,0
1928	4 808,0	430,0	–	1035,00	401,0	6 674,0
1929	3 264,0	519,0	–	1180,0	99,4	5 062,4
1930	2 842,0	379,0	1,3	873,0	67,5	4 162,8
1931	2 058,0	336,0	91,0	605,0	33,0	3 123,0
1931/32	2 967,0	240,0	77,0	558,0	27,0	3 878,0
1932/33	4 627,0	331,0	58,6	702,0	16,0	5 734,6
1933–1937	k.A.	k.A.	k.A.	k.A.	k.A.	k.A.
1938/39	40 000,0	3 000,0	2 000	1500,0	–	46 500,0
1942/43	115 000,0	5 000,0	500,0	–	–	120 500,0
1944	k.A.	k.A.	k.A.	k.A.	k.A.	k.A.
1945	4 200,0	700,0	15,74	–	–	4 915,74
1946	1790,0	300,0	70,01	–	–	2 160,01

Mit dem fortschreitenden Kriegsverlauf, der verstärkten Einberufung wehrfähiger Beschäftigter und der massiven Ausweitung der Waffen- und Munitionsproduktion machte sich in Konsequenz ein immer drängenderer Arbeitskräftemangel bemerkbar. Wie im gesamten Reich setzten die Verantwortlichen in Politik, DWM-Konzern und Mauser-Werke AG auf den Ersatz der angestammten Belegschaft durch Kriegsgefangene und sogenannte Zivil- und Fremdarbeiter, die entweder unter wirtschaftlichem Druck angeworben oder unter Zwang verschleppt wurden.[96] Das heißt, Gewehre, Karabiner, Pistolen, Maschinengewehre und andere Waffen wurden bei der Mauser-Werke AG in hohem Maße von Zwangsarbeiterinnen und Zwangsarbeitern gefertigt: »Mehr als 5 000 Fremd- und Zwangsarbeiter, Kriegsgefangene und Militärinternierte aus Belgien, Frankreich, den Niederlanden, Italien, Polen, der Tschechoslowakei, Jugoslawien und der Sowjetunion garantierten die hohen Produktionszahlen«, schreibt Widmann[97] – zu einer Zeit, in der Oberndorf gerade einmal 8000 Einwohner umfasste. Auch Scholtyseck geht von ca. 5000 Zwangsarbeitenden bei 12000 Beschäftigten aus.[98] Dabei handelte es sich

Grafik 1: Übersicht über die Belegschaftsstärke der Mauser-Werke AG in Oberndorf am Neckar von 1884 bis 1945[99]

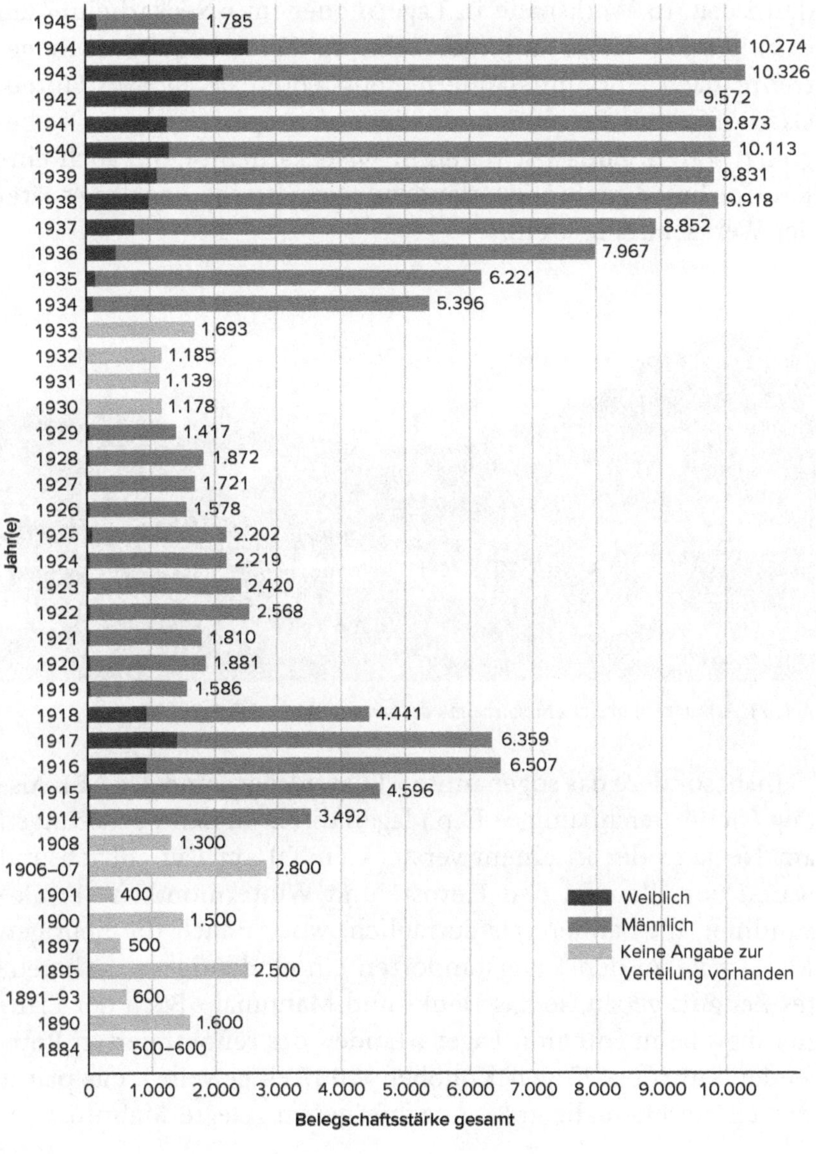

sowohl um männliche als auch um weibliche Zwangsarbeitskräfte, die die teils schweren Arbeiten im Waffen- und Vorrichtungsbau sowie der Härterei verrichten mussten, wie der Gliederung der Belegschaft in der vorausgehenden Statistik (siehe Grafik 1) zu entnehmen ist.

Die Kriegsgefangenen, Zwangsarbeiter und Zwangsarbeiterinnen, italienischen Militärinternierten und AEL-Häftlinge wurden i. d. R. in Werksnähe in Lagern oder im »Neckarheim« auf dem Werksgelände untergebracht, zu Kriegsbeginn noch getrennt nach Herkunftsländern. Teils lebten sie auch in Hotels, Gasthöfen und Pensionen, da die Wohnkapazitäten im Ort begrenzt waren. Zunächst waren im »Neckarheim«, das auch eine Kantine besaß, viele Niederländer untergebracht, doch zog später der Werkschutz hier ein.

Abb. 21: Arbeiterwohnheim »Neckarheim« der Mauser-Werke AG, um 1936

Insbesondere das sogenannte »Russenlager« und das AEL Aistaig (siehe gleichnamiges Kap.) lagen direkt in den Niederungen am Neckar oder in einem versteckten Tal am Lautenbach und waren vor allem in den Herbst- und Wintermonaten der Gesundheit alles andere als zuträglich, wovon auch die heutigen Mahnmale an den Lagerstandorten ein eindeutiges und beredtes Zeugnis geben, so das Denk- und Mahnmal »Buch der Erinnerung« beim früheren Lager »Linde« des renommierten Rottweiler Künstlers Jürgen Knubben (2007 eingeweiht), das privat von einem ehemaligen SS-Angehörigen angelegte Mahnmal am

Lager Irslenbach (»Russenlager«), das Mahnmal an den Ruinen des AEL Aistaig und der Gedenkstein für Zwangsarbeitskräfte auf dem Talfriedhof.[100]

Grundlegend wurde ihre Lage von Widmann beschrieben:

> »Die polnischen Zwangsarbeiter waren zunächst in einem Barackenlager in der Nähe der Mauser-Werke im Neckartal [untergebracht]. Im Frühjahr 1942 wurden sie in das Lager ›Birke‹ bei der Adolf-Hitler-Siedlung auf dem Lindenhof oberhalb des Ortes verlegt. Für die Überwachung der Zwangsarbeiter am Arbeitsplatz und in den Barackenlagern waren die Mauser-Werke zuständig. Bei vermeintlichen Verstößen gegen die Vorschriften, ›bei Disziplinlosigkeiten, reichsfeindlichen Bestrebungen, Sabotageakten, kriminellen Verfehlungen oder der Ausübung des Geschlechtsverkehrs mit deutschen Volksgenossen‹ drohte ab Herbst 1941 die Einweisung in das Arbeitserziehungslager Aistaig. Bis Kriegsende dürften im Lager Aistaig etwa 5000 Häftlinge gequält worden sein, so weit bekannt, fanden mindestens 74 Menschen den Tod.«[101]

Im Jahr 1943 hatte Oberndorf »einschließlich der ausländischen Zivilarbeiter« über 13000 Einwohner.[102] Um die Wohnknappheiten zu beseitigen, wurde auf dem heutigen Areal des Stadtteils Lindenhof die schon erwähnte großzügig geplante neue Siedlung angelegt, die nach dem »Führer« Adolf Hitler benannt wurde, und in der Nähe der Mauser-Werke eine Werkssiedlung mit kleinen Häusern und besonderen Dachformen (»Dachau« genannt). Hierbei kooperierten die Stadt unter der lokalen NSDAP-Leitung und der Waffenproduzent eng miteinander.[103]

Gegen Ende des Krieges am 20. April 1945 standen ca. 7000 Einwohnern Oberndorfs über 5200 Zwangsarbeitende gegenüber, was die hohe Bedeutung ihres Arbeitseinsatzes für die Mauser-Werke, den Ort und die Region zeigt. Hunderte Zwangsarbeiterinnen und Zwangsarbeiter aus den verschiedenen Lagereinrichtungen, den privaten Unterbringungen, Hotels und Gasthöfen mussten jeden Morgen und Abend auf dem Weg zur und von der Arbeit den Ort durchqueren und waren daher für die gesamte Stadtbevölkerung gut sichtbar.

Abb. 22: Die Adolf-Hitler-Siedlung (heute Stadtteil Lindenhof) in Oberndorf

Einige Zwangsarbeitende wurden Opfer alliierter Fliegerangriffe auf den Bahnhof Oberndorf (siehe Kap. »Die frühe Nachkriegszeit«). Arbeitsunfälle, unerträglich hohe Arbeitslast bzw. die inhumanen Arbeits- und Unterkunftsbedingungen kosteten eine größere Zahl von sehr jungen bis mittelalten Lagerinsassen und Häftlingen des AEL Aistaig das Leben. Zudem starben in den Lagern aufgrund der katastrophalen Bedingungen viele der dort geborenen oder nach Deutschland verschleppten Säuglinge und Kleinkinder (siehe die beiden anschließenden Kap.).[104] Allerdings waren die polnischen Arbeitskräfte nicht so präsent im Stadtbild wie ihre deutschen Kolleginnen und Kollegen. Im Juli 1940 erfolgte nämlich speziell für diese vonseiten des württembergischen Innenministers eine Anordnung an den Polizeipräsidenten in Stuttgart an die Landräte und Polizeidirektoren. Er verbot darin den »Zivilarbeitern und -arbeiterinnen polnischen Volkstums« im zweiten Kriegsjahr, öffentliche Bäder zu besuchen, sich in Einrichtungen kultureller Art, in öffentlichen Anlagen, auf freien Plätzen und in Bahnhöfen aufzuhalten (»herumzulungern«). Sie seien bei Zuwiderhandlung »rücksichtslos zu entfernen«.[105] Der Landrat von Rottweil erteilte am 22. November 1940 zudem genaue Anordnungen für die polnischen Arbeits-

Abb. 23: Feierabend bei der Mauser-Werke AG in Oberndorf a. N., um 1936

kräfte, wie sie sich am Arbeitsplatz, aber auch beim Einkaufen zu verhalten hatten.[106]

Die zur Zwangsarbeit bei der Mauser-Werke AG eingesetzten Menschen kamen zum größten Teil aus dem Ausland, nur teilweise stammten sie aus Deutschland. Neben den Polinnen und Polen waren es v.a. Männer und Frauen aus der Sowjetunion, den Niederlanden und Frankreich. Insgesamt waren nach Auskunft des Mauser-Direktors Dr. Fleck im Jahr 1944 Zwangsarbeitende aus 17 Nationen in den Oberndorfer Werksanlagen tätig.[107] Eine später aufgefundene und von Bürgermeister a.D. Klaus Laufer korrigierte bzw. ergänzte Liste der bei der Mauser-Werke AG in Oberndorf während des Krieges beschäftigten ausländischen Staatsangehörigen kommt auf insgesamt 6065 Personen aus 23 Ländern bzw. aus 16, nimmt man die Sowjetunion als eine Nation. Dabei sind allerdings weder die Zwangsarbeitenden deutscher Nationalität noch die eingesetzten Häftlinge des AEL Aistaig erfasst worden.[108] Zur besseren Übersichtlichkeit sind hier die Zahlen dargestellt:[109]

Tab. 4: »Aufstellung über die in der Zeit vom 2.9.1939–20.4.1945 *bei den Mauser-Werken* beschäftigten ausländischen Staatsangehörigen [kursiv in deutscher Schreibschrift ergänzt, Ziffern in der Aufstellung ebenfalls handschriftlich]«[110]

1a	Franzosen Zivilarbeiter	357
1b	Franzosen Kriegsgefangene	354
2	Belgier	85
3	Holländer	1394
4	Italiener	367
5a	Russen	2 146
5b	Russenkinder	67
5c	Armenier	70
5d	Ukrainer	11
5e	Dtsch. Ukrainer	2
5f	Letten	8
5g	Esten	1
5h	Litauer	11
6	Polen	1119
7	Tschechoslowaken	24
8	Jugoslawen	11
9	Ungarn	6
10	Griechen	4
11	Perser	[k.A.]
12	Luxemburger	1
13	Lichtensteiner	[k.A.]
14	Finnen	[k.A.]
15	Spanier	5
16	Dänen	1
17	Bulgaren	1
18	Iraner	11
	Gesamt	**6 056**

Der Reichsminister für Rüstung und Kriegsproduktion, Albert Speer, bot den Mauser-Werken im Juli oder August 1944 an, weitere Rüstungsaufträge zu erhalten, wenn sie dazu 1100 KZ-Häftlinge (zunächst die Insassen des KZ Natzweiler im Elsass, später ungarische Jüdinnen aus dem KZ Auschwitz) einsetzen und in eigens geschaffenen, separierten Barackenlagern unterbringen würden. Trotz enger Fühlungnahme vor Ort mit der Reichsführung SS und dem erst kurz zuvor für das KZ Natzweiler und die Einrichtung solcher Lager verantwortlich gemachten SS-Obersturmbannführer Fritz Hartjenstein behandelte das Unternehmen den Wunsch Speers nach eigenen Angaben dilatorisch. Angeblich erfolgte die verzögerte Befassung mit der Thematik, weil Mauser-Direktor Fleck »die Zwangsarbeit von KZ-Häftlingen unsympathisch [gewesen] sei«. Aufgrund des schnellen Vormarsches der Alliierten war das KZ Natzweiler im Herbst 1944 bereits geräumt, als sich das Unternehmen damit wieder befasste. Für die Auswahl und Unterbringung der alternativ vorgesehenen weiblichen Häftlinge aus dem KZ Auschwitz in Lagern, die im Winter 1944/45 neu errichtet werden sollten, verblieb daher keine Zeit mehr, wie einer der Hauptverantwortlichen, der ehemalige Mauser-Prokurist Rechtsanwalt Dr. Lutz, nach dem Krieg 1948 in einer Erklärung versicherte.[111]

Bei der nachträglichen Bewertung ist Vorsicht angebracht. Es ist nicht eindeutig festzustellen, warum die Geschäftsführung der Mauser-Werke AG die Übernahme und den Einsatz von KZ-Häftlingen gegen Ende des Krieges in Oberndorf tatsächlich ablehnte. Hier kommen verschiedene Ursachen in Betracht. Einerseits klingt es nicht unplausibel, dass der Einsatz von Zwangsarbeitenden aus vielen verschiedenen Ländern für das Unternehmen zusätzlichen Aufwand bedeutete und daher auf die KZ-Häftlinge aus dem nahen Elsass bzw. später aus dem KZ Auschwitz quasi verzichtet werden sollte. Möglicherweise kamen für die Direktion auch die KZ-Häftlinge nicht als Arbeitskräfte in Frage, weil ihre Leistungsfähigkeit durch die menschenunwürdige Unterbringung und Behandlung als zu begrenzt galt, es Sicherheitsbedenken gab oder sie für eine qualifizierte Tätigkeit in den feinmechanischen Betrieben als nicht geeignet angesehen wurden. Andere Rüstungsbetriebe ließen sich dadurch jedoch nicht abschrecken, wie z. B. die HASAG oder die Wilhelm-Gustloff-Werke.[112] Fleck selbst war »seit 1934 als technischer Direktor wesentlich für die Reorganisation des Werkes Oberndorf verantwortlich gewesen« – und damit für die strikte Umstellung auf militärische Waffenproduktion im Zuge der Wiederaufrüstung Deutschlands, die laut Günther Quandt von seiner Unternehmensgruppe mit DWM und der Mauser-Werke AG an der Spitze seit diesem Zeitpunkt betrieben worden sei.[113] Als »Wehrwirtschaftsführer« und Mitglied im Hauptausschuss Waffen unter Rüstungsminister Speer hatte Fleck eine zentrale Funktion für die deutsche Kriegswirtschaft des Zweiten Weltkriegs inne und muss daher als ausgesprochener Unterstützer der Ziele des Führers und seiner Regierung gelten. Es kommt daher sicherlich auch die Möglichkeit in Betracht, dass sich Fleck durch eine solche nachträgliche Schutzbehauptung selbst entlasten wollte. Denn es musste bei der Abfassung des genannten Schriftstücks im Jahr 1948 klar sein, dass der Einsatz der KZ-Häftlinge unter unwürdigsten Bedingungen und die »Vernichtung durch Arbeit« in der Nachkriegszeit mindestens als fragwürdig, wenn nicht gar als justiziabel angesehen wurde. Aus der frühen Nachkriegszeit im Herbst 1945 gibt es in den Mauser-Akten des Stadtarchivs Oberndorf zumindest Hinweise darauf, dass auch unter den polnischen Zwangsarbeitern einzelne KZ-Häftlinge gewesen sein könnten und deren Einsatz in Oberndorf also nicht generell von der Direktion der Mauser-Werke AG abgelehnt wurde.[114] Oswald Pohl, dem seit 1. Februar 1942 das SS-Wirtschaftsverwaltungshauptamt unterstand und der seit März 1942 das KZ-System auf die Massenzwangsarbeit in der Rüstungsproduktion der deutschen Unternehmen umstellte, zählte die Mauser-Werke bei seiner Aussage in den Nürnberger Prozessen zu den »größten Arbeitgeber[n] von Konzentrationslager-Häftlingen«. Zu den 17 von ihm genannten Unternehmen bzw. Konzernen gehörten neben Mauser die IG Farben AG, die Hermann-Göring-Werke, HASAG, Heinkel, Messerschmitt, Brabag, Krupp, die Auergesellschaft (Degussa-Konzern) und acht der größten deutschen Bauunternehmen, z. B. Hochtief und Philipp Holzmann.[115] Von daher besteht auf jeden Fall die Möglichkeit, dass nicht nur an den Mauser-Standorten Berlin und Spaichingen ab 1942 KZ-Häftlinge eingesetzt wurden, sondern auch im Hauptwerk in Oberndorf.

Sowjetische, polnische und niederländische Arbeitskräfte und ihre Lage vor Ort

Der Stadtchronist und damalige Betreuer des Stadtarchivs, Stadtdrogist Hermann Heim, berichtet, dass am 28. März 1942 angeblich die ersten Zwangsarbeitskräfte in Oberndorf eintrafen.[116] In seiner »Kriegschronik« schreibt er durchaus widersprüchlich: »Anfang dieser Woche sind ca. 500 russische Arbeiter und Arbeiterinnen hier eingetroffen, um in den Arbeitsprozeß der Mauser-Werke eingereiht zu werden. Die Russen wurden in den Polenbaracken beim Neckarheim untergebracht, die darin befindlichen Polen kamen in das Arbeitsdienstlager auf der Ad.Hitler-Siedlung. Weitere Transporte Polen sollen folgen.«[117] Laut Angaben des Einwohnermeldeamts gegenüber dem Bürgermeister waren aber schon im Dezember 1940 rund 500 polnische Zwangsarbeiter und 108 Kriegsgefangene an ihren Bestimmungsort zur Arbeit in den Mauser-Werken gelangt. Im November 1941 waren es laut Tholander und Häffner »527 Polen und acht Ukrainer«. Womöglich beruhte die Wahrnehmung Heims darauf, dass der Einsatz der »russischen«, aus der Sowjetunion stammenden Zwangsarbeitenden 1942 für alle sichtbar und unter öffentlicher Anteilnahme stattfand. Zum weitaus überwiegenden Teil waren es tatsächlich Zwangsarbeitende und keine Kriegsgefangenen, wobei nach übereinstimmender Forschungsmeinung die Grenzen zwischen den verschiedenen Kategorien der nicht freiwillig eingesetzten Arbeitskräfte mit der Kriegsdauer verschwammen. Ulrich Herbert definiert in seinen grundlegenden Arbeiten als Zwangsarbeit »die während des Zweiten Weltkriegs in Deutschland von Zivilarbeitern und Kriegsgefangenen unter Aufsicht der deutschen Militärbehörden und Verwaltungen in der Landwirtschaft, im Bergbau und in der Industrie sowie in anderen Bereichen geleistete Arbeit«.[118] Kriegsgefangene für die Arbeit in Oberndorf wurden bereits im Sommer 1940 erstmals angefordert, als der Gemeinderat überlegte, wie eine Anfrage an das zuständige Arbeitsamt Rottweil zu formulieren sei, um solche Kräfte aus dem Stammlager Villingen für den Einsatz in Gewerbe und Landwirtschaft nach Oberndorf zu holen.[119]

Es gab in der Stadt Oberndorf und im Stadtteil Aistaig insgesamt sieben Lager für zivile Zwangsarbeitende, teils mit verschiedenen Unterlagern. Dazu gehörten: Neckarheim (Mauser-Werke), Lager »Linde«, Lager »Eiche«, Lager »Birke«, Lager »Buche« und AEL Aistaig. In Aistaig (siehe gleichnamiges Kap.) waren im Unterschied zu den anderen Lagern durchweg verschiedene Nationalitäten untergebracht.[120] Das Lager »Im Erlen« wurde erst 1944 eingerichtet und war bislang nicht erfasst.[121] Den anderen kleineren Unterbringungsstätten in Gewerbebetrieben oder Gasthöfen und den vielen privaten Unterkünften waren ebenso wie den Lagern unterschiedliche Gruppen von Zwangsarbeitern und -arbeiterinnen zugeordnet, meist getrennt nach Herkunft aus bestimmten Staaten und Geschlecht. Doch auch bei der Unterbringung entsprechend der Nationalitäten scheint sich mit Fortgang des Krieges die Zuordnung gelockert zu haben. Zudem gab es noch zwei Kriegsgefangenenlager für italienische und französische Militärinternierte (Lager IMI und Lager Sportplatz), d.h., insgesamt waren es also neun Lager, verteilt auf die gesamte Stadt Oberndorf am Neckar inklusive Aistaig.

Die Zahlenangaben über die Beschäftigung von sogenannten Zivil- und Fremdarbeitern, Kriegsgefangenen, Militärinternierten, Arbeitslager- und KZ-Häftlingen bei der Mauser-Werke AG während der gesamten Kriegszeit differieren, teilweise sogar stark. Dies hängt nicht nur mit der Expansion des Unternehmens nach Berlin, Spaichingen und Belgien zusammen, sondern partiell auch mit der Terminologie und der schwierigen, disparaten Quellenlage.

Scholtyseck geht von insgesamt 5000 Zwangsarbeitenden der 12000 in Oberndorf Beschäftigten aus, zuzüglich 1400 bis 1800 Häftlinge aus dem KZ Buchenwald, die der SS-Offizier Karl Sommer vom SS-Wirtschafts- und Verwaltungshauptamt in den Nürnberger Prozessen nannte. Sommer gab an, »seiner Erinnerung nach seien nach Verhandlung mit Direktor Josef Holl in Oberndorf auch etwa 1400 bis 1800 Häftlinge aus dem KZ Buchenwald eingesetzt worden«.[122] Diese Zahl kann bislang weder durch die in den städtischen Quellen vorhandenen Daten noch durch andere Quellen belegt werden. Nachgewiesen werden kann lediglich, dass im November 1944 von der SS ein Außenlager des KZ Buchenwald bei der Luftwaffenmunitionsanstalt in

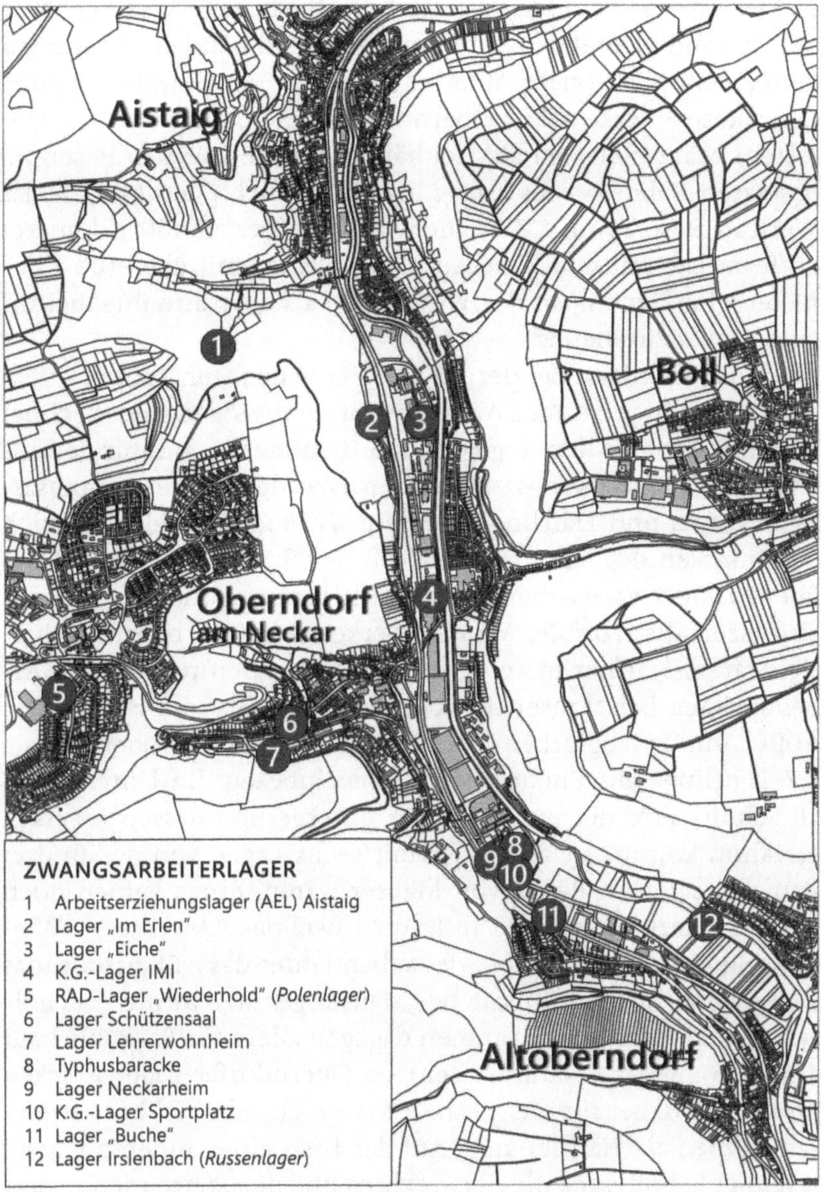

Abb. 24: Karte der Zwangsarbeiterlager und Arbeitserziehungslager in Oberndorf und Aistaig

Oberndorf in Thüringen errichtet wurde, wo bis zu 200 männliche Häftlinge eingesetzt wurden, um Bomben zu stapeln, zu verladen und zu transportieren.[123] Um Oberndorf am Neckar ging es hier also nicht. Es könnte sich auch um eine Verwechslung der Zuständigkeiten von Direktor Josef Holl handeln. Er war vor dem Zweiten Weltkrieg Abteilungsdirektor der Gewehrfertigung der Mauser-Werke AG in Oberndorf gewesen, fungierte seit spätestens März 1940 aber als Treuhänder für die DWM in Posen im besetzten Polen.[124] Dies klingt insgesamt auch plausibler, da das Werk in Posen vom KZ Buchenwald weniger als 100 Kilometer entfernt lag, während Oberndorf am Neckar mit über 400 Kilometern Entfernung an der Westgrenze als eher unwahrscheinliches Ziel anzusehen ist.

Scholtyseck lässt bei der Angabe der genannten Zahlen offen, ob die Häftlinge des AEL Aistaig bereits einbezogen sind. Rechnet man mit der von ihm angegebenen Gesamtzahl von mindestens 6400 bis 6800 Zwangsarbeitenden (Zwangsarbeiter/Zwangsarbeiterinnen und Häftlinge aus dem KZ Buchenwald) zuzüglich der Insassen des AEL mit 4000 bis 5000 Personen, ergäbe das über 10000 Zwangsarbeitskräfte und Häftlinge, die während der Kriegszeit allein bei der Mauser-Werke AG in Oberndorf beschäftigt waren. Häffner meint jedoch, dass von den rund 12000 Arbeitsplätzen bei Mauser in Oberndorf ungefähr die Hälfte, d.h. 6000, mit Zwangsarbeitskräften besetzt waren, wobei sie die KZ-Häftlinge aus Buchenwald nicht einbezog. Im Unterschied zu Scholtyseck, der nur das Lager »Birke« und dessen Insassen erwähnt, kommt sie auf insgesamt sechs Lager, von denen drei Barackenlager im Besitz von Mauser waren, hinzu kamen noch Behelfsunterkünfte sowie ab 1. April 1942 das RAD-Lager »Wiederhold« und ab Dezember desselben Jahres das AEL Aistaig, das weitgehend für den Einsatz bei Mauser genutzt wurde.[125] Scholtyseck und Kohlmann kommen dagegen allein für Ende 1944 auf 4807 Zwangsarbeitskräfte allein im Oberndorfer Lager »Birke« und geben daher für die gesamte Kriegszeit sehr viel höhere Gesamtzahlen als Häffner an.[126] Auf der Basis einer anderen Quelle zeichnet Scholtyseck die Entwicklung und den steigenden Bedarf an Zwangsarbeitskräften bei der Mauser-Werke AG nach, die seit Frühjahr 1942 das Lager »Birke« gepachtet hatte: Waren es 1942 nur 900 Insassen, so kamen 1943 1267 hinzu, 1944 weitere 1280 und 1945 schließlich bis Kriegsende noch einmal 600 Menschen, d.h. insgesamt 4807, allein hier, ohne die anderen acht Lager.[127]

Abb. 25: Lager »Eiche«, zeitgenössische Fotografie

Hermann Heim gibt in seiner Kriegschronik im Mai 1944 einen kleinen Einblick in die Diversität der Nationalitäten und die Lagerrealität der »Rassentrennung«, die mit euphemistisch klingenden Lagernamen übertüncht werden sollte. Waren im Lager »Buche« 374 holländische Arbeitskräfte untergebracht, so waren es im Lager »Ahorn« 156 aus dem Nachbarland Frankreich, im Lager »Linde« 1594 »Ostarbeiter«, im Lager »Birke« 690 Polinnen und Polen, im Lager »Eiche« 832 Arbeitskräfte verschiedener Nationalitäten, im Kriegsgefangenenlager IMI 228 italienische militärisch Internierte und im Kriegsgefangenenlager beim Sportplatz 52 Kriegsgefangene, die aus Frankreich nach Deutschland verschleppt worden waren. Dies ergab zu einem relativ späten Zeitpunkt des Krieges 3926 Menschen zuzüglich 275 Deutschen sowie 379 Personen in Heimen, Gasthöfen und Privatquartieren – ungefähr so viele, wie Einwohner vor dem Krieg in Oberndorf am Neckar gewohnt hatten.[128] Die Bezeichnung »Ostarbeiter« wurde insbesondere nach den von Heinrich Himmlers Reichssicherheitshauptamt am 20. Februar 1942 eingeführten »Ostarbeiter-Erlassen« genutzt, um die über zwei Millionen aus der Sowjetunion nach Deutschland verschleppten Zwangsarbeitenden einem Sonderrecht zu unterwerfen, das sie von den anderen Häftlingen separierte und stärker diskriminierte, worauf noch genauer einzugehen ist.

Das RAD-Lager »Wiederhold« auf dem Lindenhof wurde nach der Aufgabe durch die Wehrmacht und die Übernahme durch die Mauser-Werke AG zum sogenannten »Polenlager« umfunktioniert. Hierüber sind umfangreiche Akten mit der Gebäudeausstattung und Fotos vom ursprünglichen Zustand erhalten geblieben.

Abb. 26: RAD-Lager »Konrad Wiederhold« bzw. Lager Lindenhof (»Polenlager«)

Dieses Lager umfasste am Ende des Krieges sieben Wohnbaracken. Nach den wenigen Angaben in den Quellen des Stadtarchivs bestanden sie aus 19 großen Räumen (45–50 Quadratmeter) für je 20 bis 22 Personen, d.h., hier wurden 400 Menschen untergebracht. Hinzu kamen noch fünf mittlere Baracken für je 10 Personen und 14 kleinere Räumen für je 4 Personen, sodass insgesamt über 500 Zwangsarbeiterinnen und Zwangsarbeiter hier leben mussten. Zur Versorgung der Menschen gab es nur jeweils eine Wirtschafts- sowie eine Waschbaracke mit Waschküche und einen einzigen Abort. Man kann sich leicht vorstellen, wie schwierig und wenig hygienisch die Lebensverhältnisse waren, auch wenn das Wirtschaftsgebäude aus einem Speisesaal mit angrenzendem Raum, der Küche mit 3 »großen Kästen«, wohl zur

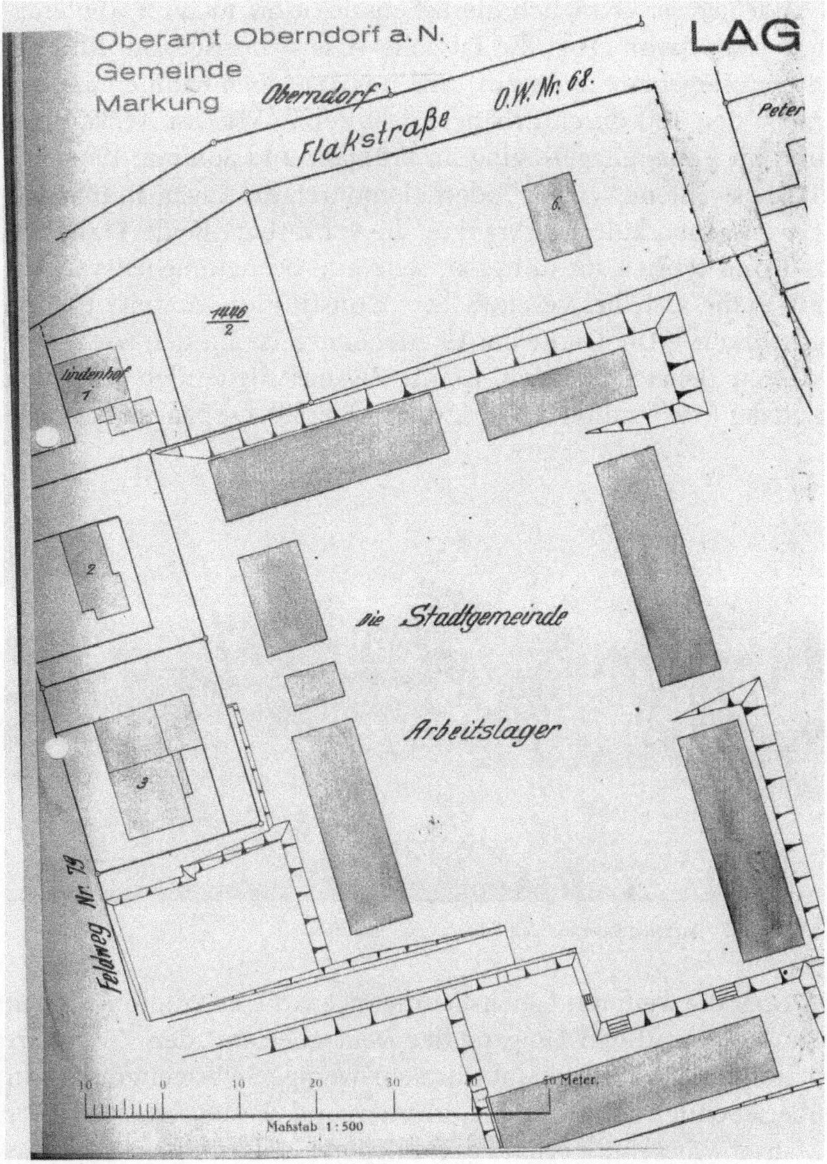

Abb. 27: Plan des RAD-Lagers »Konrad Wiederhold« bzw. späteres Lager Lindenhof (»Polenlager«)

Aufbewahrung von Utensilien dienlich, und einem großen Herd bestand. Die Waschbaracke hatte nur 26 Wasserzapfstellen und war lediglich mit einem Tisch und Waschkessel ausgestattet.[129]

Wie schwer erträglich die Lebenssituation auch im »Polenlager« war, davon zeugt die Tatsache, dass sich insgesamt fünf der hier untergebrachten Zwangsarbeiter das Leben nahmen und zumeist den Tod durch Erhängen wählten.[130] Wie im Neckarheim und im »Russenlager« ging im Frühjahr und Sommer 1943 eine Typhuswelle mit vielen Todesfällen durch die Lager, ab 1944 gab es viele Tuberkulose-Erkrankte, die verstarben. Beide Krankheiten sind typisch für unhygienische und beengte Lebensverhältnisse, die sich bei geschwächter Konstitution zumeist tödlich auswirken.[131] Die Quote der Überlebenden ist ähnlich wie im gesamten Deutschen Reich, wo die Zwangsarbeitenden aus Polen und der Sowjetunion die geringsten Überlebenschancen hatten.[132]

Abb. 28: Das Barackenlager auf dem Lindenhof, nach 1945

Über die weiteren Lebensbedingungen, die Behandlung in den Betrieben und den Umgang der Deutschen mit den Zwangsarbeitenden sind insgesamt nur sehr wenige Selbstzeugnisse von überlebenden Zwangsarbeiterinnen und Zwangsarbeitern der Mauser-Werke AG erhalten geblieben.[133] Aber eine der polnischen Arbeiterinnen, die im Alter von 22 Jahren aus Warschau nach Oberndorf am Neckar verschleppt worden war, berichtete im Zuge der Wiedergutmachungsprozesse der Nachkriegszeit im Jahre 1966 über ihre Zeit bei dem Waffenproduzenten. Auch wenn die Ereignisse schon über 20 Jahre zurücklagen, ist die eidesstattliche Erklärung als durchaus glaubwürdig anzusehen, zumal die

Frau nicht nur die eigenen Erlebnisse schilderte, sondern auch das Schicksal anderer, jüngerer polnischer Häftlinge betraf. Sie gab in der Entschädigungssache Kazimiera Curry, geb. am 17. November 1922 in Powiercie/Polen, verhandelt vor dem Bundesverwaltungsamt 1966, zu Protokoll:

> »Ich, unterzeichnete Kazimiera Curry, geborene Siwek, geboren am 17. November 1922 in Powiercie, Kreis Kolo, Polen, derzeit wohnhaft 612 Surf St. Chicago 14, Ill., U.S.A. erkläre hiermit eidesstattlich – nachdem ich von dem beglaubigenden Notar über die Bedeutung einer falschen eidesstattlichen Erklärung belehrt wurde – folgendes:
>
> Im August 1944 wurde ich mit einer Gruppe der polnischen Zivilbevölkerung von Warszawa, Polen, samt Frauen und Kindern, die in dem Aufstand keine Teilnahme hatten, nach Deutschland als Zwangsarbeiterin gebracht. Gleich danach wurde ich zur Arbeit in den Mauser Werken AG in Oberndorf am Neckar zugeteilt und bei den Maschinen gearbeitet. [sic!] Ich wurde damals auch derart an mein persönlichen Freiheit [sic!] gehindert, dass ich in einem geschlossenen Lager Lindenhof leben musste. Nach einigen Wochen wurden auch die polnischen Kinder, die mit unserem Transport kamen und im Alter von 12, 13 und 14 Jahren waren, in derselben Fabrik zur Arbeit gezwungen. Auf meine Abteilung wurde ein 12-jähriger Junge, namens Edward Korczynski zugeteilt. Er hielt sich unaufhörlich bei den Maschinen auf und zwar in meiner nächsten Nähe bei den dort stehenden Maschinen. Beängstigt, dass er von dem Transmissionsgurt fortgerissen sein kann [sic!] und auf diese Weise um sein Leben kommen, konnte ich mich nicht länger beherrschen und bemerkte, dass derartige Verordnung Kinder am gefährlichen Platz zur Arbeit zu zwingen mit dem Kriegsforderungen nichts gemeinsames habe [sic!] und dass es ein ausgesprochenes Verbrechen sei. Nachdem ich es sagte, hat mich sofort der SS-Obermeister Ruff brutal auf den Kopf geschlagen. Am nächsten Tage wurde ich um 4 Uhr nachmittags geweckt (es ist die Zeit meiner Nachtschicht gewesen) und von den SS-Männern zur Gestapo gebracht. Dort hat mich zuerst der Kriminalinspektor Zuckschwerd[t] einige Male geohrfeigt.

> Bei der persönlichen Revision hat man mir alle meine Sachen abgenommen, um sie – wie man mir erklärte – im Deposit aufzubewahren. Ich wurde zu zwei Wochen Gefängnisses [sic!] verurteilt. So blieb ich im Gefängnis von 28. November bis 14. Dezember. Nachher wurde ich wieder zur Gestapo gebracht. Dort erfuhr ich von dem Dolmetscher Fischer, dass mir die abgenommenen Sachen jetzt nicht zurückgegeben werden, weil ich im Lager, wo ich wohne, leicht bestohlen sein konnte [sic!]. Man gab mir nur eine Quittung zur Unterschrift. – Am nächsten Tag kam ich auf meine Fabrikabteilung zurück. Seit dieser Zeit sind nur wenige Wochen verflossen, als der arme Junge, Edward Korczynski, dessen ich mich angenommen habe, eines Tages mittags, um 12:10 mit der Hand in den Transmissionsgurt geriet und infolgedessen sich im dortigen Krankenhaus einer Amputation unterziehen musste. –
>
> Im Frühjahr 1945 wurden wir, Zwangsarbeiter – dank den alliierten Truppen – befreit und im November 1945 ist unser Lager nach Rottweil (damalige französische Besatzungszone) übersiedelt worden. Am 5. August 1946 verließ ich das Lager auf Grund der Bewilligung der betreffenden Behörden und begab mich nach Stuttgart. Bald danach fuhr ich nach Kanada und verlor seit dieser Zeit jede Berührung mit meinen Zwangsarbeitsgenossen.«[134]

Im Falle der polnischen Zwangsarbeiterin waren die Arbeitsbedingungen gemäß der Schilderung wohl brutaler und repressiver als die Lebensbedingungen im ehemaligen RAD-Lager »Wiederhold«. Dort wurde in der Nähe im Oberen Werk auch ein Säuglingsheim und eine Kindertagesstätte für die Arbeiterinnen eingerichtet.[135]

Bei den polnischen Zwangsarbeitern, die im »Polenlager« und im Neckarheim untergebracht waren, gab es überdies mehrere Hinrichtungen, wie aus den städtischen Akten hervorgeht. Neben einem polnischen Zwangsarbeiter, der im AEL Aistaig untergebracht war, wurden in den Jahren 1943 und 1944 vier polnische Staatsbürger aus dem »Polenlager« und dem Neckarheim hingerichtet. Die fünf jungen Polen waren zwischen 19 und 32 Jahre alt.[136]

Deutlich außerhalb der Stadt, aber benachbart zu den Mauser-Werken brachte man dagegen die mit ca. 2000 Menschen zahlenmäßig größte Gruppe der ausländischen Gefangenen, die sowjetischen Zwangsarbeitenden, unter. Das sogenannte »Russenlager« in unmittelbarer Nähe zum Neckar war in der kühleren Jahreszeit angesichts fehlender oder nur geringer Beheizung vermutlich von Kälte, Nässe und Frost geprägt, die Aufenthaltsbedingungen waren miserabel. Dies bezeugt auch die hohe Zahl an Toten durch Lungenentzündung, Lungenschwindsucht sowie durch Infektionskrankheiten wie Typhus (vor allem 1943) und Tuberkulose (vor allem 1944).[137]

Abb. 29: Lager »Eiche« mit zwei Wachmännern im Schnee, 1944

Im »Russenlager« gab es nicht nur einen »Hinrichtungsplatz« für die Exekution russischer und polnischer Häftlingsarbeiter, sondern auch eine relativ hohe Säuglings- und Kindersterblichkeit. Mindestens 28 Säuglinge und Kleinkinder starben dort (24 russische, d. h. sowjetische Säuglinge und Kleinkinder sowie vier polnische Säuglinge). Dies bedeutet auch, dass die Zwangsarbeiterinnen zum Zeitpunkt ihrer Verschleppung in das Deutsche Reich möglicherweise bereits hochschwanger waren.[138] Im Falle der Kleinkinder wird deutlich, dass sie unterwegs auf dem Transport aus der

Sowjetunion nach Deutschland geboren worden waren, also mit verschleppt wurden.[139] Die Mauser-Werke AG unterhielt eine Verwaltung eigens für ihre Ausländer-Gemeinschaftslager, die auch über ein Ausländer-Krankenrevier verfügten. Dortige Todesfälle, wie das Silvester 1944 an Krämpfen verstorbene Baby Sosja Adamschyk (»Nationalität Polin«), wurden zeitnah dem Standesamt der Stadt Oberndorf am Neckar mitgeteilt.[140]

Die Hinrichtungsstätte beim »Russenlager« wurde tatsächlich genutzt, denn es sind verschiedene Fälle von Misshandlungen und Tötungen sowjetischer Zwangsarbeiter dokumentiert. Hier wird deutlich, dass gegen Kriegsende und dem damit verbundenen erhöhten Druck auf die kriegswirtschaftliche Produktion bei den Mauser-Werken selbst kleinere Vergehen nicht nur hart geahndet, sondern auch mit Schauexekutionen vor aller Augen brutalst bestraft wurden. Im Juni 1944 wurden vier Zwangsarbeiter (»Ostarbeiter«) erhängt, die wohl aus der Sowjetunion nach Deutschland verbracht worden waren. Sie waren alle »beschäftigt bei der Firma Mauser-Werke AG und dort wohnhaft«. Sie hatten angeblich »von Januar bis April 1944 in Garderoben der Firma Mauser-Werke AG Oberndorf während und nach Fliegeralarmen unter Ausnützung der Verdunkelung rund 25 Garderobenschränke deutscher Arbeiter aufgebrochen und Inhalt (Kleidungsstücke, Schuhe, Lebensmittel, Geld, Rauchwaren und Lebensmittelkarten) gestohlen. Ausserdem gehörten die Beteiligten einer Partisanenbande in Russland an, Oberhaupt war Sarubin, der Rang eines Politruks hatte«.[141] Laut den verschiedenen Akten im Stadtarchiv waren die vier Jugendlichen bzw. jungen Männer im Alter zwischen 16 und 25 Jahren, als sie von den Schergen der Geheimen Staatspolizeileitstelle (Gestapo) Stuttgart am 16. Juni 1944 um 15.25 Uhr in Oberndorf hingerichtet wurden.[142]

Die Gestapo in Württemberg und Hohenzollern hatte seit Sommer 1933 sukzessive sieben Außendienststellen eingerichtet, von denen die Außendienststelle in Oberndorf am Neckar die drittgrößte war. Sie wurde zunächst von Kriminalkommissar Wilhelm Imhoff geleitet, ab April 1936 von Kriminalobersekretär Hans Zuckschwerdt, der auch für das AEL Aistaig verantwortlich war. Eingerichtet wurde die zunächst mit vier, bis 1937 mit sieben Kommissaren besetzte Außenstelle der Gestapo in Oberndorf in dieser Größe »wegen der Mauserwerke«. Zuckschwerdt galt als besonders grausam und legte einen so großen Eifer an den Tag, »dass die Außendienststelle Oberndorf in einen weit schlimmeren Ruf geriet, als dies bei den benachbarten Gestapoaußenstellen der Fall war«.[143] Häffner beschrieb ihn als Funktionsträger der Gestapo mit »unglaubliche[r] Brutalität und Menschenverachtung«.[144]

Bürgermeister Pg. Paul Fritz wurde der Zeitpunkt der Hinrichtung von der Gestapo mitgeteilt, und ihm wurde »die Teilnahme an der Exekution anheim[gestellt]«, der »Exekutionsplatz [könne] bei [der] Aussendienststelle Oberndorf erfragt werden.«[145] Bei den vier erhängten Sowjetbürgern handelte es sich um:

1. Iwan Sarubin, geb. 1919 in Siwodikowka [25],
2. Boris Schaptschynski, geb. 15.5.1928 in Uspenskoje [16],
3. Ilko Kanabjejewski, geb. 2.12.1919 in Woronesch [25],
4. Alexander Schbak, geb. 27.6.1926 in Komariwzi [18].[146]

In zwei der anderen Lager, nämlich »Buche« und »Eiche«, waren neben Arbeitskräften aus Frankreich auch insgesamt ca. 1000 Niederländer untergebracht.[147] Viele der holländischen Zwangs-

Abb. 30: Aufbau des Lagers »Buche« (»Russenlager«) zwischen Oberndorf und Altoberndorf

arbeitenden kamen auch im Lager Neckarheim auf dem Gelände der Mauser-Werke unter. Doch obwohl sie aufgrund der kruden Rassenideologie der Nationalsozialisten besser angesehene »Westarbeiter« waren, auf die üblicherweise auch weniger Zwang ausgeübt wurde, müssen die hygienischen Verhältnisse der Unterbringung so schlecht gewesen sein, dass eine größere Anzahl von ihnen ebenfalls an den Folgen der schon erwähnten Typhuswelle von 1943 oder an der Tuberkulose verstarb.[148]

Gegen Kriegsende im Jahr 1945 war das Lager »Eiche« dann relativ divers belegt: Italiener, Tschechen, Jugoslawen und wenige Belgier sowie Griechen und Spanier wurden dort fern der Heimat für Zwangsarbeit, i. d. R. bei den Mauser-Werken, gefangen gehalten.[149] Aus den Akten im Stadtarchiv geht auch hervor, dass Ungarn und Kroaten in den Lagern untergebracht waren, teils auch im AEL Aistaig, und sich der schweren Arbeit durch Entfernung vom Arbeitsplatz zu entziehen versuchten.[150] Dies lässt darauf schließen, dass auch im Lager »Eiche« die Lebensbedingungen kaum erträglich waren, trotz der mit mehr oder weniger Zwang erfolgten Anwerbung dieser Arbeitergruppen, die im Vergleich zu den Menschen aus Polen und der Sowjetunion häufig besser behandelt wurden. Denn gemäß der NS-Rassenideologie wurde, wie oben bereits angedeutet, bezüglich des Arbeitseinsatzes von ausländischen Arbeitskräften ein perfides System von Besser- bzw. Schlechterstellungen entwickelt und praktiziert. Da kaum detaillierte autobiografische Berichte von Zwangsarbeiterinnen und Zwangsarbeitern vorliegen, kann generalisierend mit dem Standardwerk von Ulrich Herbert resümiert werden:

> »Sowohl was die Lebensmittelrationen, die Ausstattung der Unterkünfte, die Arbeitszeiten und -löhne sowie die Beschäftigung an qualifizierten Arbeitsplätzen betraf, als auch in bezug auf die sicherheitspolizeilichen Bestimmungen – Strafsystem, Umgang mit Deutschen, Mißhandlungen etc. – waren die Westarbeiter schlechter als die Deutschen, aber deutlich besser als die Arbeiter aus dem Osten gestellt. Daraus entwickelte sich eine Hierarchie, bei der die französischen Zivilarbeiter vor denen aus anderen westlichen Ländern (Belgien, Niederlande) rangierten – darunter die Arbeitskräfte aus den zum Teil mit

> Deutschland verbündeten oder von ihm abhängigen südosteuropäischen Ländern (Ungarn, Rumänen, Slowenen, Griechen, Serben, Kroaten) – darunter die Arbeiter aus der Tschechoslowakei (dem sogenannten ›Protektorat Böhmen und Mähren‹) – darunter die Polen, und ganz unten rangierten die Arbeiter aus der Sowjetunion sowie seit dem Sommer 1943 auch die italienischen Militärinternierten; wobei noch gewisse Abstufungen zwischen Ukrainern und Russen auf der einen, Zivilarbeitern und Kriegsgefangenen auf der anderen Seite feststellbar waren. Die während der letzten Kriegsjahre vermehrt in der Rüstungsindustrie beschäftigten KZ-Häftlinge sowie schließlich die jüdischen Zwangsarbeiter bildeten zudem noch eigene Kategorien unterhalb dieser rassistischen Stufenleiter, denen gegenüber sich beim Arbeitseinsatz eine auf Leistung orientierte Behandlung bis Kriegsende nicht durchsetzte. In der Praxis jedoch begannen sich die Unterschiede zwischen der Situation etwa der sowjetischen Arbeitskräfte und der KZ-Häftlinge im Chaos der letzten Kriegsjahre in manchen Betrieben zu verwischen.«[151]

Die Mauser-Werke AG beschäftigte alle Kategorien dieser Arbeitskräfte, deren Arbeit, Unterkunft, Verpflegung, Entlohnung und Freizeit mit einer Fülle an Einzelerlassen, zumeist auf der Basis gesetzlicher Grundlagen, geregelt wurde. Die einzelnen Anordnungen können in dieser Arbeit aus Beschränkungsgründen nicht alle ausführlich dargestellt werden.[152]

Zumeist – und vor allem zu Beginn noch – wurden Polinnen und Polen mit einem »P« auf ihrer Bekleidung gekennzeichnet, Arbeiterinnen und Arbeiter aus der Sowjetunion mit dem Abzeichen »Ost«. Beide Gruppen wurden wie generell die Häftlinge aus den Arbeitserziehungslagern (AEL), so auch in Aistaig, in gesonderten, mit Stacheldraht umzäunten Lagern untergebracht, schwer bewacht und deutlich schlechter versorgt als die Kriegsgefangenen und Zwangsarbeitenden aus den besetzten Ländern in Westeuropa. Zur Diskriminierung hinzu kamen neben längeren Arbeitszeiten, schwereren oder monotoneren Arbeiten noch der Terror, die Strafen, Misshandlungen und Tötungen bei teils geringen Vergehen. Hier machte sich die Diskrepanz zwischen Rassenideologie, Geschlechtertrennung auf der einen und dem

Bedarf der deutschen Kriegswirtschaft auf der anderen Seite bemerkbar. Durch den hohen Bedarf der Rüstungsindustrie wurden immer mehr Arbeitskräfte aus den verschiedensten Ländern hinzugezogen und bisweilen Vorschriften zur getrennten Unterbringung nach Herkunft und Geschlecht außer Acht gelassen. Gemäß der Ostarbeiter-Erlasse galt aber die »Todesstrafe bei Kapitalverbrechen, politischen Delikten und Geschlechtsverkehr mit Deutschen«.[153] Dies führte zu härtester Bestrafung bei sexuellen Beziehungen zwischen Deutschen und Zwangsarbeitenden aus rassisch als weniger wertvoll deklarierten Ländern (siehe dazu auch Kap. »Das Arbeitserziehungslager Aistaig«).

Tab. 5: Aufstellung ausländischer Staatsangehöriger, die während des Krieges in Oberndorf a. N. gestorben sind[154]

Nationalität (nach Quellenbegriffen)	**Anzahl**
Russland [Sowjetunion]	105
Niederlande	70
Polen	68
Frankreich	23
Deutschland	13
Ukraine	10
Italien	8
Belgien	6
Bulgarien	2
Staatenlos	2
Griechenland	1
Jugoslawien	1
Lettland	1
Litauen	1
Serbien	1
Tschechien	1
Ungarn	1
Gesamt	**314**

Dass sich die Verhältnisse bei der Behandlung der Arbeitskräfte nach rassistischen Hierarchien im Laufe der Kriegszeit verwischten und die Trennung bei der Unterbringung in den Lagern vernachlässigt wurde, traf entsprechend der älteren Befunde von Ulrich Herbert auch spätestens seit 1942 auf die Beschäftigten der Mauser-Werke AG zu, da durch Infektionswellen in den Lagern nicht nur bei den »Ostarbeitern« hohe Todeszahlen zu verzeichnen waren, sondern auch bei den niederländischen und französischen Arbeitskräften.[155]

Insgesamt starben in Oberndorf am Neckar von 1940 bis 1945 nach neuestem Stand 314 ausländische Arbeitskräfte, i. d. R. Zwangsarbeiterinnen und Zwangsarbeiter. Es handelt sich im Einzelnen um Menschen aus 16 Nationen und zwei staatenlose Personen (siehe Tab. 5).

Allerdings kann nicht festgestellt werden, wie viele der gestorbenen Zwangsarbeitenden bei der Mauser-Werke AG beschäftigt waren und in welchen Abteilungen. Aber es liegen im Stadtarchiv Oberndorf nun neuerdings auch Daten der Mauser-Werke AG aus der frühen Nachkriegszeit vor, die in den Arolsen Archives in Bad Arolsen (ehemals Internationaler Suchdienst ITS) gesammelt und archiviert worden sind. Aussteller der Bescheinigungen war der französische Sequester, der als »Le Chef d'escadron Michon, Directeur Français des Usines Mauser« unterzeichnete und der die Zahl auf unbekannter Grundlage, vermutlich nach Daten der Mauser-Personalabteilung, weitergab (s. Tab. 6).[156]

Insgesamt ist zu beachten, dass neben den Mauser-Betrieben in Oberndorf am Neckar auch der Berliner Werksteil von Mauser sowie die der DWM angegliederten Schwesterwerke in Herstal und Posen auf ein umfangreiches Reservoir an Arbeitskräften zurückgriffen, die ebenfalls unter wirtschaftlichem Druck angeworben oder mit direktem Zwang eingesetzt wurden. Sie haben bislang in den Geschichtsbetrachtungen zur Oberndorfer Wirtschaft im Nationalsozialismus keine Rolle gespielt, da diese räumlich auf die Region Oberer Neckar fokussiert geblieben sind.[157] Diese Engführung könnte jedoch auch auf das Fehlen sämtlicher Akten zur Geschäftsführung der Mauser-Werke und der DWM zurückzuführen sein, aus denen die Aufgabenteilung in den einzelnen Unternehmen und innerhalb des Konzerns hervorgehen könnte.

Tab. 6: Zahl der bei der Mauser-Werke AG von 1940 bis 1945 beschäftigten Zwangsarbeitenden (nach Arolsen Archives)[158]

Nationalität (nach Quellenbegriffen)	Anzahl
Armenien	70
Bulgarien	1
Griechenland	2
Iran	11
Italien	393
Jugoslawien	11
Luxemburg	1
Polen	1115
Russland [Sowjetunion inkl. Cherson]	2140
Tschechoslowakei	24
Ungarn	6
Verschiedene Nationalitäten (Estland, Lettland, Litauen, Ukraine, Deutsch-Ukrainer/innen)	23
Gesamt	**3797**

Die DWM betrieben in Berlin und Karlsruhe mindestens seit Jahresbeginn 1942 verschiedene Lagereinrichtungen für polnische, sowjetische, später auch italienische, französische und niederländische Arbeitskräfte, die teils wegen wirtschaftlicher Engpässe oder unter deutlichem Druck angeworben wurden und Zwangsarbeit leisten mussten. Da die Mauser-Werke nicht nur in Berlin, sondern auch in Karlsruhe noch eine kleinere Fertigung unterhielten, partizipierten sie sowohl am Einsatz der Zwangsarbeitenden in Berlin als auch im Südwesten. Bis zum Sommer 1944 waren im Karlsruher Bereich mit 800 Zwangsarbeiterinnen und -arbeitern allein für Mauser über 59 Prozent aller Zwangsarbeitskräfte im Einsatz. Dies war laut Scholtyseck eine der höchsten Quoten unter den vergleichbaren Firmen dort.[159]

Ein erstes Mauser-Lager wurde schon ab 1941 in Berlin-Borsigwalde am Eichborndamm in der Nähe des Wittenauer Werkes als geheimes Projekt eingerichtet und sollte in sieben Mannschafts-Baracken, zwei Wasch-, zwei Abort-, einer Wirtschafts- und einer Waschbaracke zunächst bis zu 800 Kriegsgefangene unterbringen. Stellt man die Größenangaben der Baracken in Relation zur

Zahl der Lagerinsassen, so stand bei einer Barackengröße von ca. 530 Quadratmetern jedem Bewohner ein Platz von etwa 4,6 Quadratmetern zur Verfügung. Die Wasch- und Abortbaracken waren mit jeweils 120 Quadratmetern bzw. 100 Quadratmetern noch wesentlich kleiner, verglichen mit der Menge der untergebrachten Menschen.[160] Schon 1942 wurde eine Erweiterung des Lagers für 520 »Zivilrussen« geplant und bis Jahresende angelegt, wo zunächst 280 Arbeitskräfte unterkamen. Zudem organisierten die Mauser-Werke zusammen mit der anderen DWM-Tochter, den Dürener Metallwerken, ab 1942 ein weiteres neu beantragtes Lager. Scholtyseck geht davon aus, dass darin 640 Personen in vier Mannschafts-, einer Wirtschafts-, einer Wach- und einer Pförtnerbaracke unterkommen bzw. verpflegt und bewacht werden sollten. Seiner Ansicht nach war die Mauser-Werke AG, zumindest was die Unterbringung von Zwangsarbeitenden und die Lagerverwaltung angeht, daran beteiligt, dass rund 2770 Zivilarbeiter und Kriegsgefangene für die Dürener Metallwerke in Berlin eingesetzt wurden, davon rund 25 Prozent Frauen.[161]

Neben Berlin war auch in Spaichingen im Verlagerungsbetrieb »Metallwerke Spaichingen«, den Mauser von der Verseidag übernommen hatte (siehe Kap. »Die Mauser-Werke im Reich der DWM«), Zwangsarbeit an der Tagesordnung. So wurden beispielsweise im Sommer 1944 drei Baracken errichtet, in denen seit September 1944 noch 300 bis 400 KZ-Häftlinge des nahe gelegenen KZ Natzweiler-Struthof untergebracht wurden. Scholtyseck berichtet nicht nur von den katastrophalen Zuständen im Lager, durch die mindestens 95 Arbeitskräfte starben, sondern auch von der Verurteilung des dortigen Mauser-Direktors Jakob Hartmann wegen mangelhafter Ernährung der Häftlinge im Rastatter Kriegsverbrecherprozess der französischen Besatzungsmacht. Hartmann wurde 1947 zu mehreren Jahren Gefängnis verurteilt.[162] An diesem Beispiel wird auch deutlich, dass die Mauser-Werke AG keineswegs generell den Einsatz von KZ-Häftlingen ablehnte, sondern allenfalls im Hauptwerk in Oberndorf ab Ende 1944 keine weiteren Lager einrichten wollte.

Bei den DWM-Werken in Herstal und Posen waren insgesamt weit über 30000 Menschen beschäftigt, von denen die weit überwiegende Zahl unter Zwang eingesetzt wurde. Allein in den

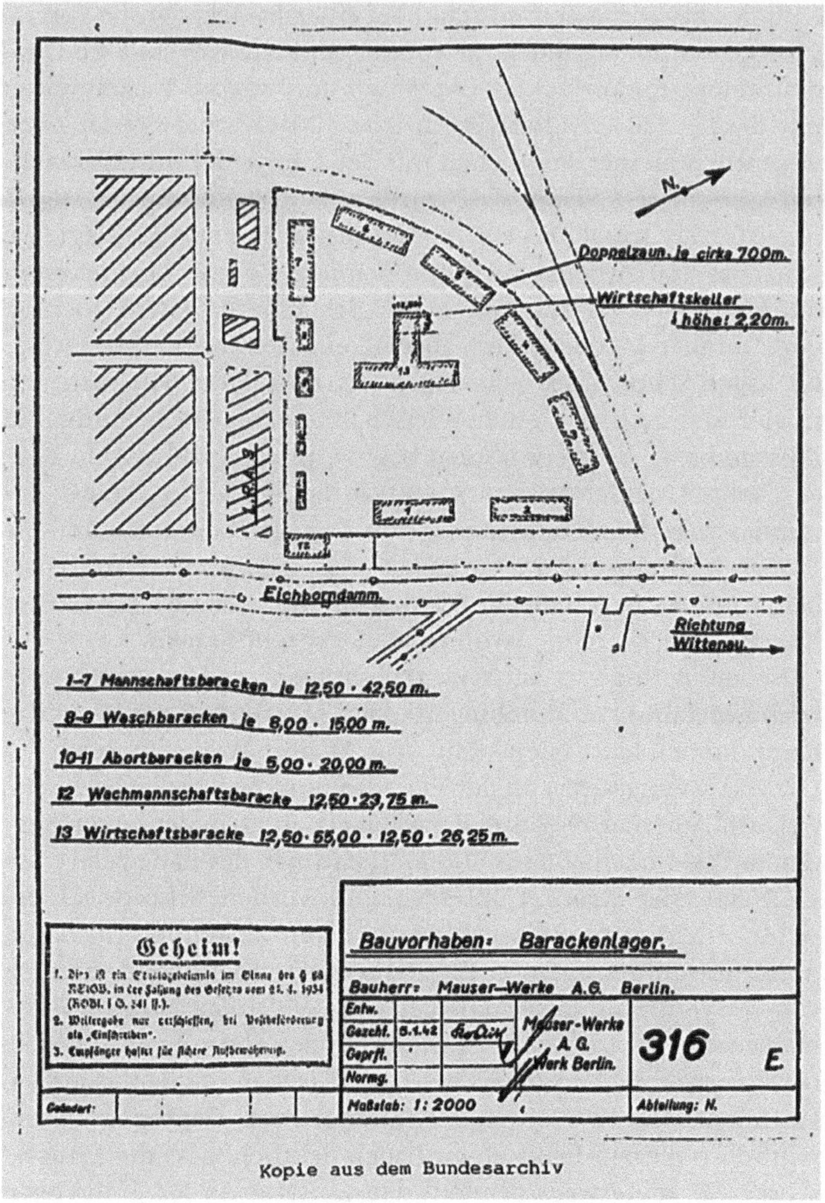

Abb. 31: Plan des Berliner Lagers »Am Eichborndamm 156« der Mauser-Werke AG

DWM-Werken in Posen waren es zum Höchststand 25 000 Beschäftigte, von denen wohl nur ein geringer Teil des zumeist deutschen Führungspersonals freiwillig und ohne Zwangsrekrutierung im Einsatz war.[163] Genauere Daten besitzen wir über den Arbeitseinsatz bei der DWM in Belgien und Polen bislang aber leider nicht.

Insgesamt betrachtet ist die genaue Benennung einer Zahl zu den Zwangsarbeitenden, Kriegsgefangenen und AEL-Häftlingen bei der Mauser-Werke AG in Oberndorf am Neckar aus verschiedenen Gründen schwierig: Bei den genannten Zahlenwerken wurden entweder nur ausländische Arbeitskräfte benannt, d.h., die Insassen des AEL Aistaig und deutsche Zwangsarbeitende oder KZ-Häftlinge fehlen in diesen Aufstellungen gänzlich. Einige der genannten Zahlen, z.B. diejenigen von Scholtyseck zum Lager »Birke«, erfassen wohl nicht alle Lager oder nehmen die Daten, wie etwa diejenigen der Arolsen Archives, zu einem bestimmten Stichtag auf und nicht die Gesamtzahl von 1933 bis 1945. Schließlich ist davon auszugehen, dass beispielsweise die einfache Addition von Zahlen des AEL Aistaig nicht zielführend ist, denn hier gab es aufgrund der Funktion des Lagers sicherlich deutliche Überschneidungen mit den ausländischen Arbeitskräften, die bereits in der Datensammlung von Mauser erfasst sind. Als relativ gesichert kann lediglich die Zahl von 314 Toten gelten. Die Gesamtzahl der Zwangsarbeitenden, AEL-Häftlinge, Kriegsgefangenen, freiwillig angeworbenen ausländischen Arbeitskräfte und KZ-Häftlinge bei der Mauser-Werke AG in Oberndorf und im Verlagerungswerk Spaichingen muss insgesamt auf deutlich über 7000 geschätzt werden, nimmt man die sichere Zahl von 6 056 aus der Aufstellung von Bürgermeister a. D. Laufer, die Zahl der KZ-Häftlinge in Spaichingen von 300 bis 400 und einen Teil der Häftlinge des AEL Aistaig, die auf 4 000 bis 5 000 geschätzt worden sind, hinzu. Die Entwicklung dieses Lagers soll nun im Folgenden genauer betrachtet werden.

Das Arbeitserziehungslager Aistaig und seine Rolle für die Mauser-Werke

Die Mauser-Werke waren stärker als bisher bekannt in den Einsatz und die profitable Nutzung der Arbeitskräfte des Arbeitserziehungslagers (AEL) Aistaig einbezogen, von dem nur wenige Abbildungen erhalten sind.

Abb. 32: Arbeitserziehungslager (AEL) Aistaig im Lautenbachtal

Mit Kriegsbeginn wurde es zunehmend schwieriger, die hohen Produktionskapazitäten aufrechtzuerhalten. Daher wurde früh nicht nur auf ausländische Arbeitskräfte, sondern bald auch auf zunächst deutsche, später auch ausländische Häftlinge aus dem Arbeitserziehungslager (AEL) im benachbarten, im Jahr 1939 nach Oberndorf am Neckar eingemeindeten Örtchen Aistaig gesetzt. Doch das Lager hatte auch noch eine andere Funktion. Die AEL waren eine aus den Arbeitslagern der Weimarer Republik entwickelte neue dritte Säule der Repression im NS-System. Sie ergänzten die Justiz mit Gefängnissen von Polizei, Geheimer Staatspolizei und NS-Organisationen sowie die Konzentrationslager um ein stärker erzieherisch ausgerichtetes Element. Anfänglich zum Bau des Westwalls und bei der Besetzung Polens eingesetzt, wurden die Lagerinsassen auch in Süddeutschland für größere Infrastrukturprojekte wie den Bau der Schwarzwaldhochstraße, der Autobahnen, der Reichsstraßen u. Ä. herangezogen.[164]

Die in die AEL verbrachten Zivilisten konnten »schlagartig« verhaftet und zunächst 21 Tage, ab 1941 sogar 56 Tage in »Schutzhaft« genommen werden. Sie galten als »Zivilgefangene« und wurden während des Krieges häufig auf Anforderung von Unternehmen eingesetzt, um »einzelne ›Gefolgschaftsmitglieder‹ […] mit abschreckender Härte disziplinieren zu lassen«.[165] So entstand in Deutschland ein System von über 200 AELs mit rund 40 000 Lagerplätzen, davon eines im Herbst 1941 in Aistaig. Häffner berichtet davon, dass die Häftlinge es selbst aufbauen mussten, bevor es Anfang 1942 »seine menschenverachtende Funktion aufnehmen« konnte. Das Vorgängerlager auf dem Bergrücken des Kniebis im Schwarzwald, wo die Häftlinge zum Bau der Schwarzwaldhochstraße eingesetzt worden waren, wurde aufgelöst und die Häftlinge nach Aistaig gebracht. Sie kamen anfänglich aus Baden und Württemberg, später nur noch aus Württemberg.[166] Die Auftraggeber waren bislang noch unklar: Häffner berichtet von Quellen, die einerseits das Lager der Initiative des Reichsverteidigungskommissars für das Land Württemberg und Hohenzollern zuschrieben (Schreiben des Württembergischen Technischen Landesamtes aus der Nachkriegszeit), andererseits seien städtische Initiatoren in Oberndorf im Zusammenspiel mit staatlichen Stellen für die Errichtung verantwortlich gewesen.[167] Hierzu können die Bestände des Stadtarchivs Oberndorf am Neckar und des Bayerischen Wirtschaftsarchivs in München nun genaueren Aufschluss geben.

Der Bau eines neuen, militärstrategisch bedeutenden Teilstücks der Schwarzwaldhochstraße war vom Technischen Landesamt Stuttgart mittels verschiedener Baufirmen von 1938 bis 1941 betrieben worden. Eine führende Rolle spielte hier die Sager & Woerner KG München, deren Leitender Bauingenieur von 1921 bis 1933 Fritz Todt war. Nach der Machtübernahme der NSDAP und Todts Wechsel in höchste staatliche Ämter als Generalinspekteur für das deutsche Straßenwesen und später als Reichminister für Bewaffnung und Munition wurde das Bauunternehmen mit einer Zweigniederlassung in Stuttgart mit wichtigen Straßenbau- und Rüstungsprojekten (Atlantikwall, U-Boot-Bunker Dora I und II im norwegischen Trondheim u.a.) beauftragt. Nachdem das Teilstück der Schwarzwaldhochstraße im Jahr 1941 fertiggestellt worden war, sollten 200 bis 220 der dort eingesetzten Häftlinge für den Bau eines Teilstücks der Reichsstraße Nr. 14 zwischen Sulz und Oberndorf herangezogen werden. Der Leiter der Sager & Woerner Zweigniederlassung Stuttgart schrieb am 28. Oktober 1941 an das Technische Landesamt Ludwigsburg:

> »Nach Rücksprache mit dem Techn. Landesamt Ludwigsburg, Herrn Oberbaurat Kirschenmann und Herrn Baurat Rapp, erhalten wir für die Baustelle Reichsstrassenausbau Nr. 14 zwischen Sulz und Oberndorf 200–220 Arbeitskräfte. Es handelt sich hierbei um asoziale Sträflinge, die von der Schwarzwald-Hochstrasse frei werden und uns zur Verfügung gestellt werden können.
>
> Notwendig ist nun in erster Linie die Unterbringung dieser Sträflinge. Wir haben uns deshalb zusammen mit der Gestapo und dem Kommandeur der Sträflinge an Ort und Stelle unser Lager in Aistaig angesehen, das wir zur Verfügung stellen wollen. Das Lager wurde vom Kommandeur der Sträflinge in Ordnung gefunden, nur muß das Lager ausserhalb der Ortschaft Aistaig verlegt werden. Der Platz wurde gemeinschaftlich besichtigt und für angebracht gehalten. Mit dem Abbau des Lagers in Aistaig wird bereits heute, Dienstag, den 28.10.41 begonnen. Hierzu werden 30 Sträflinge mit dem Omnibus von der Schwarzwald-Hochstrasse abgeholt, die das Aufstellen der Baracken bewerkstelligen müssen.
>
> Die anfallenden Kosten für das Ab- und Aufstellen der Baracken werden vom Technischen Landesamt Ludwigsburg getragen und zwar nur die entstandenen Selbstkosten zuzüglich der Umsatzsteuer.
>
> Für die Zurverfügungstellung unserer Baracken erhalten wir auch für die Sträflinge RM 0.50 pro Mann Übernachtungsgeld. Die Unterkunftsbaracken werden von uns so rasch wie möglich aufgestellt, damit die Gesamtbelegschaft der Sträflinge beim

> Reichsstrassenbau Nr. 14 zwischen Sulz und Oberndorf eingesetzt werden kann.«[168]

Betrieben wurde das Lager in Aistaig zunächst von der Geheimen Staatspolizei (Gestapo), Leitstelle Stuttgart, die zu Beginn auch das Wachpersonal (15–40 Schutzpolizisten und Polizeireservisten) stellte und den Vertrag über die Überlassung der Arbeitskräfte mit den Unternehmen bzw. städtischen Stellen vor Ort abschloss. Gegen Bezahlung an die Gestapo wurden die Häftlinge bei der Stadt im Stollenbau oder der Straßenreinigung, bei den Mauser-Werken in der Produktion, bei Mafell in Aistaig und der Buntweberei Sulz GmbH eingesetzt.[169]

Rechtlich gesehen wurde im Jahr 1942 der Bürgermeister der Stadt Oberndorf a. N. der Vorsitzende des Zweckverbandes Arbeitsdienstlager Oberndorf a. N. und Umgebung, wie das sog. Polenlager im Kündigungsschreiben der Mauser-Werke AG nach Kriegsende benannt wurde. Denn die Stadt verpachtete dieses Lager Mitte Mai 1942 an das größte Unternehmen Oberndorfs, wie aus der Kündigung des Pachtverhältnisses unmittelbar nach Kriegsende deutlich wird. Die Geschäftsführung des Waffenproduzenten kündigte der Stadt nämlich am 26. Juli 1945 den am 15. Mai 1942 geschlossenen Pachtvertrag, da »uns unmittelbar mit der Besetzung jegliche Verfügungsmacht über das Arbeitsdienstlager genommen wurde«.[170]

Die Mauser-Werke AG traten per Vertrag zudem am 1. Dezember 1942 als reguläre Mieter der Baracken beim AEL quasi die Nachfolge von Sager & Woerner an. Ab 1. März 1943 erwarben sie auch alle Inneneinrichtungsgegenstände, wie aus einem Schreiben vom 25. März 1943 hervorgeht. Für die Miete bekamen die Mauser-Werke im Austausch die Übernachtungsgelder derjenigen Häftlinge, die bei anderen Firmen oder der Stadtgemeinde Oberndorf beschäftigt waren. Der Vorstand schrieb:

> »Lt. beiliegender Akten-Notiz haben wir das Arbeitserziehungslager Aistaig [AEL] ab 1. Dezember 1942 gemietet und die Inneneinrichtungsgegenstände ab 1. März 1943 gekauft.
>
> Für die monatliche Miete und den Kaufpreis der Inneneinrichtungsgegenstände werden uns von der Firma Sager & Woerner Rechnungen erteilt.

Dadurch, dass wir die Baracken gemietet haben, stehen uns auch die Übernachtungsgelder, die die einzelnen Firmen[,] bei denen die Häftlinge beschäftigt waren[,] zu bezahlen haben, zu.

Anbei empfangen Sie Durchschlag der Rechnungen, die für Übernachtungsgelder für die Monate Dezember 42, Januar und Februar 43 an folgende Firmen gegangen sind:

	RM
Rohr & Schädel, Oberndorf	43,–
Sager & Woerner, Stuttgart	120,–
Stadtgemeinde Oberndorf	815,–
Gebr. Moosmann, Lauterbach	1852,–
Ludwig Czaikowski, Saarbrücken	37,–
Geissler & Sohn, Ulm	202,–
	3069,–
Mauser-Werke, Oberndorf zur internen Verrechnung	3133,–
	6202,–

Oberndorf a. N., den 25. März 1943«[171]

Aus dem Schreiben wird deutlich, dass der überwiegende Teil der Häftlinge von Dezember 1942 bis zur Auflösung des Lagers Ende April 1945 bei Mauser beschäftigt war. Für ihren Einsatz wurden die Bedingungen zwischen dem Reichsführer SS Heinrich Himmler, der Staatspolizeileitstelle in Stuttgart und der Mauser-Werke AG detailliert juristisch ausgehandelt und in einem Vertrag festgehalten, von dem nur der undatierte Entwurf noch im Stadtarchiv Oberndorf a. N. vorhanden ist:

»Arbeitsvertrag.

zwischen dem Deutschen Reich, vertreten durch den Reichsführer-SS und Chef der Deutschen Polizei im Reichsministerium des Innern, dieser vertreten durch den Leiter der Staatspolizeileitstelle in Stuttgart, Regierungs- und Kriminalrat Mußgay [auch Musgay und Mussgay], und der Mauser-Werke AG in Oberndorf/N. (im folgenden ›Unternehmer‹ genannt) wird nachstehend der

Arbeitsvertrag

abgeschlossen:

§ 1 (Allgemeines.)

Zur Arbeitsleistung auf den Arbeitsstellen des Unternehmers werden diesem Häftlinge aus dem Arbeitserziehungslager Oberndorf-Aistaig der Staatspolizeileitstelle Stuttgart (im folgenden ›Lager‹ genannt) zur Verfügung gestellt.

Die Zuweisung der Häftlinge erfolgt durch den Leiter des Lagers.

§ 2 (Arbeitseinsatz)

Der Unternehmer übernimmt die Verpflichtung, die zugeteilten Arbeitskräfte möglichst getrennt von den freien Arbeitskräften einzusetzen.

§ 3 (Vorarbeiter)

Für die Durchführung des Arbeitseinsatzes werden von dem Unternehmer die erforderlichen Vorarbeiter zur Verfügung gestellt, die die Häftlinge während der Arbeit anleiten.

Der Unternehmer stellt auch das erforderliche Arbeitsgerät.

§ 4 (Wachmannschaft)

Die Arbeitskräfte (Häftlinge) werden bei der Arbeitsleistung in besondere Arbeitskommandos unter Aufsicht und Bewachung von Wachmannschaften zusammengefaßt. Die Wachmannschaften werden aus Polizeigefängnisangestellten der Staatspolizeileitstelle Stuttgart gebildet. Sie unterstehen dem Leiter des Lagers.

§ 5 (Lohn)

(1) Die tägliche Arbeitszeit soll in der Regel 10 Std. betragen. Der Unternehmer zahlt den für ungelernte Arbeiter zuständigen Tariflohn von stündlich –.60 RM zuzüglich eines Aufschlags von 10 % für Unfall- und Sozialversicherungsbeiträge und für Verheiratete die Auslösung (Trennungsgeld) von täglich 1,– RM.

(2) Das Lager hat eine Beschäftigungsliste zu führen, in der täglich die geleisteten Arbeitsstunden der zum Einsatz gekommenen Häftlinge verzeichnet werden. Eine Ausfertigung der Beschäftigungsliste ist dem Unternehmer monatlich mit der Lohnabrechnung zu übergeben.

(3) Die Arbeitslöhne sind der Polizeikasse in Stuttgart (Postscheckkonto Stuttgart Nr. 8256) binnen 3 Wochen nach Erhalt der Rechnung zu überweisen.

§ 6 (Unterkunft und Verpflegung)

Die Unterbringung und Verpflegung der Häftlinge erfolgt im Lager. Die Kosten der Verpflegung trägt die Staatspolizeileitstelle Stuttgart.

Der Unternehmer stellt die für das Lager benötigten Baracken und die dazugehörige Inneneinrichtung unentgeltlich zur Verfügung. Er übernimmt auch die Kosten für die Unterhaltung und für eine etwa notwendig werdende Erweiterung des Lagers. Über die Notwendigkeit der Lagererweiterung entscheidet ausschließlich die Geheime Staatspolizei.

§ 7 (Heilfürsorge)

Die Arbeitskräfte (Häftlinge) erhalten während ihres Aufenthalts im Lager durch das Reich freie Heilfürsorge. Sie werden gegen Krankheit und Invalidität weder von der Staatspolizeileitstelle noch von dem Unternehmer versichert.

§ 8 (Unfallversicherung)

Soweit Arbeitskräfte (Häftlinge) mit unfallversicherungspflichtigen Arbeiten beschäftigt werden, gewährt das Reich Versicherungsschutz nach dem Gesetz über Unfallversicherung für Gefangene vom 30.6.1900 (RGBL. S. 536). Als Ausführungsbehörde sind durch VO. vom 21.11.1939 (RGBL. I S. 2325) die Staatspolizei(leit)stellen bestimmt. Das Verfahren ist in den Durchführungsbestimmungen vom 21.11.1939 (MBliV. S. 2531) geregelt.

§ 9 (Vertragsdauer)

Der Arbeitsvertrag gilt zunächst für Kriegsdauer. Der Vertrag wird mit sofortiger Wirkung hinfällig, falls von einer der Staatspolizeileitstelle übergeordneten Stelle die Auflösung des Arbeitserziehungslagers angeordnet wird.

§ 10 (Ausfertigungen)

Der Vertrag ist dreifach ausgefertigt. Ein Stück erhält die Staatspolizeileitstelle, ein Stück der Unternehmer und ein Stück das Reichssicherheitshauptamt Berlin.

Stuttgart, den | Oberndorf a. N., den

Für die Polizeileitstelle: | Für die Mauserwerke AG

Oberndorf a. N.:

Regierungs- u. Kriminalrat«[172]

Dass die Mehrzahl der Häftlinge im AEL bei den Mauser-Werken beschäftigt war, lassen auch die Todeslisten der verstorbenen Insassen deutlich werden.[173] Denn so harmlos bzw. beinahe idealistisch die Bezeichnung des Lagers klingt, so gewalttätig waren die Aufnahme, die Behandlung und so unmenschlich die Lebens- und Arbeitsbedingungen. Häffner schreibt dazu: »Die ›Arbeitserziehung‹ bedeutete zwar kurzfristigen, ›aber dafür umso brutaleren Arbeitsterror‹. Der Häftling sollte gebrochen und danach möglichst bald wieder an den Arbeitsplatz zurückgeführt werden. Aufgrund von Maschinenmangel mussten die Menschen oft Steinbruch-, Erd- und Tiefbauarbeiten in der Bauwirtschaft leisten. Erniedrigung, Hunger, Schmutz, Misshandlungen, willkürliches Erschießen ›auf der Flucht‹ und Ausbreitung von Epidemien machten das tägliche Leben zur Hölle.«[174] Dass die Behandlung im AEL Aistaig besonders brutal und grausam war, ist Selbstbeschreibungen von Insassen zu entnehmen. Sie wurden kahl geschoren, waren abgemagert und völlig entkräftet, wenn sie aus Oberndorf in andere Lager zurückkehrten.[175] Dies mag auch die Selbstmorde erklären, die die Akten im Stadtarchiv Oberndorf belegen.[176]

Zudem übten Gestapo und Mauser-Werke, die Unterkunft und Arbeitsplätze stellten, auf die Häftlinge gegen Kriegsende auch gemeinsam nach kleinsten Vergehen oder sogar alltäglichem Verhalten mehrfach verstärkt Terror in Form von Schauexekutionen aus, denen alle Insassen des AEL beiwohnen mussten. Wie die Akten belegen, wurde auch hier der Oberndorfer Bürgermeister 1944 von der Gestapo Staatspolizeileitstelle Stuttgart vorab über die Hinrichtungstermine informiert, um daran teilnehmen zu können.

Der 24 Jahre alte ledige polnische Zwangsarbeiter (»Zivilarbeiter«) Kasimir Baklarz, geboren am 31. Januar 1920 in Barwald-Corny, war bei den Mauser-Werken beschäftigt und zuvor im Lager »Birke« interniert, als er beim AEL getötet wurde. Ihm wurde Folgendes zur Last gelegt:

> »Auf Befehl des Reichsführers SS wird der Pole Baklarz am Freitag, den 2.6.1944 um 15 Uhr, in der Nähe des Arbeitserziehungslagers Oberndorf-Aistaig erhängt.
>
> Baklarz hat 14 Diebstähle von Treibriemen unter Ausnützung der Verdunkelung in den Mauser-Werken in Oberndorf verübt. Er hat die Tat erst nach längerem Leugnen und unter dem Druck umfangreichen Beweismaterials zugegeben. Die Treibriemen hat er teils zu Schuhsohlen verwendet und teils zu enorm hohen Preisen weiterveräussert.
>
> Nachdem Treibriemendiebstähle bei den Mauser-Werken in letzter Zeit einen aussergewöhnlichen Umfang angenommen haben und gegebenenfalls zu ernsten Produktionsschwierigkeiten führen können, ist die Anwendung dieser Massnahme erforderlich.«[177]

Hier war erkennbar die Abschreckung vor Diebstahl und vor Aneignung für die Kriegswirtschaft besonders relevanter Rohstoffe ein wesentliches Motiv für das Unternehmen, in Kooperation mit der regionalen Gestapo-Führung nicht nur Repression auf die Beschäftigten auszuüben, sondern auch die Hinrichtung einer wertvollen Arbeitskraft in der Nähe des AEL zur Schau zu stellen.

Ebenfalls mit dem Tod durch den Strang bestraft wurde bereits zwei Jahre zuvor ein polnischer Zwangsarbeiter, der Umgang und ein Liebesverhältnis mit einer deutschen Büroangestellten aus Oberndorf a. N. gehabt haben soll. Ein sehr eiliger Brief der Gestapo Staatspolizeileitstelle Stuttgart an den Bürgermeister von Oberndorf vom 8. Juni 1942 behauptete, dass der 23-jährige polnische Zwangsarbeiter, der hier bei den Mauser-Werken arbeitete und im Neckarheim wohnte, »im Dezember 1941 und Januar 1942 Geschlechtsverkehr mit der Büroangestellten Maria Henig aus Oberndorf« hatte. Entsprechend der weiter oben von Ulrich Herbert ausführlicher dargestellten gesetzlichen Regelungen für die Zwangsarbeitenden sollte »auf Befehl des Reichsführers SS und Chef der Deutschen Polizei am Donnerstag, den 11.6.1942, abends 19.30 Uhr, der obengenannte Pole auf Markung Oberndorf, in der Nähe des Arbeitserziehungslagers, erhängt« werden. Dem Bürgermeister wurde, anders als vielen Arbeitskräften aus den Mauser-Werken, die zur Besichtigung des Leichnams verpflichtet wurden, »die Teilnahme an der Exekution anheim« gestellt.[178]

Die Hinrichtung des 23-jährigen polnischen Zwangsarbeiters im Aistaiger Lautenbachtal ist der einzige in den Akten erhaltene Fall, bei dem der Hergang der Tötung von der Schutzpolizei-Dienstabteilung in Oberndorf detaillierter aufgezeichnet und dem Bürgermeister übermittelt worden ist. Er demonstriert somit die Bedeutung für die Bevölkerung Oberndorfs und den Abschreckungsbedarf von Gestapo und Polizei gegenüber den Zwangsarbeitenden, aber auch den Ortsansässigen. Im Schreiben an das Stadtoberhaupt wird berichtet:

> »Die Exekution des Polen Jozwik fand wie vorgesehen am Donnerstag, den 11.6.1942, nachmittags 19.30 Uhr, statt. Der Galgen war an der bekannten Stelle im Lauterbach [Lautenbachtal] hinten aufgestellt worden. Die Absperrkräfte (9 Mann vom Gend.-Kreis Rottweil, 4 Mann von der Schutzpolizei-Dienstabteilung Oberndorf a. N. und die Feldschützen der Stadt Oberndorf) standen ab 18.30 Uhr bereit.
>
> Das Exekutionskommando (Führer KS. Thumm von der Gestapo-Leitstelle Stuttgart) war mit dem Delinquenten im Laufe

des Tages eingetroffen und hatte sich bis zur Hinrichtung im Arbeitserziehungslager aufgehalten und den Galgen erstellen lassen. Der Delinquent ging äußerst ruhig und gefaßt zur Hinrichtungsstätte (slawisches Wesen), er hatte bis kurz zuvor gevespert und geraucht.

Bei der Exekution waren zugegen außer den Absperrkräften und dem Exekutionskommando und den Wachtmeistern des Arbeitserziehungslagers: der Leiter der Gestapoleitstelle Stuttgart, Reg.-u.Krim.-Rat Mussgay, der Leiter der hiesigen Außendienststelle der Geheimen Staatspolizei mit seinen Beamten, Med.Rat Dr. Zimmer, Kreisstabsamtsleiter Stiefel mit 2 weiteren Herren der Kreisleitung, Lehrer Rall als Vertreter des Ortsgruppenleiters, Dr. Wider und einige andere.

Nachdem Jozwik vor den Galgen geführt worden war, wurde ihm von Reg.-u.Krim.-Rat Mussgay das Urteil in deutscher Sprache verlesen, worauf es ihm von einem Beamten der Stapoleitstelle Stuttgart in polnischer Sprache wiederholt wurde. Darauf wurde Jozwik gehängt, nachdem ihm die Stiefel ausgezogen worden waren, wobei polnische Häftlinge des Arbeitserziehungslagers Handlangerdienste leisten mußten. Nun wurden 50 polnische Zivilarbeiter der Mauser-Werke und etwa 100 polnische Häftlinge des Arbeitserziehungslagers vom Arbeitserziehungslager aus, wohin die polnischen Arbeiter der Mauser-Werke vom Werkschutz unter Polizeibedeckung verbracht worden waren, zum Galgen geführt, wo sie sich aufstellen mußten und ihnen von dem Dolmetscher der Stapoleitstelle eine Belehrung in polnischer Sprache zuteil wurde.

Nachdem die polnischen Arbeiter und Häftlinge wieder abgeführt worden waren, wurde der Gehängte am Galgen entkleidet und darauf vom Galgen abgenommen. Der Leichnam wurde in einen bereitgestellten Sarg gelegt und sofort nach Tübingen in die Anatomie verbracht.

Während anfangs nur vereinzelte Personen versucht hatten, zur Exekutionsstätte zu gelangen, wurde dies zum Schluß von mehreren meist jüngeren Leuten versucht, was aber bei der Absperrung nicht möglich war.

Irgendwelche Anstände ergaben sich bei der Exekution nicht.«[179]

Das Lesen der eingehenden Dokumentation der Tötungsaktionen ist in der Nüchternheit der beschriebenen Ereignisse ebenso schwer erträglich wie die Analyse der Listen von verstorbenen Häftlingen und Zwangsarbeitenden mit den Angaben der genaueren Todesursachen. Die ganze Perversion des Systems offenbart sich auch darin, dass selbst noch die Leichen gegen Bezahlung an das Anatomische Institut der Universität Tübingen gingen, wo ihre Körper für die Forschung verwertet wurden.[180]

Die neueste Forschung geht davon aus, dass sich zum einen die Bedingungen in den AEL mit der Kriegsdauer verschärften, »der Grad an Brutalität stieg«. Zum anderen konnte neben den ausländischen Zwangsarbeitenden »ab 1944, […] auch kein Deutscher, keine Frau, weder die bürgerlichen Schichten noch stadtbekannte Honoratioren vor einer Inhaftierung sicher sein«. Als Beispiel nennt Häffner die Inhaftierung Konrad Adenauers, des späteren Bundeskanzlers der Bundesrepublik Deutschland.[181] Er wurde mehrfach von 1933 bis 1944 inhaftiert.

Zwar behauptete die NS-Propaganda, dass die AEL der Besserung von »notorische[n] Bummelanten, Arbeitsvertragsbrüchigen[n] und Arbeitsscheue[n]« dienten. Doch nahezu jeder und jede konnte der Willkür anheimfallen, nicht nur Regimegegner und Saboteure, sondern auch »Menschen […], die nicht die Kraft hatten, den Arbeitsanforderungen zu genügen« oder »die mit oder ohne Grund denunziert wurden«.[182] Die AEL dienten damit auch dem Terror, der Repression und Disziplinierung von Arbeitskräften, nicht nur regional und vor Ort, sondern auch auf nationaler Ebene.[183]

Eine genaue Zahl der im AEL Aistaig über die Jahre Inhaftierten und Gefolterten kann auch nach intensiver Durchsicht der wenigen verbliebenen Akten letztlich nicht genannt werden. Da im AEL durchschnittlich 160 bis 180 Häftlinge untergebracht waren, am Kriegsende sogar bis zu 240, ging ein namentlich nicht näher genanntes Mitglied der Polizeikräfte am Kriegsende von rund 4400 Lagerinsassen in der gesamten Zeit des Bestehens aus.[184] In dieser Zahl sind auch diejenigen ausländischen Zwangsarbeitenden in Oberndorf enthalten, die zur Disziplinierung aus Unternehmen wie der Mauser-Werke AG oder wegen Überbelegung der anderen Unterbringungsplätze aus den anderen Oberndorfer Lagern in das AEL Aistaig überstellt wurden. Aufgrund dieser Überschneidungen kann letztlich nicht die komplette Summe der AEL-Häftlinge zur Zahl der Zwangsarbeitskräfte einfach hinzuaddiert werden, um eine Gesamtzahl von Zwangsarbeitenden und AEL-Häftlingen zu erhalten.

Mit zu berücksichtigen ist auch, dass in Oberndorf nachweislich mindestens 79 Menschen im AEL Aistaig starben, davon 67 ausländische Zwangsarbeitende.[185] Als Todesursache wurden in den Akten nicht nur medizinische Gründe, sondern auch Exekutionen angegeben. Mindestens drei Insassen des AEL Aistaig starben eines unnatürlichen Todes durch Erhängung oder Erschießung.[186] Doch auch die natürlichen Gründe müssen näher betrachtet werden. Schönhagen und Tholander zeigen: »Bei der Mehrheit der Toten war die Todesursache im AEL Oberndorf-Aistaig mit ›Herzmuskelschwäche‹, ›Kreislaufschwäche‹ oder ›Herzschlag‹ angegeben.«[187] Dabei handelte es sich jedoch mitnichten um ältere Personen, bei denen diese Todesursachen womöglich auch auf altersbedingte Krankheiten zurückzuführen gewesen wären, sondern um jüngere Menschen meist im Alter zwischen 20 und 40 Jahren. Dies belegen die im Stadtarchiv Oberndorf erhaltenen Todeslisten mit Namen, Geburtsdatum, Religionszugehörigkeit, Todestag und Todesursache eindeutig. Zu den jüngsten Verstorbenen gehörten ein Deutscher und ein »Protektoratsangehöriger«: Wilhelm Missner aus Miedelsbach war, als er am 12. Oktober 1942 im AEL Aistaig an Herzschlag starb, gerade einmal 28 Jahre alt. Der gleichaltrige Bedrich Ondrousek aus Protivano im heutigen Tschechien verstarb am 3. April 1945 nur wenige Tage vor Kriegsende im AEL Aistaig an Kreislaufschwäche.[188]

Viele Todesfälle waren sicherlich auch auf die menschenunwürdige Unterbringung in Massenquartieren mit mangelhafter Hygiene und in Wald- bzw. Flusslage zurückzuführen. Zwar waren bei den verstorbenen Häftlingen im AEL Aistaig Lungenentzündung und Lungentuberkulose als Todesursachen nicht so häufig vertreten wie im »Polenlager« und im »Russenlager«. Sie wurden aber ebenfalls genannt, zudem befand sich das AEL mitten im Wald in einem kühlen, feuchten Tal in direkter Nähe zum Lautenbach.[189]

Das Ende des AEL Aistaig kam recht plötzlich: Nur wenige Tage bevor die Alliierten in Oberndorf einmarschierten, wurde bis auf 50 für den Fußmarsch zu schwache Häftlinge das Lager geräumt. Die dort Untergebrachten mussten sich auf einen Fußmarsch gen Osten begeben. Der örtliche Gestapo-Leiter Zuckschwerdt gab dann nach eigener Aussage den Befehl zum Abbrennen der Baracken im Lautenbachtal, ein Flak-Beschuss tat sein Übriges.[190] Die wenigen Überreste des Lagers können heute als Ruinen besichtigt werden.

Wie aus einem Hinweis auf eine Strafaktion im Juni 1945 vor dem AEL Aistaig hervorgeht, mussten die Parteigenossen der NSDAP dort antreten und die nach dem Brand noch vorhandenen, vermutlich grausam entstellten Leichen der ehemaligen Bewohner in Augenschein nehmen. Der zeitweise Bürgermeister Dr. Winker befahl mit einer

> »Bekanntmachung:
>
> Mit Rücksicht auf die heisse Witterung ist die Besichtigung der Leichen im sogenannten Arbeitserziehungslager Aistaig durch die gesamte Bevölkerung verboten, vielmehr nur für einen Teil der Bevölkerung geboten.
>
> Es treten daher heute nachmittag 1,30 Uhr sämtliche männlichen ehemaligen Mitglieder der Partei vor der Kreissparkasse an.
>
> Erscheinen wird nachgeprüft. Nichterscheinen wird bestraft.
>
> Oberndorf a. N., den 24. Juni 1945
> (gez.) Dr. Winker.«[191]

Durch diese Bestrafungsaktion kann als sicher gelten, dass die Bevölkerung Oberndorfs von der Einrichtung des Lagers und seiner Funktion – spätestens am Kriegsende – erfuhr. Die Direktion und Betriebs- sowie Abteilungsleiter der Mauser-Werke AG dürften davon schon seit der Einrichtung des Lagers gewusst haben, denn sie waren es ja gegebenenfalls, die die Arbeitskräfte zum Zwecke der Disziplinierung oder Entfernung aus dem Unternehmen an das AEL Aistaig überwiesen. Seit 1942 hatte die Mauser-Werke AG das Lager offiziell gepachtet, erzielte aus der Unterbringung der Häftlinge für andere Unternehmen noch zusätzliche Einnahmen und generierte vermutlich auch Gewinne damit.

Ein neuer historischer Befund ist also insgesamt die Einordnung des AEL Aistaig zu den Lagereinrichtungen, die von der Mauser-Werke AG seit Ende 1942 unter Beteiligung der Gestapo und im Pachtverhältnis mit der Stadt in Nachfolge der Sager & Woerner KG betrieben wurden. Zu diesen Unterbringungsstätten gehörte auch das Augustaheim auf dem erweiterten Werksgelände.

Abb. 33: Augustaheim der Mauser-Werke AG, Anfang des 20. Jahrhunderts

Die Lage der Unterkünfte auf den Werksarealen in Oberndorf oder am Rande davon lässt auch Schlüsse darauf zu, ob und inwieweit die späteren Gründer von Heckler & Koch, Theodor Koch und Alexius Seidel, von den Zwangsarbeitskräften und deren Lebensbedingungen wussten, wie im Folgenden zu sehen sein wird.

Zuordnung der Rolle Kochs und Seidels als Mitwisser

Theodor Kochs Sozialisation und Tätigkeit bei Mauser

Theodor Koch, genannt Theo, wurde am 13. Mai 1905 in Stuttgart-Zuffenhausen geboren und verstarb am 21. Oktober 1976. Er kam aus einer bildungsbürgerlichen Familie und wurde nach seinem Vater benannt, der Rektor an einer Mädchenschule war. Nach den Angaben der Familie war dies vermutlich die Schreiberschule in Stuttgart-Heslach. Theodor Koch senior war musisch und historisch sehr interessiert und wie später sein Sohn Theo ein großer Gartenliebhaber. Er hatte drei Gärten, um die er sich in Stuttgart-Zuffenhausen, Heslach und Waiblingen kümmerte. Seine Frau Pauline stammte aus Waiblingen bei Stuttgart.[192]

Theodor Koch junior war der Erste aus der Familie, der einen Berufsweg im technischen Bereich wählte. Weder seine Eltern noch seine Paten waren bekanntermaßen technikaffin. Aber zumindest sein jüngerer Bruder eiferte ihm darin nach und wollte ihm folgen. Bildung nahm einen hohen Stellenwert in der Familie ein, zumal zu ihren Vorfahren der Lehrer und Schriftsteller Adam Friedrich Koch (1763–1835) zählte, der u. a. Mathematikbücher verfasst hatte, die auch in der Familie wertgeschätzt wurden.[193] Theodor war gläubiger Protestant und hatte für sich den Konfirmationsspruch erwählt: »Seid fröhlich in der Hoffnung, geduldig in Trübsal, haltet an im Gebet«.[194] Doch der traditionelle akademische Weg der Familie behagte dem Jungen nicht, die Sozialisation des jungen Theo sollte sich durchaus anders entwickeln.

Nach dem Besuch des Karls-Gymnasiums Stuttgart in den Jahren von 1913 bis 1919 machte Koch nämlich zunächst eine Lehre als Feinmechaniker.[195] Schon der Großvater von Theodor Koch war sehr streng in der Erziehung gewesen, so erzählte der Enkel Hans-Theodor, und hielt die Kinder stetig zum Lernen an. Koch junior war daher auch sehr strebsam und begann zunächst von Mai 1921 bis April 1923 die feinmechanische Ausbildung bei der Firma Karl Ebinger in Stuttgart, bevor er für das letzte Lehrjahr von Mai 1923 bis Mai 1924 zur Firma Gebr. Haaga, ebenfalls in

Stuttgart, wechselte und die Gesellenprüfung mit »gut« ablegte.[196] Von März 1925 bis Februar 1929 absolvierte Koch ein Maschinenbau-Studium an der Staatlich Württembergischen Höheren Maschinenbauschule Esslingen, von der er als Diplom-Ingenieur abging.[197]

Koch war wie seine späteren Kompagnons Alexius Seidel und Edmund Heckler während seines Studiums Mitglied einer studentischen Burschenschaft, der Technischen Verbindung Stauffia. Allerdings gehörten Seidel und Heckler einer anderen Korporation, der Suevia, an. Sie kannten Koch nicht aus dem Studium, wie sich die Familienmitglieder Kochs übereinstimmend erinnern, sondern lernten ihn erst in Oberndorf kennen.[198] Während seines Studiums erwarb Theo Koch vielfältige berufliche Erfahrungen als Praktikant oder zeitweiser Mitarbeiter bei der Firma M. Streicher in Stuttgart-Cannstatt, bei der Misol Maschinenfabrik Stuttgart, bei den Klöckner-Werken in Hagen-Haspe und bei der Robert Bosch AG in Stuttgart sowie auf dem Bahnhof Kornwestheim.[199]

Durch Lehre, Studium und Praktika mit einem großen Wissensvorrat ausgestattet, trat Theodor Koch im Mai 1929 als Konstrukteur und Ingenieur im Werkzeug- und Vorrichtungsbau bei der Mauser-Werke AG in Oberndorf am Neckar ein. Doch schon im Oktober 1931, auf dem Höhepunkt der Weltwirtschaftskrise, wurde Theodor Koch zunächst bis Februar 1933 arbeitslos und verdingte sich gelegentlich aushilfsweise als Vorarbeiter (Kapo) auf dem Bau. Finanzielle Unterstützung erhielt er in dieser Zeit auch von der Arbeitslosenunterstützungskasse und der Techniker-Verbindung Stauffia. Von März bis Juni 1933 wechselte er für ein kurzes Zwischenspiel zu den Vereinigten Kugellagerfabriken in Stuttgart. Bald konnte der junge technikbegeisterte Ingenieur aber wieder bei den Mauser-Werken einsteigen. Von Juli 1933 an bis zu seiner Freisetzung durch die französische Zwangsverwaltung am 31. Mai 1949 wurde er als Abteilungsleiter im Werkzeug- und Vorrichtungsbau bei der Mauser-Werke AG in Oberndorf am Neckar angestellt und war somit ein Kollege von Alexius Seidels Vater Paul.[200]

Während Theo Koch auf der Fidel-Feederle-Straße wohnte, lebte die Familie Seidel zu Beginn seiner Tätigkeit in der Oberndorfer König-Wilhelm-Straße, wo die Mauser-Werke AG einige repräsentable Häuser für ihre Meister erbaut hatte. Seidel senior war eine geschätzte Größe bei Mauser. Theodor Koch wollte als junger, ehrgeiziger Ingenieur dagegen auch Neues, Innovatives ausprobieren.[201] Zwischen Koch und Seidel bestand daher »anscheinend eine kollegiale- und Wettbewerbssituation wie zu den anderen Abteilungsleitern«.[202]

Die Rolle Theodor Kochs im Nationalsozialismus

Während des Nationalsozialismus stieg Koch als Maschinenbau-Ingenieur mit großem Know-how zum Abteilungsleiter im Werkzeug- und Vorrichtungsbau bei der Mauser-Werke AG auf. Die Bedeutung dieser Abteilung für die Expansion der Rüstungsschmiede wird offenbar, wenn man ihren schnellen Ausbau seit 1933 betrachtet. Die Beschäftigtenzahl in der Abteilung stieg bereits nach dem Machtübergang an die NSDAP von 168 (1933) auf 413 (1934). Mit dem Beginn des Vierjahresplans waren 1936 erstmals 568 Personen hier eingestellt, bis 1938 wuchs diese Zahl auf 883. Im Jahr 1940 wurden in diesem Bereich rund 1070 Beschäftigte gezählt.[203] Entsprechend dieser Expansion konnte Koch im Rahmen seiner Position im mittleren Management des Waffenproduzenten seinen Verdienst schon in der Vorkriegszeit deutlich und während des Krieges erheblich steigern. Nach seinen eigenen Angaben im Entnazifizierungsbogen verdoppelte sich sein Bruttoeinkommen nahezu von 1800 M im Jahr 1933, als er teils noch bei den Vereinigten Kugellagerfabriken, teils bei den Mauser-Werken angestellt gewesen war, auf 3500 M im Jahr 1934. Bereits ein Jahr später verdiente er 4500 M, und so kletterte sein Einkommen Jahr für Jahr weiter auf 6939 M im letzten Vorkriegsjahr. Während des Zweiten Weltkriegs überschritt sein Gehalt erstmals die 10000-M-Schwelle, bis er im Jahr 1944 mit 11677 M den höchsten Stand seines Einkommens erzielte. Im letzten Kriegsjahr und mit dem Kriegsende sank sein Einkommen wieder auf 9434 M ab, war allerdings immer noch um mehr als das Fünffache höher als in der Vorkriegszeit.[204] In diesem Zeitraum stieg das Durchschnittsentgelt in Deutschland von 1605 M (1934) auf 2292 M (1944) an.[205] Koch konnte also als Oberinge-

Abb. 34: Theodor Koch an seinem Arbeitsplatz bei Heckler & Koch

nieur und Abteilungsleiter ein deutlich höheres Gehalt als der Durchschnitt der Beschäftigten erzielen.

Inwieweit Theo Koch mit steigendem Verdienst auch mehr Mitspracherecht und Handlungsspielräume in strategischen Fragen erhielt, kann aufgrund des weitgehenden Fehlens aller kaufmännischen Akten von Mauser und DWM in der Zeit vor 1945 nicht geklärt werden. Ihm vorgesetzt waren aber nicht nur die Mauser-Direktion bzw. -Vorstände und der Generaldirektor von Mauser. Die wesentlichen strategischen Entscheidungen über Produktion, Entwicklung und Personalfragen fielen in der Konzernzentrale der DWM in Berlin, die dem Mauser-Direktorium in Oberndorf übergeordnet war.

Koch wohnte in der frühen Nachkriegszeit nach Auskünften des Arbeitgebers zunächst weiterhin in der Fidel-Feederle-Straße 58.[206] Feederle kann als eine Oberndorfer Lokalgröße gelten, denn er war neben den Gebrüdern Mauser der begnadetste Waffentechniker und Erfinder im Unternehmen gewesen und mit der Familie Unterkofler verwandt, aus der der vierte Unternehmensgründer, Erich Unterkofler, stammte. Nach Kochs Heirat mit Gertrud Lamp 1954 zog die junge Familie Koch in die Scheffelstraße. Erst im Jahr 1958 wurde dann das neu erstellte, dem Siedlungswohnstil durchaus angepasste Haus auf dem Lindenhof unweit des neuen Heckler-&-Koch-Werks bezogen.[207]

Bis auf verschiedene Polizeiordnungsstrafen wegen Polizeistundenübertretung war der eingefleischte Junggeselle Koch nach seinen Selbstangaben im Februar 1946 eher ein unbeschriebenes Blatt und keinesfalls ein engagierter Nationalsozialist. Zwar war er im Januar 1935 spät Mitglied der DAF geworden, trat 1937 der Nationalsozialistischen Volkswohlfahrt (NSV) bei und wurde durch Übernahme des VDI in den NS-Bund Deutscher Technik dort Mitglied. Aber ansonsten blieb er der Partei und allen weiteren, teils für technikaffine junge Männer durchaus attraktiven NS-Organisationen wie dem paramilitärisch organisierten Nationalsozialistischen Kraftfahrkorps (NSKK) fern, so zumindest seine Aussagen. Daneben war er nur noch in anderen, nicht so strikt ideologisch ausgerichteten Organisationen wie dem Metall Arbeiterverband (seit 1933) und dem Deutsch-Österreichischen Alpenverein (seit 1937) Mitglied. Aber er wählte angeblich nicht NSDAP, war Mitglied in keiner weiteren NS-Organisation und publizierte nicht in diesem Sinne. Zudem hatte er weder Funktionen noch Ämter inne. Allerdings gehörte er von 1938 bis 1942 dem Werksluftschutz von Mauser als Abschnittsleiter im Abschnitt West an (siehe auch Abb. 35). Von daher dürfte er auch

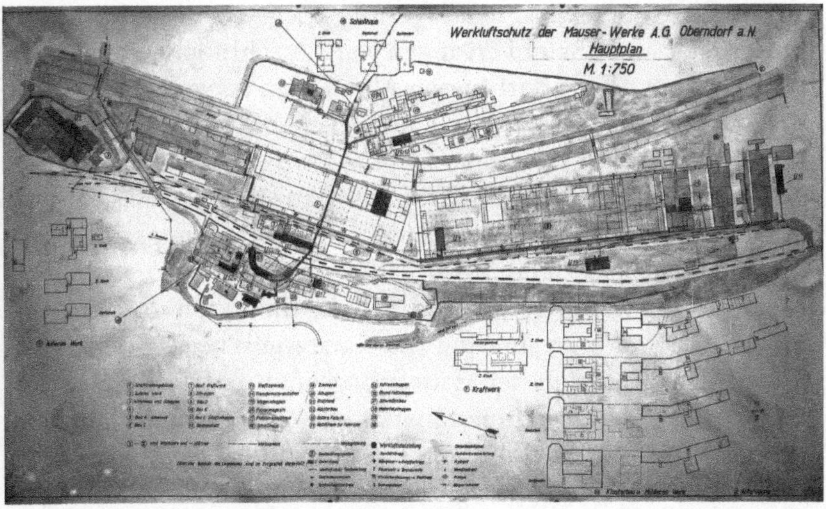

Abb. 35: Übersicht über die Planung des Werksluftschutzes der Mauser-Werke AG

Einblicke in die Pläne zur Unterbringung der Beschäftigten der Mauser-Werke AG im Falle von Luftangriffen gehabt haben. Seine Mitgliedschaft bei der Techniker-Verbindung Stauffia Esslingen endete schon mit deren Auflösung 1933.[208]

Obwohl Koch den Ortsgruppenleiter der NSDAP, Priester, im Jahre 1938 beleidigt hatte, 200 Mark Geldbuße zahlen musste und sogar aus seiner Funktion als Abteilungsleiter bei Mauser entfernt werden sollte, kam diese Strafe »nach jahrelanger Ungewissheit« wegen der kriegsbedingten Notwendigkeit seiner Tätigkeit nicht zur Ausführung. Als Zeugen für diese widerständige Tat gab Koch Betriebsführer Dr. Kurt Fleck und Direktor Dr. Harnisch der Mauser-Werke AG an.[209] Hier ist allerdings zu fragen, ob diese Angabe nicht als typische Schutzbehauptung der Nachkriegszeit zu verstehen ist und die Werkleitung ihm nicht damit quasi einen »Persilschein«, wie so viele in der frühen Nachkriegszeit erteilt wurden,[210] ausstellte. Denn insbesondere Fleck trug als Vorstand bei Mauser und DWM eine große Verantwortung für die durch die Parteiführung veranlasste Rüstungsexpansion seit der Zwischenkriegszeit und somit auch für den Personaleinsatz.

Koch wurde bei der Mauser-Werke AG schließlich im Jahr 1944 zum Oberingenieur ernannt, wie aus seinem Entnazifizierungsbogen hervorgeht.[211] Am Kriegsende war er in die Verlagerungsplanungen der Mauser-Werke AG involviert. Nachdem im April 1945 im Zuge der Aktion »Verlagerung kriegswichtiger Rüstungsendfertigung« ein Befehl ergangen war, Maschinen, Zeichnungen und Akten aus Oberndorf in den Alpenraum zu verlagern, wurde unter Leitung der Mauser-Vorstände Fleck und von Lossnitzer ein Zug mit 29 Waggons beladen. Er ging am 20. April 1945 nur wenige Stunden vor dem Einmarsch der französischen Besatzungsmacht auf die Reise, wie Andrea Schneider-Braunberger in ihrem Beitrag zu diesem Band ausführlich darstellt. Theo Koch und Alexius Seidel waren Teil der Teams, die die Akten und Maschinen für eine Weiterproduktion von Karabinern begleiteten. Beide Ingenieure waren sich bei Mauser begegnet und zusammen mit knapp 200 anderen Schlüsselpersonen der Mauser'schen Forschungs- und Entwicklungsabteilung im »Mauser-Zug« mitgefahren. Nachdem sie den Zug im Ötztal verlassen hatten und sich wieder auf den Weg zurück nach Oberndorf aufmachten, wurden die Betriebsmittel von einer britisch-amerikanischen Spezialeinheit für Rüstungsproduktion entdeckt.[212] Koch hatte als Betriebsleiter des D-Baus noch Unterlagen in seinem eigenen Bestand darüber gehabt.[213] Nach dem Scheitern des Unterfangens hatten er und Seidel sich beide zusammen vom Ötztal aus bis nach Ulm zu Fuß durchgeschlagen.[214] Dabei waren sie nach den Erinnerungen der Familie Koch zwischendurch bei einem Herrn Mauser untergekommen, vermutlich ein Mitglied der großen Mauser-Familie, der aber nicht in direktem Bezug zum Oberndorfer Familienzweig stand.[215]

In der Nachkriegszeit wurde Koch vom Säuberungsausschuss für die Wirtschaft des Kreises Rottweil am Ende des Jahres 1946 als formal Belasteter (Kategorie B) zu einer Geldbuße von 1000 M und der Ableistung von 100 Arbeitsstunden verurteilt, weil er förderndes Mitglied der SS gewesen war.[216] Unklar ist bislang, wie es zu seiner Fördermitgliedschaft kam, in welcher Höhe er die SS unterstützte und aus welchen Gründen. Es muss sich aber um eine Förderung von unter 10 Reichsmark monatlich gehandelt haben, da er nicht als schwer Belasteter der Kategorie C verurteilt wurde, was bei erheblicheren Summen der Fall gewesen wäre.[217]

Theo Koch muss während des Krieges nicht nur durch seine Arbeit bei Mauser mit den vielen Hunderten der dort beschäftigten ausländischen Zwangsarbeiter und Häftlinge aus den Lagern und dem AEL Kontakt gehabt haben. Sondern er war als Abteilungs- und Betriebsleiter auch mit ziemlicher Sicherheit in den Einsatz und die Verwendung aller Arbeitskräfte im Werk involviert. Sein Sohn Hans-Theodor Koch berichtet, dass Theo Koch die »Fähigkeiten und die Zähigkeit der russischen Frauen bewundert hat. Es war bekannt, dass er diesen auch immer etwas zu essen (z. B. Brot) unter die Werkbank legte.«[218] Welche Rolle er aber tatsächlich bei der Ausgestaltung ihrer Arbeitsplätze spielte, kann aufgrund des völligen Fehlens entsprechender Akten letztlich nicht geklärt werden. Strafverfahren wegen einer Misshandlung von Arbeitskräften oder Häftlingen sind genauso wenig bekannt wie etwa ein besonders auffälliges, ideologisch motiviertes Engagement sowohl für als auch gegen die unterschiedlichen Hierarchien der Zwangsarbeitenden. Koch muss wohl eher als rational agierender Techniker gesehen werden, der die hohen Anforderungen des NS-Systems an die Leistungsfähigkeit der Waffenschmiede und der entsprechenden vorbereitenden und zuliefernden Abteilungen wie des Anlagen- und Vorrichtungsbaus für die Einrichtung der Maschinen erfüllen wollte und sein Bestes zur Unterstützung der Kriegswirtschaft leistete. Denn auch Sabotage-Akte oder Verweigerung sind – bis auf die Beleidigung des Ortsgruppenführers – nicht bekannt.

Wie Theo Koch waren auch andere Oberndorfer wohl nicht völlig gleichgültig gegenüber dem Schicksal und teils unerträglichen Los der vielen unterschiedlichen Zwangsarbeitskräfte, die aus verschiedenen Teilen Deutschlands und aus aller Herren Länder zum Arbeitseinsatz für den deutschen Vernichtungskrieg und die deutsche Kriegsproduktion an den Neckar verschleppt worden waren. Einzelne Bürger, vor allem Frauen, sollen Kriegsgefangenen ebenfalls Lebensmittel zugesteckt haben. Deutlich anders Gesinnte, wie auch der die russischen Kriegsgefangenen bewachende Unteroffizier, beschwerten sich darüber und versuchten gegen diese Hilfsaktionen gezielt vorzugehen. Aktenkundig geworden ist z. B. dessen Beschwerde über fünf einer solchen »Tat« verdächtige Frauen, deren Fall dann von der Gestapo untersucht wurde.[219] Für Theo Koch sind solche »Taten« zur Unterstützung der Zwangsarbeitenden weder aktenkundig geworden noch anderweitig belegbar.

Alexius Seidel als Sohn einer »Mauser-Familie«

Alex Seidel, geboren als Alexius Wilhelm Seidel am 4. Juli 1909 in Oberndorf am Neckar (†24.10.1989), entstammte väterlicherseits einer langen Handwerker-Tradition im Bereich der Waffenfertigung. Familie Seidel galt als bedeutende Büchsenmacher- und Scharfrichter-Dynastie, die insbesondere durch Thadäus, Karl und Raimund Seidel und deren für die Stadtgemeinde wichtige Tätigkeit bekannt geworden ist.[220] Bereits Seidels Vater Paul war Obermeister bei der Gewehrfabrik Mauser und zudem als Lehrer für den Werksnachwuchs weithin bekannt im Unternehmen.

Vater Paul, ursprünglich Peter Paul Seidel, feierte am 25. Juni 1955 seinen 85. Geburtstag im Kreis von vier Söhnen, zwei Töch-

Abb. 36: Paul Seidel (Vierter von links) anlässlich seines 50-jährigen Betriebsjubiläums bei der Mauser-Werke AG, 1938

tern, 17 Enkeln und 10 Urenkeln. Er wurde 1870 geboren, wohnte zunächst u. a. in der Oberndorfer Bahnhofstraße und später in der König-Wilhelm-Str. 28 in der Mauser-Siedlung. Nach seiner Schulentlassung (um 1884) erfolgte sein Eintritt als Werkzeugmacher bei der Mauser-Werke AG. Wenige Jahre später heiratete er Josephine Bantle aus dem benachbarten Ort Hochmössingen. Danach wurde er Meister und rief in den 1920er Jahren eine Sonntagsschule ins Leben, um den Mechanikernachwuchs zu fördern und selbst Zeichenunterricht zu erteilen. Später sollte er noch zum Obermeister und Betriebsleiter bei Mauser aufsteigen. Seine Pensionierung 1935 könnte wegen des hohen Personalbedarfs verschoben worden sein, denn er wirkte noch als Kollege auf Abteilungsleiter-Ebene, nachdem Theodor Koch 1933 bei Mauser in gleicher Funktion wieder eingetreten war. Seidel senior galt als großer »Vereinsmeier«: »Es gab keinen Verein, dessen Mitglied er nicht war«. Der streng katholische Waffenbauer war aktiv u. a. bei der Kolpingfamilie (Gründungsmitglied und Ehrenmitglied), im Kirchenstiftungsrat (nach 1955), im Kirchenchor, der Schützengesellschaft, der Feuerwehr und Sänger beim MGV ›Liederkranz‹ (über 50 Jahre lang). Als er im Alter von fast 90 Jahren verstarb, hielt am Grab nicht nur der Oberndorfer Stadtpfarrer Bach eine Rede, sondern auch der Landtagsabgeordnete und frühere Mauser-Betriebsrat Robert Gleichauf. Dr. Mayer-Rosa als Vorsitzender des MGV Liederkranz sowie der nach der Entnazifizierung wieder zurückgekehrte Direktor Dr. Dörge von den Mauser-Werken und Oberschützenmeister Christian Brehm erwiesen ihm auf diese Weise ebenfalls die letzte Ehre.[221]

Durch die vielfältigen Verbindungen und Mitgliedschaften des Vaters und da auch weitere Familienmitglieder bei Mauser in gehobener Position beschäftigt waren, wurde Alex Seidel ebenfalls schnell im Unternehmen bekannt.[222] Sein älterer Bruder Alfons (1902–1972), das fünfte von sieben Kindern der Eheleute Paul und Josephine Seidel, war ebenfalls Ingenieur und Betriebsleiter bei der Mauser-Werke AG. Nach Ausgliederung der Messwerkzeuge fasste er sämtliche Waffenrevisionsabteilungen zusammen und leitete sie verantwortlich. Er war Verbindungsmann zu den staatlichen Abnahmestellen und ebenso wie sein Vater Paul Mitglied diverser Vereine.[223]

Auch der Oberndorfer Ingenieur Georg Seidel (1898–1976), dessen genauer Verwandtschaftsgrad zu Paul, Alfons und Alex Seidel bisher unbekannt ist, war bei den Familientagen der Seidels anwesend. Er legte ebenfalls die Meisterprüfung als Mechaniker ab, absolvierte ein Studium an der Maschinenbauschule Esslingen und war von 1923 bis 1937 als Konstrukteur bei der Mauser-Werke AG beschäftigt. Interessanterweise wurde er von 1937 bis 1945 als Referent in das Heereswaffenamt in Berlin berufen und hat von dort aus womöglich weiterhin enge Verbindungen nach Oberndorf oder in die Region unterhalten. Denn nachdem er in Berlin ausgebombt wurde, folgte ein Umzug dieses Seidel-Familienzweigs nach Schramberg.[224]

Die Familie Seidel mit ihren vielen Familienmitgliedern lebte zum großen Teil in Mauser-Häusern. Aufgewachsen zunächst in einer Mauser-Werkswohnung in der Bahnhofstraße, wurde für die neunköpfige Familie die Wohnung bald zu klein, sodass 1915 ein Umzug in die Neckarvorstadt (»Dachau«) erfolgte. Seidels hatten eine enge Beziehung zur Familie Mauser über den kranken jüngsten Sohn der Mausers, Alex Mauser, um den sich sein

Abb. 37: Studentenausweis von Alex Seidel

Namensvetter Alex Seidel als Kind eine Zeit lang nebenher kümmerte.[225]

Nach der Einschulung in die neue Volksschule Oberndorfs (1914) und dem Eintritt in die Realschule (1918) machte Alex Seidel 1924 dort seinen Abschluss mit dem sogenannten Einjährigen. Danach trat er – der Familientradition folgend – als Mechanikerlehrling bei der Mauser-Werke AG ein. Zwar wurde er 1927/28 als Geselle dort fest eingestellt, aber möglicherweise trug neben dem Wunsch nach Weiterqualifikation auch die schlechte Stellensituation im Unternehmen wie in der Region und in ganz Deutschland dazu bei, dass er sich dazu entschloss, von 1928 bis 1932 die Maschinenbauschule Esslingen zu besuchen.

Seidel trat ähnlich wie Koch in eine studentische Verbindung ein. Da er aber wesentlich jünger und der Suevia, einer anderen Verbindung als Koch, angehörte, kannten sich die beiden wohl nicht aus dem Studium.[226]

Die Rolle von Alex Seidel im Nationalsozialismus

Beim Machtantritt Adolf Hitlers 1933 war Alex Seidel knapp 24 Jahre alt, vier Jahre jünger als der 28-jährige Theo Koch. Direkt nach dem Abschluss der Ingenieurschule trat Seidel 1932/33 als Konstruktionsingenieur bei der Mauser-Werke AG in Oberndorf am Neckar in die Konstruktionsabteilung ein. Dass Alex Seidel tatsächlich als Jungingenieur nun Teil der Entwicklung und Konstruktion wurde, zeigt auch ein früher Betriebsausweis aus dem Unternehmen.

Die Konstruktionsabteilung wurde zu diesem Zeitpunkt von Ernst Altenburger als Oberingenieur geleitet. Altenburger war Bundesbruder von Alex Seidel in der Techniker-Verbindung Suevia, sie waren somit Teil desselben Netzwerks. Altenburger unterteilte laut Kersten/Schmid bei der Mauser-Werke AG die Konstruktionsabteilung in verschiedene Sachgebiete und ernannte Alex Seidel zum Gruppenleiter für den Sektor »Entwicklung und Pistolen«. Hier entwickelte Seidel noch vor dem Zweiten Weltkrieg u.a. die Hsc-Pistole, die laut Seel als Konkurrenzprodukt zur neuen Walther »PP« (Polizei-Pistole) von 1929 zu sehen ist. Die Hsc wurde ab

Abb. 38: Firmenausweis von Alex Seidel bei der Mauser-Werke AG

Abb. 39: Montage der C96-Pistole in den Fabrikationsräumen der Mauser-Werke AG

1939/40 als Selbstspanner massenhaft produziert (ca. 260 000 Exemplare bis 1945). Noch kurz vor Kriegsende im April 1945 entwickelte Seidel eine »Volkssturm-Pistole«, veranlasst durch Hitlers Volkssturm-Erlass vom 25. September 1944, von der lediglich zwei Musterstücke übrig geblieben sind.[227]

Im Unterschied zu Theo Koch war Alex Seidel während des Nationalsozialismus als Konstrukteur und Betriebsingenieur in keiner übergeordneten Führungsfunktion tätig. Nach seinen Selbstangaben im Entnazifizierungsbogen gehörte er mit seinem Eintritt 1933 deutlich früher als Koch der DAF an, aus der er erst 1945, vermutlich mit deren Auflösung, wieder austrat. Von 1934 bis 1945 war er zudem Mitglied in der NSV und während seiner achtjährigen Mitgliedschaft als Blockwart für diese Organisation tätig. Darüber hinaus war Seidel von 1937 bis 1945 ebenfalls wie Koch Mitglied im NS-Bund Deutscher Techniker. Doch er galt als unbelastet und wurde von der politischen Überprüfung der deutschen Wirtschaft 1950 entbunden. Vom Militärdienst war er mit Kriegsbeginn 1939 zurückgestellt und 1940 dann endgültig unabkömmlich (uk) gestellt worden. Wie Koch hatte er keine weiteren Ämter und Funktionen im NS-Apparat innegehabt, sich nicht politisch betätigt und auch keine Reden gehalten oder Schriften publiziert.[228]

Alex Seidel zog mit seiner Frau und seinen Kindern erst zwei Jahrzehnte nach dem Zweiten Weltkrieg, wohl um 1965, von der König-Wilhelm-Straße in der Oberndorfer Talstadt in die Rosäckerstraße auf dem Lindenhof um, blieb also zunächst noch als Abkömmling einer »Mauser-Familie« in der Mauser-Siedlung wohnen.[229]

Die frühe Nachkriegszeit und die Einordnung der Rolle Kochs und Seidels

Angriffe, Zerstörung und Kriegsende in Oberndorf

Bei den wenigen Angriffen der Alliierten am Kriegsende wurden neben dem Kraftwerk der Mauser-Werke drei weitere Betriebsgebäude völlig und acht schwer zerstört, vier mittelschwer und über 100 leicht beschädigt. Am ursprünglichen Werk der Königlichen Gewehrfabrik, dem Klosterbau, entstand nur geringer Schaden. Ein schwerer Fliegerangriff am 22. Februar 1945, der in der Nähe der Mauser-Werke stattfand, forderte aber 28 Menschenleben.[230] Neben den drei deutschen Toten, die im Ehrenhain des Friedhofs beerdigt wurden, waren insgesamt 18 Zwangsarbeiterinnen und sieben Zwangsarbeiter unter den Opfern. Sie sollten als Ausländer auf Wunsch des Bürgermeisters Fritz nicht auf einem Friedhof, sondern im Wald »würdig« beerdigt werden. Nach einer im Stadtarchiv Oberndorf aufgefundenen Liste verstarben bei diesem Fliegerangriff: zehn Ukrainerinnen, sechs französische Arbeiter und eine französische Arbeiterin, sechs »Russinnen«, eine Italienerin und ein Serbe. Die meisten von ihnen waren im Lager »Eiche« oder »Linde« untergebracht, viele von ihnen wurden nur knapp 20 Jahre alt.[231] Ungefähr 20 Jahre betrug auch das Durchschnittsalter der »Ostarbeiter« unter den Zwangsarbeitenden in Deutschland.[232] Am Kriegsende traf das Schicksal eines unnatürlichen Todes noch mindestens 74 weitere ausländische Zwangsarbeiter und Insassen des AEL, die nach dem Krieg in einem Massengrab gefunden wurden. Der frühere Direktor Zillinger von den Mauser-Werken übergab, wohl als Vertreter des Stadtrats, bei Kriegsende am 20. April 1945 die Stadt den aus Richtung Freudenstadt einrückenden alliierten Truppen.[233]

Ab dem 1. Mai 1945 wurde auf Befehl des französischen Kommandanten die Waffenproduktion in den besetzten Mauser-Werken mit ca. 600 Arbeitskräften wieder aufgenommen. Nur ein Jahr später waren es schon über 2000 Beschäftigte, die nun Waffen für Frankreich produzierten, in diesem Zeitraum immerhin über 50000 Karabiner K98 und mehr als 54000 Pistolen. Eine Einstellung der Produktion erfolgte erst im Juni 1946 auf den gemeinsamen Beschluss der Alliierten hin, danach begann die Vorbereitung der Demontage. Anfang 1948 wurden dann unter der Begleitung durch knapp über 500 Mauser-Beschäftigte die letzten Maschinen abtransportiert, teils zur Verteilungsstelle der Stadtverwaltung, teils in 14 verschiedene Länder des Auslands. Im Juli desselben Jahres begannen die Spreng- und Abbrucharbeiten im Tal. Das Abbruchmaterial wurde in den Städten Reutlingen und Tuttlingen zum Wiederaufbau verwendet.[234] Erhalten blieben nach dem am 1. April 1947 bekannt gegebenen Zerstörungsplan der Klosterbau, das Neckarheim, das Hallenschwimmbad der Mauser-Werke und zwei Wohngebäude.[235] Die Beseitigung der 45000 Kubikmeter Schutt, die im Rahmen der Enttrümmerung bis 1953 anfielen, finanzierten die Stadt Oberndorf und das Land Württemberg-Hohenzollern mit 335000 D-Mark. Aufgrund der dilatorischen Politik von Quandt als Schuldner und der Dresdner Bank (siehe Kap. »Die Mauser-Werke im Reich der DWM«) konnten erst 1956/57 die ersten Unternehmen auf dem Mauser-Werksgelände angesiedelt werden.[236] Zahllose Aktenbestände im Stadtarchiv Oberndorf belegen eindeutig, wie sich der neue Bürgermeister Kenntner sowie der Betriebsratsvorsitzende der Mauser-Werke AG und spätere württembergische Finanzminister Robert Gleichauf im Benehmen mit dem französischen Zwangsverwalter und den staatlichen Stellen im neu geschaffenen Land Württemberg-Hohenzollern bemühten, die Demontage zu vermeiden bzw. zu verzögern und anschließend den Wiederaufbau bzw. die Neuansiedlung von Unternehmen voranzutreiben.[237] Gleichauf (1914–1992) war bei Mauser Mechanikerlehrling in der

Abteilung von Theo Koch gewesen, bevor er Betriebsmeister in der Versuchsabteilung und nach dem Krieg Betriebsratsvorsitzender der Mauser-Werke AG und stellvertretender Bürgermeister (CDU) wurde.[238] Der Zusammenhang des Wiederaufbaus der Mauser-Werke mit der Gründung von Heckler & Koch wird im Folgenden im Beitrag von Andrea H. Schneider-Braunberger in diesem Band ausführlich behandelt. Hier soll noch kurz auf die weitere Entwicklung des DWM-Konzerns unter Quandt in der frühen Nachkriegszeit eingegangen werden.

Der DWM-Konzern und die Mauser-Werke vor der Demontage

Obgleich die Familie Quandt und die im Westen verbliebenen oder Anfang 1945 nach einem Vorstandsbeschluss aus den zuvor besetzten Gebieten nach Westdeutschland geflüchteten Quandt-Manager sich unverzüglich nach Kriegsende auf vielen Reisen um die Wiederaufnahme einer Produktion in allen westzonalen Betrieben und auch um neue Produktionsstätten, z. B. in Ellwangen, bemühten, gelang dies nur teilweise.[239]

Alle Werke im Osten wie die 25 000 Beschäftigte umfassende Produktionsstätte in Posen, das moderne Werk der Dürener Metallwerke in Waren (Mecklenburg), ein Erfurter Betrieb der DWM und vier Textilunternehmen wurden enteignet. Das kommissarisch im besetzten Lüttich betriebene Werk der Fabrique Nationale unter Mauser- bzw. DWM-Ägide ging ebenso wieder in belgische Hände über, wie ein französisches Blech-Unternehmen in Straßburg an Frankreich zurückfiel.[240] Die verbliebenen Betriebsstätten der DWM im Westen, v. a. Lübeck und Karlsruhe, gehörten ebenso wie die Mauser-Werke AG aufgrund ihrer Rüstungsproduktion zu den von den West-Besatzungsmächten nach dem durch ihr Gesetz Nr. 52 beschlagnahmten und teilweise demontierten Unternehmen (siehe dazu ausführlicher den Beitrag von Andrea Schneider-Braunberger).[241] Dies betraf allerdings vorwiegend die Verfügungsrechte, nicht aber die Eigentumsrechte über die Aktiengesellschaft.[242] Hatten während des Krieges allein in den Werken Lübeck und Karlsruhe über 60 000 Beschäftigte für Quandt gearbeitet, so reduzierte sich laut Scholtyseck deren Zahl mit Kriegsende auf lediglich 2 000. Der überwiegende Teil des

Führungspersonals wurde wie Günther Quandt selbst bis 1948 von den Alliierten zunächst verhaftet, verblieb aber nur relativ kurz in Haft und konnte nach Einstufung als »Mitläufer« (Günther Quandt) oder »entlastet« (Friedrich Dörge) wieder schnell in leitenden Funktionen des Konzerns Fuß fassen. Andere Top-Führungskräfte wie Quandt-Vorstand Dr. Horst Pavel oder Quandt-Sohn Herbert blieben gänzlich unbehelligt und leiteten die Geschäfte nach dem Krieg in enger Absprache mit Günther Quandt, seit 1951 wieder in gewohnter Weise aus einem Büro in Frankfurt am Main.[243] Der ehemalige »Wehrwirtschaftsführer« Quandt organisierte aus der Haft heraus nicht nur seine Verteidigung, sondern mit seinem Team auch den Wiederaufbau der Betriebe. Die Demontagen durch Briten und Amerikaner in den Werken in Lübeck, Karlsruhe und Hannover wurden – auch auf Betreiben der Quandts – noch vor dem Ende der 1940er Jahre gestoppt, was dem Wiederaufbau sehr entgegenkam.[244] Im Berliner Werk Borsigwalde konnte nach zunächst russischer und dann britischer Besatzung wieder eine bescheidene zivile Produktion aufgebaut werden. Das Werk firmierte mit seiner 21-köpfigen Belegschaft zunächst als »Vereinigte Werkstätten Wittenau« (VWW), wo eine Friedensproduktion aufgebaut werden sollte. Aber beinahe 8000 Beschäftigte waren zunächst entlassen worden.[245] Dagegen diente das ehemalige Firmengelände der DWM in Lübeck in der Nachkriegszeit der Mischproduktion (u.a. Motoren- und Maschinenbau).[246]

Die im Krieg wenig beschädigten, zentralen Werkseinrichtungen der DWM in Karlsruhe wurden zwar in den ersten beiden Nachkriegsjahren teilweise demontiert, schon Ende 1946 konnte aber ein Stopp der Demontagen erreicht werden. Anlass dafür waren u.a. der Hinweis auf den besonderen Wert der 1000 noch vorhandenen Arbeitsplätze, die symbolträchtige Umbenennung in Industrie-Werke Karlsruhe (IWK) zum 21. März 1950 und der Verweis auf die überwiegend zivile Produktion des Unternehmens. Die Angabe der Unternehmensleitung, das Werk sei »keinesfalls als modern und speziell für Rüstungszwecke eingerichtet«, war durchaus vergleichbar der Argumentation der Mauser-Werke AG in der Zwischenkriegszeit und wird von Scholtyseck als reine Schutzbehauptung angesehen. Denn schließlich hätten während des Krieges »etwa 98 Prozent der Gesamtproduktion in der Herstellung von Kartuschhülsen, Pistolen- und Infanteriemunition bestanden«.[247]

Insgesamt scheinen die Werke in Karlsruhe spätestens 1947 wieder angelaufen zu sein, wofür auch spricht, dass die IWK beim Wirtschaftsministerium Württemberg-Baden nachsuchten, weitere Maschinen zu beschaffen und nach Karlsruhe zu transportieren, die zuvor zur Dynamit AG nach Kaufbeuren 1945 ausgelagert worden waren.[248] Nachdem am 20. August 1949 die alliierte Vermögenssperre und -kontrolle beendet worden war, wurden in Karlsruhe »Verpackungsmaschinen, Industrie-Nähmaschinen, Perlon-Maschinen, mechanische und hydraulische Pressen, Präzisionsdrehbänke, Ausrüstungen für die Kunstseide-Industrie, Chemische Apparate, wärme-wirtschaftliche Apparate und Industrieöfen« gefertigt.[249] Auch die umfirmierte DWM in Berlin produzierte 1954, dem Todesjahr Günther Quandts, schon wieder »Schienen- und Straßenfahrzeuge, Gasmesser, Verkaufsautomaten und Kälteanlagen«. Die Messzeug-Fertigung wurde zunächst 1948 in Karlsruhe wieder aufgenommen, sodass am Ende des Jahres 1954 in den verschiedenen Werken insgesamt 10 000 Beschäftigte für die Erben Quandts arbeiteten.[250]

Über den genauen Beginn der Rüstungsproduktion bei DWM bzw. IWK lässt sich nur spekulieren. Zwar schreibt Scholtyseck einerseits, dass, »als im Zuge des Kalten Krieges die strikten Waffengesetze in der Bundesrepublik gelockert und schließlich aufgehoben wurden [...], die IWK in der zweiten Hälfte der 1950er Jahre wieder in ihr angestammtes Produktionsgebiet, die Rüstung, zurückkehrten«.[251] Im Gegensatz zu diesem spät angesetzten Zeitpunkt nach 1955 berichtet er aber andererseits davon, dass die IWK mit Erlaubnis der Alliierten Kontrollkommission in den Werken Karlsruhe und Grötzingen wieder Spezialmunition produzierten und schon 1949 bzw. 1950 »die Erlaubnis zur Herstellung von Sportmunition sowie von Jagdmunition und -gewehren« bei der Industrieabteilung der Militäradministration bzw. dem *American High Commissioner for Germany* beantragt hatten.[252] Zudem stellte das Unternehmen im Herbst 1950 einen dezidiert militärisch ausgerichteten »Antrag auf Fertigung von 9-mm-Parabellum-Munition für einen Großauftrag aus dem Iran«, der allerdings vom *High Commissioner* zurückgewiesen wurde.[253] Dies bedeutet, dass 1949 wieder mit der Herstellung von Waffen und Munition begonnen wurde und die ersten Rüstungsexporte bereits ab 1950 zumindest angeboten und geplant wurden. Dies erklärt auch die Leitungsstruktur der Quandt'schen Konzern-Tochter, denn zunächst war der schon erwähnte, rüstungstechnisch ausgewiesene Josef Holl als Alleinvorstand der DWM bzw. IWK zuständig für den Wiederaufbau der Produktion. Er war im Krieg erst Abteilungsdirektor der Gewehrfertigung der Mauser-Werke gewesen, dann zuständig für die DWM in Posen und kurz vor Kriegsende an die »zum Reichswerke-Imperium Hermann Görings gehörenden Waffenwerke Brünn delegiert worden«.[254] Er besaß somit spezifische Erfahrungen aus der militärischen Waffenproduktion, die beim Wiedereinstieg der DWM bzw. IWK in das Rüstungsgeschäft hilfreich sein konnten.

Die Mauser-Werke AG dagegen traf die Politik der französischen Besatzung mit ihren zügig umgesetzten Demontage-Forderungen härter als die anderen westdeutschen Unternehmen des Quandt-Konzerns. Nachdem die Fabrikation seit August 1945 unter französischer Zwangsverwaltung gestanden und zehn Monate lang für den französischen Bedarf weiter produziert hatte, wurden die Werke am 5. November 1947 zwangsliquidiert und viele Bauten gesprengt, die Produktionsanlagen demontiert, weltweit exportiert und das Werksgelände anschließend bis 1953 enttrümmert. Eine ähnliche Entwicklung nahm auch das DWM-Tochterunternehmen für physikalische und optische Messungen, die Maschinen für Massenverpackung (MfM) GmbH, deren Laboratorien, Sprengstoff- und Pulverlager in Lübeck von der britischen Besatzungsmacht teilweise demontiert oder zerstört wurden.[255]

Der umfangreichste Teil des Maschinenbestandes der Mauser-Werke Oberndorf ging an Frankreich, einen größeren Teil erhielten neben der Stadt Oberndorf auch England, Jugoslawien und die Sowjetunion. Mit den Maßnahmen der Liquidation und Demontage sollte die Oberndorfer Waffenproduktion endgültig stillgelegt werden. Dies gelang aber nicht, weil laut Firmenbiograf Wolfgang Seel die IWK unter Harald Quandt schon seit 1947 zielstrebig daran arbeiteten, die Produktion von Heereswaffen wieder aufzunehmen.[256] Scholtyseck zitiert Berichte des Oberndorfer Bürgermeisters Kenntner über seine konspirativen Treffen mit Günther Quandt, der die Restitution seines Besitzes zu erreichen suchte. Schon bei diesen Besprechungen Ende 1948 ging es letztendlich um »die Befreiung sämtlicher leitender Personen von der Diffamierung und wieder Zulassung bei ihrer alten Tätigkeit«, d.h. die Wiederaufnahme der Rüstungsproduktion mit Hilfe der angestammten Führungskräfte.[257] Im März 1953 teilten die leitenden Angestellten der IWK, Holl und Vieweg, der Bank der Deutschen Arbeit mit, dass die Wiederaufnahme der Produktion beabsichtigt sei, die zudem vom Wirtschaftsministerium Baden-Württemberg unterstützt werde.[258] Die Eröffnungsbilanz der IWK nach der ersten außerordentlichen Hauptversammlung am 28. Dezember 1953 beschloss, das Grundkapital von 25 Mio. Reichsmark auf 2,5 Mio. D-Mark umzustellen und die Liquidation zu beenden.[259]

Ein wichtiger Schritt zur Neugründung der Mauser-Werke AG 1954 war die Gründung der Mauser-Meßzeug GmbH in Oberndorf am 8. Januar 1954 unter den Vorsitzenden Friedrich Dörge, Friedrich Mönkehaus und Harald Quandt, die zunächst Messzeug und später Waffen fertigen ließen. Die IWK besaßen als Rechtsnachfolgerin der DWM die Kapitalmehrheit an den Mauser-Werken, und unter der liberaleren amerikanischen Besatzungspraxis war es Quandt nicht nur gelungen, die Kontrolle über das Berliner Mauser-Werk zu bewahren. Er hatte sogar erreicht, dass auch bei den Mauser-Werken umfangreiche Kredite aus dem *European Recovery Program* den Ausbau und die Wiederaufnahme der Produktion finanzierten. In seiner Mauser-Chronik führt Seel dazu aus: »Die Amerikaner haben die Gewährung von Krediten an die IWK davon abhängig gemacht, dass Güter hergestellt und Lieferungen getätigt werden, die für Aufgaben im Rahmen des Atlantikpaktes bestimmt sind – mit anderen Worten: Rüstungsgüter.«[260] Weitere Schritte zur Restitution des Besitzes und der Wiederaufnahme der Waffenproduktion waren die Rückführung der Metallwarenfabrik Kreuzlingen AG (einer Mauser-Beteiligung) aus Schweizer Besitz im Sommer 1952 und die Übernahme einer Spezialmaschinen-Fabrik in Tübingen 1955. Beide hatten schon vor 1945 Waffen und Munition produziert.[261] Schwierigkeiten machte aber bis 1956 die Suche nach geeigneten Fachkräften, die beispielsweise nach Spanien abgewandert waren (siehe dazu ausführlich den Beitrag von Andrea Schneider-Braunberger).[262] Scholtyseck berichtet auch von Einstellungen von Führungskräften bei US-Rüstungsfirmen wie der staatlichen Springfield Armory, gemeint ist wohl von Lossnitzer, sowie der Übernahme von circa 150 Waffen- und Datenverarbeitungsspezialisten aus Oberndorf in die Dienste der Franzosen, sowohl bei staatlichen Stellen als auch bei Unternehmen wie der Manufacture d'Armes de Levallois.[263]

Dass die IWK bereits als eines der ersten bundesdeutschen Unternehmen wieder im Rüstungsgeschäft tätig wurde, deckte 1956 auch das Nachrichtenmagazin SPIEGEL in einem Artikel auf. Nicht nur die möglichen Rüstungskapazitäten seien »seit geraumer Zeit in Bonn aktenkundig«, sondern »auch die Startkosten der Rüstungsproduktion [...] schon sorgfältig errechnet« und in einer entsprechenden Liste vermerkt worden. Für die IWK, deren »Rüstungsexperte Dipl.-Ing. Holl als einer der ersten an den vorbereitenden Besprechungen in Bonn teilnahm, wird in der Liste ein Finanzierungsbedarf von rund 6,5 Millionen Mark veranschlagt«.[264] Mit konkreteren Planungen für den Beginn der Rüstungsproduktion hatte Günther Quandt jedenfalls schon vor der Aufstellung der Bundeswehr begonnen, als er im Januar 1954 einem bei den Mauser-Werken wieder eingesetzten leitenden Mitarbeiter schrieb: »Ich bin aber immer noch der Ansicht, daß sich bei einer irgendwie gearteten Wiederaufrüstung Deutschlands sehr interessante Probleme [fälschlich statt Pläne, Anm. vdK] für Sie persönlich ergeben werden.« Diese Pläne wurden unter dem Dach der IWK im 100-prozentigen Tochterunternehmen Mauser-Meßzeug GmbH in Oberndorf weiter verfolgt, obwohl erst Anfang Januar 1954 ein Ende der Liquidation durch den Hohen Kommissar unter der Prämisse erfolgt war, »dass Mauser fernerhin keine Waffen und keine Munition mehr herstellt«.[265] Generell erhielt die Wiederaufnahme der Produktion bei Mauser noch Mitte der 1950er Jahre große Unterstützung vonseiten des baden-württembergischen Wirtschaftsministeriums, das Bundeswirtschaftsminister Erhard, wie schon zuvor von Betriebsrat und Bürgermeister aus Oberndorf verlautet war, fälschlicherweise mitteilte, »bei den Mauser-Werken seien während der NS-Zeit nur zu einem verschwindend geringen Teil kleinkalibrige Waffen produziert worden und das Unternehmen sei vor allem als Hersteller von Messwerkzeugen und Rechenmaschinen bekannt gewesen«.[266] Unter den veränderten Bedingungen des Kalten Krieges wurden von Quandt dann bald wieder »Militärwaffen unter dem Traditionsnamen auf den Markt gebracht«.[267] Zwar kann für Mauser ein genauer Zeitpunkt und der Umfang des Wiederbeginns der Rüstungsproduktion bislang nicht festgestellt werden. Nach eigenen Angaben gegenüber der Fachzeitschrift »Wehrtechnik« hat Mauser die wehrtechnischen Aktivitäten mit der Entwicklung von Sprengmitteln, insbesondere Minen, erst im Jahre 1956 wieder aufgenommen, worauf bald kleine Lafetten für die Marine folgten.[268]

Die jüngste Rheinmetall-Festschrift berichtet allerdings darüber, dass spätestens seit 1955 auch mit den Mauser-Werken über die Serienproduktion des überarbeiteten MG 42 verhandelt worden sei. Mauser geriet gegenüber der geschickten Lizenzierungspolitik von Rheinmetall, die dem in finanzieller Notlage befindlichen ostdeutschen Konstrukteur Großfuß die Patente prospektiv bereits im April 1955 abgekauft hatte, ebenso wie der Konkurrent Heckler & Koch ins Hintertreffen und lieferte allenfalls kleinere Teile zu. Denn Rheinmetall bestand nach der Anerkennung der aufgekauften Patente durch die BRD darauf, die Generalunternehmerschaft für das MG zu erhalten.[269]

Weitere Quandt-Unternehmen wie die Dürener Metallwerke fertigten Vorprodukte und Maschinen für andere Konzernunternehmen wie IWK und Mauser. Die Metallwerke waren später insbesondere während des Exportbooms in der Zeit des Koreakriegs sehr erfolgreich, können aber trotz ihrer hohen Bedeutung für einzelne Rüstungsgüter ebenso wie die AFA/VARTA und die Textilwerke der Kammgarnspinnerei Stöhr nicht als Rüstungsunternehmen i.e.S. gesehen werden.[270] Dies gilt auch für die 1943 als Werkzeugmaschinenspezialist erworbenen Schaerer-Werke GmbH Karlsruhe sowie den Kali- und Ölförderer Wintershall AG, an der Quandt seit Ende der 1920er Jahre mehrheitlich beteiligt war.[271]

Rund um das Jahr 1949, in dem Heckler & Koch gegründet wurde, entstanden in Oberndorf und Umgebung weitere kleinere Unternehmen von ehemaligen Mauser-Mitarbeitern. So war bereits 1947 u.a. ein mechanisches Werk im Nachbarort Boll mit Maschinen aus den ehemaligen Mauser-Werken aufgebaut worden.[272] Zu den Neugründungen gehörten Firmen wie z.B. Meßzeugbau Boll MZB, Karl Bulling Gerätebau, Feinwerkbau Westinger & Altenburger oder die OPW Oberndorfer Präzisionswerk GmbH. Die Gründer von Heckler & Koch hatten wie diese neuen Unternehmer früher bei Mauser zum Teil eng zusammengearbeitet.[273] So waren Karl Westinger und Ernst Altenburger als vormalige Mauser-Ingenieure und Vorgesetzte bzw. im Fall von Altenburger auch als Verbindungsbruder gut mit Alex Seidel bekannt und hatten sicherlich auch Kontakt zu Theo Koch gehabt. Westinger und Altenburger hatten nach Feierabend eine moderne Saldiermaschine entwickelt, die sie ab 1948 zunächst in einem eigenen kleinen Unternehmen in Dettingen bei Horb und nach einem Umzug ab 1950 in einer Baracke im ehemaligen Zwangsarbeiter-Lager »Erlen« an der Oberndorfer Neckarstraße produzierten. Schnell kamen die beiden Gründer aber auch auf bereits bei Mauser gefertigte spanabhebende Präzisionswerkzeuge als weiteren Produktionsbereich zurück. Ab Ende der 1950er Jahre stiegen Westinger & Altenburger mit neuen Eigenentwicklungen für Sport- und Freizeitschützen in den Bau von Sportwaffen ein, die sie ab 1961 erfolgreich auf den Markt brachten.[274]

Einer der Mitgesellschafter der Oberndorfer Präzisionswerk GmbH war der frühere technische Leiter der Mauser-Werke, Oberingenieur Ernst Emil Meier. In dem mittelständischen Betrieb mit knapp 100 Beschäftigten wurden Schieblehren und Messzeuge – traditionelle Mauser-Produkte – hergestellt, noch dazu im Äußeren Werk von Mauser, und »mit einem Vorwand [wurde das Verbot zur Ansiedlung eines metallverarbeitenden Betriebs in einem ehemaligen Teil des Mauser-Werks] umgangen«.[275] Ein deutlich kleineres Unternehmen ähnlicher Art, ebenfalls im ehemaligen Lager »Erlen« angesiedelt, war die Willi Ender Werkzeug- und Apparatebau GmbH & Co. KG.[276]

Alle diese Unternehmen waren wichtig für den Ort und die Wirtschaftsregion, insbesondere vor dem Hintergrund der hohen Arbeitslosigkeit am Ende der 1940er Jahre. Die kleinen Firmen benötigten dringend Maschinen und Messwerkzeuge, sodass die Stadt Oberndorf nach dem Krieg immer wieder aus dem ehemaligen Mauser-Bestand übrige Maschinen und Werkzeuge versteigerte – eine Beschaffungsgelegenheit, die wohl auch von den Heckler-&-Koch-Gründern genutzt wurde.[277]

Kennenlernen der Eheleute Koch und der Unternehmensgründer von Heckler & Koch

Wie und wo sich die Eheleute Koch und auch die vier Unternehmensgründer von Heckler & Koch kennenlernten, hing stark mit deren Netzwerken zusammen, d.h. den Freundes- und Bekanntschaftskreisen der Familien, den Vereinen in Oberndorf als geselligen Treffpunkten und auch den Esslinger Studentenverbindungen, die bereits erwähnt wurden. Die Frau von Theo Koch wurde am 26. Juni 1930 als Gertrud Lamp in Oberndorf am Neckar geboren († 29.8.2023). Ihre Großmutter war wie die spätere Ehefrau von Alex Seidel, Fridl (1912–1984), eine geborene Lauer. Fridl Seidel war somit eine ältere Großkusine von Gertrud Koch. Letztere gehörte wie ihr Mann dem schwäbischen Bildungs- und Wirtschaftsbürgertum an und ging bis zur 6. Klasse auf das Gymnasium. Nach der Schule arbeitete sie in verschiedenen Verwaltungsstellen, zunächst ab 1947 für das örtliche Forstamt. Danach wechselte sie 1948 nach Ulm in eine Steuerberatungskanzlei.[278]

Gertruds ältere Schwester Irmgard Lamp (1922–2019) war schon länger mit Edmund Heckler und dessen Bruder Rudolf, genannt Rudi, befreundet gewesen. Als Mitglieder der Oberndorfer Narrenzunft kannten sich alle drei durch gemeinsame Fastnachts-Auftritte. Zudem waren sie durch weitere Verwandtschaftskreise miteinander bekannt, denn zwei Familien mit ähnlich klingenden Namen waren für das Gastgewerbe in Oberndorf prägend: die Lauers, aus deren Familienkreis die Ehefrauen Kochs und Seidels stammten, und die Laurs, zu denen Edmund Hecklers Ehefrau Cilly gehörte. Während des Zweiten Weltkriegs hatte Irmgard Lamp aushilfsweise im Gasthaus Krone der Familie Lauer gearbeitet, das neben dem Hotel zur Post der Laurs zu den zentralen gesellschaftlichen Treffpunkten in der Stadt Oberndorf zählte. Vor dem Krieg trafen sich alle Oberndorfer Bekannten der Kochs und Lauers in der Krone zum abendlichen Beisammensein oder zu Festivitäten.[279]

Abb. 40: Gasthaus »Zur Krone« in Oberndorf, um 1910

Im Zweiten Weltkrieg und in der frühen Nachkriegszeit trafen sich dann alle Bekannten auf dem »Schafhof«, einem Bauernhof der Familie Lauer. Er besteht bis heute in restaurierter Form am Rande des Oberndorfer Ortsteils Lindenhof und in der Nähe des Heckler-&-Koch-Werks weiter und befindet sich nach wie vor im Besitz der Familie. Wie schon in früheren Zeiten in Oberndorf üblich, waren während des Krieges Gertrud Lamp, Theodor Koch und Alex Seidel dort mit ländlichen Hilfsarbeiten beschäftigt und lernten sich dadurch näher kennen. Gertrud, die spätere

Frau Kochs, war aber noch ein Kind bzw. Teenager, während Koch und Seidel deutlich älter waren.

Am Kriegsende und in der frühen Nachkriegszeit unterstützte Alex Seidel den Schafhof, der für die Versorgung der Oberndorfer mit Nahrungsmitteln wichtig war, mit seiner Arbeitskraft. Seel schrieb sogar, er sei dort Großknecht gewesen, was aber nicht mit seinen weiteren Arbeiten bei Mauser und als Gründer von Heckler & Koch zeitlich vereinbar erscheint, allenfalls leistete er nebenberufliche Unterstützung. Seidel heiratete 1947 die Tochter des Hofbesitzers, Fridl Lauer, und bekam mit ihr die Kinder Bruno und Monika.[280]

Seinen späteren Geschäftspartner Edmund Heckler kannte Alex Seidel schon aus seiner Studienzeit in Esslingen, zumal beide derselben Studentenverbindung, der Suevia, angehörten.[281] Wo sich Edmund Heckler und Theo Koch zum ersten Mal begegneten, ist bisher nicht klar. Sie hatten aber schon während des Zweiten Weltkriegs verschiedene Berührungspunkte über ihre Familien und ihren Bekanntenkreis u. a. in der Narrenzunft und auf dem Schafhof. Möglicherweise war auch die Verbindung von Gertrud Lamps deutlich älterer Schwester Irmgard zu Edmunds Hecklers Bruder, dem stadtbekannten Architekten Rudi Heckler, ausschlaggebend. Denn der Vater von Kochs späterer Ehefrau war am Ende der 1940er Jahre gesundheitlich schwer angeschlagen. Daher bat Irmgard Anfang 1950 ihre Schwester Gertrud, aus Ulm zurückzukommen, um sie bei der Pflege des Vaters zu unterstützen. Um Gertrud weiterhin eine qualifizierte Tätigkeit zu ermöglichen, verschaffte Irmgard ihr eine Stelle beim neu gegründeten Unternehmen Heckler & Koch, indem sie ihren Freund Edmund Heckler davon überzeugte, die jüngere Schwester einzustellen. Gertrud Lamp arbeitete zunächst in der Verwaltung des schnell expandierenden kleinen Unternehmens in der Hauptstraße 8 (heute AOK-Gebäude), ganz in der Nähe vom Wohnhaus der Lamps, das neben dem Hotel zur Post in der Hauptstraße 24–26 lag.[282] Im Unternehmen traf Gertrud Lamp auch wieder auf den 25 Jahre älteren Theo Koch, den sie vom Schafhof kannte. Sie heirateten am 29. Oktober 1954 in Oberndorf am Neckar in der katholischen Kirche, obwohl Theo Koch evangelisch war. Sie bekamen fünf Kinder, die später teilweise selbst bei der Heckler & Koch GmbH in leitender Funktion tätig waren.[283] Über eine intensivere inhaltliche Auseinandersetzung der Familien mit der Geschichte der Mauser-Werke AG oder der Kriegszeit liegen keine Erkenntnisse vor.

Das Wissen der Waffeningenieure, Mauser-Manager und Oberndorfer

Die Stadt Oberndorf am Neckar musste sich dagegen mehr als zwei Jahrzehnte nach Kriegsende näher mit dem Wissen von Geschäftsführern, Managern und Betriebsleitern der Mauser-Werke AG über die Verhältnisse in der kriegswirtschaftlichen Produktion auseinandersetzen. Dies geht aus der bereits dargestellten Schilderung der polnischen Zwangsarbeiterin Kazimiera Curry hervor (siehe Kap. »Sowjetische, polnische und niederländische Arbeitskräfte«), deren Entschädigung 1966 vor dem Bundesverwaltungsamt verhandelt wurde. Denn vor der Verhandlung des Entschädigungsfalls wurden in Oberndorf wohl Ermittlungen durch das Bundesverwaltungsamt und die Landespolizei bzw. Ortspolizeibehörde Oberndorf aufgenommen, um zu klären, ob Kazimiera Curry inhaftiert und misshandelt worden war.

Die Landespolizei-Abteilung Oberndorf a. N. stellte in diesem Zusammenhang dem Bürgermeister Otto Kenntner schriftlich die Frage, »auf welchem Wege die Arbeits- und Lebensbedingungen während des Arbeitseinsatzes (Behandlung durch den Arbeitgeber und Aufsichtspersonen, Art der Unterbringung, geschlossenes Lager, Bewachung usw. Verpflegung, etwaige Ausgangsbeschränkungen, Entlohnung, ärztliche Versorgung usw.) erfahren werden können«. Daraufhin antwortete dieser handschriftlich am 8. November 1966:

> »Geschäftsleitung der Fa. Mauser-Werke AG, ehemal. Betriebsleiter wie die Herren Weiss, Koch u. Seidel von der Fa. Heckler u. Koch GmbH, Bulling, Altenburger, Westinger; die damal. Ärzte sind verstorben, Schätzle, der die Werkskantine leitete, wohnt nicht mehr hier (ein Bruder von Stadtrat Schätzle), er gehörte damals dem Gemeinderat an, war auch Kdt. der Feuerwehr.

Anm.: Schirmer ist über die allgem. Verhältnisse gut unterrichtet. Zuckschwerdt wohnt hier (Vertreter einer Heizungsfirma). Frl. Ewert kann noch einige Hinweise geben.«[284]

Ob neben einem der Hauptverantwortlichen vonseiten der Gestapo, dem vormaligen Kriminalobersekretär und örtlichen Gestapo-Leiter Zuckschwerdt auch Theo Koch und Alex Seidel über den Einsatz, die Unterbringung, Verpflegung und Behandlung von Arbeitskräften und ihrer Überstellung in das AEL Aistaig damals Auskunft geben konnten und in der Kriegszeit tatsächlich dabei eine größere Rolle gespielt haben, ist nicht überliefert und kann daher bislang nicht abschließend beurteilt werden. Sie müssen aber auf jeden Fall – wie das Mauser-Management und der gesamte Ort – über den massenhaften Arbeitskräfteeinsatz von Zwangsarbeitenden, AEL-Häftlingen und Kriegsgefangenen Bescheid gewusst haben. Eine Rolle in der örtlichen NSDAP oder ihren Untergliederungen kann bislang nicht nachgewiesen werden. Der jüngere Bruder Edmund Hecklers, der Mauser-Prokurist Eugen Heckler, wohnhaft im Krieg und in der frühen Nachkriegszeit in der König-Wilhelm-Str. 35, soll nach eigenen Angaben von 1930 bis 1933 Mitglied der frühen NSDAP gewesen sein. Nachgeforscht werden sollte daher in der Nachkriegszeit vom Entnazifizierungsausschuss darüber, weshalb der Austritt erfolgte.[285] Doch die Gründe liegen bislang nicht vor, denn der weitere Gang dieser Untersuchung wurde nicht mehr aktenkundig und muss zukünftiger Forschung vorbehalten bleiben. Bei Theodor Koch gibt es lediglich eine Vermutung über seine Parteizugehörigkeit, die aus der frühen Nachkriegszeit stammt. In einer Akte erscheint er unter »Leute, die als P.G. nicht sicher ermittelt sind, aber sehr wahrscheinlich es waren (Abzeichen getragen u. s. f.)« und wurde dort aufgenommen als »Theodor Koch, Fidel Feederlestr. PG«.[286] Da diese Angabe, die aus der Zeit vor 1948 stammen muss, aber keine Rolle vor dem Entnazifizierungsausschuss spielte und Koch nicht in den NSDAP-Mitgliederkarteien auftaucht, ist davon auszugehen, dass es sich hier lediglich um eine Mutmaßung aufgrund der bei den Mauser-Werken herausgehobenen Position Kochs handelte.

Das Nachkriegs-Engagement von Koch und Seidel für Unternehmen, Stadt und Gesellschaft

Theo Koch sprach Französisch, womit er später im Unternehmen Heckler & Koch die ersten Auslandskontakte zumindest teilweise bearbeiten konnte, und war ein begeisterter Ingenieur, wie sich seine Frau Gertrud und sein Sohn Hans-Theodor Koch erinnern. Laut seiner Familie besaß er ein hohes Verantwortungsgefühl und war sehr kommunikativ, sodass es ihm leichtfiel, neue Kontakte zu knüpfen und alte regelmäßig zu pflegen.[287] Die Kochs kannten ihn zudem als lösungsorientierten Menschen, vor allem bei technischen oder alltäglichen Problemen.[288]

Als Mitbegründer und Vorsitzender des Oberndorfer Industrievereins engagierte er sich in der Stadt und für ihre Wirtschaft. Nach Meinung von Hans-Theodor Koch war aber wohl eher Edmund Heckler die treibende Kraft für die Gründung und den Ausbau der Industrievereinigung Oberndorf. Theo Koch war nach Familienmeinung vielmehr der begnadete Ingenieur im Trio Heckler-Koch-Seidel. Als bedeutender Unternehmer und Arbeitgeber der Region wurde Koch Mitglied der Industrie- und Handelskammer Rottweil (später IHK Schwarzwald-Baar-Heuberg) und beriet den Wirtschaftsrat der CDU in den 1960er Jahren. Politisch engagierte er sich gemeinsam mit Edmund Heckler als Mitbegründer der Freien Wählervereinigung (FWV) Oberndorf am Neckar. Für diese saß er von 1968 bis zu seinem Tod im Jahr 1976 als gewählter Mandatsträger im Gemeinderat der Stadt Oberndorf.[289]

Er stiftete Verschiedenes für die Stadt, denn bis zu seinem Tod 1976 war Heckler & Koch ein großes Unternehmen mit über 2000 Beschäftigten und hohen Umsätzen geworden.[290] Zum 70. Geburtstag am 14. Mai 1975 ehrte Bürgermeister Kenntner Theodor Koch als Gemeinderat sowie Mitgesellschafter und Geschäftsführer der Firma Heckler & Koch mit einer Rede. Er bezeichnete ihn als »in der vom Krieg und von der Demontage hart getroffenen Stadt ein[en] Mann der ersten Stunde, der die Ärmel aufkrempelte und die Weichen zum Wiederaufbau stellte«. Kenntner betonte, dass Koch gemeinsam mit Edmund Heckler und Alex Seidel »tüchtige Oberndorfer Fachleute um sich« scharte, sodass die Firma stetig wuchs. Er war ein »in der Kommunalpolitik engagierter Mann. Viele Vereine und Organisationen haben ihm als großzügigem Förderer und Freund zu danken.«[291] Ca. 3000 Menschen kamen zu Kochs Beerdigung auf dem Bergfriedhof in Oberndorf-Lindenhof, was die Verbundenheit der Belegschaft und die hohe Bedeutung seiner Person für die Stadtgesellschaft und den Ort demonstriert.[292]

Auch Alex Seidel engagierte sich in der Nachkriegszeit für die Stadt Oberndorf, er war u. a. Mitbegründer des Oberndorfer Industrievereins. Nach seinem Ausscheiden aus der Geschäftsführung von Heckler & Koch im Jahr 1980 und dem Eintritt in den Ruhestand erhielt er im April 1981 in einer Zeremonie zusammen mit Ernst Altenburger (Feinwerkbau Westinger & Altenburger) aus der Hand des baden-württembergischen Wirtschaftsministers Dr. Rudolf Eberle das Verdienstkreuz am Bande des Verdienstordens der Bundesrepublik Deutschland verliehen. Vorgeschlagen hatten ihn Ministerpräsident Lothar Späth und Bundespräsident Prof. Dr. Karl Carstens (und wohl auch der frühere Finanzminister des Landes und Oberndorfer, der ehemalige Mauser-Betriebsrat Robert Gleichauf).[293]

Einordnung und Zusammenfassung dieses Kapitels

Zwar kann die Tätigkeit von Koch und Seidel im Nationalsozialismus keinesfalls durch ihr späteres politisches und gesellschaftliches Engagement in der Stadt als »wiedergutgemacht« gelten oder Ersteres gegen Letzteres aufgerechnet werden, zumal ihr waffentechnisches Wissen aus der Kriegszeit auch dem Unternehmen Heckler & Koch diente bzw. nützlich sein konnte. Doch sind diese Informationen für eine genauere Einordnung notwendig. Abschließend ist nämlich nochmals darauf hinzuweisen, dass Quellen über die alltägliche Arbeit, das Handeln und Denken der beiden Mitbegründer von Heckler & Koch gänzlich fehlen und damit letztlich nur bedingte Antworten auf die eingangs gestellten Fragen möglich sind. Wir kennen nun die Sozialisation, die Funktionen und die Netzwerke der beiden Ingenieure durchaus besser und können sie aufgrund ihrer Herkunft aus dem Unternehmen Mauser bzw. dem DWM-Konzern einordnen als waffentechnische Entwickler und somit auch eifrige Vollstrecker der deutschen Rüstungspolitik und kriegswirtschaftlichen Expansion im Nationalsozialismus.

Leider liegen bis auf einen Vertragsentwurf keine Vertragsunterlagen oder weitere Quellen der Mauser-Personalabteilung vor, die Hinweise auf die genaue Zahl der dort beschäftigten Arbeitskräfte, ihre Herkunft, ihre Behandlung, Unterbringung, Bezahlung, Bewachung und Ähnliches geben könnten. Darauf muss ebenfalls noch einmal deutlich verwiesen werden, um die Einschränkungen zu markieren, denen die Aussagen dieser Teilstudie unterliegen. Auf der vorhandenen Quellenbasis aus den verschiedenen Archiven konnte aber ein differenziertes Bild der unterschiedlichen Gruppen von Arbeitskräften gewonnen werden, die entweder unter dem Druck schwieriger wirtschaftlicher Verhältnisse angeworben oder in den meisten Fällen zwangsweise nach Deutschland gebracht worden waren und bei der Mauser-Werke AG im DWM-Konzern eingesetzt wurden.

Deutlich wurde dabei die massive Expansion der Waffenproduktion bei der Mauser-Werke AG ab 1933, der hohe Arbeitskräftebedarf und die nahezu unübersichtliche Menge an Arbeitskräften aus aller Herren Länder, die nach Oberndorf verbracht oder verschleppt wurden und hier ihre Dienste für die deutsche Kriegswirtschaft meist unter teils kaum erträglichen Bedingungen leisten mussten. Davon zeugen nicht nur die genannten Aussagen von Überlebenden, sondern auch die hohe Zahl an Todesfällen insgesamt und insbesondere auch die Selbstmorde einiger Zwangsarbeiter und Häftlinge. Oberndorf wurde im Reich der DWM eine Art Herzkammer der Heeresrüstungsproduktion, die neben Karlsruhe, Berlin und Lübeck schwerpunktmäßig am Oberen Neckar angesiedelt war. Kleinere Verlagerungswerke wie in Spaichingen kamen mit der Totalisierung des Krieges unter Rüstungsminister Speer ab 1942 hinzu. Mit dem Übergang von eher situativ bedingten Beschaffungsmaßnahmen von Arbeitskräften für die Rüstungsindustrie zu den sogenannten Auskämmaktionen unter Fritz Sauckel im Rahmen des Totalen Krieges ab 1942 verbunden war ein weiterer Ausbau von Lagerkapazitäten der Mauser-Werke in Oberndorf und die Übernahme des AEL Aistaig von der Gestapo bzw. der Stadtgemeinde und dem Bauunternehmen Sager & Woerner durch Mauser. Als Generalbevollmächtigter für den Arbeitseinsatz besuchte Sauckel im Sommer 1943 zusammen mit Gauleiter und Reichsstatthalter Wilhelm Murr auch die Mauser-Werke AG in Oberndorf (siehe Abb. 41).

Der immer erbarmungslosere Umgang mit den Arbeitskräften in der zweiten Kriegshälfte wurde auch anhand ihrer Lebensumstände, der Unterbringung und der Versorgung deutlich. Die inhumanen Zustände in den Lagern zeigten sich u. a. am Ausbruch von lebensbedrohlichen Infektionskrankheiten wie Typhus und Tuberkulose, die viele Todesopfer forderten und die genau wie die vielen Herz- und Kreislauferkrankungen ein Zeichen für den schlechten Allgemeinzustand der durchaus jüngeren Häftlinge waren. Diese waren seit 1942 auch dem vermehrten Einsatz von massiver Gewalt und Repressionen ausgesetzt, wie die Hinrichtungen wegen kleinerer Vergehen oder Sozialkontakt mit Deutschen dokumentieren.

Für die rücksichtslose Ausbeutung der Arbeitskräfte, die aus den von Deutschland besetzten Ländern unter Zwang nach Oberndorf gebracht worden waren, trugen Theo Koch und Alex

Abb. 41: Betriebsappell: Direktorium und voll besetzte Werkhalle beim Besuch von Fritz Sauckel (o. r.) und Wilhelm Murr (o. l.), 1943

Seidel im Unterschied zur massenhaften Waffenproduktion und -entwicklung für die deutsche Kriegswirtschaft keine direkte Verantwortung, auch wenn sie Umgang mit ihnen in den Betrieben hatten und Koch sie gegebenenfalls auch einsetzen musste. Durch Koch oder Seidel erfolgte Misshandlungen von Arbeitskräften oder andere Gewalttaten sind nicht aktenkundig oder in anderer Form öffentlich bekannt geworden. Ob Theo Koch als Abteilungsleiter einzelne Arbeitskräfte zur Disziplinierung in das AEL Aistaig überweisen ließ, kann nicht nachgewiesen werden. Insgesamt müssen seine Handlungsspielräume aber als begrenzt angesehen werden, da er den Direktoren der Mauser-Werke AG und dem Vorstand der DWM als weisungsgebundener Manager unterstand. Dies gilt in noch stärkerem Maße für Alex(ius) Seidel, der während des Krieges zum bedeutenden Waffenkonstrukteur aufsteigen konnte, aber wenig Befugnisse über das Personal gehabt haben dürfte. Bis zum Kriegsende konstruierte er noch einfache Waffen für das letzte Aufgebot der nationalsozialistischen Führung, den sogenannten »Volkssturm«, und unterstützte damit das Regime bis zum Letzten.

Wie die gesamte Stadt Oberndorf am Neckar gehörten Koch und Seidel zu den Wissenden, die nach dem Ende des Zweiten Weltkriegs über die massenhafte Rüstungsproduktion, den Einsatz von Zwangsarbeitenden, Kriegsgefangenen, KZ- und AEL-Häftlingen ebenso schwiegen wie über ihre eigene Beteiligung daran. Ihr Konstruktionsvermögen, Technikverständnis, Arbeitseifer und unbedingter Leistungswille trugen zur beständigen Ausweitung der Oberndorfer Waffenproduktion vor dem und im Zweiten Weltkrieg entscheidend bei. Nur mit den hohen Leistungen der deutschen Kriegswirtschaft, insbesondere auch der Mauser-Werke AG und der DWM sowie ihres Personals war der weltweite Eroberungs- und Vernichtungskrieg des nationalsozialistischen Deutschlands zu führen und bis zum Mai 1945 aufrechtzuerhalten.

Edmund Heckler: Die unauffällige Karriere eines Ingenieurs im Rüstungskonzern HASAG

von Rainer Karlsch

Vorbemerkung

Bis vor wenigen Jahren wurde Edmund Heckler in der Öffentlichkeit zumeist als einer von drei Gründern der Waffenfirma Heckler & Koch in Oberndorf erwähnt. Über seine Tätigkeit in den Jahren der nationalsozialistischen Diktatur war nur wenig bekannt. In seinem Heimatort und bei der von ihm 1948 mitgegründeten Firma Heckler & Koch GmbH wusste man nur, dass er von 1934 bis 1945 als Ingenieur für die Hugo Schneider AG (HASAG) in Leipzig tätig gewesen war. Er selbst hatte sich zu Lebzeiten dazu kaum geäußert, und zudem geriet die Geschichte der HASAG, deren Existenz 1947 nach ihrer kompletten Demontage endete, rasch in Vergessenheit. In der Adenauer-Ära war eine kritische Auseinandersetzung mit der Zeit des Nationalsozialismus nicht angesagt. Die Teilung Deutschlands und der Kalte Krieg begünstigten das Verdrängen.

Noch im Jahr 2000 behauptete Otto Kenntner, Bürgermeister von Oberndorf, anlässlich der Feier zum 50-jährigen Firmenjubiläum von Heckler & Koch, dass Edmund Heckler vor seiner Rückkehr in sein schwäbisches Heimatdorf in Dresden bei einer Nähmaschinenfirma gearbeitet hätte.[1] In der Firmengeschichte von 1999 werden Hecklers Stationen bei der HASAG zwar knapp genannt, aber es wird nicht deutlich, dass in Regie dieses Konzerns schlimmste Verbrechen gegen die Menschlichkeit geschahen. Heckler wurde nur als sehr fähiger, aber unpolitischer Ingenieur gesehen.[2]

Ähnliche Legenden hielten auch andere, ehemals leitende Angestellte der HASAG aufrecht. Wilhelm Renner z. B. war 1933 zur HASAG gekommen, im gleichen Jahr in die NSDAP eingetreten und im Konzern rasch aufgestiegen.[3] Zu Generaldirektor Paul Budin, einem Egozentriker und fanatischen Anhänger des nationalsozialistischen Regimes, pflegte er ein freundschaftliches Verhältnis. In der im Jahr 2002 von Dona Kujacinski und Peter Kohl publizierten Biografie von Hannelore Renner, der Frau von Bundeskanzler Helmut Kohl, fand weder die Mitgliedschaft ihres Vaters in der NSDAP noch seine Tätigkeit für die HASAG Erwähnung.[4] Erst die britische Journalistin Patricia Clough brach diese

Tabus.[5] Der Journalist Heribert Schwan veröffentlichte dazu später weitere Details und Dokumente.[6]

Edmund Heckler war nicht annährend so prominent wie Hannelore Kohl, geb. Renner. Doch auch seine Biografie stand im Jahr 2020 in der Kritik. Es ist das Verdienst der »Bild am Sonntag« (BAMS), die in der deutschen Öffentlichkeit bis dahin kaum bekannte Geschichte der HASAG aufgegriffen und dabei speziell die Rolle Hecklers hinterfragt zu haben.[7] Von der BAMS-Redaktion, die sich neben eigenen Archivrecherchen vor allem auf die Forschungen der Gedenkstätte für Zwangsarbeit in Leipzig[8] und die Arbeiten des Fotografen Herbert Naumann[9] stützte, wurden Hecklers Mitgliedschaft in der NSDAP, seine angebliche Mitwirkung an der Entwicklung und Produktion der Panzerfaust sowie seine Rolle als Ingenieur an mehreren Standorten der HASAG thematisiert. Ihm wurde vorgeworfen, als Direktor eines Zweigwerkes in Taucha, nahe Leipzig, tief ins System der »Vernichtung durch Arbeit« verstrickt gewesen zu sein. Einer Anklage als Kriegsverbrecher in der Sowjetischen Besatzungszone (SBZ) habe er sich nur durch seine Flucht in den Westen entziehen können.[10]

Der BAMS-Artikel lieferte angesichts der Tatsache, dass es sich bei Edmund Heckler um den Mitbegründer der Waffenfirma Heckler & Koch GmbH handelte und dieses Unternehmen wiederholt für negative Schlagzeilen gesorgt hatte, eine Steilvorlage für weitere Medienbeiträge. Der Mitteldeutsche Rundfunk (MDR) sendete eine bereits seit längerer Zeit geplante Dokumentation, und mehrere Zeitungen griffen das Thema auf. In diesen Sendungen und Artikeln wurden die Vorwürfe gegen Heckler wiederholt und die bislang unzureichende Aufarbeitung der Geschichte deutscher Waffenunternehmen im Nationalsozialismus beklagt.[11]

Vorstand und Belegschaft von Heckler & Koch in Oberndorf reagierten mit Betroffenheit. Kritische Aktionäre forderten eine Reaktion des Unternehmens. Im Ergebnis dessen wurde eine Aufarbeitung der zu lange beschwiegenen Rolle der drei Firmengründer im Nationalsozialismus verlangt. Das Unternehmen beauftragte damit die Gesellschaft für Unternehmensgeschichte, die die vorliegende Studie initiierte.

Einschränkend muss gesagt werden, dass es trotz intensivster

Recherchen kaum möglich ist, auf Grundlage der äußerst dürftigen Quellenbasis die Biografie Edmund Hecklers in all ihren Facetten nachzuzeichnen. In den wenigen noch vorhandenen Unterlagen der HASAG taucht sein Name nur ganz selten auf. Weder im Schriftwechsel des Vorstands mit Reichsbehörden und Banken noch in der Werkszeitung »Unsere Hasag« und auch nicht in den Erinnerungsberichten von Fremd- und Zwangsarbeitern, Konzentrationslagerhäftlingen sowie Widerstandskämpfern wird sein Name erwähnt. Auch in den Prozessen, die nach dem Krieg in der Sowjetischen Besatzungszone (SBZ), der DDR, der Bundesrepublik Deutschland und Frankreich gegen Angehörige der HASAG wegen Verbrechens gegen die Menschlichkeit geführt wurden, findet sich der Name Heckler nicht. Lediglich in einem einzigen Protokoll einer Aufsichtsratssitzung, in zwei Handelsregisterauszügen sowie in einem Bericht einer amerikanisch-britischen Target-Forces-Einheit von Mai 1945 wird er genannt. Wir können daher nur versuchen, Hecklers immerhin ein Jahrzehnt dauernde Tätigkeit für die HASAG anhand seiner beruflichen Stationen und des dabei aufscheinenden Beziehungsgeflechts zu beschreiben und die wichtigsten Einschnitte zu benennen.

Kindheit und Jugend in Oberndorf und Umzug nach Leipzig

Edmund Heckler stammte aus einer Beamtenfamilie, die seit 1914 in Oberndorf wohnte. Sein Vater, Kilian Heckler, war Stadtschultheiß (Bürgermeister) von Oberndorf und dank seiner verwaltungspolitischen Kompetenzen, die er in Neckarsulm und Tuttlingen erworben hatte, hoch angesehen.[12] Als Kilian Heckler 1921 verstarb, hinterließ er sechs minderjährige Kinder aus zwei Ehen, darunter den am 2. Februar 1906 erstgeborenen Sohn Edmund, das einzige Kind aus der ersten Ehe. Ein Studium blieb diesem zunächst verwehrt, da die Familie dafür nicht die finanziellen Mittel aufbringen konnte. Er unterstützte die jüngeren Brüder, die allesamt studierten und bürgerliche Laufbahnen, wie z. B. als leitender Architekt (Rudolf) oder Geodät (Karl), einschlugen. Edmund Heckler trat dagegen eine Lehre bei den Mauser-Werken an und bestand die Gesellenprüfung 1924 mit der Note »gut«.[13]

In dieser Zeit wurden in Oberndorf nur noch in geringem Umfang Sportwaffen und Pistolen produziert. Die Waffenproduktion des Deutschen Reichs war durch die Bestimmungen des Versailler Vertrages strikt limitiert und die Nachfrage entsprechend gering. Die Waffenfabrik Mauser AG musste ihre Produktion umstellen und änderte im Mai 1922 folgerichtig auch ihren Namen in Mauser-Werke AG.[14] Trotzdem wurden einige Arbeiten auf waffentechnischem Gebiet fortgesetzt. Mauser wich auf die Herstellung der weniger streng regulierten Karabiner aus und entwickelte 1924 mit dem Karabiner 98b eine Waffe, bei der es sich um eine leicht abgeänderte Konstruktion des Standardgewehrs 98 handelte. Der Karabiner wurde hauptsächlich nach Südamerika und China exportiert.

Ab 1926 konnte Edmund Heckler dann doch noch, wenn auch mit kurzzeitigen Unterbrechungen, an der Maschinenbauschule in Esslingen studieren. Zu seinen Kommilitonen gehörte Theodor Koch. Nahezu zeitgleich schlossen sie ihr Studium des Maschinenbaus als Diplom-Ingenieure im Jahr 1929 ab. Heckler blieb, wie auch sein jüngerer Bruder Eugen, Angestellter bei Mauser. Theodor Koch trat im Mai 1929 als Konstrukteur ebenfalls in den Dienst der Oberndorfer Firma.[15] Im Jahr 1934 trennten sich ihre Wege: Während Koch bei Mauser blieb, ging Heckler zur HASAG nach Leipzig. Nach dem Zweiten Weltkrieg trafen sie sich in Oberndorf wieder und gründeten 1948 gemeinsam mit Alex Seidel die Heckler & Koch GmbH.

Abb. 42: Edmund Heckler (5. v. l.) und Alex Seidel (4. v. l.) feiern mit Verbindungsbrüdern der Studentenverbindung Suevia, Esslingen, ca. 1929

Ende der 1920er Jahre beschäftigte die Mauser-Werke AG rund 750 Mitarbeiter. Besondere Fähigkeiten erwarb sich Heckler in seinen Jahren bei Mauser auf den Gebieten der Planung, Mengenfertigung, Qualitätssicherung und spanlosen Verformung.

Die Weltwirtschaftskrise (1929–1933) stürzte dann auch die Mauser-Werke AG in eine lang anhaltende Krise.[16] Das Unternehmen versuchte, die Krise mit dem Aufbau einer verdeckten Waffenproduktion im schweizerischen Kreuzlingen zu überwinden. Dennoch blieb die wirtschaftliche Lage der Mauser-Werke AG kritisch. Neue Perspektiven für Mauser ergaben sich mit der Machtübernahme der Nationalsozialisten im Januar 1933 und der danach rasch einsetzenden, anfangs noch verdeckten Aufrüstung. Noch 1934 übernahm Mauser einen Betrieb in Berlin-Wittenau und begann damit, dieses Werk für die Munitionsproduktion umzubauen. Auch im Stammwerk in Oberndorf lief eine neuerliche Rüstungskonjunktur an. Für einen jungen Ingenieur wie Heckler ergaben sich neue Chancen. Der inzwischen 28-Jährige sah aber wohl in einem Wechsel zur HASAG eine Möglichkeit für ein rascheres berufliches Fortkommen und trat am 3. Dezember 1934 in die Dienste des Leipziger Unternehmens.[17] Er wurde von seinem neuen Arbeitgeber als Betriebsingenieur eingestellt, was mit einer annähernden Verdoppelung seines Jahresgehalts – von 3600 Reichsmark auf 7000 Reichsmark – verbunden war. Seine Anstellung kam zustande, weil die HASAG von der Reichswehr schon erste Aufträge zur Produktion von Infanteriemunition erhalten hatte. Der HASAG fehlten dafür jedoch Experten.

Bevor wir nun Hecklers Stationen bei seinem neuen Arbeitgeber nachzeichnen, ist die Geschichte der HASAG von ihren Anfängen bis zur Wandlung zu einem der größten Munitionsproduzenten des Deutschen Reiches zu skizzieren.

Exkurs: Die Entwicklung der HASAG vom Lampenhersteller zum Rüstungskonzern

Die Gründer

Im Jahr 1863 gründeten Ernst Häckel und Hugo Schneider eine Manufaktur zur Herstellung von Öl- und Petroleumlampen.[18] Der gebürtige Leipziger Häckel stammte aus einer Klempnerfamilie und betrieb in Wurzen eine Werkstatt für Blechwaren und Lampen. Sein Geschäftspartner Schneider stammte aus dem schlesischen Siegroth und war als kaufmännischer Angestellter tätig. Dank ihrer unterschiedlichen beruflichen Erfahrungen ergänzten sich Häckel und Schneider bei der Gründung ihrer Firma in Reudnitz – die Gemeinde lag an der Leipziger Stadtgrenze – in idealer Weise. Ein gesellschaftlicher Aufstieg gelang Schneider 1864 durch die Ehe mit Emmy Herold. Ihr Vater, der Jurist Georg Herold, gehörte zum gehobenen Leipziger Bürgertum.

Die Ansiedlung der Firma in einem Vorort der boomenden Messe- und Industriestadt erwies sich auch deshalb als gute Entscheidung, da sich Leipzig im letzten Drittel des 19. Jahrhunderts zum Zentrum der sächsischen Gaswirtschaft entwickelte.[19] Die kommunalen Gaswerke weiteten ihre Produktion und Absatzgebiete rasch aus. Daneben hatte sich mit der Thüringer Gasgesellschaft, die ihren Sitz 1873 von Gotha nach Leipzig verlegte, die zweitgrößte private deutsche Gasgesellschaft in Leipzig etabliert. Vom Boom der Gasbeleuchtung, des »Lichts der industriellen Revolution«, profitierte auch die Firma von Häckel und Schneider. Innerhalb weniger Jahre nahm die Produktion industrielle Formen an. Anfang der 1870er Jahre konnte das Unternehmen mit seiner inzwischen auf rund 60 Mitarbeiter angewachsenen Belegschaft erstmals auch Lieferungen ins Ausland tätigen.

Mitte der 1870er Jahre schied Häckel aus dem Unternehmen aus. Schneider setzte nunmehr als alleiniger Inhaber den Ausbau des Unternehmens fort und ließ ein neues, zweistöckiges Fabrikgebäude in Reudnitz bauen.[20] Die Gemeinde war rasant gewachsen und hatte sich zu einem wichtigen Standort für verschiedenste

Industriebetriebe gewandelt. Ein wachsender Teil des Umsatzes wurde im Export erwirtschaftet. Zu den wichtigsten Absatzgebieten gehörten neben zahlreichen europäischen Ländern auch Südamerika, Indien und Südostasien.

Schneider zog mit seiner Familie in die Leipziger Gartenstraße und engagierte sich in einer Reihe von Ehrenämtern. Zu seinem Bekanntenkreis zählten einige der einflussreichsten Leipziger Unternehmer, Bankiers und Beamte. Als Hugo Schneider im Alter von nur 52 Jahren 1888 verstarb, hinterließ er seiner Familie ein prosperierendes mittelständisches Unternehmen mit rund 450 Beschäftigten. Sein ältester Sohn, Johann Schneider-Dörfel, übernahm die Firmenleitung. Er setzte ausschließlich auf die Produktion von Petroleumbrennern und -lampen. Im Jahr 1894 stieg auch dessen jüngerer Bruder Martin in die Firmenleitung ein. Innerhalb weniger Jahre entwickelte sich das Unternehmen der Schneiders zum weltweit führenden Hersteller von Petroleumlampen.

Das rasche Wachstum führte dazu, dass der Bedarf der Lampenfabrik an Messingblech immer weiter stieg. Die Gebrüder Schneider erwogen daher den Bau eines eigenen Messingwerks. Allerdings waren dafür Investitionen in bisher nicht gekannter Größenordnung nötig. Auch war eine Erweiterung des Firmengeländes in Reudnitz kaum noch möglich. Nach intensiver Suche fiel die Wahl auf ein vier Kilometer vor Leipzig gelegenes Areal in Paunsdorf, das im Osten an den Rangierbahnhof Schönefeld grenzte. Dort begann 1898 der Bau des Messingwerks, dessen Ansiedlung von der Gemeinde unterstützt wurde. Kurz darauf kauften die Schneiders auch noch die an das neue Messingwerk angrenzenden Grundstücke. Diese Expansion war nur mit Hilfe von Fremdkapital möglich geworden. Produziert wurden Bleche, Bänder, Draht, Stangen aus Messing, Kupfer und Aluminium. Im Metallwerk wurden daraus Lampen und Brenner für Petroleum, Gas und Spiritus, Metallwaren aller Art, Autobeleuchtungen, Emaille- und Aluminiumwaren, Fahrradzubehörteile sowie Manometer gefertigt.[21]

Umwandlung in eine Aktiengesellschaft

Das als offene Handelsgesellschaft geführte Familienunternehmen wurde am 1. Januar 1899 in eine Aktiengesellschaft mit einem Grundkapital von 1,75 Mio. Reichsmark umgewandelt.[22] Etwa 63 Prozent der Anteile blieben in Familienbesitz. Johann und Martin Schneider leiteten als Direktoren das Unternehmen. Zum Vorsitzenden des Aufsichtsrats wurde der Geheime Kommerzienrat Conrad A. Thieme berufen. Als Vorsitzender der Leipziger Industrie- und Handelskammer gehörte er zu den einflussreichsten Männern in der sächsischen Wirtschaft.[23] Thieme vertrat die Interessen der Allgemeinen Deutschen Credit-Anstalt (ADCA), der größten Regionalbank Sachsens. In der Folgezeit fanden alle Sitzungen des Aufsichtsrats und der Generalversammlung in den Geschäftsräumen der ADCA in Leipzig statt. Außerdem hatten die Darmstädter und Nationalbank (Danat-Bank) und die Leipziger Privatbank von George Meyer Anteile an der Hugo Schneider Aktiengesellschaft erworben.

Noch 1899 begann in Paunsdorf der Bau eines neuen Werks für die Produktion von Petroleumlampen. Der Bau einer zwei-

Abb. 43: Hauptverwaltung der Allgemeinen Deutschen Credit-Anstalt in Leipzig, 1920er Jahre

ten Walzstraße, weiterer Fertigungshallen, Heizhäuser und Infrastruktureinrichtungen folgten.

Auf der Grundlage eines schwedischen Patents begann die HASAG mit der Produktion von Petroleum-Starklichtlampen.[24] Im Jahr 1903 kaufte die Hugo Schneider AG dann die Firma Wild & Wessel. Das Berliner Unternehmen hatte einen besonders leistungsfähigen Brenner für Petroleumlampen entwickelt, 1865 patentieren lassen und diesen unter dem Namen »Kosmosbrenner« vermarktet. Der Kosmosbrenner war einfach zu handhaben und wirtschaftlich im Betrieb. Die Deutsche Reichsbahn z. B. verwendete ihn in verschiedenen Waggon- und Signallampen.[25] Nach Auflösung der Firma Wild & Wessel übernahm die HASAG deren Werkzeugmaschinen und führte die Fabrikation der bekanntesten Berliner Brennertypen parallel zum eigenen Sortiment fort. Damit stärkte die HASAG ihre Marktposition.

Der Boom des Petroleumlichts und der liberalisierte Welthandel kamen dem Unternehmen zugute. Das alte Reudnitzer Firmengelände wurde 1905 aufgegeben und der Sitz der HASAG nach Paunsdorf verlegt. Das Unternehmen konnte über Jahre seine Kapazitäten nahezu auslasten und seine Umsätze im In- und Ausland steigern. Ab 1909 wandte sich die HASAG auch der Fertigung von elektrischen Glühlampen und Leuchten zu. Da das Leipziger Unternehmen auf diesem Gebiet kein Know-how besaß, erfolgte der Einstieg in das neue Geschäftsfeld über die Zukäufe von in wirtschaftliche Schwierigkeiten geratenen mittelständischen Firmen. Im Jahr 1908 beteiligte sich die HASAG an der Umwandlung der Firma von Otto Müller in Berlin-Köpenick, einem Hersteller von elektrischen Metallfadenlampen, Petroleumlampen und Spirituskochern, in eine Aktiengesellschaft und erlangte bestimmenden Einfluss.[26] Kurz darauf erwarb die HASAG ein Glühlampenwerk im thüringischen Oberweißbach.[27]

Die Jahre von der Jahrhundertwende bis zum Ersten Weltkrieg sahen die HASAG in stetiger Aufwärtsentwicklung. Das Unternehmen unterhielt in Paris, Rom und Mailand eigene Handelsvertretungen und hatte im Hamburger Hafen ein Warenlager für den Überseehandel eingerichtet. Mehr als die Hälfte ihres Umsatzes erzielte sie im Export.

Finanziert wurde die Expansion durch die Emission neuer

Wertpapiere und den Verkauf des Reudnitzer Firmengeländes. Das Grundkapital der HASAG erhöhte sich auf fünf Millionen Mark und lag damit weit über dem Durchschnitt der sächsischen Aktiengesellschaften. Mit rund 2300 Mitarbeiterinnen und Mitarbeitern hatte sich die HASAG bis 1913 zu einer der bedeutendsten deutschen Metallwarenfabriken entwickelt.[28] Die Familie Schneider war zu diesem Zeitpunkt nicht mehr im Geschäft. Sie hatte ihre Firmenanteile schon einige Jahre zuvor veräußert.

Mit dem Ausbruch des Ersten Weltkriegs im August 1914 wurde die deutsche Wirtschaft und damit auch die HASAG infolge der britischen Seeblockade von ihren wichtigsten Auslandsmärkten abgeschnitten. Die Geschäftsführung reagierte wie viele Unternehmen der metallverarbeitenden Industrie mit der Umstellung der modernen Anlagen des Messingwerks auf die Munitionsproduktion. Fortlaufend wachsende Heeresaufträge sicherten nicht nur die Existenz des Unternehmens, sondern verschafften der HASAG auch hohe Gewinne. Diese ermöglichten auch den Zukauf mehrerer kleinerer Unternehmen.

Nach Kriegsende musste die HASAG wieder zum Produktionsprofil der Vorkriegszeit zurückkehren. In der Folge verschlechterte sich die wirtschaftliche Situation des Unternehmens deutlich. So schrieb die HASAG in der Zwischenkriegskrise von 1924/25 rote Zahlen und musste mehrere Hundert Mitarbeiter entlassen.[29]

Im Jahr 1925 war die ADCA nach wie vor Hauptaktionär, gefolgt von der Danat-Bank. Kleinere Aktienpakte hielten das Leipziger Bankhaus George Meyer, die Dresdner Bank und mehrere Vorstandsmitglieder der HASAG.[30] Im November 1926 bildeten die Danat-Bank und die ADCA ein Konsortium zur Verwaltung und Verwertung der von ihnen gehaltenen HASAG-Aktien im Wert von etwas mehr als 3 Mio. Reichsmark. Auf die Danat-Bank entfielen 75 Prozent und auf die ADCA 25 Prozent der Anteile des Konsortiums.[31] Das heißt, nunmehr war die Danat-Bank der Hauptaktionär.

Die Weltwirtschaftskrise 1929–1933 und ihre Folgen für die HASAG

Am 25. Oktober 1929 kam es zu einem Sturz der Aktienkurse an der New Yorker Börse. Hauptursache war eine lang anhaltende Überspekulation. Kleinaktionäre und Investmentfonds hatten im Vertrauen auf einen anhaltenden Boom immer mehr Geld in industriellen Unternehmungen angelegt. Nun aber wurde offenbar, dass das Güterangebot weit größer war als die Nachfrage. Um liquide zu bleiben, begannen die amerikanischen Banken das Geld zurückzufordern, das sie in Europa, und dort vor allem in Deutschland, angelegt hatten. Der »schwarze Freitag« markierte den Beginn der großen Weltwirtschaftskrise (1929–1933). Nie zuvor in der Geschichte der Weltwirtschaft hatte es eine ähnlich verheerende Krise gegeben. Zeitweilig schien das Weltwirtschaftssystem völlig zusammenzubrechen. Der internationale Kapitalstrom trocknete zwischen 1929 und 1933 nahezu aus. Zum ersten Mal in seiner Geschichte gefährdeten die konjunkturellen Schwankungen des Kapitalismus das System von Grund auf.[32]

Eine entscheidende Rolle spielte die Entwicklung in den USA. Die größte Volkswirtschaft der Welt stellte über ein Drittel der globalen Industrieproduktion her. Die USA waren in den 1920er Jahren die größte Export- und zweitgrößte Importnation der Welt. Hinzu kam die Stellung der USA als größter Gläubiger der Welt. Als zwischen 1929 und 1932 die amerikanischen Importe und Exporte um jeweils 70 Prozent fielen, schien die größte Volkswirtschaft der Welt autark zu werden. Dies hatte verheerende Auswirkungen auf den Welthandel.[33] Doch nicht nur die USA koppelten sich vom Welthandel ab, sondern auch alle anderen Industrienationen begannen, Handelsbarrieren zu errichten, um ihre nationalen Wirtschaften und Währungen zu schützen. Damit demontierten sie das weltweite System des multilateralen Handels immer mehr.

In Deutschland wurden die Wirkungen der Weltwirtschaftskrise durch die Notwendigkeit der Reparationszahlungen und Abzüge ausländischen Kapitals noch verstärkt. Nahezu die Hälfte des weltweiten Kapitalexports entfiel 1928 auf Deutschland. Die extreme Verschuldung machte die deutsche Wirtschaft also äußerst

Abb. 44: Folgen der Weltwirtschaftskrise: Die Ordensgemeinschaft der Armen-Schwestern vom heiligen Franziskus verteilt am 21. Oktober 1931 auf dem Hof des Marienheims in Essen-Nordviertel Kartoffeln an Arbeitslose.

verwundbar.[34] Die Weltwirtschaftskrise traf die sächsische Industrie noch härter als die anderen deutschen Industrieregionen.[35] Im Vergleich zur Vorkriegszeit offenbarte die sächsische Wirtschaft eine gesteigerte Konjunkturreagibilität. In keiner anderen deutschen Region war der Anteil der Verbrauchsgüterindustrien an der Gesamtindustrie so hoch wie in Sachsen.

Im Juli 1931 brach das labile deutsche Kreditsystem zusammen. Die Danat-Bank musste ihren Zahlungsverkehr einstellen und die ebenfalls zahlungsunfähige Dresdner Bank konnte nur dank des Eingreifens der Reichsregierung gerettet werden. Regierung und Großbanken setzten im Februar 1932 einen Sanierungsplan um, in dessen Zuge unter anderem eine vollständige Übernahme der Danat-Bank durch die Dresdner Bank erfolgte.[36] Beide Bankhäuser mussten erhebliche Abschreibungen tätigen, Reserven auflösen und Personal abbauen. Das Reich übernahm die Mehrheit der Aktien der Dresdner Bank.

Die Bankenkrise erschütterte auch die Allgemeine Deutsche

Credit-Anstalt (ADCA), Leipzig.[37] Der hoch verschuldete sächsische Staat war zu Rettungsmaßnahmen nicht fähig und musste beim Reichsfinanzministerium vorstellig werden. Das Nominalkapital der ADCA wurde reduziert und das Reich übernahm 70 Prozent der Anteile. Die Bankenkrise markierte einen scharfen Einschnitt: Nach den Jahren der Stabilisierung gerieten die Aktienbanken in eine Phase der Unterordnung unter die Staatsmacht, die in wechselnden Formen in den folgenden Jahren anhielt.[38]

Das Geschäftsmodell der HASAG in der Krise

In den 1920er Jahren stagnierte in Westeuropa und den USA die Nachfrage nach den traditionellen Produkten der HASAG. Das elektrische Licht trat seinen Siegeszug an und verdrängte die Petroleumlampen. Umso mehr war die HASAG auf Exporte in Länder angewiesen, in denen die Elektrifizierung noch nicht weit vorangekommen war. Vor allem in Asien konnte die HASAG ihre Verkäufe steigern. Den Höhepunkt ihrer Exporte nach Indien erreichte sie 1929 mit einem Umsatz von 1,2 Mio. Reichsmark.[39]

Zwar hatte die HASAG durch die erwähnten Firmenzukäufe auch elektrische Lampen und Glühbirnen in ihr Produktionsprofil aufgenommen, doch diese Produkte trugen nur zu rund zehn Prozent zum Gesamtumsatz des Unternehmens bei.[40] In Oberweißbach wurden Niedervoltlampen produziert, Glühlampen im Leipziger Stammwerk und in Eisenach. Mit den führenden Herstellern aus der Elektroindustrie konnte die HASAG aber nicht mithalten. Technische Innovationen hatte das Leipziger Unternehmen auf dem Gebiet der Elektrotechnik nicht zu bieten.

Die Weltwirtschaftskrise traf die HASAG daher mit voller Wucht. Bei den Haupterzeugnissen musste die Produktion um mehr als 50 Prozent zurückgefahren werden. Allein in Indien ging der Umsatz von 1,2 Mio. Reichsmark 1929 auf nur noch 385 000 Reichsmark im Jahr 1932 zurück.[41] Auf den dramatischen Absatzrückgang reagierte die HASAG mit Entlassungen und Kurzarbeit. Die Direktion versuchte an ihrer bisherigen Geschäftspolitik festzuhalten. Sie wollte auch weiterhin auf das angestammte Produktsortiment setzen. Ihre Strategie geriet im Herbst 1931, auf dem Höhepunkt der Bankenkrise, zunehmend in die Kritik. Richard Koch, Direktor des Elektrokonzerns Koch & Sterzel Dresden und Mitglied des Aufsichtsrats der HASAG, warf dem Vorstand vor, dass das Unternehmen von der Substanz zehre und es an kaufmännischen und technischen Aktivitäten fehle. Auch leide das Unternehmen an einer zu geringen Produktivität.[42] Die Aufsichtsratsmitglieder der ADCA und der Danat-Bank, deren Häuser sich selbst in allergrößten Schwierigkeiten befanden, drängten ebenfalls auf einen Kurswechsel. Sie sahen das traditionelle Produktionsprofil der HASAG zunehmend kritisch.

An der Spitze der HASAG stand zu dieser Zeit Carl Höhn. Er gehörte dem Unternehmen bereits seit Ende des 19. Jahrhunderts an und hatte den Aufstieg der HASAG zu einem großen exportorientierten Unternehmen mitgestaltet. Der Aufsichtsrat traute Höhn die Sanierung der HASAG allerdings nicht zu und holte den wesentlich jüngeren Paul Budin im Oktober 1931 als neuen Direktor nach Leipzig. Von ihm versprach sich der Aufsichtsrat eine stärkere Hinwendung des Unternehmens zur Elektrotechnik, wohingegen die bisherigen Hauptgeschäftsfelder der HASAG, vor allem die Produktion von Petroleumlampen, als weniger zukunftsfähig eingeschätzt wurden.

Paul Budin – vom Freimaurer zum nationalsozialistischen Betriebsführer

Der charismatische und eigenwillige Paul Budin stieg rasch zur alles bestimmenden Persönlichkeit an der Spitze der HASAG auf. Als Sohn eines Maschinenbaumeisters hatte er die Mittelschule in Magdeburg besucht und anschließend eine kaufmännische Lehre in einer Maschinenfabrik seiner Heimatstadt aufgenommen.[43] Während des Ersten Weltkriegs arbeitete er als Angestellter auf der Kieler Werft und bei einer Firma, die Ausrüstungsteile für U-Boote produzierte. Nach Kriegsende holte er die Oberrealschule nach und begann ein Studium der Volkswirtschaftslehre und Physik, brach dieses jedoch ab, um eine Stelle bei der elektrotechnischen Fabrik Neufeldt & Kuhnke anzutreten. Auslandreisen führten ihn unter anderem nach England und Südamerika. Mitte der 1920er Jahre gründete er in Dresden eine eigene Vertriebsfirma für Radiotechnik. Im Reichsverzeichnis deutscher Funkhändler von 1926 wurde er als Händler von Kopfhörern, Lautsprechern und Tonveredlern geführt.[44] Im Jahr 1930 wurde er Direktor der Ahemo-Werkstätten GmbH in Berlin-Charlottenburg. Diese mittelständische Firma war als Hersteller von Kopfhörern, Netzanoden und Ladegeräten bekannt und besaß dafür eine Bauerlaubnis des Marktführers Telefunken. Auch Rundfunkgeräte wurden von Ahemo produziert. Das Unternehmen soll auch im Auftrag der Reichsregierung unter Umgehung der alliierten Auflagen militärische Kleinfunkgeräte entwickelt haben.[45]

Auf Vermittlung des Berliner Ingenieurs und Aufsichtsratsmitglieds der HASAG, Richard Koch vom Dresdner Elektrokonzern Koch & Sterzel, wurde Budin im Herbst 1931 für eine Tätigkeit als Direktor der HASAG gewonnen.[46] Koch kannte Budin aus ihrer gemeinsamen Dresdener Zeit. Der Aufsichtsrat der HASAG versprach sich von Budins Anstellung die dringend nötigen Impulse für die Sanierung und Neuorientierung des angeschlagenen Unternehmens auf die Produktion von Erzeugnissen der Elektrotechnik. Die ersten Aktivitäten von Budin liefen dann tatsächlich in diese Richtung. In einem Schreiben des Dresdner Bank-Vorstands Alfred Busch an Reichsminister Speer vom 9. Mai 1942 wurde die dramatische Lage der HASAG in der Weltwirtschaftskrise rückschauend wie folgt beschrieben: »Die Hasag ist in den Jahren 1930/31 infolge Umsatzschrumpfung usw. in wirtschaftliche Schwierigkeiten geraten. Infolgedessen mussten wir [Dresdner Bank] im Jahre 1932 unter Opfern eine Sanierung […] durchführen. Wir haben seinerzeit alles getan, um die Krisenfolgen zu beseitigen und das Unternehmen wieder flottzumachen.«[47]

Budin hatte als neues Mitglied in der Geschäftsführung der HASAG keinen leichten Stand. Nachdem Hitler im Januar 1933 an die Macht gekommen war, rechneten viele NSDAP-Mitglieder, die der Partei bereits zuvor beigetreten waren, mit der raschen Verbesserung ihrer Karrierechancen. Budin war zwar am 30. April 1933 in die NSDAP eingetreten, doch blieb er den »Alten Kämpfern« im Unternehmen und auch in der Stadt Leipzig suspekt.[48] Sie hatten von seiner Mitgliedschaft in der Freimaurerloge »Johannes

Goethe« von 1926 bis April 1933 erfahren und intrigierten gegen ihn. Budin versuchte, sich das Wohlwollen der Leipziger NSDAP-Leitung durch Spenden zu erkaufen, was aber deren Misstrauen gegen den »Plutokraten« nur verstärkte. Im Oktober 1934 schloss das Kreisgericht Leipzig der NSDAP Budin aus der Partei aus. Seiner beruflichen Karriere tat dies aber keinen Abbruch.

Das unter Budins Leitung erzielte rasche Wachstum von Umsatz und Gewinn stellte die Aktionäre der HASAG zufrieden. Der Aufsichtsratsvorsitzende Ernst von Schoen schwärmte beim Blick auf den Jahresbericht 1935 geradezu von der »volle[n] Schönheit der Lage der HASAG«.[49] Von Schoen befürwortete daher auch die Forderung Budins nach einer Gehaltserhöhung von 2200 auf 2500 Reichsmark/Monat und seine Ernennung zum Generaldirektor.[50]

Davon abgesehen bemühte sich Budin unverdrossen um die Revision des Urteils des NSDAP-Kreisgerichts, auch mit Hilfe einflussreicher Nationalsozialisten. Außerdem begann er, sich neue politische Partner zu suchen, und fand diese in der SS. Trotz eines Einspruchs des SD-Hauptamts wurde Budin im August 1938 in die SS aufgenommen, und zwar direkt als SS-Untersturmführer. Ein Buchhalter der HASAG, der für den Sicherheitsdienst (SD) der SS arbeitete, war darüber so verärgert, dass er sich wenig später aus dem SD zurückzog.[51] Der Reichsführer SS, Heinrich Himmler, setzte dagegen auf Budin. Im September 1938 ordnete die Gauleitung Dresden, mit Hinweis auf die Amnestieverfügung Hitlers vom 27. März 1938, die Wiederaufnahme Budins in die Partei an.

Nachdem Budin seine Stellung als Generaldirektor nun auch politisch abgesichert hatte, blühte er in der autoritären Atmosphäre des »Dritten Reiches« regelrecht auf. Als Generaldirektor war er durch das 1934 verabschiedete »Gesetz zur Ordnung der nationalen Arbeit« bei der HASAG zu einem rechtlich unanfechtbaren »Führer« geworden.[52] In der seit Oktober 1937 alle zwei Monate erscheinenden Werkszeitschrift »Unsere Hasag« war Budin sehr präsent in Wort und Bild, oft in Uniform. Die Werkzeitschrift vermittelte das Bild vom einem omnipräsenten »Betriebsführer«, der sich rührend um die deutsche »Gefolgschaft« und auch die im Ausland angeworbenen »Arbeitskameraden«

kümmert. Der Kult um seine Person widerspiegelte die Machtverhältnisse bei der HASAG.

Budin war nach eigenen Angaben ein »fanatischer Anhänger« der SS. Dies war kein bloßes Lippenbekenntnis. Der Generaldirektor sah die Waffen-SS auf Expansionskurs und sorgte dafür, dass die HASAG ihr Hauptlieferant wurde. Himmler befürwortete dies und unterstrich seine Wertschätzung für Budin, indem er die von der HASAG Ende 1939 übernommenen Werke der polnischen Munitionsindustrie im Frühjahr 1940 persönlich besichtigte.[53]

Budin diente der SS auch im Verborgenen. Er fungierte als Verbindungsmann des SD für Wirtschaftsfragen im Leipziger SD-Abschnitt.[54] Himmler nahm ihn direkt in seinen persönlichen Stab auf.[55] Budin festigte seine SS-Verbindungen noch durch die Aufnahme mehrerer SS-Führer in Schlüsselpositionen bei der HASAG. Im Oktober 1940 hielt der Aufsichtsratsvorsitzende von Schoen dazu fest: »Die HASAG hat mit dem Engagement bisheriger SS-Führer als örtliche Betriebsführer bzw. Stellv. von Betriebsführern sehr gute Erfolge gehabt. Außer in Altenburg sind solche Herren engagiert für Kamienna und Meuselwitz.«[56]

Im Jahr 1941 bat Budin die SS-Führung um einen Mitarbeiter, den er als neuen Werkleiter in Berlin-Köpenick einsetzen wollte:

> »Der Betreffende soll genauso wie der Brigadeführer von Schade und Standartenführer Dalski in der Lage sein, gemäß meinen Direktiven die allgemeinen Verwaltungsfragen der Gefolgschaft und allgemeine kaufmännische Fragen zu behandeln und muß sich durch unbedingte Treue und Kameradschaft, die über jeden Zweifel erhaben ist, auszeichnen. Da das Einsetzen des SS-Brigadeführers von Schade eine glückliche Handlung für unser Werk in Meuselwitz war, so wende ich mich an Sie mit der Bitte, diesen Brief dem Gruppenführer Wolff vorzulegen mit der Anfrage, ob mir eine Persönlichkeit der vorgenannten Art zur Verfügung gestellt werden kann.«[57]

Wir haben der Geschichte an dieser Stelle aus Gründen der historischen Einordnung vorgegriffen und kehren nun zur Chronologie zurück.

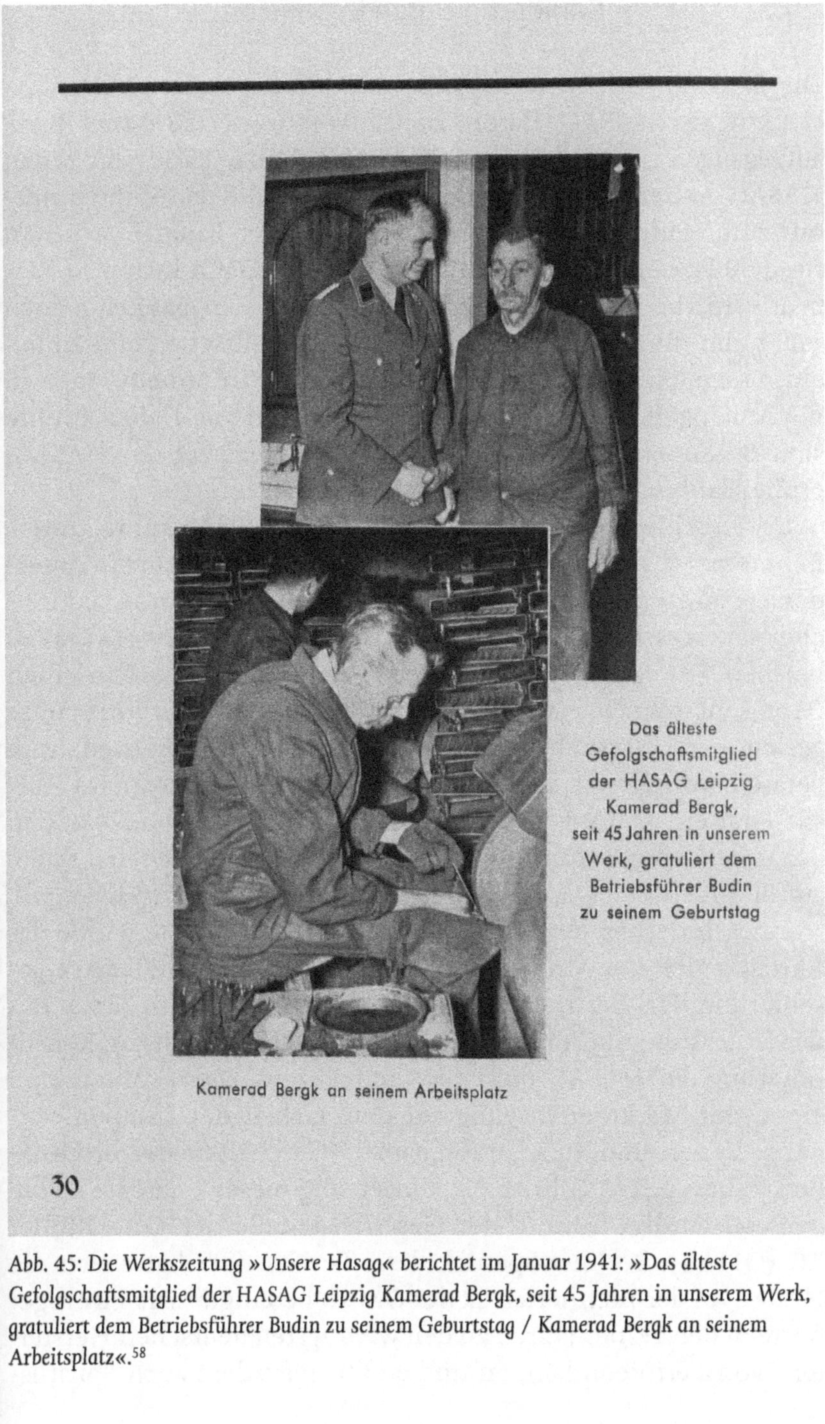

Das älteste Gefolgschaftsmitglied der HASAG Leipzig Kamerad Bergk, seit 45 Jahren in unserem Werk, gratuliert dem Betriebsführer Budin zu seinem Geburtstag

Kamerad Bergk an seinem Arbeitsplatz

30

Abb. 45: Die Werkszeitung »Unsere Hasag« berichtet im Januar 1941: »Das älteste Gefolgschaftsmitglied der HASAG Leipzig Kamerad Bergk, seit 45 Jahren in unserem Werk, gratuliert dem Betriebsführer Budin zu seinem Geburtstag / Kamerad Bergk an seinem Arbeitsplatz«.[58]

Sanierung durch Expansion

Die Bankenkrise führte zu einer Veränderung in der Aktionärsstruktur der HASAG. Da die Danat-Bank in der Dresdner Bank aufgegangen war, gingen auch die von der Danat-Bank gehaltenen HASAG-Aktien an die Dresdner Bank über, die damit unvermittelt zum Hauptaktionär wurde. Die Dresdner Bank hielt fortan rund 60 Prozent der HASAG-Aktien und die ADCA knapp 30 Prozent.[59] Ihr hoher Aktienanteil allein reichte den Banken jedoch nicht, um die Geschäftspolitik der HASAG entscheidend zu beeinflussen. Sie waren, wie geschildert, selbst in hohem Maße in die Abhängigkeit von staatlichen Stellen geraten. Daher konnte sich Budin, als neuer starker Mann an der Spitze der HASAG, große Handlungsspielräume verschaffen.

Unter seiner Leitung begann die HASAG 1932/33 ihre Unternehmensstrategie neu auszurichten. Carl Höhn versuchte unterdessen während einer fünfmonatigen Reise, die ihn in zahlreiche asiatische Länder führte, das Auslandsgeschäft der HASAG zu beleben. Die Mitglieder des Aufsichtsrats sahen in Höhn einen Repräsentanten der alten, stark auf einige große Exportmärkte gerichteten Unternehmensphilosophie, die in eine Existenzkrise geraten war. Er war aus der Sicht der Bankenvertreter im Aufsichtsrat ein Mann von gestern, dem man keine Trendwende in der Unternehmensführung mehr zutraute. Der Aufsichtsrat setzte auf Budin als den wichtigsten Mann in der Geschäftsführung.

Zur Minderung der bis 1932 aufgelaufenen Verluste wurde das Aktienkapital der HASAG von 6,0 auf 4,2 Mio. Reichsmark gesenkt und der Wertpapierbesitz reorganisiert.[60] Budin setzte mit der Unterstützung von ADCA und Dresdner Bank auf die Konsolidierung der HASAG durch Firmenzukäufe. Diese sollten zum einen der Marktbereinigung auf dem Gebiet der Lampenfertigung dienen und zum anderen neue Geschäftsfelder erschließen. Einen ersten Schritt zur Umsetzung dieser Strategie stellte der vollständige Erwerb der Geschäftsanteile der Otto Müller AG (OMAG), Berlin-Köpenick dar.[61] Bereits 1909 hatte sich die HASAG an der Brennerfabrik der OMAG beteiligt.[62] Die Firma gehörte in den 1920er Jahren zu den wichtigsten deutschen Herstellern von Petroleumlampen und stellte außerdem auch Spirituskocher, Kunstharze und elektrische Artikel her.[63] Auf sich allein gestellt war die OMAG zu schwach, um die Krise zu überstehen. Betrieb und Verwaltung des Unternehmens wurden von Berlin nach Leipzig verlegt und das Management ausgetauscht. Das Fabrikgebäude in Berlin-Köpenick stand danach eine Zeit lang leer.

Im Oktober 1932 kaufte die HASAG die angeschlagene Glühlampenfabrik ihres langjährigen Konkurrenten »Germania« Eisenach.[64] Diese Gesellschaft und ihre eigene, technisch rückständige Glühlampenfabrikation in Oberweißbach (Thüringen) übertrug die HASAG rückwirkend zum 1. Juli 1932 auf eine eigens dafür gegründete Tochtergesellschaft, die »Hugo Schneider Vereinigte Glühlampenwerke GmbH«, Leipzig. Mit diesen Schritten wollte die HASAG ihr defizitäres Glühlampengeschäft konsolidieren. Tatsächlich gelang eine Stabilisierung der Vereinigte Glühlampenwerke GmbH. Die HASAG-Tochtergesellschaft erzielte 1933 einen bescheidenen Gewinn und konnte ihre Bankverbindlichkeiten reduzieren. Ingenieur Wilhelm Renner wurde Ende 1933 vom Berliner Ingenieurbüro Koch und Kienzle abgeworben und als neuer Geschäftsführer bei der Vereinigte Glühlampenwerke GmbH, Leipzig eingesetzt.[65]

Eine weitere wichtige Erwerbung stellte der Kauf der Thermos AG, Berlin dar. Bei diesem Unternehmen handelte es sich um den Hersteller der international bis heute bekannten Isolierflaschen. Die Patentrechte an der Thermosflasche hatte der Glastechniker und Erfinder Reinhold Burger aus Glashütte (Brandenburg) beim Kaiserlichen Patentamt 1903 registrieren lassen.[66] Ein Jahr später ließ er den Namen »Thermosflasche« als Warenzeichen schützen. Die von Burger und zwei Partnern gegründete Thermos GmbH versuchte im thüringischen Glasbläserort Langewiesen, eine Fabrikation einzurichten. Doch bereits 1909 verkaufte Burger sein Patent und die Markenrechte für die horrende Summe von 495 000 Reichsmark an die eigens dafür gegründete Thermos AG. Ihren eigentlichen Siegeszug trat die Thermosflasche jedoch in den USA an.[67] Burger hatte die Auslandsrechte an seinen Patenten an eine amerikanische Gesellschaft verkauft.

In Deutschland begann die Thermos AG in Langewiesen erst 1927 mit der Serienherstellung von Thermosflaschen. Das Geschäft florierte, allerdings nur wenige Monate. Im Zuge der Weltwirtschaftskrise geriet die Gesellschaft in Zahlungsschwierigkeiten, nachdem ein Hauptaktionär aus Thüringen Insolvenz anmelden musste. Dessen Anteile wollte die HASAG nun erwerben.[68] Die Übernahme war trotz des »etwas unschönen Bilanzbildes der Thermos AG«[69] sinnvoll, da die HASAG in Leipzig selbst seit Langem Isolierflaschen produzierte. Sie konnte mit dem Kauf des Werks in Langewiesen nicht nur billig an das Know-how der Thermos AG kommen, sondern sicherte sich vor allem die wertvollen Namensrechte. Damit erhoffte sich der HASAG-Vorstand einen Zuwachs im Exportgeschäft. Im Mai 1933 übernahm die HASAG 97 Prozent der Aktien der Thermos AG. Das Unternehmen blieb noch bis 1938 formal eigenständig, bevor eine Umwandlung in einen »Werksabschnitt« des HASAG-Konzerns erfolgte.[70] Als Kürzel im internen Schriftverkehr war fortan von »Thermos-Langewiesen« die Rede.[71]

Zu dem von Budin eingeschlagenen Expansionskurs sollte ebenfalls der Erwerb der F. A. Lange Metallwerke AG, Auerhammer gehören. Zusammen mit dem Messingwerk der HASAG wäre ein »geschlossener mitteldeutscher Block« entstanden.[72] Die Übernahme wäre der HASAG deutlich billiger gekommen als die Modernisierung des eigenen Messingwerkes. Mehr als die Hälfte der Aktien der finanziell angeschlagenen F. A. Lange Metallwerke AG gehörte der ADCA. Ein weiteres Aktienpaket hielt die Mansfeld AG. Die HASAG wollte sämtliche Aktien erwerben und anschließend die F. A. Lange Metallwerke AG entschulden. Die Umsetzung dieses Plans hing von den beiden Hauptaktionären der HASAG ab. Der Direktor der ADCA und Aufsichtsratsvorsitzende der HASAG Ernst von Schoen sprach sich für die Übernahme aus. Er begründete dies mit der vorangegangenen Bilanzprüfung, die ein lebensfähiges Unternehmen auswies, das allerdings schlecht geführt werde. Daher sollte die »aktive und bewährte Leitung der HASAG an die Stelle der unzureichenden Leitung von F. A. Lange treten«. Allerdings ahnte er, dass der Aufsichtsrat von Lange der Übernahme »nicht freundlich« gegenüberstand.[73]

Ende März war der Übernahmeplan vom Tisch. Die Dresdner Bank schätzte im Gegensatz zur ADCA die F. A. Lange AG als »nicht mehr lebensfähig« ein und sprach sich gegen die Übernahme aus.[74] Schoen war darüber erbost, zumal die Dresdner

Bank die Kompetenzen der von der ADCA eingesetzten Wirtschaftsprüfer angezweifelt hatte, konnte aber gegen das Veto des Mehrheitsaktionärs nichts ausrichten. Erstmals hatte damit die Dresdner Bank gezeigt, wer fortan das Sagen bei der HASAG haben sollte.

Diese Auseinandersetzung im Aufsichtsrat änderte wenig daran, dass die Vertreter der Banken den von Budin eingeschlagenen Kurs befürworteten. Sie stimmten auch seinen Personalvorschlägen zu und hatten auch nichts dagegen einzuwenden, dass mit der Reichswehr (später Wehrmacht) Gespräche über die Aufnahme einer Munitionsproduktion aufgenommen wurden.[75]

Arisierung und Umbesetzung des Vorstands

Unmittelbar nach Hitlers Machtübernahme begann die »Arisierung« der deutschen Wirtschaft. Unter diesem aus dem Umfeld des völkischen Antisemitismus entstammenden Begriff wurde die weitgehende bis vollständige Verdrängung der Juden aus dem Wirtschaftsleben verstanden.[76] Die »Arisierung« verlief als ein kontinuierlicher Prozess, der mit einem radikalen Auftakt im Frühjahr 1933 begann, dann bis 1937 mehr schleichende Formen annahm und 1938 schließlich in eine vollständige Verdrängung der Juden aus dem Wirtschaftsleben mündete.

Mit dem »Gesetz zur Wiederherstellung des Berufsbeamtentums« vom 7. April 1933 wurden Beamte »nichtarischer Abstammung« in den Ruhestand versetzt. In den öffentlichen Unternehmen setzte daraufhin die NSDAP personelle Veränderungen in den Leitungsgremien durch. Auch die Mitglieder der Geschäftsleitungen der Dresdner Bank, der ADCA und des Bankhauses George Meyer fielen unter das Berufsbeamtengesetz. Nach einer kurzen Vorbereitungszeit begannen die Dresdner Bank und die ADCA damit, die gesetzlichen Vorgaben umzusetzen und die gesamte Belegschaft auf ihre »arische Abstammung« hin zu überprüfen.[77] Dies hatte auch Konsequenzen für die Besetzung des Aufsichtsrats der HASAG.

Da auch das Leipziger Bankhaus George Meyer über einen Sitz im Aufsichtsrat verfügte, drängte Budin den Vorsitzenden des

HASAG-Aufsichtsrats, von Schoen, Konsul Wilhelm Meyer zur Aufgabe seines Mandats zu bewegen.[78] Meyer weigerte sich jedoch zurückzutreten. Budin erklärte daraufhin gegenüber von Schoen, dass er angesichts des Abnehmerkreises der HASAG »eine rein arische Verwaltung für unbedingt erforderlich« halte.[79] Sofern die HASAG durch die Haltung Meyers Aufträge verliere, müsse Meyer dafür die Haftung übernehmen. In einer derart erpresserischen Art und Weise unter Druck gesetzt, gab Meyer seinen Widerstand auf. Dem Bankhaus Meyer, das nur über eine kleine Beteiligung an der HASAG verfügte, wurde auch weiterhin ein Sitz im Aufsichtsrat zugesichert, »falls es dafür eine geeignete arische Persönlichkeit benenne«.[80] Das Bankhaus Meyer kam dieser Aufforderung nach, verlor aber bald jeglichen Einfluss auf die Tätigkeit der HASAG und wurde schließlich 1937 im Zuge der weiteren »Arisierung« komplett von der ADCA übernommen.

Neben Meyer mussten auch die jüdischen Bankiers Paul Bernhard (Danat-Bank/Dresdner Bank) und Konsul Wilhelm J. Weißel (ADCA) den Aufsichtsrat verlassen.[81] Wilhelm Weißel gehörte dem Vorstand der ADCA an.[82] Sein Kollege von Schoen, Direktor der ADCA und Vorsitzender des Aufsichtsrats der HASAG, nahm dies hin. Schoen, ein konservativer Bankier, hielt zwar Distanz zur NSDAP, setzte aber die Politik der neuen nationalsozialistischen Regierung sowohl in seiner Bank als auch in mehreren Aufsichtsräten mit um. Er begrüßte die erstmals an der Aufsichtsratsversammlung teilnehmenden Vertreter des Betriebsrats und betonte, dass die »gegenwärtige[n] Verhältnisse bei der HASAG den nationalsozialistischen Ideen in besonders glücklicher Weise gerecht [werden]«.[83] Auch die Beteiligung der HASAG an der »Arisierung« des Leipziger Hotels Astoria im Jahr 1938 wurde von ihm genehmigt.[84]

Die Reorganisation des Hauptwerks in Leipzig und die Firmenzukäufe führten zu Neubesetzungen von Führungspositionen bei der HASAG. So konnte Budin gegenüber dem Aufsichtsrat bereits Ende April 1933 erklären, dass »nunmehr ein recht guter Stab von leitenden Angestellten« vorhanden wäre.[85] Dies fiel ihm umso leichter, als dass sich eine Festigung seiner Machtposition abzeichnete. Der Aufsichtsrat befürwortete auf dieser Sitzung die Abberufung von Carl Höhn, der sich zu diesem Zeitpunkt noch auf Auslandsreise befand, zum Jahresende. Höhn sei nicht die Persönlichkeit, »die die HASAG für ihre Leitung neben Herrn Direktor Budin benötigt«.[86] Jedoch wollte man Höhn nicht sofort von seiner Rückkehr von dieser Entscheidung in Kenntnis setzen, da Budin beabsichtigte, zur Weltausstellung nach Chicago zu reisen. Die HASAG sollte während seiner mehrwöchigen Abwesenheit nicht ohne Direktor bleiben.

Als Nachfolger für Höhn schlug Budin dem Aufsichtsrat Regierungsbaumeister Artur Schalkau aus Fürstenwalde vor. Zwar gab es gegen dessen Berufung gewisse Bedenken, da Schalkau »zu sehr ein Mann der Metallindustrie und nicht der metallverarbeitenden Industrie« sei. Doch letztendlich wurde der Vorschlag angenommen und Schalkau im Mai 1933 in den Vorstand aufgenommen.[87] Die HASAG hatte nun drei Direktoren. Schalkau blieb jedoch aus nicht bekannten Gründen nur wenige Wochen bei der HASAG, sodass die Suche nach einem Direktor weiterging.

Als neuen Kandidaten brachten Budin und Adolf Hartmann (Dresdner Bank, Leipzig) nun den promovierten Nationalökonomen und seit 1932 hauptamtlichen Leiter der Gaurechtsstelle der NSDAP in Thüringen bzw. ab Februar 1934 der Rechtsabteilung der Reichsleitung der NSDAP, Georg Mumme, ins Gespräch.[88] Der Aufsichtsrat stimmte der Personalie im März 1934 zu. Mit Mummes Berufung zum Direktor und stellvertretenden Vorsitzenden des Vorstands verstärkte die HASAG ihre Bindungen an die NSDAP. Ein Konkurrent für Budin war Mumme nicht, dafür fehlten ihm die betriebswirtschaftlichen Kenntnisse. Auf die Unternehmensstrategie der HASAG und das operative Geschäft nahm er nur wenig Einfluss, was sich auch daran ablesen lässt, dass er während der Sitzungen des Aufsichtsrats nur selten in Erscheinung trat. Mumme war als Propagandist der nationalsozialistischen Ideologie bekannt, pflegte den »alten Soldatengeist« und bemühte sich um gute Kontakte zum sächsischen Gauleiter Martin Mutschmann.[89] Er verkörperte den Typus eines »Alten Kämpfers« und beförderte damit gegenüber den mit der HASAG in Kontakt stehenden Regierungs- und Parteistellen das Bild vom nationalsozialistischen Musterbetrieb.

Höhn blieb entgegen den ursprünglichen Intentionen des Aufsichtsrats noch bis zum 31. März 1937 Mitglied des Vorstands und wechselte danach in den Aufsichtsrat. Er trat sporadisch mit Berichten über betriebswirtschaftliche Details hervor. Die Fortsetzung seiner Vorstandstätigkeit bis zum 40-jährigen Dienstjubiläum hatte er der Tatsache zu verdanken, dass sich die Suche nach einem Direktor mit ausgeprägtem betriebswirtschaftlichen Wissen offensichtlich schwieriger gestaltete als angenommen. Erst mit der Berufung von Gustav Adolf Hessen als Nachfolger von Höhn im Vorstand wurde im Frühjahr 1937 eine grundsätzliche Lösung gefunden.[90]

Als Betriebsingenieur in Leipzig, Berlin-Köpenick und Altenburg 1934–1939

Die Suche nach neuem Führungspersonal beschränkte sich nicht nur auf den Vorstand und Aufsichtsrat der HASAG. Sowohl für das Leipziger Stammwerk als auch mehrere Zweigwerke wurden Ingenieure, Techniker und Betriebswirte gesucht. Die HASAG stand im Begriff, ihr Profil neu auszurichten.

Eine erste neue Fertigungslinie wurde ab Mitte 1934 in der sogenannten Ra-Fabrik im Leipziger Stammwerk eingerichtet. Zu dieser Zeit durfte noch nicht offen darüber gesprochen werden, dass es sich um Munitionsproduktion handelte. Das Deutsche Reich war durch den Versailler Vertrag an die Beschränkung der Reichswehr auf eine Personalstärke von 100 000 Mann gebunden und durfte keine schweren Waffen herstellen. Nur der Firma Simson in Suhl (Thüringen) war von den Alliierten die Produktion von Waffen für die Reichswehr gestattet worden.[91] Doch die Reichswehr unterlief bereits in den späten 1920er Jahren die Bestimmungen des Versailler Vertrages, indem sie eine geheime Rüstungskooperation mit der Roten Armee begann. Nach der Machtübernahme der Nationalsozialisten wurde die Aufrüstung intensiviert, zunächst noch verdeckt und ab Frühjahr 1935 schließlich offen.

Budin berichtete dem Aufsichtsrat erstmals am 1. März 1934 über die neuen Aktivitäten, die durch Vermittlung von Aufsichtsratsmitglied Richard Koch zustande gekommen waren: »In einer besonderen Richtung hat die Gesellschaft neue erfolgversprechende Beziehungen anknüpfen können dank der durch den Herrn Dr. Koch vermittelten Einführung bei den maßgebenden Stellen.«[92] Nur vier Wochen später sprach Budin davon, dass die neuen, umfangreichen Aufträge »außerhalb des Rahmens der bisherigen Produktion« liegen würden. Daher seien beträchtliche Investitionen und der Verzicht auf eine Dividendenausschüttung nötig.[93]

Das mit den neuen »Geschäftsfreunden« – Major Dr. Rauthe und Dipl. Ing. Oppelt vom Beschaffungsreferat des (Heeres-)Waffenamts – Ende April 1934 ausgehandelte Projekt sah die Produktion von 100 000 Hülsen pro Monat vor und versprach Einnahmen in Höhe von 1,6 bis 1,8 Mio. Reichsmark. Zu diesem Zweck sollte die Messingfabrik umgerüstet werden. Der Produktionsbeginn war bereits für den Oktober 1934 vorgesehen.[94] Außerdem standen Folgeaufträge in Aussicht. Budin war sichtlich stolz auf die Verträge mit dem Militär, zumal es der HASAG gelungen war, schneller auf die Nachfrage zu reagieren als andere, ebenfalls für die Munitionsproduktion in Frage kommende Unternehmen.

Im Mai stellte Budin das neue Projekt dem Aufsichtsrat vor. Für die Aufnahme des »neuen Fabrikationszweiges« sei ein Kapitalbedarf von 1,5 bis 1,6 Mio. Reichsmark nötig.[95] Für die Hälfte der Summe hatte die Dresdner Bank einen Kredit zugesagt. Der Aufsichtsrat stimmte diesen und auch allen folgenden Investitionsplänen zum Auf- und Ausbau von Munitionsfabriken zu.

Als Edmund Heckler im Dezember 1934 in die Dienste der HASAG trat, waren demnach die Weichen in Richtung einer grundsätzlichen Veränderung des Produktionsprogramms der HASAG schon gestellt. Die Produktion von Geschosshülsen hatte in der Messingfabrik in Leipzig bereits begonnen. Heckler konnte sich mit den dafür nötigen Produktionstechniken und -abläufen vertraut machen. Dies dürfte ihm angesichts seiner guten Ausbildung bei Mauser nicht schwergefallen sein, zumal es sich im Unterschied zur Infanteriewaffenproduktion um einfachere Abläufe handelte.

In den ersten Jahren seiner Tätigkeit für die HASAG befasste sich Heckler vor allem mit der Umstellung der Kartuschen-Produktion auf neue Werkstoffe. Die zunehmenden Engpässe bei Kupfer und Messing zwangen das Unternehmen zur Suche nach Alternativen. Die HASAG begann deshalb damit, Kartuschen aus Stahl zu produzieren.[96] Es brauchte laut Heckler mehr als 100 000 Versuche, bis die Verarbeitung von Kalttiefziehstahl zu Kartuschen beherrscht wurde. Heckler war neben dem Leiter der Aluminium- und Messingabteilung, Rolf Schweinhagen, an der Weiterentwicklung der dafür nötigen Verfahren beteiligt. Ab 1937 konnte die HASAG die Produktion von Kartuschen schließlich komplett auf Stahl umstellen.

Die HASAG erhielt in rascher Folge weitere Aufträge, die mit den Kapazitäten des Stammwerks schon bald nicht mehr zu be-

Abb. 46: Hauptgebäude der HASAG in Leipzig, 1939

wältigen waren. In den Fokus des Vorstands rückte daher die Umrüstung weiterer Fabriken. Dazu gehörte unter anderem eine leer geräumte Fabrikhalle der OMAG in Berlin-Köpenick. Ursprünglich hatte die HASAG geplant, das Gebäude zu verkaufen. Ende 1933 wurde dann die Idee erörtert, einen Teil der Leipziger Emaille-Abteilung dorthin zu verlegen.[97] Diesen Plan ließ der Vorstand jedoch im Verlaufe des Jahres 1934 fallen, als sich die Anzeichen dafür verdichteten, dass mit Rüstungsaufträgen zu rechnen war.

Budin informierte den Aufsichtsrat im November 1935 darüber, dass es Aussichten für die Wiederingangsetzung der Fabrik in Berlin-Köpenick gäbe, ohne dies näher zu erläutern.[98] Gut ein Jahr später wurde der Generaldirektor etwas konkreter. Die HASAG habe das Fabrikgebäude »einer Berliner Stelle für besondere Zwecke zur Verfügung gestellt« und dort Neuanlagen im Wert von 250 000 Reichsmark installiert.[99] Bis zum Frühjahr 1936 sollte die Belegschaftszahl in Berlin-Köpenick auf rund 600 Beschäftigte aufgestockt werden. Als Betriebsleiter, in der NS-Diktion »Betriebsführer«, agierte Paul Geldmacher, der zwischen Leipzig und Berlin pendelte, da er auch noch im Hauptwerk Aufgaben wahrzunehmen hatte.[100] Geldmacher zur Seite gestellt wurde Edmund Heckler. Budin gab diese Personalie dem Aufsichtsrat im Dezember 1935 bekannt: »Die technische Aufsicht des Köpenicker Werks übernimmt Herr Oberingenieur Heckler.«[101] Der Generaldirektor nahm damit Hecklers Ernennung zum Oberingenieur vorweg. Gemäß den Angaben Heckers erfolgte dieser Schritt erst 1937. Davon einmal abgesehen bedeutete die Aufsicht über das Projekt in Berlin-Köpenick für ihn einen Karrieresprung, verbunden mit einer Gehaltserhöhung. Er trug die Hauptverantwortung für den vollständigen Umbau des Fabrikgebäudes, die Einrichtung des Maschinenparks und das Anlaufen der Munitionsproduktion. Zuerst wurde Infanteriemunition hergestellt, später vor allem Artillerie-Kartuschen, Geschosshülsen und Zündschrauben.[102] Seine volle Leistungsfähigkeit erreichte das Werk in Berlin-Köpenick im Verlaufe des Jahres 1936.[103]

Neben dem Stammwerk in Leipzig war damit ein zweiter Standort der HASAG zu einer Munitionsfabrik ausgebaut worden. Heckler reiste in dieser Zeit oft von Leipzig nach Berlin, um den Baufortschritt und das Anlaufen der Produktion zu beaufsichtigen. Im Juni 1937 besuchte ein Gutachter der Berliner Landesanstalt für Wasser, Boden und Lufthygiene auf Anfrage der HASAG das Werk in Berlin-Köpenick, um die Wasserversorgungseinrichtungen zu prüfen. Es ging darum, festzustellen, ob das aus einem Tiefbrunnen gewonnene Wasser für die Herstellung von 60 bis 80 Grad heißen Beizbädern, mit einem 15-prozentigen Anteil von Schwefelsäure, geeignet war.[104] Im Beizbetrieb wurden Messingteile bearbeitet. Der Gutachter wurde von Edmund Heckler durch das Werk geführt, wobei Heckler ihm die erforderlichen Erläuterungen der technischen Abläufe gab.

Heckler war außerdem noch an dem 1936 beginnenden Aufbau des größten Zweigwerks der HASAG im Reichsgebiet in Altenburg (Thüringen) beteiligt.[105] Für die Standortwahl ausschlaggebend war die gute Eisenbahnanbindung.[106] Es handelte sich in Altenburg um einen Neubau, der, wie es Budin ausdrückte, »ausschließlich und für alle Zukunft der Wehrmacht« dienen sollte.[107] In gewisser Weise markierte der erstmalige komplette Neubau eines großen Werks die inzwischen nahezu vollständige Wandlung der HASAG zu einem Munitionsproduzenten.

Im August 1936 hatte Adolf Hitler in einer geheimen Denkschrift darauf verwiesen, dass ein Krieg mit der Sowjetunion unvermeidlich sei. Er forderte daher, dass die deutsche Armee innerhalb von vier Jahren einsatzfähig und die deutsche Wirtschaft ebenfalls in diesem Zeitraum kriegsfähig sein müsse.[108] Hermann Göring trug die Denkschrift in einer Kabinettsitzung am 4. September 1936 vor. Am 18. Oktober 1936 ernannte Hitler Göring zum »Bevollmächtigten für den Vierjahresplan«. Die von Göring geleitete Vierjahresplanbehörde begann eine kriegswirtschaftliche Mobilmachung. Dazu gehörten unter anderem die Kontingentierung von Rohstoffen sowie die Lenkung von Investitionen und Arbeitskräften. Für die HASAG bedeutete dies, all ihre Werke, sofern nicht schon geschehen, auf Rüstungsfertigung umzustellen und weiter in großem Umfang in neue Anlagen für die Munitionsproduktion zu investieren. Die Kombination aus rasant wachsender Binnennachfrage, mangelnder Auslandskonkurrenz, steigenden Preisen und relativ statischen Löhnen schuf Voraussetzungen, unter denen es kaum mehr möglich war, keine gesunden Profite einzufahren.[109]

Welche Aufgaben Heckler in Altenburg im Einzelnen wahrnahm und wie oft er vor Ort war, das geht aus den Quellen nicht hervor. Wir können daher nur vermuten, dass er, wie zuvor schon in Berlin-Köpenick, für einige Monate mit der technischen Aufsicht über einen Teil der Bauarbeiten betraut war. Es war aber kaum mehr als ein Intermezzo.

Mitglied der Altenburger Werkleitung war Heckler, entgegen anderslautenden Behauptungen, nicht.[110] Zur Werkleitung in Altenburg gehörten die Techniker Nikolaus Rapp, August Stöckle, Dr. Schröder, Herr Kirsch und der Kaufmann Alfons Wichelhausen.[111] Stöckle fungierte nach Kriegsbeginn auch noch als Abwehrbeauftragter des Altenburger Werkes.[112]

Bis Anfang der 1940er Jahre wurde die Produktion in Altenburg mehrfach erweitert. Die Produktionspalette umfasste nahezu das gesamte Sortiment der auch im Leipziger Stammwerk hergestellten Munition. Auf dem Höhepunkt der Rüstungsproduktion im Jahr 1944 waren im Altenburger Werk mehr als 8 700 Beschäftigte, darunter viele Fremd- und Zwangsarbeiterinnen sowie Zwangsarbeiter, tätig.[113]

»Inspektionsreise« nach Polen im September 1939

Mit dem deutschen Überfall auf Polen begann am 1. September 1939 der Zweite Weltkrieg. Bereits am 8. September 1939 erreichten deutsche Truppen Warschau und nahmen die polnische Hauptstadt am 28. September ein. Am 17. September begann gemäß des geheimen Zusatzprotokolls zum deutsch-sowjetischen Nichtangriffspakt vom 24. August 1939 die Besetzung Ostpolens durch die Rote Armee. West- und Zentralpolen mit Ausnahme der Woiwodschaft Białystok sowie die westlichen Teile Südpolens fielen an das Deutsche Reich, die ostpolnischen Gebiete an die Sowjetunion. Mit einem Erlass vom 8. Oktober 1939 trennte Hitler einen Teil der deutsch besetzten Gebiete, darunter auch rein polnische, als »eingegliederte Ostgebiete« vom sogenannten polnischen Reststaat, dem sogenannten Generalgouvernement ab. Während in den eingegliederten Ostgebieten mit einem Prozess der »Neuordnung« und »Eindeutschung« begonnen wurde, war das Generalgouvernement zur rücksichtslosen Ausbeutung vorgesehen und wurde Ziel völkischer Ausrottungsmaßnahmen.[114]

Noch während der letzten Kampfhandlungen entsandten alle wichtigen deutschen militärischen Dienststellen ihre Vertreter ins besetzte Land, um die Ausplünderung zu organisieren. Sie wurden dabei von Mitarbeitern der Rüstungswirtschaft begleitet. Es galt die Weisung Hitlers und Görings, die Wirtschaft Polens auf ein Minimum zu drosseln. Der staatliche Besitz wurde beschlagnahmt und noch brauchbare Maschinen und Vorräte abtransportiert.[115] Dies betraf auch die Werke der staatlichen polnischen Munitionsindustrie. An deren Ausplünderung beteiligte sich auch die HASAG.

Als eines der ersten Werke wurde die Munitionsfabrik »Granat« in Kielce, Hersteller von »Flieger-Sondermunition«, vom »Technischen Kommando 23« inspiziert. Das Kommando bestand aus rund 100 Militärangehörigen. Hinzu kamen von Fall zu Fall Vertreter von Rüstungsunternehmen. Nach deren Besichtigung traf der Generalluftzeugmeister Generaloberst Ernst Udet am 25. September 1939 die Entscheidung, den Maschinenpark zu demontieren und schnellstmöglich einer deutschen Munitionsfabrik zur Verfügung zu stellen.[116] Als Entscheidungsgrundlage diente ein Werksbericht, den ein Erkundungsstab des »Technischen Kommandos 23« bereits am 19. September 1939 verfasst hatte.[117] In dem Bericht wurde ein Überblick über die technische Ausstattung und die gesamte Vorratshaltung der zum polnischen Staatskonzern Państwowe Wytwórnie gehörenden Munitionsfabrik in Skarżysko-Kamienna gegeben. Dort wurden Kartuschen und Granaten verschiedener Kaliber sowie Gewehr- und Pistolenmunition gefertigt.

Wahrscheinlich gehörte auch Edmund Heckler zum »Technischen Kommando 23«. Wir können dies mit einiger Berechtigung schlussfolgern, da er nach dem Krieg im Rahmen seines Entnazifizierungsverfahrens angab, 1939 einmal für 14 Tage zum Zweck der »industriellen Information« in Polen gewesen zu sein.[118] Seine Expertise als Waffen- und Munitionsfachmann war gefragt. Auch spricht der von ihm genannte Zeitraum von zwei Wochen für seine Teilnahme an den Inspektionsreisen zu den verschiedenen Standorten der polnischen Munitionsindustrie.

Abb. 47: Die nach Polen vorrückenden deutschen Truppen beseitigen einen Grenzschlagbaum im Kreis Sepólno/Zempelburg, 1.9.1939

Dazu steht nicht im Widerspruch, dass er nicht zu der Gruppe gehörte, die unter der Leitung von Generaldirektor Budin per Flugzeug – die HASAG verfügte über eine firmeneigene Ju 52 – vom 16. bis 19. Oktober 1939 nach Polen reiste. Budin ließ sich auf dieser Reise nur von seinen beiden Vertrauten Wilhelm Renner und Heinz Bretschneider – beide überzeugte Nazis und Bretschneider auch noch SS-Mitglied – sowie zwei Technikern, einem Kraftfahrer und einem Flugzeugführer begleiten.[119]

Das »Technische Kommando« hatte Gutachten zum Zustand der polnischen Munitionswerke zu erstellen. Die Erfassung der Ausrüstungen und Materialien diente der Vorbereitung von Demontagen. Zum Abtransport der Ausrüstungen sollte es jedoch nicht kommen. Am 10. Oktober 1939 fand ein Gespräch zwischen Budin und Vertretern des Reichsluftfahrtministeriums (RLM) statt. Im Ergebnis dessen wurde beschlossen, dass die HASAG in der Geschossfabrik Granat in Kielce die Fertigung von Fliegermunition aufnehmen und dafür auch die Einrichtungen des Werkes P.W.U. [Państwowe Wytwórnie Uzbrojenia] in Skarżysko-Kamienna einbeziehen sollte. Das RLM erteilte der HASAG den Auftrag, eine »Fertigung vor Ort« zu organisieren.[120] Ein Demontagebefehl vom 25. September 1939 wurde revidiert. Die HASAG sollte sich mit den Militär- und Zivilbehörden in Kielce und Kamienna in Verbindung setzen und alles Nötige in die Wege leiten.

Die Absprache zwischen RLM und HASAG stand am Beginn eines Perspektivwechsels in der deutschen Besatzungspolitik. Nach der Zerschlagung des polnischen Staates und Bildung des Generalgouvernements endete die Phase der Demontagen und Deindustrialisierung. Die größten Betriebe im Generalgouvernement wurden nun in deutsches Eigentum überführt und zur Steigerung der Kriegsproduktion genutzt.[121]

Der HASAG kam diese Entwicklung zupass. Budin sah darin eine Chance, den 1937/38 etwas ins Stocken geratenen Expansionskurs des Unternehmens nicht nur fortzusetzen, sondern noch zu beschleunigen. Dafür bedurfte es der Unterstützung höchster Stellen. Am 12. Oktober 1939 kam der Chef des Generalstabs der Luftwaffe, General Albert Kesselring, nach Leipzig. Zwei Tage später folgte Albert Speer, zu dieser Zeit Generalbauinspektor für die

Reichshauptstadt und Hitler persönlich unterstellt. Kesselring und Speer wollten sich ein Bild von der Leistungsfähigkeit der HASAG machen. Budin informierte darüber den Aufsichtsratsvorsitzenden von Schoen und dessen Stellvertreter Hugo Zinßer. Er gab sich sicher, dass die Spitzenvertreter der Luftwaffe und der Rüstungswirtschaft den besten Eindruck von der HASAG gewinnen würden.[122] Nach diesem Treffen reiste er, wie bereits erwähnt, nach Polen. Über die Ergebnisse seiner Reise berichtete Budin am 23. Oktober 1939 dem Aufsichtsrat. Ernst von Schoen notierte dazu:

> »Wiederinbetriebnahme der Rüstungsbetriebe in Kielce und Kamienna. Für die erste Fabrik habe sich das RLM, für die zweite Fabrik das OKH interessiert. Das Ergebnis seiner [Budins, *Anm. d. Verf.*] Prüfungen gehe nach Rücksprache mit dem RLM und dem OKH dahin, dass man nicht beide Fabriken in Gang zu setzen beabsichtige, sondern Kamienna. Die Maschinen von Kielce sollten nach Kamienna überführt werden. Das Werk Kamienna, welches für eine Beschäftigung von 6–7000 Arbeiter in Frage kommt, sei geradezu fantastisch gut eingerichtet. Kamienna selbst sei eine Stadt von etwa 80000 Einwohnern, darunter 30000 Juden. Die Fabrik werde als Munitionsfabrik sowohl für das RLM, wie für das OKH arbeiten. Daneben komme auch die Herstellung von Granaten in Frage, wofür sich wahrscheinlich Röchling interessieren werde. Die Fabrik in Kamienna werde sich als reiner Staatsbetrieb darstellen unter Leitung von Hasag und Röchling oder als ein Ableger von Hasag und Röchling, aber selbstverständlich auch im letzteren Falle ohne jedes wirtschaftliche Risiko für beide Partner.«[123]

Budin stützte sich bei seinem Plan zur Beteiligung am Werk in Kamienna auf einen »Werksbericht« vom 19. September und eigene Eindrücke. Ob Heckler an diesem Bericht mitgewirkt hat, können wir nur vermuten. Federführend war er jedenfalls nicht, da sich seine Unterschrift nicht unter diesem Dokument findet.[124]

Im Gegensatz zu Budin, der unbedingt in Polen Munitionswerke übernehmen wollte, stand der Aufsichtsrat diesem Plan reserviert gegenüber. Von Schoen versuchte Budin mit Verweis auf dessen Überlastung zu bremsen.[125] Aufsichtsratsmitglied Alfred Busch[126], der zu den Nicht-Nationalsozialisten im Vorstand der Dresdner Bank gehörte, pflichtete von Schoen bei. Er fand die Pläne Budins besorgniserregend.[127]

Es muss offenbleiben, ob die Erwähnung gesundheitlicher Probleme Budins nur vorgeschoben wurde, um ihn zu stoppen. Der Generaldirektor ließ sich jedenfalls nicht aufhalten und erklärte gegenüber dem Aufsichtsratsvorsitzenden, er könne sich den Aufgaben im Generalgouvernement nicht entziehen und er handele »wie ein Soldat«.[128] Diese Argumentation widerspiegelte seine Haltung zum Krieg. Budin ging es nun nicht mehr in erster Linie um den wirtschaftlichen Erfolg der HASAG, sondern um den Sieg des Deutschen Reiches. Diesem Ziel ordnete er alles andere unter. Für ihn hatte die Inbesitznahme der polnischen Munitionswerke und deren Ausbau höchste Priorität. Allein bis zum Frühjahr 1940 reiste er insgesamt neunmal ins Generalgouvernement.[129]

Der Aufsichtsrat hatte bis zum Kriegsbeginn alle Schritte Budins vorbehaltlos unterstützt. Beide Hauptaktionäre hatten vom Expansionskurs der HASAG profitiert und immer wieder die dafür nötigen Kredite gewährt.[130] Auch war die HASAG an der Reprivatisierung der Dresdner Bank beteiligt worden und hatte Ende 1937 ein Paket Dresdner-Bank-Aktien zum Nennwert von 250 000 Reichsmark gekauft.[131] Budins Position war durch das enorme Wachstum der HASAG erheblich gestärkt worden. Hinzu kam noch ab Sommer 1938 sein Schulterschluss mit dem Reichsführer SS.

Unter den Bedingungen der Kriegswirtschaft reduzierte sich der Spielraum des Aufsichtsrats weiter. Dessen Mitgliedern war nicht wohl bei der Aussicht, dass sich die HASAG zum reinen Munitionsunternehmen entwickelte. Aufhalten oder auch nur verlangsamen konnten sie diese Entwicklung nicht. Ihnen erging es wie Goethes Zauberlehrling. Sie hatten Budin zur HASAG geholt und mussten nun mit ansehen, wie er das Unternehmen mit fanatischem Eifer zum reinen Munitionsproduzenten umbaute, dessen Hauptziel nicht mehr in der Gewinnmaximierung, sondern im Beitrag zum »Endsieg« bestand.

Als einem der ersten deutschen Rüstungsunternehmen war es

der HASAG gelungen, von der Wehrmacht den Auftrag zur Betriebsführung polnischer Werke im Generalgouvernement übertragen zu bekommen. Zunächst verwaltete die HASAG die Werke in Skarżysko-Kamienna und Kielce gemeinsam mit der Röchling AG. Bereits Ende 1939 lief dort die Munitionsproduktion im Auftrag der Wehrmacht wieder an. Im Juli 1940 zog sich Röchling aus der Verwaltung zurück, sodass der gesamte Betrieb in Skarżysko-Kamienna allein von der HASAG geführt wurde.[132]

Die Rüstungsfabrik in Skarżysko-Kamienna bestand aus drei Werken für die Produktion von Infanteriemunition und Granaten (Werk A), Luftabwehrwaffen (Werk B), Land- und Unterwasserminen sowie einer Munitionsfüllstation (Werk C).[133] Als Betriebsführer in Kamienna wurde SS-Standartenführer Egon Dalski eingesetzt. Ihm zur Seite als Stellvertreter und kaufmännischer Direktor wurde Gustav Kuhne gestellt, langjähriger HASAG-Prokurist. Betriebsdirektor des Werkes C – in dieser »Fabrik des Todes« herrschten die schlimmsten Arbeitsbedingungen – war Dr. Arthur Rost.[134] Im August 1943 löste Budin die Betriebsführung in Kamienna wegen nachlassender Produktionsleistungen und Korruption ab. Paul Geldmacher wurde neuer Betriebsführer und Artur Möhring sein Stellvertreter.

Das Werk Granat in Kielce, ursprünglich zur Räumung vorgesehen, wurde zum Zulieferbetrieb für Kamienna umfunktioniert. Die Leitung wurde SS-Obersturmführer Axel Schlicht übertragen. In Częstochowa (Tschenstochau) übernahm die HASAG im November 1940 eine alte Eisenhütte. Die Hütte sollte die Werke in Kamienna unabhängig machen von Bezügen aus der oberschlesischen Schwerindustrie. Außerdem wurden in Częstochowa noch zwei Textilfabriken der HASAG zugeschlagen und für die Produktion von Munition umfunktioniert.

Im Sommer 1942 drängte die HASAG darauf, die drei Werke im Generalgouvernement nicht länger nur zu verwalten, sondern in ihr Eigentum zu überführen. Nach langen Verhandlungen mit der Regierung des Generalgouvernements war die HASAG im Oktober 1942 am Ziel und konnte die Werke deutlich unter Wert kaufen. Zur straffen Führung und für ihren weiteren Ausbau wurde im Januar 1943 die HASAG Eisen- und Metallwerke GmbH mit Sitz in Krakau und der Verwaltung in Częstochowa errichtet.

Als Geschäftsführer fungierten die drei HASAG-Vorstände Paul Budin, Hans Führer und Gustav Hessen. Zu stellvertretenden Geschäftsführern wurden die im Generalgouvernement tätigen Prokuristen Paul Geldmacher und Heinz Bretschneider berufen.

Mitglieder des Aufsichtsrats der HASAG besuchten mehrfach die HASAG-Werke im Generalgouvernement und lobten die Positionsgewinne im Rüstungsgeschäft, die der HASAG mit dem Erwerb dieser Werke gelungen seien. Ihnen entging bei ihren Besuchen auch nicht, das es sich bei einem zunehmenden Teil der Belegschaften in den HASAG-Werken im Distrikt Radom um völlig entrechtete Juden handelte, die unter schlimmsten Bedingungen lebten und arbeiteten.[135]

Exkurs: Radikalisierung des Arbeitskräfteeinsatzes bis zur Vernichtung durch Arbeit

Ende Oktober 1939 wurde von der deutschen Besatzungsverwaltung die Arbeitspflicht für alle Polen eingeführt und eine systematische Erfassung, Steuerung und Kontrolle des Arbeitseinsatzes begonnen. Die drohende Hungersnot, die Einführung von Lebensmittelkarten und die Angst vor einer Verschleppung zum Arbeitseinsatz ins Reich führten dazu, das polnische Arbeiter bereit waren, für die Besatzer auch in Rüstungsfabriken zu arbeiten. Die Arbeitsämter vermittelten vorrangig in solche Betriebe. Die HASAG konnte die Belegschaft in den von ihr geführten Betrieben rasch aufstocken.[136] Wenn man die Belegschaften aller HASAG-Werke im Generalgouvernement zusammenrechnet, so ergibt sich folgendes Bild:

Tab. 7: Belegschaft der sechs HASAG-Werke im Generalgouvernement[137]

Zeitpunkt	Belegschaften insgesamt
Februar 1942	14 000
Sommer 1943	28 000
März 1944	30 000

Insgesamt waren höchstens 650 Deutsche, das entsprach 1944 einem Anteil an der Gesamtbelegschaft von rund zwei Prozent, in den HASAG-Werken im Generalgouvernement tätig. Sie besetzten alle Führungspositionen in der Geschäftsleitung, der Verwaltung und in den Werkleitungen.

Bei rund der Hälfte aller Beschäftigten handelte es sich um Juden. Bis zum Sommer 1940 wurden unter Mitwirkung der »Judenräte« zusammengestellte jüdische Arbeitskolonnen unentgeltlich in den von der HASAG verwalteten Werken zu Bauarbeiten, jedoch nicht in der Produktion eingesetzt. Danach erfolgte ihre Anforderung über die Arbeitsämter.

Anfang 1941 begann die HASAG damit, polnische Facharbeiter

aus den von ihnen verwalteten Werken und von anderen Stellen für eine Arbeit im Reich zu verpflichten. Allein bis zum April 1941 wurden in Absprache mit dem Reichsarbeitsministerium und dem OKW rund 2000 Polen zur Arbeit in Leipzig und Altenburg zwangsverpflichtet.[138] Die in den Werken im Generalgouvernement frei werdenden Stellen konnten zunächst noch durch polnische Arbeitskräfte aus entfernteren Gegenden ersetzt werden.

Nach dem deutschen Überfall auf die Sowjetunion im Juni 1941 und der Radikalisierung des Krieges spitzte sich das Arbeitskräfteproblem in der deutschen Rüstungswirtschaft im Reich und in den besetzten Gebieten zu. Während die Reichsbehörden massenhaft Polen aus dem Generalgouvernement abzogen und ins Reich deportierten, lief der Vernichtungsfeldzug der SS gegen die Juden weiter. Budin nutzte seine Kontakte zu den Spitzen von SS, Wehrmacht und Rüstungsbehörden, um ab Frühjahr 1942 »Arbeitsjuden« aus den Ghettos zu bekommen. Direkt auf den Werksgeländen wurden Zwangsarbeitslager für Juden eingerichtet. Budin kannte das Ziel der SS-Führung, die Ghettos bis Ende 1942 aufzulösen und das Generalgouvernement »judenfrei« zu machen. Der HASAG standen jedoch keine anderen Reserven an Arbeitskräften mehr zur Verfügung. HASAG-Mitarbeiter forderten Juden für eine Arbeit in den Rüstungsbetrieben an. Rund 8350 »Arbeitsfähige« konnten so im Herbst 1942 ihrer Deportation in die Vernichtungslager vorerst entrinnen und landeten in den Lagern des Konzerns.[139] In der Hierarchie der Zwangsarbeiter standen sie auf der untersten Stufe. Ihr Arbeitseinsatz wurde nur als eine Übergangslösung bis zu ihrer bereits beschlossenen Deportation und Vernichtung angesehen.

Solange die HASAG über ein scheinbar unbegrenztes Reservoir an Arbeitskräften verfügte, erhielten die Zwangsarbeiter nur das Allernötigste an Lebensmitteln, Kleidung und medizinischer Versorgung. Eigentlich nötige Ausgaben wurden auf Kosten von Menschenleben eingespart.[140] Dalski erklärte dazu auf einer Betriebsbesprechung, dass »kranke Juden wie Werkzeug zu behandeln seien, dessen Reparatur sich nicht mehr lohne«.[141] Krankheiten waren aufgrund der katastrophalen Bedingungen in den Lagern vorprogrammiert. Selektionen wurden vom Werkschutz und auch von HASAG-Mitarbeitern vorgenommen. Zum Werkschutz gehörte eine Sondereinheit, die für Exekutionen außerhalb des Werkes eingesetzt wurde.[142]

Juden wurden nicht nur systematisch von der SS – unter Mitwirkung der HASAG-Betriebsleiter und -Meister – selektiert und in Massenexekutionen von den Tötungskommandos des Werkschutzes und der Schutzpolizei erschossen. Sie wurden vielfach auch Opfer von brutalen Misshandlungen. Dokumentiert sind mehr als 130 Einzeltötungen.

Es war das Bemühen des HASAG-Managements, Führung und Kontrolle der Werklager möglichst kostengünstig und mit wenig eigenem Personal zu bewältigen. Eine Belegschaft, die fast ausschließlich aus polnischen Zwangsarbeitern und »Arbeitsjuden« bestand, konnte nur mit massiver Einschüchterung und Repressionen beherrscht werden. Dafür sollten ein strenges Betriebsregime mit einem umfangreichen Strafkatalog und der Werkschutz sorgen. Der Werkschutz wurde aus Deutschen, »Volksdeutschen« und Ukrainern gebildet.[143] Werkschutzmänner und auch HASAG-Führungskräfte nutzten ihre Macht, um sich an der Ausplünderung der in den Zwangsarbeitslagern neu ankommenden Juden persönlich zu bereichern.[144] Hungerrationen, völlig unzureichende Krankenversorgung, Arbeitstage von zwölf und mehr Stunden sowie Übergriffe des Werkschutzes schufen katastrophale Lebensbedingungen, die eine hohe Sterbeziffer zur Folge hatten.

Die »Vernichtung durch Arbeit« war nicht das unternehmerische Ziel der HASAG, sondern die »Ausbeutung bis zur Erschöpfung«.[145] Es lag in der Logik des nationalsozialistischen Systems, dass es für die HASAG am einfachsten war, nicht mehr arbeitsfähige Juden zu »selektieren« und durch neue gesunde Sklavenarbeiter zu ersetzen. Dieses barbarische System funktionierte bis zum Herbst 1943, als die Reserve an arbeitsfähigen Juden weitgehend erschöpft war.

Inzwischen hatte der Widerstand gegen die deutschen Besatzer in den besetzten Gebieten immer größere Ausmaße angenommen. Trotz aller Drohungen und Gewaltakte verbreitete sich unter den polnischen Arbeitern eine zunehmende Verweigerungshaltung, die sich in geringer Arbeitsintensität, Bummelei und Fehlschichten äußerte. Polnische Widerstandsgruppen forderten die Belegschaften der HASAG-Werke zu Arbeitsverweigerung und Sabotageakten auf und verliehen ihren Forderungen auch gewaltsam Nachdruck. Dies beeinträchtigte die Produktionsabläufe empfindlich und ließ die Produktivität sinken.

Budin reagierte im September 1943 mit der Ablösung fast der kompletten Betriebsführung in Kamienna und veranlasste Korrekturen bei der Versorgung der Belegschaft. Der wirtschaftliche Pragmatismus führte zwar zu einer Verbesserung der bis dahin unsäglichen Verhältnisse, änderte jedoch nur wenig daran, dass in Skarżysko-Kamienna eine systematische Judenvernichtung betrieben wurde.[146] Nach Schätzungen von Kara kamen in den HASAG-Lagern im Generalgouvernement innerhalb von 32 Monaten rund 14 000 Juden durch Hunger, Epidemien, Massenerschießungen und Einzelmorde ums Leben.[147]

***

Edmund Heckler war in die Verbrechen der HASAG in der »Hölle von Kamienna« nicht verstrickt. Diesen Umstand hatte er der Tatsache zu verdanken, dass er bereits Mitte 1939 mit dem Aufbau eines neuen Zweigwerkes in Taucha beauftragt worden war. Ob Heckler etwas von den mörderischen Verhältnissen in den von der HASAG kontrollierten polnischen Werken erfuhr, ist nicht bekannt. In der Werkzeitung »Unsere Hasag« war nur von den neuen Sozialbauten für die deutsche Belegschaft in Kamienna zu lesen.[148] Zu den dortigen Direktoren hatte Heckler dienstlich keinen Kontakt. Ob er auf privaten Wegen etwas mitbekam, wissen wir nicht.

Aufstieg zum Werkleiter und später Eintritt in die NSDAP

Für den Oberingenieur Heckler war die Ernennung zum Leiter des Werkes in Taucha im Herbst 1939 ein Karrieresprung, verbunden mit einer deutlichen Gehaltsaufbesserung von 9 000 Reichsmark/Jahr auf 12 000 Reichsmark/Jahr.[149] Die formale Erteilung der Prokura erfolgte zum 1. Mai 1940.[150] Zu diesem Zeitpunkt wohnte Heckler in der gutbürgerlichen Leipziger Südvorstadt, in der Kaiser-Wilhelm Str. 79 (seit 1945 August-Bebel-Straße) zur Miete.[151]

Wohl im Zusammenhang mit seiner neuen Funktion und dem »Blitzsieg« über Polen stellte Edmund Heckler am 29. November 1939 einen Antrag auf Aufnahme in die NSDAP.[152] Seit Mitte 1934 hatte er dem Nationalsozialistischen Bund Deutscher Technik (NSBDT) angehört. Sein Eintritt in die NSDAP erfolgte zum 1. Januar 1940.[153] Er wurde der Ortsgruppe Leipzig zugeordnet.

Da es keinerlei weitere Unterlagen zu Hecklers spätem Eintritt und seinem Wirken in der NSDAP gibt, sind wir auf Mutmaßungen und indirekte Schlüsse angewiesen. Heckler entstammte einem katholischen Elternhaus und brach seine Beziehungen zur Kirche auch nach dem Machtantritt der Nationalsozialisten nicht ab. Als junger Mann hatte er sich in den Jahren der Weimarer Republik nach eigener Aussage nicht für Politik interessiert. Er gehörte in dieser Zeit keiner Partei an und ging auch nicht zu den damals zahlreichen Wahlen. Für ihn standen seine Ausbildung und das frühzeitige Geldverdienen an erster Stelle, um einen bescheidenen Beitrag zum Familienbudget der Hecklers leisten zu können. Dagegen war sein jüngerer, ebenfalls bei Mauser als Kaufmann beschäftigter Bruder Eugen Parteimitglied von 1930 bis 1933 gewesen, worüber aber keine näheren Details bekannt sind.[154]

Auch als Edmund Heckler Ende 1934 von den Mauser-Werken Oberndorf zur HASAG nach Leipzig wechselte, behielt er seine Haltung als unpolitischer Ingenieur bei. Dies war in dem von Budin geführten Konzern mit seiner zunehmenden Durchdringung von Partei- und SS-Mitgliedern in Führungspositionen nicht selbstverständlich. Allerdings war Budin selbst 1934 als ehe-

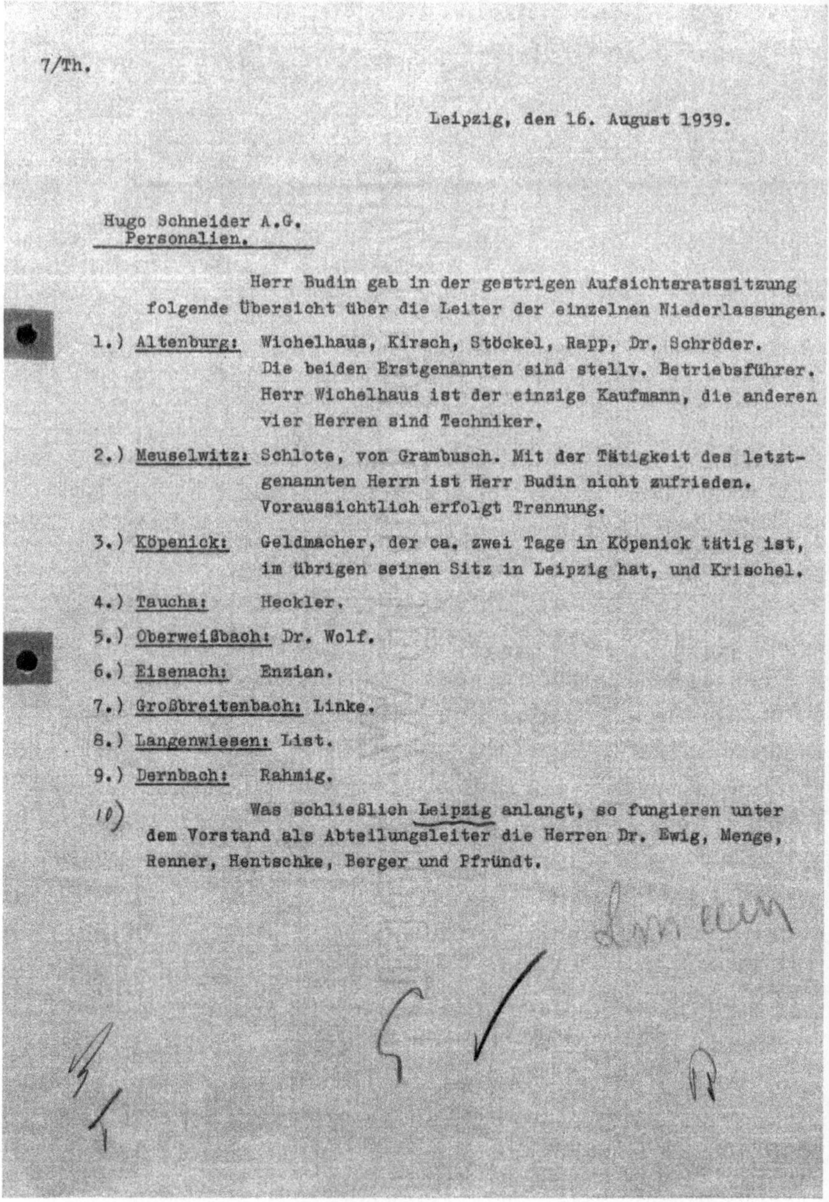

7/Th.

Leipzig, den 16. August 1939.

Hugo Schneider A.G.
Personalien.

Herr Budin gab in der gestrigen Aufsichtsratssitzung folgende Übersicht über die Leiter der einzelnen Niederlassungen.

1.) Altenburg: Wichelhaus, Kirsch, Stöckel, Rapp, Dr. Schröder. Die beiden Erstgenannten sind stellv. Betriebsführer. Herr Wichelhaus ist der einzige Kaufmann, die anderen vier Herren sind Techniker.

2.) Meuselwitz: Schlote, von Grambusch. Mit der Tätigkeit des letztgenannten Herrn ist Herr Budin nicht zufrieden. Voraussichtlich erfolgt Trennung.

3.) Köpenick: Geldmacher, der ca. zwei Tage in Köpenick tätig ist, im übrigen seinen Sitz in Leipzig hat, und Krischel.

4.) Taucha: Heckler.

5.) Oberweißbach: Dr. Wolf.

6.) Eisenach: Enzian.

7.) Großbreitenbach: Linke.

8.) Langenwiesen: List.

9.) Dernbach: Rahmig.

10) Was schließlich Leipzig anlangt, so fungieren unter dem Vorstand als Abteilungsleiter die Herren Dr. Ewig, Menge, Renner, Hentschke, Berger und Pfründt.

Abb. 48: Edmund Heckler wird in einem Personalschreiben vom 16.8.1939 als Leiter des HASAG-Werkes in Taucha genannt.

maliger Freimaurer auf Betreiben der Ortsgruppe Leipzig aus der NSDAP ausgeschlossen und erst im September 1938 wieder aufgenommen worden. Insofern fiel Hecklers Wechsel zur HASAG in eine Zeit, in der sich der Generaldirektor mit seinem politischen Aktivismus zurückhalten musste. Erst kurz vor seinem Eintritt in die SS konnte Budin seinen radikalen Kurs wieder forcieren. Budin forderte von seinem »engeren Mitarbeiterstab« ein klares Bekenntnis zum nationalsozialistischen Staat.[155] Seine wiederholten Aufforderungen wirkten. Nach Einschätzung von Max Walter, dem es gelungen war, eine kleine Widerstandsgruppe in der HASAG zu organisieren, gehörten 96 Prozent aller Betriebsleiter, Abteilungsleiter und Obermeister der NSDAP, SS oder SA an.[156] Auch wenn dies kaum mehr als eine vage Schätzung gewesen sein dürfte, so kann doch kein Zweifel daran bestehen, dass bei der HASAG – 1943 als »nationalsozialistischer Musterbetrieb« und »Kriegsmusterbetrieb« ausgezeichnet – die meisten Angestellten und auch viele Arbeiterinnen und Arbeiter Mitglieder der NSDAP oder einer ihrer Organisationen waren.[157]

Im Gegensatz zu anderen leitenden Angestellten hielt sich Heckler mit politischen Äußerungen zurück. Auch 1937, als andere HASAG-Mitarbeiter nach der Aufhebung des Aufnahmestopps aus Karrieregründen die Gelegenheit nutzten, um in die NSDAP einzutreten, tat er es ihnen nicht nach. Dies sollte allerdings nicht überinterpretiert werden, zumal wir seine Beweggründe für seine Zurückhaltung nicht kennen.

Nach Ausbruch des Krieges und seiner Ernennung zum Werkleiter stellte Heckler den Aufnahmeantrag. Zu diesem Zeitpunkt waren die Vorstandsmitglieder längst Mitglieder der NSDAP, zum Teil auch der SS. Auch die Prokuristen gehörten, soweit noch überprüfbar, der NSDAP an. Auch bei anderen Rüstungskonzernen in Sachsen, verwiesen sei auf das zum Flick-Konzern gehörende Stahlwerk Riesa und den Braunkohlenindustriekomplex Böhlen-Espenhain, waren die erste und zweite Führungsebene fast vollständig mit NSDAP-Mitgliedern besetzt.[158] Nach 1933 waren in diesen Unternehmen vor allem kaufmännische und technische Angestellte aus Karrieregründen in die NSDAP eingetreten. Der Anpassungsdruck bei der HASAG, dem größten Rüstungskonzern in Sachsen, dürfte eher noch größer gewesen sein.

Wir wissen nicht, ob Heckler zum Parteieintritt von Vorstandsmitgliedern oder anderen Personen gedrängt wurde oder ob er diesen Schritt aus eigenem Antrieb tat. Ein Zusammenhang zwischen seiner Ernennung zum Werkleiter in Taucha und seinem Eintritt in die NSDAP ist jedenfalls naheliegend.

Heckler hatte in seiner Jugendzeit bei einem Unfall sein rechtes Auge verloren, trug seitdem ein Glasauge und war deshalb ausgemustert worden.[159] Unter Umständen hätte ihm nach Kriegsbeginn dennoch eine Einberufung gedroht. Daher stand für ihn seine »uk-Stellung« auf dem Spiel, also die Einstufung als unabkömmlich. Als Werkleiter war er davor geschützt.

Werk Taucha (Weststraße): Rüstungskooperation mit Innocenti

Neue Aufgaben erwuchsen der HASAG nach dem Abschluss des sogenannten Stahlpakts zwischen dem Deutschen Reich und dem faschistischen Italien am 22. Mai 1939.[160] Der Stahlpakt sah eine militärische Zusammenarbeit und unbedingte gegenseitige Unterstützung im Fall eines Krieges vor. Ein wichtiges Vorhaben stellte dafür die Kooperation der HASAG mit der italienischen Firma Innocenti in Mailand bei der Produktion von Munition und Kartuschen dar. Für dieses und andere Projekte suchte die HASAG schon seit längerer Zeit nach neuen Baugrundstücken. Auf dem Hauptgelände in Leipzig-Paunsdorf war der Platz längst knapp geworden. Als ein möglicher neuer Standort rückte die Gemeinde Taucha, nur wenige Kilometer von Leipzig entfernt, in den Fokus.

Der Leipziger Nachbarort begann sich im Zuge der Aufrüstung zu einem Zentrum der Rüstungsindustrie in Sachsen zu entwickeln. Als erstes Großunternehmen zog die Mitteldeutsche Motorenwerke GmbH (MMW), eine Tochtergesellschaft der in Chemnitz ansässigen Auto-Union AG, nach Taucha und begann 1935 mit dem Bau eines Flugmotorenwerks auf der Flurgrenze zwischen Portlitz (Leipzig) und Graßdorf (Taucha). Innerhalb weniger Jahre entstand in dem bewaldeten Gelände ein großes Werk, dessen Belegschaft bis 1939 auf fast 5 000 Beschäftigte anwuchs.[161] Auch die Erla Maschinenwerk GmbH, ein 1934 in Leipzig gegründeter Flugzeugbauer, expandierte und pachtete in Taucha Flächen für Verkaufs- und Materiallager. Ihr Ausbau erfolgte zulasten kleinerer Gewerbe und Handwerksbetriebe, deren Produktion eingeschränkt oder eingestellt werden musste. Es kam sowohl zu Spannungen zwischen den Rüstungsunternehmen, die um Ressourcen und Bauland konkurrierten, als auch zwischen ihnen und der zunehmend überforderten Kommune.

Der HASAG spielten die »Arisierungen« mehrerer in Taucha ansässiger jüdischer Unternehmen der Rauchwarenindustrie in die Karten.[162] Zunächst erwarb der Konzern ein Grundstück der 1936 geschlossenen Tauchaer Rauchwarenzurichterei und Färberei AG.[163] Die jüdischen Eigentümer des Betriebes hatten das Geschäft aufgeben müssen. Es folgte mit Unterstützung des Tauchaer Bürgermeisters Uhlemann im Sommer 1938 der Kauf des Betriebsgeländes der ebenfalls in den Ruin getriebenen jüdischen Firma Huthaarfabrik AG Rosenfelder & Sohn.

Ende 1938 wollte die HASAG entlang der Graßdorfer Straße mit Bauarbeiten beginnen.[164] Zu diesem Zeitpunkt ging der Konzern davon aus, in Kürze auch ein großes Areal auf der anderen Seite der Bahnlinie in seinen Besitz zu bringen. Sämtliche Anteile der Kurt Wachtel AG befanden sich in der Hand der Chaim Eitingon AG, deren Namensgeber in den 1920er Jahren einer der wichtigsten jüdischen Pelzhändler und Stifter in Leipzig gewesen war.[165] Die im Besitz seiner Familie befindliche Kurt Wachtel AG hatte sich Ende der 1920er Jahre zum modernsten Großbetrieb in Taucha entwickelt. Das Geschäft der Eitingon AG verlagerte sich in den 1930er Jahren immer mehr in die USA.[166]

Nur wenige Tage nach dem November-Pogrom und dem Erlass der »Verordnung zur Ausschaltung der Juden aus dem deutschen Wirtschaftsleben« vom 12. November 1938 verlangte Budin vom Tauchaer Bürgermeister Uhlemann, dass er die Firma Wachtel zum Verkauf an die HASAG auffordern oder andernfalls mit Enteignung drohen solle. Die Gemeinde Taucha und der NSDAP-Kreisleiter Wettengel unterstützten Budins Vorschlag und setzten sich beim sächsischen Innenministerium für die Enteignung ein.

Budin rechnete mit der raschen Realisierung seines Plans. Im Hallenbau der Wachtel AG sollten künftig von der HASAG Metallteile für Infanterie-Munition sowie Kartuschen für 2-cm-Granaten produziert werden.[167] Die HASAG hatte dafür bereits einen Lage- und Maschinenplan von der Thügina GmbH erarbeiten lassen.[168] Doch zur Überraschung Budins und von Bürgermeister Uhlemann lehnte der sächsische Innenminister eine Enteignung ab, da er einen schweren Schaden für die Rauchwaren-Veredelung und den Export befürchtete. Auch die Industrie- und Handelskammer plädierte aus devisenrechtlichen Gründen für den Erhalt der Rauchwarenindustrie in Taucha. Die HASAG und die Gemeinde mussten einlenken und wohl oder übel die Verpachtung des Betriebsgeländes an den Betriebsleiter der Wachtel AG, Herbert Thierschmann, vorerst akzeptieren. Damit waren die ursprünglichen Bebauungspläne der HASAG hinfällig. Budin kündigte daraufhin auf einer Sitzung im Tauchaer Rathaus am 23. August 1939 an, dass ein neues Werk gegenüber dem Stammwerk in Leipzig-Paunsdorf auf dem Gelände zwischen der Torgauer Straße und der Bautzner Straße, der heutigen Kamenzer Straße, gebaut werde.[169] Dieser neue Werkskomplex erhielt die Bezeichnung »Nordwerk«. Unter anderem entstanden zwei große Lagergebäude. Eines davon diente ab 1940 zur Unterbringung von Fremd- und Zwangsarbeitern sowie Kriegsgefangenen aus mehreren Ländern.[170]

Nahezu zeitgleich zum Bau des Nordwerks nahm die HASAG in Taucha noch Ende 1939 den Bau eines weiteren Werks in Angriff. Der Konzern nutzte dafür die im Zuge von »Arisierungen« unter Wert gekauften Betriebsgelände der Rauchwarenzurichterei (Tarag) und der Huthaarfabrik, musste aber auf das Gelände der Wachtel AG verzichten.[171] Ein Wohnhaus auf dem ehemaligen Firmengelände der Tarag wurde abgerissen und dort das Verwaltungsgebäude für die neue Fabrik errichtet.

Als Leiter des neuen Werks in Taucha wurde Edmund Heckler eingesetzt. Aus der Sicht der HASAG-Direktion war dies eine

Abb. 49: HASAG-Hauptgebäude in Taucha (im Hintergrund das Heizhaus der Firma Thierschmann), ca. 1940

naheliegende Wahl, da er bereits mehrere wichtige Neubauprojekte des Konzerns mit seinem technischen Sachverstand auf den Weg gebracht hatte. Das Werk in Taucha war wesentlich kleiner als das Nordwerk.[172]

Heckler, dessen Büro sich seit 1940 im neuen Verwaltungsgebäude in Taucha befunden haben dürfte, war nun mitverantwortlich für zwei Bauprojekte. Er betreute sowohl den Bau des Nordwerks als auch des Werks in Taucha. Zwischen beiden Werken bestand ein enger produktionstechnischer Zusammenhang. An beiden Standorten wurden Kartuschen für Artillerie- und Flugabwehrkanonen (Flak) sowie Infanteriemunition gefertigt.[173] Die größeren Kartuschen wurden im Nordwerk produziert.[174] Den Stahl lieferte Rheinmetall. In geringem Umfang sollen auch Kleinwaffen, darunter Signalpistolen produziert worden sein.[175]

Mit der Inbetriebnahme des Nordwerks und des Werks in Taucha stieg der Anteil der Munition, die für die Luftwaffe produziert wurde. Dazu stand nicht im Widerspruch, dass das Tauchaer Werk vom Aufsichtsratsvorsitzenden als »Artilleriewerk« charakterisiert wurde, was auf die Fertigung von Kartuschen für Flak und Pak gemünzt war.[176]

Im Sommer 1940, nach den schnellen Siegen im Westen, wurde die Produktion in Taucha kurzzeitig drastisch heruntergefahren. Aufsichtsratsmitglied Alfred Busch von der Dresdner Bank hoffte darauf, dass die HASAG bald wieder zu einem »gemischten Produktionsprogramm« zurückkehren könne.[177] Auch von Schoen hielt eine Rückkehr zur Friedensproduktion in Kürze für möglich.[178] Diese Hoffnungen währten jedoch nicht lange. Hitler hatte bereits Ende Juli 1940 dem OKW seinen Plan für einen Angriff auf die Sowjetunion eröffnet. Am 18. Dezember 1940 verfügte Hitler mit der Weisung Nr. 21, den Angriff unter dem neuen Decknamen »Fall Barbarossa« vorzubereiten.[179] Bei der HASAG schlug sich dies zuerst in einer Steigerung der Produktion von Kartuschen für die Artillerie nieder. Bereits im Herbst 1940 verdoppelte das Werk in Taucha seinen Produktionsausstoß im Vergleich zum Frühjahr.[180]

Ab 1942 wurde das Werk in Taucha noch moderner ausgestattet.[181] Das Werk verfügte schließlich bei Kriegsende über sechs 400-Tonnen-, acht 200-Tonnen-, acht 150-Tonnen- und vier 2000-Tonnen-Pressen. Mit diesen Ausrüstungen konnten unter anderem die Kartuschen für die 7,5-cm-Flak und ab Ende 1941 auch für die wichtigste Flugabwehrkanone, die 12,8-cm-Flak 40, gefertigt werden.[182]

Abb. 50: Deutsche 8,8-cm-Flak in Fahrstellung im schweren Gefecht, im Vordergrund liegen leere Kartuschen; Juli 1942.

In Taucha gab es ein metallurgisches Labor, das von den anderen HASAG-Werken Proben zur Prüfung erhielt. In der Endphase des Krieges wurde dort auch an der Entwicklung von handgestützten kleinen Raketenwaffen (»Luftfaust« oder »Fliegerfaust«) gegen Tiefflieger gearbeitet, ohne dass diese Waffen noch zum Einsatz kamen.

Teile der alten Betriebsgebäude in Taucha wurden als Ausländerlager hergerichtet. Schon zuvor waren in den mit Deutschland verbündeten Staaten, unter anderem in Italien, Kroatien, der Slowakei und Westeuropa, Arbeitskräfte angeworben worden. Zunehmend kamen in Taucha nun auch Zwangsarbeiter, Zwangsarbeiterinnen und Kriegsgefangene aus mehreren Ländern zum Einsatz.[183] Zur größten Gruppe unter ihnen gehörten Polinnen und Polen, die zuvor in den von der HASAG verwalteten Munitionsbetrieben im Generalgouvernement oder anderen Betrieben tätig gewesen waren.

Als Betriebsleiter hatte Heckler die Anordnungen der Direktion umzusetzen. Oberste Priorität hatte die Erreichung der Produktionsziele. Für die Belegschaft des Tauchaer Werkes galt die gleiche Betriebsordnung wie im Leipziger Stammwerk. Für deren Durchsetzung trug Heckler die Hauptverantwortung.

Nach dem Krieg gab Heckler gegenüber amerikanischen Offizieren an, dass die Quote der reklamierten Kartuschen bei rund zwölf Prozent gelegen habe. Mehr als die Hälfte der Ausschussquote führten er und andere HASAG-Ingenieure auf schlechtes Rohmaterial zurück. Der übrige Ausschuss, so Heckler, hätte durch den Einsatz besser qualifizierter Arbeitskräfte vermieden werden können.[184] Weder er noch die anderen befragten HASAG-Ingenieure gingen darauf ein, dass es sich nicht um reguläre Beschäftigte handelte, die für die hohe Ausschussquote verantwortlich zeichneten, sondern zur Arbeit im Deutschen Reich Zwangsverpflichtete. Ihre Motivation, im Feindesland Munition zu produzieren, war verständlicherweise gering. So häuften sich in den letzten Monaten des Krieges in den Werken des HASAG Fälle von Sabotage. Die Direktion versuchte mit der Androhung schärfster Strafen dagegen vorzugehen.[185] Der Widerstand von Zwangsarbeitern und einer kleinen Gruppe deutscher Kommunisten konnte jedoch nicht mehr eingedämmt werden. Heckler dürfte damit konfrontiert gewesen sein, vermied es aber, dies gegenüber den Amerikanern anzusprechen.

Zu Hecklers Aufgaben gehörte auch die fachliche Beratung des italienischen Familienunternehmens Innocenti, da sich die Produktionsprogramme der Werke in Taucha und Mailand ähnelten. Innocenti produzierte seit Anfang des 20. Jahrhunderts in Rom und Mailand eine breite Palette an Erzeugnissen für die Bau- und Landwirtschaft sowie die Industrie.[186] Im Jahr 1935 wurde die gesamte Produktion in der Mailänder Fabrik konzentriert. Der italienische Angriff auf Äthiopien im Oktober 1935 und die Beteiligung italienischer Truppen am Spanischen Bürgerkrieg ab Sommer 1936 ließ die Nachfrage nach Waffen und Munition sprunghaft steigen. Innocenti stellte einen Teil seiner

Produktion auf die Munitionsfertigung um. Anfangs wurden Kartuschen für 150-kg- und 250-kg-Fliegerbomben produziert, später auch Kartuschen für das Heer und die Marine. Im Jahr 1939 arbeiteten rund 90 Prozent der Belegschaft von Innocenti für die Munitionsproduktion. Der Sekretär der italienischen Faschistenpartei, Partito Nazionale Fascista (PNF), Achille Starace, bezeichnete Innocenti anlässlich eines Besuchs in der Mailänder Fabrik am 27. Oktober 1939 als »Modell eines faschistischen Unternehmens«.[187]

Während des Zweiten Weltkriegs baute Innocenti die Mailänder Fabrik weiter aus. Im Jahr 1941 waren dort rund 3000 und im Frühjahr 1943 mehr als 7000 Beschäftigte tätig. Überwiegend handelte es sich um ungelernte Arbeiterinnen und Arbeiter. Der höchste Produktionsausstoß wurde mit rund 36000 Kartuschen pro Tag Anfang 1943 erreicht.

Heckler reiste nach eigenen Angaben fünfmal nach Mailand und Rom, um mit Vertretern von Innocenti technische Fragen zu besprechen.[188] Er war ein Vermittler von HASAG-Know-how.

Die entscheidende Rolle bei der Modernisierung der Kartuschen- und Munitionsproduktion in Taucha und Mailand spielte allerdings nicht Heckler, sondern Ingenieur Max Liebergeld, Mitinhaber der Kabel- und Metallwerke Neumeyer AG, Nürnberg. Der HASAG war es im März 1941 gelungen, Liebergeld für eine Anstellung in Leipzig zu gewinnen. Das große Interesse an seiner Person war auf ein von Liebergeld im Februar 1941 zum Patent angemeldetes »Verfahren zur Herstellung von Hohlkörpern aus Stahl nach dem Kaltspritzverfahren« zurückzuführen. Bei der HASAG sollte dieses Verfahren großtechnisch umgesetzt werden. Liebergeld wurde die Stelle eines technischen Direktors und die Oberaufsicht über die gesamte Artillerie-Hülsen-Fabrikation in den Werken Leipzig, Taucha, Köpenick und Kamienna angeboten. Er erhielt ein Monatsgehalt von 2500 Reichsmark – mehr als das Doppelte des Gehalts von Heckler – zuzüglich 10000 Reichsmark Tantiemen pro Jahr sowie eine 20-prozentige Beteiligung an den Erlösen der aufgrund seiner Patente erzielten Lizenzeinnahmen.[189] Letztgenannter Punkt zielte auch auf die Zusammenarbeit mit Innocenti. Die italienische Firma zahlte Patentgebühren für die »HASAG-Liebergeld-Artillerie-Hülse«.

Liebergeld konnte eine eigene Versuchswerkstatt aufbauen und war nur Budin und Mumme unterstellt. Er arbeitete in Taucha an der Weiterentwicklung des genannten Verfahrens und forschte zur Rekristallisation von kalt- oder warmverformten Stahlteilen. Für seine Arbeit wurde ihm im September 1942 das Kriegsver-

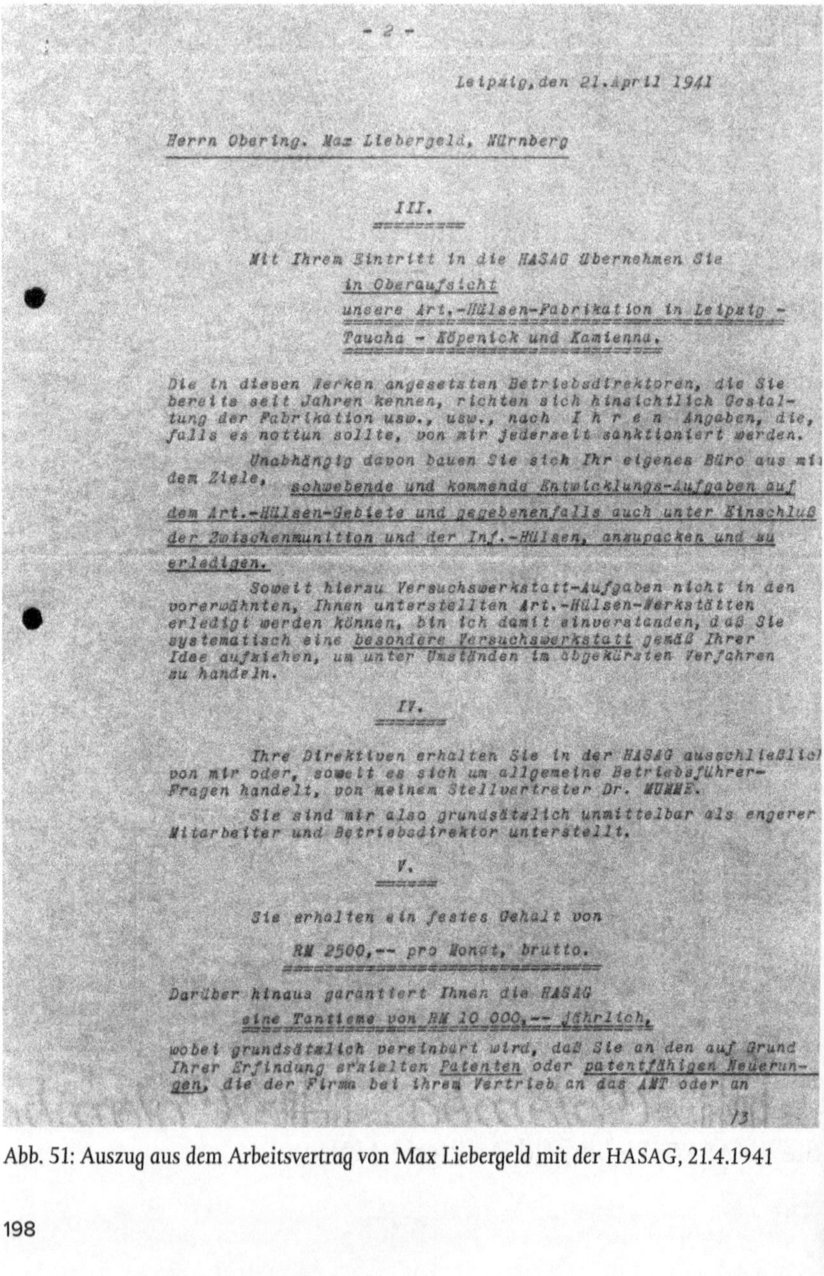

- 2 -

Leipzig, den 21. April 1941

Herrn Obering. Max Liebergeld, Nürnberg

III.

Mit Ihrem Eintritt in die HASAG übernehmen Sie
in Oberaufsicht
unsere Art.-Hülsen-Fabrikation in Leipzig - Taucha - Köpenick und Kamienna.

Die in diesen Werken angesetzten Betriebsdirektoren, die Sie bereits seit Jahren kennen, richten sich hinsichtlich Gestaltung der Fabrikation usw., usw., nach I h r e n Angaben, die, falls es nottun sollte, von mir jederzeit sanktioniert werden.

Unabhängig davon bauen Sie sich Ihr eigenes Büro aus mi[t] dem Ziele, schwebende und kommende Entwicklungs-Aufgaben auf dem Art.-Hülsen-Gebiete und gegebenenfalls auch unter Einschluß der Zwischenmunition und der Inf.-Hülsen, anzupacken und zu erledigen.

Soweit hierzu Versuchswerkstatt-Aufgaben nicht in den vorerwähnten, Ihnen unterstellten Art.-Hülsen-Werkstätten erledigt werden können, bin ich damit einverstanden, daß Sie systematisch eine besondere Versuchswerkstatt gemäß Ihrer Idee aufziehen, um unter Umständen im abgekürzten Verfahren zu handeln.

IV.

Ihre Direktiven erhalten Sie in der HASAG ausschließlic[h] von mir oder, soweit es sich um allgemeine Betriebsführer-Fragen handelt, von meinem Stellvertreter Dr. MUMME.

Sie sind mir also grundsätzlich unmittelbar als engerer Mitarbeiter und Betriebsdirektor unterstellt.

V.

Sie erhalten ein festes Gehalt von

RM 2500,-- pro Monat, brutto.

Darüber hinaus garantiert Ihnen die HASAG
eine Tantieme von RM 10 000,-- jährlich,
wobei grundsätzlich vereinbart wird, daß Sie an den auf Grund Ihrer Erfindung erzielten Patenten oder patentfähigen Neuerungen, die der Firma bei ihrem Vertrieb an das AMT oder an

/3

Abb. 51: Auszug aus dem Arbeitsvertrag von Max Liebergeld mit der HASAG, 21.4.1941

dienstkreuz verliehen.[190] Zwei Monate später meldete Liebergeld ein »Verfahren zur Rekristallisation von kalt- oder warmverformten Stahlteilen durch Glühen bei Temperaturen zwischen 500 und 750 Grad Celsius« zum Patent an. Bis zur Einführung seines Verfahrens wurde der Glühprozess in Durchlauföfen unter normaler Atmosphäre durchgeführt. Die Folge war die sogenannte Verzunderung (Oxidationsverschleiß) der Oberfläche.[191] Die geglühten Teile mussten anschließend in einem Beizbad – von Heckler noch 1937 in Berlin-Köpenick mehreren Beamten vorgeführt – behandelt werden. Mit dem Verfahren von Liebergeld konnte die HASAG die Qualität und Produktivität ihrer Kartuschen-Produktion verbessern.

Werkleiter Heckler dürfte von der Anstellung Liebergelds und dessen außergewöhnlichem Erfindergeist in mehrfacher Hinsicht profitiert haben. Zum einen wurde das Werk in Taucha modernisiert, zum anderen konnte er sein technisches Wissen erweitern. Allerdings war nun aus der Sicht der Direktion Liebergeld der wichtigste Mann für die Artillerie-Hülsen-Fabrikation. De facto agierte er auf Vorstandsebene und war Heckler nicht unterstellt.

Liebergeld reiste im September 1942 nach Italien, um seine Erfindungen und Patente den italienischen Geschäftspartnern vorzustellen.[192]

Die Kooperation mit Innocenti führte auch zur Vermittlung von italienischen Zivilarbeitern nach Taucha. Im Juli 1942 kam es zu einem tragischen Unfall, bei dem der Arbeiter Paulo Nerlini tödlich verunglückte. Kurz zuvor war auch sein Kollege Achille Galumuni in Taucha verstorben. Die Witwen der beiden Arbeiter erhielten von der HASAG einmalige Geldzuwendungen von gerade einmal 200 bzw. 500 Reichsmark.[193]

Am 10. Juli 1943 landeten alliierte Truppen auf Sizilien und rangen die dortigen deutschen und italienischen Truppen innerhalb eines Monats nieder.[194] In Reaktion auf den alliierten Sieg kam es am 25. Juli in Rom zum Sturz des Diktators Benito Mussolini und zur Einsetzung einer neuen Regierung unter Marschall Pietro Badoglio. Dieser versuchte aus dem Bündnis mit dem Deutschen Reich auszuscheren. Doch der am 8. September 1943 bekannt gegebene Waffenstillstand mit den Alliierten endete in einem Desaster. Die Wehrmacht besetzte Nord- und Mittelitalien. Ein großer Teil der italienischen Truppen ließ sich widerstandslos von den Deutschen entwaffnen. Ungefähr 600 000 kriegsgefangene italienische Soldaten wurden zur Zwangsarbeit nach Deutschland deportiert. Auf die rasch erstarkende Partisanenbewegung in den noch besetzten Teilen Italiens reagierten Wehrmacht und SS mit Repressionen und Massakern an der Zivilbevölkerung.

Abb. 52: Italienische Soldaten der Badoglio-Regierung bei ihrer Gefangennahme durch die Wehrmacht in Bolzano (Bozen) am 11.9.1943

Auch für Innocenti hatte sich die Lage nach Beginn der alliierten Invasion in Italien und der Besetzung Nord- und Mittelitaliens durch deutsche Truppen grundlegend verändert. Die Kooperation mit der HASAG hatte sich zu einer Falle entwickelt. Die Unternehmensführung sollte sich vor einem deutschen Militärgericht verantworten, da es innerbetriebliche Widerstände gegen die Fortsetzung der Munitionsproduktion gab.[195]

Bei der HASAG war noch im Oktober 1943 etwas nebulös von einer »mehrjährigen Betreuung« der italienischen Firma die Rede.[196] Aus den Quellen geht nicht hervor, ob infolge der veränderten militärischen und politischen Lage eine Übernahme erwogen wurde.

Firmenchef Ferdinando Innocenti befand sich zu dieser Zeit in Rom und lavierte zwischen den deutschen Besatzern und den demokratischen Kräften Italiens. Er soll auch Partisanenverbände finanziell unterstützt haben. Aus der Kooperation mit der HASAG wollte Innocenti Ende 1943 aussteigen. Im März 1944 wurde die Zusammenarbeit beendet. Budin stellte dies gegenüber dem Aufsichtsrat so dar, als ob die HASAG den Vertrag aufgekündigt hätte.[197] Zweifel daran sind erlaubt, zumal noch die Zahlung von Patentgebühren in Höhe von 2,8 Mio. Reichsmark ausstand. Entscheidend war die militärische Lage in Italien. Innocenti rechnete mit dem weiteren Vormarsch der Alliierten in Richtung Norditalien und begann, sich vorsichtig auf die Nachkriegszeit einzustellen.

Noch vor der Kündigung des Abkommens zwischen Innocenti und der HASAG hatte Max Liebergeld im Januar 1944 seinen Vertrag mit der HASAG gekündigt. Für die Abtretung seiner Patentansprüche erhielt er von der HASAG 60 000 Reichsmark. Außerdem blieb er als Berater für den Konzern tätig.[198] Nach dem Krieg trat Liebergeld als Erfinder und Patenteinreicher hervor. Insgesamt hielt er 15 Patente: acht davon in der Schweiz, fünf in Deutschland und zwei in Spanien.[199] Seine Tätigkeit für die HASAG schadete seiner Nachkriegskarriere nicht.

Auch Ferdinando Innocenti konnte seine Geschäfte bruchlos fortsetzen. Dies hatte er, immerhin einer der wichtigsten Rüstungsunternehmer seines Landes, vor allem Charles Poletti zu verdanken. Poletti, nach Kriegsende als Zivilbeamter der US-Army für die Wiederherstellung der Demokratie in Italien verantwortlich, lobte Innocentis Kooperationsbereitschaft und sorgte dafür, dass er von den Alliierten für seine Beteiligung an der Kriegsproduktion nicht angeklagt wurde.[200]

Ganz anders Budin. Er verband sein persönliches Schicksal mit dem des nationalsozialistischen Regimes. Die HASAG sollte weiter für den »Endsieg« Munition und als neue »Wunderwaffe« die Panzerfaust produzieren. Als Ersatz für die im Generalgouvernement verloren gegangenen Werke sollte ein neues Werk in Bozen aufgebaut werden. Noch Anfang März 1945 sprach Budin von der Gründung einer »italienischen HASAG« in Bozen.[201] Mit den Realitäten der militärischen Lage hatten diese Pläne nichts mehr zu tun.

Die HASAG auf dem Höhepunkt ihrer Expansion

Im Zuge der Aufrüstung und Kriegsvorbereitung stieg die HASAG zu einem der wichtigsten deutschen Munitionsproduzenten und zum größten Industriebetrieb in Sachsen auf.[202] Etwa zwei Drittel ihres Umsatzes entfielen nach dem Beginn des Vierjahresplans im Herbst 1936 auf »Spezialartikel«, worunter die Munitionsproduktion zu verstehen ist. Im Jahr 1939 erzeugte der Konzern mit rund 27000 Mitarbeitern knapp 15 Prozent der gesamten deutschen Infanterie-Patronen-Produktion.[203]

Tab. 8: Umsatzzahlen der HASAG von 1934 bis Mitte 1939 in Mio. RM (Zahlen gerundet)[204]

Jahr	Umsatz insgesamt	davon Spezialartikel
1934	14,2	1,3
1935	28,9	12,7
1936	48,0	27,2
1937	91,0	59,4
1938	122,0	86,6
1. HJ 1939	74,3	55,7
Summe	**378,6**	**243,0**

Im Folgejahr konnte die HASAG ihren Umsatz auf rund 185 Mio. Reichsmark steigern und einen Gewinn von rund 30 Mio. Reichsmark verbuchen.[205] Die Gewinne steckte der Konzern zu einem erheblichen Teil in den Kauf von Gebäuden und Maschinen, die vom OKH finanziert wurden.

Nach Kriegsbeginn erweiterte der Konzern sein Munitionssortiment und stellte auch noch die bis dahin für den zivilen Bedarf produzierenden kleineren Standorte auf die Rüstungsfertigung um. Ab Sommer 1941 und dem deutschen Angriff auf die Sowjetunion am 22. Juni 1941 begann für die HASAG eine Phase des extremen Wachstums. Ende 1941 lag der Umsatz der HASAG, einschließlich der polnischen Werke, bereits bei rund 235 Mio. Reichsmark und damit fast doppelt so hoch wie im letzten Friedensjahr.[206] Für die folgenden Jahre liegen keine ausführlichen

Bilanzen mehr vor. Es sollte jedoch bis Ende 1944 von einem weiteren Umsatzwachstum ausgegangen werden.

Die Anlagen der im Reichsgebiet bestehenden Werke wurden erweitert und die in Polen verwalteten bzw. übernommenen Werke ebenfalls ausgebaut. Ende 1944 verfügte die HASAG über eine Vielzahl von Werken in Sachsen, Thüringen, Brandenburg sowie im Distrikt Radom in Polen.[207]

Tab. 9: Beschäftigtenentwicklung bei der HASAG, einschließlich der polnischen Werke 1940 bis 1944[208]

Jahr	Beschäftigte
1940	34 980
1941	43 368
1942	49 282
1943	60 000
1944	75 000

Trotz der rasant steigenden Umsätze und Gewinne wehrte sich Budin lange gegen eine Erhöhung des Grundkapitals.[209] Er wollte die Gewinne lieber in die Erweiterung des Betriebskapitals sowie Sozialbauten und -projekte für die deutsche Belegschaft stecken. Vertreter der Banken im Aufsichtsrat hatten schon früher die »nicht sehr aktionärsfreundliche« Geschäftspolitik Budins kritisiert.[210] Erst Ende 1942 kam der Vorstand der HASAG nicht mehr um eine Erhöhung des Grundkapitals auf zunächst 6,3 und dann 12,6 Mio. Reichsmark umhin, wobei die Aussicht auf den kurz bevorstehenden Kauf der polnischen Werke die Kapitalerhöhungen beeinflusste.[211]

In diese Zeit fiel auch der Versuch Budins, die Aktiengesellschaft in eine SS-nahe »Dr.-Fritz-Todt-Stiftung« umzuwandeln.[212] Es ist nicht mit letzter Sicherheit zu klären, ob dieser Plan von ihm selbst oder von Hans Führer, seit 1. Oktober 1942 Vorstandsmitglied der HASAG, initiiert wurde. In Führungskreisen der SS und auch bei einzelnen Mitgliedern des Vorstands der Dresdner Bank fand dieser Plan Unterstützung. Nur mühsam gelang es dem Aufsichtsrat, nach Rücksprache mit dem Wirtschaftsrüstungsamt und dem Reichswirtschaftsministerium, die Stiftungsidee abzuwehren und den Machtanspruch des mit der SS verbundenen

Abb. 53: Adolf Hitler begrüßt Paul Budin bei einem Empfang für Wirtschaftsführer am 11.12.1940 in der Reichskanzlei.

Generaldirektors unter Kontrolle zu halten. Dies änderte nichts daran, dass die HASAG ihre Stellung als wichtiger Munitionsproduzent noch weiter ausbaute und dafür in immer größerem Umfang auf den Einsatz von Zwangsarbeitern setzte.[213]

Obwohl es bis 1941/42 kaum Abstriche an den Sozialleistungen gab, verschlechterte sich die Lage der Betriebsangehörigen. Früher als andere Rüstungsbetriebe setzte die Firma auf das Mehrschichtsystem. Die Arbeitszeit wurde verlängert und überstieg unter den Bedingungen des »totalen Krieges« die 70-Stunden-Woche.[214] Auch der ohnehin hohe Anteil an Frauen wuchs weiter. Schon 1943 stellten Zwangsarbeiter und Zwangsarbeiterinnen etwa 60 Prozent der Betriebsangehörigen.

Die Panzerfaustproduktion

Mit fortschreitendem Kriegsverlauf wurde die Entwicklung neuer Waffen zur Panzerabwehr immer dringlicher. Leichte, kleinkalibrige Waffen, wie die Panzerbüchse 39, waren dafür kaum noch geeignet.[215] An der Ostfront mangelte es den deutschen Truppen an Panzerabwehrkanonen. Die US-Army demonstrierte im Kampf gegen das deutsche Afrikakorps in Tunesien 1942/43 die Wirksamkeit von großkalibrigen Panzerbüchsen, bekannt unter dem Namen Bazooka. Die Wehrmacht hatte einige Bazookas, die von den Amerikanern an die sowjetische Armee geliefert worden waren, bereits 1942 an der Ostfront erbeutet. An der Weiterentwicklung und Produktion von Komponenten dieser Raketenpanzerbüchse, bei der der Vortrieb durch den Treibsatz während des Fluges erfolgte, waren rund 50 überwiegend mittelständische Firmen aus dem gesamten Reichsgebiet beteiligt.[216] Einer der wichtigsten Zulieferer der Sprengköpfe für den »Panzerschreck« (Ofenrohr) war die Hermann Nier Metallwarenfabrik GmbH in Beierfeld (Sachsen) – bis Ende der 1930er Jahre der größte Konkurrent der HASAG beim Bau und Vertrieb von Sturmlaternen. Die HASAG war in die Produktion des »Panzerschrecks« nicht involviert.

Der »Panzerschreck« wurde ab Frühjahr 1944 an den Fronten eingesetzt. Bis Kriegsende wurden von dieser Waffe mehr als 300 000 Stück gefertigt.[217] Die auf viele Firmen aufgeteilte Produktion des »Panzerschrecks« war material- und zeitaufwendig. Daher waren die Rufe nach einer billigeren und rascher sowie vor allem in größeren Stückzahlen zu produzierenden Waffe zur Panzerbekämpfung bereits Anfang 1942 lauter geworden. Die HASAG griff diese Forderung auf und engagierte Dr. Heinrich Langweiler. Er wechselte im Frühjahr 1942 von der Munitionsabteilung des Heereswaffenamtes zum Leipziger Konzern. Der Experimentalphysiker war Spezialist für Sprengstoffe, Ballistik und Hohlladungskörper. Seine geheime Habilitationsschrift hatte er 1941 zur »Innenballistik von Feuerwaffen« verfasst und sich damit den Ruf eines führenden Experten erarbeitet.[218] Die HASAG stellte ihm in ihrem Leipziger Hauptwerk ein Laboratorium und eine Versuchswerkstatt zur Verfügung.[219] Als nunmehriger Leiter der Forschungs- und Entwicklungsabteilung erhielt Langweiler im Oktober 1942 Prokura.[220] Ende 1944 arbeiteten zehn hoch qualifizierte Wissenschaftler und rund 250 andere Mitarbeiter unter seiner Leitung.[221] Langweiler nahm zusätzlich zu seiner Tätigkeit für die HASAG einen Lehrauftrag für Munitionstechnik und Waffenplanung an der Wehrtechnischen Fakultät der Technischen Hochschule zu Berlin wahr.[222]

Nach Kriegsende flüchtete Langweiler nach Weilburg nahe Wetzlar in die amerikanische Zone. Er wurde nach eigenen Angaben 16-mal von verschiedenen amerikanischen Missionen verhört, bevor ihn ein britisches Team aufspürte und am 29. Oktober 1945 befragte. Auf Grundlage dieses Verhörs wurde ein BIOS-Report zur Entwicklung der Panzerfaust verfasst.[223] Langweiler verwies darauf, dass er sich vor seiner Tätigkeit bei der HASAG auch mit der Ausarbeitung einer Theorie zum sogenannten Impulsantrieb, Grundlage für 9-mm-Raketen, befasst habe.[224] Praktische Experimente dazu hätten an HASAG-Standorten, bei den Mauser-Werken in Oberndorf und beim Sprengstoffwerk der WASAG in Troisdorf und Wittenberg stattgefunden. Möglicherweise wollte Langweiler diese Forschungen fortsetzen und künftig für die Briten oder Amerikaner arbeiten. Sein weiteres Schicksal ist unbekannt.

Als Langweiler zur HASAG kam, intensivierte er die Kooperation mit Hohlladungsforschern und Sprengstoffspezialisten, vornehmlich der Westfälischen Sprengstoff AG (WASAG). Noch 1942 gelang der Gruppe um Langweiler die Entwicklung einer rückstoßfreien Einwegwaffe zur Panzerbekämpfung, genannt »Faustpatrone 30«. Die ersten »Faustpatronen«, produziert vom HASAG-Werk in Schlieben, wurden im August 1943 an die Ostfront geliefert.[225] Die Waffe erwies sich als wenig effektiv.

Die HASAG-Entwickler verstärkten daher beim Nachfolgemodell, der Panzerfaust 30, die Treibladung und verdoppelten die Hohlladung. Der Gefechtskopf wurde verbreitert und seine Form verändert. Außerdem wurde die Panzerfaust mit einem Visier ausgestattet. Im Oktober 1943 begann die Massenproduktion der neuen Waffe, doch infolge von anderen Prioritätssetzungen in der Rüstungsfertigung wurde die angestrebte monatliche Produk-

Abb. 54: Ausbildung an der Faustpatrone, September 1944

tion von 300 000 Stück erst im April 1944 erreicht.[226] Inzwischen waren weiterentwickelte Modelle mit größerer Reichweite – die Modelle 60 und 100, wobei die Zahlen die effektive Reichweite in Metern angeben – bei geringerem Gewicht und hoher Durchschlagkraft serienreif. Die Panzerfaust konnte nun kostengünstig und in großen Stückzahlen hergestellt werden. Die neue Waffe war simpel in ihrer Anwendung.

Die Entwicklungsingenieure der HASAG wurden von der Belegschaft »Waffenscharfmacher« genannt. Sie sollen alle, gemäß eines Berichts des Widerstandskämpfers Max Walter, der NSDAP angehört haben.[227] Für Langweiler ist eine Mitgliedschaft in der NSDAP und der SS seit 1933 belegt. Im Jahr 1944 erhielt er den Dienstgrad eines SS-Hauptsturmführers. Auch seine Anstellung kann als weiterer Beleg dafür gesehen werden, dass Budin die HASAG zu einem Konzern mit engster Anbindung an die SS, wenn nicht gar zu einem SS-eigenen Unternehmen formen wollte. Daher war es auch kein Zufall, dass SS-Brigadeführer Otto Schwab zu den größten Befürwortern der Entwicklung neuer Panzerabwehrwaffen gehörte. Der gelernte Ingenieur war Leiter der Forschungs-, Entwicklungs- und Patentabteilung (FEP) der SS in Glau und damit Himmlers oberster Waffenforscher.[228] Schwab forderte vor der Munitionskommission des Rüstungsministeriums schon seit Herbst 1942 die Massenfertigung von »Panzerhandwaffen«.[229] Mitte 1944 war die Entwicklung der Panzerfaust so weit vorangekommen, dass Budin beim Rüstungsministerium auf die Priorisierung ihrer Produktion drängte. Die HASAG sollte wichtigster Hersteller der Panzerfaust werden.

Entgegen anderslautenden Behauptungen, unter anderem in der 2021 gesendeten MDR-Dokumentation über die HASAG, war Edmund Heckler nicht an den Entwicklungsarbeiten für die Panzerfaust beteiligt. Er gehörte nicht zur Abteilung von Langweiler. In keinem einzigen Dokument zur Entwicklung dieser Waffe taucht sein Name auf. Anders schien es sich mit seiner Rolle bei der Produktion der Panzerfaust zu verhalten. Doch auch in dieser Hinsicht sind vorschnelle Antworten fehl am Platz, wie noch zu zeigen sein wird.

Größter Engpass in der gesamten Rüstungswirtschaft waren die fehlenden Arbeitskräfte. Diesbezüglich nutzte Budin seine persönlichen Verbindungen zur SS-Führung. Er verhandelte im Juni 1944 mit der SS-Führung und der Lagerkommandantur des Konzentrationslagers Buchenwald. Dem Reichsführer SS sicherte er zu, der Waffen-SS innerhalb von zehn Wochen 50 000 »Faustpatronen« zu liefern. Mehrfach reiste er zu Gesprächen mit SS-Obergruppenführer Oswald Pohl, Leiter des Wirtschaftsverwaltungshauptamts der SS (WVHA), nach Berlin und erläuterte ihm die Dringlichkeit des Projekts Panzerfaust. Er erhielt die Zusage, dass die jüdischen Häftlinge aus den Arbeitslagern der HASAG im Generalgouvernement angesichts der nahenden Front ins Reichsgebiet geschafft werden sollten.[230] Kurz darauf, am 21. Juni 1944, besuchten die drei ranghöchsten SS-Offiziere des Konzentrationslagers Buchenwald die HASAG-Werke in Leipzig und Schlieben.[231] Sie begutachteten die Gelände für den baldigen Arbeitseinsatz von Häftlingen.

Die Umgestaltung des Systems der Konzentrationslager in einen Rüstungskomplex hatte bereits 1942 begonnen und wurde nun noch beschleunigt. Die Häftlinge wurden vom WVHA der SS an die Rüstungswirtschaft »vermietet«. In einem Befehl vom 30. April 1942 ordnete Oswald Pohl an: »Der Lagerkommandant ist allein verantwortlich für den Einsatz der Arbeitskräfte. Dieser Arbeitseinsatz muss im wahrsten Sinne des Wortes erschöpfend sein, um ein Höchstmaß an Leistung zu erzielen. [...] Die Arbeitszeit ist an keine Grenzen gebunden.«[232] Dieser Maxime folgend, wuchs die Zahl der Außenlager der Konzentrationslager rasch an. Zum Komplex mit den meisten Außenlagern und gleichzeitig zur Drehscheibe für Häftlingstransporte entwickelte sich das Konzentrationslager Buchenwald.[233]

Der massenhafte Einsatz von Häftlingen aus Konzentrationslagern an den Standorten der HASAG im Reichsgebiet begann im Juli 1944. Die meisten Häftlinge wurden bei der Produktion von Panzerfäusten eingesetzt. Zwar hegte Rüstungsminister Speer angesichts bis dahin geringer Abschussergebnisse mit der neuen Waffe Vorbehalte, doch Hitler selbst ordnete Mitte September 1944 eine »Schnellaktion Panzerfaust« an, die Vorrang vor allen anderen Dringlichkeitsstufen und Sonderaktionen aller Wehrmachtsteile haben sollte.[234] Ende Oktober 1944 erteilte daraufhin Speer Generaldirektor Budin umfassende Vollmachten zum Hochfahren der Produktion von Panzerfäusten.[235] Im Gegensatz zur zersplitterten Fertigung des »Panzerschrecks« gab es bei der

Abb. 55: Zwangsarbeiter und Zwangsarbeiterinnen in der Panzerfaustproduktion, ca. 1944

Panzerfaust einen Hauptproduzenten: die HASAG. Damit wurde nochmals eine Erweiterung der Rüstungsproduktion des Konzerns eingeleitet und auch noch neue Produktionsstätten gebaut. Außerdem wurden mehrere mittelständische Firmen in die Schnellaktion einbezogen. Bereits im November 1944 überstieg die monatliche Produktionsleistung bei Panzerfäusten die Millionengrenze. Speer sandte daraufhin am 30. November 1944 im Auftrage Hitlers ein Dankschreiben an Budin.[236]

Noch im Februar 1945 versuchte Budin, eine weitere Erhöhung der Produktion durchzusetzen. Die »ganze Front«, so Budin, »schreie nach Panzerfäusten«. Das Rüstungsministerium ließ ihn jedoch wissen, dass die derzeitige Produktion genüge.[237]

Das neueste Modell, die Panzerfaust 150, wurde nicht von HASAG-Werken, sondern von der Metallwarenfabrik Robert Tümmler, Döbeln (Sachsen) – einem mittelständischen Betrieb mit rund 2000 Beschäftigten, darunter mehr als 600 Fremd- und Zwangsarbeiterinnen sowie Kriegsgefangenen (Stand April 1945) – gefertigt.[238] Nicht mehr vollendet wurden die Entwicklungsarbeiten für die Panzerfaust 250. Diese Waffe konnte im Unterschied zu den Vorgängermodellen nachgeladen werden. Sie diente später der sowjetischen Armee als Vorbild für die Entwicklung der RPG-1.[239]

Das Hochlaufen der Panzerfaustproduktion war nur möglich geworden, weil es der HASAG gelang, sich den privilegierten Zugriff auf mehr als 10000 Häftlinge aus Konzentrationslagern zu sichern. Binnen kürzester Zeit wurden zunächst Frauenaußenlager der Konzentrationslager Ravensbrück und Buchenwald errichtet: in Leipzig (9. Juli 1944), Schlieben (19. Juli 1944), Altenburg (1. August 1944), Taucha (7. August) und Meuselwitz (6. Oktober 1944). Als Kommandant des Leipziger Außenlagers am Stammwerk der HASAG wurde Wolfgang Plaul eingesetzt. Er war zugleich auch der Vorgesetzte der Lagerführer aller übrigen HASAG-Außenlager.[240]

Viele der in die HASAG-Außenlager verschleppten Frauen waren Jüdinnen, die zuvor in den HASAG-Werken im Generalgouvernement ausgebeutet worden waren. Im Zuge ihrer Deportation ins Reichsgebiet wurden sie als Konzentrationslager-Häftlinge in Ravensbrück oder Buchenwald erfasst und der Kontrolle des WVHA der SS unterstellt.[241] Weitere große Gruppen der bei der HASAG tätigen Häftlinge waren ungarische Juden sowie Sinti und Roma.

Einige Wochen später begann die HASAG mit der Errichtung von Männeraußenlagern in denselben fünf Werken sowie mit dem Aufbau zweier neuer Werke in Colditz (29.11.) und Flößberg (28.12.). Dort wurden ausschließlich männliche KZ-Häftlinge eingesetzt.

Tab. 10: Außenkommandos des Konzentrationslagers Buchenwald, vorrangig für die Produktion von Panzerfäusten (31. Januar 1945)[242]

Werk	Produkte	Datum der Errichtung des Lagers	Anzahl der Häftlinge
Leipzig-Schönefeld	Panzerfaust, Munition	9.6.1944 (F) 24.11.1944 (M)	5 488 Frauen 564 Männer
Schlieben	Panzerfaust	1.9.1944	2 339 Männer 242 Frauen
Altenburg	Munition	1.8.1944	2 616 Männer 2 440 Frauen
Taucha	Panzerfaust, Munition Transportarbeiten	7.9.1944 (F) 10.10.1944 (M)	1 352 Frauen 466 Männer
Meuselwitz	Panzerfaust, Munition	6.–29.10.1944	1 376 Frauen 290 Männer
Colditz	Munition	29.11.1944	700 Männer
Flößberg	Bauarbeiten	28.12.1944	1 144 Männer

Unter den Bedingungen der verschärften Ausbeutung in der Endphase des Krieges starben in den Außenlagern der HASAG Hunderte von Häftlingen an den Folgen der Zwangsarbeit oder durch die Willkür ihrer Bewacher. Die Ausbeutung der Häftlinge bis zu ihrer völligen Erschöpfung und die Inkaufnahme ihres Todes war Teil der Firmenpolitik.

Die Haftbedingungen in den Außenlagern der HASAG unterschieden sich erheblich. Am schlimmsten waren die Verhältnisse in den Werken, die sich fernab von Städten und Kommunen befanden. Das Schicksal der Konzentrationslagerhäftlinge hing in hohem Maße von der Haltung der Lagerkommandanten, des SS-Wachpersonals, der deutschen Meister und der Funktionshäftlinge – Häftlinge, denen von der SS eine bestimmte Funktion zur

Selbstverwaltung des Lagers oder Überwachungsaufgaben zugewiesen wurden – ab. Schlieben und Flößberg wiesen die höchsten Todesraten auf.[243] Beide Standorte werden daher von der historischen Forschung als »Todeslager« charakterisiert.[244]

Das größte Frauenaußenlager des Konzentrationslagers Buchenwald befand sich im Bereich des Nordwerks der HASAG in Leipzig an der Bautzner Straße (heute Kamenzer Straße 12). Dort waren in einer umfunktionierten Betriebshalle bis zu 5488 Frauen untergebracht, fast die Hälfte von ihnen waren Jüdinnen.[245] Es war kein Vernichtungslager. Neu angekommene Frauen aus dem Osten waren von den etwas besseren Lebensbedingungen in Leipzig überrascht.[246] Auch Felicja Karay, von März 1943 in Skarżysko-Kamienna und ab Juli 1944 als jüdische Sklavenarbeiterin im Leipziger HASAG-Werk, hebt dies hervor. Sie weist aber darauf hin, dass den HASAG-Sklavenarbeiterinnen Erleichterungen nur gewährt wurden, weil ihre Arbeitsleistungen dringend gebraucht wurden und die Fronten näher rückten, was ihre Bewacher zu einem weniger brutalen Handeln veranlasste.[247]

Werk Taucha II (Portlitzer Straße)

Welche Rolle spielte das HASAG-Werk in Taucha für die »Schnellaktion Panzerfaust«? Unter welchen Verhältnissen mussten die Konzentrationslagerhäftlinge dort arbeiten und leben? War es ein »Todeslager« im Sinne einer »Vernichtung durch Arbeit«? Oder entsprachen die Bedingungen in Taucha eher denen in Leipzig und Meuselwitz und waren – relativ gesehen – weniger grausam? War Edmund Heckler als Betriebsleiter für die Produktion von Panzerfäusten und den Einsatz von Häftlingen verantwortlich?

Auch Taucha war für die »Schnellaktion« vorgesehen. Allerdings sollte die Fertigung nicht in dem bestehenden, sondern in einem neuen Werk – Taucha II – aufgenommen werden. Die HASAG hatte mit Hilfe der Kommune schon 1939 versucht, den Betrieb des Rauchwarenunternehmers Herbert Thierschmann an der Portlitzer Straße/Ecke Graßdorfer Straße zu übernehmen. Doch Thierschmann wollte seine Fertigung nicht verlagern.

Nachdem das Leipziger Stammwerk der HASAG bei Luftangriffen am 29. Mai 1944 Schäden erlitten hatte, unternahm Budin einen neuen Vorstoß. Am 7. Juni fand eine Besichtigung der Betriebsräume des Thierschmann'schen Rauchwarenunternehmens durch die Rüstungskommission Leipzig und Generaldirektor Budin statt. Thierschmann sollte seinen Betrieb, in dem 110 Arbeitskräfte beschäftigt waren, zugunsten der HASAG räumen. Er weigerte sich jedoch nach wie vor und wollte sich nur einer »obersten Entscheidung« fügen.[248] Thierschmann setzte darauf, dass die Stadt Taucha inzwischen kein Interesse mehr an einer nochmaligen Ausweitung der Rüstungsindustrie hatte. Der Tauchaer Bürgermeister Uhlemann, noch vor wenigen Jahren eifriger Unterstützer der HASAG und involviert in mehrere »Arisierungen«, lehnte eine »Massierung von hochempfindlicher Rüstungsindustrie im Stadtgebiet ab«.[249] Die Rüstungskommission und Gauleiter Martin Mutschmann schoben diese Bedenken jedoch beiseite. Mitte Juni 1944 fiel die Entscheidung zugunsten der HASAG.[250] Das Thierschmann'sche Werksgelände wurde beschlagnahmt. Herbert Thierschmann blieb daher nichts anderes

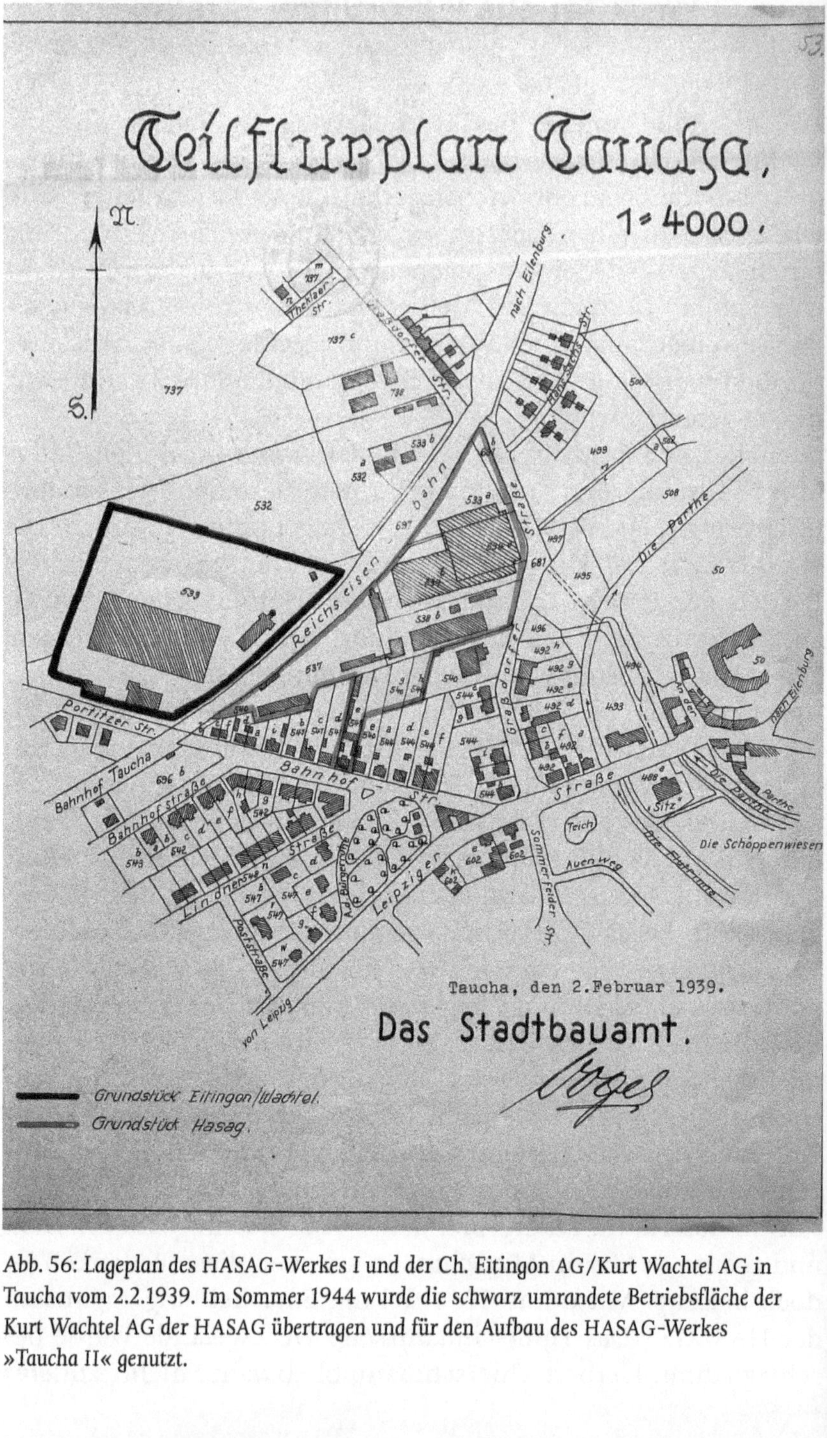

Abb. 56: Lageplan des HASAG-Werkes I und der Ch. Eitingon AG/Kurt Wachtel AG in Taucha vom 2.2.1939. Im Sommer 1944 wurde die schwarz umrandete Betriebsfläche der Kurt Wachtel AG der HASAG übertragen und für den Aufbau des HASAG-Werkes »Taucha II« genutzt.

übrig, als das von ihm geführte Werk zu räumen und das Betriebsgelände an die HASAG zu verpachten.[251] Auch eine innerhalb der Fabrik gelegene 6000 Quadratmeter große Fläche, die der Stadt Taucha gehörte, war von der Beschlagnahmung betroffen. Als Ausweichstandort wurden Thierschmann die Räume der Rauchwarenzurichterei Märkle & Knische in Taucha zugewiesen, die selbst nach Wahren verlagert wurde.

Die Skepsis der Tauchaer Ratsmitglieder wuchs, als sie erfuhren, dass im neuen Werk der HASAG mindestens 1000 KZ-Häftlinge eingesetzt werden sollten. Bürgermeister Uhlemann dazu vor den Ratsherren:

> »Die HASAG will ihren Betrieb mit KZ-Häftlingen durchführen und wird für diesen Großlagerbetrieb auch noch außerhalb des Fabrikgeländes gelegenes Gelände in Anspruch nehmen wollen. Damit entsteht dann mitten im Siedlungsgebiet ein recht bedenkliches Lager – man denke nur an einen Luftangriffsschaden im Lager selbst. Die Notwendigkeiten der Rüstungsverstärkung im totalen Kriegseinsatz sind zwar anzuerkennen – die »Produktivität« der KZ-Häftlinge ist wohl gut – aber die Nachbarschaft wohl bedenklich.«[252]

Doch der förmliche Protest der Ratsmitglieder gegen den Einsatz von KZ-Häftlingen und die Errichtung eines KZ-Lagers nutzte nichts. Gegen die Ambitionen des Rüstungskonzerns hatte die Stadt Taucha keine Chance. Lediglich bezüglich der geplanten Einrichtung eines Schießplatzes in einer Sandgrube nahe dem Werksgelände kam die HASAG der Stadt entgegen und verzichtete darauf.

Die Verhandlungen über die Verpachtung wurden seitens der HASAG von Dr. Mannschatz von der Metallwarenabteilung geführt.[253] Die Stadt musste dann auch noch an das besagte Betriebsgelände angrenzende Gartenflächen, die sie an 32 Familien zur kleingärtnerischen Nutzung verpachtet hatte, der HASAG zur Nutzung überlassen, um den Bau eines Gleisanschlusses für das neue Werk zu ermöglichen. Einige Wochen später wurden dafür noch weitere kommunale Flächen von der HASAG beansprucht.[254] Dies verzögerte den Abschluss eines Pachtvertrages zwischen der HASAG und der Stadt.[255] Für das gesamte von der HASAG in Anspruch genommene Stadtland wurde dem Konzern schließlich am 8. Januar 1945 ein Pachtvertrag übersandt.[256] Die Pachtung erfolgte rückwirkend zum 1. Oktober 1944, da die HASAG bereits Ende September mit dem Bau des Gleisanschlusses begonnen hatte, ohne die förmliche Zustimmung der Stadt Taucha abzuwarten.[257] Eine Unterzeichnung des Pachtvertrages seitens der HASAG erfolgte bis Kriegsende nicht mehr.

Als Stichtag für die Betriebsverlagerungen und damit den Beginn des Einzugs der HASAG in die Betriebsräume der Thierschmann'schen Firma wurde der 15. August 1944 genannt.[258] Wann genau die Fertigung von Panzerfäusten aufgenommen wurde, ist unklar. Vermutlich geschah dies noch im Oktober 1944, zumal auch an den anderen Standorten der HASAG die Umstellung auf die neue Produktion nur wenige Wochen in Anspruch genommen hatte.

Die Leitung des neu eingerichteten Werks Taucha II wurde nicht Edmund Heckler, sondern Friedrich Tanzen übertragen.[259]

Abb. 57: Wehrmachtssoldat mit Panzerfaust, 30.6.1944

Er erhielt am 7. November 1944 Prokura.[260] Wie schon im Stammwerk in Leipzig sollten vorwiegend weibliche Häftlinge für den Zusammenbau von Panzerfäusten eingesetzt werden.[261] Tanzen trug damit auch die Verantwortung für den Arbeitseinsatz der Konzentrationslagerhäftlinge.[262] Heckler blieb dagegen Betriebsleiter im Werk I.

Ob es auch im Werk I zum Einsatz von KZ-Häftlingen kam, ist nicht eindeutig zu klären, da in den erst Jahrzehnte später protokollierten Erinnerungsberichten nicht zwischen den verschiedenen Werken in Taucha unterschieden wurde. In den ab Ende der 1960er Jahre angelegten Ermittlungsakten der Landesjustizverwaltung Ludwigsburg wird daher allgemein von der Fertigung von Infanteriemunition, Granaten und Panzerfäusten gesprochen.[263] Dies trifft aber nur zu, wenn man beide Werke in Taucha als einen Werkskomplex betrachtet. Wenn man jedoch die einzigen dazu vorliegenden Quellen analysiert – Aussagen von zehn befragten ehemaligen weiblichen Häftlingen sowie wenige publizierte Erinnerungen und drei Verhörprotokolle von Lagerkommandant Franz Langner und zwei SS-Aufseherinnen –, dann wird deutlich, dass alle Zeitzeuginnen, bis auf eine, angaben, dass sie bei der Fertigung von Panzerfäusten eingesetzt worden sind.[264] Sie arbeiteten gemeinsam mit Zwangs- und Fremdarbeitern aus verschiedenen Nationen in Tag- und Nachtschichten an diversen Maschinen.[265]

Auch vonseiten der Täterinnen und Täter findet dies Bestätigung. Sie gaben bei ihren Vernehmungen übereinstimmend an, dass die weiblichen Konzentrationslagerhäftlinge in zwei Schichten ausschließlich bei der Produktion von Panzerfäusten eingesetzt wurden.[266] Dies war naheliegend, da die »Schnellaktion Panzerfaust« die höchste Priorität genoss und das neue Werk ohne die Häftlinge gar nicht hätte betrieben werden können.

Da die ersten Häftlingstransporte Anfang September in Taucha eintrafen, die Produktion von Panzerfäusten vermutlich aber erst im Oktober anlief, ist es nicht auszuschließen, dass ein Teil der weiblichen Häftlinge, zumindest übergangsweise für einige Tage oder Wochen, auch bei der Kartuschen- und Munitionsproduktion im Werk I, für das Heckler die Verantwortung hatte, arbeiten mussten. Dies ist nicht mehr als eine Vermutung, da es bisher keine Belege, weder betriebliche Unterlagen noch Zeugenaussagen, dafür gibt.

Demgegenüber ist aktenkundig, dass für den Einsatz der weiblichen Konzentrationslagerhäftlinge in Taucha mit Friedrich Tanzen ein neuer Betriebsleiter im Werk II eingesetzt wurde. Wir können nur darüber spekulieren, warum der Vorstand der HASAG nicht Heckler, sondern Tanzen die Verantwortung für die Panzerfaustproduktion und den damit verbundenen Einsatz der Häftlinge übertrug. An Hecklers fachlicher Kompetenz kann es nicht gelegen haben. Hielt man ihn nicht für durchsetzungsstark genug? Oder stimmt es tatsächlich, dass er, wie er selbst nach dem Krieg angab, 1944 aus der NSDAP ausgetreten war?[267] Die Spruchkammer des Kreises Rottweil akzeptierte 1948 diese Darstellung mangels anderer Quellen.

Festzuhalten bleibt: Für das letzte erfolgreiche Rüstungsprogramm der HASAG, auf das nicht nur Budin, sondern auch Adolf Hitler und die SS-Führung große Hoffnungen setzten, spielte Heckler keine Rolle. Weder war er an den Entwicklungsarbeiten beteiligt, noch leitete er die Produktion der Panzerfaust. Das Elend der dafür eingesetzten Fremd- und Zwangsarbeiter und ab September auch der weiblichen Häftlinge aus dem Konzentrationslager Buchenwald hatte er dennoch tagtäglich vor Augen.

Für die Unterbringung der Häftlinge nutzte die HASAG ein Barackenlager in der Freiherr-vom-Stein-Straße 3A (Graßdorfer Flur), das bereits ab Mitte 1941 auf dem Gelände einer stillgelegten Fabrik von der Mitteldeutschen Motorenwerke GmbH (MMW) errichtet worden war.[268] MMW hatte dort 18 »Ausländer-Baracken« – elf Mannschaftsbaracken, zwei Waschbaracken, eine Abortbaracke, eine italienische Küche, eine Verwaltungsbaracke sowie eine Sanitätsbaracke – bauen lassen.[269] Das Lager diente der Unterbringung von Fremdarbeitern, unter anderem aus Italien, Ungarn, Frankreich und Belgien. Im Verlaufe des Krieges kamen zunehmend Kriegsgefangene und »Ostarbeiter« hinzu. Die Fremd- und Zwangsarbeiter wurden gemäß der nationalsozialistischen Rassenideologie nach Nationalitäten sowie nach Geschlechtern getrennt und unterschiedlich versorgt.[270]

Nachdem ein Teil der Mitteldeutschen Motorenwerke durch alliierte Luftangriffe zerstört worden war, begann das Unternehmen mit Produktionsverlagerungen.[271] Die HASAG übernahm das Barackenlager im Zuge eines Tauschgeschäfts und lieferte im Gegenzug zwölf Baracken an drei Verlagerungsorte der MMW GmbH.[272]

Das Barackenlager befand sich ungefähr einen Kilometer von den Tauchaer Werken I und II entfernt. Es war mit Stacheldraht umzäunt und mit vier Wachtürmen versehen.[273] Die Baracken waren mit Doppelstockbetten und Strohsäcken ausgestattet. In jeder Baracke stand ein Ofen.

Ein erster Häftlingstransport mit ca. 80 bis 100 ungarischen Jüdinnen traf Anfang September 1944 in Taucha ein.[274] Es folgte am 7. September ein zweiter, größerer Transport mit rund 500 Frauen, überwiegend Sinti und Roma verschiedener Nationalitäten.[275] Die meisten von ihnen hatten eine Odyssee durch verschiedene Konzentrationslager hinter sich. Sie waren zuerst nach Auschwitz verbracht worden, dann nach Ravensbrück und Buchenwald. Vom Konzentrationslager Buchenwald wurden sie zum HASAG-Werk nach Schlieben geschickt. Dieses Werk fungierte im August 1944 als Verschiebebahnhof für Sinti und Roma.[276] Sie wurden von dort aus auf andere HASAG-Werke verteilt. Zunächst kamen die Frauen nach Altenburg, dann ein Teil von ihnen nach Taucha.

Weitere Transporte mit jeweils 300 Frauen trafen am 16. September und 6. Oktober in Taucha ein. Es handelte sich um politische Häftlinge aus elf europäischen Ländern. Ein letzter Transport mit rund 400 Jüdinnen aus Auschwitz kam am 10. Oktober 1944 in Taucha an. Im Februar 1945 wurden dann noch 100 Frauen aus dem Außenlager der HASAG in Leipzig nach Taucha verlegt. Insgesamt waren zwischen September 1944 und März 1945 mindestens 1352 Frauen aus 17 europäischen und einer nicht europäischen Nation im Frauenaußenlager Taucha eingesperrt.[277] Bei jeweils fast einem Drittel der weiblichen Häftlinge handelte es sich um ungarische Jüdinnen, deutsche Sinti und Roma sowie Polinnen.[278]

Gemäß der Nummernverteilung bei den weiblichen Außenkommandos, die den HASAG-Lagern von der Verwaltung des Konzentrationslagers Buchenwald zugeteilt wurden, stand das Außenkommando Taucha an vierter Stelle.

Werk Taucha II (Portlitzer Straße)

Tab. 11: Ist-Stärke bei den weiblichen Häftling-Außenkommandos am 15.11.1944[279]

HASAG-Werk	Ist-Stärke
Leipzig	4574
Altenburg	2632
Meuselwitz	1498
Taucha	1266
Lichtenau	792
Elsnig	750
Schlieben	147

Ab Oktober 1944 kamen auch männliche Konzentrationslagerhäftlinge nach Taucha. Sie wurden überwiegend zu Arbeiten an dem bereits erwähnten Gleisanschluss eingesetzt. Einer letzten Stärkemeldung von Ende März 1945 ist zu entnehmen, dass sich zu diesem Zeitpunkt 460 männliche Häftlinge im Außenlager Taucha befanden. Sie bewohnten dasselbe Lager wie die Frauen. Ihre Baracken waren durch Stacheldraht von den Baracken der Frauen abgetrennt.[280]

Gearbeitet wurde jeweils 12 Stunden in Tag- und Nachtschichten. Die Tagschicht begann um 6.00 Uhr, die Nachtschicht um 18.00 Uhr. Der Arbeitseinsatz war auf größtmögliche Effizienz ausgerichtet. Äußerst mangelhafte hygienische Verhältnisse und unzureichende Ernährung führten zu zahlreichen Erkrankungen und Todesfällen. Kranke und Arbeitsunfähige wurden selektiert und bis Oktober 1944 nach Auschwitz und danach nach Ravensbrück überstellt.[281] Dies bedeutete für die meisten von ihnen den Tod.

Die Zahl der Opfer des »Arbeitskommandos Taucha« zwischen September 1944 und April 1945 konnte nicht exakt ermittelt werden. Von den in den 1960er Jahren befragten Zeuginnen gaben die meisten an, selbst keine Tötungen im Lager erlebt zu haben. Anders erinnerten sich Theresia Baranyai, Frieda Adler und Hildegard Särgel. Sie sprachen davon, dass auch im Lager in der Freiherr-vom-Stein-Straße Häftlinge erschossen, erschlagen und erhängt wurden. Im Sachstandsbericht der Zentralen Stelle der Landesjustizverwaltungen Ludwigsburg vom 10. Dezember 1970 wird unter Bezugnahme auf diese Zeugenaussagen von insgesamt

50 Tötungen im Lager gesprochen.[282] Eingehender überprüfen ließen sich diese Angaben nicht.

Das Außenlager Taucha unterstand der SS-Verwaltung des Konzentrationslagers Buchenwald.[283] Als erster Lagerführer wurde SS-Oberscharführer Karl Friedrich A. Schmidt eingesetzt. Er befehligte 51 SS-Männer und 15 SS-Aufseherinnen.[284] Schmidt wurde Anfang Dezember 1944 von SS-Unterscharführer Franz Langner abgelöst. Letzter Lagerführer war ab Anfang März 1945 SS-Hauptscharführer Arthur Martin.[285]

Nach der Absetzung des als brutal beschriebenen Schmidt wurde die medizinische Versorgung etwas besser. Als sich die Niederlage des Deutschen Reiches immer deutlicher abzeichnete, gab es kleine Erleichterungen für die Häftlinge. Willkürliche Übergriffe der SS-Wachen kamen seltener vor. Den Frauen wurde die Aufführung von Kulturprogrammen gestattet.[286]

Kurz vor der Auflösung des Lagers wurden nochmals 150 Schwerkranke nach Bergen-Belsen deportiert.[287] Am 13./14. April 1945 erfolgte die Auflösung des Frauen- und Männerlagers Taucha und der Anschluss der meisten Häftlinge an die Evakuierungskolonnen aus Leipzig.[288]

Die Häftlingskolonnen wurden tagelang ohne Essen hin und her getrieben. Wer zu schwach war, um weiterzulaufen, wurde von der SS erschossen.[289] Überlebende sprachen daher rückblickend von Todesmärschen.

In vielen Lagern rund um Leipzig blieben die nicht mehr marschfähigen zurück. So auch in Taucha. Um diese völlig entkräfteten Menschen nicht ihrem Schicksal zu überlassen, entschloss sich der jüdische Lagerarzt Alexander Hermann gemeinsam mit Ruth Elias, Bela Hazan und noch einigen anderen weiblichen Häftlingen an der Seite der rund 100 Schwerkranken zu bleiben.[290] Das Lager wurde nach dem Abrücken der SS von Volkssturm-Männern bewacht. Sie verließen am 17. April ihren Posten. Doch noch immer drohte den Häftlingen der Tod. Noch am 18. April verübten versprengte SS-Einheiten in Thekla, nur fünf Kilometer von Taucha entfernt, ein Massaker an über 300 zurückgelassenen kranken Häftlingen. Hermann und seine Helferinnen erfuhren von zwei Überlebenden von dem Massaker und schafften daraufhin die Kranken aus dem Lager Taucha in einen nahen Wald. Ein vertrauenswürdiger alter deutscher HASAG-Vorarbeiter half ihnen, gab ihnen ein Stück Stoff, das als weiße Fahne diente, und zeigte ihnen den Weg zu den nahen amerikanischen Truppen. Am 19. April traf die Gruppe auf amerikanische Soldaten. Die Schwerkranken wurden in ein amerikanisches Militärhospital nach Leipzig gebracht.

Abb. 58: Ankunft der US Army im geräumten KZ-Außenlager Leipzig-Thekla nach dem dortigen Massaker. Am 18. April 1945 sperrte die SS mehr als 300 kranke Häftlinge in einer Baracke ein und setzte diese in Brand. Viele, die dem Inferno entkommen konnten, wurden auf der Flucht erschossen. Foto 20.4.1945.

Noch eine zweite Gruppe von Häftlingen beiderlei Geschlechts, überwiegend deutsche Sinti und Roma, überlebte den Krieg im Lager Taucha. Diese entkräfteten und völlig mittellosen Menschen benötigten nach ihrer Befreiung Bekleidung, Lebensmittel und Wohnraum. Die Kommune Taucha half ihnen, so gut es möglich war. Die Kosten für die Versorgung der Überlebenden wollte die Kommune aber der HASAG in Rechnung stellen. Da die Verwaltung des Konzerns in den ersten Tagen nach der amerikanischen Besetzung Leipzigs nicht mehr arbeitete – unter anderem war Direktor Hans Führer von den Amerikanern verhaftet worden –, bat der Bürgermeister von Taucha die amerikanische Militärregierung um Kostenerstattung aus Bankguthaben der HASAG.[291]

Wenige Tage später, die Amerikaner hatten inzwischen Georg Mumme als Sprecher der HASAG-Direktion akzeptiert, wandte sich die Kommune mit ihren Forderungen direkt an den Konzern.[292] Einen Tag nach der ersten Sitzung von Geschäftsführung und Aufsichtsrat nach Kriegsende verfasste Mumme einen Brief an den Bürgermeister von Taucha.[293] Er lehnte die Forderungen der Kommune mit Verweis auf die leeren Kassen der HASAG ab. Auch besaß er die Unverfrorenheit, zu behaupten, dass die Versorgung der wenigen noch in Taucha verbliebenen ehemaligen Häftlinge nicht die Aufgabe des Unternehmens sein könne. Mumme beauftragte Heckler, das Schreiben dem Bürgermeister persönlich zu überbringen und einen Termin zu vereinbaren. Zu einem Gespräch kam es aber nicht. Die HASAG-Direktion hielt die Kommune hin und weigerte sich, deren Forderungen für ausstehende Pachten und die Aufwendungen für die ehemaligen KZ-Häftlinge zu begleichen. Mumme argumentierte in einem letzten, auf den 3. Juli 1945 datierten Brief formal juristisch: »Nach den inzwischen bei zuständiger Stelle eingeholten Informationen sind wir weder verpflichtet noch berechtigt, irgendwelche Entschädigungen für Aufwendungen zu zahlen, die andere Stellen für ehemalige KZ-Häftlinge gemacht haben, hierfür haftet vielmehr das beschlagnahmte Vermögen der SS bzw. der Partei.«[294] Da es in Sachsen noch keine entsprechende Stelle gab, wandte sich der Tauchaer Bürgermeister an den Treuhänder für das beschlagnahmte Vermögen des Landes Thüringen. Dieser bestätigte die Rechtsauffassung der HASAG.[295]

Im Trauerspiel um die Hilfe für die noch in Taucha verbliebenen ehemaligen KZ-Häftlinge wurde Heckler nur die Rolle eines Briefboten zugewiesen. Wie er selbst über den Häftlingseinsatz bei der HASAG dachte, ist nicht überliefert.

Die an Häftlingen in Taucha begangenen Verbrechen blieben jahrzehntelang ungesühnt. Die Justiz in Sachsen konzentrierte sich auf die Aufarbeitung von Verbrechen, die in den HASAG-Werken in Polen, in Leipzig und in Schlieben stattgefunden hatten.

Erst 1966 begann in der Bundesrepublik Deutschland ein Voruntersuchungsverfahren der Landesjustizverwaltung in Ludwigsburg zur Feststellung von Tötungsverbrechen im KZ-Außenlager Taucha und auf dem Evakuierungsmarsch. Mehrere Zeuginnen schilderten den Lageralltag, den Evakuierungsmarsch und benannten einige SS-Männer und SS-Aufseherinnen als Täter und Täterinnen. Namen von HASAG-Mitarbeitern wurden mit Ausnahme eines Meisters, der immer wieder geprügelt haben soll, nicht genannt. Das Verfahren wurde 1974 an die Zentralstelle in Köln weitergeleitet, jedoch 1975 mangels Beweisen eingestellt.[296]

Halten wir fest: Mit der Ernennung zum Oberingenieur und seiner Einsetzung als Werkleiter in Taucha erreichte Edmund Heckler unmittelbar vor Kriegsbeginn den Höhepunkt seiner Karriere bei der HASAG. Unter seiner Regie wurde das Werk in Taucha zu einer modernen Fertigungsstätte für Kartuschen und Munition ausgebaut. Er war auch maßgeblich für die Kooperation mit dem Mailänder Munitionsproduzenten Innocenti verantwortlich und reiste mehrfach nach Italien. Wie an allen anderen Standorten der HASAG, so wurden auch in Taucha ausländische Zivilarbeiter und mit zunehmender Kriegsdauer Zwangsarbeiterinnen, Zwangsarbeiter und Kriegsgefangene eingesetzt. Im Rahmen der »Schnellaktion Panzerfaust« begann die HASAG ab September 1944 ein weiteres Werk in Taucha aufzubauen. Für dieses Werk und den Einsatz der KZ-Häftlinge war jedoch Friedrich Tanzen und nicht Edmund Heckler zuständig.

Kriegsende, Gespräche mit den Amerikanern im Mai 1945

Am 1. April 1945 erreichte die 1. Armee der amerikanischen Streitkräfte die Saale bei Bad Kösen und rückte weiter in Richtung Leipzig vor. Die letzten zwei Luftangriffe auf die Messestadt am 6. und 10. April forderten nochmals zahlreiche Opfer.[297] Generaldirektor Budin versuchte, die HASAG-Belegschaft auf den Endkampf einzustimmen. Gemeinsam mit Wilhelm Renner rief er die HASAG-Belegschaft zum Durchhalten auf.[298] Seine Appelle fruchteten aber nicht mehr. Für die allermeisten HASAG-Mitarbeiter ging es nur noch um das eigene Überleben.

Vom Leipziger Oberbürgermeister Alfred Freyberg – SS-Gruppenführer und bereits seit 1925 Mitglied der NSDAP – verlangte Budin am 8. April 1945, dass Leipzig zur Festung erklärt werden sollte.[299] Schon der Tagungsort war aufschlussreich: Die Sitzung fand nicht im Neuen Rathaus, sondern in der Hauptverwaltung der HASAG statt. Budin schwang sich zum Endkampffanatiker auf. Doch selbst Freyberg, der als Bevollmächtigter des Reichsverteidigungskommissars fungierte und seinem SS-Rang nach weit über Budin stand, sah für eine Verteidigung der Stadt keinerlei Chancen, da es in Leipzig kaum kampffähige Truppen gab. Er und andere hochrangige NS-Funktionäre sprachen sich für eine kampflose Übergabe der Stadt aus. Dies brachte Budin, der sein Schicksal längst mit dem des Regimes verknüpft hatte, in Rage. Auf seine Intervention hin ordnete Gauleiter Martin Mutschmann die Besetzung des Einsatzstabes beim Oberbürgermeister mit Korvettenkapitän Werner Vogelsang, seit März Stellvertreter des Gauleiters, und Walter Dönicke, Kreisleiter der NSDAP und 1937/38 Oberbürgermeister von Leipzig, an.

Gegen die Versuche weniger Fanatiker, der Stadt einen sinnlosen Endkampf aufzuzwingen, regte sich Widerstand aus allen Teilen der Gesellschaft. In einem offenen Brief wandte sich das Nationalkomitee Freies Deutschland (NKFD) am 14. April an den Oberbürgermeister und den Polizeipräsidenten und forderte die kampflose Übergabe der Stadt. Auch Frauen und Mütter verlangten die Kapitulation.

Budins verzweifelter Versuch, durch die Umbesetzung des Einsatzstabes das Weiterkämpfen noch zu erzwingen, war gescheitert. Trotzdem war das nationalsozialistische Terrorregime auch in Leipzig und Umgebung noch wenige Tage und Stunden vor der Befreiung Leipzigs am 18. April 1945 zu Mordtaten an politischen Gefangenen, Zwangsarbeitern und KZ-Häftlingen in der Lage.[300]

Niemand vom HASAG-Vorstand und von den leitenden Angestellten wollte aber mit Budin untergehen. Auch diejenigen, die sich ihm zuvor bedingungslos untergeordnet hatten, wandten sich ab. Budin, der seinen rasanten Aufstieg dem nationalsozialistischen Regime zu verdanken hatte, dem er aus ideologischer Überzeugung fanatisch diente, sah keinen Ausweg mehr. Er sprengte sich in der Nacht vom 13. zum 14. April 1945 gemeinsam mit seiner Frau mit mehreren Panzerfäusten im Hauptgebäude der HASAG in die Luft. Die Detonation riss zwei weitere Menschen in den Tod und vernichtete den größten Teil des Firmenarchivs.[301] Nach dem Krieg gab es Gerüchte, Budin hätte den Selbstmord nur initiiert und sei geflohen. Das Ministerium für Staatssicherheit untersuchte den Fall ab 1954, konnte aber keine Belege für eine Flucht Budins finden.

Am 18. April 1945, wenige Stunden bevor amerikanische Truppen Leipzig besetzten, nahm sich Oberbürgermeister Freyberg zusammen mit Frau und Tochter im Neuen Rathaus das Leben.[302] Auch sein Stellvertreter Kurt Lisso und dessen Familie und noch weitere führende Nazis verübten im Rathaus Suizid.

Bei der HASAG hatte schon einen Tag zuvor der Kampf um die Zukunft des Unternehmens begonnen. Ohne Kenntnis voneinander zu haben, traf sich am 17. April an verschiedenen Orten sowohl der Aufsichtsrat der HASAG als auch eine kleine kommunistische Widerstandsgruppe. Im Aufsichtsrat wurde die Situation des Unternehmens besprochen. Die Direktion musste gestehen, dass sie die Kontrolle über ihre Werke in Sachsen und Thüringen weitgehend verloren hatte. Der Betriebsschutz, die Wachmannschaften der SS und nationalsozialistische Aktivisten waren geflohen. An allen Standorten der HASAG wurde geplündert. Als neuen Betriebsführer ernannte der Aufsichtsrat Georg Mumme.[303] Dies lag einerseits nahe, da er der Stellvertreter Budins war, zeugt aber andererseits von wenig politischem

Gespür, da Mumme in der Belegschaft als Nazi und Repräsentant des nationalsozialistischen Regimes bekannt war.

Ganz andere Ziele als der Aufsichtsrat verfolgte eine aus sechs Männern bestehende kommunistische Widerstandsgruppe unter Führung von Max Walter. Sie bildete im Leipziger Hauptwerk der HASAG einen Aktionsausschuss und stellte ein Programm auf, in dem unter anderem die Verhaftung »aller stark belasteten Nazis« gefordert wurde.[304]

Am 18./19. April 1945 besetzten amerikanische Truppen Leipzig. In den folgenden Wochen versuchten sowohl die alte Direktion als auch die Antifaschisten, sich bei der amerikanischen Militärregierung als provisorische Verwalter der HASAG-Werke ins Spiel zu bringen.[305]

Einige Tage nach ihrem Einrücken in Leipzig verhafteten die Amerikaner den HASAG-Vorstand Hans Führer. Er wurde interniert und verhört.[306] Führer war ein »Alter Kämpfer«. Erst im Oktober 1942 war er auf Betreiben Budins in den Vorstand berufen worden. Da er zuvor Vorsitzender der Rüstungskommission in Sachsen gewesen war, erhofften sich die Amerikaner von ihm möglicherweise Details zur deutschen Kriegsproduktion.

Die anderen beiden Vorstände, Georg Mumme und Gustav Hessen, blieben frei. Offenbar sahen die Amerikaner nach dem Selbstmord des Generaldirektors keinen akuten Handlungsbedarf. Mumme versuchte alsbald, die Initiative zurückzugewinnen. Er bat die amerikanischen Besatzungsoffiziere um eine militärische Sicherung der HASAG-Werke, um die andauernden Plünderungen durch ehemalige Zwangsarbeiter und deutsche Mitarbeiter zu stoppen.[307] Es kam dann zwar zu einer Besetzung des Direktionsgebäudes, aber nicht zu einer ausreichenden Sicherung des Firmengeländes. Die Direktion gab daraufhin per Aushang bekannt, dass alle Arbeitsverhältnisse zum 30. April 1945 als erloschen anzusehen seien. Mumme und den anderen leitenden HASAG-Angestellten wurde das Betreten der Werke durch die amerikanische Militärverwaltung verboten. Er richtete daher in seiner Privatwohnung ein provisorisches Büro ein und versuchte, die Fäden in der Hand zu behalten.

In Leipzig, damals viertgrößte Stadt des Reiches, sahen sich die amerikanischen Militärbehörden zum ersten Mal einer antifaschistischen Untergrundbewegung von beachtlicher Größe und Gewicht gegenüber.[308] Das Nationalkomitee Freies Deutschland (NKFD), ein Sammelbecken von Nazigegnern der Weimarer Linksparteien, entfaltete mit offenen Briefen und Aufrufen an die Leipziger Bevölkerung eine große Aktivität. Das NKFD bekannte sich zur Demokratie, zur Sicherung des Friedens, zu sozialer Gerechtigkeit und zu einer rücksichtslosen Entnazifizierung. In den Betrieben sollten provisorische Betriebsausschüsse gebildet und eng mit dem NKFD zusammengearbeitet werden. Als das NKFD am 25. April zu einer Demonstration zum 1. Mai aufrief, an der die Leipziger und auch Displaced Persons teilnehmen sollten, verbot Major Eaton aber diese Organisation.[309] Die Besatzungsmacht konnte sich das Heft des Handelns nicht aus der Hand nehmen lassen und setzte das generelle politische Betätigungsverbot im Besatzungsgebiet der U.S. Army nun auch in Leipzig durch. Dies hatte auch Konsequenzen für die Verhältnisse bei der HASAG. Die Versuche des Aktionsausschusses, Einfluss auf die Unternehmensleitung zu gewinnen, wurden gestoppt. Die Amerikaner bestanden darauf, dass ein Mitglied der alten Direktion, also Mumme, vorerst ihr Ansprechpartner bleiben sollte.

Solange Mumme noch als Geschäftsführer der HASAG agierte, schien ein Erhalt des Konzerns und dessen Umstellung auf Friedensproduktion möglich zu sein. Noch einige Wochen lang hofften die Kräfte des alten HASAG-Vorstands und die Mitglieder des Aufsichtsrats, die HASAG und damit ihre Positionen erhalten zu können. Zwar waren, wie erwähnt, alle Angestellten zum 30. April 1945 gekündigt worden, doch Mumme hatte bereits Anfang Mai die Wiedereinstellung einiger Direktoren und leitenden Angestellten, überwiegend ehemalige NSDAP-Mitglieder, auf zunächst drei Monate mit täglicher Kündigungsfrist veranlasst.[310] Ob Heckler auch dazu gehörte, ist fraglich. Sein Name fand in den Notizen des Aufsichtsratsvorsitzenden keine Erwähnung.

Die Voraussetzungen für eine Umstellung der Produktion auf Metallwaren waren bei der HASAG gegeben. Das Hauptwerk in Leipzig und auch die beiden Werke in Taucha hatten kaum Kriegsschäden erlitten.[311] Daher konnte Mumme schon Ende Mai einen ersten Plan für den Fortbestand des Unternehmens und dessen Umstellung auf Friedensproduktion skizzieren. Ihm war es gelungen, dank der »Mitwirkung eines besonderen Spezialisten für die Kriegsentschädigungsfragen« insgesamt 16,5 Mio. Reichsmark für die Kriegsverluste der HASAG im Generalgouvernement erstattet zu bekommen.[312] Die Netzwerke der Funktionsträger des nationalsozialistischen Regimes funktionierten noch immer. Schwieriger war es für die alte Direktion, den Zugriff auf die Werke der HASAG in Sachsen und Thüringen wiederzuerlangen. An allen Standorten war es zu Plünderungen und Materialverschiebungen, teils unter Mitwirkung ehemaliger HASAG-Angestellter, gekommen. Auch versuchten Lieferanten, mit Hilfe der amerikanischen Militärverwaltung ihre Waren zurückzuholen.

Die günstigsten Voraussetzungen für die Aufnahme einer Friedensfertigung sah der Vorstand im Nordwerk in Leipzig und im Werk Taucha I als gegeben an, da dort schwere Pressen vorhanden waren.[313] Edmund Heckler war, wie gezeigt, maßgeblich am Aufbau beider Werke beteiligt gewesen und hatte das Werk Taucha I von 1940 bis Kriegsende geleitet. Dennoch spielte er in den Plänen Mummes keine Rolle. Mumme wollte stattdessen Ingenieur Max Liebergeld, dessen Vertrag mit der HASAG 1944 im gegenseitigen Einvernehmen gekündigt worden war, wieder für die Leitung beider Standorte gewinnen und ihm einen Honorarvertrag anbieten.

Wir können nur mutmaßen, warum Mumme keinen Wert auf Hecklers weitere Dienste legte. Mumme war sicher darüber informiert, dass Heckler eine britisch-amerikanische Kommission zur Besichtigung des Werks I in Taucha begleitet hatte. Ihm dürfte auch nicht entgangen sein, das mehrere Mitarbeiter der Forschungs- und Entwicklungsabteilung und auch Ingenieure mit Spezialkenntnissen aus anderen Abteilungen darauf hofften, in die Dienste der Amerikaner treten zu können.

Für die Besatzungsmacht hatte eine Begutachtung des rüstungstechnischen Know-hows der HASAG hohe Priorität. Im Rahmen des groß angelegten Transfers von kriegswichtigem Wissen und deutschen Experten in die USA inspizierte ein britisch-amerikanisches Team zwischen dem 15. und 18. Mai 1945 mehrere Leipziger Rüstungsbetriebe und die Universität.[314] Das Hauptwerk der HASAG in Leipzig wurde von ihnen am 16. und 17. Mai aufgesucht. Das Team verhörte Direktor Gustav Hessen und den stellvertretenden Leiter der Forschungs- und Entwicklungsabteilung Franz Schaadt. Tags darauf führten Schaadt und Heckler die allliierte Kommission durch das Leipziger Stammwerk und zeigten sich dabei »extrem kooperativ«.[315] Die Kommission fuhr anschließend ins vollkommen intakte Zweigwerk nach Taucha und ließ sich dort von Heckler die Produktionsprozesse erläutern. »Herr Heckler could not have been more cooperative, and he hoped that in the near future he would be allowed to proceed to an allied country to set up in business.«[316]

Doch Hecklers Hoffnungen gingen nicht auf. Die Amerikaner hatten für ihn, wie für die meisten Ingenieure und Techniker der HASAG, keine Verwendung. Als sich bei den HASAG-Ingenieuren herumgesprochen hatte, dass die Amerikaner die von ihnen besetzt gehaltenen Gebiete in Mitteldeutschland Ende Juni verlassen und ganz Sachsen künftig zur sowjetischen Besatzungszone gehören würde, gingen viele von ihnen in die Westzonen. Auch Heckler machte sich auf den Weg in seine Heimat nach Oberndorf. Dorthin war seine Ehefrau bereits einige Monate zuvor zurückgekehrt. Ihr gehörte ein Drittel eines Hauses nahe Oberndorf, dass sie 1926 von den Eltern geerbt hatte.[317]

Zwischenzeitlich hatten Verhandlungen über die Räumung des Firmengeländes von Werk II in Taucha stattgefunden. Zwei für die Ch. Eitingon AG tätige Anwälte hatten bei der amerikanischen Militärverwaltung in Leipzig vorgesprochen und am 4. Juni 1945 die Genehmigung für die Wiederaufnahme des Geschäftsbetriebs der Gesellschaft in Taucha erhalten.[318] Dabei spielte das Faktum eine entscheidende Rolle, dass sich der Hauptsitz des Unternehmens in New York befand.[319] Die Vertreter der Firma verlangten von der HASAG die Wiederherstellung des ursprünglichen Zustands des Firmengeländes. Die Kosten dafür wurden grob auf 200 000 bis 250 000 Reichsmark geschätzt.[320] Die Anwälte und der Vorstand der HASAG verabredeten vor der endgültigen Klärung der Schadenssumme eine Einmalzahlung von 30 000 Reichsmark. Die HASAG ließ daraufhin bei der Dresdner Bank in Leipzig ein Sonderkonto »Räumungskosten für unser Werk Taucha II« einrichten.[321]

Als Verantwortlichen für die Räumungsarbeiten benannte die HASAG den vormaligen Werkleiter Friedrich Tanzen und den

Architekten Willy Kögler.[322] Beide gehörten zur zweiten Leitungsebene der HASAG und hatten 1944 bzw. 1940 Prokura erhalten. Es schien weder Mumme noch Tanzen etwas auszumachen, das sie nur Wochen vorher mehr als 1000 KZ-Häftlinge im Werk II

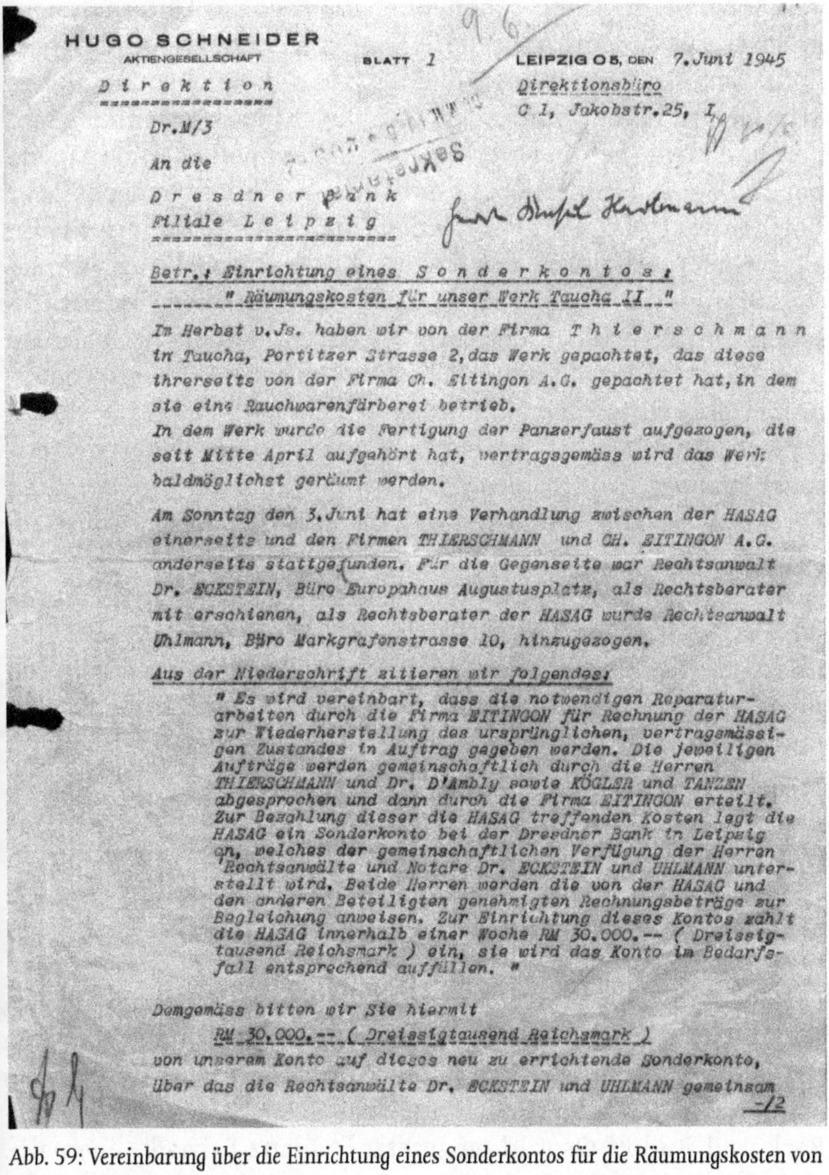

HUGO SCHNEIDER
AKTIENGESELLSCHAFT

BLATT 1

LEIPZIG O 5, DEN 7. Juni 1945

Direktion

Direktionsbüro
C 1, Jakobstr. 25, I.

Dr. M/3

An die

Dresdner Bank
Filiale Leipzig

Betr.: Einrichtung eines Sonderkontos:
" Räumungskosten für unser Werk Taucha II "

Im Herbst v. Js. haben wir von der Firma Thierschmann in Taucha, Portitzer Strasse 2, das Werk gepachtet, das diese ihrerseits von der Firma Ch. Eitingon A.G. gepachtet hat, in dem sie eine Rauchwarenfärberei betrieb.
In dem Werk wurde die Fertigung der Panzerfaust aufgezogen, die seit Mitte April aufgehört hat, vertragsgemäss wird das Werk baldmöglichst geräumt werden.

Am Sonntag den 3. Juni hat eine Verhandlung zwischen der HASAG einerseits und den Firmen THIERSCHMANN und CH. EITINGON A.G. andererseits stattgefunden. Für die Gegenseite war Rechtsanwalt Dr. ECKSTEIN, Büro Europahaus Augustusplatz, als Rechtsberater mit erschienen, als Rechtsberater der HASAG wurde Rechtsanwalt Uhlmann, Büro Markgrafenstrasse 10, hinzugezogen.

Aus der Niederschrift zitieren wir folgendes:

" Es wird vereinbart, dass die notwendigen Reparaturarbeiten durch die Firma EITINGON für Rechnung der HASAG zur Wiederherstellung des ursprünglichen, vertragsmässigen Zustandes in Auftrag gegeben werden. Die jeweiligen Aufträge werden gemeinschaftlich durch die Herren THIERSCHMANN und Dr. D'Ambly sowie KÖGLER und TANZEN abgesprochen und dann durch die Firma EITINGON erteilt. Zur Bezahlung dieser die HASAG treffenden Kosten legt die HASAG ein Sonderkonto bei der Dresdner Bank in Leipzig an, welches der gemeinschaftlichen Verfügung der Herren Rechtsanwälte und Notare Dr. ECKSTEIN und UHLMANN unterstellt wird. Beide Herren werden die von der HASAG und den anderen Beteiligten genehmigten Rechnungsbeträge zur Begleichung anweisen. Zur Einrichtung dieses Kontos zahlt die HASAG innerhalb einer Woche RM 30.000.-- (Dreissigtausend Reichsmark) ein, sie wird das Konto im Bedarfsfall entsprechend auffüllen. "

Demgemäss bitten wir Sie hiermit

RM 30.000.-- (Dreissigtausend Reichsmark)

von unserem Konto auf dieses neu zu errichtende Sonderkonto, über das die Rechtsanwälte Dr. ECKSTEIN und UHLMANN gemeinsam

-/2

Abb. 59: Vereinbarung über die Einrichtung eines Sonderkontos für die Räumungskosten von Taucha II, 7.6.1945

zur Zwangsarbeit bei der Fertigung von Panzerfäusten eingesetzt hatten.

Das schnelle Einlenken der HASAG-Direktion gegenüber den Forderungen der Ch. Eitingon AG diente auch dazu, ihre Position gegenüber der amerikanischen Militärverwaltung zu festigen. Davon einmal abgesehen, blieb die Lage des Unternehmens kritisch. Die Forderungen der HASAG gegenüber dem Reich beliefen sich bei Kriegsende auf 35 bis 40 Mio. Reichsmark, denen Schulden in Höhe von rund 25 Mio. Reichsmark gegenüberstanden. Das Unternehmen verfügte bei seinen beiden Hausbanken per 12. Mai 1945 noch über Guthaben in Höhe von sechs Mio. Reichsmark.[323] Die Plünderung des Tresors im Gebäude der Leipziger Hauptverwaltung durch ehemalige polnische Zwangsarbeiter konnten Angestellte der HASAG mit Hilfe eines amerikanischen Offiziers verhindern. Die noch vorhandenen Guthaben und Barbestände sollten für die Umstellung auf Friedensproduktion eingesetzt werden.

Nach dem Besatzungswechsel und dem Einrücken sowjetischer Truppen in Leipzig am 2. Juli 1945 waren die Tage der alten Direktion gezählt. Kommunistische Betriebsräte gewannen in den HASAG-Werken rasch die Oberhand. Max Walter berichtete später davon, dass man Mumme »aus dem Betrieb rausgeschmissen« habe. Im Leipziger Stammwerk begann eine radikale Entnazifizierung. 52 leitende Angestellte wurden entlassen.[324] Die sowjetische Militäradministration ließ dem Betriebsrat bei der Entnazifizierung freie Hand.

Anzumerken ist noch, dass sich die Pläne der Ch. Eitingon AG, in Taucha die Rauchwarenproduktion wiederzubeleben, wenn diese denn überhaupt ernst gemeint waren, rasch zerschlugen. Das Stammhaus in den USA konnte an seine großen Erfolge nach dem Zweiten Weltkrieg nicht mehr anknüpfen und musste Ende 1946 Konkurs anmelden.[325]

Noch Ende 1945 schien der Fortbestand der HASAG möglich zu sein. Das Unternehmen war sequestriert worden und unterstand der Leipziger Stadtverwaltung. Als Kommissarische Treuhänder wurden Max Walter, Vorsitzender des Betriebsrats, sowie Erich Beck und Rudolf Oswald eingesetzt.[326] Franz Schaadt, ehemaliger stellvertretender Entwicklungsleiter, kam wenig später noch hinzu. Rund 1400 Mitarbeiterinnen und Mitarbeiter nahmen die Fertigung einfacher Metallwaren auf.[327] Die Leipziger Parteiorganisation der KPD und der Betriebsrat wollten die HASAG zu einer Art Vorzeigebetrieb entwickeln. Dem standen jedoch die Interessen der sowjetischen Besatzungsmacht entgegen. Im März 1946 begann die komplette Demontage aller von der Besatzungsmacht als reine Rüstungsbetriebe eingestuften HASAG-Werke.[328] Die HASAG wurde aus dem Handelsregister gelöscht. Zum letzten alleinigen Treuhänder und Abwickler des Unternehmens wurde im November 1946 Ingenieur Reinhold Mann aus Leipzig bestellt.[329] Mit der Löschung des Namens »HASAG« begann auch die Erinnerung an den einstmals größten Leipziger Rüstungskonzern rasch zu verblassen. Heckler hatte zu diesem Zeitpunkt längst mit dem Leipziger Kapitel abgeschlossen und sich wieder zu seiner Familie nach Oberndorf begeben.

Die Hauptverantwortlichen und der Kamienna-Tschenstochau-Prozess

Während gegen 23 Manager der IG Farbenindustrie AG in einem der zwölf Nürnberger »Nachfolgeprozesse« (Fall VI)[330] zum Hauptkriegsverbrecherprozess 1947/48 vor dem Internationalen Militärtribunal (IMT) verhandelt wurde, kam es im Fall der HASAG zu keinem vergleichbaren Vorgehen gegen das Management. Die HASAG besaß aus der Sicht der Siegermächte nicht den Stellenwert, den der Weltkonzern IG Farben, der Flick-Konzern und der Krupp-Konzern in der deutschen Wirtschaft einnahmen. Nur das Management dieser Industriekonzerne hatte sich vor dem Internationalen Militärtribunal zu verantworten. Mit diesen drei Prozessen sollte die Beteiligung der Privatwirtschaft an den nationalsozialistischen Verbrechen in der amerikanisch-britischen Bi-Zone abgedeckt werden.

Den Mitgliedern des Vorstands und des Aufsichtsrats der HASAG kam zupass, dass sich der Hauptverantwortliche für die Entwicklung der HASAG vom Lampenproduzenten zu einem mörderischen Rüstungsunternehmen, Generaldirektor Paul Budin, wie bereits erwähnt am 13. April 1945 seiner Verantwortung vermutlich durch Selbstmord entzogen hatte. Auch war kurz nach Kriegsende noch nicht durchgedrungen, welch grausames Regime die HASAG in den von ihr kontrollierten Betrieben im Generalgouvernement aufgezogen hatte und wie viele Menschen dabei ums Leben gekommen waren.

Die drei Vorstandsmitglieder, Georg Mumme, Gustav Hessen und Hans Führer, kamen ungeschoren davon. Nur Führer wurde von den Amerikanern kurzzeitig verhaftet.[331] Seine Aussagen waren allerdings für das amerikanische Militär nicht besonders interessant. Eine Anklage wurde gegen ihn nicht erhoben. Sein weiteres Schicksal ist unbekannt.

Mumme war als »Alter Kämpfer« und aktiver Nazi bekannt. Er fühlte sich in der Zeit der amerikanischen Besetzung Leipzigs und auch danach so sicher, dass er noch bis Ende 1948 in Sachsen blieb. Er floh erst in den Westen, als ein Ermittlungsverfahren gegen ihn eingeleitet wurde. Im Dezember 1949 wurde Mumme vom Landgericht Leipzig in Abwesenheit zu zehn Jahren Haft verurteilt.[332] Ein Rechtshilfegesuch zwischen den Behörden der DDR und denen der Bundesrepublik kam nicht zustande. So blieb Georg Mumme bis zu seinem Lebensende 1970 unbehelligt.[333]

Gustav Hessen, der als kaufmännischer Angestellter sein gesamtes Berufsleben bei der HASAG verbracht hatte und 1937 in den Vorstand aufgestiegen war[334], musste sich ebenfalls nicht verantworten. Im Dezember 1945 wurde er auf Weisung des Amtes für Betriebsneuordnung seines Postens als Vorstand enthoben.[335] Drei Jahre später wurde der inzwischen 71-Jährige als Zeuge zum Kamienna-Prozess geladen.[336] Seine Rolle als stellvertretender Geschäftsführer in Kamienna wurde von der Staatsanwaltschaft hinterfragt, führte jedoch nicht zu Ermittlungen gegen ihn.

Völlig ausgeklammert blieb die Rolle des Aufsichtsrats. Dabei hatten der Vorsitzende, Ernst von Schoen, und die anderen Aufsichtsratsmitglieder nicht nur alle Beschlüsse über den Umbau der HASAG zu einem Rüstungskonzern mitgetragen und »Arisierungen« befürwortet, sondern waren auch, zum Teil durch persönliche Besuche sowie durch die laufende Berichterstattung, über die unhaltbaren Zustände in den Werkslagern im Generalgouvernement informiert gewesen.[337] Der Aufsichtsrat hatte zwar Ende 1939 Bedenken gegen die Übernahme von polnischen Staatsbetrieben durch die HASAG geäußert und die immer stärker auf den Einsatz von SS-Männern in den Geschäftsführungen der HASAG-Werke gerichtete Personalpolitik Budins kritisch gesehen, aber nichts unternommen, um die Radikalisierung des Arbeitskräfteeinsatzes und die Gewaltexzesse zu bremsen. Dies wirft die generelle Frage nach den Handlungsoptionen von Aufsichtsräten in der Kriegswirtschaft auf.

Von Schoen hatte im Herbst 1942 alle HASAG-Standorte im Distrikt Radom gemeinsam mit Budin besucht.[338] Zu dieser Zeit hatte der Einsatz von jüdischen Zwangsarbeiterinnen und -arbeitern bereits begonnen. Ende Juli 1944 informierte von Schoen das Vorstandsmitglied der Dresdner Bank, Alfred Hölling, detailliert über die Räumung des HASAG-Werkes in Kamienna. Er verwies darauf, dass die Belegschaft zur Hälfte aus Juden bestehe, die laut Anordnung der SS »beschleunigt nach Tschenstochau abtransportiert werden müssen«.[339] Sofern der HASAG Verluste im Generalgouvernement entstünden, so von Schoen, habe die Gesellschaft Anspruch auf Entschädigung durch das Reich.

Weder Ernst von Schoen noch sein Stellvertreter im Aufsichtsrat, Hugo Zinßer, waren Nazis. Von Schoen war mit Walter Cramer, Vorstand der Leipziger Kammgarnspinnerei Stöhr & Co., der zum Kreis der Hitler-Gegner um den Leipziger Oberbürgermeister Carl Goerdeler gehörte, befreundet.[340] Er wurde aufgrund dieser Bekanntschaft nach dem Attentat auf Hitler am 20. Juli 1944 verhaftet, jedoch in dem Prozess vor dem Volksgerichtshof am 11. November freigesprochen.[341] Die Gestapo behielt ihn trotzdem noch einen Monat in Haft und drohte mit der Zerstörung seiner wirtschaftlichen Existenz.[342] Nach der amerikanischen Besetzung Leipzigs berief der befehlshabende Colonel Jim Dan von Schoen mit anderen Vertretern der Bürgerschaft in den Gesamtbeirat der Stadt.[343] Dieser beriet den neuen Oberbürgermeister Wilhelm Vierling in allen wichtigen Fragen.

Als Mittler zwischen der Besatzungsmacht und der HASAG-Direktion dürfte von Schoen in den ersten Nachkriegswochen eine wichtige Rolle gespielt haben. Er behauptete 1946 in einem Brief an Jacques Keller, dass ihm die Amerikaner sogar den Posten des Oberbürgermeisters angetragen hätten, er dies aber ebenso abgelehnt habe wie die Position des Präsidenten der Industrie- und Handelskammer.[344] Aufgrund seines Alters, er war bei Kriegsende 67 Jahre, und seines angeschlagenen Gesundheitszustands akzeptierte er nur den Posten eines Vizepräsidenten der Industrie- und Handelskammer. Nach dem Besatzungswechsel verließ von Schoen Leipzig und zog sich nach Timmendorfer Strand zurück, wo er zunächst »ohne jeden Kontakt mit der Besatzungsmacht oder sonstigen maßgebenden Stellen« verblieb.[345] Er wurde 1950 von der Bank deutscher Länder zum Treuhänder der im Bundesgebiet vorhandenen Vermögenswerte der ADCA bestellt und übte diese Tätigkeit bis zu seinem Tod aus.[346] Für sein Agieren als Aufsichtsratsvorsitzender der HASAG musste er sich nicht verantworten.

Hugo Zinßer hatte in der Auslandsabteilung der Dresdner Bank AG Berlin Karriere gemacht, der Weg nach ganz oben blieb ihm aber als Nicht-Parteimitglied versperrt. Dem wachsenden politischen Druck entzog sich Zinßer, indem er sich trotz einer möglichen »uk«-Stellung 1939 zur Wehrmacht meldete. Im März 1944 wurde er ausgemustert. Nach eigener Darstellung war er im Juli 1944 in die Attentatspläne gegen Hitler eingeweiht worden.[347]

Im Oktober 1945 wurde Zinßer in seiner Eigenschaft als Vorstandsmitglied der Dresdner Bank verhaftet. Er stand anschließend unter Hausarrest, wurde im Februar 1947 nach Nürnberg verbracht und blieb dort bis Dezember 1947 als Zeuge für den Nürnberger Prozess inhaftiert. Ein Ermittlungsverfahren der Spruch- und Berufungskammer Wiesbaden gegen Zinßer wurde im Dezember 1949 eingestellt.[348] Seine Tätigkeit als stellvertretender Vorsitzender des Aufsichtsrats der HASAG wurde im Spruchkammerverfahren zwar genannt, mit dem Hinweis auf seine Meldung zur Wehrmacht und seine dadurch bedingte Nichtteilnahme an den Aufsichtsratssitzungen aber nicht weiter erörtert.[349] In den Versuch der Umwandlung der HASAG in eine der SS nahestehende Stiftung, der von seinem Vorstandskollegen Meyer unterstützt wurde, war er nicht involviert.

Zinßer blieb nach dem Krieg im Vorstand der Dresdner Bank AG Frankfurt am Main, wurde Vorsitzender des Aufsichtsrats der Farbwerke Hoechst AG und gehörte noch zahlreichen weiteren Aufsichtsräten an. Die Frankfurter Dr.-h.c.-Hugo-Zinsser-Stiftung entstammt seinem Nachlassvermögen.[350]

Wie verhielt es sich mit der zweiten Führungsebene der HASAG? Kam es zu Ermittlungen gegen Betriebsleiter? Eine Sonderstellung im HASAG-Konzern nahmen die Werke im Generalgouvernement ein. Dort war es zu einer Vielzahl von Gewaltexzessen gekommen. Von der HASAG-Führungsriege in Skarżysko-Kamienna wurde nur Gustav Kuhne, kaufmännischer Leiter und stellvertretender Betriebsführer, angeklagt und zu acht Jahren Haft verurteilt. Egon Dalski (Betriebsführer bis August 1943), Paul Geldmacher (Dalskis Nachfolger) und Artur Möhring (stellv. Betriebsführer), alle schwerster Verbrechen beschuldigt, entzogen sich der Strafverfolgung und tauchten im Westen Deutschlands unter.

Die Strafverfolgung konzentrierte sich daher auf die Täter aus dem unteren Management und einfache Mitarbeiter.[351] Erste Urteile gegen HASAG-Angehörige ergingen Ende 1945. In Polen wurde ein ehemaliger »volksdeutscher« Werkschutzmann zum Tode verurteilt. Zehn Todesurteile gegen HASAG-Mitarbeiter, die in Skarżysko-Kamienna gearbeitet hatten, verhängten sowjetische Militärtribunale. Es folgten noch bis 1955 vor polnischen Gerichten Strafprozesse gegen mehr als 20 ehemalige HASAG-Mitarbeiter, Vorarbeiter und Wachschutzmänner, und auch ukrainische Wachmänner und jüdische Funktionshäftlinge, denen Gewalttaten vorgeworfen wurden. Es wurden mehrjährige Haftstrafen sowie Todesstrafen verhängt.[352]

Während sich die internationalen Verfahren auf die Verbrechen im besetzten Polen konzentrierten, stand in der sowjetischen Besatzungszone in Deutschland zunächst das Leipziger Hauptwerk der HASAG im Mittelpunkt. Im Jahr 1947 wurden der stellvertretende Leiter des Werkluftschutzes, Arno Wetzold, zu zehn Jahren Zuchthaus und der Werkschutzmann Kurt Fischer zu drei Jahren Zuchthaus verurteilt.[353] Die Täter waren aufgrund ihrer Funktionen im Leipziger Stammwerk bekannt und berüchtigt. Nicht zu unterschätzen war auch der Umstand, dass die Genannten als Gestapo-Zuträger eine denkbar schlechte Reputation genossen.

Nach zufälligen Begegnungen von Überlebenden mit ehemaligen Peinigern in der amerikanischen Besatzungszone kam es zu Beweisaufnahmen in Sachen der Gewaltexzesse gegen jüdische Sklavenarbeiterinnen und -arbeiter in den HASAG-Lagern im besetzten Polen. Eine treibende Rolle spielte dabei das Zentralkomitee der befreiten Juden in der amerikanischen Zone. Das Komitee sammelte die Aussagen ehemaliger Häftlinge und übergab diese der Israelitischen Religionsgemeinde in Leipzig. Nach Einschaltung der Leipziger Kriminalpolizei, der Vereinigung der Verfolgten des Naziregimes (VVN) und der sowjetischen Besatzungsmacht wurden strafrechtliche Ermittlungen aufgenommen.[354] Am 15. November 1948 begann daraufhin vor der Ersten Großen Strafkammer in Leipzig auf der Grundlage des SMAD-Befehls Nr. 201 die Hauptverhandlung im »Prozess Kamienna-Tschenstochau« zu den Verbrechen an den jüdischen Sklavenarbeiterinnen und -arbeitern der HASAG, und am 24. Mai 1949 begann der ebenfalls nach dem Ort des Geschehens benannte »Tschenstochau-Prozess«. Die beiden Prozesse gehörten juristisch zusammen, auch wenn sie voneinander getrennt geführt wurden.[355]

Abb. 60: Der Kamienna-Prozess fand wegen des großen öffentlichen Interesses von November bis Dezember 1948 in den Gebäuden einer Leipziger Baumwollfabrik statt, Foto Dezember 1948

Insgesamt wurden 48 Personen angeklagt, »sich gegen jüdischen Insassen der Haftlager in Kamienna und Tschenstochau schwerstens vergangen zu haben«.[356] Es handelte sich größtenteils um Arbeiter und kleine Angestellte. Der Journalist Peter von Zahn (NWDR) sprach dazu einen bemerkenswerten Kommentar: »Dutzendfiguren, Normalbürger auf den ersten Blick [...] die sich in Leipzig, wo sie zu Hause waren, sicher gesittet und höflich benahmen, in Polen aber aufführten, als gelte es zu beweisen, dass niemand grausamer ist als der Mensch zum Menschen.«[357]

Gegen die Angeklagten wurden ausgesprochen: acht Todesurteile, 37 Freiheitsstrafen (davon vier Mal lebenslänglich, der Rest zwischen ein und 20 Jahren) und 3 Freisprüche. Drei Todesurteile wurden gegen Direktoren bzw. Betriebsleiter verhängt: Dr. Arthur Rost, Betriebsdirektor Werk C, Willi Seidel, Betriebsleiter Werk A, und Horst Spalteholz, Betriebsleiter Częstochowa. Die übrigen Todesurteile betrafen zwei Werkschutzleute, zwei Meister und einen Arbeiter.

In der Bundesrepublik wurde nur gegen drei ehemalige HASAG-Mitarbeiter, die im Generalgouvernement tätig gewesen waren,

Anklage erhoben: Anton Ipfling, Lagerkommandant im Werk A der HASAG in Skarżysko-Kamienna wurde vom Landgericht Nürnberg-Fürth am 12. Mai 1967 wegen 15-fachem Mord zu einer lebenslangen Freiheitsstrafe verurteilt. Walter Hermann Fasold, Ingenieur/Betriebsleiter im Werk Częstochowa, wurde vor dem Landgericht Frankfurt/Main angeklagt und am 12. Dezember 1949 zu einer lebenslangen Freiheitsstrafe verurteilt. Wilhelm Wirbatz, Werkmeister im Werk in Częstochowa, wurde vor dem Landgericht Hagen angeklagt und am 2. Mai 1951 freigesprochen.

Unschuldige Prokuristen?

Um Hecklers Geschichte als Prokurist besser einordnen zu können, lohnt ein Blick auf die anderen leitenden Angestellten der HASAG. Anfang des Jahres 1936 bestand der Vorstand der HASAG aus drei Personen, zu denen Heckler nicht gehörte.[358] Zehn leitende Angestellte wurden als Prokuristen geführt, wozu er ebenfalls noch nicht zählte. Die Liste der Handlungsbevollmächtigten umfasste 23 Personen, darunter Edmund Heckler. Mit dem stetigen Ausbau der Rüstungsproduktion wuchs auch die Zahl der Prokuristen. Allein im Juni 1940 erhielten sieben leitende Angestellte Prokura. Zu ihnen gehörte nun auch der gebürtige Tuttlinger.[359] Prokura erhielten 1940 ebenfalls: Hermann Freiherr von Schade (Meuselwitz), Nikolaus Rapp (Altenburg), August Stöckle (Altenburg), Siegfried Tunder (Leipzig), Willy Köster (Markkleeberg) und Egon Dalski (Leipzig).

Die Ernennungen von Dalski und Schade waren typische Beispiele für die Personalpolitik Budins, der seit seiner Aufnahme in die SS im August 1938 auf eine Besetzung von Führungspositionen mit SS-Offizieren hinarbeitete. Es ging ihm nicht mehr vorrangig um fachliche Kompetenz, sondern um eine möglichst enge personelle Verzahnung der HASAG mit der SS. Weder Dalski noch Schade besaßen ausreichende betriebswirtschaftliche Kenntnisse, die sie für die Leitung großer Werke mit mehreren Tausend Beschäftigten prädestinierten. Doch darauf kam es Budin nicht an. Er wollte gegenüber dem Reichsführer-SS, Heinrich Himmler, demonstrieren, dass die HASAG ein unverzichtbarer Partner der SS war. Auch zeichnete sich schon 1940 ab, dass in den von der HASAG im Generalgouvernement verwalteten Werken ein besonders hartes Betriebsregime aufgezogen werden sollte. Dafür schien der Führer der Leipziger SS-Standarte und ausgewiesene Antisemit Dalski genau der Richtige zu sein.

Egon Dalski wurde 1898 in der oberschlesischen Kleinstadt Bauerwitz (Baborów) geboren. Er erlernte den Beruf eines Bankkaufmanns. Im Ersten Weltkrieg kämpfte er als Soldat. Spätestens in den Jahren der Weltwirtschaftskrise wandte sich Dalski rechtsradikalen und antisemitischen Ideen zu. Er trat 1931 in die

NSDAP und SS ein.[360] Dalski stieg in der SS rasch auf und war ab 1935 als hauptamtlicher SS-Führer tätig. Ab 1937 war er mit der Führung der 48. SS-Standarte mit Sitz in Leipzig beauftragt. Beim Novemberpogrom 1938 soll er eine maßgebliche Rolle gespielt haben. Im Februar 1939 wurde er in die Riege der ehrenamtlichen Ratsherren der Messestadt aufgenommen. Auf Vermittlung von Heinz Bretschneider, Prokurist und Leiter des Stammwerks der HASAG in Leipzig, zugleich aktives Mitglied der SS und V-Mann sowie Angehöriger des SD[361], kam Dalski Ende 1939 zu HASAG. Einige Tage zuvor waren Budin, Bretschneider und Renner, wie schon dargestellt, gemeinsam ins besetzte Polen gereist, um die Werke der polnischen Munitionsindustrie im Distrikt Radom zu besichtigen. Kurz danach wird in diesem Kreis die Idee diskutiert worden sein, Dalski, der nach eigener Aussage eine neue Aufgabe in der Industrie suchte, als Geschäftsführer für die zunächst kommissarisch von der HASAG verwalteten polnischen Munitionswerke einzusetzen.

Budin überging bei der Personalie Dalski sowohl die anderen Geschäftsführer als auch den Aufsichtsrat der HASAG. Beide Gremien stimmten Dalskis Ernennung nachträglich zu. Mitte November 1939 trat Dalski, der Polnisch sprach, seinen Dienst als Direktor des Werkes in Skarżysko-Kamienna an. Zu seinen ersten Aufgaben gehörte der Aufbau eines Werkschutzes aus deutschen Mitarbeitern und Ukrainern. Was sich dann abspielte, wurde von Überlebenden als »Hölle von Kamienna« beschrieben. Dalski selbst stand an der Spitze eines mörderischen und räuberischen Betriebssystems, das Tausenden jüdischen Sklavenarbeiterinnen und -arbeitern das Leben kostete.

Budin, der selbst Dutzende Male nach Kamienna reiste, kannte die dortigen Zustände und billigte die Ausbeutung der Beschäftigten bis zur völligen Erschöpfung und ihre Ersetzung durch frische Kräfte. Als jedoch die ohnehin niedrige Produktivität des Werkes sank, entschloss er sich, Dalski, seinen Stellvertreter Kuhne und den Leiter des Werkschutzes Krause abzusetzen. Als Nachfolger von Dalski kam Paul Geldmacher Ende September 1943 nach Kamienna.

Dalski blieb in der Rüstungsproduktion tätig und arbeitete als »Verbindungsmann« zwischen der Schraubenfabrik Constantin Rauch in Ulm und den Rüstungsstellen der Wehrmacht. Nach Kriegsende verlor sich seine Spur. Die United Nations War Crimes Commission (UNWCC) suchte ihn ab 1948 aufgrund einer Anzeige der Hauptkommission für die Untersuchung deutscher Verbrechen in Polen. Die Kriminalpolizei in Leipzig hielt Ende 1948 fest, dass Dalski »nicht mehr zu greifen sei«, da er »unbekannten Aufenthaltes in der Westzone sei«. Erst 1966 stellte die Staatsanwaltschaft Nürnberg im Rahmen eines Ermittlungsverfahrens gegen einen anderen Funktionsträger der HASAG fest, dass Egon Dalski drei Jahre zuvor in Aachen verstorben war. Für das mörderische Regime, dem er rund vier Jahre in Kamienna vorstand, hat er sich nie verantworten müssen. Auch sein Nachfolger als Betriebsführer in Kamienna, Paul Geldmacher, und dessen Stellvertreter Artur Möhring blieben straffrei.[362]

Kurz vor Kriegsende umfasste die Liste der HASAG-Prokuristen nicht weniger als 28 Männer: Robert Paul Kühn, Gustav Kuhne, Johann Scheele, Friedrich Tanzen, Heinz Bretschneider (stellv. Direktor Częstochowa), Paul Geldmacher, Edmund Heckler, Dr. Wolfgang Hellich, Karl Hentschke, Joseph Krischel, Dr. Heinrich Langweiler, Friedrich Lehmkuhl, Ernst Lucae, Ernst Lüth (kaufm. Direktor Werk Pelzery), Dr. Hans Meyer-Waldeck, Paul Merz, Alfred W. Müller, Nikolaus Rapp, Wilhelm Renner, Paul Sprenger, Hermann Freiherr von Schade, Alfred George Schäffer, Wilhelm Schlote, Dr. Rolf Schweinhagen, August Stöckle, Kaspar Ludwig, Alfons Wichelhausen und Dr. Herbert Bretschneider.[363] Unter ihnen befanden sich zahlreiche überzeugte Nazis wie Renner und Langweiler sowie SS-Führer und SD-Männer, darunter Bretschneider und Schade. Dalski, Möhring und Schlicht gehörten ebenfalls zu den SS-Führern, waren aber, wie erwähnt, im Herbst 1943 abgelöst worden.

Von allen Genannten wurde als Einziger Gustav Kuhne 1948 vor Gericht gestellt. Er war bereits 1920 von der HASAG als kaufmännischer Angestellter eingestellt worden. Im Frühjahr 1937 trat er der NSDAP bei. Kuhne wurde 1940 als kaufmännischer Direktor nach Kamienna geschickt.[364] Seine Aufgabe bestand darin, Betriebsführer Egon Dalski, der keine Fachkenntnisse besaß, zu beraten und zu unterstützen.[365] Als stellvertretender Betriebsführer konnte er sich gegenüber Dalski, dem »kleinen Budin«, nicht behaupten.[366] Kuhne gestand vor Gericht, von der menschenunwürdigen Behandlung, der Ausplünderung der jüdischen Zwangsarbeiter und den Selektionen gewusst zu haben. Er tat nichts, um die ihm bekannten Missstände abzustellen oder beim Vorstand der HASAG und beim Rüstungskommando dagegen zu intervenieren. Das Gericht sah in ihm einen überzeugten Nationalsozialisten und Anhänger ihrer Rassentheorie. Die Unterlassung der Rechtspflicht zum Eingreifen bewertete es als Duldung und Zustimmung zu den in Kamienna begangenen Verbrechen. Kuhne wurde zu acht Jahren Zuchthaus verurteilt.[367]

Ein ergebnisloses Ermittlungsverfahren wurde in der sowjetischen Besatzungszone gegen Wilhelm Renner geführt. Er hatte sich dem Zugriff der sächsischen Justiz durch seine Flucht in die französische Besatzungszone entzogen. Im Sand verlief auch ein Versuch des Central Committee of Liberated Jews, in der amerikanischen Zone gegen Dr. Herbert Bretschneider einen Haftbefehl zu erwirken.[368] Auch alle anderen Prokuristen, darunter Friedrich Tanzen, der Leiter des Werkes Taucha II, mussten sich für ihre Tätigkeit bei der HASAG nicht verantworten.

***

Bis vor wenigen Jahren wurde in Verfahren gegen Beschuldigte, denen man in der Zeit des Nationalsozialismus Verbrechen gegen die Menschlichkeit vorwarf, nach ihrer unmittelbaren Beteiligung an Verbrechen und ihrer individuellen Schuld gefragt. Je nachdem, wie die Antwort auf diese Frage ausfiel, wurde das Strafmaß bemessen. Erst in den letzten Jahren kam in Prozessen gegen hochbetagte Angeklagte das Tatortprinzip zur Geltung. Vereinfacht gesagt läuft dies darauf hinaus, dem oder der Angeklagten eine Präsenz am Tatort, in den besagten Fällen war dies ein Konzentrationslager, nachzuweisen. Damit wurden aus moralischen Gründen – mit der Vollstreckung der Haftstrafen war aus Alters- und Krankheitsgründen kaum noch zu rechnen – die Bewertungskriterien für das Agieren in einem Unrechtssystem verschoben. Der Schriftsteller Florian Havemann – von 1999 bis 2009 Laienrichter am Verfassungsgericht Brandenburg – dazu:

»Nimmt man die neusten Urteile der deutschen Justiz zum Maßstab, die sich nun Wachsoldaten von Konzentrationslagern und eine Sekretärin vorgeknöpft hat, Jahrzehnte nach ihrer Beteiligung an diesen Verbrechen, dann hätten eigentlich alle in der Wehrmacht, die am Angriffskrieg gegen Polen und die Sowjetunion beteiligt waren, gerichtlich belangt werden müssen, wo doch hinter der von ihnen vorangetriebenen und gehaltenen Front die fürchterlichsten Verbrechen begangen wurden.«[369]

Resümee

Edmund Heckler kam Ende 1934 zur HASAG, als die Wandlung des Unternehmens vom Lampenhersteller zum Munitionsproduzenten bereits begonnen hatte. Er wollte Karriere machen, was ihm mit dem Aufstieg zum Handlungsbevollmächtigten, Prokuristen und schließlich Werkleiter gelang. Für den Auf- und Ausbau der Munitionsproduktion an mehreren Standorten der HASAG war er dank seiner Spezialkenntnisse schon bald unentbehrlich.

Im Gegensatz zu den Vorstandsmitgliedern und den meisten anderen Prokuristen hielt er sich mit einer aktiven Parteinahme für den Nationalsozialismus zurück. Während Wilhelm Renner ein überzeugter Nationalsozialist war und zum engsten Kreis um Generaldirektor Budin zählte, gehörte der offenbar politisch desinteressierte Heckler nicht zu den von Budin bevorzugten Führungskräften. Der Generaldirektor förderte vor allem SS-Mitglieder. Erst Ende 1939 trat Heckler in die NSDAP ein, um den nächsten Karriereschritt, die Ernennung zum Werkleiter in Taucha, gehen zu können. Es bleibt spekulativ, darüber nachzudenken, zu welchem Zeitpunkt und wie überhaupt er seine Mitarbeit an der Rüstungsproduktion hätte beenden können. Die einzige Chance dafür hätte eine freiwillige Meldung zur Wehrmacht geboten. Allerdings war er ausgemustert worden. Später, während der Zeit des totalen Krieges, schützte ihn zusätzlich seine »uk«-Stellung vor einem Kriegseinsatz.

Abb. 61: Edmund Heckler (* 2. Februar 1906 in Tuttlingen, † 2. Juli 1960) Ingenieur, Unternehmer, Waffenproduzent und Mitbegründer der Firma Heckler & Koch

Nur sehr wenige Männer in Leitungspositionen brachten den Mut auf, sich dem Anpassungsdruck in der nationalsozialistischen Diktatur zu entziehen. Dazu gehörte Hugo Zinßer, Vorstandsmitglied der Dresdner Bank und stellvertretender Vorsitzender des Aufsichtsrats der HASAG. Er meldete sich freiwillig zur Wehrmacht und blieb der NSDAP fern.

Der von Adolf Hitler am 1. September 1939 entfesselte Zweite Weltkrieg bedeutete auch für Edmund Heckler einen tiefen Einschnitt. Als angehender Werkleiter stellte er sich in den Dienst der Rüstungsproduktion für den Krieg. Im September 1939 reiste er nach Polen, um Werke der Munitionsindustrie zu inspizieren. Ein Einsatz in den von der HASAG zunächst verwalteten und 1942 schließlich übernommenen polnischen Werken blieb ihm erspart. Daher hatte er mit der Mordmaschinerie, die dort anlief und Tausenden jüdischen Zwangsarbeiterinnen und Zwangsarbeitern das Leben kostete, nichts zu tun.

Heckler war ab Ende 1939 mit dem Ausbau des Nordwerks in Leipzig und dem Neubau des Werks in Taucha beauftragt. An beiden Standorten wurde für das italienische Unternehmen Innocenti produziert. Im Rahmen der Kooperation zwischen der HASAG und Innocenti reiste er mehrfach nach Italien. Etwa ab Mitte 1942 begann die HASAG in ihrer von Heinrich Langweiler geleiteten Forschungs- und Entwicklungsabteilung mit der Entwicklung von Panzerabwehrwaffen. Entgegen anderslautenden Behauptungen war Heckler daran nicht beteiligt.[370]

Als Betriebsleiter des Werkes in Taucha trug Heckler die Hauptverantwortung für den dortigen Arbeitseinsatz von Fremd- und Zwangsarbeitern, unter ihnen viele Polinnen und Polen, die zuvor in den Werken der polnischen Munitionsindustrie tätig gewesen waren. Es gibt auf Grundlage der bisherigen, schmalen Quellenbasis keine Hinweise darauf, dass er Gewaltakte gegen Zwangsarbeiterinnen und -arbeiter anordnete oder befürwortete. Für das zweite, ab Herbst 1944 ausschließlich zur Produktion von Panzerfäusten in Betrieb genommene Werk in Taucha war Heckler nicht zuständig. Dieses Werk, in dem mehr als 1200 weibliche Konzentrationslagerhäftlinge arbeiten mussten, wurde von Friedrich Tanzen geleitet. Tanzen organisierte auch den Arbeitseinsatz der Häftlinge.

In den mehr als 100 Prozessen, die nach dem Krieg gegen Mitarbeiter der HASAG geführt wurden, tauchte der Name Heckler nicht auf. Auch in den Berichten kommunistischer Widerstandskämpfer, die Hinweise auf besonders verhasste Nazis im Unternehmen enthalten, wurde er nicht genannt.

Gemessen an den Maßstäben, mit denen zu Lebzeiten Hecklers nationalsozialistische Täter in Deutschland verfolgt wurden, musste er nicht damit rechnen, zur Verantwortung gezogen zu werden. Überhaupt wurde nur ein einziger HASAG-Prokurist von insgesamt 28 in der sowjetischen Besatzungszone vor Gericht gestellt und für sein Wirken als stellvertretender Werkleiter in Kamienna und die dortigen Verbrechen verurteilt.

Heckler versuchte sich nach Kriegsende den Amerikanern anzudienen, die aber keine Verwendung für ihn hatten. Nach dem Besatzungswechsel in Leipzig war das Ende der HASAG vorprogrammiert. Damit zerfiel Hecklers berufliches und soziales Netzwerk in Leipzig.

Sämtliche HASAG-Werke wurden 1946 von der sowjetischen Besatzungsmacht demontiert. Das technologische Know-how der HASAG wurde von den Siegermächten ausgewertet. Während sich Amerikaner und Briten mit dessen Erfassung begnügten, da sie keinen Nachholbedarf bei der Entwicklung von Panzerabwehrwaffen hatten, nutzte die Sowjetunion bei der HASAG erbeutete Unterlagen für die Weiterentwicklung von raketengetriebenen Panzerabwehrwaffen.

Edmund Heckler kehrte im Frühsommer 1945 zu seiner Familie nach Oberndorf zurück und traf dort Theodor Koch wieder. Heckler war, soweit wir es überblicken, der einzige ehemalige HASAG-Ingenieur, der nach Oberndorf kam. Blaupausen oder Forschungsunterlagen hatte er wohl nicht im Gepäck. Jedenfalls konnte er an seine Arbeiten in Leipzig und Taucha nicht anknüpfen. Auch seine Kontakte zu Innocenti in Mailand nutzten ihm nichts mehr. Um sich gemeinsam eine neue Existenz aufzubauen und eine Firma gründen zu können, benötigten Edmund Heckler, Theodor Koch und Alex Seidel Unbedenklichkeitsbescheinigungen. Der Kreisuntersuchungsausschuss des Kreises Rottweil für politische Säuberung stufte Edmund Heckler im Mai 1948 als Mitläufer ein.[371] Maßnahmen gegen ihn wurden nicht verhängt.

Edmund Heckler war ein Opportunist, der sich mit seinem Fachwissen in den Dienst der Kriegsvorbereitung und der Kriegswirtschaft stellte. Die HASAG bot ihm Karrierechancen, die er bedenkenlos nutzte. Während von den meisten anderen HASAG-Prokuristen kaum noch ihre Namen, geschweige denn ihre Biografien bekannt sind, geriet Heckler nur deshalb in den Fokus der Öffentlichkeit, weil er zu den Mitbegründern eines bekannten Rüstungsunternehmens in der Nachkriegszeit gehörte. Dies garantierte die im Medienalltag immer wieder gern genutzte Fallhöhe.[372]

Trotzdem kann die Diskussion um Hecklers Rolle bei der HASAG als eine Chance gesehen werden, sich noch intensiver als bisher geschehen mit der Geschichte dieses lang vergessenen Unternehmens zu befassen und der Opfer der nationalsozialistischen Gewaltherrschaft zu gedenken.

Die Ingenieure, das Erbe und die Bundeswehr – Gründung und Aufstieg der Heckler & Koch GmbH

von Andrea H. Schneider-Braunberger

Oberndorf und die Folgen einer einseitigen Wirtschaftsstruktur

Für die Stadt Oberndorf und ihre Einwohner war das Ende des Zweiten Weltkriegs ein Erwachen mit unguten Erinnerungen. Die Älteren hatten die lange Zeit nach dem Ersten Weltkrieg nicht vergessen, als mit dem Verbot, Waffen herzustellen, eine zivile Nachkriegsproduktion erst mühsam erarbeitet werden musste und die wirtschaftliche Not der Oberndorfer die Zeit bis zur Mitte der 1930er Jahre fortlaufend prägte. Erst das Ankurbeln der Waffenproduktion durch die Nationalsozialisten – zunächst im Verborgenen, um die Alliierten nicht zu provozieren, dann intensiv und offen – hatte die Lage in der Stadt am Neckar geändert. Die folgenden Jahre setzte Oberndorf dann erneut vor allem auf ein Unternehmen – die Mauser-Werke AG.

Abb. 62: Bürgermeister Paul Fritz (l. u. Mitte); Mauser-Generaldirektor Hermann Zillinger (r.), Bürgermeister von Oberndorf vom 22.4.1945 bis 27.5.1945

Was nun am Ende des Zweiten Weltkriegs geschehen sollte, war anfangs völlig unklar. Die französische Besatzungsmacht jedenfalls setzte den NS-Bürgermeister Paul Fritz ab und ernannte – aus heutiger Sicht überraschend – am 22. April 1945 Hermann Zillinger zum vorläufigen Bürgermeister. Generaldirektor Hermann Zillinger leitete immerhin bis zu seinem Renteneintritt im Jahr 1941 die Mauser-Werke AG.[1] Er war Parteimitglied und am 17. Juli

1933 in den Gemeinderat der Stadt Oberndorf berufen worden.[2] Die Erwartungshaltung der Stadt an die Gemeinderatsmitglieder machte der NSDAP-Bürgermeister Fritz in der Sitzung vom 17. Juli 1933 deutlich: »Jeder solle alles zur Sicherung und Festigung des Vaterlandes einsetzen, das Banner der NSDAP vorantragen und sich als richtiger Nationalsozialist zeigen. [...] Mit einem dreifachen Sieg Heil auf den Führer wurde die Sitzung geschlossen.«[3] Die Aufnahme des Parteigenossen Zillinger in den Gemeinderat wurde, so im Jahresrückblick des Bürgermeisters, »zweifellos in der Bevölkerung durchweg mit Befriedigung aufgenommen«.[4] Zillinger selbst führte aus, das Ratsherrenmandat angenommen zu haben, »obwohl er durch seine häufigen Geschäftsreisen stark in Anspruch genommen sei, um die Beziehungen der Stadtverwaltung und der Mauserwerke zu fördern«.[5] Wie gut das Verhältnis war, wird im Kapitel von Stefanie van de Kerkhof in diesem Band geschildert.

Die Übernahme des Bürgermeisteramtes nach Kriegsende war jedoch für Zillinger nur von kurzer Dauer. Noch im Mai 1945 wurde er abgesetzt und zunächst zum *Administrateur Delegué* des Mauser-Vorstandes ernannt.[6] Aufgrund seiner Mitgliedschaft in der NSDAP und der Tatsache, dass er während des »Dritten Reiches« ein politisches Amt ausübte (Gemeinderat) sowie im Rahmen der Kriegswirtschaft tätig war – so trug er den Titel »Wehrwirtschaftsführer« –, wurde er in Vorbereitung seiner Entnazifizierung kurz vor Weihnachten 1945 verhaftet und in Rottweil interniert.[7] Zillinger starb am 7. Februar 1946 nach verschiedenen Zeitzeugenaussagen an den Folgen einer Misshandlung bzw. an den Haftbedingungen im Gefängnis.[8] Sein Entnazifizierungsverfahren wurde damit nicht mehr zu Ende geführt.

Die französische Besatzungspolitik war im Vergleich zur britischen und amerikanischen zunächst deutlich schärfer gegen die deutsche Bevölkerung gerichtet und weniger auf deren schnellen Wiederaufbau ausgerichtet.[9] So waren Demontage-Politik und Verurteilungen anfangs durchgreifender. Während die Nürnberger Prozesse, die Anklage wegen Verbrechen gegen die Menschlichkeit und Kriegsverbrechen erhoben, heute gut dokumentiert und historisch untersucht sind,[10] befinden sich die Akten der »Rastatter Prozesse« gemäß des allgemeingültigen

Abb. 63: Dr. Reinhard Winker, Bürgermeister vom 28.5.1945 bis 17.7.1945 und vom 5.11.1945 bis zum 5.4.1946

französischen Archivrechts noch immer unter Verschluss. Über 2130 Angeklagte wurde in den drei Jahren von 1946 bis 1949 in 235 medienwirksamen Prozessen verhandelt.[11] In Nürnberg fand der erste Prozess vor dem Internationalen Militärgerichtshof statt, die folgenden zwölf Nachprozesse vor einem amerikanischen Militärtribunal. Der sogenannte 13. Fall – gegen Hermann Röchling – fand dann im Rahmen der Rastatter Prozesse vor dem französischen *Tribunal Général* statt.[12] Zillingers Fall wäre im Rahmen dieser Prozesse verhandelt worden.

Am 28. Mai 1945 übernahm nun Dr. Reinhard Winker auf Geheiß der französischen Besatzungsmacht das Bürgermeisteramt in Oberndorf. Er war in der Zeit vor der nationalsozialistischen Machtergreifung Bürgermeister in Spaichingen.[13] Auch er wurde allerdings wenige Wochen später, am 17. Juli 1945, von den Franzosen verhaftet und zu drei Monaten Gefängnis verurteilt.[14] Er blieb bis zum 4. November 1945 inhaftiert. Seine Haft hatte er dem Umstand zu verdanken, dass er dem neu ernannten Polizeichef in Oberndorf, Gustav Witzmann, seine Tätigkeit untersagte mit der Begründung, dieser sei korrupt.

Abb. 64: Albrecht Eißler, Bürgermeister vom 17.7.1945 bis 3.11.1945

In der Zwischenzeit wurde ab dem 17. Juli 1945 Rechtsanwalt Albrecht Eißler Bürgermeister, der das Amt bis zum 3. November 1945 – also immerhin 16 Wochen – innehatte. Eißler war Jurist, vorübergehend in der NS-Zeit auch Wirtschaftsamtsleiter, dann jedoch im

Sommer 1944 entlassen worden.[15] Zwei Tage nach Ausscheiden Eißlers wurde nun wieder Dr. Winker vom 5. November 1945 bis zum 5. April 1946 Bürgermeister in Oberndorf.[16] Er trat dann jedoch wegen eines Nervenzusammenbruchs zurück.[17] Die schwierige Situation in Oberndorf, die harten Verhandlungen mit der französischen Besatzungsmacht und die Aussichtslosigkeit der Lage der Bürgerinnen und Bürger mögen seine Situation erklären, die durch Aussagen von Zeitzeugen untermauert wird.

Abb. 65: Der langjährige Bürgermeister von Oberndorf Otto Kenntner, im Amt vom 14.5.1946 bis 1975

Am 14. Mai 1946 wurde nun Otto Kenntner (*5.4.1913–†28.10.2009) seitens der französischen Besatzungsmacht zunächst als kommissarischer Bürgermeister eingesetzt. Dieses Amt sollte der spätere Ehrenbürger der Stadt Oberndorf fast 30 Jahre lang, nämlich bis 1975, ausüben.[18] Die erste Gemeinderatswahl fand am 5. September 1946 statt, 1947 wurde die erste Bürgerversammlung in Oberndorf durchgeführt und dann der Bürgermeister auch ordentlich gewählt.

Die Stadt Oberndorf am Neckar war mit Kriegsende hinsichtlich ihrer Einwohnerzahl wieder drastisch geschrumpft, hatte sie doch am 20. April 1945 noch 14575 (gegenüber 8250 im Jahr 1939) Einwohner gezählt.[19] Der starke Anstieg hatte jedoch ausschließlich mit den ausländischen Arbeitskräften, also den Zwangsarbeiterinnen und Zwangsarbeitern, die überwiegend bei der Mauser-Werke AG beschäftigt waren, zu tun. Die Volkszählung am 26. Januar 1946 wies Oberndorf nun mit 7555 Einwohner aus. Dabei verfügte Oberndorf 1946 nur über 3000, 1950 bereits wieder über 5200 Arbeitsplätze im nichtlandwirtschaftlichen Bereich.[20] Nach der ersten Entlassungswelle in Oberndorf im Dezember 1946 waren 188 Einwohner arbeitslos.[21] Die Stadtverwaltung sah sich zunehmend den Herausforderungen von sinkenden Einnahmen bei gleichzeitig wachsender Arbeitslosenzahl gegenüber.

Die Bedeutung der Mauser-Werke AG für die Stadt ist kaum zu überschätzen, Arbeitsplätze wie städtische Einnahmen kamen überwiegend von diesem einen Unternehmen. Die Einschnitte nach dem Ende des Zweiten Weltkriegs spiegelten sich auch in den finanziellen Abhängigkeiten: Die Gewerbesteuereinnahmen des Jahres 1943 in Höhe von 1294 000 Reichsmark brachen in den Jahren 1946/47 auf eine Fixsumme von 25 Prozent dieses Betrages, nämlich 300 000 Reichsmark, ein.[22]

Die Umsätze der Mauser-Werke AG zeichnen ein klares Bild der tatsächlichen Produktionsschwerpunkte und der Entwicklung: So wurden 1932/33 4,63 Mio. Reichsmark mit Handelswaffen, 331 000 Reichsmark mit Messwerkzeugen, 58 600 Reichsmark mit Addiermaschinen, 702 000 Reichsmark mit Nähmaschinen und 16 000 Reichsmark mit dem Automobilbau umgesetzt; insgesamt also 5 734 600 Reichsmark. Bereits vor Kriegsausbruch produzierten die Mauser-Werke also überwiegend Handelswaffen und Heeresgeräte, 1942/43 dann Heeresgeräte für fast 80 Mio. Reichsmark und Handelswaffen über 3 Mio. Reichsmark (siehe dazu auch Kap. »Kriegswirtschaftliche Produktion und Arbeitskräfteeinsatz« von Stefanie van de Kerkhof). So blickte die gesamte Stadt mit Spannung auf die Entscheidungen der französischen Besatzungsmacht über die Zukunft der Mauser-Werke AG.

Grafik 2: Umsätze Mauser-Werke nach Produkten[23]

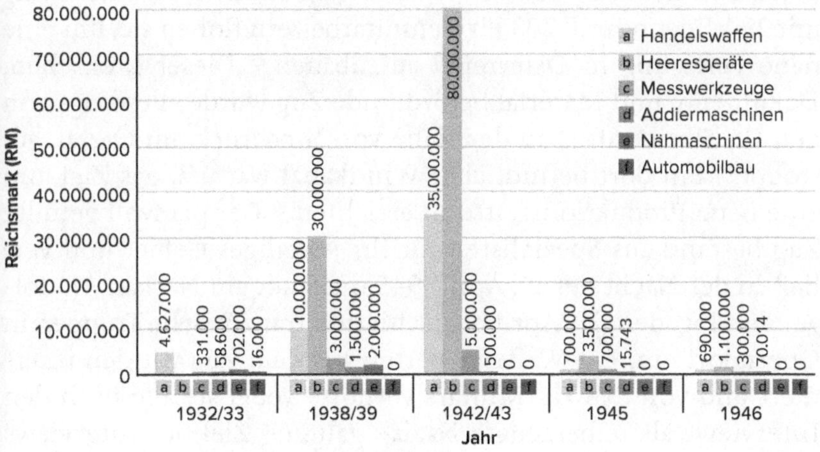

Der Mauser-Zug

Was war gegen Ende des Zweiten Weltkriegs im Schwarzwald geschehen? Die Besonderheit der Mauser-Werke AG lag nicht in der Produktion von Waffen, sondern in der hohen Konzentration von Experten, die in der sogenannten Versuchsanstalt der Mauser-Werke fast 500 Ingenieure zählten. Diese Ingenieure teilten sich gegen und nach Ende des Zweiten Weltkriegs in mehrere Gruppen auf, die unterschiedliche Wege gingen.

Grafik 3: Mitarbeiterzahl in der Abt. Waffenforschung der Mauser-Werke AG, 1937–1940[24]

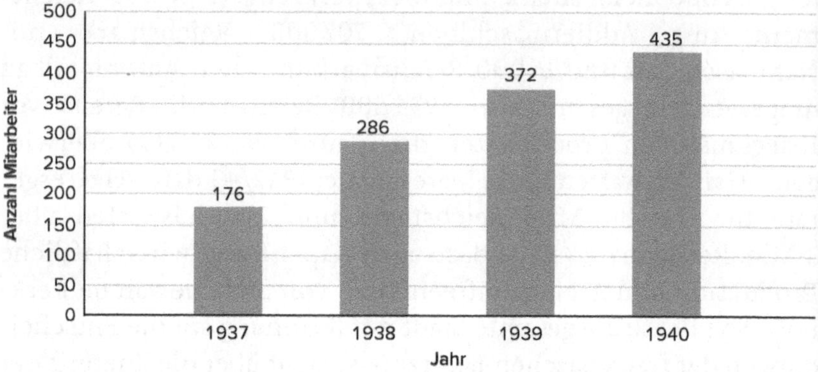

Die erste Gruppe, darunter Mitarbeiter der Waffenentwicklungsabteilung M 37, brach noch während des Krieges auf, um den vorrückenden alliierten Truppen zu entkommen. In einem Zug mit 29 Waggons und 203 Firmenmitarbeitern flohen sie, um eine neue Fertigung in Österreich aufzubauen.[25] Dieser Menschen, Dokumente und Material befördernde Zug wurde allerdings von den US-Streitkräften in der Nähe von Innsbruck, im Ötztal, gestoppt.[26] Ein dort befindlicher Windkanal war u. a. das Ziel, um eine neue Produktionsstätte zu errichten.[27] Der planvoll gefüllte Zug bestand aus Spezialisten für ihr jeweiliges Gebiet und verließ in der Nacht des 19. April 1945 die Stadt am Neckar. Am folgenden Tag, dem 20. April, marschierten französische Truppen in Oberndorf ein. Die Waffenexperten aus dem Zug wurden interniert und von den US-Militärs verhört, wobei sie alle nach den Interviews als »überzeugte Nazis« galten.[28] Ziel der Interviews war es, den Stand der Waffenkonstruktionen zu eruieren. Die festgehaltenen Ergebnisse waren daher primär technischer und weniger politischer oder unternehmensspezifischer Natur. Sie sind im Kontext der systematischen Überführung von geistigem Eigentum an die Alliierten zu sehen.[29]

Auch nach Oberndorf entsandten die Alliierten eigene Waffenexperten, um die im Schwarzwald verbliebenen Ingenieure zu verhören. In diesem Zusammenhang wurden die Vorstandsmitglieder der Mauser-Werke AG Ott-Helmuth von Loßnitzer[30] und Dr. Kurt Fleck inhaftiert. Im Auftrag von Loßnitzers hatte Alex Seidel eine Pistole konstruiert, um mit dem Wettbewerber Walther konkurrieren zu können. Seidel gehörte der Abteilung 37 (Konstruktionsbüro für leichte Maschinenwaffen) unter Leitung von Ing. Ernst Altenburger an[31] und war in der Konstruktion und Werkstatt für leichte Militärwaffen verantwortlich für die Konstruktion von Pistolen und Selbstladegewehren[32] (siehe hierzu auch »Die Rolle von Alex Seidel im Nationalsozialismus« in diesem Band).

Deutsche Experten im Elsass

Die französische Besatzungsmacht hatte die Gruppe 37 der Mauser-Entwicklungsabteilung unmittelbar nach dem Einmarsch unter die Direction des Études et Fabrications d'Armement (DEFA) der französischen Kriegsdepartements gestellt. Die DEFA. Centre d'Études Müllheim/Baden (*Atelier de fabricacion des armes Française*) wurde 1946 als Waffenproduzent neu errichtet. Die Entwicklergruppe der früheren Mauser-Werke trug nun den Titel »DEFA Entwicklungszentrum, Oberndorf« und führte Aufträge für die französische Besatzungsmacht aus, wobei »in größeren Stückzahlen an Ersatzteilen für Waffen und Lafetten für Maschinengewehre« gearbeitet wurde.[33]

Diese Arbeiten liefen, während gleichzeitig begonnen wurde, die Mauser-Werke zu demontieren. Als die aktiven Demontagen (Abbau der Maschinen) beendet waren und daher die Entlassung aller noch bei den Mauser-Werken verbliebenen Ingenieure bevorstand, wurde das ungefähr 150 Kilometer entfernte Mulhouse im Elsass als neuer Ort für das Entwicklungszentrum ausgewählt. Dort wurden die in den Mauser-Werken konstruierten Gewehre bzw. Zubehörteile nun durch die DEFA weiterentwickelt und die Projektile durch die LRBA (Laboratoire de Recherches Balistiques et Aérodynamiques). Die DEFA verlagerte also sukzessive Gruppen der Entwicklungsabteilung von Oberndorf nach Mulhouse, darunter die Ingenieure Rudolf Niemann, Ludwig Vorgrimler und Theodor Löffler. Im März 1946 war der Umzug abgeschlossen, und die beiden letztgenannten Ingenieure machten sich jeweils daran, ein Sturmgewehr neu zu konstruieren, was ihnen jeweils 1949 gelang.[34]

Die genaue Zahl der von Mauser zur DEFA gewechselten Ingenieure lässt sich vermutlich nicht mehr feststellen; die Angaben schwanken zwischen 35 Mitarbeitern der Abteilung M 37 (Gruppe Niemann)[35] bis zu 100, die im Februar 1946 Dienstverträge mit der französischen Firma DEFA abgeschlossen hätten.[36] Laut Angaben der Stadt Oberndorf aus dem Februar 1947 lag die Zahl bei 75 Spezialarbeitern.[37]

Insgesamt hatten sich wohl ca. 500 Arbeitskräfte aus Oberndorf in Frankreich Arbeitsplätze gesucht, um Einkommen zu generieren oder Lebensmittelrationen, die noch immer eines der Hauptprobleme im Nachkriegsdeutschland waren, zu erhalten. Die Arbeitskräfte wurden anfangs wöchentlich mit Lkws zwischen Oberndorf und Mulhouse hin- und hertransportiert, später übersiedelten viele von ihnen mit ihren Familien ins Elsass. Die Ingenieure hielten ihre Arbeitsverhältnisse dabei teils über viele Jahre aufrecht.[38] Es wurden zunächst auch Schreib- und Rechenmaschinen repariert, später dann Bordkanonen für Flugzeuge entwickelt. Als die deutsche Rüstungsindustrie wiederbelebt wurde, kehrten ab 1956 einige der Ingenieure zur IWK Karlsruhe – dem Nachfolgeunternehmen der Mauser-Werke AG –, der Diehl GmbH in Nürnberg oder der Rheinmetall AG in Düsseldorf zurück.[39] Einer von ihnen – Ludwig Vorgrimler – folgte einer Einladung nach Spanien. Auf direktem Weg scheint hingegen keiner der Mauser-Ingenieure nach Spanien geflüchtet zu sein.[40] Sie machten sich deutlich später auf den Weg auf die Iberische Halbinsel.[41] (Vgl. hierzu Kap. »CETME«.)

Demontage der Mauser-Werke und Folgen für Oberndorf

Bereits während der Konferenz von Jalta verhandelten die alliierten Hauptmächte – Sowjetunion, USA und Großbritannien – über künftige Demontagen in Deutschland in einer Größenordnung von ungefähr 25 Mrd. Reichsmark.[42] Unter Einschluss Frankreichs machte sich der Alliierte Kontrollrat 1945 jedoch daran, einen Industrieniveauplan auszuarbeiten, der so nicht benötigte Industrieanlagen für Demontagen vorsehen ließ.[43] In der amerikanischen Zone wurde bereits im Mai 1946 ein Demontage-Stopp verhängt, dem sich auch die Briten und Franzosen anschlossen. Allerdings galt dieser nicht für Rüstungsbetriebe sowie für sogenannte »Vorwegreparationen«, also bereits laufende Demontagen. 1947 galt eine umfassende gemeinsame Reparationspolitik der Alliierten als gescheitert.

Frankreich hatte schon vor dem 1. August 1945 »umfangreiche Lieferungen deutscher Güter empfangen«,[44] es folgten Entnahmen von »dringend benötigten einzelnen Maschinen« jenseits der offiziell vom Kontrollrat genehmigten. Frankreich nutzte seine Besatzungszone auch für den eigenen Wiederaufbau und integrierte deutsche Unternehmen in die eigene Wirtschaft. Auch fertigten deutsche Unternehmen für die französische Besatzungsmacht, wurden dafür jedoch bezahlt und dies überwiegend zum Marktpreis und in US-Dollar.

Die Reparationsleistungen, die Deutschland an die Alliierten abgab, umfassten Auslandsvermögen (8 Mrd. D-Mark), Patente und Schutzrechte (12–15 Mrd. D-Mark) sowie Demontagen, also die Entnahme von Produktionsanlagen aus Unternehmen, und Schiffe (6,5 Mrd. D-Mark).[45] Dabei stand die Rüstungsindustrie an erster Stelle, gefolgt von der Eisen- und Stahlindustrie.

Die Mauser-Werke, die zu Günther Quandts DWM-Konzern gehörten, der nach dem Krieg in Industrie-Werke Karlsruhe (IWK) umbenannt wurde, wurden im April 1945 in die Kategorie I der Rüstungsbetriebe eingruppiert und gemäß Gesetz Nr. 52 beschlagnahmt.[46] Damit zählten sie zu den Betrieben, die auch später von der Abmilderung der westalliierten Demontagepolitik nicht profitieren konnten.

Abb. 66 Demontage: Ein Teil der Mauser-Werke wurde gesprengt; ca. 1947/48.

Mit Verfügung Nr. 252, Dekret vom 15. Juni 1945 über die Schaffung eines *Commandement en Chef*, abgeändert durch das Dekret vom 18. Oktober 1945, Gesetz Nr. 43 des Kontrollrats über das Verbot der Herstellung, der Ein- oder Ausfuhr, der Beförderung und der Lagerung von Kriegsmaterial; Direktive Nr. 39 des Kontrollrats über die Festsetzung der Einzelheiten der industriellen Liquidierung, Verordnung Nr. 98 des *Commandant en Chef Français en Allemagne*, wurde angeordnet, dass die Mauser-Werke AG aufgelöst ist und ein Liquidator bestellt wird.[47]

In Oberndorf selbst ging das Arbeiten in den Mauser-Werken ab August 1945 weiter, neben Waffen, die für die französische Besatzungsmacht gefertigt wurden, wurden Lehren, Rechenmaschinen und Feinmesswerkzeuge hergestellt. Die Waffenproduktion endete auf Druck der Alliierten im Mai 1946, die Messwerkzeugproduktion im November des gleichen Jahres, die restlichen Produktionslinien zum 1. Dezember 1946.

Ab dem 16. August 1946 wurde der französische Kommandant Raymond Bouysse zum Zwangsverwalter und Liquidator der Mauser-Werke AG bestellt, am 1. Dezember 1946 die Stilllegung und Demontage der Mauser-Werke AG durch die Interalliierte Viererkommission bekannt gegeben.

Drei Tage später entwarf die Stadt Oberndorf eine Erklärung, die sie am 7. Dezember 1946 an den Alliierten Kontrollrat in leicht geänderter Form schickte. Der folgende Passus fehlte:

> »Der Einwand, dass in den neuen Unternehmungen die früheren Waffenspezialisten sich wieder zusammenfinden und damit für eine spätere Wiederaufnahme des Waffenbaus in Oberndorf erhalten bleiben, wird damit entkräftet, dass einerseits eine Industriekontrolle auf die Dauer der vorgesehenen Besatzungszeit derartige Vorbereitungen verhindern kann, andererseits die Mauser-Waffenspezialisten und das Führungspersonal aus der Waffenforschung und -Entwicklung in einer Gruppe, die vor dem Zusammenbruch Oberndorf verließ und von den Amerikanern und Engländern übernommen wurde, und in einer zweiten Gruppe, die nach dem Zusammenbruch im Auftrag des Franz. Kriegsministeriums wieder arbeitete, nach Frankreich verpflichtet wurden und aus Oberndorf abwandern. Die sicherste Garantie aber für eine Verhinderung künftiger Rüstungsversuche dürfte in einer systematischen Stärkung aller an einem demokratischen Aufbau unseres Volkes interessierten Kräfte sein.«[48]

Vertreter der örtlichen Organisationen der Gewerkschaften und zugelassenen politischen Parteien verfassten daraufhin eine Denkschrift vom 18. Dezember 1946 gegen die Liquidation der Mauser-Werke. Unbeeindruckt davon entließ Bouysse 700 Betriebsangehörige zum 31. Dezember 1946, weitere 750 Mitarbeiter blieben für den systematischen Abbau der Maschinen im Werk eingesetzt. Von 7000 Maschinen waren bereits 5000 demontiert und an die Siegermächte verteilt worden. Die Demontagen liefen ungehindert weiter.[49]

1946 bemühte sich Bürgermeister Kenntner, eine Friedenswirtschaft aufzubauen, und kontaktierte die Landesdirektion der Wirtschaft und das Zentralamt für Wirtschaft und Arbeit, um für die Ansiedlung von Firmen der nichtmetallverarbeitenden Industrie zu werben.[50] Der Alliierte Kontrollrat ordnete allerdings im November 1946 an, dass sämtliche Firmen, die Bürgermeister Kenntner in den Monaten zuvor mühevoll nach Oberndorf geholt hatte, die Gebäude der Mauser-Werke wieder verlassen müssten.[51] Der Versuch der Stadtverwaltung, neue Industrien in Oberndorf anzusiedeln, drohte also zu scheitern, die Verträge zwischen der französischen Direktion der Mauser-Werke und den neu angesiedelten Firmen wurden nun wieder annulliert.[52] Dies bedeutete nicht nur, dass die bereits angesiedelten Unternehmen abzuwandern drohten, sondern auch, dass bereits weitere angekündigten Umsiedlungspläne nicht möglich wurden.[53] 17 Firmen der Textilindustrie waren entsprechend der Vorgaben der Alliierten vorgeschlagen worden.[54] Immerhin wählte Kommandant Bouysse nun aber doch eine Reihe von Unternehmen aus, die sich seiner Meinung nach zur Ansiedlung eigneten.[55]

Für die Ansiedlung im Blick hatte Bürgermeister Kenntner vor allem das sogenannte Obere Werk der Mauser-Werke AG, das Zillinger 1935 der Stadt zur Verfügung gestellt hatte, und in dem die Berufsschule untergebracht war. Da es jedoch im März 1947 seitens der Militärregierung noch keinen »Auflösungsorder« bezüglich der Mauser-Werke gab, konnte es folglich noch keine Entscheidung über die Verwendung von Gelände und Gebäuden geben.[56] Zu diesem Zeitpunkt hoffte die Stadt Oberndorf, in der ehemaligen Waffenforschungsanstalt der Mauser-Werke ein Krankenhaus unterbringen zu können. Drei Monate später hatte sich diese Hoffnung zerschlagen, als das Gebäude, obwohl als Krankenhaus geeignet, abgetragen wurde.[57]

Die Mauser-Werke AG wurde, wie bereits erwähnt, als der Kategorie I der Kriegsindustrie zugeordnet zerschlagen.[58] Bürgermeister Kenntner musste sich eingestehen: »Mauser wird auf gleicher Ebene wie Krupp, Maybach, Zeppelin, Dornier bewertet und auch behandelt.«[59] Die Versuche Günther Quandts und Otto Kenntners, die Demontage der Gebäude der Mauser-Werke AG abzuwenden, ordneten andere Politiker als unrealistisch ein. Obwohl dies die Stadtverwaltung nicht abhielt, konnte sie den Entschluss der Alliierten nicht ändern.[60]

Otto Kenntner versuchte in Verhandlungen mit dem Zwangsverwalter Raymond Bouysse, wenigstens einen Teil der Mauser-Werke AG als mechanischen Fertigungsbetrieb zu retten. Bouysse machte den Vertretern Oberndorfs gegenüber jedoch unmissverständlich klar, dass ihm wichtig war, zu verhindern, dass Deutschland jemals wieder »gegen Frankreich einen Krieg zu entfesseln« in der Lage sein dürfe.[61] Ein wirtschaftliches Wiedererstarken Oberndorfs hielt Bouysse für möglich, wenn die Fachkräfte des Waffenbaus sich weit verstreuten. »Der Verbleib der Führungskräfte des Werkes in Oberndorf«, so Bouysse, »wirkt zweifellos negativ. Die Verwendung dieser Kräfte in untergeordneter oder gar führender Stellung neuer Unternehmen in O. muss vermieden werden.«[62] Ehemalige Mauser-Führungskräfte sollten also nicht in leitenden Positionen in Oberndorf arbeiten.

Die lang dauernde Liquidation der Mauser-Werke AG begann ab April 1947 mit der Sprengung der Hälfte der Werksanlagen: das Mittlere Werk, der C-Bau, der Schafttrockenschuppen und die Schaftfräserei sollten demontiert und gesprengt werden.[63] Bouysse machte Oberndorf Hoffnung, dass bei einer Zusammenlegung der Besatzungszonen und Anlaufen des Marschall-Planes der Abrissbefehl des Kontrollrats wieder aufgehoben werden könne.[64]

450 Mitarbeiter der Mauser-Werke waren noch Ende 1947 mit Verpackungsarbeiten des demontierten Materials, der Entnahme von Maschinen und dem Abtragen der Gebäude beschäftigt.[65] Eine Petition der Bürgerinnen und Bürger Oberndorfs vom 23. Juli 1948 an die französische Militärregierung bat darum, im Rahmen der Demontage nicht alle Gebäude der Mauser-Werke zu sprengen.[66] Immerhin wurde nun der D-Bau von der Liste der zu

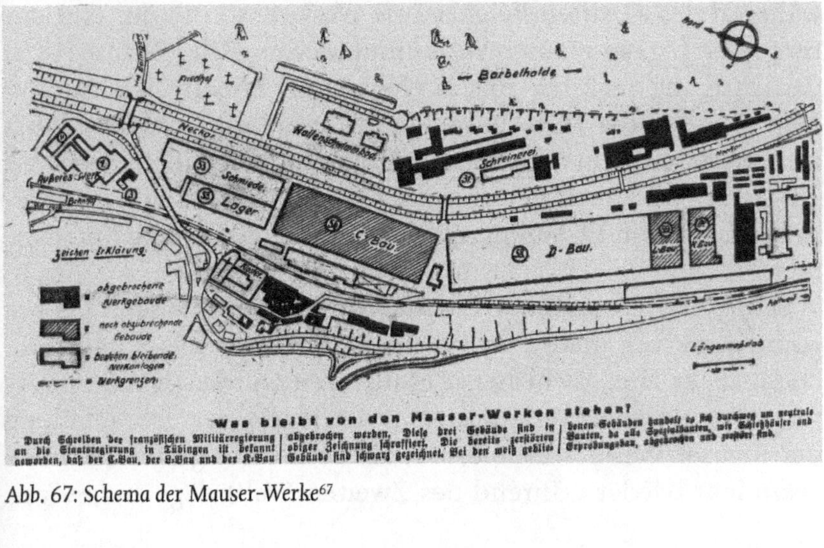

Abb. 67: Schema der Mauser-Werke[67]

sprengenden Gebäude genommen und damit ca. 40 000 Quadratmeter Fläche gerettet.

Auch wenn dieser Teilerfolg die Stadt in eine bessere Lage versetzte, blieb das Problem, dass nach Vorgabe von Bouysse in den ehemaligen Gebäuden der Mauser-Werke AG keine metallverarbeitende Industrie angesiedelt werden durfte. Im Zusammenhang mit der geplanten Ansiedlung der Meßzeug Boll GmbH, die immerhin 30 Metall-Facharbeitern aus Oberndorf Beschäftigung bot, betonte Kenntner, dass nur »arbeitsintensive Betriebe mit reiner Friedensfertigung, die ausreichende Beschäftigungsmöglichkeiten für Frauen bieten, keine hohen Beförderungsleistungen beanspruchen und verschiedenen Wirtschaftszweigen angehören«, angesiedelt würden. Vor allem bleiben »Konjunkturunternehmen und metallverarbeitende Betriebe [...] von der Zulassung ausgeschlossen«.[68]

»Ähnliches gilt für das Problem der Waffenfertigung. Soweit der öffentlich bekundete Wille, in Oberndorf nie wieder Waffen fertigen zu wollen, überhaupt echt war, ist er ein Ausfluss der Umerziehungsaktion der Besatzungsmächte, der in einigen Fällen, wie z. B. bei GLEICHAUF, zueiner [sic!] anscheinend echten, fast idealistisch zu bezeichnenden Haltung geführt hat.«[69] Robert Gleichauf (*4.4.1914–†25.10.1992), der eine steile Karriere in der Bundesrepublik Deutschland hinlegte und später neben Otto Kenntner Ehrenbürger der Stadt Oberndorf wurde, arbeitete während des »Dritten Reiches« als Werkmeister in der Einrichtungsplanung der Mauser-Werke und war im »Schießhaus III« in der Fertigung der 2-cm-Flak 38 eingesetzt.[70] Robert Gleichauf war kein Mitglied der NSDAP und wurde vom Säuberungsausschuss freie Wirtschaft am 6. Februar 1947 »als politisch nicht belastet« eingestuft, und auch der politische Landesbeirat schloss in seiner Sitzung vom 19. Februar 1947 Gleichaufs Akte ohne Maßnahmen.[71]

Seine Karriere hatte er als Mechaniker bei Mauser 1928 begonnen, musste diese aber für zwei Jahre (1935–1937) unterbrechen, als er zum Wehrdienst einberufen wurde. In seiner späteren Position als Werkmeister in der Waffenversuchsabteilung der Mauser-Werke wurde er »unabkömmlich« gestellt, konnte also nicht wieder während des Zweiten Weltkriegs eingezogen werden. 1946 wurde Gleichauf zum Betriebsratsvorsitzenden der Mauser-Werke AG gewählt. Er begann auch, sich zunächst lokalpolitisch in der neu gegründeten CDU zu engagieren, und wurde Gemeinderat seines Heimatortes. Später dann war Gleichauf als CDU-Politiker von 1952 bis 1980 Mitglied des Landtages und von 1968 bis 1980 Finanzminister des Landes Baden-Württemberg.[72]

Abb. 68: Robert Gleichauf, Betriebsratsvorsitzender der Mauser-Werke AG (1946–1949) und Oberndorfer Gemeinderat (1947–1968) sowie stellv. Bürgermeister von Oberndorf (1948–1962)

Robert Gleichauf gehörte zu den letzten Arbeitskräften der Mauser-Werke, die entlassen wurden. In den darauffolgenden Jahren wurde er zu einem der stärksten Unterstützer, wenn es darum ging, die metallverarbeitende Industrie – und damit auch die Waffenindustrie – wieder in Oberndorf anzusiedeln. Die arbeitslosen Oberndorfer, die aus ebendiesem Industriezweig kamen, sollten eine Perspektive haben. Im Rathaus war durchaus bekannt, dass die ehemaligen Mitarbeiter der Mauser-Werke diverse Konstruktions- und Werkzeichnungen an sich gebracht hatten und diese auch veräußert wurden.[73]

Auch der Landesregierung Württemberg-Hohenzollern war die Situation Oberndorfs aufgrund der Demontagen bewusst. Daher stellte sie der Stadt Finanzmittel zur Verfügung für Kredite, Bürgschaften und Zinsverbilligungsmaßnahmen; auch eine Staatsbürgschaft über 10 Mio. D-Mark für die besonders in Mitleidenschaft gezogenen Städte wie Friedrichshafen und Oberndorf zählte zu den Landesmaßnahmen.[74] Am 23. Juni 1949 verabschiedete der Landtag ein Gesetz über die Förderung der Ansiedlung gewerblicher Industrie in Oberndorf a. N., das gemeinsam mit den Anreizen der Stadt Oberndorf zur Schaffung neuer Arbeitsplätze durch die »Bereitstellung von Industriebaugelände«, Darlehen für die »Beschaffung von Maschinen« in Höhe von 36 000 D-Mark sowie »Einräumung verbilligter Mieten« und Steuervergünstigungen von jährlich 36 000 D-Mark die Ansiedlung neuer Gewerbebetriebe beflügelte.[75]

Parallel dazu versuchten das Land und die Stadt Oberndorf sowie der französische Zwangsverwalter die Situation bei der Mauser-Werke AG zu lösen. So stellte das Land eine Bürgschaft über 25 Mio. Reichsmark zur Verfügung, damit »unbelastete Teile des Werksgeländes an Unternehmen verkauft werden« konnten. Als dann das französische Sicherheitsamt (OMS) 1951 die »Errichtung metallverarbeitender Betriebe in dem früheren Mauser-Gelände« genehmigte, siedelten sich entsprechend erste Firmen an. »Aus politischen Gründen« wünschten »die Franzosen nicht, dass in der Presse über die Möglichkeit der Einrichtung metallverarbeitender Betriebe in den früheren MAUSER-WERKEN geschrieben wird«.[76]

So finden sich bei den Ansiedlungen in Oberndorf zunächst vorwiegend Unternehmen der Textilbranche,[77] es folgten andere Branchen,[78] bald auch erste metallverarbeitende Betriebe,[79] die vor allem Nähmaschinen, Rechen- und Büromaschinen, Präzisionswerkzeuge und Messwerkzeuge herstellten. Zudem entstanden Kleinst- und Kleinbetriebe, gegründet von den ehemaligen Mitarbeitern und Ingenieuren der Mauser-Werke.[80]

Grafik 4: Mitarbeiterzahlen der großen Firmen in Oberndorf, 1948/49[81]

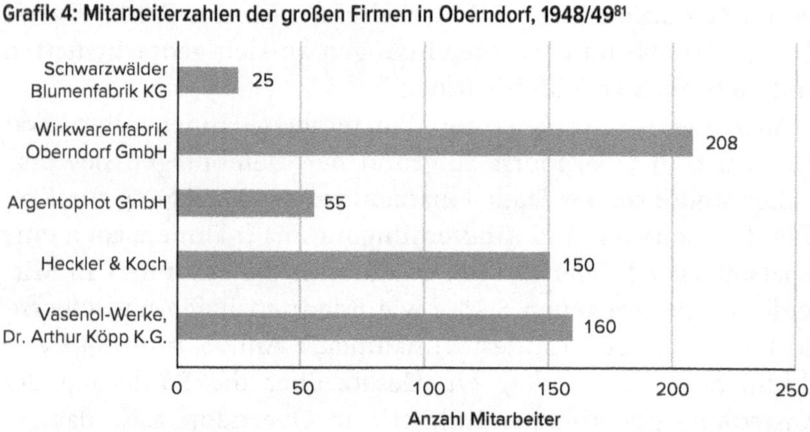

Tatsächlich wurden also die Gebäude und Gelände der Mauser-Werke im Jahr 1951 überwiegend von Unternehmen der Textilindustrie genutzt: so von der Trikotwarenfabrik Gebr. Conzelmann, der Gardinenweberei Fritz Eckhard GmbH, der Gardinenweberei Rudolf Baumann GmbH und der Martin Jetter Schuhfabrik. Auch die ursprünglich aus Leipzig stammende Vasenol-Werke Dr. Arthur Köpp KG, die Wund- und Hautpflegemittel herstellte, siedelte sich an.[82] Aus dem Bereich der metallverarbeitenden Industrien saßen lediglich die neu gegründete OPW Oberndorfer Präzisionswerk GmbH (Messzeugherstellung), die Maschinenfabrik Oberndorf Neckar Paegert KG sowie die Kienzle Apparatebau GmbH[83] in den früheren Mauser-Gebäuden.[84]

Insgesamt war die Ansiedlung ein Erfolg.[85] Trotzdem sprach Edmund Heckler in einem Schreiben vom Mai 1949 von einer Massenarbeitslosigkeit in Oberndorf.[86] Im November 1950 besuchte Arbeitsminister Eugen Wirsching Oberndorf, um sich selbst ein Bild zu machen. Oberndorf benötigte damals noch immer »zuallererst Geld« und hatte die berechtigte Hoffnung, Förderbezirk zu werden, da die Steuereinnahmen auch 1951 noch immer rückläufig waren und der kommunale Haushalt seit Jahren unterdeckt war: 1948 fehlten 70 000 D-Mark, 1949 144 500 D-Mark und 1950 158 300 D-Mark.[87]

Noch 1951 war die Demontage und spätere Liquidation der Mauser-Werke AG nicht abgeschlossen, die Verwertung der noch bestehenden Gebäude und Grundstücke nicht beendet. So kamen sich die französische Zwangsverwaltung und die Stadtverwaltung in die Quere, als geprüft wurde, ob leer stehende Hallen zur Einlagerung von französischen Militärfahrzeugen genutzt werden könnten, während sich die Stadt bemühte, Wirtschaftsbetriebe anzusiedeln.[88] Von den Mauser-Gebäuden standen noch immer der nördliche Bau (D-Bau), die Schmiede und eine Lagerhalle. Oberndorf brachte nun den klaren Wunsch vor, diese Gebäude an die Betriebe der metallverarbeitenden Industrie zu geben.[89]

Die Demontage endete mit Aufhebung des Liquidationsbefehls gegenüber der Mauser-Werke AG am 8. Januar 1954.[90] Zu diesem Zeitpunkt waren die Mauser-Werke zugehörig zum Konzern Günther Quandts: die Deutsche Waffen- und Munitionsfabrik AG wurde zu Berlin-Karlsruher Industrie-Werke AG umfirmiert, die sich dann 1949 in Industrie-Werke Karlsruhe AG (IWK) umbenannte.[91]

Ein neues Unternehmen entsteht: Heckler & Koch GmbH

Das Ingenieurbüro Edmund Heckler und die Entnazifizierung

Edmund Heckler kehrte im Sommer 1945 in den Schwarzwald zurück. Wann sich die Gründer der Heckler & Koch GmbH – Edmund Heckler, Theodor Koch, Alexius (Alex) Seidel und Erich Unterkofler – dort erstmals wieder trafen, ist nicht überliefert. Ebenso wenig wie der genaue Zeitpunkt, zu dem sie begannen, ihre gemeinsame Idee für ein Unternehmen zu entwickeln. Edmund Heckler jedenfalls unternahm 1947 in Form einer losen GbR erste Schritte zur Etablierung eines Unternehmens.[92]

Abb. 69: Edmund Heckler, Inhaber des Ingenieurbüros Edmund Heckler, Oberndorf

Aus diesen Anfängen erklärt sich zum Teil der später gewählte Name Heckler & Koch GmbH. Ausschlaggebend waren jedoch die politischen Umstände, warum nicht auch Alex Seidel im Namen geführt wurde, obwohl – wie gleich zu zeigen sein wird – auch er bereits im Januar 1948 und damit deutlich vor Etablierung der Heckler & Koch GmbH mit von der Partie war. Als Waffenkonstrukteur blieb sein Name für das junge Unternehmen außen vor, um nicht etwa den Anschein zu erwecken, in die Waffenproduktion einsteigen zu wollen.

Die politische und wirtschaftliche Lage in Oberndorf war also in den Jahren 1947/48 nach wie vor herausfordernd. Während sich einerseits Stadt und Land um neue Arbeitsplätze für die zahlreichen in dem Neckarstädtchen lebenden früheren Mauser-Ingenieure bemühten, machte andererseits der französische Zwangsverwalter der Mauser-Werke unmissverständlich klar, dass in Oberndorf unter keinen Umständen jemals wieder Waffen produziert werden sollen. Ehemalige leitende Ingenieure sollten daher, wie ausgeführt, auch nicht wieder in leitender Funktion beschäftigt werden.[93]

Nachdem Edmund Heckler 1945 ohne weiteres Vermögen Leipzig verlassen und sich in Waldmössingen niedergelassen hatte,[94] arbeitete er zunächst im »Lichtspielbetrieb der Erbengemeinschaft Laur« und war bereits zu diesem Zeitpunkt »vereinzelt als beratender Ingenieur« tätig.[95] Edmund Hecklers Frau Cilly Heckler war eine geborene Laur, deren Familie das Hotel zur Post in der Hauptstraße 18 in Oberndorf gehörte und in dessen Nähe (Hauptstraße 8) Heckler sein Konstruktionsbüro eröffnete. Theodor Koch und Alex Seidel gehörten mit weiteren 101 Personen zu den Mitarbeitern der Mauser-Werke AG, die erst zum 31. Dezember 1948 aus dem Unternehmen ausschieden und bis dahin die Demontagearbeiten leiteten.[96] Schon zu Schulzeiten hatte Edmund Heckler Alex Seidel kennengelernt, beide besuchten, allerdings zu unterschiedlichen Zeitpunkten, die Maschinenbauschule in Esslingen. Seidels Vater arbeitete bei der Mauser-Werke AG. Seidel junior erhielt nach seinem Ingenieursabschluss dort eine Anstellung in der Entwicklungs- und Konstruktionsabteilung. Theodor Koch war nach seinem Studium, dass auch er in Esslingen absolviert hatte, seit 1929 bei der Mauser-Werke AG als Ingenieur und Konstrukteur beschäftigt, unterbrach diese Tätigkeit dann aufgrund der wirtschaftlichen Gesamtsituation für zwei Jahre, um 1933 wieder nach Oberndorf zurückzukehren. Dort übernahm er die Technische Leitung des Betriebsmittelbaus (Werkzeug- und Vorrichtungsbau) bei Mauser und leitete das »Konstruktionsbüro für

Abb. 70: Alex Seidel, Mitgründer der Heckler & Koch GmbH

Erzeugnisse«.[97] (Vgl. hierzu den Beitrag von van de Kerkhof in diesem Band.)

Wie die Demontagen liefen auch die Entnazifizierungsverfahren in den verschiedenen Besatzungszonen unterschiedlich ab. Die Franzosen beteiligten die deutsche Bevölkerung von Anfang an in den lokalen Säuberungsausschüssen, indem Verfolgte und Gegner des NS-Regimes aus den Kirchen, Parteien und Gewerkschaften für diese nominiert und seitens der französischen Besatzungsbehörde zugelassen wurden. Es gab in Bezug auf die Entnazifizierung keine Vorgabe von formellen Kriterien, wie insbesondere die Amerikaner sie zugrunde legten, sondern es sollte eine individuelle Prüfung durchgeführt werden.

Dabei wurden die leitenden Personen von Unternehmen mit 20 Beschäftigten und mehr automatisch überprüft (1500 Unternehmen), kleine Betriebe nur bei politischer Auffälligkeit der Leitung. Die Untersuchten mussten in Form von Fragebögen Auskunft geben, die die Säuberungsausschüsse durch Zeugenaussagen ergänzen lassen konnten.

Theodor Koch wurde im Entnazifizierungsverfahren von der Spruchkammer in der Sitzung vom 21. November 1946 aufgrund seiner Mitgliedschaft in der SS – Koch war nicht Mitglied der NSDAP – zu einer Geldbuße von 1000 Reichsmark und Ableistung von 100 Arbeitsstunden verurteilt. Unüblich ist, dass Koch selbst in seinem Fragebogen seine Fördermitgliedschaft in der SS nicht angibt; weshalb auch keine Information über Zeitpunkt und Dauer der Mitgliedschaft sowie der Höhe des Förderbetrages bekannt sind. Eine handschriftliche Notiz in Französisch fügt seiner Akte die Information seiner SS-Mitgliedschaft dann hinzu. Dass daraufhin kein härteres Urteil erfolgte, mag erstaunen. Der Säuberungsausschuss begründet sein Urteil lediglich wie folgt: »Der Betroffene gehörte nicht der NSDAP

Abb. 71 Mitgründer Theodor Koch

an. Er war aber ›Förderndes Mitglied der SS‹ und hat somit zur Unterstützung dieser Einrichtung beigetragen, die ganz besonders die nationalsozialistischen Ziele vertrat«. Der politische Landesbeirat schlug jedoch am 17. Januar 1947 vor, die Akte »ohne Maßnahmen« zu schließen, mit der Begründung, die fördernde SS-Mitgliedschaft falle nicht unter die Beurteilung.[98]

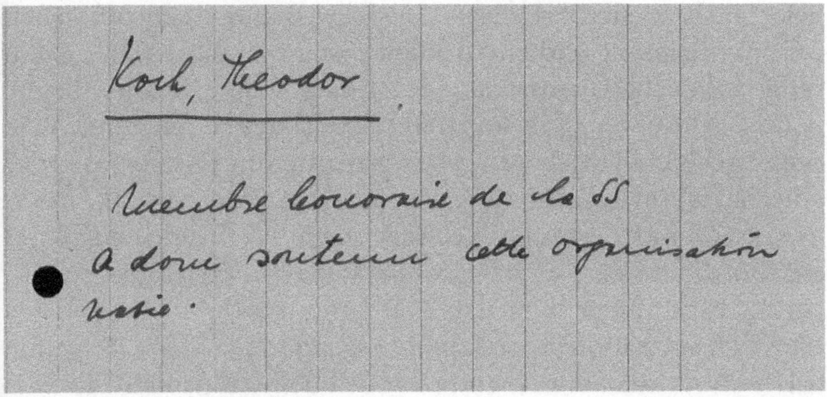

Abb. 72: Eine auf Französisch verfasste handschriftliche Notiz in der Entnazifizierungsakte von Theodor Koch weist auf seine Fördermitgliedschaft bei der SS hin[99]

Alex Seidel wurde, da er keiner Parteiorganisation jenseits der DAF und NSV angehörte, eine politische Unbedenklichkeitsbescheinigung zur Wiederaufnahme einer Arbeitstätigkeit ausgestellt. Die Spruchkammer kam in ihrer Sitzung vom 19. April 1950 zum Ergebnis: »Seidel ist unbelastet«.[100]

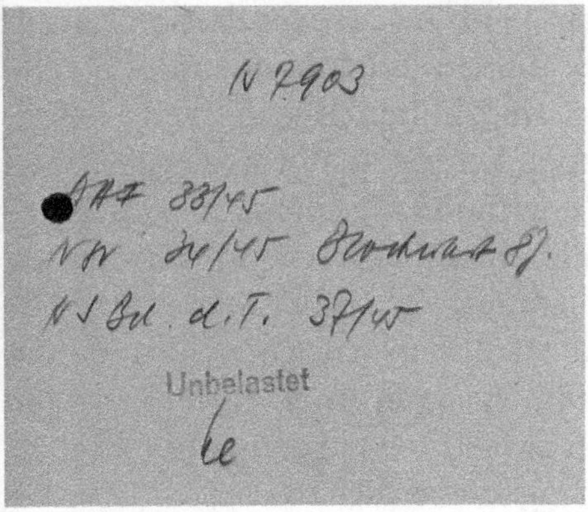

Abb. 73: Das Entnazifizierungs-Urteil zu Alex Seidel: »Unbelastet«.[101]

Am 31. Mai 1948 beantragte Edmund Heckler unter der Adresse Hauptstraße 8 in Oberndorf – das Büro hatte er gemietet –,[102] beim Bürgermeisteramt die Genehmigung zur »Niederlassung als beratender Ingenieur«.[103] Dabei gab er an, im Juni 1945 aus »zeitbedingten Gründen« aus der Fa. Hugo Schneider AG ausgeschieden zu sein. Diesem Antrag vom 31. Mai 1948 legte er laut Anlageliste des Schreibens eine politische Unbedenklichkeitsbescheinigung bei.[104] Dass es sich bei dieser Bestätigung um einen offiziellen »Entnazifizierungsspruch« handelte, ist unwahrscheinlich. Denn seine politische Überprüfung durch den Kreisausschuss für die politische Säuberung in Rottweil selbst fand erst am 2. Juli 1948 statt. In seinem Fragebogen gab er dabei an, von 1941 bis 1943 Mitglied der NSDAP ohne Amt gewesen zu sein, sowie der DAF, NSV, dem NS-Bund Deutscher Technik sowie Reichsluftschutzbund angehört zu haben. Das Staatskommissariat für die politische Säuberung kam zum Schluss, dass Edmund »Heckler nicht mehr als nominell am Nationalsozialismus teilgenommen« habe. Er wurde daher als »Mitläufer« eingruppiert mit der Maßnahme, die Kosten des Verfahrens zu tragen.[105] Seidel war also unbelastet, Kochs Strafmaß aufgrund seiner fördernden Mitgliedschaft in der SS wiederum wurde nicht durchgeführt, weil sich der Landesbeirat nicht zuständig fühlte, jedoch auch keine weitere Strafverfolgung initiierte, und Hecklers Verfahren wurde anscheinend ohne intensivere Prüfung abgeschlossen. Der späte Zeitpunkt des Antrages – Sommer 1948 – sowie die positiven Begleitworte des Bürgermeisters mögen hierbei gewirkt haben.

Welche politische Unbedenklichkeitsbescheinigung Edmund Heckler allerdings Ende Mai 1948 an das Landratsamt nach Rottweil übersandt hat, bleibt unklar. Ein Schreiben des Staatskommissars vom 26. Juli 1948 an Edmund Heckler zeigt jedenfalls, dass ihm im Mai 1948 noch keine solche vorgelegen haben konnte.[106] Im Juni 1948 wurde Edmund Hecklers Antrag auf Genehmigung, sich als Ingenieur niederzulassen, in der Sitzung der Verwaltungsabteilung behandelt. Vermutlich hat er jene Bescheinigung nicht mitgeschickt, sondern nachgereicht und dem Landratsamt Rottweil vorgelegt, das dann am 4. November 1948 bestätigte, dass er »persönlich zuverlässig« sei und »über die erforderlichen fachlichen Kenntnisse« verfüge.[107]

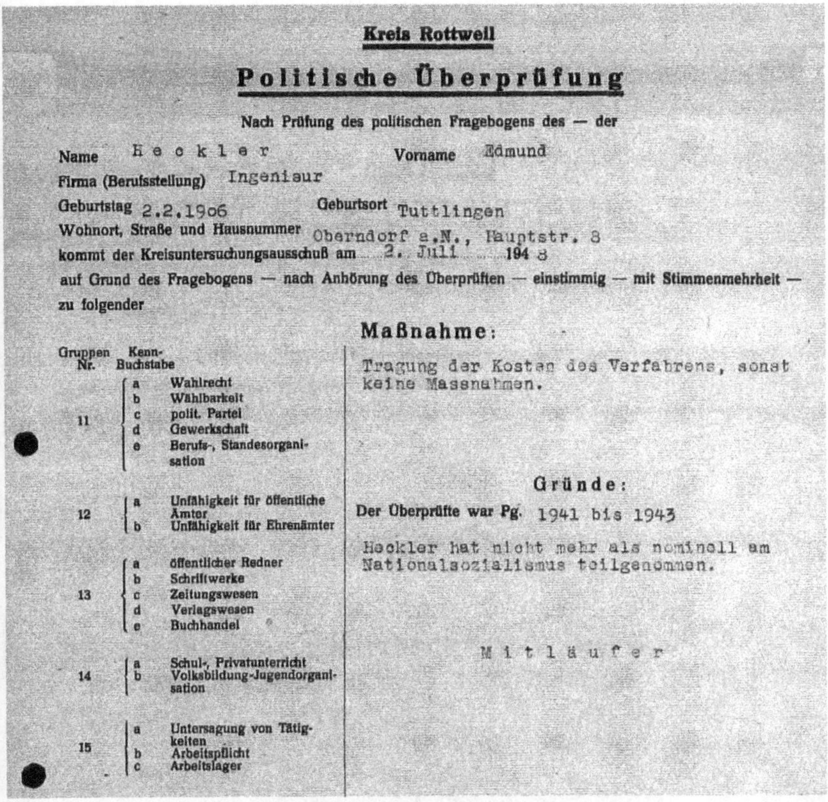

Kreis Rottweil

Politische Überprüfung

Nach Prüfung des politischen Fragebogens des — der

Name Heckler Vorname Edmund

Firma (Berufsstellung) Ingenieur

Geburtstag 2.2.1906 Geburtsort Tuttlingen

Wohnort, Straße und Hausnummer Oberndorf a.N., Hauptstr. 8

kommt der Kreisuntersuchungsausschuß am 2. Juli 1948

auf Grund des Fragebogens — nach Anhörung des Überprüften — einstimmig — mit Stimmenmehrheit — zu folgender

Maßnahme:

Tragung der Kosten des Verfahrens, sonst keine Massnahmen.

Gruppen Nr.	Kenn-Buchstabe	
11	a	Wahlrecht
	b	Wählbarkeit
	c	polit. Partei
	d	Gewerkschaft
	e	Berufs-, Standesorganisation
12	a	Unfähigkeit für öffentliche Ämter
	b	Unfähigkeit für Ehrenämter
13	a	öffentlicher Redner
	b	Schriftwerke
	c	Zeitungswesen
	d	Verlagswesen
	e	Buchhandel
14	a	Schul-, Privatunterricht
	b	Volksbildung-Jugendorganisation
15	a	Untersagung von Tätigkeiten
	b	Arbeitspflicht
	c	Arbeitslager

Gründe:

Der Überprüfte war Pg. 1941 bis 1943

Heckler hat nicht mehr als nominell am Nationalsozialismus teilgenommen.

Mitläufer

Abb. 74: Ergebnis der Politischen Überprüfung Edmund Hecklers vom 2.7.1948: »Mitläufer«.[108]

Am 24. November 1948 stellte das Landratsamt Rottweil schließlich fest, dass die Eröffnung des Ingenieurbüros nicht genehmigungspflichtig sei, da es sich nicht um einen Fertigungsbetrieb handelte.[109] Für einen Konstruktionsbetrieb war keine Genehmigung notwendig. So wurde das Ingenieurbüro Heckler in der Hauptstraße 8 in Oberndorf zum 1. Januar 1949 offiziell »eröffnet«.[110] Insbesondere seine Kenntnisse der »spanlosen Kaltverformung« waren zu diesem Zeitpunkt nachgefragt, so berichtete Heckler. Schon am 2. Januar 1949 richtete sich auch Alex Seidel »ein Konstruktionszimmer im ersten Mansardenzimmer des Hauses ein«.[111]

Ob der Hinweis des Landratsamts, dass der Antrag Hecklers nur eine Genehmigung zu Konstruktionen erwirkte, den Ausschlag gab oder ob es im Mai 1948 tatsächlich noch allein die Absicht gewesen war, lediglich Konstruktionen als Dienstleistung anzubieten, bleibt im Dunkeln; an ein reines Beratungsunternehmen war jedoch zum Zeitpunkt des Eintritts von Seidel nicht länger

Abb. 75: Erster Firmensitz des Ing.-Büros Edmund Heckler und der neu gegründeten Heckler & Koch GmbH, Hauptstraße 8, Oberndorf am Neckar; Foto 1972

gedacht. Am 3. Januar 1949 beantragte Edmund Heckler die Errichtung eines (genehmigungspflichtigen) Fertigungsbetriebes.[112] Die Fertigung des Kleinbetriebes zielte dabei auf Haushaltsmaschinen und Fahrräder.[113] Fahrräder waren schon bald nach Ende des Zweiten Weltkriegs von den Alliierten Besatzungsmächten gefördert worden. Als Verkehrsmittel schienen sie unverzichtbar, der deutschlandweite Absatz entwickelte sich damals steil nach oben. Sowohl im politischen Kontext Oberndorfs als auch vor diesem allgemein-wirtschaftlichen Hintergrund war der Unternehmenszweck damit klug gewählt.

Die Zulassung der Genehmigung war dabei 1949 noch immer keine Selbstverständlichkeit, da es sich ja um einen metallverarbeitenden Betrieb handelte.[114] Otto Kenntner beschrieb rückwirkend die Reaktion des französischen Zwangsverwalters wie folgt: »Kommandant Bouysse bemerkte mir gegenüber mehr scherzhaft Bedenken und zwar, daß eines Tages beim Zusammenbau der Einzelteile eine Pistole auf dem Arbeitstisch liege.«[115] Tatsächlich deuten jedoch alle zeitgenössischen Schritte eher darauf hin, dass gezielt versucht wurde, jedweden Hinweis auf die prinzipielle Befähigung der drei Ingenieure, Waffen zu bauen, versteckt bzw. zumindest nicht betont wurde. Dies bestätigt die oben gemachte Ausführung, dass weder Theo Koch noch Alex Seidel bei der Anmeldung erwähnt wurden.[116] Offen bleibt, ob Otto Kenntner bereits damals Edmund Heckler fälschlicherweise besondere Kenntnisse in der Nähmaschinenindustrie zuschrieb oder ob er dies erst später tat, als er behauptete: »Heckler war bei der Firma NÄMATAG, die Teile für Nähmaschinen produzierte, beschäftigt. Im Westen fehlte eine derartige Produktionsstätte,« so Kenntner.[117] Diese Lüge – anders lässt es sich nicht beschreiben – zahlte im Laufe der Zeit auf ein verharmlosendes Narrativ ein. Edmund Heckler hatte indes gegenüber den Behörden in allen Unterlagen seine Beschäftigung während der Zeit des Nationalsozialismus richtig angegeben und die HASAG genannt, was dem Bürgermeister aber – zumindest Jahre später – wohl nicht mehr opportun erschien.

Bürgermeister Kenntner bat Anfang 1949 das Landratsamt und den Sonderbeauftragten des Staatsministeriums, Hans Graf Praschma, um »beschleunigte Behandlung« des neuen Genehmigungsantrags von Edmund Heckler.[118] Bereits am 7. Februar 1949 fasst er bei der IHK Rottweil nach.[119] Der Sonderbeauftragte konnte allerdings nur feststellen, dass der Antrag in Tübingen noch gar nicht vorlag, wies aber darauf hin, dass »nur solche Betriebe der Metallindustrie für die Ausnahmegenehmigung zu befürworten [seien], die für Oberndorf von besonderem Wert« wären. Diesen wollte er bei Heckler nicht erkennen.[120]

Die Genehmigung, einen Betrieb zur Herstellung von Nähmaschinen-Einzelteilen und Fahrrädern zu errichten, wurde Edmund Heckler am 7. März 1949 dennoch erteilt. Die Zahl der Mitarbeiter gab Heckler mit zwei bis drei an; neben sich selbst dürften dies Alex Seidel und Theodor Koch, dessen Mitarbeit bei der Mauser-Werke AG zu diesem Zeitpunkt offiziell noch nicht beendet war, gewesen sein: »Er [Heckler, *Anm. d. Verf.*] arbeitet mit dem in den Mauser-Werken noch tätigen Betriebsleiter, Ing. Koch, zusammen. Die beiden Techniker bieten Gewähr für den Aufbau eines wirtschaftlich gesunden Betriebs«, so Kenntner.[121] Im Sommer 1949 taucht erstmals der spätere, vierte Gesellschafter der Heckler & Koch GmbH, Erich Unterkofler, im Zusammenhang mit dem Auf- und Ausbau des jungen Unternehmens auf. Im Namen Edmund Hecklers reichte er im Nachgang eines Darlehensantrags kaufmännische Unterlagen nach.

Abb. 76: Mitgründer Erich Unterkofler

Erich Wilhelm Ernst Unterkofler (*7.6.1900–†27.11.1975) war neben Edmund Heckler, Theodor Koch und Alex Seidel der vierte Gründer des Unternehmens. Auch er war im weiteren Sinn ein Gewächs der Mauser-Werke: Sein Vater war dort beschäftigt. Unterkofler war ledig und gehörte bis 1940 der katholischen Kirche an, warum er austrat, wissen wir nicht. Als Exportkaufmann arbeitete von 1933 bis 1935 für die Fa. Lamberti in Paris, kehrte 1935 zurück und ging nach Stuttgart zur Siegle & Co. GmbH, wechselte von

Abb. 77: Die ersten Fertigungen der Heckler & Koch GmbH fanden im Feuerwehrgerätehaus in Oberndorf statt; Foto 1962.

1936 bis 1938 zur J.M. Voith, Masch.-Fabrik Heidenheim, dann zu C. H. Jaeger & Co. in Leipzig und arbeitete 1942/43 für die Maschinenfabrik Ernst Saupe. 1943 wurde er zum Heer einberufen.[122] Da Unterkofler kein Mitglied der NSDAP war, erhielt er seine Arbeitsgenehmigung bereits am 22. Dezember 1945 mit der Begründung »Nichtparteimitglied, politisch und weltanschaulich einwandfrei, fachlich nicht zu beanstanden«.[123] Unterkofler stammte auch aus Oberndorf. Unterkofler und Heckler kannten sich aus Kindheitstagen und waren eng befreundet.[124]

Im Frühjahr 1949 fertigte das Ingenieurbüro Heckler »feinmechanische Präzisionsteile aller Art für Haushalts- und Industrienähmaschinen, ferner Vorrichtungen, Lehren und sonstige Betriebsmittel für in- und ausländische Kundschaft«.[125] Letztere fand sich wohl in der Schweiz, aber auch in Schweden.[126] Schon bis zum August 1949 entwickelte sich die Fertigung außergewöhnlich positiv, sodass bereits 20 Facharbeiter an der Herstellung von Nähmaschinen-Einzelteilen saßen.[127] Die Fertigung lief im Untergeschoss des Feuerwehrgerätemagazins an (siehe Abb. 77), wo das Ingenieurbüro Heckler ca. 75 Quadratmeter Fläche anmieten konnte. Die Stadt half ihrerseits, »vorbereitende Arbeiten zur Aufstellung der Maschinen« durchzuführen.[128]

Die Gründung der Heckler & Koch GmbH

Der Auf- und Ausbau einer Produktion benötigte Investitionen. Geld, das Edmund Heckler und seine Mitstreiter nicht hatten. So reichte Heckler schon am 5. April 1949 einen Antrag auf Gewährung eines staatlichen Darlehens aus den Mitteln zur Förderung der gewerblichen Wirtschaft in Höhe von 10 000 D-Mark ein.[129] Mit seinem Briefkopf »Edmund Heckler, Ingenieur-Büro für spanlose Fertigungsverfahren, Hauptstraße 8, Oberndorf« übersandte Heckler die notwendigen Unterlagen am 30. April 1949 an die Stadt.[130] Diese leitete die Stadtverwaltung weiter und erläuterte nochmals die Dringlichkeit der Genehmigung, um die ehemaligen Fachkräfte des Nähmaschinen-, Rechenmaschinen- und Messwerkzeugbaus der Mauser-Werke AG beschäftigen zu können.

Am 23. Mai 1949 hatte der Antrag die Vorprüfungen überstanden. Erich Unterkofler reichte ein Schreiben ausländischer Unternehmen nach als Beleg für die Auftragslage, sodass am 21. Juni 1949 das Finanzministerium Württemberg-Hohenzollern dem Antrag der Darlehensgenehmigung zustimmte und das Wirtschaftsministerium des Landes in Kenntnis setzte.[131] Schon im August 1949 beantragte Edmund Heckler weitere Darlehen: 10 000 D-Mark als Investitionskapital sowie 10 000 D-Mark als Betriebskapital.[132] Heckler erhielt hierbei Unterstützung von Bürgermeister Kenntner, der unter Verweis auf den vorhergehenden Besuch des Wirtschaftsministers von Württemberg-Hohenzollern, Eugen Wirsching, in Oberndorf und auf die von Kenntner selbst bereits erläuterte Situation das Staatsdarlehen befürwortete. Der Oberndorfer Rathauschef wollte die Facharbeiter am Ort halten und aufgrund der hohen Arbeitslosenzahlen in Arbeit bringen.

Vermutlich auch aufgrund der finanziellen Engpässe entschlossen sich die drei Ingenieure und Erich Unterkofler zur Gründung einer GmbH. Am 28. Dezember 1949 wurde der Gesellschaftsvertrag der Heckler & Koch GmbH geschlossen. Anfang 1950 wurde das Unternehmen als Gesellschaft mit beschränkter Haftung (GmbH) in das Handelsregister eingetragen.[133] Geschäftsführer waren Edmund Heckler, Theodor Koch und Alex Seidel mit je 12 000 D-Mark Gesellschaftsanteil. Erich Unterkofler war stiller Teilhaber mit einem Kapitalanteil von 4 000 D-Mark.[134]

Für Rechnung der übernommenen Stammeinlagen brachte Edmund Heckler in das Unternehmen die Fa. Edmund Heckler Ingenieur-Büro ein, die ein Anlagevermögen von 6 299,51 D-Mark sowie ein Umlaufvermögen in Höhe von 30 492,54 D-Mark auswies; abgezogen wurden die Verbindlichkeiten des Ingenieurbüros (langfristige Verbindlichkeiten 16 702,15 D-Mark, aus Warenlieferungen 9 453,69 D-Mark und ein Bankkredit in Höhe von 4 674,67 D-Mark), sodass er sein Unternehmen im Wert von 5 961 D-Mark sowie Maschinen im Wert von 6 038,46 D-Mark einbrachte, also in Summe 12 000 D-Mark. Theodor Koch brachte Maschinen, Werkzeuge, Einrichtungsgegenstände und einen Pkw der Marke Opel im Gesamtwert von 12 000 D-Mark ein, Alex Seidel sechs Maschinen, Einrichtungsgegenstände, Werkzeuge und Rohstoffe in gleicher Höhe, während Erich Unterkofler Einrichtungsgegenstände, Roh-, Hilfs- und Betriebsstoffe im Wert von 4 000 D-Mark einbrachte.[135] Kapital war auf diesem Weg also nicht vorhanden, was sich in den folgenden Monaten und Jahren als Hindernis erweisen sollte.[136] Als Vergütung erhielten die Geschäftsführer monatlich je 400 D-Mark.

Die wirtschaftlichen Anfänge – vor allem mit Blick auf die Finanzlage – der Heckler & Koch GmbH waren nicht nur bescheiden, sondern existenzgefährdend. Aus der Zwischenbilanz von Heckler & Koch zum 30. November 1950 ging die »Illiquidität des Unternehmens klar« hervor:[137]

Tab. 12: Zwischenbilanz der Heckler & Koch GmbH zum 30. November 1950[138]

	Aktiva		Passiva
Anlagevermögen	85 186,40	Verbindlichkeiten	66 670
Umlaufvermögen	99 678,63	Verbindlichkeiten auf Warenlieferungen	71 262
Rohstoffe	17 594	sonst. Verbindlichkeiten	9 865
Betriebsstoffe	3 033	Bankschulden	16 286
Forderungen	56 986	Weitere Schulden	2 256
sonstige Forderungen	5 565	Rechnungsabgrenzung	15 200
		Wertberichtigung	12 925
		Gewinn	28 254
Summe	**268 043**		**222 718**

Die Stadt Oberndorf, die den Betrieb intensiv unterstützte, sah die Lage kritisch:

> »Die Geschäftsführer sind Ingenieure. Techn. wird der Betrieb zweifellos gut und umsichtig geführt. Einige Geschäftsvorfälle haben die Kreissparkasse und die Stadtverwaltung jedoch veranlasst, den Geschäftsführern dringend zu empfehlen, zur Wahrnehmung der kaufmännischen Aufgaben einen erfahrenen Kaufmann einzusetzen. Diesem wohlgemeinten Rat haben die Geschäftsführer keine Beachtung geschenkt. Sie sind vielmehr der Meinung, dass sie auch als Techniker durchaus imstande sein würden, in der politisch und wirtschaftlich bewegten Zeit richtige und zweckmäßige Finanzdispositionen zu treffen.«[139]

Am 21. Dezember 1950 informierte der Bürgermeister daher das Innenministerium und bat um eine Wirtschaftsprüfung des Betriebs. Auch war »den Geschäftsführern in unmissverständlicher Weise zu empfehlen, das Unternehmen künftig nach gesunden finanzwirtschaftlichen Grundsätzen zu führen und für diese Aufgabe einen erfahrenen Kaufmann mit ausreichenden Vollmachten einzusetzen«.[140] Mit Blick auf die desolate Finanzlage schlug Kenntner dem Unternehmen vor, Stahlvorräte im Wert von 6702,15 D-Mark zu verkaufen, die die Stadt Oberndorf im März 1949 für Heckler zuvor angekauft hatte.[141]

Obwohl also hier offene Kritik an der Geschäftsführung des Unternehmens geäußert wurde, förderten sowohl die Stadt Oberndorf als auch das Land Württemberg-Hohenzollern in dieser Zeit den Betrieb. Das Land stabilisierte Heckler & Koch in den Jahren 1949 bis 1954 mit insgesamt 146000 D-Mark.[142] Die Stadt Oberndorf machte sich vielfältig stark für das Unternehmen, neben Räumlichkeiten und Kapitalmitteln beschaffte sie Rohstoffe[143] und half beim von Heckler angestrebten Erlass der Kapitalverkehrssteuer.[144]

Die Stützungsmaßnahmen wirkten: Ein Blick in die Bilanz der Heckler & Koch GmbH zum 30. September 1953[145] zeigt immerhin ein ausgewogenes Bild:

Tab. 13: Bilanz der Heckler & Koch GmbH zum 30. September 1953[146]

	Aktiva		Passiva
Warenvorräte	270 978	Wertberichtigungen	27 000
Forderungen Lieferungen und Leistungen	239 338	Rückstellungen	58 000
Sonstige Forderungen	14 060	Verbindlichkeiten	314 905
Barmittel	830	Pass. Rechnungsabgrenzung	82 461
		Liquiditätsüberdeckung	42 814
Summe	**525 206**		**525 180**

Im Frühjahr 1954 unterstützte die Stadt Oberndorf Heckler & Koch ein weiteres Mal bei einem benötigten Darlehen über 40 000 D-Mark durch eine Bürgschaft. Diesmal betraf die Investition die seit Januar 1952 von der Ungarischen Waggon- und Maschinenfabrik i. L., Augsburg, gemieteten Maschinen, deren Abzug drohte, sodass Heckler & Koch sie käuflich erwerben musste.[147]

Die drei Ingenieure Edmund Heckler, Alex Seidel und Theodor Koch hatten also gemeinsam mit dem Kaufmann Erich Unterkofler im Dezember 1949 den Gesellschaftsvertrag unterzeichnet, im Januar 1950 die Eintragung der Heckler & Koch GmbH erwirkt und begonnen, mit kleinsten finanziellen und technischen Mitteln das Unternehmen auf- und auszubauen. Ohne die wiederholte finanzielle wie bürgende Unterstützung der Stadt Oberndorf und des Landes Württemberg-Hohenzollern (ab 1952 Baden-Württemberg) wäre dies jedoch kaum gelungen. Aufgrund der permanent finanziell prekären Situation war auch die räumliche Expansion nicht allein zu stemmen.

Die Suche nach Fertigungsräumen in einem dauerhaften Gebäude

Von der Hauptstraße 8 aus steuerte das Ingenieurbüro Heckler 1949 die ersten Fertigungen in den angemieteten Räumen des Feuerwehrgerätehauskellers. Mit der erfolgreichen Ausweitung des Geschäfts genügte dieser Raum bald nicht mehr. Im Sommer 1950 verhandelte Heckler & Koch wegen der Beschaffung von Räumen in dem ehemaligen RAD-Barackenlager im oberen Teil der Stadt,[148] in dem noch fünf Baracken aus der NS-Zeit standen. Edmund Heckler hatte ein Auge auf das Untergeschoss jener Baracke geworfen, in der die Schwarzwälder Blumenfabrik untergebracht war, um dort eine Garderobe und Waschmöglichkeiten unterzubringen.[149] Bürgermeister Kenntner setzte sich dafür ein, dass Heckler & Koch die gesamte Baracke mieten konnte, bewog die Schwarzwälder Blumenfabrik zum Umzug und überließ Heckler & Koch mietweise insgesamt zwei Baracken in der offiziell immer noch so genannten »Adolf-Hitler-Siedlung«.

Abb. 78: Das RAD-Baracken-Lager in der Adolf-Hitler-Siedlung (später Lindenhof).

Aber auch die beiden Baracken erwiesen sich schnell als zu klein. So wurden weitere Optionen geprüft. Dabei konnte sich Heckler & Koch »aus finanziellen Gründen nicht entschliessen, an die Errichtung eines Neubaus zu denken,« obwohl Kenntner die Unterstützung der Stadt anbot – immer mit Blick auf die Arbeitsplätze für »weitere Metallfacharbeiter« in Oberndorf.[150] Es war Stadtrat Rudolf Gleichauf, der ja selbst noch bis in die Nachkriegszeit bei den Mauser-Werken tätig war und nun eine neue Idee einbrachte, die auf einen Bruch mit der bisherigen Einstellung des französischen Treuhänders der Mauser-Werke AG hinauslief: Er sprach sich im August 1950 dafür aus, die drei Unternehmen Heckler & Koch, Erhart & Co. und Meßzeugbau GmbH Boll im

D-Bau der früheren Mauser-Werke unterzubringen. Dazu musste der Beschluss auf französischer Seite, der dem Ende der Demontage zugrunde gelegen hatte, keine metallverarbeitende Industrie in den ehemaligen Gebäuden der Mauser-Werke AG zuzulassen, jedoch fallen. Die Franzosen wollten gerade *keine* Traditionslinie zu der Mauser-Werke herstellen. Der Vertreter der französischen Hohen Kommission, Colonel Jeantrell, sowie der Treuhänder der Mauser-Werke AG, Kommandant Bouysse, relativierten dennoch im Sommer 1950 erstmals die grundsätzliche Auffassung, dass in den ehemaligen Mauser-Werken keine metallverarbeitenden Betriebe angesiedelt werden dürften.

Heckler & Koch selbst blieb jedoch auch diesem Vorschlag gegenüber aus Kostengründen skeptisch: »Koch von der Fa. Heckler & Koch GmbH. Bezeichnete das Ganze als eine Geldfrage.«[151] Aber einen Neubau konnte das Unternehmen auch nicht finanzieren. Nach einem Gespräch mit der Stadt Oberndorf am 21. Juli 1950[152] trafen sich Vertreter der drei Unternehmen Erhart & Co., Heckler & Koch GmbH und Meßzeugbau GmbH Boll eine Woche später erneut und votierten dafür, doch nach Grundstücken für Neubauten zu suchen.[153]

Die Stadt Oberndorf bewegte viel, um Unternehmen anzusiedeln, da die eigene Kassenlage geradezu »verzweifelt« war. Durch den Wegfall der Mauser-Werke als Haupteinnahmequelle, die jährlich 1 Mio. Reichsmark städtische Einnahmen vor Ende des Zweiten Weltkriegs generiert hatten, waren diese bis zu Beginn der 1950er Jahre auf 120 000 D-Mark geschrumpft.[154] Da die finanzielle Lage der Stadt es nicht erlaubte, allen drei Unternehmen unmittelbar zu helfen, schlug Stadtrat Gleichauf eine Priorisierung vor.[155] Während er der Firma Heckler & Koch die Nutzung des D-Baus ermöglichen wollte, organisierte Bürgermeister Kenntner einen Kredit über 150 000 D-Mark seitens der Landessparkasse zur Errichtung eines Neubaus.[156]

Heckler & Koch wiederum suchte aufgrund der finanziellen Engpässe und mit Blick auf die Verzögerungen der Freigabe seitens des französischen Verwalters nach einer dritten Lösung: Sie ergab sich, als das Gelände der Holzhaupt GmbH zum Verkauf stand. So bewarb man sich, teilte dem Gemeinderat mit, man könne bis Jahresende ca. 20 000 bis 25 000 D-Mark verfügbar machen, benötige jedoch eine Bürgschaft für eine Kreditbeschaffung.[157] Allerdings war auch die Tailfinger Firma Gebr. Conzelmann am Fabrikgebäude der Holzhaupt GmbH interessiert und bot – im Gegensatz zu Heckler & Koch – an, das noch zu bedienende Darlehen des illiquiden Unternehmens zu übernehmen. Obwohl diese Lösung finanziell für die Stadt Oberndorf und vor allem für das Land, das eine Bürgschaft übernommen hatte, günstig war, sprachen sich mehrere Stadträte unter Führung von Robert Gleichauf dafür aus, das Fabrikgrundstück der Holzhaupt GmbH durch die Stadt zu erwerben und an Heckler & Koch zu vermieten.[158] Die Unterstützung von Heckler & Koch begründete Gleichauf damit, dass mit der Ansiedlung von Conzelmann ein weiterer Textilbetrieb nach Oberndorf käme und damit die Gefahr einer »einseitigen Wirtschaftsstruktur« drohe.[159] Die Stadt müsse der Heckler & Koch GmbH dankbar sein, da sie »unter widrigsten Verhältnissen unternommen habe, in Oberndorf einen metallverarbeitenden Betrieb aufzubauen«. Dabei war dieser Schritt im Land Württemberg eine Ausnahme, da Investitionen seitens Gemeinden zugunsten von Unternehmen nicht erwünscht waren. Jedoch sahen die Beteiligten im Falle von Oberndorf und Heckler & Koch eine Ausnahme als gerechtfertigt an.[160]

Die zu erwartenden steuerlichen Auswirkungen der Ansiedlung von Conzelmann führten dann jedoch zum Beschluss, dem »Wirtschaftsministerium zu empfehlen, der Übertragung der Staatsbürgschaft auf die Fa. Dr. Conzelmann zuzustimmen«. Im Gegenzug sollte die Stadt allerdings die »Erstellung einer Fertigungshalle« für Heckler & Koch »unverzüglich in Angriff nehmen, insbesondere einen geeigneten Bauplatz [...] sichern« und binnen eines Jahres die Nutzung ermöglichen.[161] Am 19. Oktober 1950 informierte der Gemeinderat Heckler & Koch über den getroffenen Beschluss, bat um Zustimmung bezüglich eines solchen Betriebsgebäudes und bot eine Aussprache an.[162]

Die Enttäuschung bei Heckler & Koch war groß, dass die Option bezüglich der Holzhaupt GmbH nicht unterstützt worden war. Unter Hinweis auf Aufträge in Höhe von 500 000 D-Mark, die aufgrund der schlechten Ausstattung der aktuellen Räume sowie der Zersplitterung auf fünf Standorte[163] kaum abzuarbeiten waren, da man im Winter mit vielen krankheitsbedingten Ausfällen rechnen müsse, versuchte Heckler & Koch den Entschluss noch einmal zu drehen.[164] Wenigstens sollte die Stadt die Baracken in absehbarer Zeit instand setzen, so die Forderung. Heckler & Koch zog alle Register und appellierte an den Gemeinderat mit Blick auf die Arbeitsplätze für die ortsansässigen Fachkräfte. Am 14. November 1950 traf sich Edmund Heckler mit der Gemeinde, um über die Gebäudeoptionen zu verhandeln. Dabei verwies Heckler erneut auf die frühere Betriebsschreinerei der Mauser-Werke AG als mögliche Räumlichkeit, die die Ausdehnung des Betriebs und Beschäftigung von 250 Arbeitnehmern erlaubt hätte.[165] Er wies auch darauf hin, dass aufgrund der beengten Raumsituation die Ausbildung kaum möglich war, was mittelfristig Nachwuchsprobleme schaffen würde.

In dieser Aussprache mit Otto Kenntner kam allerdings auch zutage, dass sich Edmund Heckler und Theodor Koch selbst nicht einig waren, ob sie einen Neubau auf dem aktuellen Betriebsgelände auf dem späteren Lindenhof bevorzugten oder lieber unten im Tal, wohin Koch wohl neigte, angesiedelt werden wollten.

Abb. 79: Luftaufnahme des Lindenhofs mit dem Gelände der Heckler & Koch GmbH aus dem Jahr 1973

Gleichzeitig – und dies konnte dem Bürgermeister nicht gefallen – hatte die Unterstützung Gleichaufs für Heckler & Koch den Arbeitsminister des Landes Württemberg-Hohenzollern, Wirsching, erreicht, der bei seinem Besuch in Oberndorf am 25. November 1950 sein Unverständnis zum Ausdruck brachte, dass man Conzelmann den Vorzug vor Heckler & Koch gegeben habe. Er wiederholte das Argument Gleichaufs, dass Oberndorf in jedem Fall vermeiden müsse, sich auf nur einen Industriezweig festzulegen. Er nannte das Problem beim Wort, nämlich dass Oberndorf das »Unglück gehabt [habe], eine ausgesprochene Rüstungsindustrie zu besitzen«.[166] Die Geschäftsführer Edmund Heckler und Theodor Koch hatten die Entscheidung der Stadt zugunsten Conzelmanns in einem Besprechungstermin mit Wirsching heftig kritisiert.[167]

Dies war ein Politikum, das dem Bürgermeister das Vertrauen der Facharbeiterschaft in Oberndorf zu entziehen drohte. Edmund Heckler und Theodor Koch hatten sich also mit Stadtrat Gleichauf gegen Otto Kenntner positioniert. Dieser schoss nun in Richtung Heckler & Koch: »Den Geschäftsführern des Unternehmens ist wiederholt auseinandergesetzt worden, dass die Bereitstellung öffentlicher Mittel zur Betriebsfinanzierung durch die bescheidenen Mittel des Staates und der Stadt sowie unter Berücksichtigung anderer ebenso förderungswürdiger Unternehmen zwangsläufig begrenzt werden muss.«[168] Offensichtlich ärgerte sich Bürgermeister Kenntner sehr, wenn er gegenüber dem Innenminister weiter festhielt: »Man wagt sogar zu behaupten, dass die betrieblichen Belange durch die Stadt mit Füssen getreten worden sind. Das Geschäftsgebaren wird gern mit dem uneigennützigen Ziel bemäntelt, als ob den Geschäftsführern das Wohl der Oberndorfer Arbeiterschaft mehr am Herzen liege als ihr eigenes.«

Tatsächlich fanden all diese Gespräche und Verhandlungen zu einem Zeitpunkt statt, als Heckler & Koch, wie gezeigt, faktisch illiquide war, sodass sich die Bestätigung des Unternehmens gegenüber der Stadt bezüglich eines möglichen Neubaus weiter verzögerte.[169] Oberndorf seinerseits hatte die Zusage über einen »namhaften langfristigen Kreditbetrag« erhalten, musste hier jedoch bald den nächsten Schritt gehen. Die finanzielle Lage des Unternehmens brachte nun auch den Bürgermeister in eine schwierige Situation. Und obwohl Kenntner von den Ereignissen der vorhergehenden Wochen nicht erbaut war, sprach er sich doch gegenüber dem Innenministerium dafür aus, dass bei Heckler & Koch »unter allen Umständen« eine Konsolidierung der betrieblichen Verhältnisse »im Interesse der Erhaltung des Unternehmens und der Arbeitsplätze« durchgeführt werden müsse.[170] Natürlich war auch Kenntner klar, dass ein Textilbetrieb vermutlich »nur« weitere Arbeitsplätze für Frauen bringen und weniger die Facharbeiter von Mauser beschäftigen würde.

Der unbedingte Wille, Heckler & Koch nicht nur zu halten, sondern zu einer Expansion zu befähigen, führte zu einem weiteren Treffen am 28. Dezember 1950 zwischen Otto Kenntner, Edmund Heckler, Alex Seidel und Theodor Koch. Die Gesellschafter wiederholten, keine finanziellen Mittel für einen Neubau zu haben und selbst die Verzinsung und Tilgung eines hierfür beschafften Kredits nur unter Mühen stemmen zu können.[171] In der konstruktiven Aussprache schlugen die Gesellschafter vier potenzielle Bauplätze vor, nämlich ein Grundstück der Vasenol-Werke Dr. Arthur Köpp KG, ein Teil des früheren C-Baus der Mauser-Werke, das Trümmerfeld der Waffenversuchsanstalt und des früheren Schließhauses III oder das derzeitige Betriebsgrundstück auf dem späteren Lindenhof.[172] Heckler, Koch und Seidel gaben sich nun doch überzeugt, die Mehrkosten für die Zinstilgung und den Kapitaldienst durch die dann zu erwartende höhere betriebliche Leistung ausgleichen zu können.

Die Stadt bot dem Unternehmen an – und so billigte es der Gemeinderat –, ein Teilgelände sofort zu übereignen, ein unbeschränktes Kaufrecht sowie ein Erbbaurecht darauf einzuräumen sowie innerhalb von zwölf Jahren das Gelände unter Anrechnung der Gewerbesteuerzahlungen der Jahre 1950 bis 1952 zu übereignen.[173] Von den vorgeschlagenen Geländeoptionen entschied sich Heckler & Koch zum Verbleib auf dem aktuellen Betriebsgelände auf dem späteren Lindenhof.[174]

Das Ministerium hatte aus dem »Arbeitsstock« für den Neubau 100 000 D-Mark als Kredit vorgesehen.[175] Allerdings konnte aufgrund der vorgelegten unbefriedigenden Zwischenbilanz von Heckler & Koch nicht das Unternehmen den Kredit erhalten. So kam nur die Stadt Oberndorf als Kreditnehmer in Frage, die dann im Januar 1951 das Darlehen in dieser Höhe beim Wirtschaftsministerium zur Errichtung des neuen Betriebsgebäudes für Heckler & Koch beantragte.[176]

Es schienen also alle Zeichen auf Neubau im späteren »Lindenhof« zu stehen, als eine neue Option diskutiert wurde, nämlich der Einzug von Heckler & Koch in den D-Bau der Mauser-Werke. Der Verwalter Rechtsanwalt Klügmann war trotz mehrerer Interventionen des Bürgermeisters, des Stadtrates Gleichauf und des Ministerialrates nicht gewillt, eine Lösung mit Heckler & Koch anzugehen, bevor bereits laufende Verhandlungen über das gesamte Areal abgeschlossen waren.[177] So erhöhte das Innenministerium ab März 1951 den Druck auf Heckler & Koch und drängte, man müsse sich »eben entschliessen, ein Fabrikgebäude auf dem Berg zu errichten«.[178]

Im April 1951 trafen sich Bürgermeister Kenntner, Stadtrat Gleichauf, Ministerialrat Stahlecker[179] und Edmund Heckler und diskutierten die Optionen, wobei Kenntner zwischen das Wirtschaftsministerium und die zögerlichen Inhaber von Heckler & Koch geriet.[180] Edmund Heckler machte drei Tage später klar, dass die in Aussicht gestellten 100 000 D-Mark[181] für einen Neubau nicht ausreichen würden. In Abstimmung mit dem Betriebsrat des Unternehmens stellte man ein Bauprojekt daher noch zurück.[182] Als Heckler & Koch dann im August 1951 doch einen Neubau anvisierte, mussten neue Anträge auf Gewährung einer Finanzierungshilfe gestellt werden.[183] Mittel aus dem Arbeitsstock waren keine mehr verfügbar, auch Mittel des Soforthilfefonds waren zu diesem Zeitpunkt erschöpft. Dies war das für Heckler & Koch ernüchternde Ergebnis einer immerhin sehr zeitnah stattfindenden Besprechung von Edmund Heckler mit Bürgermeister Kenntner, Graf Praschma vom Innenministerium und Oberregierungsrat Weihenmeier vom Wirtschaftsministerium.[184] Immerhin gelang es, 35 000 D-Mark aus dem Arbeitsstock für Heckler & Koch zu mobilisieren; im September 1951 hatte das Unternehmen dann die Möglichkeit, diesen Betrag auf 50 000 D-Mark aufzustocken.[185]

Heckler & Koch erhielt ein Erbbaurecht auf dem Gelände Oberndorf-Berg. Dort wurden nun in Behelfsbauweise zwei Werkhallen errichtet, wobei die zur Verfügung gestellten 50 000 D-Mark, so wurde es am Jahresende schon offensichtlich, nicht ausreichen würden, sondern mit Gesamtkosten von 85 000 D-Mark zu rechnen war.[186]

Abb. 80: Bau des neuen Werkes von Heckler & Koch, 1950er Jahre

Auch wenn sich die Frage eines neuen Betriebsgeländes geklärt hatte, blieben die finanziellen Engpässe des Unternehmens bestehen, sodass Heckler & Koch am 31. Dezember 1951 einen Antrag auf befristete Befreiung von der Körperschafts- und Vermögenssteuer stellte. Während Bürgermeister Kenntner noch wenige Monate zuvor die wirtschaftliche Kompetenz der Gesellschafter anzweifelte, lobte er nun deren Wirken: »Ohne nennenswerte eigene Kapitalmittel ist das Unternehmen 1949 gegründet worden. Der Betrieb hat sich dank der umsichtigen Geschäftsleitung, seiner tüchtigen Facharbeiter und der staatlichen und städtischen Förderung zu einem stattlichen und für die Stadt Oberndorf bedeutungsvollen Unternehmen entwickelt.«[187]

Für Heckler & Koch gab es in Bezug auf die Werksgebäude im Februar 1952 einen Rückschlag, als am 16. des Monats ein Brand

Abb. 81: Neubau der Heckler & Koch GmbH auf dem Lindenhof, im Vordergrund eine der ehemaligen RAD-Baracken; 1950er Jahre

in einer der gemieteten Baracken ausbrach und die Werkhalle niederbrannte.[188] Da zu diesem Zeitpunkt Heckler & Koch im Vergleich zu Westinger & Altenburger weniger Unterstützung erhalten habe, beide Unternehmen aber gleichbedeutend für Oberndorf seien,[189] beschloss der Gemeinderat nach langer Verhandlung, 26 000 D-Mark für das Gelände und für die Baracken 10 000 D-Mark als Kaufpreis festzusetzen. Den Kaufpreisteil in Höhe von 13 000 D-Mark stundete die Stadt Heckler & Koch und erließ ihn zeitgleich. Im Gegenzug übernahm Heckler & Koch die Bürgschaft der Stadt auf den Kredit über 50 000 D-Mark und ließ ihn als Grundschuld auf das Gelände eintragen.[190] Im August 1952 erwarb Heckler & Koch das ehemalige RAD-Lager zu diesen Konditionen und setzte nun den Neubau um, sodass die über die Stadt verteilten Betriebsteile zusammengeführt werden konnten.[191]

Im Oktober 1952 [sic!] beantragte die Stadtverwaltung Oberndorf die Umbenennung des offiziell noch immer als »Adolf-

Hitler-Siedlung« geführten Ortsteils in »Oberndorf-Berg«. Im Gemeinderat ging die Abstimmung mit einer Stimme Mehrheit jedoch zugunsten des Vorschlags vom September 1953 aus, die »Adolf-Hitler-Siedlung« in Oberndorf-Lindenhof umzubenennen.[192] Dort betreibt Heckler & Koch bis heute sein Werk.[193]

Arbeitskräfte und Facharbeiter in Oberndorf

Die Stadt Oberndorf musste Arbeitsplätze sichern und machte der Industrie- und Handelskammer in Rottweil 1952 unmissverständlich klar, dass man weitere metallverarbeitende Betriebe ansiedeln wollte.[194] Der befürchtete Anstieg der Arbeitslosenzahlen war in den Statistiken ab 1950 sichtbar. Zunächst waren in den Mauser-Werken noch Arbeitskräfte für die Dauer der Demontagearbeiten beschäftigt; 450 Mitarbeiter waren noch Ende 1947 mit Verpackungsarbeiten des demontierten Materials, der Entnahme von Maschinen und dem Abtragen der Gebäude befasst.[195] Seit 1946 stieg die Zahl der Beschäftigten in Oberndorf wieder konstant an. Die dann im Oktober 1950 von der Stadt benannten 200 Arbeitslosen waren nur Männer,[196] die 250 arbeitssuchenden Frauen ließ die Stadt in ihrer Statistik außen vor.

Grafik 5: Arbeitsstatistik Oberndorf a. N., 1946–1951[197]

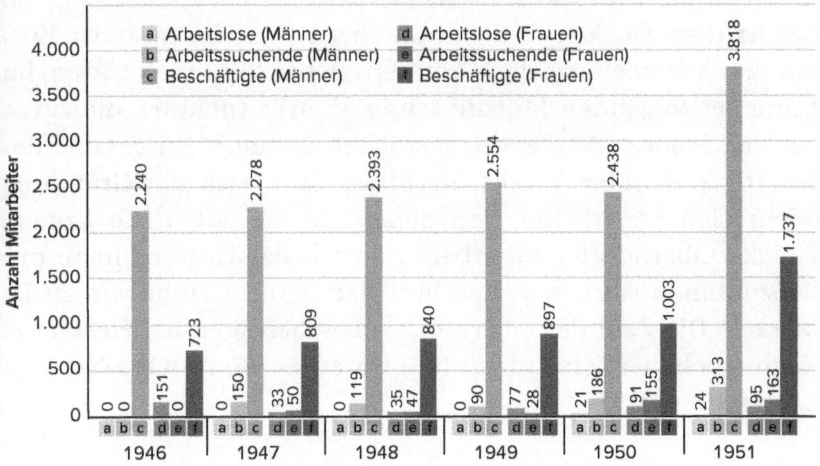

Auch 1952 arbeitete noch immer ein guter Teil der Oberndorfer Facharbeiter in Frankreich und in der Schweiz.[198] Neben den von den Alliierten ins Ausland abgeworbenen Arbeitskräften wanderten andere Facharbeiter ohne Zutun der Besatzungsbehörden aus. So gingen einige Facharbeiter in die Dominikanische Republik und zogen bald Freunde und Bekannte nach. Die besorgte Stadtverwaltung bat die ortsansässigen Unternehmen, Maßnahmen zu ergreifen, »um die Auswanderung zu verhindern«.[199] Im November 1953 drohte eine neue Abwanderungswelle, als der Oberndorfer Ingenieur Fritz B. nach Detroit ging und verschiedene Familien für Australien und Kanada Ausreiseanträge stellten.[200]

Das Bürgermeisteramt in Oberndorf fürchtete, dass weiterhin Facharbeiter der Metallindustrie abwandern werden, wenn nicht »die für Oberndorf noch vorgesehene Ansiedlung von Metallindustriebetrieben in jeder möglichen Weise« gefördert und beschleunigt wird. Es gelang, das Regierungspräsidium dazu zu bewegen, »durch die Gewährung von staatlichen Finanzhilfen für Betriebserweiterungen« den Ausbau der metallverarbeitenden Betriebe zu unterstützen.[201] Die Ansiedlungspolitik der Stadt war am Ende erfolgreich: 1955 war die »Zahl der Arbeitsplätze so gross geworden, dass kein weiterer Bedarf an gewerblichen Betrieben besteht«.[202]

Diese vielfältigen Unterstützungen zeigten mit Blick auf die Arbeitskräfte im Falle von Heckler & Koch ebenfalls Erfolg: So beschäftigte Heckler & Koch, die ihren Betrieb im Januar 1950 mit drei Mitarbeitern, den Gründern selbst, begonnen hatten, im Laufe der folgenden Monate schon 55 Arbeitnehmer, die zuvor bei der Mauser-Werke AG gearbeitet hatten.[203] Insgesamt beschäftigte Heckler & Koch im ersten Jahr nach der Gründung bereits 145 Mitarbeiter, von denen 70 von außerhalb kamen. Für die Oberndorfer Mitarbeiter erhielt das Unternehmen pro Person einen jährlichen Zuschuss der Stadt in Höhe von 20 D-Mark.[204] Die Zahl der Oberndorfer Beschäftigten bei Heckler & Koch wuchs weiter: Anfang 1951 waren es 96, im Oktober 1951 dann schon 131.[205]

Grafik 6: Arbeitskräfte bei der Heckler & Koch GmbH, 1948–1961[206]

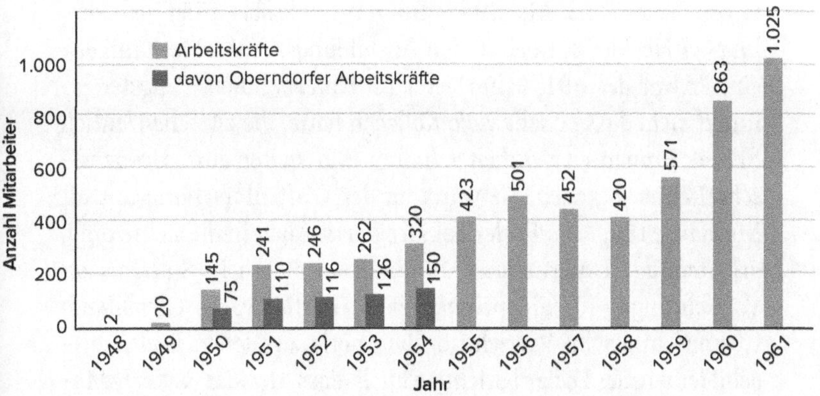

Die Abwanderung von Fachkräften der metallverarbeitenden Industrie wurde verschärft durch ein zweites Problem: Der Fachkräftemangel nahm wegen der in Kriegszeiten ausgefallenen Lehrlingsjahrgänge und der – nach Beobachtung Edmund Hecklers – Überalterung der Facharbeiter zu.[207] Damit lag ein Schwerpunkt in der Lehrlingsausbildung, die mit Mitteln des Bundesjugendplans gefördert wurde, der »langfristig Geldmittel zur Einrichtung von Lehrwerkstätten« über die Industriekreditbank oder die Hausbanken der Unternehmen bereitstellte.[208] Heckler & Koch war eines der Unternehmen in Oberndorf, die sich engagierten, und rechnete für das Anlaufen des Programms mit Kosten in Höhe von 65 000 D-Mark.[209] 1951 wies Heckler & Koch 13 Lehrlinge (fünf im ersten, fünf im zweiten und drei im dritten Lehrjahr) aus,[210] kündigte Ende 1951 an, weitere 22 Lehrlinge 1952 aufzunehmen und 1953 nochmals 17 Lehrlinge einzustellen.

Die Oberndorfer Unternehmen der metallverarbeitenden Industrie errichteten eine gemeinsame Lehrwerkstätte,[211] für die sie 36 000 D-Mark aus dem Bundesjugendplan erhielten.[212] Eine eigene Lehrlingswerkstatt konnte sich Heckler & Koch wegen der erforderlichen Größe, der Anzahl der Meister und Vorarbeiter nicht leisten. Die Ausbildung in der gemeinsamen Lehrwerkstatt führte zum Gesellenabschluss »Mechaniker« mit den Schwerpunkten »Dreher, Fräser, Werkzeugbauer, Schnittmacher oder für die Härterei oder für das Metallbohren«.[213]

Georg Egeler (23. Mai 1939) trat am 1. Oktober 1954 als Lehrling bei Heckler & Koch in den Ausbildungsberuf »Mechaniker« ein. Er war der 691. Mitarbeiter im Unternehmen.[214] Egeler erinnert sich, dass er sehr viele Kollegen hatte, die zwischenzeitlich für die Franzosen gearbeitet hatten und später eine »französische Rente« bezogen. Sie waren in der Waffenforschungsanstalt Mulhouse tätig. Als Egeler bei Heckler & Koch in die Lehre ging, arbeitete das Unternehmen 1957/58 für Bosch in Stuttgart an Vorrichtungen für Einspritzpumpen. Hierfür waren Gleichlauffräsmaschinen im Vorrichtungsbau nötig, an denen Egeler ausgebildet wurde. Egeler berichtete auch, dass Heckler & Koch Maschinen aus dem Maschinenpark der Mauser-Werke hatte, deren Farbe »Dunkelgrün mit weißer Nummer« war und die später grau umlackiert worden waren.*

Die Dienstleistungen und Produkte der Heckler & Koch GmbH

Der Briefkopf des 1950 ins Handelsregister eingetragenen Unternehmens wies den Produktionsschwerpunkt aus: Heckler und Koch G.m.b.H, Oberndorf. Nähmaschinenteile-, Schnitt- und Stanzwerkzeuge, Vorrichtungen, Lehren.[215] Im Amtsblatt vom 21. Juli 1950 und im Gesellschaftsvertrag wurde der »Vertrieb von Metallwaren aller Art, insbesondere von Nähmaschinenteilen und Betriebsmitteln« als Geschäftszweck genannt.[216] Heckler & Koch stelle daneben Einzelteile für Haushaltsmaschinen sowie Teile für Fahrräder her und erarbeitete auch – so wie schon das Ingenieurbüro Edmund Heckler – Konstruktionspläne für Betriebsmittel.[217]

Um Produkte zu fertigen, bedurfte es mehr als nur Kenntnisse im Ingenieurswesen. Heckler & Koch brauchte Maschinen und Rohstoffe. Nachdem bei Abschluss des Gesellschaftervertrags zur Heckler & Koch GmbH im Dezember 1949 die Gründer genau diese beiden Güter mit einbrachten, war eine Produktion möglich. Ob sich der erwähnte Ankauf von gebrauchten Werkzeugmaschinen auf jene Maschinen bezog, die die Gründer mit einbrachten, oder ob es sich um spätere Erwerbungen handelte, bleibt unklar.[218] Dabei wurden jedenfalls auch Maschinen aus dem Bestand der Mauser-Werke AG gekauft.[219]

Immer wieder kolportierte Aussagen, dass »entwendete« Maschinen der Mauser-Werke AG ihren Weg zu Heckler & Koch fanden, lassen sich in den schriftlichen Überlieferungen nicht finden. Sie sollen aber nach mündlicher Überlieferung teilweise als Eintrittskarte für eine Beschäftigung gegolten haben. Neben den jedenfalls offiziell erworbenen Maschinen versuchte Heckler & Koch Stahl von der in Liquidation befindlichen Mauser-Werke AG zu kaufen, erhielt aber auch hier einen Korb des Liquidators Klügmann, der das Lager lieber insgesamt verkaufen und sich nicht »mit kleineren Mengen« befassen wollte.[220]

Auch aufgrund der herausragenden Qualifikation der eigenen Fachkräfte, die zuvor bei den Mauser-Werken gearbeitet hatten, erhielt Heckler & Koch Aufträge. Neben Produktionen für die Badische Anilin- und Sodafabrik (BASF) fertigte man Zylinder-

Abb. 82: Auszug aus einem Prospekt von Heckler & Koch, 1950er Jahre

büchsen für die Maschinenfabrik Esslingen,[221] baute 1957/58 die bereits genannten Vorrichtungen für Einspritzpumpen für die Bosch GmbH in Stuttgart[222] und fertigte Gleichlauffräsmaschinen.[223] 1952 lag dabei der Export von Heckler & Koch bereits bei 50 Prozent der Produktion.[224]

Im Juni 1952 beantragte Heckler & Koch die Genehmigung zur Herstellung, Erzeugung, Einfuhr, Beförderung, Lagerung, dem Besitz und Vertrieb von Sportwaffen.[225] Hierzu wurden dem Landratsamt drei Strafregisterauszüge der Gesellschafter und Geschäftsführer von Heckler & Koch vorgelegt, die die Tauglichkeit der Antragsteller belegten.[226] Bürgermeister Kenntner bestätigte, dass die Gesellschafter »persönlich zuverlässig« waren und die »erforderliche Sachkunde« besaßen.[227] Am 16. Juli 1952 übersandte Heckler & Koch die geforderten Unterlagen an das Bundesministerium für Wirtschaft. Dabei begründete Heckler & Koch die Produktionserweiterung wie folgt: »Die Voraussetzungen für die Fabrikation von Sportwaffen sind deshalb besonders günstig, weil der Firma die besten Spezialfacharbeiter und Ingenieure der total demontierten früheren Mauser-Werke zur Verfügung stehen, sie also in der Lage ist, sowohl auf konstruktiven als auch fertigungstechnischem Gebiete in kürzester Zeit unter Vermeidung großer Anlaufschwierigkeiten eine derartige Produktion einzurichten.«[228]

Beantragt wurden die Fertigung von Kleinkaliberbüchsen als Einzellader mit gezogenen Läufen (12 000 Stück/Jahr) und Pirschbüchsen mit gezogenen Läufen (2 000 Stück/Jahr). Gekennzeichnet werden sollten die Waffen mit dem Logo HK – Heckler & Koch GmbH, Oberndorf/Neckar. Den Qualifizierungsnachweis lieferten die drei Gesellschafter, indem sie ihre Abschlusszeugnisse aus Esslingen vorlegten. Daraufhin erteilte das Bundeswirtschaftsministerium Heckler & Koch am 2. Dezember 1952 die Genehmigung, Jagd- und Sportwaffen herzustellen.[229] Dennoch wurden fürs Erste noch keine Jagd- oder Sportwaffen entwickelt oder produziert. Die Fertigung von Jagdwaffen ging Heckler & Koch erst 1973 mit der Selbstladebüchse HK300 und 1979 mit der HK770 an.[230] Im Herbst 1952 fanden indes bereits erste Gespräche über die Optionen für die Ausrüstung einer späteren bundesdeutschen Streitkraft mit dem sogenannten Amt Blank, der

Vorläuferorganisation des Verteidigungsministeriums, statt. Die Absicht, Gewehre für die deutschen Streitkräfte herzustellen, erwähnte der Antrag nicht und konnte es auch nicht, da zu diesem Zeitpunkt in Deutschland noch keine Waffen hergestellt werden durften. Dennoch ist denkbar, dass diese Genehmigung als Deckmantel für Konstruktionen von Sturmgewehren diente. (Vgl. Kap. »Heckler & Koch als Waffenproduzent«.)

Heckler & Koch als Waffenproduzent – das CETME-Sturmgewehr

Die Geschichte wirkt rückwirkend oft logisch und geradezu zwangsläufig. Die Realität ist hingegen häufig komplex und kann nur durch genaue Rekonstruktion der Ereignisse nachgezeichnet werden. So scheint es zwar schlüssig, dass Heckler & Koch am Ort des Unternehmenssitzes eines der bedeutendsten deutschen Waffenherstellers nach dessen Liquidation sozusagen dessen Erbe antrat, um zu gegebener Zeit Waffen für die Bundeswehr herzustellen. Es war dies jedoch keineswegs eine solche Selbstverständlichkeit. Der Aufstieg zum Waffenproduzent war dem Engagement der Gründer geschuldet, die sich um Kontakte bemühten und ihre Rolle nutzten, und den entwicklungstechnischen wie finanziellen Vorleistungen, die Chancen schufen, die sie am Ende zum Erfolg führten. Hinzu kamen der Einsatz der Stadt Oberndorf und ihrer Vertreter, die Unterstützung von Waffenexperten und der historische Kontext. Dieser Erfolg des

Abb. 83: Edmund Heckler (r.) mit den Architekten: Besprechung auf der Baustelle, 1950er Jahre

Unternehmens Heckler & Koch jedenfalls war mehrfach in Gefahr: einmal durch die permanente finanzielle Notlage des Unternehmens, zum anderen durch Vorstöße der Konkurrenten, wankelmütige Beamte sowie patentrechtliche Probleme.

Das Amt Blank und erste Kontakte zu Heckler & Koch

Im Oktober 1950 wurde das Amt Blank von Bundeskanzler Konrad Adenauer eingerichtet, das bis Juni 1955 als Vorgängerinstitution des Bundesministeriums der Verteidigung agierte. Theodor Blank war als Sonderbeauftragter des Bundeskanzlers »für die mit der Vermehrung der alliierten Truppen zusammenhängenden Fragen« befasst und mit der Frage der Wiederbewaffnung der Bundesrepublik beauftragt. Fünf Jahre später wurde er mit Umwandlung seiner Behörde in ein Ministerium am 7. Juni 1955 zum ersten Bundesminister für Verteidigung bestellt. Mit seinem Ausscheiden am 16. Oktober 1956 übernahm dann Franz Josef Strauß den Ministerposten. Der Ministerwechsel lag an einem einfachen Fakt: Das Amt Blank mitsamt der Auf- und Ausrüstung der Bundeswehr war schlussendlich gescheitert, hatte es doch die Ziele, was Größe und Ausstattung der Streitkraft betraf, schlicht nicht erreicht.[231] Dieses »schleppende Aufrüstungstempo« machte sich auch im Falle von Heckler & Koch bemerkbar.

Internationaler Hintergrund der Einrichtung des Amtes Blank war der seit Oktober 1950 diskutierte Plan des französischen Ministerpräsidenten René Pleven, eine »Europaarmee« aufzustellen, dem Konrad Adenauer zustimmte. Am 27. Mai 1952 wurde das Abkommen zur Errichtung der Europäischen Verteidigungsgemeinschaft (EVG) von Deutschland, Frankreich, Italien und den Benelux-Staaten unterschrieben, scheiterte final jedoch am 30. August 1954 an der französischen Nationalversammlung, die das Abkommen nicht ratifizierte.

Daraufhin erweiterten Frankreich, Großbritannien, Belgien, die Niederlande, Luxemburg durch den Beitritt der BRD und Italiens den Brüsseler Pakt von 1948 im Jahr 1954. Mit Unterzeichnung der Pariser Verträge vom 5. Mai 1955 wurde dieser als Westeuropäische Union (WEU) etabliert. Diese mündete über ein halbes Jahrhundert später in die Gemeinsame Sicherheits- und Verteidigungspolitik der Europäischen Union (2010) und der zeitgleichen Auflösung der WEU. Der 5. Mai 1955 markierte gleichzeitig den NATO-Beitritt der Bundesrepublik Deutschland, da auch die WEU vollständig in die NATO integriert war, und markierte das Ende des Besatzungsregimes in der Bundesrepublik Deutschland.

Nach Etablierung der Dienststelle Blank, wie das Amt Blank auch genannt wurde, tauchten dort »Persönlichkeiten« auf, die Ideen zur Wehrtechnik mitbrachten.[232] Hierzu zählten hochrangige Rüstungsexperten der Wehrmacht wie auch Experten aus vormaligen Rüstungsunternehmen. Gleichzeitig nahm das Amt Blank Kontakt zu ehemaligen deutschen Waffenfirmen auf (die zu diesem Zeitpunkt noch nicht wieder Waffen produzieren durften). Die Dienststelle Blank hatte so 1950 ermittelt, dass verschiedene Waffen in Deutschland oder im befreundeten Ausland mit einer Vorlaufzeit von sechs bis neun Monaten hergestellt werden könnten, u.a. das Sturmgewehr 44, aus dem sich später das G3-Sturmgewehr entwickelte.[233]

Das erste Gewehr der Bundeswehr (G1) war das in Belgien gefertigte FN,[234] das bereits 1956 als Standardgewehr eingeführt worden war. Das G2 wurde 1957 angeschafft und stammte vom Schweizer Hersteller SIG. Es wurde als SIG 510 bzw. Sturmgewehr 57 (Stgw 57) bezeichnet und war das Sturmgewehr der Schweizer Armee. In Deutschland wurde es nur für Testzwecke eingeführt, erhielt dabei den Namen G2 und wurde nicht weiter beschafft. 1959 wurde dann das weiterentwickelte Sturmgewehr 44 als Sturmgewehr der Bundeswehr unter dem Namen G3 eingeführt.

Die Dienststelle ging davon aus, dass das Sturmgewehr 44 von den Gebr. Merz, Merz-Werke Frankfurt am Main produziert werden könne.[235] Die Merz-Werke hatten bereits 1942 für die C.G. Haenel Waffen- und Fahrradfabrik GmbH aus Suhl im Blechprägeverfahren Teile für 50 Waffen geliefert und ab 1943/44 Massenproduktionen ermöglicht.[236] In diesem Zeitrahmen war das unter dem Namen MP43 eingeführte und verbesserte Gewehr in »Sturmgewehr 44« umbenannt worden. Eine letzte Weiterentwicklung des Gewehres im Jahr 1945 kam nicht mehr zur Produktionsreife. Der Entwickler, Hugo Schmeisser, wurde nach

Kriegsende in die Sowjetunion verbracht, um dort die Waffe weiterzuentwickeln.

Schon 1951 dachte Blank darüber nach, den hochrangigen Rüstungsexperten der Wehrmacht, Generalleutnant a.D. Erich Schneider (1894–1980) zu engagieren, um ein technisches Waffenamt aufzubauen. Schneiders militärische Karriere begann bereits im Ersten Weltkrieg, in den 1920er Jahren studierte er Physik, wurde Diplom-Ingenieur und arbeitete seit 1935 beim Heereswaffenamt, wo er ab 1938 Chef der Waffenprüfabteilung war und nach einem Einsatz an der Front Chef der Amtsgruppe Entwicklung Waffen, Munition, Gerät wurde. Schneider stand politisch für den »Primat des Militärs« gegenüber der Industrie.[237]

Da es Blank jedoch im April 1951 noch nicht offiziell möglich war,[238] eine waffentechnische Position zu schaffen (die Bundesrepublik durfte noch nicht offiziell wieder aufrüsten), bat er Reinhard Gehlen (Organisation Gehlen – Vorläufer des Bundesnachrichtendienstes),[239] Schneider einzustellen, bis Blank ihn offiziell würde übernehmen können.[240] Eine enge Verzahnung der Organisation Gehlen und des Amtes Blank war ohnehin in personellen Dingen gegeben, wenn Mitarbeiter von einer in die andere Behörde wechselten, dabei aber eine Zeit lang für beide Behörden Aufgaben ausübten.[241] Als man Schneider 1953 die Stelle des Leiters der Unterabteilung Technik im Koblenzer Beschaffungsamt anbot, lehnte dieser jedoch nach langen Verhandlungen ab, da ihm die behördliche Stellung der Wehrtechnik zu niedrig aufgehängt schien und er seine Überzeugung vom »Primat des Militärs« nicht für realisierbar hielt.[242] Schneider spielte in den folgenden Jahren trotzdem eine bedeutende Rolle, wenn es um Entscheidungen der wehrtechnischen Ausrüstung ging.

Spanien befand sich zu diesem Zeitpunkt mit Francisco Franco als Diktator in einer Außenseiterrolle im westlich orientierten Europa (was sich erst mit der Unterstützung der USA im Koreakrieg ändern sollte) und suchte daher in Deutschland einen Partner.[243] Zudem litt Spanien in den 1950er Jahren unter einer wenig entwickelten Wirtschaft und überlegte, in eine Rolle ähnlich der Russlands nach dem Ersten Weltkrieg zu gelangen, als Deutschland seine Waffenproduktion in der Sowjetunion voranbrachte.[244] Friedrich Geist, mit den deutsch-spanischen Verhandlungen betraut, riet daher Blank dazu, die »spanische[n] Sympathien [zu] pflegen und [zu] nutzen«, da Deutschland nur wenig internationale Freunde habe.[245]

Da 1950 mit einer Waffenproduktion auf deutschem Boden nicht zu rechnen war, wanderte der Blick des Beauftragten des Bundeskanzlers ins Ausland, auf der Suche nach Optionen für die spätere Beschaffung von Waffen. In Europa erwies sich Spanien unter der Diktatur General Francos als eines der wenigen Länder, die mit Deutschland befreundet waren, und geriet so in den Blick von Blank. Auch das Bundesinnenministerium hatte im Rahmen von Waffeneinkäufen früh Kontakt zu Spanien aufgenommen. So wurden für den am 16. März 1951 als Sonderbehörde der Polizei eingerichteten Bundesgrenzschutz[246] z. B. Pistolen in Spanien gekauft.[247] Nachdem der Bundesgrenzschutz auf das CETME-Sturmgewehr aufmerksam wurde,[248] bündelten das Amt Blank und das Innenministerium die Vorbereitungen einer möglichen Zusammenarbeit mit Spanien. Am 27. April 1953 fanden Gespräche zwischen Spanien, dem Bundesgrenzschutz und dem Amt Blank statt.[249] Der von deutscher Seite initiierte Kontakt[250] lief über den Chef des spanischen Verteidigungsrates, den deutschfreundlichen General Juan Vigón.[251] Die deutsche Seite erhoffte sich in der Zusammenarbeit mit Spanien den Aufbau gemeinsamer wehrtechnischer und ziviler Produktionen in Spanien unter deutscher Beteiligung. Damit glaubte man, sich für die erwartete Wiederbewaffnung Deutschlands rüsten zu können.

CETME – Centro de Estudios Técnicos de Materiales Especiales

1949 hatte die spanische Regierung das CETME – Centro de Estudios Técnicos de Materiales Especiales – gegründet, das zur spanischen Staatsholding INI (Instituto Nacional de Industria) gehörte. Regierungsvertreter des Landes kontaktierten den früheren Generaldirektor der Gustloff-Werke Dipl.-Ing. Werner Heynen mit der Bitte, Experten zu rekrutieren und für Spanien anzuwerben. (Auch die Gustloff-Werke waren während des Zweiten Weltkriegs an Entwicklungen von Maschinengewehren betei-

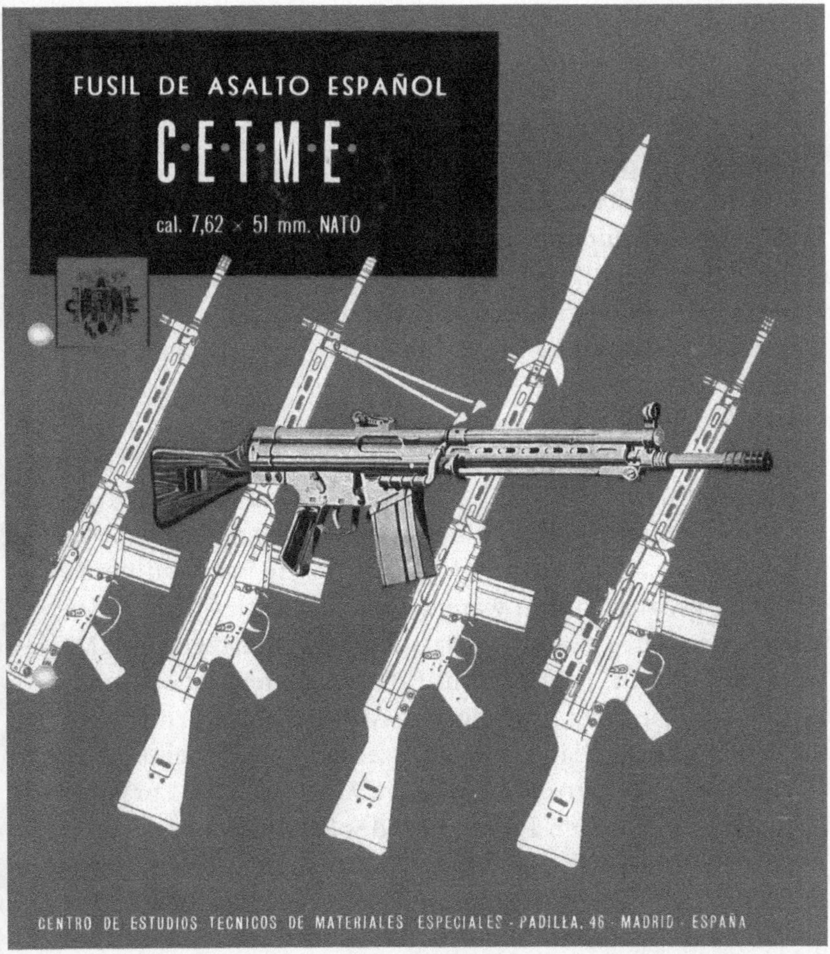

Abb. 84: Broschüre für das CETME-Sturmgewehr, Mitte der 1950er Jahre

ligt, so entwickelte das Unternehmen 1944 eine vereinfachte Version des MP43 von Haenel.) Heynen war während des Zweiten Weltkriegs Vorsitzender des Hauptausschusses »Automatische Waffen« im Reichsministerium für Rüstung und Munition unter Minister Albert Speer.[252] Nach einem Treffen am 1. Februar 1950 bei CETME in Madrid folgte er der Bitte der Spanier und sah sich nach patenten Waffeningenieuren um.[253]

Der von den Mauser-Werken zur DEFA gewechselte Ludwig Vorgrimler, der mit seiner Situation im Elsass wohl zunehmend unzufrieden war,[254] folgte dem Angebot Heynens und verließ am

30. Juni 1950 Mulhouse in Richtung Madrid,[255] wo er mit einer Gruppe von ehemaligen Mauser- und Rheinmetall-Waffeningenieuren an einem Gewehr arbeitete.[256]

Dr. Reiner Hartmann,[257] ebenfalls ehemaliger Mitarbeiter im Ministerium Speer, leitete die technische Fabrikationsabteilung bei CETME. Er hatte ursprünglich 15 Mitarbeiter, die zu seinem Stab gehörten und aus Deutschland stammten.[258] Ein weiterer Mitarbeiter der CETME war der frühere leitende Direktor der Rheinmetall-Borsig AG, Dr. Ing. Heinrich Klein. Klein hatte bei Rheinmetall-Borsig die Fernzielrakete V-4 entwickelt sowie die Rakete »Rheintochter«.[259]

Waren die Sturmgewehr-Konzeptionen der Gustloff-Werke mit Werner Heynen bereits 1949 nach Spanien gelangt, so kamen die in Oberndorf 1945 in den Mauser-Werken entwickelten und am erfolgversprechendsten bewerteten Konstruktionspläne des Sturmgewehrs 45 (StG 45 [M]), auf deren Basis immerhin 30 Gewehre gebaut worden waren, ebenfalls nach Spanien: Ludwig Vorgrimler hatte im Elsass das deutsche Sturmgewehr MG 44 weiterentwickelt, reüssierte mit diesen Plänen jedoch nicht. In Spanien arbeitete er laut eigener Aussage am Sturmgewehr auf Basis der Mauser-Pläne. Wie sich zeigen wird, arbeitete er nicht allein an den Konstruktionsplänen. Am 2. Juni 1951 präsentierte Vorgrimler den ersten Prototypen des Sturmgewehrs dem spanischen Diktator Franco, der zunächst 30, später 120 Prototypen in Auftrag gab.[260] Damit begann die Geschichte des CETME-Sturmgewehrs, des späteren G3 der Bundeswehr.

Die spanische Regierung und CETME hatten mit Blick auf die Waffenfertigung ein Interesse an Kontakten zu Deutschland. Ausschlaggebend war die noch nicht weit entwickelte spanische Industrie, die die Fortschritte der Waffen-Entwicklergruppe lähmte und diese zunehmend unzufrieden mit den Arbeitsbedingungen werden ließ. Erste Kündigungen waren die Folge. Klein informierte Joachim Oster, Leiter der Sicherheitsgruppe im Amt Blank und ab 1958 Militärattaché in Spanien,[261] über die Umstände der wehrtechnischen Forschung in Spanien, die er als mühselig beschrieb. Die deutschen Techniker wünschten sich einen »irgendwie geartete[n] wirksame[n] Rückhalt in Deutschland«, so Klein, der gleichzeitig die Zusammenarbeit »zwischen Cetme, der staatlichen Industrie und der Privatindustrie […] und die Einhaltung vernünftiger, nicht allzu langer Entwicklungszeiten« als schwierig einstufte.[262] Sowohl Heynen als auch Klein hatten die spanische Industrie bereist, um sich selbst ein Bild von den Produktionsoptionen zu machen. Die Beurteilung war eher ernüchternd.

Schon im Januar 1951 waren sowohl das Amt Blank als auch die Organisation Gehlen mit der Entwicklergruppe in Spanien zusammengetroffen. Am 3. Januar 1951 übergab Klein dabei Oster, der allerdings nicht offiziell als Vertreter des Amtes Blank oder der Bundesregierung sprach, einen Stand über die von ihm bei CETME durchgeführten Waffenentwicklungen (Panzerbekämpfungswaffen, Raketenartillerie, Flugzeugabwehrraketen).[263] Am 27. und 30. Januar folgten Gespräche, an denen auch Blank teilnahm. Er bestätigte, dass es ein besonderes deutsches Interesse an den Entwicklungen gäbe, aber derzeit kein offizieller Auftrag möglich sei. »Es wurde zum Ausdruck gebracht, dass man dankbar dafür wäre, wenn Herr Dr. Klein als Privatmann im Rahmen der ihm gegebenen Möglichkeiten die deutschen Interessen auf seinem Gebiet so lange in Spanien wahrnähme, bis unter Umständen ein anderer direkter Weg möglich wäre.«[264]

In den Jahren 1950 bis 1955 konnte die Bundesrepublik Deutschland keine offiziellen Kontakte zum Thema Rüstung pflegen. Im April 1951 nahm Spanien »den formulierten Vorschlag zur Zusammenarbeit an«, der jedoch nicht lange anhielt,[265] da die spanische Seite Heinrich Klein ablehnte. Klein hatte zu diesem Zeitpunkt wohl schon 30 000 D-Mark für Vorarbeiten »eingesteckt«, ohne aber Ergebnisse geliefert zu haben.[266] So schlug das Amt Blank nun Dr.-Ing. Friedrich Dörge von den Mauser-Werken[267] und Dipl.-Ing. Friedrich Geist als Verhandlungspartner vor,[268] während Klein nur noch für seine eigentliche Aufgabe bei CETME eingesetzt werden und nicht länger verhandeln sollte.[269] Der studierte Ingenieur Friedrich Geist (1898–1958) durchlief verschiedene militärische Dienstgrade und war, wie Erich Schneider, im Heereswaffenamt beschäftigt gewesen.[270] Dörge war im Vorstand der alten Mauser-Werke und bildete ab 1954 gemeinsam mit Harald Quandt den Vorstand der neuen Mauser-Werke AG.

Der schmale Grat, auf dem das Amt Blank wandelte, da offizielle Vereinbarungen der Bundesrepublik Deutschland in Bezug auf Rüstungsthemen noch nicht erfolgen konnten, erschwerte gleichzeitig den Ausbau der Beziehungen. Eine längere Reise »im Auftrage eines Bundesministeriums«[271] nach Spanien absolvierte Geist im Sommer 1951.[272] Dabei wurde klar, dass General Vigón einen offiziellen Vertreter des Amtes Blank erwartet hatte.[273] In streng geheimen Berichten hielt Oster[274] eine Begegnung mit Geist und dessen Einschätzung fest. Oster kannte Geist bereits seit 14 Jahren und beschrieb ihn als »ausserordentlich tüchtig« und von »sehr reeller Denkungsweise«.[275]

Im September 1951 wiederholte eine Notiz, dass es zu keiner offiziellen Zusammenarbeit zwischen der Bundesrepublik Deutschland und Spanien kommen könne, die deutsche Seite aber interessiert sei, dass »die Entwicklungen, die auf deutscher Forschungsarbeit beruhen, bei Ihnen weitergetrieben werden und dass die Ergebnisse zu gegebenem Zeitpunkt auch Deutschland zur Verfügung stehen«.[276] Zu einem Eklat kam es, als ein Pressebericht veröffentlichte, dass beide Länder über Waffenlieferungen und den Austausch von Experten sprachen. Die Spanier unterstellten, Klein habe diese Informationen lanciert, und zitierten im Oktober 1951 Blank, General Dr. Hans Speidel (der spätere Bundeswehrgeneral) und Johann Adolf Graf von Kielmansegg (Referent für Militärpolitik im Amt Blank und späterer General der Bundeswehr) zum spanischen Militärattaché in Paris, Marquis de Inicio, um die Sachlage zu klären.[277] Nur wenige Tage später, am 4. November 1951, fand in der Privatwohnung eines Mitarbeiters des Frankfurter spanischen Generalkonsulats ein Treffen mit dem Abgesandten des Generals Juan Vigón, Major Wilhelmi, statt, bei dem Spanien erneut um einen offiziellen Besuch bat. Die spanische Seite beschränkte sich nun bei der angedachten Zusammenarbeit auf Waffen und Munition und legte die weiter gefassten Ideen (chemische Fragen, Torpedos, Luftwaffe) zu den Akten.[278]

In Spanien versuchten industrielle sowie die inoffiziellen Vertreter der Bundesrepublik, die Pläne voranzubringen. Im Mai 1952 reiste Geist auf Veranlassung des Chefs des spanischen Militärs Juan Vigón erneut nach Spanien und berichtete im Anschluss an Blank, dass Spanien noch immer einen Vertreter der Bundesregierung erwarte, »um in engen Kontakt auf wehrtechnischem Gebiet mit Deutschland zu kommen«.[279] Geist nahm bei dieser Gelegenheit Kontakt zu den beiden deutschen Konstruktionsgruppen um Heynen und Klein auf und besprach die laufenden Entwicklungen »teilweise eingehend«.[280] In Spanien hatten verschiedene deutsche Unternehmen bei Verteidigungsminister General Augustín Muñoz Grandes mit Vorschlägen vorgesprochen, waren jedoch nach dem Scheitern von Klein bei General Vigón nun zu sehr diskreditiert, sodass Vigón nun die Kontakte über eine offizielle Stelle bündeln wollte.[281] Generalleutnant a. D. Schneider wiederum beriet seit 1953 auch den spanischen Verteidigungsminister.[282]

Die Ausformung der Zusammenarbeit zwischen Deutschland und Spanien im Grundsatz brachte auch konkrete Schritte in Bezug auf ein Sturmgewehr. Die Idee zu diesem frühen Zeitpunkt war, in Spanien die Entwicklungsarbeiten, den Musterbau sowie die Erprobung eines Gewehres durchzuführen und die Ergebnisse dann in Deutschland für eine gemeinsame Erprobung zur Verfügung zu stellen. Dabei war die Mitwirkung der USA, zumindest aber deren Duldung zwingend – so waren sich beide Seiten einig –, aber auch das Kommissariat der EVG sollte die Zusammenarbeit genehmigen.

Heckler & Koch, die Oberndorfer Gemeinschaft und das Amt Blank

Im September 1952 fand die erste, vertrauliche Besprechung zwischen Edmund Heckler und der Dienststelle Blank statt, bei der Heckler die Blank-Leute in Kenntnis setzte, dass in Oberndorf eine Reihe kleinerer Spezialunternehmen entstanden sei, »welche den größten Teil der technischen Spezialisten und der alten Facharbeiter von Mauser beschäftigen«.[283] Edmund Heckler findet sich regelmäßig in der Rolle des Verhandlungsführers, während seine Mitinhaber seltener in solchen Rollen auftauchen. Die ehemaligen Waffenkonstrukteure brachten sich also auch in Deutschland in Stellung und formten 1952 die »Oberndorfer Gemeinschaft«. Sie setzte sich aus Präzisionsfertigungsbetrieben aus Oberndorf zusammen, die viele ehemalige Mauser-Ingenieure beschäftigten und sich gegen die Mauser-Werke AG im Konzern der Industrie-Werke Karlsruhe (IWK) stellten.[284] Zeitgenössische Beobachter erklärten sich Letzteres damit, dass möglicherweise unberechtigte Aneignungen von Konstruktionsplänen, Maschinen und Werkzeugen seitens der ehemaligen Mauser-Ingenieure stattgefunden hatten.[285] Heckler trat auf diese Weise im November 1954 bei der konstituierenden Sitzung des Ausschusses für leichte Waffen mit einem »Führungsanspruch bezüglich der Gewehrfertigung auf, den er auf seine aktive Weiterentwicklung des Sturmgewehres gründete«.[286] Es gab keinen Widerspruch, da »HECKLER für die Gruppe Gewehre aller Art tatsächlich an führender Stelle eingesetzt« war.[287]

Bei seinem Besuch im September 1952 informierte Heckler Blank, dass sie »einen Teil der Konstruktionszeichnungen von Mauser sicherstellen« konnten.[288] Zu diesem Zeitpunkt fertigte Heckler & Koch nach eigenen Angaben bereits Ersatzteile für das MG 42, das seit dem Oktober 1943 bei der Wehrmacht im Einsatz war, für den Bundesgrenzschutz. Tatsächlich war das von der Metall- und Lackwarenfabrik Johannes Großfuß im Blechprägeverfahren entwickelte MG 42 ab 1951 beim Bundesgrenzschutz mit wenigen Änderungen eingeführt worden.[289] Heckler fuhr fort, dass seine »Firma eine Pistole, Kaliber 7,65 mm entwickelt« hat, »welche eine Weiterentwicklung der alten Mauserpistole darstellt«. Dies dürfte auf die Arbeiten von Alex Seidel zurückzuführen sein. Auf welche weiteren Konstruktionspläne bei Heckler & Koch noch zurückgegriffen werden konnte, ist nicht überliefert.[290] Konstruktionspläne des Sturmgewehrs 44 scheinen in ähnlicher Weise wie den in Spanien arbeitenden ehemaligen Mauser-Ingenieuren auch in Oberndorf vorgelegen zu haben.[291] Immerhin erläuterte Heckler dem Amt Blank: »Die Firma Heckler u. Koch ist nach einer gewissen Anlaufzeit (1 Jahr) in der Lage, die Fertigung von Handfeuerwaffen, insbesondere von Pistole 38, Karabiner 98k, Sturmgewehr 44 und MG 42 aufzunehmen.«[292] Die Ausführungen von Lehmann und Abelshauser, Heckler & Koch habe bereits seit 1952 im Auftrag der Dienststelle Blank an einer Modernisierung des Sturmgewehrs 44 gearbeitet, deckt dies jedoch noch nicht ab.[293] Ein Entwicklungsauftrag wurde erst Jahre später erteilt (vgl. Kap. »Vom Prototyp zum G3«).

Das Amt Blank dachte in dieser frühen »Grauzone« seit Herbst 1952 mit verschiedenen deutschen Firmen über die Weiterentwicklung des Sturmgewehrs nach.[294] Einen Monat später informierten im Oktober 1952 zwei Direktoren der Rheinmetall-Borsig AG das Amt Blank über Fertigungsfragen für Waffen und Munition. Direktor Gerlach war Spezialist für die spanlose Verformung und ehemaliger »Todt-Preisträger« im Bereich der Munitionsfertigung.[295]

Es sieht wenig nach einem Zufall aus, dass am 2. Dezember 1952 das Bundeswirtschaftsministerium Heckler & Koch die Genehmigung erteilte, Sportwaffen herzustellen, die im Juni 1952 beantragt worden war.[296] Westinger-Altenburger fertigte erst ab 1956 wieder Sportwaffen, ebenso wie die Mauser-Werke GmbH.[297] Heckler & Koch produzierte jedoch erst in den 1970er Jahren Jagdwaffen.[298]

Heckler erhielt 1953 von Blank die Bestätigung, »der Firma für die Errichtung von Neubauten und zur Beschaffung von Maschinen dann Geldmittel zur Verfügung zu stellen, wenn der Aufbau einer Wehrmacht zuverlässig gesichert ist«.[299] Der nachhallende Ruf der Mauser-Werke jedoch machte die lokale Politik zuversichtlich, dass die IWK (Industrie-Werke Karlsruhe) als Muttergesellschaft der Mauser-Werke Aufträge für diese erhalten würde (bezüglich des MG 42 fanden bereits Gespräche zwischen Blank und der IWK statt).[300]

Heckler & Koch und CETME

Während also die lokale Politik daran zweifelte, Heckler könne gegen die Mauser-Werke reüssieren, empfahl das Amt Blank – nach Aussagen Heynens – den Spaniern, Heckler & Koch bei der Fertigung des Sturmgewehrs mit einzubeziehen.[301] Dass die ehemaligen Mauser-Ingenieure bei CETME Kontakte zu ihren früheren Kollegen hatten, ist zudem anzunehmen. Sogar Heckler werden sie vielleicht aus seiner kurzen Zeit bei Mauser noch gekannt haben, sicherlich jedoch Theodor Koch und Alex Seidel.[302]

Heckler jedenfalls befand sich im November 1953 auf einer Geschäftsreise in Spanien, sodass davon auszugehen ist, dass spätestens hier erste direkte Gespräche mit der Entwicklergruppe bei CETME geführt wurden.[303]

Nach seiner Rückkehr traf Heckler gemeinsam mit Seidel im Dezember 1953 General a. D. Erich Schneider. Schneider wie Geist waren hervorragende Rüstungsexperten, und beide hatten während des Zweiten Weltkriegs mit der HASAG zu tun. Die Kontakte mit Heinrich Langweiler von der HASAG sind überliefert, zu Heckler nicht.[304] Bei dem Treffen Ende 1953 wurde eingehend über die Entwicklungsmöglichkeiten des auf die NATO-Patrone angepassten deutschen Sturmgewehrs 44/45 diskutiert, insbesondere über »die Wege zu sachgemäßen Fertigungsvorbereitungen in Zusammenarbeit mit Dr. Voß und Vorgrimler«. Auch über ein »MG 45/54, mit der 7,62 Einheitspatrone T 65« sprach Schneider mit den Inhabern von Heckler & Koch. Schneider wiederum informierte nun Geist, dass »Heckler an der Entwicklung dieser Sache interessiert« sei »und glaubt helfen zu können«. Auch war Heckler bewusst, darüber hatte ihn Kenntner ja informiert, dass für das MG 42 die IWK als Fertigungsbetrieb angedacht sei.[305]

Kurz darauf, am 18. Dezember 1953, wurde das CETME-Sturmgewehr in Bonn erstmals vorgeführt. Neben Vorgrimler als (Mit-) Konstrukteur der Waffe waren Vertreter Spaniens (Hegea, Wilhelmi), Vertreter des Amtes Blank, des Wirtschaftsministeriums sowie des Bundesgrenzschutzes und die Berater des Amtes Blank, Schneider und Geist, anwesend.[306] Der Test zeigte, dass die Entwicklungen noch nicht so weit gediehen waren, um sofort mit der Produktion zu beginnen, aber auch, dass sie auf einem »verheißungsvollen« Weg waren. Die Umstellung auf die NATO-Patrone sollte nun direkt angegangen werden.

Die Vertreter von CETME wiederum wiesen darauf hin, dass die »Entwicklung der Fertigungswerkzeuge« in Arbeit seien, um damit die Massenfertigung starten zu können.[307] Diese erste Serienfertigung sollte für General Franco und die spanischen Streitkräfte erfolgen. Man trennte sich mit der Bitte an Blank, ein direktes Vergleichsschießen zwischen dem CETME-Gewehr und dem belgischen Gewehr der Fabrique Nationale Herstal (FN), das *Fusil Automatique Léger* (FAL) (in den Akten als »FN« bezeichnet, daher im Folgenden auch FN), zu organisieren, um zu einer Entscheidung zu kommen, welches Gewehr für die zu etablierende Bundeswehr angeschafft werden könnte.

Das belgische FN war deswegen Thema, da es bereits in vielen Ländern eingeführt war, was den Standardisierungsbestrebungen der NATO entgegenkam.[308] 1954 lagen dem Chefdelegierten des Rüstungsausschusses in Paris erste Vergleiche zwischen dem NATO-(FN-)Gewehr und dem CETME-Gewehr vor.[309] Dem CETME-Sturmgewehr wurde dabei seine »billige und primitive Bauart« bestätigt, bei einer guten Treffleistung, während das FN als mit einem heftigen Rückstoß charakterisiert wurde. »Sicher ist jedoch, daß das spanische Sturmgewehr den deutschen Vorstellungen entspricht, und daß es fertigungstechnisch den nach dem herkömmlichen Verfahren gebauten Gewehren weit überlegen ist.«[310] Wieder wurde festgestellt, es müsse auf NATO-Kaliber umgestellt werden. Im März 1954 lag also die klare Präferenz beim spanischen Sturmgewehr, das belgische FN war nur zweite Wahl.[311] Um das spanische Gewehr in Deutschland einsetzen zu können, sah das Amt Blank zwei Lösungswege: entweder über die NATO oder über die EVG nach der Vertragsratifizierung. Die Chancen bei der NATO wurden jedoch als gering eingeschätzt, da die NATO das Gewehr kannte und nicht nachbauen ließ.[312] Es blieb also der Hoffnungsträger EVG.

Abb. 85: Alex Seidel (links) mit seiner Ehefrau Fridl und Edmund Heckler (rechts) in Spanien

In einem vertraulichen Bericht bestätigte Schneider, dass sich bei der Vorführung am 18. Dezember 1953 die Weiterentwicklungen des Sturmgewehrs bewährt haben. Den Umbau für die NATO-Einheitspatrone bewertete er als möglich.[313] Im Januar 1954 plante Schneider ein weiteres Treffen und bat um Teilnahme eines Vertreters des Wirtschaftsministeriums, das im Februar 1954 vorhatte, »die evtl. anfallenden Arbeiten für das Sturmgewehr bei der Industriegruppe Heckler & Koch, Oberndorf und die Arbeiten für das MG 42 (V) bei den IWK, Karlsruhe, in den Gebäuden der alten Mauser-Werke in Oberndorf durchführen zu lassen«.[314]

Seit März 1954[315] stand Heckler & Koch mit CETME in konkreten Verhandlungen über Arbeiten am Sturmgewehr.[316] Im November 1954 überlegte CETME, Heckler & Koch mit der »Planung, Konstruktion und Anfertigung von Betriebsmitteln für die Großserienfertigung für das von ihr entwickelte Gerät« für die spanische Regierung zu beauftragen. Ob die Aussage der Spanier aus dem Dezember 1953, die »Entwicklung der Fertigungswerkzeuge« sei in Arbeit, sich auf andere Firmen bezog oder tatsächlich der Prozess sich so lange hinzog, bleibt unklar. Jedenfalls verhandelte Heckler & Koch vom 6. bis 12. Dezember 1954 in Madrid mit CETME über die Umsetzung der Großserienfertigung (5 000 Stück) für Spanien.[317]

Für den Bau der ersten Kleinserie von 120 Gewehren, die man für weitere Beschussproben benötigte, wurden jedenfalls keine Betriebsmittel verwendet, die die Produktionszeiten verkürzten oder Form und Abmessungen sicherstellten. Die einzelnen Teile der Waffe waren hier auch nicht austauschbar. Fast ein Jahr später hatte CETME dann »120 Gewehre gefertigt, doch nur von Hand«;[318] diese Prototypen wurden in Spanien, den USA, Deutschland, Portugal und Schweden getestet.[319] Die spanische Regierung bestellte 5 000 Gewehre bei CETME.[320] Für die spanische Großserie wurden nun Werkzeuge von verschiedenen spanischen Firmen und Heckler & Koch, die aus Bonn empfohlen worden waren, gefertigt:[321] Am 15. Januar 1955 beauftragte CETME Heckler & Koch mit der Ausarbeitung eines genauen Fertigungsplans für die Serienherstellung.[322] Vom 11. bis 15. April 1955 waren Vertreter von Heckler & Koch erneut in Spanien, um mit CETME die technischen Fragen, die Lieferung von Einzelteilen und die entsprechende Angebotsabgabe zu besprechen.[323] Am 1. Mai 1955 ging eine Order über 5100 Einzelteile für Gewehre bei Heckler & Koch ein.[324] Im Mai 1955 war der Vertrag zwischen Heckler & Koch zur Fertigung dieser 5000 Teile für die spanische Fertigung unterschrieben, die Württembergische Metallwaren-Fabrik (WMF) stellte nach Angaben Heynens gleichfalls »Pressteile« her.[325] Die Fertigung der Einzelteile lief im Juni 1955 bei Heckler & Koch an, die Herstellung und Lieferung nach Spanien genehmigte das Wirtschaftsministerium am 19. Januar 1956.[326] Die 5000 Gewehre, für die Heckler & Koch Einzelteile fertigte, montierte CETME in Spanien für das spanische Militär und lieferte aus diesem Kontingent dem Bundesgrenzschutz die bestellten 250 Gewehre für Testzwecke.[327]

Der Bundesgrenzschutz hatte im Sommer 1955 diese 250 Gewehre bei CETME bestellt.[328] Zuvor waren verschiedene Varianten im Amt Blank auf Bitten des Bundesinnenministeriums überlegt worden, um die Herstellung von Betriebsmitteln in Deutschland zur Fertigung einer Großserie zu ermöglichen.[329] Denn die bisherigen Prototypen waren für eine finale Entscheidung zugunsten des CETME-Sturmgewehrs nicht hinreichend, da sie nicht über »Lehren und Vorrichtungen« gefertigt waren. Eine eigene Fertigung wiederum lohnte sich nicht für 2000 Gewehre. Eine so kleine Menge sollte besser in Spanien montiert und dann gekauft werden. Würde man eine größere Bestellmenge – also schon mit Blick auf die Bundeswehr – ins Auge fassen, wäre jedoch eine Serienfertigung in Deutschland vorzuziehen. Hier prüfte das Amt Blank die Finanzierungsoptionen »von öffentlicher Hand«,[330] erörterte die Bedingungen der Zustimmung Spaniens und bewertete die Fertigung in Deutschland. Ziel war, aus einer ersten (tatsächlichen) Serienfertigung mit 250 Gewehren einen Truppenversuch durchzuführen, um so zu einer finalen Entscheidung über die Einführung eines neuen Standardgewehrs zu gelangen.[331]

Am 17. Mai 1955 bevollmächtigte nun die spanische CETME Heckler & Koch, ihre Interessen in Deutschland wahrzunehmen.[332] Zu diesem Zeitpunkt terminierten CETME und Heckler & Koch den Anlauf der Serienproduktion, meldeten aber dem Bundesinnenministerium, dass man eine verbindliche Lieferung bis zum Jahresende nicht zusagen könne: »Unter Einsatz aller uns gemeinschaftlich mit der Firma Heckler & Koch zu Gebote stehenden Mittel«, glaubte CETME jedoch, »erreichen zu können, dass 200 Geräte, die über die Einrichtungsmittel gefertigt sind, einer eingehenden masslichen und funktionellen Prüfung durch Sie im März 1956 unterzogen werden können.«[333] Damit war erstmals der Weg beschrieben, dass aus der nun sich in Vorbereitung befindlichen Serienfertigung der 5000 Gewehre für die spanische Armee 200 Gewehre an das Bundesinnenministerium – und damit für den Bundesgrenzschutz – für die Erprobung umgelenkt werden sollten.

Während Heckler & Koch im Sommer 1955 nach eigens entwickelten Fertigungsplänen und den für die Spanier entwickelten und gebauten Betriebsmitteln Einzelteile für das spanische CETME-Gewehr fertigte, die in der zweiten Jahreshälfte 1955 nach Spanien gehen sollten, wurden die Erprobungen und Entscheidungen in Deutschland zum Kauf des CETME-Sturmgewehres durch den Bundesgrenzschutz sowie die nun neu etablierte Bundeswehr weiterverfolgt.

Das Sturmgewehr der Bundeswehr

Vom Bundesgrenzschutz zum Bundesverteidigungsministerium

Das mit den Pariser Verträgen beendete Besatzungsregime ermöglichte am 5. Mai 1955 der Bundesrepublik Deutschland die Gründung der Bundeswehr und damit die Wiederbewaffnung der Bundesrepublik. Obwohl im Hintergrund, wie gezeigt, schon seit 1951 Vorbereitungen getroffen wurden, war eine Entscheidung über das Standardgewehr der neuen Streitkräfte, das in Deutschland gefertigt werden sollte, noch immer nicht gefallen. Für die Kooperation mit Spanien gab diese Entwicklung hin zu einer offiziellen Aufrüstung Deutschlands einen weiteren Schub, musste man nun diese Verbindungen doch nicht mehr im Verborgenen halten.

Anfang 1955 begannen sich die konkreten Bestellprozesse des Bundesinnenministeriums mit den Beschaffungswünschen im Verteidigungsministerium für die spätere Bundeswehr noch stärker zu überschneiden. Noch vor dem Inkrafttreten der Pariser Verträge fand vom 17. bis 21. Januar 1955 eine Vorführung des spanischen Sturmgewehrs und des belgischen leichten vollautomatischen Gewehrs (FAL) der FN statt, das ja seit 1953 in Konkurrenz zum CETME-Gewehr stand, nun mit der NATO-Munition T 65. Von der Dienststelle Blank nahmen Oberstleutnant Bohlan und Reinhardt teil, ferner Erich Schneider als Sachverständiger des Bundesinnenministeriums, als Sachverständige des Bundeswirtschaftsministeriums Henrici und Kittel, vom Bundesgrenzschutz/Bundesinnenministerium Büscher und Naujakot von der Beschaffungsstelle.[334] Auch Dr. Voß, Dr. Vorgrimler, Major im spanischen Generalstab Wilhelmi und Edmund Heckler waren vor Ort.[335] Dr. Voß wurde dabei als »maßgeblich an der Entwicklung« bezeichnet. Vorgrimler erläuterte wiederum die Pläne zur Herstellung der Sturmgewehre.[336] Die Vorführung wurde durchgeführt mit Gewehren aus der erwähnten Nullserie mit 125/120 Stück. Sie waren in Spanien hergestellt worden, in Vorbereitung der eigentlichen (Groß-)Serienfertigung für Spanien.

Diese Prototypen waren bereits in Spanien und den USA zur Erprobung im Dauerbeschuss.[337]

Edmund Heckler nahm im Rahmen der Vorführung zum weiteren Fertigungsprozess Stellung, da Heckler & Koch seitens der CETME am 15. Januar 1955, also zwei Tage vor der Vorführung, zur Ausarbeitung eines genauen Fertigungsplans für die Serienfertigung beauftragt worden war.[338] Die aus Spanien kommende Weiterentwicklung des deutschen Sturmgewehrs 44 beurteilten die Teilnehmer des Probeschießens als »aussichtsreich«. Mit der modernen Blechprägekonstruktion mit handelsüblichem Schwarzblech war das CETME-Gewehr fertigungstechnisch der Fräskonstruktion der belgischen Konkurrenz überlegen. Die Vorzüge der »billigen Massenfertigung«, der Preisgestaltung sowie der taktischen Verwendbarkeit der Waffe wurden im Ergebnis festgehalten. Damit verbunden waren auch niedrigere Investitionskosten, eine kürzere Produktionszeit, ein geringerer Facharbeiterbedarf und der Einsatz von günstigerem Material.[339] Nur fünf Tage später drängte das Verteidigungsministerium am 20. Januar 1955 auf die Entscheidung und riet zum spanischen CETME-Gewehr als »taktische […] Ideallösung«.[340] Im März 1955 verfestigte sich die Tendenz bei allen Entscheidungsträgern zum an das NATO-Kaliber angepasste CETME-Gewehr als Sturmgewehr für die Bundeswehr (beim Maschinengewehr ging die Tendenz zum MG 42).[341]

In dem Schreiben der CETME, das sich auf eine offizielle Anfrage aus Deutschland vom 5. Mai 1955 bezog, also dem ersten Tag der möglichen Wiederbewaffnung, legte CETME der Preiskalkulation einen Bedarf der Bundeswehr von 20 000 Gewehren zugrunde, die man verbindlich ab April 1956 mit monatlich 1500 Gewehren beliefern wollte.[342] Dieses Angebot richtete sich zwar offiziell an den Innenminister, ging aber deutlich über die Mengen für den Bundesgrenzschutz hinaus. Es ist davon auszugehen, dass hier also bereits Bundeswehr-Kontingente mitgedacht waren. »Ausdrücklich [wurde] der Fabrik gegenüber das Interesse des Bundes-Verteidigungsministeriums übermittelt«.[343]

Vom 1. bis 3. Juni 1955 wurde das CETME-Gewehr auf dem Schießstand des Bundesgrenzschutzes in Bonn erneut vorgeführt.[344] Edmund Heckler wurde daraufhin am 28. Juni 1955 nach Bonn zitiert – in seiner Position als Vertreter der CETME. Dort informierte man ihn, »daß die anwesenden Herren der Behörde zutiefst darüber enttäuscht sind, daß das vorgestellte Muster derartige grobe Herstellungsunzulänglichkeiten zeigt und die Forderungen bezüglich der Verwendbarkeit der NATO-Munition (T 65) in keiner Weise erfüllt sind«. Man verlangte mindestens drei neue Waffen, die einwandfrei für weitere Versuche verwendbar wären.[345] Theodor Blank, der am 6. Juni 1955 als erster Verteidigungsminister der Bundesrepublik vereidigt worden war, war trotz dieser Mängel überzeugt: »Das Cetme-Gewehr hat bei einer Vorführung den Beifall des Herrn Ministers gefunden.«[346]

Im Juli 1955 stellte das Bundesinnenministerium dennoch Geld für die Beschaffung von 2000 CETME-Gewehren zur Verfügung, mit deren Lieferung man zunächst bis Jahresende rechnete. Da CETME bereits auf eine spätere Lieferung hingewiesen hatte, ging man bald nur noch von 250 bis 300 Gewehren in 1955 aus.[347] »Eine Nullserie von 4 bis 500 Stück«, so bestätigte Heckler & Koch, »wird möglichst noch in diesem Jahr geliefert werden.«[348]

Dabei – und dies ist wichtig für die weitere Geschichte – wurden die notwendigen Werkzeuge, Lehren und Vorrichtungen von Heckler & Koch für die Bestellung der spanischen Regierung (die Großserie über 5000 Gewehre) hergestellt, auf denen Teile des CETME-Sturmgewehrs gefertigt wurden. Wegen der Gleichzeitigkeit der Ansinnen aus Spanien (Franco) und Deutschland (Bundesgrenzschutz) plante CETME, aus dieser Produktion beide Besteller zu bedienen. CETME hielt dazu im Oktober 1955 fest, dass sie bei der Herstellung der Teile und Werkzeuge mit mehreren spanischen Firmen sowie mit der deutschen Firma »›Heckler & Koch‹ in Oberndorf, die uns von Bonn empfohlen wurde«, zusammenarbeitete.[349] Für die Bestellungen des Bundesgrenzschutzes bei CETME lagen also immer die Fertigungspläne der spanischen Serie zugrunde, nach denen Heckler & Koch Werkzeuge, Lehren und Vorrichtungen baute. Am 6. Juni 1955 übersandte Heckler & Koch die Fertigungsaufstellung für das Sturmgewehr an das Wirtschaftsministerium und informierte dabei, dass CETME am 1. Januar 1955 Heckler & Koch mit Konstruktionsplänen für die Betriebsmittel und am 1. Mai 1955 mit der Herstellung der Werkzeuge, Vorrichtungen und Lehren beauftragt habe.

Die Tatsache, dass zu diesem Zeitpunkt das CETME-Sturmgewehr nicht von einem Hersteller gefertigt wurde, sondern CETME und mehrere deutsche Firmen beteiligt waren, erwies sich als günstig, konnte doch Erich Schneider, der sich im Juli 1955 erneut für eine Entscheidung zugunsten des CETME-Gewehres einsetzte, auf die Vorzüge hinweisen, dass die Einzelteile durchaus von verschiedenen Firmen hergestellt werden konnten. Dabei macht er auch klar, dass ein deutsches Unternehmen (Heckler & Koch) bereits Teile des Gewehres fertigte.[350] »Ich würde es für richtig halten«, so Schneider, »wenn die erste Serie entweder ganz oder wenigstens zu großen Teilen in Deutschland gefertigt und dort auf alle Fälle von der Firma Heckler und Koch fit gemacht würde.«[351]

Die Nullserie, also die Serienreifmachung des Gewehrs, verstand das Verteidigungsministerium hingegen als »echten Entwicklungsauftrag, zu dem die 6 Mio. Entwicklungsgelder verwendet werden können«.[352] Im Ministerium kursierten sogar Überlegungen, die 200 Gewehre der Nullserie bei mehreren Herstellern in Deutschland anfertigen zulassen. Bevor ein solcher Entwicklungsauftrag überhaupt erteilt werden konnte, mussten dafür allerdings zuerst die Nachbaurechte durch das Bundesverteidigungsministerium eingekauft werden.[353] Dieses Dilemma vor Augen, verlangte das Wirtschaftsministerium eine eindeutige Klärung, ob das spanische Waffenamt und damit der spanische Staat überhaupt »Eigentümer der Konstruktion, der Urheberrechte und des Musterstückes« sei.[354] »General Schneider wies darauf hin, dass man das CETME-Sturmgewehr weitgehend als deutsche Entwicklung bezeichnen könne«.[355]

Die Nullserie

Den Auftrag der CETME wickelte Heckler & Koch in drei Etappen ab: 1. Konstruktion, 2. Betriebsmittelherstellung und 3. Fertigung. Dabei erläuterte das Unternehmen später: »Lediglich die politischen Verhältnisse haben es erforderlich gemacht, dass eine spanische Dienststelle sich in Deutschland die notwendigen Voraussetzungen für die Durchführung eines Auftrages beschafft, der selbst wieder von einer deutschen Dienststelle erteilt wird.«[356] Nachdem nun alle Anzeichen in den Behörden Richtung CETME-Gewehr deuteten, erteilte das spanische Waffenamt im Oktober 1955 Heckler & Koch einen entsprechenden Auftrag zur Fertigung der Vorrichtungen und Lehren (also Etappe 2), damit die Nullserie auf massentauglichen Betriebsmitteln produziert werden konnte. Im Januar war nur die Entwicklung der Fertigungswerkzeuge (Etappe 1) beauftragt worden.[357] Im Oktober waren die Fertigungen weit fortgeschritten, in Spanien berichtete man, dass eine ganze Reihe von Teilen bereits gebaut sei und sich in der Verifizierungsphase befinde, sodass die Lieferfristen (Frühjahr 1956) für die Gewehrteile für Spanien zu halten waren.[358]

In der Tat war eine Abnahmekommission der Spanier (Cabrera, Heynen und Hartmann) nach Oberndorf gekommen, um die bei Heckler & Koch fertiggestellten Betriebsmittel abzunehmen und sie gleichzeitig per Vertrag leihweise den Oberndorfern zu überlassen.[359] Die Kosten der von CETME beauftragten Konstruktionszeichnungen von Heckler & Koch beliefen sich auf 65 000 D-Mark, die der bestellten Betriebsmittel auf 245 100 D-Mark.[360]

Am 27. Oktober 1955 verfasste der Hohe Generalstab Spaniens eine Note über die Entwicklung des spanischen Sturmgewehrs, in der auch die Lizenzfrage thematisiert wurde.[361] Bis dahin hatte sich Heckler & Koch bemüht, eine Lizenz für die Waffenfertigung für die Bundeswehr zu erhalten, deren Lizenzgebühr pro Waffe an CETME gezahlt werden sollte. Der Vertrag lag bereits im dritten Entwurf vor, sodass die Spanier von einer zeitnahen Einigung ausgingen. Nun wurde jedoch offensichtlich, dass es im Interesse sowohl der CETME als auch der Bundesregierung war, einen Pauschalbetrag für eine Lizenz zugunsten der BRD zu zahlen, da bei einer Lizenzierung jeder einzelnen Waffe ein Kontrollrecht der Spanier in Deutschland bestünde und gleichzeitig CETME von den finanziellen Möglichkeiten des lizenznehmenden Unternehmens abhing.[362]

Der Bundestag debattierte im Oktober 1955 über die Beschaffungsfrage,[363] die Medien verwiesen nach dem Truppenversuch auf die Erfolge des »spanischen Sturmgewehrs«, die sie als »Ergebnis der Zusammenarbeit deutscher und spanischer Waffenbauer« werteten.[364] Im Dezember 1955 erteilte der Bundesverteidigungsminister dann den lang ersehnten Auftrag: »Der Herr Minister hat Weisung erteilt, die Bestellung der Null-Serie von 200 CETME-Gewehren und entsprechender Munition vorzunehmen, sofern der Entwicklungsstand von Waffe und Munition dieses rechtfertigen und berechtigte Aussicht besteht, dass aufgrund der durchzuführenden technischen Erprobung und Truppenversuche mit einer späteren Einführung dieser Waffe bei den deutschen Streitkräften gerechnet werden kann.«[365] Der Auftrag der Großserie war mit 290 000 Gewehre avisiert, die ab 1. Januar 1956 bis zum 1. Januar 1959 geliefert werden sollten.[366]

Nach diesem Beschluss zog der Bundesinnenminister seine Bestellung über 250 Gewehre für den Bundesgrenzschutz zurück, da man sich nun der Bundeswehrbestellung anschließen wollte, bat Blank, sich mit CETME in Verbindung zu setzen, und wies darauf hin, dass es noch keine Lizenzvereinbarung gebe und er an weiteren Gesprächen zwar Interesse habe, aber keine Teilnahme des Bundesinnenministeriums mehr erfolge.[367]

Mit der Auftragsvergabe, die eine Montage des Gewehrs in Deutschland verlangte, sollte mit einem Vorabauftrag sichergestellt werden, dass Heckler & Koch eigene Betriebsmittel erstellte, um den »Anschluß an den von Cetme aus laufenden Auftrag auf 5000 Geräte zu bekommen, und gleichzeitig die Überleitung in die deutsche Fertigung« zu gewährleisten.[368] Die Nullserie wurde, wie ausgeführt, bei Heckler & Koch auf den Vorrichtungen gefertigt, die das Oberndorfer Unternehmen für CETME hergestellt hatte, um Teile für den Franco-Auftrag fertigen zu können und zur Montage nach Spanien zu schicken. Die Spanier hatten diese Betriebsmittel Heckler & Koch nun leihweise überlassen. Ein Vorab-Auftrag seitens des Verteidigungsministeriums hätte Heckler & Koch hingegen ermöglicht, weitere – und möglicherweise auf neue Konstruktionen angepasste – Betriebsmittel mit Hilfe der Finanzierungszusagen des Bundes für die Fertigung der Bundeswehrgewehre herzustellen.[369]

Bei einer Tagesfertigung von 250 Gewehren benötigte Heckler & Koch drei Sätze Lehren (Werkstatt-, Kontroll- und Abnahmelehre) im Wert von 450 000 D-Mark sowie Maschinen im Wert von 3 Mio. D-Mark.[370] Edmund Heckler bestätigte, dass das »starke Vortreiben in dem Bau der Vorrichtungen für das Sturmgewehr […] ihn finanziell verhältnismäßig eingeengt« habe.[371] Auch das Ministerium erkannte die finanziellen Vorlagen Heckler & Kochs an: »Die Firma hat in einer Zeit, in der der Bund noch nicht tätig werden konnte, auf eigenes Risiko Vorarbeiten vorgenommen und sich äußerst stark finanziell belastet.«[372] Trefflich beschrieb man im Ministerium: »Nach den Unterlagen hat sich die Firma ›großgehungert‹, ihren Gewinn weitgehend in den Ausbau gesteckt.«[373] Heckler & Koch hatte in den Jahren 1955 bis 1957 1,3 Mio. D-Mark investiert und dabei nur 200 000 D-Mark als Kredit aufgenommen (vgl. auch Grafik 9, »Maschineninvestitionen«).[374]

Das Bundesverteidigungsministerium schlug CETME ein Treffen vor, um die Fertigung der Nullserie zu besprechen, an dem Heckler & Koch teilnehmen sollten.[375] Noch vor dem Abflug traf sich Erich Schneider, der seit Jahren die deutschen wehrtechnischen Interessen in Spanien vertreten hatte, mit Edmund Heckler.[376] Die Spanienreise beschleunigte die Dinge: So wurden im Anschluss seitens des Ministeriums klare Anweisungen gegen das belgische FN erlassen und für die Truppentestung keine 200 FN, sondern 400 CETME-Sturmgewehre angedacht.[377] Die 400 Gewehre sollten für 100 000 D-Mark beschafft werden. Finanziert werden sollten sie nicht länger aus dem »Entwicklungstopf« über 6 Mio. D-Mark, da sie direkt für Truppenversuche geordert wurden und keine Entwicklung bedeuteten.[378]

Die Idee, Heckler & Koch mit der Entwicklung eigener Betriebsmittel für die 400 Gewehre zu beauftragen, war damit vom Tisch. Im März 1956 verhandelte CETME über Heckler & Koch mit dem Bundesverteidigungsministerium über die Bestellung.[379] Die Gewehre sollten spätestens zum 30. Juni 1956 zum Stückpreis von 280 D-Mark geliefert werden. Im Gegensatz zu den Gewehren für die spanische Armee sollten die 400 Bundeswehrgewehre bei Heckler & Koch endmontiert werden: »Die Sturmgewehre sind mit fortlaufender Nummer 01001 HK bis 01400 HK zu versehen.«[380] Damit war die Nullserie der Bundeswehrgewehre mit 400 Stück bestellt.

Parallel zum Bestellvorgang der Nullserie sprach Edmund Heckler am 21. Februar 1956 mit dem Bundeswirtschaftsministerium über die Änderung des Planungsvorschlags vom 30. Dezember 1955 zur Serienfertigung.[381] Der neue Vorschlag vom 27. Februar 1956 sah vor, bis zum 30. April 1957 30 000 Gewehre zu liefern.[382] Dabei sollten zwingend die ersten 5 000 Gewehre in Deutschland montiert werden sowie eine Vereinbarung gelten, dass die in Deutschland gefertigten Betriebsmittel, die CETME Heckler & Koch ja leihweise überlassen hatte, bis zur Herstellung von 50 000 Stück in Deutschland verbleiben sollten. Heckler & Koch forderte dabei vom Bundesverteidigungsministerium eine Vorauszahlung von 50 Prozent der Kaufsumme.[383]

Im April 1956 reiste nun Alex Seidel nach Spanien.[384] Die Konkurrenz beobachtete: »Das Sturmgewehr der 0-Serie wurde entwickelt bei der CETME […] und in Mitarbeit mit der Firma Heckler & Koch in Oberndorf.« Im Ergebnis wurde ein »Drittel des Gewehres – oder der Teile zu dem Sturmgewehr – von der Firma Heckler & Koch hergestellt […] und zwei Drittel von der CETME«.[385] Auch Heynen schrieb den beiden Unternehmen Heckler & Koch und WMF zusammen 40 Prozent der vorbereitenden Arbeiten zu.[386]

WMF fertigte jedenfalls für die spanische Serie einen Teil der Pressteile, ebenso für die deutsche Nullserie. Während CETME nach wie vor die Konstruktionspläne für das Gewehr zur Verfügung stellte, kamen die Konstruktionspläne für die Betriebsmittel von Heckler & Koch. Welche Teile des CETME-Sturmgewehrs Heckler & Koch zu diesem Zeitpunkt fertigte, ist nicht bekannt. Die Forderung des Bundesverteidigungsministeriums, dass ein Gewehr für die Bundeswehr auch in Deutschland montiert werden müsse, ließ CETME jedoch keine andere Option, als die Gewehre für die Bundeswehr nun in Deutschland endfertigen zu lassen.

Ingenieure und Lizenzen

Edmund Heckler fuhr im Juni 1956 nach Madrid, um den Vertrag mit CETME abzuschließen.[387] »Bei dieser Gelegenheit sei ihnen von CETME überraschend das Nachbaurecht für Deutschland angeboten worden« – so jedenfalls ging Edmund Heckler davon aus, er würde »das alleinige Herstellungsrecht für das Sturmgewehr in Deutschland und für den Export« erhalten.[388] Eine Lizenz für Deutschland strebte Heckler in verschiedenen Vertragsrunden seit Anfang 1955 an, nach den ersten Erprobungen des Gewehrs in der Bundesrepublik.[389] Im Oktober 1955 lag bereits der dritte Vertragsentwurf vor. Der Preis von 280 D-Mark pro Gewehr, der im März 1956 verhandelt worden war, so nahm Heckler an, würde sämtliche Entwicklungs- und Lizenzkosten enthalten.[390] Die Pro-Stück-Verrechnung der Lizenz basierte seitens CETME auf der Annahme, ein Auftrag über 100 000 Gewehre komme zustande.[391] Das Bundesverteidigungsministerium hingegen plante bereits, die Lizenzrechte für das CETME-Sturmgewehr grundsätzlich zu erwerben. Neben der auf diese Weise erreichten Unabhängigkeit von CETME war das Ziel vor allem auch, in Deutschland mehrere Hersteller in die Lage zu versetzen, das Sturmgewehr zu fertigen.

Als Heckler daher im September 1956 erneut nach Spanien reiste, um eine Vertragsunterschrift zu erhalten, eröffnete CETME ihm, dass man eine Zusammenarbeit mit den Mauser-Werken (IWK) anstrebe: »da eine Zusammenarbeit zwischen CETME und Mauser wegen des Maschinengewehrs zustande gekommen sei«.[392] Die Hinwendung zu Mauser hing vermutlich mit Ludwig Vorgrimler zusammen, der 1956 zur IWK wechselte, nachdem General Vigón den deutschen Experten die Rückkehr gestattete, wenn sie die militärische Zusammenarbeit fortsetzten. Vorgrimlers Mitwirkung an der Weiterentwicklung des CETME-Gewehrs ist nicht ganz eindeutig: Im Umfeld des Probeschießens im Januar 1955 stellte, wie erwähnt, Dr. Voß die neuen Entwicklungen vor. Mauser wiederum hatte Probleme, patentrechliche Ansprüche sowie Eigentumsansprüche durchzusetzen: So weigerte sich Kenntner, der IWK Gelände zu übertragen, da »die Stadt in der Tat die Herstellung von Waffen in Oberndorf nicht wolle«.[393] Die ehemaligen Ingenieure der Mauser-Werke, die mittlerweile als selbstständige Oberndorfer Unternehmer arbeiteten, wollten sich keinesfalls von den »wieder groß gewordenen Mauser-Werken schlucken« lassen und stemmten sich vehement gegen das Unternehmen.[394]

Die guten Verbindungen von Edmund Heckler zu General a. D. Schneider waren ebenso nachteilig für die Mauser-Werke.[395] Das

Amt Blank konnte die Mauser-Werke als ehemaligen Rüstungsbetrieb ohnehin nicht in die frühen Pläne der Wiederbewaffnung einschalten. Die IWK räumte ein, »dass es ein Fehler gewesen sei, während der Liquidationszeit sich nicht ebenso wie die anderen Interessenten in den Besitz der Planunterlagen gesetzt und eine spekulative Weiterforschung betrieben zu haben«.[396] So aber überlegten die Mauser-Werke erst im Sommer 1955, ob sie patentrechtliche Ansprüche durchsetzen könnten und kamen zum Schluss: »Ob diese Gesichtspunkte gegenüber den realen Vorleistungen von HECKLER durchzusetzen sind, die noch durch den wahrscheinlichen Lizenzbesitz, durch in Spanien eingearbeitetes Personal und durch bereits laufende Versuchsfertigungen verstärkt werden, bleibt offen.«[397]

Edmund Heckler wandte sich im November 1956 erneut an CETME und wiederholte seine Bitte um eine schriftliche Bestätigung bezüglich der Nachbaurechte, allerdings ohne Erfolg.[398] Heckler trat nun mit den Mauser-Werken in Verbindung, um die Sachlage zu erörtern, was wiederum die Rheinmetall GmbH in Düsseldorf verärgerte, da es zwischen Heckler & Koch und Rheinmetall bereits Liefervereinbarungen zum Sturmgewehr gab. Rheinmetall kündigte an, »dass wir sie [Heckler & Koch, Anm. d. *Verf.*] wegen Patentverletzung belangen werden, wenn sie bei ihrer alten Abrede der Zusammenarbeit nicht verbleibt«.[399] Die Rheinmetall GmbH war als Tochterunternehmen der 1936 durch Fusion entstandenen Rheinmetall-Borsig AG während der NS-Zeit zunächst im Teilbesitz der staatlichen VIAG und wurde dann in die Reichswerke Hermann Göring eingegliedert.[400] 1949 erst hatte die Rheinmetall in Düsseldorf mit nur 39 Mitarbeitern die Nachkriegsproduktion wieder aufgenommen.[401]

Am 4. Dezember 1956 fand eine Besprechung unter anderem zwischen Edmund Heckler, Theodor Koch, Erich Schneider sowie Direktor Otto P. Caesar und Mez (beide Rheinmetall) statt.[402] Rheinmetall wies darauf hin, dass ihre beiden Patente – G 1135 XI/72 h und G 11357 XI/72 h – durch das CETME-Gewehr verletzt wurden.[403] Diese Patente der Firma Großfuß, die Rheinmetall 1955 für 1,55 Mio. D-Mark übernommen hatte, gaben Rheinmetall nun ein Druckmittel gegenüber CETME wie auch gegenüber allen anderen Entwicklungsfirmen in die Hand.[404] Die Metall- und

Lackwarenfabrik Johannes Großfuß aus Döbeln hatte im Herbst 1944 der Wehrmacht ein vereinfachtes und verbilligtes Sturmgewehr mit unverriegeltem Verschluss (Sturmgewehr 45 G) vorgelegt, das jedoch abgelehnt wurde.[405] Das Unternehmen Großfuß wurde nach Ende des Zweiten Weltkriegs teilweise demontiert und später zum Volkseigenen Betrieb (VEB), also verstaatlicht. Rheinmetall und Heckler & Koch einigten sich darauf, dass die Lizenzfragen und Nachbaugebühren zunächst in den Verhandlungen ausgeklammert werden.[406]

Für Rheinmetall spielten hierbei die Überlegungen eine Rolle, dass man selbst das Maschinengewehr 42 zu bauen beabsichtigte (und damit in potenzieller Konkurrenz zur IWK, aber nicht zu Heckler & Koch stand).[407] Zu diesem Zeitpunkt verkaufte der Bund die Rheinmetall-Borsig AG, für die es seit 1954 verschiedene Interessenten gab.[408] Der wehrtechnische Berater Erich Schneider notierte hierzu: »Röchling hat inzwischen sein Angebot für Rheinmetall eingereicht, und wir wollen hoffen, daß in absehbarer Zeit Rheinmetall mit Röchling und technischer Hilfestellung von Hispano Suiza und Heckler & Koch wieder zum Zuge kommt.«[409] Ernst Röchling erwarb im Juni 1956 Rheinmetall aus Bundesbesitz[410] und bat den Rheinmetall-Vertreter Hartwig, sich nach dem Sachstand im Fall von CETME zu erkundigen. Hartwig begann nun, mit CETME direkt für Rheinmetall zu verhandeln,[411] was Röchling als »immer unangenehmer« empfand, er befürchtete, Heckler & Koch in eine schwierige Lage gegenüber CETME zu bringen.[412] Röchling blieb dabei, dass Heckler & Koch verhandeln solle und dass er »nur mit Heckler & Koch arbeiten und nicht unmittelbar mit Spanien« in Kontakt treten wolle.[413] Rheinmetall sollte als zweite Fertigungsstelle in Aussicht genommen werden, »als Lieferant für fertige Geräte an Heckler & Koch bzw. Cetme«.[414] Rheinmetall sollte dabei auch Stahl für die Herstellung des Gewehres an Heckler & Koch liefern.[415]

Rheinmetall (seit 1957 Rheinmetall GmbH, Düsseldorf, und Rheinmetall AG, Berlin)[416] strebte nun unter der Aktienmehrheit der Röchling'schen Eisen-und Stahlwerke GmbH auch eine Verständigung zwischen Heckler & Koch und den Mauser-Werken an: »Wir können aufgrund der Patentlage den Vermittler spielen, wobei zu bemerken ist, dass die Firma Mauser ein Vorbenutzungsrecht an unserem Patent behauptet und sich daher in der Lage glaubt, im Ernstfall auch ohne Verständigung mit uns das CETME-Gewehr fertigen zu können. Das ist jedoch nicht der Fall.«[417]

Im Ergebnis schlug man vor, dass sich Rheinmetall, die Mauser-Werke und Heckler & Koch zusammenschließen. Keinesfalls – und das stellte Röchling klar – wollte man Heckler & Koch nachträglich ausschließen.[418] »Wir [Rheinmetall] erklärten uns mit einer solchen Zusammenarbeit einverstanden unter der Voraussetzung, daß die Federführung bei der Fertigung des CETME-Gewehrs in Deutschland bei Heckler & Koch liegt, und daß wir als Zweitfertigung allein in Frage kommen.«[419] Damit waren entscheidende Weichen gestellt. Diese blieben jedoch mit Blick auf die Verhandlungen mit CETME bezüglich der Lizenz ergebnislos, da sich CETME 1957 an das Bundesverteidigungsministerium wandte.[420]

Im März 1957 drohte wiederum patentrechtliches Ungemach von anderer Seite: Die DEFA aus Mulhouse ließ wissen, dass auch sie die »Rückerstattung ihrer Entwicklungskosten« einfordern würde, »sowie in Deutschland ein Auftrag auf eine größere Stückzahl CETME-Gewehre erteilt würde«.[421] Wie bereits an anderer Stelle erwähnt, waren die ehemaligen Mauser-Ingenieure Löffler und Vorgrimler nach Kriegsende zur DEFA gekommen. Dort hatte jeder für sich das Sturmgewehr 44 weiterentwickelt. Die Konstruktionen von Vorgrimler habe dieser an einen »Herrn Dinner« gegeben; das von Löffler entwickelte nahm Vorgrimler wiederum mit zu CETME.[422] Dies wäre aus Sicht Rheinmetalls doppelter Raub geistigen Eigentums – zunächst durch Vorgrimler, dann durch die deutschen Hersteller. »Es bleibt zu prüfen, wieweit – vorausgesetzt, daß die obigen Behauptungen als Tatsachen erhärtet werden können – Regreßansprüche an Rheinmetall (aus sklavischer Nachahmung) gestellt werden könnten, wenn wir das Gewehr im Auftrag des Bundes fertigen«, so die Überlegung Rheinmetalls.[423]

Als im Oktober 1957 der Leiter der Entwicklergruppe in Spanien, Hartmann, verstarb, erloschen mit ihm die persönlichen Beziehungen zwischen Rheinmetall und CETME.[424] Zu diesem Zeitpunkt teilte CETME mit: »Wir selbst stehen vor dem Abschluß der Verhandlung[,] zusammen mit Heckler & Koch die Fertigung in Deutschland für die deutschen Bedürfnisse aufzunehmen. Für eine gewisse Anlaufzeit wird die CETME Teillieferungen an die Firma Heckler & Koch vornehmen. Darüber hinaus werden spanische Lieferungen nach Deutschland nicht erfolgen.«[425] Heckler & Koch und CETME hatten den Ablauf geregelt: die Teile für die ersten für Deutschland bestellten Gewehre wurden von Heckler & Koch – wie von der Bundesrepublik Deutschland gefordert – montiert.

General Erich Schneider setzte sich bereits in der ersten Hälfte der 1950er Jahre in Spanien und gegenüber den deutschen Behörden für Heckler & Koch als Hersteller von Waffen ein. 1956 brachte er Heckler & Koch dann als Ersatz für ein nicht vorhandenes »ballistisches Referat mit Schieß- und Meßeinrichtungen« im Bundesverteidigungsministerium ins Gespräch. Heckler & Koch wurde daraufhin – im Rahmen der Oberndorfer Arbeitsgemeinschaft – entsprechend eingesetzt:[426] So waren die Experten Ernst Altenburger, Karl Bulling, Edmund Heckler, Theodor Koch, Alex Seidel und Karl Westinger im Herbst 1955 mit der Prüfung von neun Maschinengewehren verschiedener Hersteller befasst.[427] Bei der späteren Herstellung des Sturmgewehrs sei es laut Bundesverteidigungsministerium »möglich, dass unter den dann beauftragten Firmen sich auch Fa. Heckler & Koch befindet«.[428] Bei der Prüfung verwies die Oberndorfer Gruppe darauf, dass keines der vorgelegten und geprüften Gewehre eine Weiterentwicklung des technischen Standes im Zweiten Weltkrieg sei.[429] Die Prüfung der Maschinenpistolen konnte Heckler & Koch insofern als objektiver Waffenhersteller durchführen, als man zu diesem Zeitpunkt in der Tat nicht selbst an der Entwicklung einer entsprechenden Waffe saß – zumindest nicht offiziell oder mit Entwicklungsauftrag. Die nachfolgenden Monate zeigten jedoch, dass Heckler & Koch durchaus an Entwicklungen im Bereich des Sturmgewehrs arbeitete.

Vom Prototyp zum G3

Mit Herstellung und Lieferung der ersten als Nullserie gefertigten 400 Gewehre wurde das dann schon als »deutsches Sturmgewehr« titulierte Gewehr truppenweit von September 1956 bis März 1957 erprobt. Am 30./31. Oktober 1957 fand dabei eine Waffenvorführung von Sturmgewehren verschiedener Hersteller vor dem Bundesverteidigungsminister statt.[430] Die Entscheidung über die tatsächliche Ausstattung der Bundeswehr sollte bis Jahresende fallen.[431] Tatsächlich wurde der Vertrag zur Herstellung des Gewehrs erst im Januar 1959, also zwei Jahre später, unterschrieben. Dies lag an den verschiedenen Akteuren, die ihre eigenen Agenden verfolgten: die Bundesrepublik Deutschland und ihre Ministerien, die spanische CETME und die hinter ihr stehende Staatsholding INI sowie Heckler & Koch und Rheinmetall.

Im August 1957 war der Entwicklungsleiter der spanischen Gruppe, Heynen, mehrere Wochen in Deutschland, um die Verträge mit der Bundesrepublik Deutschland zu verhandeln, die die Lizenzfragen regeln sollten. Am 10. September brach er nach Spanien auf mit der Zusage, dass der Vertragsentwurf binnen drei Wochen übersandt würde, wenn er »dafür sorgen würde, dass CETME weitere detaillierte Angaben über die entstandenen Entwicklungskosten machen würde«.[432] Am 17. September 1957 übersandte CETME eine entsprechende Aufstellung. Der Vertragsentwurf aus Deutschland kam am 13. Dezember in Spanien an. Wiederholte Aufforderungen der spanischen Seite, ihn zu verhandeln, blieben bis zum September 1958 ohne Antwort, sodass Heynen die Bundesrepublik um dringende Auskunft ersuchte.[433]

Die Verhandlungswünsche der CETME blieben unbeantwortet, da das Bundesverteidigungsministerium davon ausging, dass die von ursprünglich 290 000 über 100 000 auf nur noch 25 000 Stück reduzierte Bestellung dazu führen würde, dass die Spanier die Zustimmung zum Lizenzvertrag verweigern würden.[434] Der ursprüngliche Plan der Ministerien war am 27. September 1957 geändert worden: Nun sollten 131 000 CETME-Gewehre von zwei deutschen Herstellern gefertigt werden.[435] So sollten Beschaffungsverträge mit der Rheinmetall AG über 56 000 Stück und mit der Heckler & Koch GmbH über 75 000 Stück geschlossen werden.[436]

CETME sollte keinen Beschaffungsauftrag mehr erhalten, sondern nur noch Teile zuliefern. Die Bundesrepublik Deutschland entzog sich also den Verhandlungen über den Vertrag und der Bestellung der Gewehre bei der CETME, verhandelte aber sehr wohl über die Nachbaugebühren mit der INI, also der spanischen staatlichen Muttergesellschaft der CETME. INI forderte 2 Mio. D-Mark Lizenzgebühren, der Bundesverteidigungsminister bot im März 1958 für die »Verwertung der Technischen Dokumentation für die gesamte Produktion der Bundesrepublik« eine Pauschale von 1 Mio. D-Mark.[437] Eine Einigung mit INI/CETME über die Lizenzgebühren war vor dem Vertragsabschluss über die Herstellung der Gewehre zwingend herbeizuführen.[438]

Vier Tage nach diesem Hinweis besprach am 6. Mai 1958 das Verteidigungsministerium mit Heckler & Koch die Lage. Bereits zwei Tage später, am 8. Mai, erwartete das Ministerium einen Vertreter der INI, um die Lizenzfrage zu klären. Auch Heckler & Koch gegenüber betonte man, dass der Bund keine 2 Mio., sondern nur 1 Mio. D-Mark anbieten würde: »Es soll versucht werden, mit höchsten 1,5 Mio. Mark abzuschließen.«[439] Die Gebühr sollte dann sowohl für die Produktion von CETME-Gewehren in Deutschland, aber auch für den Export gelten. Die Einbindung von Heckler & Koch an dieser Stelle deutet schon darauf hin, dass es einen Deal geben würde zwischen Bund, CETME und Heckler & Koch, der die seitens der CETME nicht bezahlte Rechnung von Heckler & Koch und die Lizenzvergabe in Zusammenhang brachte.

Im Juni drohte dann allerdings ein Eklat auf spanischer Seite: »Es soll aktenkundig gemacht werden, daß gerade in diesem vorliegenden Vorgang in der letzten Zeit gedrängt wird, den Vertrag unter Dach und Fach zu bringen. Die Spanier werden ausgesprochen unruhig. Die Angelegenheit scheint politisch auszuarten.«[440] Mitten in den noch immer völlig offenen Verhandlungen zwischen den Behörden und den Anbietern erreichte im September 1958 Dipl.-Ing. Hauser im Bundesministerium für Verteidigung ein Schreiben von Werner Heynen,[441] der ihn informierte, dass noch immer kein Schreiben des Bundesverteidigungsministeriums in Spanien vorliege. Er befürchte deswegen »einen völligen Abbruch der Verhandlungen seitens der Spanier« und drohte mit »möglichen politischen Folgen«.[442] Heynen bat um dringende Auskunft,[443] was keinesfalls im Interesse aller Beteiligten war.

Heckler & Koch – Produzent ohne Kapital

Parallel zu den Verhandlungen zwischen INI/CETME und der Bundesrepublik Deutschland wurden auch Verträge zwischen der Bundesrepublik Deutschland und Heckler & Koch ausgehandelt. Die Vertragsunterlage, die im April 1958 bereits in der 9. Fassung vorlag, nannte nun eine Bestellmenge von 60 000 Stück. Für die am Anfang der Verhandlungen stehenden 100 000 Gewehre hatte Heckler & Koch mit einer ca. 3,5 Mio. D-Mark hohen Investitionssumme gerechnet (vgl. Kap. »Die Nullserie«). Zur Finanzierung schlug das Oberndorfer Unternehmen eine zinslose Vorauszahlung vor, dies – so ein Vermerk im Bundeswirtschaftsministerium – sei in der Branche der Nähmaschinenhersteller üblich.[444] Heckler & Koch hatte dabei in der Tat 1958 noch einen Umsatz von 1 669 800 D-Mark mit Nähmaschinenteilen und nur 875 300 D-Mark mit Waffen erzielt. 1959 überholte dann erstmals der Umsatz mit Waffen (1 842 700 D-Mark) den Umsatz mit Nähmaschinenteilen (1 773 200 D-Mark).[445]

Das Bundeswirtschafts- und das Bundesverteidigungsministerium waren von Anfang an von einer finanziellen Unterstützung an die ausführenden Firmen in Form von subventionierten Krediten und Steuernachlässen ausgegangen.[446] Den gesamten Investitionsbedarf wollte der Bund durch eine Verteilung der Aufträge auf verschiedene Firmen möglichst minimieren. Am 28. April 1958 übersandte Heckler & Koch die erbetenen Bilanzen und einen Geldbedarfsplan ans Ministerium, das im Anschluss private Investoren ins Spiel brachte. Diese Idee lehnte Edmund Heckler vehement ab, um auf jeden Fall eine Übernahme seines Unternehmens zu vermeiden. Erst nach Vertragsabschluss änderte sich seine Haltung, und ein privater Investor (Ludwig Hummel) fand den Weg ins Unternehmen (siehe im Folgenden Kap. »Die Serienfertigung des G3«).

Abb. 86: Fertigung und Kontrolle von Nähmaschinenfüßchen durch Edmund Heckler (r. stehend)

Grafik 7: Gewinn und Verlust der Heckler & Koch GmbH, 1949–1959[447]

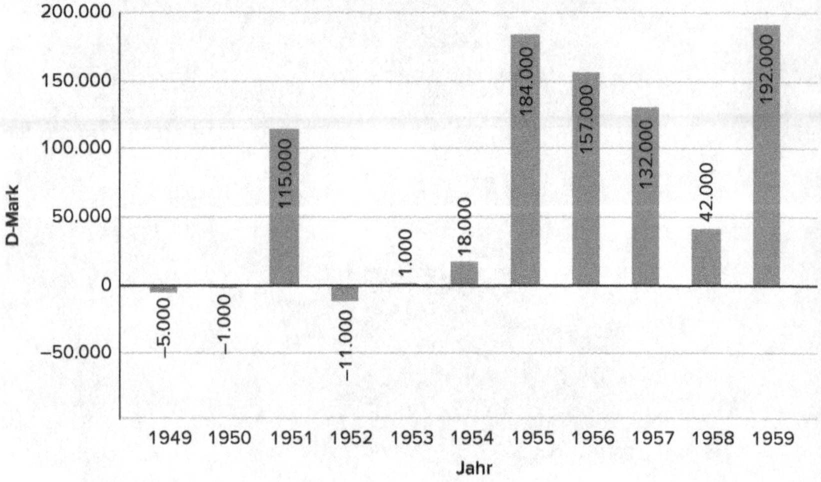

Der nicht überzeugende finanzielle Status von Heckler & Koch – die Gewinne waren in den Jahren 1955 bis 1958 deutlich geschrumpft (vgl. Grafik 7) – ließ den »Bund darauf bestehen«, und wiederholte damit Jahre später die früheren Forderungen des Oberndorfer Bürgermeisters, »daß sich die Firma eine entsprechende betriebswirtschaftliche Kraft einstellt, um die Finanzverhältnisse der Firma besser als bisher zu regeln«.[448] Die Bedenken gegen die »Liquidität der Firma« bestanden weiter[449] und man sah keinen Weg, »der Firma bei der vorhandenen Illiquidität den Auftrag zu erteilen«.[450] Auch im städtischen Umfeld wurden die kaufmännischen Mängel bei Heckler & Koch bedauert, während man Westinger & Altenburger als »ehrliche, sparsame und strebsame Männer« beschrieb.[451] Als im Mai 1958 die Kreditfrage noch nicht geklärt war, drohte – sollte eine Lösung sich nicht bis spätestens 15. Juni 1958 finden – die Übertragung des Auftrages an einen anderen Betrieb (z. B. Sauer & Sohn, Eckernförde).[452]

Obwohl das Verteidigungsministerium »die Widrigkeiten des Investitionsvorhabens auszuräumen« versuchte,[453] wurde am 23. August 1958 die Auszahlung des »Investitionskredits von DM 1,2 Mio. an Heckler & Koch GmbH, Oberndorf/Neckar, wegen möglicher anderweitiger Auftragsvergabe vorerst« gestoppt.[454] Das Finanzministerium, dem die Beschaffung der Lizenzrechte mit bis zu 2 Mio. D-Mark sowie die teure Musteranfertigung bei Heckler & Koch zur Prüfung vorlag, hinterfragte das Vorhaben[455] und unterstellte, mit Heckler & Koch einen Betrieb ausgesucht zu haben, der überhaupt erst Kapazitäten aufbauen müsse, während diese in anderen Unternehmen vorhanden seien.[456] Diese Fehleinschätzung räumte das Verteidigungsministerium sofort aus: »Im übrigen Bestehen in der Bundesrepublik im Gegensatz zu den Behauptungen von Min.Rat Thomsen keine Waffenfabriken, die den Sturmgewehrauftrag ohne erheblichen Ausbau ihrer Kapazität bezw. Aufbau eines völlig neuen Fertigungsbetriebes durchführen könnten.«[457] Die komplexe Sachlage – die noch nicht ausgelöste Bestellung, die nötigen Investitionsmittel, die noch zu beschaffende Lizenz sowie die offene Rechnung – verursachte »eine erhebliche Anzahl von Verhandlungen« innerhalb der Ministerien mit den Spaniern und mit Heckler & Koch.[458]

Grafik 8: Umsatz der Heckler & Koch GmbH, 1949–1959[459]

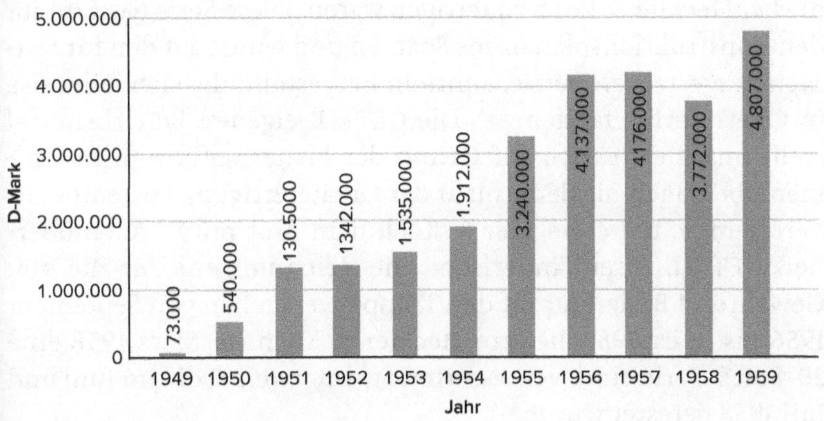

Während die Gewinne seit 1955 deutlich zurückgingen, stiegen die Umsätze (mit Ausnahme des Jahres 1958) deutlich an, was sich durch die hohen stetigen Investitionen in Maschinen und Werkzeuge erklärt.

Heckler & Koch hatte Konstruktionspläne der Werkzeuge, Vorrichtungen und Lehren für CETME im Wert von 71100 D-Mark entworfen, die Werkzeuge, Vorrichtungen und Lehren vom November 1955 bis Juli 1957 im Wert von 375076,15 D-Mark gefertigt und fertige Teile für das Sturmgewehr vom August 1956 bis September 1957 im Wert von 490 463,57 D-Mark. Damit hatte Heckler & Koch für beinahe 1 Mio. D-Mark Aufträge für CETME abgewickelt.[460] Im April 1958 wurden der CETME »plötzlich« Devisen genehmigt. Im September 1959 wies Heckler & Koch noch immer eine offene Forderung gegen CETME in Höhe von 245 000 D-Mark aus.[461] Vor allem die prekäre Devisensituation der CETME in Spanien führte dazu, dass die Rechnungen von Heckler & Koch nicht beglichen werden konnten.

Die Weiterentwicklung des Sturmgewehres

Die ungeklärte Vertragslage und die immer noch offene Lizenzfrage führten auch im Verhältnis von Bundesverteidigungsministerium und Heckler & Koch zu keiner geradlinigen Entwicklung. Im März 1956 hatte das Bundesverteidigungsministerium, wie beschrieben, 400 Sturmgewehre als Nullserie bei CETME bestellt, die bei Heckler & Koch zu fertigen waren. Diese Serie basierte auf den Konstruktionsplänen aus Spanien und wurde auf den für Spanien hergestellten Betriebsmitteln hergestellt, die sich leihweise in Oberndorf befanden.[462] »Die CETME-eigenen Betriebsmittel stellt uns die CETME auf Grund der bisher geführten Zusammenarbeit auch für den Anlauf der Gerätefertigung kostenlos zur Verfügung«, teilte Heckler & Koch dem Amt mit.[463] Auch überließ CETME »treuhänderisch« die Zeichnungen« für die 400 Gewehre.[464] Basierend auf den Truppenversuchen von September 1956 bis März 1957, lieferte Heckler & Koch im März 1958 eine 20-Stück-Serie eines verbesserten Sturmgewehrs, die im Juni und Juli 1958 getestet wurde.[465]

Im März 1958 erfolgte im Ministerium überraschend zunächst eine Anordnung, die Vorarbeiten am CETME-Gewehr zu stoppen,[466] nur um am 3. April 1958 dann die Weisung folgen zu lassen, nun beschleunigt 60 000 bis 65 000 CETME-Gewehre bei Heckler & Koch in Auftrag zu geben.[467] Verteidigungsminister Franz Josef Strauß hatte sich persönlich dafür ausgesprochen, auch diese Weisung sofort an Heckler & Koch zu melden, damit das Oberndorfer Unternehmen nicht »durch Auftragsverzögerungen in finanzielle Schwierigkeiten« gerät »oder Spezialisten entlassen muss«. Gleichzeitig beschloss das Ministerium: »Der für Fa. Rheinmetall in Aussicht genommene Auftrag auf CETME-Gewehre in ähnlicher Höhe« wird nicht umgesetzt.[468]

So kam es zur 9. Fassung der Vertragsunterlagen zwischen der Bundesrepublik Deutschland und Heckler & Koch im April 1958 über 60 000 Gewehre.[469] Während INI/CETME bezüglich der Lizenzverträge keine Rückmeldungen seitens der Bundesrepublik erhielt und auch die Beauftragung der deutschen Hersteller noch nicht entschieden war, gab das Bundesverteidigungsministerium erstmals einen offiziellen Entwicklungsauftrag in Höhe von 160 000 D-Mark[470] an Heckler & Koch zur Weiterentwicklung des Sturmgewehrs. Am 3. Mai 1958 gab das Beschaffungsamt hierfür vier Prototypen bei Heckler & Koch in Auftrag, die im September 1958 geliefert wurden und »wesentliche technische Änderungen« mit sich brachten.[471] Die Änderungen betrafen das Gewicht des Sturmgewehrs, das von 4,8 auf 4 Kilogramm reduziert werden konnte, sowie die Ergänzung eines Zielfernrohrs, die Vereinfachung und Verbesserung der Abzugseinrichtung, ein Leichtmetallmagazin sowie diverse Verbesserungen der Handhabung und Funktionen und ein auswechselbares, aufzusetzendes Infrarotgerät.[472] Nach Abnahme der vier Prototypen sollten bis November 1958 50 Gewehre gefertigt werden.[473] Dieser Entwicklungsauftrag erfolgte, obwohl im Verteidigungsministerium klar war, dass »Heckler & Koch nicht bereit sind, die ihnen seinerseits von Spanien zur Durchführung der Fertigung von 400 Gewehren treuhänderisch übergebenen Zeichnungen bestimmungswidrig zu gebrauchen«.[474] Dabei wurde seitens des Bundesverteidigungsministeriums auch ausdrücklich darauf hingewiesen, dass diese neuen Entwicklungen keinesfalls mehr CETME zu nennen seien, um künftige Ansprüche der Spanier gar nicht erst entstehen zu lassen.[475]

Im Juni 1958 befand auch der Ausschuss für wirtschaftliche Fragen der Verteidigung (»Sechser-Ausschuß«), dass nur Heckler & Koch das Sturmgewehr rechtzeitig herstellen könne.[476] Seit Juli 1958 lag dann die finale Fassung des Vertrages vor, war aber auch am 1. August 1958 noch nicht unterzeichnet.[477] Da entschied im August 1958 zur Überraschung aller Beteiligten Verteidigungsminister Strauß wegen »ungünstigen Bedingungen« gegen die

Abb. 87: Prägung des G3 mit dem Kürzel HK des Herstellers Heckler & Koch

Auftragsvergabe an Heckler & Koch.[478] Ein Vermerk vom 18. August 1958 hielt fest: »Laut Entscheidung des Herrn Ministers an Min. Dir. Dr. Holtz sollen die Cetme-Gewehre nicht von der Firma Heckler & Koch, sondern von der Firma Rheinmetall gefertigt werden«,[479] da Rheinmetall produktionstechnisch besser aufgestellt sei.[480] Dabei müsse jedoch noch darauf hingewirkt werden, dass das aktuell noch teurere Angebot von Rheinmetall günstiger ausfalle als das von Heckler & Koch.[481] »Um Schwierigkeiten bei der Firma Heckler & Koch zu vermeiden, sollte darauf geachtet werden, daß diese durch die Firma Rheinmetall in weitgehendem Maße für Unterlieferungen herangezogen wird.«[482] Es wäre also geradezu die Umkehrung der bisherigen Konstellation gewesen und entsprach nicht länger den bisherigen Vereinbarungen zwischen allen beteiligten Firmen.

Sowohl die militärischen Vertreter als auch das Beschaffungsamt waren von der Planänderung überrascht und vor allem nicht vorab informiert.[483] Irritierend war diese Kehrtwende auch, da Rheinmetall mit der bisherigen Planung »Hauptauftragnehmer Heckler & Koch, Unterlieferant Rheinmetall einverstanden« war.[484] Vorgesehen war dabei, dass bei dem Auftrag über 65 000 Gewehre mit einem Auftragswert von 20 Mio. D-Mark Rheinmetall zu 23 Prozent, WMF zu 18 Prozent, andere Unterlieferanten zu 16 Prozent und Heckler & Koch zu 43 Prozent beteiligt sein sollten.[485]

Ein sofortiges Treffen mit Heckler & Koch in Koblenz am 20. August 1958 begründete die Absage des Ministers mit »günstigeren Beschaffungsmöglichkeiten« bei Rheinmetall, während die hohen Investitionskosten, die Heckler & Koch tätigen müsste, abschreckten und die Kritik seitens des Oberndorfer Unternehmens am Vertragsentwurf negativ im Ministerium aufgeschlagen war. Heckler & Koch lenkte ein, signalisierte sein volles Entgegenkommen und kündigte an, eine aufgeschlüsselte Kalkulation einzureichen.[486] Während Heckler & Koch also in fester Überzeugung weiterarbeitete, nur Adjustierungen vornehmen zu müssen, breitete sich in Bonn das Gerücht aus, »daß die Firma Heckler & Koch ausgeschalten werden soll«.[487] Heckler & Koch, von Oberst Propfe darüber informiert,[488] schaltete sofort den langjährigen Unterstützer des Unternehmens Landrat Robert Gleichauf ein, der sich an den Bundestagsabgeordneten Dr. Bruno Heck wandte.[489] Unter Hinweis auf die Unterstützung des Landes Baden-Württemberg für Heckler & Koch und die damit verbundene Bürgschaft konnte man Schlimmeres abwenden.[490]

Dabei stand im September 1958 bereits fest, dass die Entscheidung des Verteidigungsministers laut Aussagen von Rheinmetall und Oberst Propfe nicht endgültig waren.[491] Und auch gegenüber Ministerpräsident Müller führte der Verteidigungsminister aus: »Bei der Prüfung der Angebote, die z. Zt. noch nicht vorliegen, werde ich die von Ihnen vorgetragenen Gründe zugunsten der Firma Heckler & Koch gebührend berücksichtigen. Diese Firma wird den Auftrag erhalten, sofern nicht wirtschaftliche Bedenken dagegensprechen.«[492] Am 4. November 1958 bestätigte der persönliche Referent dem Bundestagsabgeordneten Heck: »Wie Herr Minister Strauss dem Ministerpräsidenten des Landes Baden-Württemberg, Herrn Dr. Gebhard Müller, bereits mitgeteilt hat, besteht nicht die Absicht, die Firma Heckler & Koch von einer Beteiligung an der Fertigung der Sturmgewehre auszuschließen.«[493]

Hinter diesen Gerüchten zur Nicht-Vergabe des Auftrages an Heckler & Koch standen Verhandlungen im September 1958 von

Rheinmetall mit der holländischen Firma De N.V. Nederlandsche Wapen- en Munitiefabriek »De Kruithoorn«, die von INI die Dokumentationen (Lizenz) zum CETME-Sturmgewehr bereits erworben hatte: »Eine gemeinsame Produktion bei der Firma Rheinmetall ist insbesondere deswegen in Erwägung zu ziehen, weil der Herr Minister kürzlich entschieden haben soll, daß der Auftrag nicht durch die Firma Heckler & Koch, sondern durch die Firma Rheinmetall durchzuführen ist.«[494]

Der Entwicklungsauftrag an Heckler & Koch vom Mai 1958 sollte aber gerade für die Frage, wer das Gewehr herstellen sollte, ausschlaggebend werden. Denn als es im Herbst 1958 um die Vergleichsangebote zwischen Heckler & Koch, Rheinmetall und De Kruithoorn ging, waren die Angebote der Konkurrenz noch auf dem Entwicklungsstand des Gewehres vom März 1958 abgegeben worden, während Heckler & Koch das Gewehr weiterentwickelt hatte. Daher waren die Angebote nicht mehr vergleichbar.[495] Nun mussten die Angebote der Konkurrenz angepasst werden, insbesondere das Angebot der niederländischen Firma. Rheinmetall sollte nur dann zum Zuge kommen, wenn es nicht vertretbar ist, Heckler & Koch zu nehmen. »Die Fa. Heckler & Koch« stand, so die Begründung, »seit länger als einem Jahr mit uns in Vertragsverhandlungen. Sie hat im Vertrauen darauf, den Fertigungsauftrag zu erhalten, bereits eigene Mittel aufgewendet und auch den oben erwähnten Entwicklungsauftrag durchgeführt.«[496]

Am 22. und 23. September 1958 fand eine Besprechung bei Heckler & Koch[497] statt, einschließlich einer Begutachtung der vier Prototypen, die im Rahmen des Auftrages vom 3. Mai 1958 zur Weiterentwicklung des Gewehres 7,62 gebaut worden waren. Diese vier Modelle unterschieden sich im Wesentlichen durch die Art der Visierung, einen neuen Abzug sowie ein reduziertes Gewicht von nur noch maximal 3,85 Kilogramm.[498]

Die immer wieder verzögerte Vertragsentwicklung drohte jedoch, »die Aufstellungsplanungen des Heeres zu gefährden«.[499] Die Auslieferung musste am 1. Juli 1959 starten, so forderte es die Bundeswehr.[500] Am 14. November 1958 erreichte ein Schreiben des Bundesverteidigungsministeriums das Bundesamt für Wehrtechnik und Beschaffung und beauftragte u.a. die Beschaffung von 135 000 CETME-Gewehren zum Preis von 380 D-Mark (inkl.

Zubehör).[501] Allerdings hatte zu diesem Zeitpunkt der Minister bereits (am 30. September 1958) entschieden, 200 000 Gewehre zu bestellen, und dies »mit Schreiben vom 22.10.1958« angeordnet, »und zwar hiervon 20 000 nach dem Entwicklungsstand Ende Oktober 1958«; eine Bestellung, die mit dem Entwicklungsauftrag an Heckler & Koch verbunden war. Die Behördenmühlen mahlten langsam. So war der Entschluss gefallen, das Sturmgewehr, basierend auf der Weiterentwicklung von Heckler & Koch, in einer Größenordnung von 20 000 Stück in Oberndorf zu bestellen.

Die 48. Sitzung des Ausschusses für wirtschaftliche Fragen der Verteidigung unterstützte diesen Auftrag und regte an, durch Unteraufträge weitere Firmen zu inkludieren, so Sauer & Sohn in Eckernförde für die Lauffertigung oder Kochs Adler AG in Bielefeld.[502] Der gewünschten Streuung des Auftrags lagen die Überlegungen zugrunde, bei den einzelnen Firmen die Investitionskosten für die Kapazitätserweiterungen nicht zu groß werden zu lassen und gleichzeitig den Druck zu Folgeaufträgen für Heckler & Koch und Rheinmetall nicht entstehen zu lassen.[503]

Während die Rolle von Heckler & Koch hinterfragt worden war, drohte nun der Vertrag mit Rheinmetall so abgeschlossen zu werden, dass dieser erst »6 Monate nach Beginn der Fertigung bei Heckler & Koch anläuft«.[504] Minister Strauß insistierte jedoch auf die sofortige gemeinsame Vergabe an Heckler & Koch und Rheinmetall und gegebenenfalls sogar an eine Drittfirma. Dabei sollte der Preis von Heckler & Koch von 278 D-Mark pro Gewehr zugrunde gelegt werden.[505] Die Angebote der Firmen – Rheinmetall 65 000 Stück für 326 D-Mark, De Kruithoorn 75 000 Stück für 285 D-Mark und Heckler & Koch 100 000 Stück für 278 D-Mark – zeigten Mehrkosten von 1,855 Mio. D-Mark bei Rheinmetall gegenüber Heckler & Koch.[506] Das Beschaffungsamt empfahl daher, Heckler & Koch Anfang Dezember 1958 den Auftrag zu erteilen: »Die bisher bei Heckler & Koch vorgenommenen technischen und wirtschaftlichen Vorbereitungen für die Abwicklung eines grösseren Auftrages sind bereits soweit fortgeschritten, dass die Erteilung eines Auftrages an die Fa. Heckler & Koch mit weit geringeren Risiken verbunden ist, als bei Einschaltung einer der beiden anderen Firmen.«[507]

Nun konnte die letzte Runde der Vertragsausarbeitungen durchgeführt werden. 1959 sollte Heckler & Koch 6200 Gewehre liefern, 1960 dann Heckler & Koch und Rheinmetall 72200 und 1961 96000.[508] Für Heckler & Koch belief sich die gesamte Auftragssumme auf 31736700 D-Mark. Die Verträge waren nun alle abgestimmt und lagen am 5. Dezember 1958 wieder beim Bundesfinanzministerium. Als sich die Entscheidung zugunsten Heckler & Kochs abzeichnete, verwies das Ministerium nochmals auf die dringlich zu lösende Lizenzfrage: »Da es nicht möglich ist, die Spanier auf unbestimmte Zeit zu vertrösten, bitte ich um Mitteilung, welchen Termin ich den Spaniern nunmehr für die Unterzeichnung aller Verträge in Aussicht stellen kann.«[509] Es sollte bald der Fall sein.

Die finalen Verträge zwischen CETME/INI, der BRD und Heckler & Koch

Seit Herbst 1957 verhandelten die Parteien – CETME, Bundesrepublik und die potenziellen Hersteller – mit Streitigkeiten und Verzögerungen über die Verträge. Währenddessen tätigte Heckler & Koch kontinuierlich Investitionen (vgl. Grafik 9, »Maschineninvestitionen«) zum Aufbau der Fertigung und produzierte gleichzeitig – so wie andere deutsche Hersteller – bereits Gewehrteile für die CETME-Produktion in Spanien. Diese Teile, »die sehr empfindlich waren und aus Materialien bestanden, die in Spanien nicht hergestellt wurden«, hatte CETME nun über Jahre bei der »deutschen Industrie« bestellt. Diese Lieferungen aller deutschen Lieferanten (Heckler & Koch, Rheinmetall und WMF) summierten sich auf eine Rechnung über 2 Mio. D-Mark, die CETME – »weitgehend abhängig von der I.N.I.« – aber nicht zahlen konnte aufgrund der Devisenknappheit des Landes.[510] Nicht etwa konnte also, wie in der Literatur beschrieben,[511] Heckler & Koch die Lizenz wegen Geldmangels nicht erwerben. Vielmehr lenkten die Verhandlungen und Interessen der verschiedenen Parteien die Entwicklungen.

Grafik 9: Maschineninvestitionen der Heckler & Koch GmbH, 1949–1959[512]

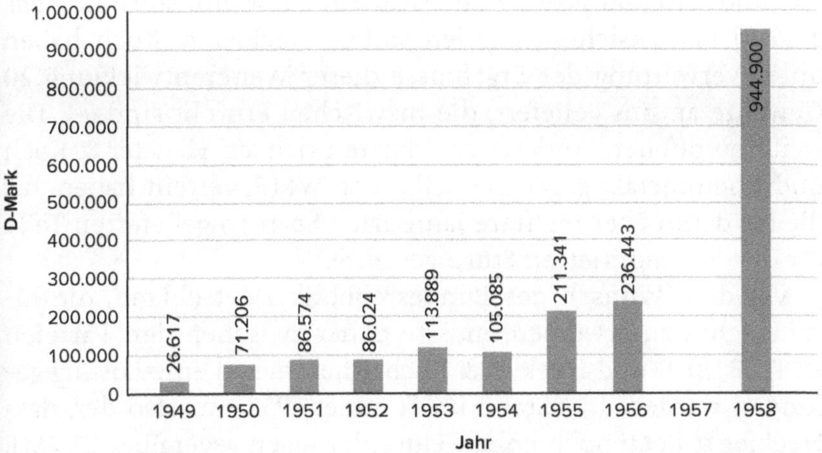

Auf spanischer Seite war es die INI, die Druck auf CETME ausübte, die Frage der offenen Rechnungen gegenüber den deutschen Herstellern und der Lizenzen final zu klären.[513] Heckler & Koch, die auf jeden Fall zu den Unternehmen zählten, die für CETME zu diesem Zeitpunkt gefertigt hatten, waren daher Teil dieser Vereinbarung. Neben den ursprünglichen 5 000 Gewehrteilen fertigte Heckler & Koch 1958 z. B. weitere 11 000 Teile.[514] Die Lieferanten – Heckler & Koch und Rheinmetall – hatten angeblich am 27. Mai 1957 einen Vertrag über den Erwerb der Lizenzen mit der INI-CETME geschlossen, der allerdings im April 1958 nach Einschätzung des Ministeriums »hinfällig geworden sein dürfte«.[515] Laut Heckler waren die Verträge zwar mündlich vereinbart, aber final nicht unterschrieben worden (vgl. Kap. »Heckler & Koch und CETME«). Die spanischen Quellen sprechen von einem Vertrag mit diesen Lieferanten, die später dafür vorgesehen waren, das Sturmgewehr in Deutschland zu produzieren – also Heckler & Koch und Rheinmetall.[516]

Von den offenen 2 Mio. D-Mark waren allein 1,1 Mio. D-Mark bei Heckler & Koch für die Entwicklungs- und Konzeptionsaufträge angefallen. Das ursprüngliche CETME-Gewehr war auf Betreiben der INI von Heckler & Koch im Rahmen der Fertigung der Nullserie über 400 Gewehre 1956 weiterentwickelt worden. »Für Kosten dieser Weiterentwicklung« beanspruchte »INI

1100000,– DM«, »die bei Abschluß des Lizenzvertrages zwischen INI und unserem Haus [Bundesverteidigungsministerium; Anm. d. Verf.] berücksichtigt werden sollen. Heckler & Koch haben unter Verwertung der Ergebnisse dieser Weiterentwicklung 20 Gewehre an uns geliefert, die inzwischen erprobt sind.«[517] Die weiteren offenen Forderungen dürften sich auf Heckler & Koch und Rheinmetall, gegebenenfalls auch WMF, verteilt haben, für die bis dahin über mehrere Jahre nach Spanien gelieferten Teile für die dort montierten Sturmgewehre.

Mit dem Wunsch der Bundesrepublik Deutschland, die Lizenzrechte zu erwerben, musste daher zwischen den Parteien CETME, BRD und Heckler & Koch/Rheinmetall eine Lösung gefunden werden. Der Stand im Sommer 1958 war also der, dass Heckler & Koch noch hohe Geldforderungen gegenüber CETME hatte. Vereinbarungen zwischen Spanien und Oberndorf durch die Genehmigung seitens CETME gegenüber Heckler & Koch, den Bundeswehrauftrag durchzuführen, hätten eine Abrechnung der »offenen Forderungen« von Heckler & Koch gegen Lizenzgebühr erlaubt. Da das Bundesverteidigungsministerium aus nachvollziehbaren Gründen die Nachbaurechte aber selbst erwerben wollte, um einerseits mehrere Firmen mit der Fertigung beauftragen zu können und damit nicht in Abhängigkeit von einem Unternehmen zu geraten, war ein direktes Geschäft nicht mehr möglich.

Die beiden Verträge lagen seit Juli 1958 zur Zustimmung beim Bundesfinanzminister – der Vertrag mit INI/CETME für die Lizenzgebühren über 2 Mio. D-Mark seit dem 12. Juli 1958 und der mit Heckler & Koch über 65000 Gewehre seit dem 15. Juli 1958.[518] Wichtig war den Juristen eine klare Stichtagerklärung zur Lizenz, nämlich zum 3. Mai 1958 in Bezug auf die Dokumentation, um so die seitherige Weiterentwicklung durch Heckler & Koch im Auftrag der BRD klar als neue Fertigungsrechte deklarieren zu können.[519] Da die mit dem eigenen Entwicklungsauftrag des Bundesverteidigungsministeriums an Heckler & Koch am CETME-Sturmgewehr vorzunehmenden Änderungen »von wesentlicher Bedeutung« waren,[520] sollte wiederum der »Serienauftrag erst dann« erteilt werden, »wenn das Entwicklungsergebnis in der neuesten Form erprobt ist«.[521]

Der Vertrag zwischen dem Bundesverteidigungsministerium und Heckler & Koch sah neben der Bestellmenge eine »volle Vergütung der etwa nicht amortisierten konstruktionsgebundenen Betriebseinrichtungen« vor. Diese Zusatzvereinbarung wurde offiziell »in Anbetracht der besonderen Vorleistung der Firma für die Entwicklung des Sturmgewehrs für vertretbar« eingestuft. Die Vorleistungen von Heckler & Koch seien mit denen anderer Firmen nicht vergleichbar. »Das Risiko der Firma ging dabei an die Grenze des Leistungsvermögens des Unternehmens.«[522] Bei den hier definierten nicht amortisierten Vorleistungen dürfte es sich um die Kosten der Weiterentwicklung des Sturmgewehres und der damit einhergehenden neuen Betriebsmittel handeln, die bis dato auch CETME nicht beglichen hatte.

Abb. 88: Blick in die Fertigungshalle von Heckler & Koch, 1950er Jahre

Am 13. November 1958 traf Edmund Heckler zu einer Besprechung des Vertrages und Vorlage einer neuen Kalkulation in Koblenz beim Bundesamt für Wehrtechnik und Beschaffung ein.[523] Am 15. Januar 1959 stimmte der Bundesminister der Finanzen dem Abschluss des Vertrages mit Heckler & Koch über 100 000 Sturmgewehre mit einem Auftragsvolumen über

31 746 700 D-Mark zu,[524] am 24. Januar 1959 lag die endgültige Fassung des Vertragsentwurfes vor. Der Vertrag hatte eine Zusatzklausel: »Die Auftragnehmerin wird mit der Firma Rheinmetall GmbH einen Vertrag über Zusammenarbeit zum Zwecke der Lieferung des Gewehres und der Magazine an die Auftraggeberin abschließen. Diese Vereinbarung bedarf der Zustimmung der Auftraggeberin«.[525]

Die endgültige Fassung des Vertrages zwischen der BRD und Heckler & Koch datierte vom 23. Januar 1959, wurde am 30. Januar 1959 unterschrieben und trat rückwirkend zum 1. Dezember 1958 in Kraft. Sie sah eine erste Lieferung im Juli 1959 vor, bei gleicher Staffelung wie im ursprünglichen Vertrag, sodass bis zum Januar 1962 100 000 Gewehre zu liefern waren.[526] Vereinbart war eine Vorauszahlung nach drei Wochen in Höhe von 2 Mio. D-Mark, bei insgesamt einer unverzinslichen Vorauszahlung in Höhe von 9 Mio. D-Mark zu vereinbarten Terminen.[527] Der Vertragsabschluss mit Heckler & Koch wurde im Bundesanzeiger bekannt gegeben.[528]

Am gleichen Tag noch, dem 30. Januar 1959, und dann am 5. Februar 1959 kam es zu einem Schiedsvertrag zwischen der Bundesrepublik Deutschland und INI/CETME, der den gordischen Knoten löste: Die Bundesrepublik erhielt die Lizenz und konnte sie damit verschiedenen deutschen Herstellern (Rheinmetall und Heckler & Koch) übertragen. CETME konnte auf diesem Weg die offenen Rechnungen über 2 Mio. D-Mark an die Zulieferfirmen begleichen. Die deutschen Hersteller konnten das Sturmgewehr fertigen.[529]

Der Vertrag verpflichtete CETME, bei Anfragen aus Drittländern die deutschen Hersteller zu informieren.[530] Die Verträge hatten jedoch für die spanische Seite negative Folgen, denn die deutschen Hersteller verbesserten und verbilligten das Gewehr und zogen damit Käufer aus Spanien ab (z. B. Chile).[531] Mit der INI/CETME wurde seitens der Bundesrepublik Deutschland daher 1962 eine Zusatzvereinbarung über die Fertigung des Gewehres G3 getroffen, mit einem einmaligen Abfindungsbetrag von 1,5 Mio. D-Mark spätestens zum 9. April 1962.[532]

Seit 1960 wurde das ausländische Interesse am in Deutschland produzierten G3-Gewehr spürbar. Zunächst entwickelte sich leb-

Abb. 89: Montage des G3 bei Heckler & Koch, Oberndorf am Neckar

haftes Interesse in Portugal.[533] Im Sommer beantragte Heckler & Koch die Genehmigung, 35 G3-Gewehre für Portugal zu fertigen, was 1961 in einen Vertrag über die Lieferung von 8 000 G3-Gewehren über vier Monate zum Preis von 2,714 Mio. D-Mark mündete.[534] Am 29. März 1962 traf die Bundesrepublik Deutschland mit INI/CETME eine weitere Lizenzvereinbarung für Produktionen für das Ausland. Zwei weitere Zusatzvereinbarungen am 23. Oktober 1961 und 6. Februar 1962 folgten, die nun auch die Aufnahme der Herstellung seitens deutscher Unternehmen in dritten Ländern ermöglichte.[535]

Die Serienfertigung des G3

Der Fertigungsauftrag über 100 000 Sturmgewehre lief 1959 an und es erhielt damit auch seinen Namen G3. Es war die zweite Standard-Schnellwaffe der Bundeswehr, nach dem G1, wie das belgische FN in der Bundeswehr benannt wurde, das seit 1956 im Einsatz war. Ein zweites Gewehr – G2 – war die Schnellfeuerwaffe des Schweizer Herstellers SIG 510, das die Bundeswehr 1957 nur in geringer Stückzahl zu Testzwecken beschafft hatte. Das dritte

Gewehr der Bundeswehr – G3 – wurde 1959 für den dauerhaften Einsatz beschafft. Das G3 wurde für einen Stückpreis in Höhe von 279,06 D-Mark plus das Magazin für 6,81 D-Mark erworben. Die ersten 200 Sturmgewehre G3 des Großauftrags wurden im September 1959 ausgeliefert und im Oktober 1959 abgenommen.[536] Die monatliche Produktionszahl stieg nach einer Anlaufzeit auf 4 000 Gewehre.

Abb. 90: Am 30. September 1959 verließen die ersten G3-Gewehre das Werk. Auf der Verladerampe schauten Angehörige der Bundeswehr und Edmund Heckler (ganz r.) zu.

Zur Umsetzung des Vertrages mit einem Auftragsvolumen von 30 Mio. D-Mark benötigte Heckler & Koch weitere Fertigungsgebäude. Der Vertrag zwischen der BRD und Heckler & Koch sah bereits in seiner frühen (April 1958) sowie in der finalen Version Vorabzahlungen in Höhe von bis zu 9 Mio. D-Mark vor sowie eine Bürgschaftserklärung seitens der BRD für einen benötigten Kredit in Höhe von 1,2 Mio. D-Mark.[537] Allerdings erhielt Heckler & Koch den Kredit auf anderem Weg: Im November 1959 wurde das Gesellschaftskapital der Heckler & Koch GmbH auf 52 000 Mark erhöht.[538] Die neuen Anteile über 12 000 D-Mark zeichnete der 1898 geborene Fabrikant Ludwig Hummel aus Pforzheim. Der frühere (kleinere) Anteil von Erich Unterkofler über 4 000 D-Mark war eingezogen; Heckler & Koch teilte am 1. Februar 1960 mit, dass Unterkofler als Teilhaber ausgeschieden war.[539] Hummel zahlte ein »Aufgeld von DM 288 000«, das den freien Rücklagen von bereits 590 000 D-Mark zugeführt wurde.[540] Dies geschah unter der Maßgabe, die freie Rücklage später in Stammkapital zu verwandeln. Ludwig Hummel vereinbarte mit Heckler & Koch sowie den Gesellschaftern die Gewährung eines Darlehens über 1,2 Mio. D-Mark. »Der Kreditgeber« trat also, wie Kenntner richtig notierte, »mit DM 300 000.– als stiller Teilhaber in das Unternehmen ein«.[541] Hummel hatte seine eigenen Unternehmen, die Uhrenfabrik Lacher & Co. AG und Durowe (Deutsche Uhren-Rohwerke), am 1. Februar 1959 an die US Time Corporation verkauft und verfügte auf diesem Weg über Kapital.

Die benötigte Investitionssumme für den Ausbau in Höhe von 1,856 Mio. D-Mark brachte Heckler & Koch also mit dem 1,2 Mio.-D-Mark-Kredit auf, ferner mit aus eigenen Mitteln durchgeführten Investitionen über 350 000 D-Mark sowie Mitteln aus Gewinn und Abschreibungen der Jahre 1958, 1959 und 1960 über 306 700 D-Mark.[542]

Knapp über ein halbes Jahr später verstarb Edmund Heckler am 2. Juli 1960 überraschend während eines Kuraufenthaltes im Alter von nur 54 Jahren an einem Herzinfarkt.[543] Nach seinem Tod beschloss die Gesellschafterversammlung am 27. Juli 1960, das Kapital von 52 000 D-Mark auf 1 Mio. D-Mark zu erhöhen, und zwar durch Umwandlung von 948 000 D-Mark freien Rücklagen in Stammkapital.[544] Damit erhöhte sich der Gesellschaftsanteil für Koch, Seidel, Hummel und die Erben Heckler auf jeweils 250 000 D-Mark.

Die beiden Firmen – Rheinmetall und Heckler & Koch – lieferten sich zumindest eine Zeit lang wechselseitig Teile des Gewehres.[545] Die Wankelmütigkeit des Bundesverteidigungsministeriums bei den Gewehrbestellungen setzte sich fort. Ab 1960 diskutierte man mit beiden Firmen den Anschlussbedarf,[546] zu dem ein Beschaffungsauftrag über insgesamt 280 000 Sturmgewehre ab Oktober vorlag, sich aber mehrmals verzögerte.[547] Bei den aufzurufenden Preisen orientierte sich das Ministerium an den Vorgaben von Heckler & Koch, nicht von Rheinmetall.[548] Gegen Ende 1962 ge-

Abb. 91: Das Sturmgewehr G3 im Afghanistan-Einsatz der Bundeswehr

riet Rheinmetall wiederholt in Lieferrückstand mit dem G3. Das Bundesverteidigungsministerium drohte mit Regressforderungen und untersagte bis zur Deckung des Eigenbedarfs Lieferungen ins Ausland.[549] 1963 lag die monatliche Fertigung von Rheinmetall bei 8000 Gewehren, von Heckler & Koch bei 10000.[550] Die Stabsrahmenübung der NATO (FALLEX 62) zeigte für die Bundeswehr, dass bei »Fortsetzung des derzeitigen Lieferrhythmus die zeitgerechte Ausstattung der Kriegsbundeswehr mit Cetme-Gewehren nicht erreicht wird«. Folglich sollte nun die monatliche »Kapazität auf mindestens 20000 Stück« noch im Jahr 1962 erhöht werden.[551] So sollten mit dieser neuen Vorgabe für die Bundeswehr nunmehr insgesamt 310000 Gewehre im Wert von 103480000 D-Mark hergestellt werden.

Rheinmetall zog sich aus der Herstellung des G3 zurück, während Heckler & Koch das Standardgewehr G3 für die Bundeswehr bis zum Jahr 1997 produzierte. Dann lief das letzte Gerät vom Band, das im Afghanistan-Einsatz der Bundeswehr ein letztes Mal zum Einsatz kam. Insgesamt ist das G3 das bislang weltweit am dritthäufigsten hergestellte Gewehr.

Nach Edmund Heckler starben im Juli 1976 Theodor Koch und im Dezember 1980 auch Alex Seidel. Im Folgejahr schon spaltete Heckler & Koch den zivilen Anlagen- und Maschinenbau ab (H&K Maschinen- und Anlagenbau). Nach langjährigen, intensiven Entwicklungsvorarbeiten für das G11 führte die ausbleibende Beschaffung zu einer Überschuldung des Unternehmens. Der Konkurs drohte erneut, diesmal jedoch unterstützte der baden-württembergische Wirtschaftsminister, Hermann Schaufler, das Oberndorfer Unternehmen nicht. So übernahm 1991 die Royal Ordnance, Tochter des Rüstungskonzerns British Aerospace, die Heckler & Koch GmbH. 1995 verkaufte diese den ausgelagerten Anlagen- und Maschinenbau. 2002 übernahm dann eine private Investorengruppe die Heckler & Koch GmbH, gründete die H&K Beteiligungs-GmbH (HKB) neu, um weitere Investitionen tätigen zu können, und gliederte 2003 die H&K Jagd- und Sportwaffen GmbH aus.

Nachdem 2008 erneut Millionenverluste ausgewiesen werden mussten, wurde die H&K Beteiligungsgesellschaft GmbH 2014 in eine börsennotierte Aktiengesellschaft unter dem Namen H&K AG gewandelt. Die Heckler & Koch GmbH ist noch heute die operative Gesellschaft in Oberndorf.

Abb. 92: Das Verwaltungsgebäude von Heckler & Koch auf dem Lindenhof, 1950er Jahre

Schluss

Die Biografien der drei Gründer der Heckler & Koch GmbH weisen eine Reihe von Gemeinsamkeiten auf und waren auf verschiedene Weise miteinander verbunden. Sie gehörten zur gleichen Alterskohorte: Theodor Koch wurde 1905, Edmund Heckler 1906 und Alex Seidel 1909 geboren.

Heckler entstammte einer Beamtenfamilie. Sein Vater genoss als Bürgermeister von Oberndorf eine hohe Reputation. Koch war aus Stuttgart zugezogen und stammte aus einer bildungsbürgerlichen Familie. Er war der Erste in seiner Familie, der die technische Laufbahn einschlug. Dagegen gehörte Seidel zu einer stadtbekannten »Mauser-Familie« und heiratete in den Kreis der besser gestellten Oberndorfer Familien ein.

Heckler und Seidel gingen bei den Mauser-Werken in Oberndorf in die Lehre und absolvierten Ausbildungen als Mechaniker. Koch wurde ebenfalls zum Mechaniker ausgebildet, allerdings nicht bei den Mauser-Werken, sondern bei Stuttgarter Firmen. Nahezu zeitgleich nahmen Koch und Heckler 1926 ein Studium des Maschinenbaus an der Staatlich Württembergischen Maschinenbauschule in Esslingen auf und schlossen es 1929 als Diplom-Ingenieure ab. An der kleinen Maschinenbauschule ging es anders als an größeren Hochschulen eher familiär zu. Koch und Heckler werden sich also in Esslingen begegnet sein, ohne dass gemeinsame Aktivitäten überliefert sind, zumal sie verschiedenen studentischen Verbindungen angehörten. Auch den jüngsten der späteren Gründer, Alex Seidel, zog es 1928 zum Studium des Maschinenbaus nach Esslingen. Er und Heckler kannten sich bereits aus der Schulzeit. Auch gehörten beide der Studentenverbindung »Suevia« an.

Die drei jungen Diplom-Ingenieure hatten während ihrer Lehr- und Studienzeiten in Oberndorf bzw. Stuttgart eine grundsolide praktische Ausbildung erhalten und an der Ingenieurschule in Esslingen dann auch das theoretische Rüstzeug für eine Arbeit im Maschinenbau mit auf den beruflichen Weg bekommen. Sie waren tatendurstig, wollten ihr frisch erworbenes Wissen anwenden und strebten möglichst gute Anstellungen an. Ihr Eintritt ins Berufsleben fand jedoch in einer wirtschaftlich wie politisch höchst unsicheren Zeit statt. Am 25. Oktober 1929 kam es in den USA zu einem Börsencrash und in dessen Folge zu einer verheerenden Krise der Weltwirtschaft. Auch in Deutschland brachen die Gütererzeugung und der Konsum dramatisch ein. Die Weimarer Republik geriet immer mehr unter Druck rechts- und linksradikaler Kräfte. Bei den Mauser-Werken erreichte die Krise 1931/32 ihren Höhepunkt und führte zu Massenentlassungen. Davon betroffen war 1931 auch Theodor Koch.

Die drei jungen Männer hielten sich von der Politik fern. Ihre ganze Energie steckten sie in ihre Ausbildung, ihre Familien und verschiedene Freizeitaktivitäten. Heckler gab nach dem Krieg zu Protokoll, dass er noch nicht einmal wählen gegangen sei.

Mit dem Machtantritt der Nationalsozialisten im Januar 1933 begann für die drei Ingenieure ein neuer Lebensabschnitt. Das nationalsozialistische Regime profitierte davon, dass die Weltwirtschaftskrise zu Ende ging, setzte die Arbeitsbeschaffungsprogramme der Vorgängerregierung in größerem Umfang fort und begann mit einer anfangs noch verdeckten Aufrüstung. Dies eröffnete Firmen wie Mauser neue Perspektiven. Koch wurde im Juli 1933 wieder bei Mauser als Konstrukteur im Werkzeug- und Vorrichtungsbau eingestellt, und Seidel trat kurz nach seinem Studienabschluss ebenfalls beim Oberndorfer Unternehmen in die Konstruktionsabteilung ein. Die Neuausrichtung des Unternehmens auf die Waffenfertigung hatte bereits begonnen. Dafür wurden gut qualifizierte Ingenieure dringend gebraucht. Heckler ging einen anderen Weg. Zwar hätte auch er seine Tätigkeit bei Mauser fortsetzen können, doch ihn lockte Ende 1934 eine wesentlich besser dotierte Stelle bei der HASAG in Leipzig.

Koch und Seidel in Oberndorf und Heckler in Leipzig versuchten, sich auch weiterhin nur auf ihre Arbeit zu konzentrieren. Sie passten sich dem Konformitätsdruck in ihren Unternehmen, soweit es ihnen nötig erschien, an und traten der Deutschen Arbeitsfront (DAF), der Nationalsozialistischen Volkswohlfahrt (NSV) und dem NS-Bund Deutscher Technik (NSBDT) bei. Ihr Wissen und ihre Arbeitskraft stellten sie, ohne zu zögern, in den Dienst der nationalsozialistischen Aufrüstung und Kriegsvorbereitung.

Unmittelbar nach dem deutschen Angriff auf Polen im September 1939 musste sich Heckler entscheiden, ob er, inzwischen zum Oberingenieur aufgestiegen, den nächsten Karriereschritt gehen wollte. HASAG-Generaldirektor Paul Budin hatte die Direktion mit überzeugten NSDAP- und SS-Mitgliedern besetzt, gute Verbindungen zum Reichsführer SS, Heinrich Himmler, aufgebaut und verlangte nun auch von seinen Betriebsführern und Prokuristen ein Bekenntnis zum nationalsozialistischen Staat. Heckler, bis dahin politisch völlig inaktiv, trat daraufhin 1940 in die NSDAP ein. Damit stand seiner Berufung zum Leiter des HASAG-Zweigwerks in Taucha nichts mehr im Wege.

Eine ähnliche Position als Oberingenieur hatte Koch als Abteilungsleiter im Werkzeug- und Vorrichtungsbau bei der Mauser-Werke AG inne. Er gehörte der NSDAP nicht an, war aber förderndes Mitglied der SS. Weniger exponiert war der jüngere Alex Seidel. Als Gruppenleiter für den Sektor »Entwicklung und Pistolen« nahm er eine wichtige Position bei Mauser ein, der NSDAP trat er nicht bei.

Alle drei Ingenieure wurden von ihren Unternehmen 1940 erfolgreich als unabkömmlich (»uk«) für den Kriegsdienst reklamiert – Heckler hatte bei einem Unfall in seiner Jugendzeit sein rechtes Auge verloren und war deshalb schon eher ausgemustert worden. Sie blieben bis Kriegsende in ihren Positionen. Mit fortschreitender Kriegsdauer wurde das Arbeitsregime in beiden Rüstungsunternehmen immer weiter verschärft. Sowohl Mauser als auch die HASAG setzten seit 1940 zunächst Zivilarbeiter aus verbündeten und besetzten Ländern und dann zunehmend Kriegsgefangene und Zwangsarbeiter, vor allem aus Polen, der Sowjetunion und den Niederlanden, ein. Heckler und Koch waren als Betriebs- bzw. Abteilungsleiter in den Zwangsarbeitereinsatz involviert.

Zu den schlimmsten Gewaltexzessen kam es in den von der HASAG übernommenen polnischen Munitionswerken. Dort wurden ab 1941 zunehmend Jüdinnen und Juden als Sklavenarbeiter eingesetzt. Nach Schätzungen von Karay kamen in den HASAG-Lagern innerhalb von 32 Monaten rund 14 000 Juden durch Hunger, Epidemien, Massenerschießungen und Einzelmorde ums Leben.[1] Die von der HASAG im Generalgouvernement betriebene »Vernichtung durch Arbeit« lässt sich in ihren Ausmaßen nur mit dem »Fließband des Todes« im firmeneigenen Konzentrationslager der IG Farben in Monowitz vergleichen. Edmund Heckler war in diese Verbrechen nicht verstrickt. Dieser Umstand war der Tatsache geschuldet, dass er bereits Mitte 1939 mit dem Aufbau eines neuen Zweigwerkes in Taucha beauftragt worden war.

Bei Mauser waren gegen Kriegsende mehr als 6000 Zwangsarbeiter aus 23 Nationen und mehr als 200 Häftlinge aus dem Arbeitserziehungslager Aistaig tätig. Mindestens 314 Zwangsarbeiter und Zwangsarbeiterinnen verstarben bei den Mauser-Werken und 79 Häftlinge im Arbeitserziehungslager Aistaig an den Folgen von Mangelernährung und Krankheiten, oder sie wurden hingerichtet. Das Elend der Zwangsarbeiter gehörte zum Alltag in den Mauser-Werken und stand auch den Einwohnern von Oberndorf tagtäglich vor Augen, da sich die Zwangsarbeiterlager und Unterkünfte in Werksnähe befanden. Auch Koch und Seidel blieb dies nicht verborgen. Welche Haltung sie in ihren jeweiligen Arbeitsbereichen zum Einsatz von Zwangsarbeitern einnahmen, ist nicht dokumentiert.

Heckler und Koch waren in Positionen tätig, in denen sie nicht nur technische Verantwortung trugen, sondern sich auch mit dem Arbeitskräfteeinsatz befassen mussten. In der Rüstungsindustrie war die Angst vor Sabotage besonders groß. Daher wurde ein strenges Produktionsregime samt harter Strafen, selbst bei kleinsten Verfehlungen, aufgezogen. Wir haben allerdings keine Belege dafür gefunden, dass Heckler und Koch persönlich Verfahren gegen Zwangsarbeiter initiierten oder daran beteiligt waren. Ganz ausschließen können wir es jedoch nicht.

Im Unterschied zur HASAG-Direktion behandelte die Mauser-Direktion in der Endphase des Krieges den Einsatz von Konzentrationslagerhäftlingen dilatorisch. Die nahende Niederlage vor Augen – die Alliierten waren gelandet und stießen durch Frankreich in Richtung Reichsgrenze vor –, schien Zurückhaltung geboten. Anders reagierte Generaldirektor Budin in Leipzig. Er hoffte, mit dem Hochlaufen der Panzerfaustproduktion noch einen wichtigen Beitrag zum »Endsieg« leisten zu können, wofür ihm jedes Mittel recht war. Mit Hilfe seiner persönlichen Verbindungen zur SS-Führung ließ er ab September 1944 mehr als 10000 Häftlinge aus Konzentrationslagern, in ihrer Mehrzahl Frauen, an sieben verschiedene HASAG-Standorte schaffen. Rund 1300 weibliche Häftlinge kamen nach Taucha. Allerdings trug nicht Heckler die Verantwortung für ihren Einsatz, sondern Ingenieur Friedrich Tanzen, der Leiter des eigens für die Produktion von Panzerfäusten neu eingerichteten Werkes »Taucha II«.

Der Zweite Weltkrieg endete in Europa mit der bedingungslosen Kapitulation des Deutschen Reiches. Koch, Heckler und Seidel gehörten nicht zu den Fanatikern, die mit dem Regime untergehen wollten. Ihre persönliche und berufliche Zukunft war dennoch vollkommen ungewiss. Koch und Seidel hofften noch eine Zeit lang, weiterhin bei Mauser arbeiten zu können, allerdings nicht mehr an der Produktion von Waffen, sondern an zivilen Erzeugnissen. Die Demontage der Mauser-Werke zerstörte ihre Pläne.

Heckler wurde wie allen Angestellten der HASAG im April 1945 gekündigt. In den Zukunftsplänen der alten Werkleitung, die sich allerdings nach wenigen Wochen zerschlugen, spielte er keine Rolle. Er versuchte, sich Anfang Mai den Amerikanern anzudienen. Als dies misslang, kehrte er zu seiner Familie nach Oberndorf zurück.

Sowohl in Oberndorf als auch in Leipzig ordneten die französische bzw. sowjetische Besatzungsmacht die Demontage von Rüstungsunternehmen an. Während damit die Geschichte der HASAG 1946 endete, gingen die zum DMW-Konzern bzw. ab 1949 zur Industrie-Werke Karlsruhe AG (IWK) gehörenden Mauser-Werke nicht unter. Auf ihrem Betriebsgelände wurden Ende der 1940er Jahre zunächst verschiedene kleine Firmen angesiedelt, bevor es zu einer Wiederbelebung der Metallverarbeitung kam.

Die Stadt Oberndorf schwankte, ob sie eine völlige Neuausrichtung der gewerblichen Ansiedlung forcieren oder sich doch auch um eine Unterstützung der traditionellen metallverarbeitenden Betriebe bemühen sollte. Als Letzteres eine Option wurde, bemühte sich Bürgermeister Otto Kenntner mit einigem Erfolg, die Bedeutung der Mauser-Werke AG für die Kriegswirtschaft herunterzuspielen. Als am 25. November 1950 der württembergisch-hohenzollerische Arbeitsminister Wirsching Oberndorf besuchte, brachte Kenntner vertraulich das »Befremden« der Stadtverwaltung zum Ausdruck:

»Anhand beweiskräftiger Unterlagen sind die französischen Behörden immer wieder darauf hingewiesen worden, dass in den aufgelösten Mauser-Werken neben Militär- und Handelswaffen in großen Umfang Buchungs- und Rechenmaschinen, Messzeuge und Industrienähmaschinen hergestellt worden sind und dass damit das Unternehmen nur zum Teil als ›Rüstungsbestrieb‹ gewertet werden dürfe.«[2]

Im Bemühen, neue Unternehmensansiedlungen zu fördern, stellte Kenntner auch Edmund Heckler einen »Persilschein« aus. So notierte das Bürgermeisteramt am 4. November 1948: »Heckler ist politisch zuverlässig und verfügt über die erforderlichen fachlichen Kenntnisse und Fähigkeiten.«[3] Und wenngleich Edmund Heckler offen über seine Tätigkeit für den Munitionsproduzenten HASAG berichtete, änderte dies Kenntner in einem Antrag auf Wirtschaftsförderung, indem er das Unternehmen kurzerhand zu einem Hersteller von Nähmaschinen umdefinierte.

Edmund Heckler war von großer Bedeutung für die Stadt Oberndorf. Als Gründer eines Ingenieurbüros, dem alsbald Koch, Seidel und Unterkofler beitraten, agierte er vor allem bei der Anbahnung von Geschäftsbeziehungen zur spanischen CETME und mit den Ministerien sehr geschickt.

Der Zusammenschluss der drei Ingenieure – Heckler als Kenner der spanlosen Verformung, Koch als Experte für Betriebsmittelbau und Umformtechnik und Seidel als Waffenkonstrukteur und damit als Fachmann für die Präzisionsfertigung – ist historisch bedingt sowie auch zufällig. Sie alle entstammten den familiären Oberndorfer Netzwerken und hätten sich doch auch in anderer Konstellation neu finden können. Koch und Heckler konnten im Maschinenbau gut reüssieren, Seidel als Waffenkonstrukteur musste sich neu orientieren. Daher auch die Namensgebung »Heckler & Koch« und nicht etwa »Heckler, Koch & Seidel«.

Zum Zeitpunkt der Unternehmensgründung war an eine Waffenfertigung noch nicht zu denken. Das Unternehmen konzentrierte sich vor allem auf die Konstruktion und Herstellung von Nähmaschinenteilen sowie anderen Erzeugnissen der spanlosen Verformung. Die Nachfrage nach diesen und anderen Produkten von »Heckler & Koch« war so groß, dass Mitte der 1950er Jahre – also noch vor Eintritt in die Waffenfertigung – bereits mehr als 400 Mitarbeiter beschäftigt werden konnten. Die Umsätze machte das Unternehmen bis 1959 vor allem mit Nähmaschinenteilen, Fräsmaschinen, Werkzeugen etc. Selbst nach dem deutlichen Anstieg der Waffenproduktion ab 1959 kam der Gesamtumsatz noch immer überwiegend aus den anderen Fertigungsbereichen.

Über Geldmittel aus der NS-Zeit verfügte das neu gegründete Unternehmen nicht. Seine erste Beinahe-Insolvenz erlebte Heckler & Koch schon nach sechs Monaten. Die finanzielle Lage des jungen Unternehmens blieb auch weiterhin angespannt, da Gewinne sofort für Erweiterungen reinvestiert wurden. Diese waren auf die Ausweitung der zivilen Produktion gerichtet. Eine Intention zur Aufnahme der Waffenproduktion hatten die vier Gründer nicht. Erst als Theodor Blank im Auftrag von Bundeskanzler Konrad Adenauer die Optionen prüfen ließ, welche Unternehmen künftig als Waffenproduzenten in Frage kämen, ergriff Heckler 1952 die Initiative. Er erklärte gegenüber dem Amt Blank, dass Heckler & Koch in der Lage sei, Sturmgewehre, Maschinenpistolen oder Pistolen herzustellen. Seitdem war das Thema Waffenfertigung bei Heckler & Koch im Gespräch und sollte es fortan bleiben.

Fast zeitgleich stellte eine für die staatliche spanische Industrieholding INI arbeitende Gruppe von deutschen Ingenieuren – viele von ihnen hatten zuvor bei den Mauser-Werken gearbeitet – bei CETME fest, dass die von General Franco bestellten Sturmgewehre nicht von der spanischen Industrie gefertigt werden konnten. Alte berufliche und militärische Netzwerke führten die Berater von Theodor Blank, die in Spanien tätigen Ingenieure und das Oberndorfer Unternehmen zusammen.

Entgegen den bisherigen Annahmen war nicht der stets vorhandene finanzielle Engpass der Oberndorfer der entscheidende Grund dafür, warum die Bundesrepublik Deutschland und nicht etwa Heckler & Koch die Nachbaulizenzen von CETME erwarb. Ganz im Gegenteil hatten die Spanier aufgrund ihrer fehlenden Devisen unbeglichene Rechnungen generiert, die über den Verkauf der Lizenzen sowie die Überlassung der Fertigungsmittel beglichen wurden. Durch die Kooperation mit der CETME und die Überlassung der für das spanische Unternehmen gebauten Betriebsmittel war Heckler & Koch dann aber in der Lage, selbst Sturmgewehre zu fertigen, diese nach den Truppenversuchen an die unterschiedlichen Bedarfe anzupassen und schließlich selbstständig weiterzuentwickeln. Schon die dargestellte komplexe Entwicklung erklärt, warum sich Heckler & Koch im Rennen um den Auftrag zur Fertigung von Sturmgewehren für die neu gegründete Bundeswehr zunächst mit dem gleichfalls aufstrebenden Unternehmen Rheinmetall GmbH gegen die internationale Konkurrenz der Gewehrhersteller durchsetzen konnte.

Allein jedoch hätte Heckler & Koch nicht bestehen können. Es bedurfte der Unterstützung der Stadt Oberndorf, des Landes Baden-Württemberg und der Bundesrepublik Deutschland. Oberndorf unterstützte das Unternehmen bei der Rohstoffbeschaffung, Gelände- und Gebäudefragen sowie beim Kreditbedarf durch Bürgschaften. Dies geschah vor allem mit Blick auf die Arbeitsplätze und Gewerbesteuereinnahmen. Auch das Land hatte nach der Mauser-Demontage ein Interesse daran, mit Heckler & Koch ein Unternehmen vor Ort zu halten. Und schließlich war es vor allem das Amt Blank, das zu einem Zeitpunkt, als eine deutsche Waffenproduktion politisch noch nicht möglich war, in Vorbereitung einer solchen Fertigung nach Partnern suchte. Das hierbei aufgebaute Netzwerk mit Beratern aus dem Heereswaffenamt der Wehrmacht, den nach Spanien emigrierten Waffeningenieuren und potenziellen Herstellern in der Bundesrepublik Deutschland bezog Heckler & Koch früh in die Überlegungen mit ein und machte das Unternehmen zum Partner bei der Wiederbewaffnung.

Wenngleich der Zeitraum bis zur ersten Auftragsvergabe zum Bau des Sturmgewehrs G3 im Januar 1959 lang erscheinen mag, bleibt doch festzuhalten, dass ohne die frühzeitigen Bestellungen bei CETME, deren Kooperation mit Heckler & Koch und die spätere Heckler-&-Koch-eigene Weiterentwicklung eine Fertigung in Deutschland sich noch weiter verzögert hätte. Rheinmetall hatte zwar über die Niederlande eine Lizenz, allerdings basierend auf einer älteren Version des Gewehrs, und Mauser war in Bezug auf die Waffenfertigung wegen der späten Freigabe durch den französischen Treuhänder ohnehin in Verzug. Nach Einschätzung der damaligen Experten schien kein anderer Hersteller in der Lage, die Gewehre den Anforderungen gemäß fertigen zu können. So versetzte die Bundesrepublik Deutschland Heckler & Koch durch die vertraglich vereinbarten Vorab-Zahlungen auch finanziell in die Lage, das deutsche Sturmgewehr G3 zu produzieren. Dass sich Teile der Ministerien dazu durchaus verpflichtet fühlten, da Heckler & Koch über Jahre durch die Vorarbeiten mit und ohne CETME an dem Gewehr in Vorlage getreten waren, ist ebenfalls Teil dieser Geschichte.

In der Zeit der Transformation von einem metallverarbeitenden Unternehmen bis zum Kleinwaffenproduzenten, und auch noch lange danach, wurden die Verstrickungen der drei Gründer der Heckler & Koch GmbH in die nationalsozialistische Rüstungsproduktion verdrängt. Ganz abgesehen davon, dass in der Adenauer-Ära ein gesellschaftliches Klima des Beschweigens der Diktaturjahre herrschte, kam für die Gemeinde Oberndorf noch der Umstand hinzu, dass die am Ort ansässigen Waffenhersteller nach wenigen Jahren erneut zu den wichtigsten regionalen Arbeitgebern aufstiegen. Kritik an diesen Unternehmen und ihren Führungskräften war nicht opportun.

Auch war die Bundesrepublik in ihren frühen Jahren aus Sicht der westalliierten Siegermächte ein »besetzter Verbündeter«. Die Mitte der 1950er Jahre begonnene Wiederbewaffnung sollte nicht durch allzu genaues Hinschauen auf die Biografien von Unternehmern der Waffenindustrie beeinträchtigt werden. Im Fall der Heckler & Koch GmbH schien dies auch gar nicht nötig zu sein. Schon rein formal galten die beiden ehemaligen Mauser-Ingenieure, Alex Seidel und Theodor Koch, da sie nicht der NSDAP angehört hatten, als nicht- bzw. minderbelastet.

Komplizierter lagen die Dinge im Fall von Edmund Heckler. Er war nicht nur 1940 der NSDAP beigetreten, sondern hatte, was schwerer wog, als Leiter eines Zweigwerks der HASAG in Taucha auch den Einsatz von Zwangsarbeiterinnen und Zwangsarbeitern mitzuverantworten. Es gibt allerdings bis heute keine Belege dafür, dass er sich an Verbrechen gegen die Menschlichkeit beteiligte. Allein aus seiner Tätigkeit für die HASAG, einem Konzern, der sich während des Krieges schlimmster Verbrechen schuldig machte, kann nicht auf seine individuelle Schuld geschlossen werden. Heckler stand dennoch aufgrund seines Aufstiegs zum Werkleiter, mehr noch als Koch und Seidel, als Waffeningenieur im Zwielicht.

Der Bürgermeister von Oberndorf erstickte mögliche Nachfragen im Keim, indem er die Legende verbreitete, Oberingenieur Heckler hätte bei einer Nähmaschinenfirma gearbeitet. Da gegen Heckler, im Unterschied zu anderen ehemaligen Führungskräften und einfachen Mitarbeitern der HASAG, weder in der DDR, Polen, Israel oder der Bundesrepublik Deutschland Ermittlungen geführt wurden, blieb sein Wirken in der Rüstungsproduktion des »Dritten Reiches« zu seinen Lebzeiten und noch Jahrzehnte später unhinterfragt.

Anmerkungen

Einleitung

1 Martin Himmelheber, *Die geheime Nazi-Akte Heckler & Koch*, BAMS, 7.9.2020.

2 Für einen ausführlichen Literaturüberblick sei auf Stefanie van de Kerkhof, *Waffen und Sicherheit im Kalten Krieg. Das Marketing der westdeutschen Rüstungsindustrie* 1949–1990, Berlin 2019, und dies., *Rüstungsindustrie und Kriegswirtschaft*, in: Thomas Kühne/Benjamin Ziemann (Hrsg.), Was ist Militärgeschichte?, Paderborn 2000, S. 175–194 verwiesen.

3 Wolfgang Seel, *Mauser. Von der Waffenschmiede zum Weltunternehmen*, Zürich 1986; Manfred Kersten/Walter Schmid, *Heckler & Koch: Die offizielle Geschichte*, Wuppertal 1999.

4 Stiftung für Sozialgeschichte des 20. Jahrhunderts (Hg.), *Das Daimler-Benz-Buch – ein Rüstungskonzern im »Tausendjährigen Reich«*, Nördlingen 1987; Jürgen Roth, *Die illegalen deutschen Waffengeschäfte und ihre internationalen Verflechtungen*, Frankfurt a. M. 1988; Jürgen Grässlin, *Schwarzbuch Waffenhandel. Wie Deutschland am Krieg verdient*, München 2013.

5 Lothar Gall (Hg.), *Krupp im 20. Jahrhundert. Die Geschichte des Unternehmens vom Ersten Weltkrieg bis zur Gründung der Stiftung*, Berlin 2002; Werner Abelshauser, *Wirtschaft und Rüstung in den Fünfziger Jahren*, in: Militärgeschichtliches Forschungsamt (Hg.), Anfänge westdeutscher Sicherheitspolitik 1945–1956, Bd. 4/1, München 1997.

6 Barbara Hopmann/Mark Spoerer/Birgit Weitz/Beate Brüninghaus, *Zwangsarbeit bei Daimler Benz*, Stuttgart 1994; Johannes Bähr/Ralf Banken/Thomas Flemming, *Die MAN. Eine deutsche Industriegeschichte*, München 2009.

7 Wolfgang König, *Technokratie, Demokratie und Diktatur. Die Ingenieure in den Weltkriegen und in der Zwischenkriegszeit 1914–1945*, in: ders./Walter Kaiser (Hrsg.), Geschichte des Ingenieurs, München 2006, S. 217–222; Herbert Mehrtens, *Kollaborationsverhältnisse. Natur- und Technikwissenschaften im NS-Staat und ihre Historie*, in: Christoph Meinel/Peter Voswinckel (Hrsg.), Medizin, Naturwissenschaft, Technik und Nationalsozialismus. Kontinuitäten und Diskontinuitäten, Stuttgart 1994, S. 13–32.

8 Ulrich Herbert, *Fremdarbeiter. Politik und Praxis des »Ausländer-Einsatzes« in der Kriegswirtschaft des Dritten Reiches*, Bonn 1999; Mark Spoerer, *Zwangsarbeit unter dem Hakenkreuz*, Stuttgart/München 2001.

9 Vgl. z. B. Anne Friebel, Josephine Ulbricht (Hrsg.), *Zwangsarbeit beim Rüstungskonzern HASAG. Der Werksstandort Leipzig im Nationalsozialismus und seine Nachgeschichte*, Leipzig 2023.

10 Ulrich Herbert, *Fremdarbeiter*, S. 182 ff.

11 Zudem war Schmid zuvor Mitarbeiter im Architekturbüro des Bruders von Edmund Heckler, Rudi Heckler, gewesen. Siehe Stadtgeschichtliche Sammlung, Kriegschronik Hermann Heim und Informationen des Stadtarchivs Oberndorf a. N.

12 Manfred Kersten, *Der Mauser-Zug – Tagebuch einer Odyssee*, Blaufelden 2016.

13 Schreiben Knörzer, Stadtverwaltung Oberndorf, an Peter Hengel vom 2. Oktober 1951, in: StadtA ObN, O8, AF 586, Demontage der Mauser-Werke AG.

Theodor Koch und Alex Seidel als Beschäftigte der Mauser-Werke und Gründer

1 Zu Krupp siehe u. a. Walter Buschmann/Stefanie van de Kerkhof, *Schwerindustrie und Waffenschmieden im Westen Deutschlands 1890–1918. Expansionsdrang, wirtschaftliche Innovationen und Modernität in Technik und Architektur*, in: Thomas Schleper im Auftrag des Landschaftsverbands Rheinland (Hg.), Aggression und Avantgarde. Zum Vorabend des Ersten Weltkrieges, Essen 2014, S. 107–129; Stefanie van de Kerkhof, *Krieg als Unternehmenskrise? Wahrnehmung und Verhalten schwerindustrieller Unternehmer und Manager im Ersten Weltkrieg und in der Nachkriegszeit*, in: Jahrbuch für Wirtschaftsgeschichte 2 (2006), S. 31–61, und dies., *Von der Friedens- zur Kriegswirtschaft. Unternehmensstrategien der deutschen Eisen- und Stahlindustrie vom Kaiserreich bis zum Ende des Ersten Weltkrieges*, Essen 2006, zugl. Diss. Köln 2004.

2 Schwarzwälder Bote, 16./17.10.1993; Michaela Häffner, *Nationalsozialismus von 1933 bis 1945*, in: Stadt Oberndorf a. N. (Hg.), Geschichte der Stadt Oberndorf a. N., Bd. 2 – Vom Übergang an Württemberg bis heute, Oberndorf a. N. 2006, S. 96–158, hier S. 149.

3 Zu Quellenlage und Forschungsstand siehe das Einleitungskapitel in diesem Band.

4 Ausführlicher dazu u. a. Wolfgang Seel, *Mauser. Von der Waffenschmiede zum Weltunternehmen*, Zürich 1986, S. 9, 32, S. 39 zum »Türkenbau«.

5 Ausführlich dazu Stadt Oberndorf a. N. (Hg.), *Geschichte der Stadt Oberndorf a. N.*, Bd. 1 – Von der Frühzeit bis zum Übergang an Württemberg, Oberndorf a. N. 1982, S. 399–409. Der stärkste Berufszweig waren die Wirte.

6 Jörg Widmann, *Die Mauser-Werke*, in: Stadt Oberndorf a. N. (Hg.), Geschichte der Stadt Oberndorf a. N., Bd. 2, S. 445–458, hier S. 446–453; Seel, *Mauser*, S. 26; Hans Peter Müller, *Oberndorf im Königreich Württemberg und im Deutschen Kaiserreich*, in: Stadt Oberndorf a. N. (Hg.), Geschichte der Stadt Oberndorf a. N., Bd. 2, S. 12–53, hier S. 53; Seel, *Mauser*, S. 11, 24 und 33 ff.

7 In diese Richtung argumentiert auch ausführlicher, als dies hier möglich ist, Heidi Zogbaum, *Diesen Schuss der ganzen Welt. Der Aufstieg der Waffenfabrik Mauser und die kaiserliche Weltpolitik bis 1914*, Darmstadt 2022, in ihrem neuen, grundlegenden Werk über die Mauser-Werke im Kaiserreich. Zur Waffentechnologie sehr eingehend Seel, *Mauser*, S. 26 ff., und zu Lüttich und zum Verkauf des Verschlusses an Samuel Norris und Remington ebd., S. 14–20.

8 Seel, *Mauser*, S. 35–38. Vgl. auch Zogbaum, *Diesen Schuss der ganzen Welt*.

9 Seel, *Mauser*, S. 49.

10 Ebd. Zu den Loewe-Lieferungen an Mauser siehe auch Stadtarchiv Oberndorf am Neckar [künftig StA ObN] O8, AF 593, Bd. 1–2. Zubehörschätzungen zu den Gebäuden der Mauser-Werke AG, 1925–1927.

11 Widmann, *Die Mauser-Werke*, S. 448 f. Zum System der Maßschneiderei auch Stefanie van de Kerkhof, *Waffen und Sicherheit im Kalten Krieg. Das Marketing der westdeutschen Rüstungsindustrie 1949–1990* (Beihefte des Jahrbuchs für Wirtschaftsgeschichte, Bd. 24), Berlin 2019; dies., *»Wir produzieren Sicherheit!« Rüstungsmarketing bundesdeutscher Heerestechnikunternehmen im Kalten Krieg, 1949–1990* (Manuskript Habil. Schr. 2016, 2 Bde., 720 S.).

12 Hans Peter Müller/Andreas Kussmann-Hochhalter/Ingeborg Rüth, *Die wirtschaftliche Entwicklung Oberndorfs bis 1945*, in: Stadt Oberndorf a. N. (Hg.), Geschichte der Stadt Oberndorf a. N., Bd. 2, S. 398–428, hier S. 398–405. Vgl. Maul-Ilg, *Erster Weltkrieg und Weimarer Republik*, S. 60.

13 Widmann, *Die Mauser-Werke*, S. 445–458, hier S. 445 f.

14 Zusammenfassend van de Kerkhof, *Waffen und Sicherheit*. Vgl. Dorothea Schmidt, *Denn sie wissen, was sie tun. Das Geschäft mit Kleinwaffen*, in: Prokla 36, 143 (2006), S. 185–202; dies., *Kleinwaffen in »alten« und »neuen« Kriegen*, in: Prokla 31, 127 (2002), S. 271–295.

15 Widmann, *Mauser-Werke*, S. 451; Seel, *Mauser*, S. 115.

16 Siehe van de Kerkhof, *Waffen und Sicherheit*; dies., *Werbung für Waffen*; Seel, *Mauser*, u. a. S. 9.

17 Joachim Scholtyseck, *Der Aufstieg der Quandts. Eine deutsche Unternehmerdynastie*, München 2011, S. 174 und 304.

18 Ebd., S. 307.

19 Zur Rolle der Familien Laur und Lauer in Oberndorf am Neckar ausführlicher noch Kap. »Zuordnung der Rolle Kochs und Seidels als Mitwisser«.

20 Siehe die Chronik der Gesellschaft auf ihrer Website unter https://www.schuetzengesellschaft-oberndorf.de/unser-verein/historie-chronik.html [letzter Zugriff 5.8.2023]. Zur Familie Seidel ausführlich Kap. »Alexius Seidel als Sohn einer ›Mauser-Familie‹« in diesem Band.

21 Der jüngere der beiden Gründer gehörte seit 1912 als Paul von Mauser zum württembergischen Personaladel. Siehe auch Wolfgang Seel, *Mauser, Paul v.*, in: Neue Deutsche Biographie Bd. 16, Berlin 1990, S. 448 f.

22 Dies geht hervor aus einem Gesuch um die Gewährung eines langfristigen, möglichst zinslosen Staats-Kredits in Höhe von 2,5 Mio. M vom 27.08.1929, in: StA ObN O 8, AF 580 Verhandlungen über die Schließung der Mauser-Werke AG 1915–1929.

23 Widmann, *Mauser-Werke*, S. 451.

24 Widmann, *Mauser-Werke*, S. 445–458, hier S. 446–453; Hans Peter Müller, *Oberndorf im Königreich Württemberg und im Deutschen Kaiserreich*, in: Stadt Oberndorf a. N. (Hg.), Geschichte der Stadt Oberndorf a. N., Bd. 2, S. 12–53, hier S. 53; ders., *Bevölkerungsentwicklung und soziale Verhältnisse*, in: ebd., S. 159–169, hier S. 163; Seel, *Mauser*, S. 11. Zur Heeresrüstung siehe auch ausführlich Michael Geyer, *Deutsche Rüstungspolitik 1860–1980*, Frankfurt a. M. 1984, S. 45–96.

25 Manfred Maul-Ilg, *Erster Weltkrieg und Weimarer Republik (1914–1933)*, in: Stadt Oberndorf a. N. (Hg.), Geschichte der Stadt Oberndorf a. N., Bd. 2, S. 54–95, hier S. 60 und 67.

26 Ebd., S. 61.

27 Ebd., S. 60.

28 Dies geht hervor aus einem Gesuch um die Gewährung eines langfristigen, möglichst zinslosen Staatskredits in Höhe von 2,5 Mio. M vom 27.8.1929, in: StA ObN O 8, AF 580 Verhandlungen über die Schließung der Mauser-Werke AG 1915–1929.

29 StA ObN O 8, AF 580 Verhandlungen über die Schließung der Mauser-Werke AG 1915–1929.

30 Ebd.

31 Siehe van de Kerkhof, *Krieg als Unternehmenskrise*.

32 Abschrift eines Schreibens des Gemeinderats mit allen handschriftlichen Unterschriften an den Aufsichtsratsvorsitzenden der Waffenfabrik Mauser AG Geh. Baurat Dr. Ing. P. v. Gontard, 2.10.1919, in: StA ObN O 8, AF 580 Verhandlungen über die Schließung der Mauser-Werke AG 1915–1929.

33 Neuerdings dazu auch ausführlich Sebastian Teupe, *Zeit des Geldes. Die deutsche Inflation zwischen 1914 und 1923*, Frankfurt a. M./NewYork 2002.

34 StA ObN O 8, AF 580 Verhandlungen über die Schließung der Mauser-Werke AG 1915–1929.

35 Widmann, *Die Mauser-Werke*, S. 453 f.

36 Ebd., S. 454; Maul-Ilg, *Erster Weltkrieg und Weimarer Republik*, S. 81 und 84.

37 StA ObN O 8, AF 580 Verhandlungen über die Schließung der Mauser-Werke AG 1915–1929.

38 Adolf Bihl/Friedrich Hassler, *50 Jahre Deutsche Waffen- und Munitionsfabriken Aktiengesellschaft*, Berlin 1939; dies., *Geschichte der Mauser-Werke*, Berlin 1938.

39 StA ObN O 8, AF 580 Verhandlungen über die Schließung der Mauser-Werke AG 1915–1929.

40 Brief mit Tabelle vom 19.12.1946 an Herrn Dr. Harnisch, StA ObN O 8, AF 582 Verschiedene Akten zur Mauser-Werke AG 1924–1947 [fünf Aktenbände von der Mauser AG selbst].

41 Widmann, *Die Mauser-Werke*, S. 454; Maul-Ilg, *Erster Weltkrieg und Weimarer Republik*, S. 81 und 84.

42 Ausführliche Darstellung in Rüdiger Jungbluth, *Die Quandts. Ihr leiser Aufstieg zur mächtigsten Wirtschaftsdynastie Deutschlands*, 4. Aufl. Bergisch Gladbach 2006 (ND der OA 2002), S. 85ff., und Scholtyseck, *Der Aufstieg der Quandts*, u. a. S. 141 ff. und 307.

43 *50 Jahre Deutsche Waffen- und Munitionsfabriken AG*, Jubiläumsschrift, Berlin 1939, zit nach: Jungbluth, *Die Quandts*, S. 89.

44 Gesuch der Mauser-Werke AG um die Gewährung eines langfristigen, möglichst zinslosen Staats-Kredits in Höhe von 2,5 Mio. M vom 27.08.1929, in: StA ObN O 8, AF 580 Verhandlungen über die Schließung der Mauser-Werke AG 1915–1929.

45 Ebd.

46 StA ObN O 8, AF 580 Verhandlungen über die Schließung der Mauser-Werke AG 1915–1929. Ähnlich argumentiert auch der Vorstand von Mauser und BERKA im Protokoll einer Besprechung mit Staatspräsident Dr. Bolz, Stuttgart, Zillinger als Direktor der Mauser-Werke AG Oberndorf a. N. und Herrn Wesemann, Direktor der Berlin-Karlsruher-Industrie-Werke AG in Berlin vom 19. Juni 1929, Protokoll vom Stadtschultheiß.

47 Ebd.

48 StA ObN O 8, AF 580 Verhandlungen über die Schließung der Mauser-Werke AG 1915–1929. Vgl. Scholtyseck, *Der Aufstieg der Quandts*, S. 155 f.

49 Ebd.

50 Scholtyseck, *Der Aufstieg der Quandts*, S. 155 f.

51 Ebd., S. 802. Vgl. Jungbluth, *Die Quandts*. Sohn Herbert Quandt war seit 1937 zunächst Prokurist bei einem Tochterunternehmen, der Pertrix, und wurde am 1.4.1940 Vorstandsmitglied der AFA für die Bereiche Personal, Werbung, Kontakte zu den deutschen Tochterunternehmen und Hausverwaltung. Dabei unterstand ihm die Pertrix auch weiterhin unmittelbar. Siehe auch Manuskript von Dr. Herbert Quandt, *Die wichtigsten Lebensabschnitte* [für Manuskript Prof. Wilhelm Treue], Bad Homburg v. d. H., 16.1.1978, S. 9 ff., in: Hessisches Wirtschaftsarchiv Darmstadt [künftig HWA] Abt. 2017 (vormals Familienarchiv Quandt), Bestand Nr. 76, S. 7, zit. nach van de Kerkhof, *»Wir produzieren Sicherheit!«*.

52 StA ObN O 8, AF 582 Verschiedene Akten zur Mauser-Werke AG 1924–1947, Berechnungen vom 1.4.1932.

53 Widmann, *Mauser-Werke*, S. 454 f.; Maul-Ilg, *Erster Weltkrieg und Weimarer Republik*,

S. 87. Zu Theodor Koch siehe Lebenslauf von Familie Koch und Interview der Autorin mit Theodor Kochs Ehefrau Gertrud Koch und seinem Sohn Hans-Theodor Koch am 24.8.2022 im Hause Koch in Oberndorf am Neckar zur Familiengeschichte und der Vorgeschichte bzw. Gründungsgeschichte von Heckler & Koch.

54 Ausführlicher dazu siehe Kap. »Theodor Kochs Sozialisation und Tätigkeit bei Mauser« in diesem Band.

55 Maul-Ilg, *Erster Weltkrieg und Weimarer Republik*, S. 84.

56 Ebd., S. 87; Widmann, *Mauser-Werke*, S. 454 f.

57 StA ObN O 8, AF 698 Arbeitsvermittlung und Bekämpfung der Arbeitslosigkeit, 1933–1955.

58 Siehe van de Kerkhof, *Waffen und Sicherheit*.

59 Seel, *Mauser*, S. 93–95. Vgl. für Rheinmetall auch van de Kerkhof, *Waffen und Sicherheit*.

60 Scholtyseck, *Der Aufstieg der Quandts*, S. 156. Es böte sich zukünftig an, die Rolle der Schweizer Tochterunternehmen noch ausführlicher mit den Quellen in Schweizer Archiven zu erforschen, die für diese Studie aus Beschränkungsgründen nicht aufgesucht wurden.

61 Seel, *Mauser*, S. 75 und 95. Vgl. auch den Artikel vom 21.5.1949 von Wolfgang Gutmann, in: Unsere Stimme: *Oberndorf und der »Beherrscher der Branchen«. Die verhängnisvollen Industrieobligationen. Ex-Wehrwirtschaftsführer Quandt verhindert Neuaufbau bei Mauser*, in: StA ObN O 8, AF 585 Demontage der Mauser-Werke AG 1949–1950.

62 StA ObN O 8 AF 583 Übersicht über die Belegschaftsstärke der Mauser-Werke AG in Oberndorf a. N. vom 26.09.1948. Vgl. Häffner, *Nationalsozialismus*, S. 138.

63 Scholtyseck, *Der Aufstieg der Quandts*, S. 447 f.

64 Brief von Bürgermeister Kenntner vom 28.9.1948, erhalten von Robert Gleichauf am 9.5.1949 nach dessen persönlichen Ermittlungen bei der ehemaligen Personalabteilung der Mauser-Werke, siehe Bestand-Nr. 585 Quelle Nr. S 4005001, in: StA ObN O 8, AF 583 Demontage der Mauser-Werke.

65 Scholtyseck, *Der Aufstieg der Quandts*, u. a. S. 366–370 und 374.

66 StA ObN O 8, AF 585 Demontage der Mauser-Werke AG 1949–1950 und Artefakte im Waffenmuseum der Stadt Oberndorf (Schwedenbau).

67 Seel, *Mauser*, S. 85.

68 Scholtyseck, *Der Aufstieg der Quandts*, u. a. S. 374 f.

69 Jungbluth, *Quandt*, S. 133 ff.

70 Widmann, *Mauser-Werke*, S. 454 f.; Maul-Ilg, *Erster Weltkrieg und Weimarer Republik*, S. 87.

71 HWA Abt. 2017, Bestand Nr. 78, Familiengeschichte Dr. Herbert Quandt – Engagements in diversen Gesellschaften, darin: Manuskript »Die Firmengeschichte der Industrie-Werke Karlsruhe-Augsburg AG« von Dr. Graetz, 23.8.1979, S. 1f. Eine enge Verbindung bestand auch schon vor 1900 zu den Dürener Metallwerken, deren Kapital 1898 zu 60 % von der DWM übernommen wurden. Siehe ebd.

72 Ausführlich zu Mauser und Loewe auch o.V., *Fabrique Nationale D'Armes de Guerre S.A. – Herstal Belgique, 1889–1964*, Lüttich 1965, S. 66–109. Zu den Gebrüdern Mauser und ihrer Lütticher Zeit neuerdings Zogbaum, *Diesen Schuss der Welt*. Knapp auch Scholtyseck, *Der Aufstieg der Quandts*, S. 566 f.

73 Siehe o.V., *Fabrique Nationale*, S. 158–169, und Scholtyseck, *Der Aufstieg der Quandts*, S. 567–570.

74 Vgl. Entnazifizierungsakte Theodor Koch, in: Landesarchiv Baden-Württemberg – Staatsarchiv Sigmaringen [künftig LA BaWü – StA Sig], Wü 13 T 2 Staatskommissariat für die politische Säuberung/1945–1952, Nr. 1782/042.

75 Scholtyseck, *Der Aufstieg der Quandts*, S. 570 f.

76 Stefanie van de Kerkhof, *100 Jahre Innovationen in Industrietextilien. Eine Unternehmensgeschichte der Vereinigten Seidenwebereien AG (Verseidag)*, 1920–2020 (Manuskript, 550 S.), Krefeld 2021; Dieter Hangebruch, *Die Vereinigte Seidenwebereien A.G. Krefeld (Verseidag)*, Teil 1, in: Der Niederrhein. Zeitschrift für Heimatpflege und Wandern, 72. Jg., Heft 2 (2005), S. 66–77, und Teil 2, ebd., 72. Jg., Heft 3 (2005), S. 122–132, hier S. 126–128.

77 Ebd., S. 571–587.

78 Siehe dazu z. B. Beglaubigter Auszug aus der Niederschrift der nicht-öffentlichen Sitzung des Gemeinderates Oberndorf vom 11.4.1949, anwesend der Vorsitzende und 6 Gemeinderäte, Thema: Hypothekarische Belastung der Gebäude der ehemaligen Mauser-Werke, in: StadtA ObN O 8, AF 583, AF 584 und AF 585 Demontage der Mauser-Werke AG 1948–1950. Vgl. auch Gutmann, *Oberndorf und der »Beherrscher der Branchen«*.

79 HWA Abt. 2017, Bestand Nr. 78, Familiengeschichte Dr. Herbert Quandt – Engagements in diversen Gesellschaften, darin: Manuskript, S. 5, wo über den Beginn der Rüstungsproduktion im Jahre 1934/35 berichtet wird, während der Liquidator der Mauser Werke, Dachs, im Juli 1953 an den Minister für Wirtschaft und Verkehr des Landes NRW, Bankenaufsichtsbehörde, schrieb, die Mauser-Werke hätten im Februar 1931 in Kreuzlingen in der Schweiz die Metallwarenfabrik Kreuzlingen AG gegründet, »zur Tarnung beabsichtigter, aber verbotener Exportgeschäfte für die wieder anlaufende Waffenfertigung der Mauser-Werke«. Diese Exportgeschäfte seien dann aber nicht über den Kreuzlinger Betrieb abgewickelt worden. Siehe HWA Abt. 2017 Nr. 45, Briefwechsel vom 31.7.1953, zit. nach van de Kerkhof, *Waffen und Sicherheit*.

80 Widmann, *Mauser-Werke*, S. 455.

81 Ebd., S. 455 f. sowie umfassende Bestände im Stadtarchiv Oberndorf z. B. zum »Musterbetrieb« StadtA ObN O 8, AF 71 Ehrungen und Beleidsbekundungen, 1925–1946.

82 Brief von Bürgermeister Kenntner vom 27.9.1948 in: StadtA ObN O 8, AF 583 Demontage der Mauser-Werke. Siehe dazu Kap. »Die frühe Nachkriegszeit und die Einordnung der Rolle Kochs und Seidels« sowie den Beitrag von Andrea H. Schneider-Braunberger in diesem Band.

83 Siehe oben und Widmann, *Mauser-Werke*, S. 456.

84 Häffner, *Nationalsozialismus*, S. 111 f.; Seel, *Mauser*, S. 115.

85 StadtA ObN O 8, B 64 und B 65, Sitzung vom 17.7.1935.

86 Scholtyseck, *Der Aufstieg der Quandts*, S. 310 f. Quandt selbst erhielt den Titel zum 60. Geburtstag, wie aus Aufsichtsratsakten im Bestand der Deutschen Bank im Bundesarchiv hervorgeht. Siehe R8119 F/P 1112, zit. nach ebd., S. 931.

87 Häffner, *Nationalsozialismus*, S. 111 f.; Seel, *Mauser*, S. 115. Scholtyseck, *Der Aufstieg der Quandts*, S. 305, geht dagegen davon aus, dass Quandt den Oberndorfer Direktor Zillinger »ohnehin nicht sonderlich geschätzt(en)« habe. Dem widerspricht aber Zillingers Berufung in den Aufsichtsrat und seine Bestellung als stellvertretender Vorsitzender.

88 Häffner, *Nationalsozialismus*, S. 138.

89 Ebd., S. 113–115. Zum Lebenslauf von Fritz vor 1933 auch StA ObN O 8, B 64 und

B 65 Gemeinderatsprotokolle, S. 321–331. Zu den NS-Straßen- und Ortsbenennungen und ihrem Nachleben nach Kriegsende siehe auch StA ObN O 8 AF 60 Neubenennung der früheren Adolf-Hitler-Siedlung in Oberndorf-Lindenhof und den Artikel (o.V.) *Aus Horst-Wessel-Straße wird die Hölderlinstraße* im Schwarzwälder Boten vom 9.6.1995.

90 Hermann Heim, Kriegschronik vom 6.12.1939 (StadtA ObN Bestand 5640 Kriegschronik 1939–1945), zit. nach Häffner, *Nationalsozialismus*, S. 143. Vgl. auch ebd., S. 117.

91 Häffner, *Nationalsozialismus*, S. 144 f. Die Vornamen und korrekten Nachnamen der angegebenen Personen siehe Ernst Klee, *Das Personenlexikon zum Dritten Reich. Wer war was vor und nach 1945*, Frankfurt a. M. 2003, S. 385, und Joachim Lilla/ Martin Döring/Andreas Schulz, *Statisten in Uniform: Die Mitglieder des Reichstags 1933–1945. Ein biographisches Handbuch. Unter Einbeziehung der völkischen und nationalsozialistischen Reichstagsabgeordneten ab Mai 1924*, Düsseldorf 2004.

92 Heim, Kriegschronik, Eintragung vom 18.11.1939, zit. nach: Häffner, *Nationalsozialismus*, S. 142.

93 StadtA ObN O 8, AF 46 Zweckverband Arbeitsdienstlager Oberndorf und Umgebung; StadtA ObN O 8, AF 195, Miet- und Pachtverträge zwischen der Stadt und der Mauserwerke AG 1943–1946 (26.07.1945 Brief der Mauser-Werke an den Bürgermeister betr. Vertrag über das Arbeitsdienstlager Oberndorf); StadtA ObN O 8, B 64 und B 65 Gemeinderatsprotokolle, 9.7.1934, 31.1.1935 und 17.7.1935; StadtA ObN O 8, AF 887 Erstellung von Behelfsheimen für Evakuierte und Fremdarbeiter in der Adolf-Hitler-Siedlung (AHS); StadtA ObN O 8, AF 897 Kostenzusammenstellungen, Pläne sowie Kauf- und Übereignungsverträge zur AHS; StadtA ObN O 8, AF 898 Richtfest und Weiterentwicklung der AHS; StadtA ObN O 8, AF 899, AF 900 und AF 901 Errichtung der Siedlungshäuser und Straßen in der AHS; Häffner, *Nationalsozialismus*, S. 137 f. Siehe auch Reichsarbeitsdienstgesetz vom 26. Juni 1935, Abschnitt 1, § 1.

94 Häffner, *Nationalsozialismus*, S. 97. Häffner zitiert den ausführlichen, 40-seitigen Bericht von Stadtpfarrer Knebel zur Visitation am 6.3.1938 aus dem Stadtarchiv Oberndorf o.Nr.

95 27.09.1948, Statistik von Bürgermeister Kenntner, Bürgermeisteramt Oberndorf a. N., in: StadtA ObN O 8, AF 583 Demontage der Mauser-Werke. Vgl. Bestand-Nr. 585 Quelle Nr. S 4005001. Vgl. die prozentualen Angaben bei Hellmut Wolf, *Die wirtschaftliche Entwicklung der Stadt Oberndorf a. N. mit besonderer Berücksichtigung der Mauserwerke und des Schwarzwälder Boten*, Diss. Staatswiss. Tübingen 1933, S. 63.

96 Zu den Hierarchien der Arbeitskräfte, v. a. der Zwangsarbeitenden, siehe auch das Einleitungskapitel zu diesem Band. Vgl. Ulrich Herbert, *Geschichte der Ausländerpolitik in Deutschland. Saisonarbeiter, Zwangsarbeiter, Gastarbeiter, Flüchtlinge*, München 2001, S. 154 ff.

97 Widmann, *Die Mauser-Werke*, S. 456 f. Vgl. Carsten Kohlmann, *Erinnerungen ehemaliger polnischer Zwangsarbeiter an Oberndorf am Neckar*, in: Schwäbische Heimat 56, 2 (2005), S. 177–184.

98 Scholtyseck, *Der Aufstieg der Quandts*, S. 655.

99 O.V., *Aus dem Wirtschaftsleben*, in: Schwäbisches Tageblatt, 15.9.1948, in: StadtA ObN O 8, AF 583 Demontage der Mauser-Werke, darin ehemals F 4074 Belegschaftsstärke der Mauser-Werke.

100 Häffner, *Nationalsozialismus*, S. 148 und 157 f.

101 Widmann, *Mauser-Werke*, S. 456 f.

102 Häffner, *Nationalsozialismus*, S. 114; StA ObN O 8, AF 396 Wohnungsbauten der Mauser-Werke AG und Durchführung des künftigen Wohnungsbauprogramms der Stadt Oberndorf, 1938–1961.

103 Privatsammlung Klaus Laufer, Bürgermeister a. D. von Oberndorf a. N.

104 Dokument vom 19. März 1945, Entschließung des Bürgermeisters Fritz zu den Akten des Stadtbauamts vom 11.4.1944 [sic!], nach Beratung mit den Beigeordneten, in: StadtA ObN O 8, AF 1137 Namenslisten zu den bei Fliegerangriffen getöteten Personen in Oberndorf am Neckar, 1945. Vgl. auch autobiografisch Otto Kenntner, *Die Anfänge in Oberndorf a. N. nach dem Krieg*, Oberndorf a. N. 1997, darin: Werner Augenstein, *Das Ende der Mauserwerke* (masch. Skript siehe Bibliothek des StadtA ObN).

105 Anordnung vom 26.7.1940, in: StadtA ObN O 8, AF 679 Beschäftigung und Behandlung von Zwangsarbeitern und angeworbenen, ausländischen Arbeitskräften in Oberndorf am Neckar, 1938–1944.

106 Anordnung vom 22.11.1940, in: ebd.

107 Betr. Geplanter Einsatz von KZ-Häftlingen bei der Mauser-Werke AG in Oberndorf a. N., Eidesstattliche Erklärung vom 21.09.1948 von Rechtsanwalt Dr. Lutz, vormaliger Prokurist und Leiter des Personal- und Sozialwesens der Mauser-Werke AG, in: Privatsammlung Klaus Laufer.

108 Dies geht aus einer Marginalie in Handschrift hervor, die die Paraphe von Bürgermeister a. D. Herrn Laufer trägt: »nicht Arbeits-Erziehungslager Insassen 1.8.83« [gemeint ist 1983].

109 Anlage in StadtA ObN O 8, AF 1141 Beschreibung und Nutzbarmachung der früheren Barackenlager des Reichsarbeitsdienstes (RAD), des Dampfsägewerks Hornberger, der Brauerei Graf und der Mauser-Werke AG, 1945–1948. Kursiv in deutscher Schreibschrift ergänzt, Ziffern in der Aufstellung ebenfalls handschriftlich. Weitere Marginalie in deutscher Schreibschrift, ebenfalls per Hand ergänzt vom 2.9.1949: »die in diesen Listen aufgeführten Personen sind in den ›Listen der in der Zeit v. 2.9.39 bis 20.4.45 in der Stadt Oberndorf a. N. anwesenden Ausländer‹ nicht enthalten«.

110 StadtA ObN O 8, AF 1141 Beschreibung und Nutzbarmachung der früheren Barackenlager des Reichsarbeitsdienstes (RAD), des Dampfsägewerks Hornberger, der Brauerei Graf und der Mauser-Werke AG, 1945–1948.

111 Betr. Geplanter Einsatz von KZ-Häftlingen bei der Mauser-Werke AG in Oberndorf a. N., Eidesstattliche Erklärung vom 21.09.1948 von Rechtsanwalt Dr. Lutz.

112 Rüdiger Stutz, *Die Wilhelm-Gustloff-Stiftung in Weimar. Antijüdischer Gemeinschaftsmythos, Aufrüstung und Zwangsarbeit*, in: Bill Niven (Hg.), Die Wilhelm Gustloff. Geschichte und Erinnerung eines Untergangs, Halle/Saale 2011, S. 143–170, und der Beitrag von Rainer Karlsch in diesem Band.

113 Scholtyseck, *Der Aufstieg der Quandts*, S. 578 und 777. Fleck wurde nach dem Krieg als Maschinenbauer bei den Adler-Werken in Frankfurt a. M. angestellt. Lossnitzer wurde erfolgreicher Waffenberater bei der US-Rüstungsgröße Springfield Armory. Quandt soll sich damit gebrüstet haben, er habe schon seit 1934 den Krieg des »Führers« vorbereitet, ebd., S. 578.

114 Siehe dazu den Briefwechsel vom 19.9. bis 4.10.1945, in: StadtA ObN O 8, AF 1129 Versorgung und Unterbringung der ehemaligen polnischen und russischen Kriegsgefangenen und Zwangsarbeiter, 1945–1946. Es ging dabei um die Einkleidung von Polen, die teils aus den KZ nach Oberndorf überführt worden waren. Die Einkleidung mit in Oberndorf requirierten Herrenanzügen, insgesamt über

2.000 Stück, u. Ä. erfolgte über die von der französischen Besatzungsmacht installierte Mission de Repatriement à Usine Mauser.

115 Dietrich Eichholtz, *Geschichte der deutschen Kriegswirtschaft 1939–1945*, München 2003, Bd. II 1941–1943, Teil I, S. 222–225, Zitat von Pohl, S. 225, basierend auf der Auswertung der Akten zum IG Farben-Teil der Nürnberger Prozesse.

116 Heim, Kriegschronik vom 28.3.1942, zit. nach: Häffner, *Nationalsozialismus*, S. 146. Heims Haus auf der Hauptstraße in Oberndorf am Neckar ist noch heutzutage am Wappenschild gut erkennbar (Nähe Eiscafé Cortina/früher Hotel zur Post).

117 Ebd. und Häffner, *Nationalsozialismus*, S. 147.

118 Ebd., S. 147, und Christa Tholander, *Fremdarbeiter 1939–1945. Ausländische Arbeitskräfte in der Zeppelinstadt Friedrichshafen*, Essen 2001, S. 23 f. Definition aus Regina Plasswilm, *Grenzen des Erzählbaren*, Essen 2011, S. 11. Vgl. Herbert, *Geschichte der Ausländerpolitik*; ders., *Fremdarbeiter. Politik und Praxis des »Ausländer-Einsatzes« in der Kriegswirtschaft des Dritten Reiches*, Neuauflage Bonn 1999, zugl. Diss. Essen 1985.

119 Häffner, *Nationalsozialismus*, S. 150.

120 Ebd., S. 148.

121 Siehe Vertragsverhandlungen der Mauser-Werke AG mit der Stadt nach dem Krieg im Juli 1945, in: O 8, AF 195, Miet- und Pachtverträge zwischen der Stadt und der Mauserwerke AG 1943–1946.

122 Scholtyseck, *Der Aufstieg der Quandts*, S. 655.

123 Siehe ausführlich dazu die Projektwebsite https://www.aussenlager-buchenwald.de/details.html?camp=120 [letzter Zugriff 22.9.2023].

124 Scholtyseck, *Der Aufstieg der Quandts*, S. 582 und 778.

125 Häffner, *Nationalsozialismus*, S. 147. Sie bezieht sich dabei auf Gesine Becher-Sofuoglu, *Erinnerungsarbeit in Oberndorf. Zwangsarbeiter und Arbeitserziehungslager Aistaig – Aufarbeitung und Umgang mit der eigenen Geschichte*, Masch. Magisterarbeit in Empirischen Kulturwissenschaften, Univ. Tübingen 1988 (StadtA ObN a. N. Sign. XII Bb 3 Nr. 14), und StadtA ObN O 8, AF 1146 und 361.21/21.

126 Scholtyseck, *Der Aufstieg der Quandts*, S. 655; Kohlmann, *Erinnerungen*, S. 178 f.

127 Ebd., S. 655 nach StadtA ObN O 8, AF 887 Erstellung von Behelfsheimen für Evakuierte und Fremdarbeiter in der Adolf-Hitler-Siedlung (Oberndorf-Lindenhof) sowie Planung eines Wohnheimes für ledige Frauen und Männer in der Teckstraße 1943–1956, Schreiben vom 14.12.1943.

128 Heim, Kriegschronik vom 1. Mai 1944, zit. nach: Häffner, *Nationalsozialismus*, S. 148 f. Häffner schreibt hier, dass im Lager »Linde« »österreichische Arbeitskräfte« untergebracht worden seien, was nicht zutreffend sein kann, da in diesem vorwiegend Arbeitskräfte aus der Sowjetunion, bezeichnet als »Ostarbeiter«, lebten. Vermutlich wurden hier »Ostarbeiter« mit »Österreichern« verwechselt.

129 StadtA ObN O 8, AF 1141 Beschreibung und Nutzbarmachung der früheren Barackenlager des Reichsarbeitsdienstes (RAD), des Dampfsägewerks Hornberger, der Brauerei Graf und der Mauser-Werke AG, 1945–1948.

130 StadtA ObN Aufstellung der während des Krieges in Oberndorf a. N. verstorbenen polnischen und russischen Staatsangehörigen und Aufstellung der während des Krieges in Oberndorf a. N. verstorbenen ausländischen Staatsangehörigen.

131 Ebd.

132 Mark Spoerer, *Zwangsarbeit unter dem Hakenkreuz. Ausländische Zivilarbeiter, Kriegsgefangene und Häftlinge im Deutschen Reich und im besetzten Europa 1939–1945*, Stuttgart 2001, S. 229 ff.

133 Eine Ausnahme bilden die verschiedenen Interviews bei Kohlmann, *Erinnerungen ehemaliger polnischer Zwangsarbeiter an Oberndorf am Neckar*.

134 Siehe StadtA ObN O 8, AF 1142 Aufarbeitung der Hintergründe des Arbeitserziehungslagers Oberndorf-Aistaig zur Klärung von Einzelschicksalen und zur Vornahme von Entschädigungsleistungen, 1941–1966, Eigene Mappe »Wiedergutmachung an fremden Staaten und Ausländern«.

135 Brief vom 2.11.1945, in: StadtA ObN O 8, AF 195, Miet- und Pachtverträge zwischen der Stadt und der Mauserwerke AG 1943–1946.

136 StadtA ObN Aufstellung der während des Krieges in Oberndorf a. N. verstorbenen polnischen und russischen Staatsangehörigen.

137 StadtA ObN Aufstellung der während des Krieges in Oberndorf a. N. verstorbenen ausländischen Staatsangehörigen.

138 Ebd. und StadtA ObN O 8, AF 679 Beschäftigung und Behandlung von Zwangsarbeitern und angeworbenen, ausländischen Arbeitskräften in Oberndorf am Neckar, Mappe Ungarische und Kroatische Arbeiter.

139 StadtA ObN Aufstellung der während des Krieges in Oberndorf a. N. verstorbenen ausländischen Staatsangehörigen.

140 StadtA ObN Anlage bei Aufstellung der während des Krieges in Oberndorf a. N. verstorbenen ausländischen Staatsangehörigen.

141 StadtA ObN O 8, AF 679 Beschäftigung und Behandlung von Zwangsarbeitern und angeworbenen, ausländischen Arbeitskräften in Oberndorf am Neckar, 1938–1944, Mappe Polnische Arbeiter (1). Aus den Todeslisten der Zwangsarbeiter geht ebenfalls eindeutig hervor, dass es sich um sowjetische Staatsbürger (Herkunft Russland) handelt. Ein Politruk war ein politischer Offizier einer sowjetischen Militäreinheit.

142 Ebd. und StadtA ObN Aufstellung der während des Krieges in Oberndorf a. N. verstorbenen ausländischen Staatsangehörigen.

143 Ingrid Bauz/Sigrid Brüggemann/Roland Maier (Hrsg.), *Die Geheime Staatspolizei in Württemberg und Hohenzollern*, Stuttgart 2012, S. 84 ff.

144 Häffner, *Nationalsozialismus*, S. 104.

145 Brief vom 14.6.1944 Gestapo Staatspolizeileistelle Stuttgart an den Bürgermeister Oberndorf a. N., eilt sehr! Zu den Akten, Betr. Exekution der Ostarbeiter, in: StadtA ObN O 8, AF 679 Beschäftigung und Behandlung von Zwangsarbeitern und angeworbenen, ausländischen Arbeitskräften in Oberndorf am Neckar, 1938–1944, Mappe Polnische Arbeiter (1).

146 Ebd.

147 Häffner, *Nationalsozialismus*, S. 149.

148 StadtA ObN Aufstellung der während des Krieges in Oberndorf a. N. verstorbenen ausländischen Staatsangehörigen. Siehe zur Differenzierung der Arbeitsverhältnisse auch knapp die Einleitung zu diesem Band.

149 Häffner, *Nationalsozialismus*, S. 149.

150 StadtA ObN O 8, AF 679 Beschäftigung und Behandlung von Zwangsarbeitern und angeworbenen, ausländischen Arbeitskräften in Oberndorf am Neckar, Mappe Ungarische und Kroatische Arbeiter.

151 Herbert, *Geschichte der Ausländerpolitik*, S. 154 f.

152 Hier sei auf ebd. und Tholander, *Fremdarbeiter*, verwiesen.

153 Herbert, *Geschichte der Ausländerpolitik*, S. 139.
154 StadtA ObN Anlage zur Aufstellung während des Krieges in Oberndorf a. N. verstorbenen ausländischen Staatsangehörigen.
155 Herbert, *Geschichte der Auslanderpolitik*, S. 155.
156 ITS Digital Archive, Arolsen Archives, Copy of 2.1.3.1 / 70824291, Copy of 2.1.3.1 / 70824302, Copy of 2.1.3.1 / 70824316, Copy of 2.1.3.1 / 70824334, Copy of 2.1.3.1 / 70824335- 70824346, Copy of 2.1.3.1 / 70824411, Copy of 2.1.3.1 / 70824441, Copy of 2.1.3.1 / 70824464-70824495, Copy of 2.1.3.1 / 70824755, Copy of 2.1.3.1 / 70824784, Namenslisten zu Zwangsarbeitern und Zwangsarbeiterinnen bei der Mauser-Werke A.G. in Oberndorf, Landkreis Rottweil, einsehbar auch im Stadtarchiv Oberndorf am Neckar.
157 Beispielsweise Häffner, *Nationalsozialismus*.
158 Ebd.
159 Scholtyseck, *Der Aufstieg der Quandts*, S. 651 f.
160 Ebd., S. 653, und BA Berlin R 4606 Nr. 4902 o.S.
161 Scholtyseck, *Der Aufstieg der Quandts*, S. 653.
162 Ebd., S. 655 und 678.
163 Ebd., S. 657–663.
164 Häffner, *Nationalsozialismus*, S. 150 f., und StadtA ObN O 8, AF 1142 Aufarbeitung der Hintergründe des Arbeitserziehungslagers Oberndorf-Aistaig zur Klärung von Einzelschicksalen und zur Vornahme von Entschädigungsleistungen, 1941–1966. Vgl. Lutz Niethammer, *Ihre Gräber schmücken keine Kränze*, in: Schwarzwälder Bote, 31.10.1962; Gabriele Lofti, *KZ der Gestapo. Arbeitserziehungslager im Dritten Reich*, Stuttgart/München 2000; Tholander, *Fremdarbeiter*.
165 Häffner, *Nationalsozialismus*, S. 151–153.
166 Ebd., und Bauz/Brüggemann/Maier (Hrsg.), *Die Geheime Staatspolizei in Württemberg und Hohenzollern*, S. 84 ff. Vgl. StadtA ObN O 8, AF 1142. Zur Haftzeit und den Bedingungen der Häftlinge im AEL Aistaig, teils beschönigend, der ehemalige Leiter der örtlichen Gestapo-Dienststelle in Oberndorf, siehe Aufzeichnung der Stadtverwaltung Oberndorf a. N. vom 20.5.1950, Zur Klarstellung der Verhältnisse im Arbeitserziehungslager Oberndorf-Aistaig die Anhörung von Hans Zuckschwerdt, geb. 17.7.1898 in Herzogsweiler, wohnhaft in Oberndorf a. N., in: StadtA ObN O 8, AF 1142 Aufarbeitung der Hintergründe des Arbeitserziehungslagers Oberndorf-Aistaig zur Klärung von Einzelschicksalen und zur Vornahme von Entschädigungsleistungen, 1941–1966.
167 Häffner, *Nationalsozialismus*, S. 151–153, und StadtA ObN O 8, AF 1142. Für den Bau des AEL auf Betreiben städtischer Initiatoren spricht sich Becher-Sofuoglu aus: *Erinnerungsarbeit*, S. 99 ff.
168 StadtA ObN O 8, AF 1142. Zur Sager & Woerner KG siehe Bestandsübersicht Bestand Bayerisches Wirtschaftsarchiv München F 046 – Sager & Woerner KG, München (Findbuch unter https://www.bwa.recherche.findbuch.net/php/main.php#4620303436 [letzter Zugriff 23.09.2023]).
169 Häffner, *Nationalsozialismus*, S. 151–153, und StadtA ObN O 8, AF 1142.
170 Brief der Geschäftsführung der Mauser-Werke AG an den Bürgermeister der Stadt Oberndorf a. N. vom 26.7.1945, StadtA ObN O 8, AF 195, Miet- und Pachtverträge zwischen der Stadt und der Mauserwerke AG 1943–1946.
171 Ebd.
172 Undatierter, dreiseitiger Entwurf des Arbeitsvertrages, in: StadtA ObN O 8, AF 1142 Aufarbeitung der Hintergründe des Arbeitserziehungslagers Oberndorf-Aistaig zur

Klärung von Einzelschicksalen und zur Vornahme von Entschädigungsleistungen, 1941–1966, Mappe innen liegend Arbeitserziehungslager Aistaig 1941–1962.

173 StadtA ObN Aufstellung der während des Krieges in Oberndorf a. N. verstorbenen polnischen und russischen Staatsangehörigen.

174 Häffner, *Nationalsozialismus*, S. 152. Vgl. Lofti, *KZ der Gestapo*, S. 318 ff.; Becher-Sofuoglu, *Erinnerungsarbeit*, S. 17.

175 Ebd., S. 153.

176 StadtA ObN Aufstellung der während des Krieges in Oberndorf a. N. verstorbenen polnischen und russischen Staatsangehörigen.

177 Brief vom 31.5.1944 Gestapo Staatspolizeileitstelle Stuttgart an den Bürgermeister von Oberndorf a. N., Betr. Exekution des led. poln. Zivilarb. [=Zwangsarbeiter] Kasimir Baklarz, geb. 31.1.1920, in: StadtA ObN O 8, AF 679 Beschäftigung und Behandlung von Zwangsarbeitern und angeworbenen, ausländischen Arbeitskräften in Oberndorf am Neckar, 1938–1944, Mappe Polnische Arbeiter (1).

178 Brief vom 8.6.1942, Gestapo Staatspolizeileitstelle Stuttgart an den Bürgermeister Oberndorf a. N., eilt sehr! Betr. Exekution des Polen [Zwangsarbeiter] Stanislaus Jozwik, geb. 19.9.1919 in Parczow/Litzmannstadt, zul. wohnh. u. besch. gew. bei den Mauser-Werken in Oberndorf wegen unerlaubten Geschlechtsumganges, in: StadtA ObN O 8, AF 679 Beschäftigung und Behandlung von Zwangsarbeitern und angeworbenen, ausländischen Arbeitskräften in Oberndorf am Neckar, 1938–1944, Mappe Polnische Arbeiter (1). Siehe auch Aufstellung der während des Krieges in Oberndorf a. N. verstorbenen polnischen Staatsangehörigen, aus der hervorgeht, dass Jozwik im Neckarheim untergebracht war.

179 Brief vom 12.6.1942, Der Bürgermeister der Stadt Oberndorf a. N., Schutzpolizei-Dienstabteilung an den Bürgermeister der Stadt Oberndorf a. N., Betr. Exekution des Polen [Zwangsarbeiter] Stanislaus Jozwik, geb. 19.9.1919 in Parzow, in: StadtA ObN O 8, AF 679 Beschäftigung und Behandlung von Zwangsarbeitern und angeworbenen, ausländischen Arbeitskräften in Oberndorf am Neckar, 1938–1944, Mappe Polnische Arbeiter (1). In der Quelle heißt es Lauterbach, gemeint ist das Lautenbachtal, in dem das AEL Aistaig lag. Zur Anatomie neuerdings auch Leonie Braam/Benigna Schönhagen/Henning Tümmers/Stefan Wannenwetsch (Hrsg.), *Entgrenzte Anatomie: Eine Tübinger Wissenschaft und der Nationalsozialismus*, Ausstellungskatalog, Tübingen 2023.

180 Häffner, *Nationalsozialismus*, S. 154.

181 Alle Zitate bei Häffner, *Nationalsozialismus*, S. 154. Vgl. Tholander, *Fremdarbeiter 1939–1945*; Lofti, *KZ der Gestapo*.

182 Häffner, *Nationalsozialismus*, S. 152.

183 Ebd., S. 151; Tholander, *Fremdarbeiter*; Lofti, *KZ der Gestapo*; Niethammer, *Ihre Gräber*.

184 Häffner, *Nationalsozialismus*, S. 154.

185 Ebd. und StadtA ObN Aufstellung der während des Krieges in Oberndorf a. N. verstorbenen polnischen und russischen Staatsangehörigen, in der bei einigen Fällen aber noch ein Fragezeichen an den Vermerk AEL angebracht ist.

186 StadtA ObN Aufstellung der während des Krieges in Oberndorf a. N. verstorbenen ausländischen Staatsangehörigen.

187 Häffner, *Nationalsozialismus*, S. 154; Tholander, *Fremdarbeiter*, S. 221; B. Schönhagen, *Das Gräberfeld X. Eine Dokumentation über NS-Opfer auf dem Tübinger Stadtfriedhof*, Tübingen 1987, S. 90 f.

188 StadtA ObN Aufstellung der während des Krieges in Oberndorf a. N. verstorbenen polnischen und russischen Staatsangehörigen.

189 StadtA ObN Aufstellung der während des Krieges in Oberndorf a. N. verstorbenen ausländischen Staatsangehörigen.

190 Ebd.

191 Bekanntmachung des Bürgermeisters Dr. Winker vom 24.6.1945, in: StadtA ObN O 8, AF 1142 Aufarbeitung der Hintergründe des Arbeitserziehungslagers Oberndorf-Aistaig zur Klärung von Einzelschicksalen und zur Vornahme von Entschädigungsleistungen, 1941–1966, Mappe innen liegend Arbeitserziehungslager Aistaig 1941–1962.

192 Interview der Autorin mit Gertrud Koch und Hans-Theodor Koch am 24.8.2022 im Hause Koch in Oberndorf am Neckar.

193 Ebd.; dazu auch Manfred Kersten/Walter Schmid, *HK Heckler & Koch. Die offizielle Geschichte der Oberndorfer Firma Heckler & Koch. Einblicke in die Historie – Beschreibung der Waffenmodelle – Darstellung der Technik*, Wuppertal 1999, S. 18.

194 Kersten/Schmid, *Heckler & Koch*, S. 18 ff.

195 Interview mit Gertrud Koch und Hans-Theodor Koch.

196 Interview mit Gertrud Koch und Hans-Theodor Koch, und Lebenslauf von Theodor Koch, in: Privatbestand Familie Koch 2022; Entnazifizierungsakte Theodor Koch, in: LA BaWÜ – StA Sig, Wü 13 T 2 Staatskommissariat für die politische Säuberung/1945–1952, Nr. 1782/042. Vgl. dagegen Kersten/Schmid, *Heckler & Koch*, S. 18.

197 Interview mit Gertrud Koch und Hans-Theodor Koch; Entnazifizierungsakte Theodor Koch, in: LA BaWÜ – StA Sig, Wü 13 T 2 Staatskommissariat für die politische Säuberung/1945–1952, Nr. 1782/042.

198 Interview mit Gertrud Koch und Hans-Theodor Koch.

199 Ebd.; Stadtgeschichtliche Sammlung (SGS) Akte Theodor Koch im StadtA ObN; Kersten/Schmid, *Heckler & Koch*, S. 18.

200 Interview mit Gertrud Koch und Hans-Theodor Koch, und Lebenslauf Theodor Koch, in: Privatbestand Familie Koch, sowie Angaben in: Entnazifizierungsakte Theodor Koch, in: LA BaWÜ – StA Sig, Wü 13 T 2 Staatskommissariat für die politische Säuberung/1945–1952, Nr. 1782/042.

201 Interview mit Gertrud Koch und Hans-Theodor Koch. Zum Wohnort Kochs siehe StA ObN O 8, AF 1284 Schriftverkehr und Weisungen über die Zugehörigkeit diverser Einzelpersonen zur NSDAP.

202 Ebd.

203 Brief von Bürgermeister Kenntner vom 28.9.1948, in: StadtA ObN O 8, AF 583 Demontage der Mauser-Werke.

204 Entnazifizierungsakte Theodor Koch, in: LA BaWü – StA Sig, Wü 13 T 2 Staatskommissariat für die politische Säuberung/1945–1952, Nr. 1782/042.

205 Sozialgesetzbuch Sechstes Buch – Gesetzliche Rentenversicherung – Artikel 1, BGBl. I S. 2261, 1990 Anlage 1 Durchschnittsentgelt.

206 Brief des Betriebsrats der Mauser-Werke AG an Bürgermeister Kenntner vom 7.9.1948, in: StA ObN O 8, AF 583 Demontage der Mauser-Werke.

207 Interview mit Gertrud Koch und Hans-Theodor Koch.

208 Entnazifizierungsakte Theodor Koch, in: LA BaWü – StA Sig, Wü 13 T 2 Staatskommissariat für die politische Säuberung/1945–1952, Nr. 1782/042.

209 Ebd.

210 Der neueste Forschungsstand zum regionalen Umgang mit der Entnazifizierung bzw. Auto-Épuration: Sabine Hennig, *Entnazifizierungsunterlagen in Württemberg-Hohenzollern*, in: Südwestdeutsche Archivalienkunde, https://www.leo-bw.de/

themenmodul/sudwestdeutsche-archivalienkunde/archivaliengattungen/akten/inhaltliche-unterscheidung/entnazifizierungsakten-wurttemberg-hohenzollern (2017) [letzter Zugriff 20.7.2023]; Jürgen Klöckler, *Entnazifizierung im französisch besetzten Südwestdeutschland. Das Verfahren der »auto-épuration« in Baden und Württemberg-Hohenzollern*, in: Entnazifizierung im regionalen Vergleich, hrsg. von Walter Schuster/Wolfgang Weber, Linz 2004, S. 511–528.

211 Interview mit Gertrud Koch und Hans-Theodor Koch.

212 Manfred Kersten, *Der Mauser-Zug – Tagebuch einer Odyssee*, Blaufelden 2016; Scholtyseck, *Der Aufstieg der Quandts*, S. 720; Seel, *Mauser*, S. 121.

213 Die Familie meint, diese Unterlagen seien nach seinem Tod an die Heckler & Koch GmbH abgegeben worden. Interview mit Gertrud Koch und Hans-Theodor Koch.

214 Ebd. und Kersten, *Der Mauser-Zug*, sowie Seel, *Mauser*, S. 121f.

215 Interview mit Gertrud Koch und Hans-Theodor Koch.

216 Ebd.

217 Kontrollrats-Direktive Nr. 38 vom 12. Oktober 1946: Verhaftung und Bestrafung von Kriegsverbrechern, Nationalsozialisten und Militaristen und Intensivierung, Kontrolle und Überwachung von möglicherweise gefährlichen Deutschen. Amtsblatt des Kontrollrats in Deutschland, Nr. 11, 31. Oktober 1946, S. 184. Abschnitt II, E (Die NSDAP-Gliederungen), 2 (Allgemeine SS und ihre sonstigen Gliederungen).

218 Interview mit Gertrud Koch und Hans-Theodor Koch.

219 Häffner, *Nationalsozialismus*, S. 150.

220 SGS Akte von Thadäus Seidel (1811–1890); SGS Akte von Karl Seidel (Auszug aus dem Schwarzwaldbuch 3. Bd. von 1925): genauer Verwandtschaftsgrad zu Paul und Alex Seidel unbekannt. SGS Akte von Raimund Seidel, genauer Verwandtschaftsgrad zu Paul und Alex Seidel unbekannt. Dazu Auszug aus dem Schwarzwälder Boten vom 5.4.1928.: »Oberndorf a. N., 5. April, Vor einigen Tagen starb Raimund Seidel, Büchsenmacher, der 80 Jahre alt wurde. Die Seidel entsprangen dem alten Scharfrichtergeschlecht von Oberndorf. Im Jahre 1715 vollzog der Scharfrichter Karl Seidel sein Amt an Kirchenräubern auf dem Oberndorfer Galgenbühl, zu welcher Hinrichtung 8–10.000 Menschen zusammenströmten. Im Jahre 1770 war ein Joseph Seidel und 1796 ein Thadä Seidel Nachrichter. Ihren [sic!] Nachkommen waren Wasen- oder Kleenteister; die letzten Johann Seidel (gest. 1845) und Thadäus Seidel (gest. 1845). Ein Sohn des letzteren war der jetzt verstorbene Büchsenmacher Seidel. Der Waldgraben gegenüber der Behausung des Verstorbenen, jetzt wie die alte Straße nach Boll vielfach bebaut, hieß lange noch der Siechengraben und das Haus das Siechenhaus oder mit einem volkstümlichen Ausdruck, das ›Schinderlehaus‹. Das Seidel'sche Haus wird im 15. Jahrhundert als ›Siechenhaus‹ erwähnt. Es diente lange Zeit als ein Haus für arme presthafte [wohl pesthafte] Leute. Auf seinem rundbogigen kleinen Eingang steht die Jahreszahl 1585, in welchem Jahre das Haus wohl erneuert wurde. So verdient das Haus Beachtung.«

221 SGS Akte von Alex Seidels Vater Paul Seidel (geb. als Peter Paul Seidel), 1870–1960.

222 Interview mit Gertrud Koch und Hans-Theodor Koch.

223 SGS Akte von Alex Seidels Bruder Alfons Seidel.

224 SGS Akte von Ingenieur Georg Seidel. Er ließ sich nach der Rückkehr in die Heimatregion zum Gewerbelehrer für Metallberufe umschulen und war dann

bis zur Pensionierung 1963 17 Jahre lang als Gewerbelehrer an der Gewerbeschule Schramberg tätig. Doch möglicherweise waren die Familienbande dafür entscheidend, dass er von 1963 bis 1971 noch einmal als Konstrukteur bei Heckler & Koch eingestellt wurde, bevor er 1971 nach Dobel bei Herrenalb umzog und endgültig in den Ruhestand trat.

225 Interview mit Gertrud Koch und Hans-Theodor Koch.

226 Ebd. und SGS Akte Alex Seidel sowie Kersten/Schmid, *Heckler & Koch*, S. 18.

227 Kersten/Schmid, *Heckler & Koch*, S. 18.

228 Entnazifizierungsakte Alex Seidel, in: LA BaWü – StA Sig, Wü 13 T 2 Staatskommissariat für die politische Säuberung/1945–1952, Nr. 1819/054 und 2803/238; Staatskommissariat für die pol. Säuberung, Az. N/7903 vom 19.4.1950, in: LA BaWü – StA Sig, Wü 13 T 2 Staatskommissariat für die politische Säuberung/1945–1952, Nr. 2606–272; Entnazifizierungsakte Theodor Koch, in: LA BaWü – StA Sig, Wü 13 T 2 Staatskommissariat für die politische Säuberung/1945–1952, Nr. 1782/042.

229 Interview mit Gertrud Koch und Hans-Theodor Koch.

230 Häffner, *Nationalsozialismus*, S. 155 f.

231 Dokument vom 19. März 1945, Entschließung des Bürgermeisters Fritz zu den Akten des Stadtbauamts vom 11.4.1944 [sic!], nach Beratung mit den Beigeordneten, in: StadtA ObN O 8, AF 1137 Namenslisten zu den bei Fliegerangriffen getöteten Personen in Oberndorf am Neckar, 1945.

232 Herbert, *Geschichte der Ausländerpolitik*, S. 142.

233 Häffner, *Nationalsozialismus*, S. 155 f. Vgl. Becher-Sofuoglu, *Erinnerungsarbeit*, S. 93 f.

234 Widmann, *Mauser-Werke*, S. 457 f., und Zeitungsartikel (o.V.) *Kosten der Liquidierung von den Firmen nach Verordnung von General König selbst* zu tragen vom 18.7.1947 und verschiedene Briefwechsel in: StA ObN O 8, AF 584 Demontage der Mauser-Werke 1948.

235 Zusammenfassung der Entwicklung nach dem Krieg anläßlich einer Regierungssitzung am 16.11.1948 in Tübingen der Ministerien in Württemberg-Hohenzollern mit Gegenstand »Hilfe für die Stadt Oberndorf«, in: StA ObN O 8, AF 592 Grundstücksschätzungen mit Beschreibungen und Plänen sowie Brandversicherungsanschlägen der Mauser-Werke AG 1946–1956.

236 StadtA ObN O 8, AF 584, AF 585 und AF 586 Demontage der Mauser-Werke; Widmann, *Mauser-Werke*, S. 458; Seel, *Mauser*, S. 128.

237 Siehe ausführlich im Stadtarchiv Oberndorf im Bestand O 8 u. a. die folgenden Akten bzw. Aktensammlungen: AF 582 Verschiedene Akten zur Mauser-Werke AG 1924–1947; AF 583 Demontage der Mauser-Werke; AF 584 Demontage der Mauser-Werke 1948; AF 585 Demontage der Mauser-Werke AG 1949–1950; AF 586-1 und 586-2 Demontage der Mauser-Werke AG 1949–1951; AF 587-1 Liquidation und Wiederaufbau der Mauser-Werke AG 1952–1954; AF 587-2 Liquidation und Wiederaufbau der Mauser-Werke AG 1952–1954.

238 Interview mit Gertrud Koch und Hans-Theodor Koch.

239 Vgl. zum Folgenden auch van de Kerkhof, *Waffen und Sicherheit*; dies., »Wir produzieren Sicherheit!«, und dies., *Die westdeutsche Rüstungsindustrie zwischen Wiederaufbau, Boom und Krise – Das Fallbeispiel Rheinmetall in vergleichender Betrachtung*, in: Lars Bluma/Jule Czierpka (Hrsg.), Der Steinkohlenbergbau in Boom und Krise nach 1945, Bochum 2021, S. 185–209. Siehe Manuskript von Dr. Herbert Quandt, S. 9 ff., 16 und 18, in: HWA. Zur Flucht der Konzernspitze von Berlin in den Westen auch Paul Eberhardt, Lübeck-Schlutrup, an Direktor Gerhard Vieweg, IWK AG Büro Frankfurt a. M., 14.10.1953, in: HWA Abt. 2017 Nr. 45.

240 Manuskript von Dr. Herbert Quandt, S. 7 f. und 10, in: ebd. und Gedenkbuch zum Tode Günther Quandts am 30.12.1954, in: HWA Abt. 2017, Nr. 87, unpaginiert [S. 5], sowie Bestand Nr. 4 Prüfung der Geschäftsjahre 1944, 1945 und 1946 der Deutschen Waffen- und Munitionsfabriken AG.

241 Prüfung des Rumpfwirtschaftsjahres zum 20.6.1948 der DWM (RM-Schlussbilanz), 21.11.1949 sowie Prüfung der Geschäftsjahre 1944, 1945 und 1946 der DWM, in: HWA Abt. 2017, Bestand Nr. 1 und Nr. 4. Vgl. Scholtyseck, *Der Aufstieg der Quandts*, S. 803 f. und Militärregierung Deutschland: Gesetz Nr. 52.

242 Bericht über die beim Werk Borsigwalde der Deutschen Waffen- und Munitionsfabriken AG, Berlin, jetzt IWKA, durchgeführte Prüfung der Jahresabschlüsse 1944 bis 1947 und des RM-Abschlusses zum 25. Juni 1948, Berlin den 11.8.1950, Abschnitt 6, in: HWA Abt. 2017 Nr. 30.

243 Ebd. und Manuskript von Dr. Herbert Quandt, in: HWA Abt. 2017 Nr. 76.

244 Ebd. und Manuskript von Dr. Herbert Quandt, v. a. S. 10–12 und 15 f. Vgl. Scholtyseck, *Der Aufstieg der Quandts*, S. 803 f., und Hans Pohl, *Günther Quandt*, in: NDB 21 (2003), S. 34–35 [Onlinefassung, http://www.deutsche-biographie.de/pnd124997821.html, letzter Zugriff 25.9.2023]. Zu den dabei aufgetretenen internen Konflikten v. a. zwischen Vater und Sohn Quandt siehe Schriftwechsel mit Günther Quandt während seiner Internierung in Starnberg, Garmisch, Moosburg und Ludwigsburg, Bd. 1, 1946–1955, in: HWA Abt. 2017 Nr. 36 und mehrfach im Manuskript von Dr. Herbert Quandt, in: ebd. Nr. 76.

245 Bericht über die beim Werk Borsigwalde der DWM AG durchgeführte Prüfung der Jahresabschlüsse 1944–1947, Abschnitte 7 bis 11, in: HWA Abt. 2017 Nr. 30.

246 Scholtyseck, *Der Aufstieg der Quandts*, S. 809 f.

247 Zur Umbenennung ebd., Abschnitt 11; Scholtyseck, *Der Aufstieg der Quandts*, S. 804.

248 Scholtyseck, *Der Aufstieg der Quandts*, S. 805, zitiert hier einen Antrag vom 18.6.1947 an das Wirtschaftsministerium.

249 Gedenkbuch zum Tode Günther Quandts am 30.12.1954, in: HWA Abt. 2017, Nr. 87, unpaginiert [S. 5]. Vgl. Scholtyseck, *Der Aufstieg der Quandts*, S. 805.

250 Gedenkbuch zum Tode Günther Quandts, ebd., unpaginiert [S. 5 f.].

251 Scholtyseck, *Der Aufstieg der Quandts*, S. 809.

252 Am 21.9.1949 bei der Industrieabteilung und am 7.12.1949 beim American High Commissioner for Germany, siehe Scholtyseck, *Der Aufstieg der Quandts*, S. 805 und 1063.

253 Scholtyseck, *Der Aufstieg der Quandts*, S. 805 und 1063. Antrag vom 13.9.1950, Antwort des High Commissioner an das Land Württemberg-Baden am 4.9.1951.

254 Scholtyseck, *Der Aufstieg der Quandts*, S. 582, 778 und 812. Zur Ernennung Holls siehe auch HWA Abt. 2017, Bestand Nr. 1, S. 2 f.

255 Weitere Länder, die Maschinen im Wert von mehreren Millionen Mark erhielten, sind: Albanien, Australien, Belgien, Dänemark, Indien, Luxemburg, Norwegen, Neuseeland, Niederlande, Tschechoslowakei. Siehe Seel, *Mauser*, S. 125; Scholtyseck, *Der Aufstieg, der Quandts*, S. 810–816; Wolfgang Flume/Heinz-Jürgen Witzke, *WT-Industrieporträt – IWKA: Viel Eigeninitiative in der Wehrtechnik*, in: Wehrtechnik, Heft 8 (1977), S. 79–84, hier S. 82.

256 Seel, *Mauser*, S. 122–129, Zitat S. 128.

257 Scholtyseck, *Der Aufstieg, der Quandts*, S. 813–815. Vgl. Otto Kenntner, *Die Anfänge in Oberndorf a. N. nach dem Krieg*, Oberndorf a. N. 1997, S. 3 f. und 36.

258 Brief vom 17.3.1953, Holl und Vieweg, IWK Karlsruhe, an die Bank der deutschen Arbeit, in: HWA Abt. 2017 Nr. 45.

259 Aufzeichnung »Beschlüsse, die durch die ausserordentliche Hauptversammlung der Mauser-Werke AG i.L. vom 28.12.1953 gefasst werden müssen«, in: ebd. Bestand Nr. 45.

260 Seel, *Mauser*, S. 122–129, Zitat S. 128.

261 Ebd., S. 129.

262 Ebd., S. 129 ff. Siehe dazu auch den Beitrag von Andrea H. Schneider-Braunberger in diesem Band.

263 Scholtyseck, *Der Aufstieg der Quandts*, S. 775, 777 und 811. Vgl. Peter Haertel, *Kriegsfolgen zwingen zum Handeln. Kleinrechenmaschinen der Mauser Werke AG von 1939 und ihre Vermarktung im Nürnberg-Fürther Industriewerk NFI ab 1950*, in: Historische Bürowelt 78 (2008), S. 15–20, hier S. 17.

264 O.V., *Waffenproduktion. Die neuen Hoflieferanten*, in: Der Spiegel 45 (1956), S. 19–23, hier S. 20.

265 Seel, *Mauser*, S. 129, vgl. Scholtyseck, *Der Aufstieg der Quandts*, S. 816 f.

266 Scholtyseck, *Der Aufstieg der Quandts*, S. 816.

267 Ebd., S. 817.

268 Siehe van de Kerkhof, *Waffen und Sicherheit*; Flume/Witzke, *WT-Industrieporträt – IWKA*, S. 82.

269 Christian Leitzbach, *Rheinmetall. Vom Reiz, im Rheinland ein großes Werk zu errichten*, 2 Bde., Köln 2014, hier Bd. 2, S. 546.

270 Scholtyseck, *Der Aufstieg der Quandts*, S. 818–821. Vgl. auch Lieferprogramm der Quandt-Gruppe mit Tochter- und Beteiligungsunternehmen 1964 in: HWA Abt. 2017, Bestand Nr. 51. Schon 1955 erwarb die AFA ein ausländisches Tochterunternehmen, die Globelite Canada mit zwei Fabriken in Winnipeg und Vancouver. Siehe Manuskript von Dr. Herbert Quandt, S. 10, in: ebd., Bestand Nr. 76, dort auch Genaueres zu Stöhr in der Nachkriegszeit auf S. 21.

271 Quandt besaß über die Agfi an der Wintershall im Jahre 1954 über 30 %, insgesamt am 31.12.1960 aber über verschiedene Unternehmungen eine Mehrheitsbeteiligung von über 50 %. Siehe HWA Abt. 2017, Bestand Nr. 32 und 34 Konzentrations-Untersuchung der deutschen Wirtschaft. Vgl. auch Manuskript von Dr. Herbert Quandt, in: ebd., Nr. 76, S. 20. Scholtyseck untersuchte die Wintershall-Geschichte intensiver nur für die frühen 1920er Jahre und den NS, vgl. Scholtyseck, *Der Aufstieg der Quandts*, v. a. S. 91–114. Zur Nachkriegsgeschichte der Wintershall in Bezug auf ihre Erdölinteressen siehe Rainer Karlsch/Raymond G. Stokes, *Faktor Öl. Die Mineralölwirtschaft in Deutschland 1859–1974*, München 2003, und neuerdings Manfred Grieger/Rainer Karlsch/Ingo Köhler, *Expansion um jeden Preis. Studien zur Wintershall AG zwischen Krise und Krieg, 1929–1945*, Frankfurt a. M. 2020. Zu Schaerer siehe Scholtyseck, *Der Aufstieg der Quandts*, S. 407, und Briefwechsel vom 31.7.1953 in: HWA Abt. 2017 Nr. 45, aus dem hervorgeht, dass das Unternehmen sich schon teilweise im Besitz der Rheinmetall-Tochter Gollnow-Werke befand und es über die Aufrechnung des Kaufpreises gegen Kriegsschulden zum Konflikt gekommen war. Dazu sind aber keine Archivalien bei Rheinmetall vorhanden.

272 Widmann, *Mauser-Werke*, S. 58. Dazu auch Interview mit Gertrud Koch und Hans-Theodor Koch.

273 Interview mit Gertrud Koch und Hans-Theodor Koch.

274 Heiderose Jaacks, *Die industrielle Entwicklung von 1945 bis 1975*, in: Stadt Oberndorf a. N. (Hg.), Geschichte der Stadt Oberndorf a. N., Bd. 2, S. 435–444, hier S. 439 f.

275 Ebd., S. 443.

276 Ebd., S. 439.

277 Ebd. Siehe dazu auch Wolfgang Gutmann, *Oberndorf und der »Beherrscher der Branchen«. Die verhängnisvollen Industrieobligationen.* Ex-Wehrwirtschaftsführer *Quandt verhindert Neuaufbau bei Mauser*, in: Unsere Stimme, 21.5.1949, StA ObN O 8, AF 585 Demontage der Mauser-Werke AG 1949–1950.
278 Interview mit Gertrud Koch und Hans-Theodor Koch.
279 Ebd.
280 Ebd.
281 Ebd. Davon existieren auch Fotos im Buch von Wolfgang Schmid und Manfred Kersten über Heckler & Koch, S. 18.
282 Interview mit Gertrud Koch und Hans-Theodor Koch.
283 Ebd.
284 StadtA ObN O 8, AF 1142 Aufarbeitung der Hintergründe des Arbeitserziehungslagers Oberndorf – Aistaig zur Klärung von Einzelschicksalen und zur Vornahme von Entschädigungsleistungen, 1941–1966.
285 StadtA ObN O 8, AF 1282 Erstellung politischer Gutachten und Führungszeugnisse für die französische Militärregierung, 1945–1948. SGS im StA ObN, Unterlagen Heckler.
286 StadtA ObN O 8, AF 1284 Schriftverkehr und Weisungen über die Zugehörigkeit diverser Einzelpersonen zur NSDAP (1935–1948).
287 Interview mit Gertrud Koch und Hans-Theodor Koch.
288 Ebd.
289 Ebd.
290 Vgl. Kersten/Schmid, *Heckler & Koch.*
291 Anzeigen/Berichte zum Tod vom 23./24.10.1976, mit Foto von 1975 in: SGS Akte Theodor Koch in StadtA ObN.
292 Ebd.
293 SGS Akte Koch in StadtA ObN.

Edmund Heckler: Die unauffällige Karriere eines Ingenieurs im Rüstungskonzern HASAG

1 Otto Kenntner, *50 Jahre Heckler und Koch GmbH*, Oberndorf 2000, S. 2.
2 Manfred Kersten/Walter Schmid, *Heckler & Koch: Die offizielle Geschichte der Oberndorfer Firma Heckler & Koch*, Wuppertal 1999, S. 17.
3 Hugo Schneider Aktiengesellschaft, Protokoll über die Plenarsitzung des Aufsichtsrats vom 16. Dezember 1933, Sächsisches Staatsarchiv [künftig StA] Leipzig, ADCA, 21006/1044.
4 Dona Kujacinski/Peter Kohl, *Hannelore Kohl. Ihr Leben*, München 2002; Dona Kujacinski, *Hannelore Kohl – ein deutsches Leben*, München 2011.
5 Patricia Clough, *Hannelore Kohl. Zwei Leben*, Stuttgart/München 2002.
6 Heribert Schwan, *Die Frau an seiner Seite, Leben und Leiden der Hannelore Kohl*, Berlin 2011, S. 45–53; Jan Fleischhauer, *Sehnsucht nach dem Ende*, in: Der Spiegel, 11.6.2011.
7 Martin Himmelheber, *Die geheime Nazi-Akte Heckler & Koch*, BAMS, 7.9.2020.
8 Internetseite der Gedenkstätte für Zwangsarbeit in Leipzig.
9 Herbert Naumann, *Das KZ-Außenlager Taucha*, Taucha 2018, https://www.herbertnaumann.de [letzter Zugriff 4.12.2022].
10 Auch im Wikipedia-Eintrag über die HASAG wird Heckler neben Renner als flüchtiger Täter genannt, ohne dass dafür Belege angeführt werden.
11 Vgl. u.a. *Vergessener Rüstungsgigant – die Leipziger HASAG*, Sendung des MDR vom

23.3.2021; Vincent Steinkohl, *Die unrühmliche Vergangenheit der deutschen Rüstungsindustrie*, in: Jüdische Rundschau, 6.6.2022.

12 Kersten/Schmid, *Heckler & Koch*, S. 17.

13 Fragebogen Edmund Heckler, Kreis Rottweil, Politische Überprüfung, 18.5.1948, Landesarchiv Baden-Württemberg – Staatsarchiv Sigmaringen [künftig LA BaWü – StA Sig], Wü 13 T 2, 1815–024.

14 Ludwig Olson, *Mauser rifles*, Virginia 2005, S. 5.

15 Personendokumentation aus der Stadtgeschichtlichen Sammlung der Stadt Oberndorf.

16 Olson, *Mauser rifles*, S. 6.

17 Aktennotiz von Schoen, Genehmigung der Prokura-Erteilung an folgende leitende Angestellte in der Aufsichtsratssitzung vom 23. Januar 1940, 4.4.1940, Sächsisches Staatsarchiv Leipzig [künftig StA Leipzig], ADCA, 21006/984. Bei Wikipedia ist auch dieser Eintrag fehlerhaft, dort wird 1936 genannt.

18 Grundlegend zur Geschichte der HASAG, Mustafa Haikal, *Die Hugo Schneider Aktiengesellschaft (Hasag): Chronik; Von der Petroleumlampe zur Panzerfaust; Exkurse und Dokumente zur Geschichte der Hasag; Die Standorte der Firma im Zweiten Weltkrieg*, in: UFZ-Umweltforschungszentrum Leipzig-Halle GmbH (Hg.), Leipzig Permoserstraße. Zur Geschichte eines Industrie- und Wissenschaftsstandorts, S. 12–79. In dieser Publikation wurde leider vom Herausgeber auf Quellenverweise verzichtet. Ich danke Mustafa Haikal dafür, dass er mir im Jahr 2021 sämtliche Quellenverweise für seine Artikel zur Einsichtnahme zur Verfügung stellte. Mustafa Haikal, *Einige Bemerkungen zur Auseinandersetzung mit der Geschichte der Hugo Schneider Aktiengesellschaft* (HASAG), in: Sächsisches Staatsarchiv Leipzig (Hg.): Fremd- und Zwangsarbeit in Sachsen 1939 – 1945, Halle (Saale) 2002, S. 81–88.

19 Rainer Karlsch, *Leipzig als Zentrum der sächsischen Gaswirtschaft*, in: Markus A. Denzel/Susanne Schötz (Hrsg.), Industrialisierungsprozesse und Industriekultur im Leipzig im 19. Und 20. Jahrhundert, Leipzig 2022, S. 75–102.

20 Haikal, *Von der Petroleumlampe*, S. 27.

21 *Handbuch der deutschen Aktiengesellschaften*, 30. Jg., 1925, S. 1026.

22 Ebd.

23 Haikal, *Von der Petroleumlampe*, S. 31.

24 Holger Worm, *Die Hugo Schneider A.G. Kurzübersicht ihrer Entwicklungsgeschichte und Produkte*, Fockendorf 2007 (Manuskript).

25 Vgl. www.antikepetroleumlampen.de [letzter Zugriff 10.12.2002]; vgl. HASAG, *Katalog Starklichtlaternen, Tischlampen und Außenlampen*, Leipzig 1938.

26 Worm, *Die Hugo Schneider A.G.*

27 Haikal, *Von der Petroleumlampe*, S. 34. Die kleine Glühlampenfabrik wurde vom Glasbläser Mylius Ehrhard im Jahr 1905 gegründet und fünf Jahre später an die HASAG verkauft. Im Jahr 1926 wurde das Oberweißbacher Glühlampenwerk mit dem inzwischen ebenfalls zur HASAG gehörenden Glühlampenwerk Eisenach vereinigt. Vgl. Oberweißbacher Bilder & Geschichten, Teil 4.

28 Haikal, *Von der Petroleumlampe*, S. 32.

29 Ebd.

30 StA Leipzig, Amtsgericht Leipzig/Taucha, HRB, Nr. 169, Bd. 5. Ich danke Mustafa Haikal für den Hinweis auf diese Quelle.

31 Michael C. Schneider, *Der Fall Hugo Schneider AG (Hasag)*, in: Johannes Bähr (Hg.), Die Dresdner Bank in der Wirtschaft des Dritten Reiches, München 2006, S. 371–382, hier S. 371.

32 Harold James, *Deutschland in der Weltwirtschaftskrise 1924–1936*, Stuttgart 1988.
33 Eric Hobsbawm, *Das Zeitalter der Extreme. Weltgeschichte des 20. Jahrhunderts*, München 1995, S. 130.
34 Gerhard Kroll, *Von der Weltwirtschaftskrise zur Staatskonjunktur*, Berlin 1958, S. 97.
35 Paul Bramstedt, *Die Krisis der sächsischen Industriewirtschaft*, Berlin 1932.
36 Dieter Ziegler, *Der Ordnungsrahmen*, in: Bähr (Hg.), Die Dresdner Bank, S. 43–74, hier S. 52 f.
37 Andreas Graul, *Zur Entwicklung des Bankwesens in Sachsen im Stadium des monopolistischen Kapitalismus (1914–1933)*, Diss. Leipzig 1984, S. 101 f.
38 Ziegler, *Der Ordnungsrahmen*, S. 48–52.
39 Hugo Schneider Aktiengesellschaft, Protokoll über die Plenarsitzung des Aufsichtsrats vom 26. Mai 1933, StA Leipzig, 21006, ADCA/1044.
40 Geschätzt anhand der Bilanzen von 1933/34, Hugo Schneider Aktiengesellschaft, Protokoll über die Plenarsitzung des Aufsichtsrats vom 30. Juli 1934, ebd.
41 Hugo Schneider Aktiengesellschaft, Protokoll über die Plenarsitzung des Aufsichtsrats vom 26. Mai 1933, ebd.
42 Haikal, *Von der Petroleumlampe*, S. 37.
43 Strafverfolgungsakte Paul Budin: Bundesarchiv Berlin-Lichterfelde [künftig BArch]: ZASt 89, Bd. 7, 1045.
44 Katalog zur Dresdner Ausstellung Funk 1926 (Drefuka), Dresden 1926.
45 Chroniken deutscher Radiofirmen von 1923 bis 1945. 3.5 Ahemo, Berlin, in: Radiogeschichte.de [letzter Zugriff 20.9.2022].
46 Haikal, *Exkurse und Dokumente*, S. 67.
47 Busch und Sippel an Speer, 9. Mai 1942, Dresdner Bank – Historisches Archiv, Frankfurt/Main Nr. 29544-2001.BE.
48 Carsten Schreiber, *Elite im Verborgenen. Ideologie und regionale Herrschaftspraxis des Sicherheitsdienstes der SS und seines Netzwerks am Beispiel Sachsens*, München 2008, S. 434 f.
49 Von Schoen an Budin: 31.12.1935, StA Leipzig, 21006, ADCA/1041.
50 Von Schoen an Zinßer, 5.8.1935, StA Leipzig, 21006, ADCA/1041.
51 Schreiber, *Elite im Verborgenen*, S. 435.
52 Adam Tooze, *Ökonomie der Zerstörung. Die Geschichte der Wirtschaft im Nationalsozialismus*, München 2006, S. 130.
53 Schreiber, *Elite im Verborgenen*, S. 435.
54 Schreiber, *»Eine verschworene Gemeinschaft«. Regionale Verfolgungsnetzwerke des SD in Sachsen*, in: Michael Wild (Hg.), Nachrichtendienste, politische Elite und Mordeinheit. Der Sicherheitsdienst des Reichsführers SS, Hamburg 2003, S. 80 f.
55 SSO-Akte Paul Budin, BArch Berlin: BDC.
56 Aktennotiz, Streng vertraulich, 17.10.1940, StA Leipzig, 21006, ADCA/1680.
57 SSO-Akte Paul Budin: BArch Berlin: BDC, zitiert nach Mustafa Haikal, Manuskript mit Fußnoten, Leipzig 2004, S. 46. Ich danke Mustafa Haikal für den Hinweis auf diese Quelle und die Einsichtnahme in sein Manuskript.
58 Unsere Hasag. Werkszeitung der Betriebsgemeinschaft der Hugo Schneider Aktiengesellschaft, 4. Jg., Heft 1 (Januar 1941), S. 30.
59 Vgl. StA Leipzig, Amtsgericht Leipzig/Taucha, Nr. 169, Bd. 8.
60 Haikal, *Von der Petroleumlampe*, S. 37.
61 *Handbuch der deutschen Aktiengesellschaften*, 46. Jg. (1941), Berlin 1941, S. 3941–3946.
62 Haikal, *Von der Petroleumlampe*, S. 34.
63 https://petroleumlampen.eu/petroleumbrenner/brennerverzeichnis.html [letz-

ter Zugriff 20.10.2022]; Jacques Goldberg, *Die deutsche Lampe in Wort und Bild*, Berlin 1911.

64 Schneider, *Der Fall Hugo Schneider AG (Hasag)*, S. 371.

65 Hugo Schneider Aktiengesellschaft, Protokoll über die Plenarsitzung des Aufsichtsrats vom 16. Dezember 1933, StA Leipzig 21006, Allgemeine Deutsche Credit-Anstalt, Bankbezirke Leipzig und Döbeln, Nr. 1044.

66 Friedrich Kleinhempel, *Glashüttes größter Sohn. Der Erfinder Reinhold Burger*, in: Berlinische Monatsschrift 4 (2001), S. 72–77.

67 Peter Zimmer, *Thermoskanne. Heiße Angelegenheit*, in: Frankfurter Allgemeine Zeitung, 29.1.2010.

68 Hugo Schneider Aktiengesellschaft, Protokoll der Aufsichtsratssitzung vom 25. April 1933, StA Leipzig, 21006, ADCA/1044.

69 Ebd.

70 Unsere Hasag, 4. Jg., Heft 1 (Januar 1941).

71 Nach Ende des Zweiten Weltkriegs und der Zerschlagung des HASAG-Konzerns wurde die Thermos AG verstaatlicht und in den VEB Thermos Langewiesen umgewandelt.

72 Hugo Schneider Aktiengesellschaft, Protokoll über die Plenarsitzung des Aufsichtsrats vom 1. März 1934, StA Leipzig, 21006, ADCA/1044.

73 Ebd.

74 Hugo Schneider Aktiengesellschaft, Protokoll über die Plenarsitzung des Aufsichtsrats vom 26. März 1934, StA Leipzig, 21006 ADCA/1044.

75 Ebd.

76 Fritz Bauer Institut (Hg.), *»Arisierung« im Nationalsozialismus*, Frankfurt/New York 2000.

77 Dieter Ziegler, *Die Verdrängung der Juden aus der Dresdner Bank 1933–1938*, in: VfZ, Jg. 47 (1999), Heft 2, S. 187–215.

78 Haikal, *Von der Petroleumlampe*, S. 38.

79 Brief vom 20. 9.1933, StA Leipzig, 21006 ADCA/984.

80 Hugo Schneider Aktiengesellschaft, Protokoll über die Plenarsitzung des Aufsichtsrats vom 16. Dezember 1933, StA Leipzig, 21006, ADCA/1044.

81 Ebd.

82 Wilhelm Josef Weißel (1871–1941), ab 1920 Direktor des A. Schaffenhausenschen Bankvereins in Magdeburg; 1920 Mitglied im Aufsichtsrat der Leipziger Kammgarnspinnerei Stöhr & Co.; um 1929 im Vorstand der ADCA in Leipzig. Als Jude lebte Weißel in einer sogenannten Mischehe. Im Unterschied zum Vorstand der HASAG setzte sich der Vorstand der Leipziger Kammgarnspinnerei Stöhr & Co. für seinen Verbleib im Aufsichtsrat ein. Als dies nach der Verschärfung der Rassengesetze im Frühjahr 1938 nicht mehr möglich war, versuchte Walter Cramer, Vorstand der Kammgarnspinnerei Stöhr & Co., Weißel in einer Budapester Tochterfirma unterzubringen, und unterstützte ihn finanziell. Weißel verstarb am 3. Januar 1941. Vgl. Walter Cramer, *Die letzten Wochen. Gefängnisbriefe und -notizen an seine Familie nach dem 20. Juli 1944*, hrsg. von Beatrix Heintze, Leipzig 2013, S. 15 f.

83 Ebd.

84 Hugo Schneider Aktiengesellschaft, Protokoll über die Sitzung des Aufsichtsrats vom 22. Juni 1938, StA Leipzig, 21006, ADCA/1044.

85 Hugo Schneider Aktiengesellschaft, Protokoll über die Plenarsitzung des Aufsichtsrats vom 25. April 1933, ebd.

86 Niederschrift über eine Besprechung der von der Generalversammlung gewählten Mitglieder des Aufsichtsrats der Hugo Schneider AG, Leipzig vom 25. April 1933, ebd.

87 Protokoll über die Plenarsitzung des Aufsichtsrats der Hugo Schneider AG, Leipzig vom 26. Mai 1933, ebd.

88 Das deutsche Führerlexikon, Berlin 1934, S. 324.

89 Dr. Mumme, Stellv. Betriebsleiter, *Vom Sinn und Wesen der Gemeinschaftsschulung*, in: Unsere Hasag. Werkszeitung der Betriebsgemeinschaft der Hugo Schneider Aktiengesellschaft, 1. Jg., Heft 1 (Oktober 1937).

90 Hugo Schneider Aktiengesellschaft, Protokoll über die Sitzung des Aufsichtsrats vom 23. April 1937, StA Leipzig, 21006, ADCA/1044.

91 Ulrike Schulz, *Simson. Vom unwahrscheinlichen Überleben eines Unternehmens 1856–1993*, Göttingen 2013.

92 Hugo Schneider Aktiengesellschaft, Protokoll über die Plenarsitzung des Aufsichtsrats vom 1. März 1934, StA Leipzig, 21006, ADCA/1044.

93 Hugo Schneider Aktiengesellschaft, Protokoll über die Plenarsitzung des Aufsichtsrats vom 26. März 1934, ebd.

94 Niederschrift über Besprechung am 23.4.1934, ebd., 21006, ADCA/1680.

95 Hugo Schneider Aktiengesellschaft, Protokoll über die Plenarsitzung des Aufsichtsrats vom 8. Mai 1934, ebd.

96 Combined Intelligence Objectives Subcomittee [künftig CIOS], Hugo Schneider Aktiengesellschaft Leipzig, Item No. 2, File No. XXV-37.

97 Hugo Schneider Aktiengesellschaft, Protokoll über die Plenarsitzung des Aufsichtsrats vom 16. Dezember 1933, StA Leipzig, ADCA, 21006/1044.

98 Hugo Schneider Aktiengesellschaft, Protokoll über die Plenarsitzung des Aufsichtsrats vom 5. November 1934, ebd.

99 Hugo Schneider Aktiengesellschaft, Protokoll über die Plenarsitzung des Aufsichtsrats vom 11. Dezember 1935, ebd.

100 Hugo Schneider AG, Personalien, 16.8.1939, ebd., 21006, ADCA/984; Unsere Hasag, 2. Jg., Heft 3–4 (Mai–Juni 1939). Ab 1. März 1936 hatte Geldmacher Prokura erhalten. Vgl. StA Leipzig, 21018, Dresdner Bank, Nr. 742, Prokuralisten. Heckler war zu diesem Zeitpunkt Handlungsbevollmächtigter. Geldmacher wurde 1943 Direktor der Fabrik in Skarżysko-Kamienna. Vgl. Mordechai Strigler, *In den Fabriken des Todes. Verloschene Lichter II. Ein früher Zeitzeugenbericht vom Arbeitslager Skarżysko-Kamienna*, 2017, S. 5.

101 Hugo Schneider Aktiengesellschaft, Protokoll über die Plenarsitzung des Aufsichtsrats vom 11. Dezember 1935, StA Leipzig, 21006, ADCA/1680.

102 Sächsische Revisions- und Treuhandgesellschaft AG, Bericht Februar bis Juni 1941 ausgeführte Prüfung des Jahresabschlusses für den 31.12.1940, StA Leipzig, ADCA, 21006/985; Haikal, *Die Standorte der Firma im Zweiten Weltkrieg*, S. 77.

103 Geschäftsbericht 1936, StA Leipzig, Dresdner Bank, 21018/742.

104 Landesanstalt für Wasser, Boden und Lufthygiene, Berlin: Gutachterlicher Bericht über das Verhalten des städtischen Leitungswassers von Köpenick bei der Verwendung von Metall-Beizbädern im Betrieb der Hugo Schneider AG in Berlin-Köpenick, 6. Juli 1937, BArch-Berlin: R 154-4405, R 154-4405.

105 Kersten/Schmid, *Heckler & Koch*, S. 17.

106 Diana Blaas/Christian Brumme/Felix Otto, *Die HASAG in Altenburg*, Altenburg 2008.

107 Budin an von Schoen, 4.12.39, Historisches Archiv der Commerzbank [künftig HAC], 500/29541-2001.BE.

108 Wilhelm Treue, *Dokumentation, Hitlers Denkschrift zum Vierjahresplan 1936*, Vierteljahrshefte für Zeitgeschichte, Jg. 3, Heft 2, 1955, S. 184–210; Dietmar Petzina, *Autarkiepolitik im Dritten Reich. Der nationalsozialistische Vierjahresplan*, Stuttgart 1968.
109 Tooze, *Ökonomie der Zerstörung*, S. 137 f.
110 *Vergessener Rüstungsgigant – die Leipziger HASAG.*
111 Hugo Schneider AG, Personalien, 16.8.1939, StA Leipzig, ADAC, 21006/984.
112 August Stöckle an Arbeitsamt Altenburg, 27.2.1941, Landesarchiv Altenburg, Geschichtskommission der SED-Kreisleitung, Nr. 23.
113 Haikal, *Die Standorte der HASAG*, S. 76.
114 Militärgeschichtliches Forschungsamt (Hg.), *Das Deutsche Reich und der Zweite Weltkrieg*, Bd. 5/2: *Organisation und Mobilisierung des deutschen Machtbereichs*, Stuttgart 1999, S. 10–13.
115 Ebd., S. 228.
116 Dieter Herrmann, *Führungsverhalten und Handeln reichsdeutscher Unternehmer/Manager und deren Verstrickungen in den NS-Terror im Generalgouvernement der besetzten polnischen Gebiete (GG) 1939 bis 1945*, Diss. Hamburg, 2012, S. 80.
117 Technisches Kommando 23, Erkundungsstab, Werkbericht Skarżysko-Kamienna, vom 19. September 1939, BA-MA, RW 46/837, Bl. 217–219. Von einem HASAG-Bericht, wie Herrmann auf S. 80 schreibt, steht in dieser Quelle allerdings nichts.
118 Fragebogen Edmund Heckler, Kreis Rottweil, Politische Überprüfung, 18.5.1948, LA BaWü – StA Sig, Wü 13 T 2, 1815-024.
119 Herrmann, *Führungsverhalten*, S. 82.
120 Brief des RLM an die HASAG vom 10. Oktober 1939, StA Leipzig, ADCA, 21006/1680.
121 *Das Deutsche Reich und der Zweite Weltkrieg*, S. 218.
122 Vgl. Briefe von Paul Budin an die AR-Mitglieder v. Schoen und Zinßer vom 14. Oktober 1939, HAC, 500/29541-2001.BE.
123 ADCA-Aktennotiz vom 23. Oktober 1939, StA Leipzig, ADCA, 21006/1680.
124 Technisches Kommando 23, Erkundungsstab, Werkbericht Skarżysko-Kamienna, vom 19. September 1939, BA-MA, RW 46/837, Bl. 219.
125 ADCA-Aktennotiz vom 23. Oktober 1939, StA Leipzig, ADCA, 21006/1680
126 Bähr (Hg.), *Die Dresdner Bank*, S. 196.
127 Alfred Busch an von Schoen, 25.10.1939, StA Leipzig, ADCA, 21006/1680.
128 Aktennotiz von Schoen, 23.10.1939, StA Leipzig, ebd.
129 Herrmann, *Führungsverhalten*, S. 83.
130 Schneider, *Der Fall Hugo Schneider AG*, S. 381.
131 Aktennotiz, 22.9.1937, Streng vertraulich, StA Leipzig, ADCA, 21006/1680.
132 Herrmann, *Führungsverhalten*, S. 84.
133 Die Geschichte dieses grauenhaften Werkes wird ausführlich behandelt bei Felicja Karay, *Death Comes in Yellow. Skarżysko-Kamienna Slave Labor Camp*, Amsterdam 1996; Martin Schiller, *Bread, Butter and Sugar, A Boy's Journey Through the Holocaust and Postwar Europe*, Lanham 2007.
134 Mordechai Strigler, *Werk C. Ein Zeitzeugenbericht aus der Fabrik des Todes*, Springe 2019.
135 Einen aktuellen Forschungsüberblick gibt Martin Clemens Winter, *Die HASAG im Generalgouvernement: ein firmeneigenes Lagersystem inmitten des Holocaust*, in: Anne Friebel/Josephine Ulbricht (Hrsg.), Zwangsarbeit beim Rüstungskonzern HASAG. Der Werksstandort Leipzig im Nationalsozialismus und seine Nachgeschichte, Leipzig 2023, S. 27–46.

136 Herrmann, *Führungsverhalten*, S. 89 f.
137 Zusammengestellt nach ebd., S. 90.
138 HASAG an Devisen-Abteilung der Dresdner Bank, 24.4.1941, StA Leipzig, 20206/0358.
139 Karay, *Death Comes in Yellow*, S. 36.
140 Mario Wenzel, *Zwangsarbeitslager für Juden in den besetzten polnischen und sowjetischen Gebieten*, in: Wolfgang Benz/Barbara Distel (Hrsg.), Der Ort des Terrors. Geschichte der nationalsozialistischen Konzentrationslager, Bd. 9, München 2009, 125–154, hier S. 134.
141 Zitiert nach Robert Seidel, *Deutsche Besatzungspolitik in Polen 1939–1945. Der Distrikt Radom 1939–1945*, Paderborn 2006, S. 362.
142 Herrmann, *Führungsverhalten*, S. 98.
143 Sekretariat Dalski, 30.11.1940, StA Leipzig, 20206/0357.
144 Herrmann, *Führungsverhalten*, S. 110.
145 Ebd.
146 Seidel, *Deutsche Besatzungspolitik in Polen*, S. 363.
147 Karay, *Death Comes in Yellow*, S. 73.
148 Unsere Hasag.
149 Fragebogen Edmund Heckler, Kreis Rottweil, Politische Überprüfung, 18.5.1948, LA BaWü – StA Sig, Wü 13 T 2, 1815-024.
150 Hugo Schneider Aktiengesellschaft, Protokoll über die Sitzung des Aufsichtsrats vom 23. Januar 1940, StA Leipzig, ADCA.
151 StA Leipzig 20214, Amtsgericht Leipzig, Nr. HRB 169, Bd. IX.
152 NSDAP-Zentralkartei, BArch Berlin: R 9361-VIII, Kartei/9291667.
153 Bei Wikipedia wird fälschlicherweise das Jahr 1933 als Eintrittsjahr genannt. Der MDR hat auf seiner Internetseite diesen Fehler wiederholt (*Vergessener Rüstungsgigant – die Leipziger HASAG*.
154 Siehe SGS StA Oberndorf und NSDAP-Mitgliederverzeichnisse Oberndorf a. N.
155 Brief der NSDAP-Ortsgruppe Ost an die NSDAP-Kreisleitung vom 20.4.1937, BArch, ZA VI 1516, A13, Angaben über Paul Budin.
156 Max Walter, *Wer ist und war die »Hasag«?* BArch Berlin: DY 55-3613, Bd. 2.
157 Haikal, *Die Hugo Schneider Aktiengesellschaft*, Chronik, S. 21.
158 Sebastian Fink, *Das Stahl- und Walzwerk Riesa in beiden deutschen Diktaturen 1933 bis 1963. Ein Vergleich*, Leipzig 2012, S. 101–118; Martin Baumert, *Autarkiepolitik in der Braunkohlenindustrie. Ein diachroner Systemvergleich anhand des Braunkohlenindustriekomplexes Böhlen-Espenhain: 1933 bis 1965*, Oldenbourg 2022, S. 138–165.
159 Fragebogen Edmund Heckler, Kreis Rottweil, Politische Überprüfung, 18.5.1948, LA BaWü – StA Sig, Wü 13 T 2, 1815-024.
160 Ferdinand Siebert, *Der deutsch-italienische Stahlpakt. Entstehung und Bedeutung des Vertrages vom 22. Mai 1939*, Vierteljahrshefte für Zeitgeschichte. Jg. 7 (1959), Heft 4, S. 356–395.
161 Peter Kohl/Peter Bessel, *Auto Union und Junkers. Die Geschichte der Mitteldeutschen Motorenwerke GmbH Taucha 1935–1948* (Beiträge zur Unternehmensgeschichte, Bd. 16), Stuttgart 2003, S. 44–49.
162 Martin Clemens Winter, *Antisemitismus – »Arisierung« – Abriss? Die HASAG in Taucha*, in: Newsletter der Gedenkstätte für Zwangsarbeit in Leipzig, Nr. 10 (2021), S. 31–34.
163 Die Geschichte der Arisierungen in Taucha, von denen die HASAG unter tatkräftiger Mithilfe der Kommune profitierte, ist von Martin Clemens Winter aufge-

arbeitet worden. Die folgende Passage stützt sich hauptsächlich auf seine in: *Das HASAG Puzzle. Forschungsblog zur nationalsozialistischen Unternehmenskultur, Zwangsarbeit und Judenmord* publizierten Forschungsergebnisse, https://hasagpuzzle.hypotheses.org/ [letzter Zugriff 15.9.2022].

164 Baubüro der HASAG an Bürgermeister von Taucha, 2.11.1939, Loseblattsammlung, Kreismuseum Taucha.

165 Erika Rowald, *Die deutsche Rauchwarenveredlung eine Lohnindustrie*, Inauguraldissertation, Leipzig, ohne Datum [ca. 1930/31], S. 54; Wilhelm Harmelin, *Juden in der Leipziger Rauchwarenwirtschaft*, Zeitschrift für Firmengeschichte und Unternehmerbiographien 11 (1966) 6, S. 248 – 282.

166 Robrecht Declercq, *World market transformation, Inside the German Fur Capital 187-*1939, London 2017, S. 143–145.

167 Regierungspräsident zu Leipzig an Bürgermeister Dr. Uhlmann, 9.1.1939, Loseblattsammlung, Kreismuseum Taucha.

168 Lage- und Maschinenplan, Werk Taucha, 1939, StA Leipzig 20869 Thügina GmbH, Leipzig, Nr. 22.

169 Besprechung in dem Enteignungsverfahren Eitingon/Wachtel zugunsten der Hasag, 23.8.1939, StA Leipzig, 20626 Stadt Taucha, Nr. 2272, Bl. 75; Martin Clemens Winter, *Estera Epstein, Überlebende der HASAG: Juristin – Zeugin – Erinnerungsakteurin*, Newsletter der Gedenkstätte für Zwangsarbeit Leipzig, Nr. 9 (2020), S. 23–26.

170 Irmgard Seidel, *Taucha (Frauen)*, in: Benz/Distel (Hrsg.), Der Ort des Terrors, Bd. 3, München 2006, S. 582–585, hier S. 582.

171 Martin Clemens Winter, *Nicht nur irgendein Klinkerbau, Die HASAG in Taucha* (III), in: Das HASAG Puzzle, https://hasagpuzzle.hypotheses.org/1694 [letzter Zugriff 10.12.2022].

172 Unsere Hasag, 5. Jg., Heft 1 (1942).

173 Hugo Schneider AG. steel cartridges cases, Reported by James T. Kemp, US Embassy, 20. June 1945, CIOS target No. 21/472.

174 CIOS, Hugo Schneider Aktiengesellschaft Leipzig, Item No. 2, File No. XXV-37.

175 Ebd.

176 Aktennotiz, Streng vertraulich, 14.1.1941, StA Leipzig, ADCA Nr. 1680.

177 Busch an von Schoen, 13.8.1940.

178 Von Schoen, Aktennotiz streng vertraulich, 12.8.1940

179 Walther Hubatsch (Hg.), *Hitlers Weisungen für die Kriegführung 1939–1945. Dokumente des Oberkommandos der Wehrmacht*, Frankfurt am Main 1983; Rolf-Dieter Müller, *Der Feind steht im Osten. Hitlers geheime Pläne für einen Krieg gegen die Sowjetunion im Jahre* 1939, Berlin 2011; Christian Hartmann, *Unternehmen Barbarossa. Der deutsche Krieg im Osten 1941–1945*, München 2011.

180 Aktennotiz, Streng vertraulich, 17.10.1940, StA Leipzig, ADCA Nr. 1680.

181 StA Leipzig, ADCA, 21006/985, 986, 987

182 CIOS, Hugo Schneider Aktiengesellschaft Leipzig, Item No. 2, File No. XXV-37.

183 Seidel, *Taucha (Frauen)*, S. 582.

184 CIOS, Hugo Schneider Aktiengesellschaft Leipzig, Item No. 2, File No. XXV-37.

185 Max Walter, *Illegale Tätigkeit in den Betrieben*, BArch Berlin, DY 55-3613, Bd. 2, Bl. 92–98.

186 *Ferdinando Innocenti: A short biography*, lambretta.be/innocent-story [letzter Zugriff 10.12.2022].

187 Ebd.

188 Fragebogen Edmund Heckler, Kreis Rottweil, Politische Überprüfung, 18.5.1948, LA BaWü – StA Sig, Wü 13 T 2, 1815-024.
189 StA Leipzig, ADCA, 21006/1042.
190 Von Schoen an Liebergeld, 20.9.1942, ebd.
191 Wolfgang Bleck, *Werkstoffkunde Stahl für Studium und Praxis*, Aachen 2010.
192 Visita alla »HASAG« e Colloquio Col Direttore Liebergeld. Lipsia 15. Settembre 1942, AFL Falck, Studi e Ricerca, Bl. 344–349.
193 HASAG an Innocenti, Mailand, 20.7.1942, StA Leipzig, Oberfinanzpräsident Leipzig, 20206/0358.
194 James Holland, *Sicily 43: The first assault on fortress Europe*, New York 2020.
195 *Innocenti: A short biography.*
196 StA Leipzig, ADCA, 21006/1042, 1043, 1046.
197 Niederschrift über die Aufsichtsratssitzung am 24.3.1944, ADCA, 21006/1043; Aktennotiz, 24.3.1944, 21006/1046.
198 Budin an Liebergeld, 12.1.1944, ADCA, 21006/1046.
199 Max Liebergeld innovation strategy, https://goodip.io [letzter Zugriff 20.11.2022].
200 *Innocenti: A short biography.*
201 Aktennotiz von Schoen, Aktennotiz, 8.3.1945, 7.2.1945, StA Leipzig, ADCA, 21006/1046.
202 Ulrich Heß, *Sachsens Industrie in der Zeit des Nationalsozialismus. Ausgangspunkte, struktureller Wandel, Bilanz*, in: Werner Bramke/Ulrich Heß (Hrsg.), Wirtschaft und Gesellschaft in Sachsen im 20. Jahrhundert, Leipzig 1998, S. 83.
203 Haikal, *Die Hugo Schneider Aktiengesellschaft*, Chronik, S. 20.
204 Zusammengestellt nach: Budin an alle Mitglieder des Aufsichtsrats der HASAG, 15.8.1939, Hugo Schneider Aktiengesellschaft, Niederschrift über die Präsidial-Sitzung am 3. Mai 1939, StA Leipzig, ADCA.
205 Aktennotiz, Streng vertraulich, 14.1.1941, StA Leipzig, ADCA, Nr. 1680.
206 Haikal, *Von der Petroleumlampe*, S. 42–45.
207 Ebd., S. 74–80.
208 Zusammengestellt nach ebd.
209 Schneider, *Der Fall Hugo Schneider AG*, S. 376 f.
210 Aktennotiz, 25.6.1938, ADCA/1680.
211 StA Leipzig, Amtsgericht Leipzig/Taucha Nr. 169, Bd. 7 und Bd. 9.
212 Schneider, *Der Fall Hugo Schneider AG*, S. 378–381.
213 Der Einsatz von Zwangsarbeitern am Hauptstandort der HASAG in Leipzig ist dokumentiert in: Friebel/Ulbricht (Hrsg.), *Zwangsarbeit beim Rüstungskonzern HASAG.*
214 Haikal, *Von der Petroleumlampe*, S. 46.
215 Gordon L. Rottman, *Panzerfaust and Panzerschreck*, Oxford 2014.
216 Major A.R.F. Martin, *Development of the German Panzerfaust and other hollow charge weapons*, BIOS report, No. 99, 23.8.1945.
217 Rudolf Lusar, *Die deutschen Waffen und Geheimwaffen des 2. Weltkrieges und ihre Weiterentwicklung*, 1956, S. 37 ff.; Fritz Hahn, *Waffen und Geheimwaffen des deutschen Heeres 1933–1945*, Bd. 1, Koblenz 1986, S. 88–99.
218 Ich danke Günter Nagel (Mahlow) für den Hinweis auf den Titel der Habilschrift Langweilers.
219 Günter Nagel, *Wissenschaft für den Krieg. Die geheimen Arbeiten der Abteilung Forschung des Heereswaffenamtes*, Stuttgart 2012, S. 151.

220 Handelsregistereintrag 10.10.1942, neue Gesamtprokuristen, Amtsgericht Leipzig, Registrierakten, Hugo Schneider AG, StA Leipzig 20124, AGL/27064.

221 Interrogation of Dr. Heinrich Langweiler, by Captain H. Pollard (BIOS) and Dr. H.R. Calvert (CSAR), BIOS Target Numbers 2/52.

222 Günter Nagel, *Himmlers Waffenforscher. Physiker, Chemiker, Mathematiker und Techniker im Dienste der SS*, Aachen 2011, S. 35.

223 Major A.R.F. Martin, Capt. S.A.B. Hitchins, *Development of Panzerfaust*, BIOS report, No. 100, September 1945.

224 Interrogation of Dr. Heinrich Langweiler, by Captain H. Pollard (BIOS) and Dr. H.R. Calvert (CSAR), BIOS Target Numbers 2/52.

225 Fritz Hahn, *Waffen und Geheimwaffen des deutschen Heeres 1933–1945*, Bd. 1, Koblenz 1986, S. 88 f.

226 Major A.R.F. Martin, Capt. S.A.B. Hitchins, *Development of Panzerfaust*, BIOS report, No. 100, September 1945.

227 Max Walter, *Wer ist und war die »Hasag«?*, BArch Berlin: DY 55-3613, Bd. 2.

228 Nagel, *Himmlers Waffenforscher*, S. 21 f.

229 *Das Deutsche Reich und der Zweite Weltkrieg*, Bd. 5/2, S. 625–627.

230 Hermann, *Führungsverhalten*, S. 74.

231 Martin Schellenberg, *Die »Schnellaktion Panzerfaust«. Häftlinge in den Außenlagern des KZ Buchenwald bei der Leipziger Rüstungsfirma* HASAG, Dachauer Hefte, Heft 21 (2005), S. 237–271; hier S. 239.

232 Das Internationale Militärtribunal (ITM): Der Nürnberger Prozess, Band XXXVIII, S. 366, Dokument 129-R.

233 Schellenberg, *»Schnellaktion Panzerfaust«*, S. 240.

234 *Das Deutsche Reich und der Zweite Weltkrieg*, Bd. 5/2, S. 618.

235 Ebd., S. 627.

236 Felicja Karay, *Wir lebten zwischen Granaten und Gedichten. Die Frauenlager der Rüstungsfabrik* HASAG *im Dritten Reich*, Köln/Weimar/Wien, 2001, S. 34.

237 Haikal, *Von der Petroleumlampe*, S. 50.

238 Gordon L. Rottman, *The rocket propelled grenade*, Oxford 2010, S. 14.

239 Rottman, *The rocket propelled grenade*, S. 13.

240 Schellenberg, *»Schnellaktion Panzerfaust«*, S. 244.

241 Ebd., S. 245.

242 Zusammengestellt nach Anhang, Verzeichnis der KZ-Außenlager, in: Hans Brenner u. a. (Hrsg.), *NS-Terror und Verfolgung in Sachsen*, Dresden 2018, S. 479 f., S. 493–496; Irmgard Seidel, *Altenburg (Frauenlager)*, in: Benz/Distel (Hrsg.), Der Ort des Terrors, Bd. 3, S. 363 f.

243 G-2 Report, No. 307, The HASAG Panzerfaust factory and Concentration Camp, 28. April 1945; Initiative Flößberg gedenkt, in: http://www.floessberg-gedenkt.de [letzter Zugriff 15.12.2022].

244 Schellenberg, *»Schnellaktion Panzerfaust«*, S. 266 f.

245 Karay, *Wir lebten zwischen Granaten und Gedichten*; Winter, *Estera Epstein*, S. 23–26; Irmgard Seidel, *Leipzig-Schönefeld (Frauenlager)*, in: Benz/Distel (Hrsg.), Der Ort des Terrors, Bd. 3, S. 495–500; Sebastian Schönemann, *Das Frauen-Außenlager »HASAG-Leipzig« in Leipzig Schönefeld*, Neue Forschungen zur Geschichte und zum Ort des Lagers, in: Medaon. Magazin für jüdisches Leben in Forschung und Bildung, S. 1–5.

246 Magdalena Sacha, *Polinnen und polnische Jüdinnen im Außenlager Hasag-Leipzig, Zusammen, aber getrennt*, in: Sabine Moller u. a. (Hrsg.), Abgeschlossene Kapitel? Zur Ge-

schichte der Konzentrationslager und der NS-Prozesse, Tübingen 2002, S. 69–87, hier S. 79.

247 Karay, *Wir lebten zwischen Granaten und Gedichten*, S. 216.

248 Bürgermeister Uhlemann an Landrat zu Leipzig, 7.6.1944, Loseblattsammlung, Kreismuseum Taucha.

249 Ebd.

250 3. Beratung des Bürgermeisters mit den Ratsherren, 22.6.1944, ebd.

251 Der Pachtvertrag zwischen der HASAG und Thierschmann von 1944 ist nicht überliefert. Die Eitingon AG bestätigte den Abschluss des Vertrages in einem Schreiben an die Reichsbankhauptstelle Leipzig vom 27.6.1945. Auch Mumme schrieb im Juni 1945 von einem Pachtvertrag. Vgl. Eitingon AG an die Reichsbankhauptstelle Leipzig, 27.6.1945, sowie Mumme an Dresdner Bank, 7.6.1945, StA Leipzig 21018, Dresdner Bank in Leipzig, Nr. 457.

252 4. Beratung des Bürgermeisters mit den Ratsherren, 27.7.1944, Loseblattsammlung, Kreismuseum Taucha.

253 Stadt, Taucha, Aktennotiz 13.3.1945, ebd.

254 HASAG an Stadt Taucha, 22.12.1944, ebd.

255 Stadt Taucha an HASAG, 5.12.1944, ebd.

256 Stadt Taucha an HASAG, betr. Vertrag über Pachtgelände, 8.1.1945, ebd.

257 Ebd.

258 4. Beratung des Bürgermeisters mit den Ratsherren, 27.7.1944, ebd.

259 In einem Schreiben der Gemeinde Taucha ist von einem Herrn Danzen als Betriebsleiter von Taucha II und Verantwortlichen für den Einsatz der KZ-Häftlinge die Rede. (Staatskommissar, Aktennotiz, 13.3.1945, Loseblattsammlung, Kreismuseum Taucha). Noch am 9. November 1945 wird ein Herr Tanzer im Zusammenhang mit dem zwischen der Gemeinde Taucha und der HASAG im Januar 1945 geschlossenen Pachtvertrag bzgl. der Nutzung eines Areals für das Werk Taucha II genannt. Vgl. Aktenvermerk, betr. Sandgrube bei der Firma Thierschmann, 9.11.45, Loseblattsammlung, Kreismuseum Taucha. Vermutlich handelt es sich um Schreibfehler. In der Liste der im November 1944 ernannten Prokuristen steht Friedrich Tanzen.

260 Handelsregistereintrag 7.11.1944, Friedrich Tanzen, Leipzig, Amtsgericht Leipzig, Registrierakten, Hugo Schneider AG, StA Leipzig 20124 AGL/27064.

261 Ruth Elias, *Die Hoffnung erhielt mich am Leben. Mein Weg von Theresienstadt und Auschwitz nach Israel*, München 1988, S. 203.

262 Brenner u. a. (Hrsg.), *NS-Terror und Verfolgung in Sachsen*, S. 517.

263 Zentrale Stelle der Landesjustizverwaltung Ludwigsburg, 15.5.1968; Charles-Claude Biedermann, *Taucha (Männer)*, in: Benz/Distel (Hrsg.), Der Ort des Terrors, Bd. 3, S. 586; bei Hans Brenner, S. 517, ist zu lesen, dass in beiden Werken Häftlinge eingesetzt wurden. Belege dafür werden nicht genannt.

264 Vgl. die Befragungen von Johanna Makowsky, Erna Drehmel, Tadusz Osinski (Warschau), Maria Chojnacki, Caroline Wagner, Hugo Colns, BArch, B 162/15495 (2). Auch Maria Peter berichtet nur vom Zusammenbau von Panzerfäusten. Vgl. Irmgard Seidel, *Der Einsatz von KZ-Häftlingen in den Werken der HASAG 1944/45*, in: UFZ, Leipzig Permoserstraße, S. 92. Nicht eindeutig ist lediglich die Aussage von Frieda Marks, »Dort wurden wir überwiegend mit der Herstellung von Infanteriemunition, wie Panzerfäuste, Granaten u. ä. beschäftigt«, BArch, B 162/15495 (2).

265 Niederschrift, Johanna Makowsky, 0.7.1968, BArch, B 162/15495 (2), Bl. 62–64.

266 Zeugenvernehmung Maria Chojnacki, BArch, B 162/15495 (2), Bl. 150 sowie Vernehmung Franz Langner, 13.12.1974, 13.12.1974, Bl. 250–254.
267 Fragebogen Edmund Heckler, Kreis Rottweil, Politische Überprüfung, 18.5.1948, LA BaWü – StA Sig, Wü 13 T 2, 1815-024.
268 Bürgermeister der Stadt Taucha, Behändigungsschein: 3.12.1941, StA Leipzig, 20626, Stadt Taucha/2352.
269 Baupolizei an MMW, 2.12.1941, ebd.
270 Bürgermeister der Stadt Taucha an Mitteldeutsche Motorenwerke, 1.3.1943, ebd.
271 Kohl/Bessel, Auto Union und Junkers, S. 176.
272 MMW an Hasag, 2.9.1944; MMW, Aufstellung zur Übergabe des Barackenlagers I an die HASAG, 4.9.1944, StA Leipzig, 20626, Stadt Taucha/2353.
273 Zeugen Vernehmung, Johann Ranker, 6.7.1970, B 162/15495 (2).
274 Ebd.
275 SS-Kommando HASAG Taucha an KZ Buchenwald, 25.9.1944, 1.1.5.1, 5323272, ITS Digital Archive, Arolsen Archives.
276 Seidel, *Der Einsatz von KZ-Häftlingen*, S. 84–95.
277 Seidel, *Taucha (Frauenlager)*, S. 582–585.
278 Waffen-SS, KL Buchenwald, Arbeitskommando HASAG, Taucha b. Leipzig, 31.12.1944, betr. Monatsmeldung über Nationalitäten der Häftlinge, Archiv Arolsen.
279 KL Buchenwald, 15.11.1944, Nummernverteilung bei den weiblichen Außenkommandos Ist-Stärke, BArch, B 162/15495.
280 Elias, *Die Hoffnung*, S. 207.
281 Seidel, *Taucha (Frauenlager)*, S. 582–585.
282 Sachstandsbericht, 10.12.1970, BArch, B 162/15495 (2), Bl. 164.
283 Seidel, *Taucha (Frauen)*, S. 582 f.; Naumann, *Das KZ-Außenlager Taucha*.
284 Werk II, Freiherr vom Stein Str. 3a, BArch, Ludwigsburg, B 162/15495.
285 Leiter der Zentralstelle im Lande Nordrhein-Westfalen an Justizminister des Landes Nordrhein-Westfalen, betr. Ermittlungsverfahren gegen SS-Scharführer Schmidt, 23.6.1975, BArch, Ludwigsburg, B 162/15495 (2), Bl. 216–220.
286 Elias, *Die Hoffnung*, S. 227–233.
287 Seidel, *Taucha (Frauen)*, S. 584.
288 Brenner, *NS-Terror*, S. 518.
289 Naumann, *Das KZ-Außenlager Taucha*.
290 Yoel Jaari, *Choosing to be human*, in: Newsletter der Gedenkstätte für Zwangsarbeit, Ausgabe 9, Dezember 2020, S. 17–22.
291 Hauptamt I an Landrat zu Leipzig, 7.5.1945, StA Leipzig 20626, Stadt Taucha/1907.
292 Hauptamt I an Hasag, 11.5.1945, ebd.
293 Hasag (Dr. M./Mö) an Bürgermeister von Taucha, betr. Aufwendungen für ehemalige KZ-Häftlinge, 16.5.45.
294 Hasag (Dr. M./Fry.) an Bürgermeister, 3.7.1945, ebd.
295 Treuhänder für das beschlagnahmte Vermögen, Land Thüringen, an Bürgermeister, 9.9.1945, ebd.
296 BArch Ludwigsburg, ZStL. IV 439, AR-Z 13/74.
297 *Leipzig am Ende des Krieges. Neubeginn in Trümmern 1945/1946*, Ausstellung des Stadtarchivs Leipzig 2005–2006.
298 Schwan, *Die Frau an seiner Seite*, S. 53f.

299 Leipziger Volkszeitung, 6. August 1945, Stadtgeschichtliches Museum Leipzig. Dokumentenmappe Hugo Schneider AG, Hasag.

300 *Leipzig am Ende des Krieges. Neubeginn in Trümmern 1945/1946*; Benz/Distel (Hrsg.), Der Ort des Terrors, Bd. 3, S. 504 f.

301 Haikal, *Von der Panzerfaust*, S. 52.

302 Robert Giesel, *Leipzigs nationalsozialistische Bürgermeister* (1937–1945), in: Leipziger Stadtgeschichte. Jahrbuch 2011, Beucha 2012, S. 117–132.

303 Aufsichtsratssitzung der Hasag vom 17. April 1945, StA Leipzig, ADCA, 21006/1043.

304 Max Walter, *Wer ist und war die »Hasag«?*, BArch Berlin: DY 55-3613, Bd. 2.

305 Haikal, *Einige Bemerkungen*, S. 80–88.

306 Vernehmung Hans Führer vom 3.8.1945, National Archives Washington, RG 238.

307 Mumme, Niederschrift über eine Besprechung am 15. Mai 1945 zwischen Dr. von Schoen, Bassermann und Hartmann vom Aufsichtsrat und Hessen und Dr. Mumme vom Vorstand der Hasag, 27.5.1945, StA Leipzig, ADCA, 21006/1043; Protokoll über Besprechung von Georg Mumme und Ernst Schoen von Wildenegg am 28.5.1945, StA Leipzig, ADCA, 21006/1046.

308 Klaus-Dietmar Henke, *Die amerikanische Besetzung Deutschlands*, München 1995, S. 701.

309 Ebd., S. 706.

310 Aktennotiz von Schoen 29.5.1945, StA Leipzig, ADCA, 21006/1046.

311 Haikal, *Einige Bemerkungen*, S. 82.

312 Ebd.

313 Ebd.

314 Klaus-Dietmar Henke, *Die amerikanische Besetzung Deutschlands*, S. 707 f.

315 CIOS, Hugo Schneider Aktien Gesellschaft, Report on CIOS trip No. 192, NARA Washington, S. 4.

316 Ebd., S. 5.

317 Fragebogen Edmund Heckler, Kreis Rottweil, Politische Überprüfung, 18.5.1948, LA BaWü – StA Sig, Wü 13 T 2, 1815-024.

318 Amerikanische Militärregierung, Abschrift der Genehmigung zum Ankauf ihres Betriebes, 4. Juni 1945, StA Leipzig, Dresdner Bank in Leipzig, 21018/457, Bd. 1.

319 Mary-Kay Wilmers, *The Eitingons – A Twentieth-Century-Story*, London 2010.

320 Ch. Eitingon AG an Dresdner Bank, 27.6.1945, StA Leipzig, Dresdner Bank in Leipzig, 21018/457, Bd. 1.

321 Dresdner Bank an Direktionsbüro der HASAG in der Jacobstraße 28.6.1945, Ebd.

322 Mumme an Dresdner Bank, Filiale Leipzig, 7.6.1945, StA Leipzig Dresdner Bank in Leipzig, 21018/457, Bd. 1.

323 Mumme, Niederschrift über eine Besprechung am 15. Mai 1945 zwischen Dr. von Schoen, Bassermann und Hartmann vom Aufsichtsrat und Hessen und Dr. Mumme vom Vorstand der Hasag, 27.5.1945, StA Leipzig, ADCA, 21006/1043.

324 Haikal, *Einige Bemerkungen*, S. 82.

325 Wilmers, *The Eitingons – A Twentieth-Century-Story*.

326 StA Leipzig, 20124 Amtsgericht Leipzig, HRB 169, Bd. VIII.

327 Haikal, *Einige Bemerkungen*, S. 82.

328 Frank Schulz, *Demontagen in Leipzig – »geeignet, den Lebensnerv der Stadt abzutöten«?*, in: Rainer Karlsch/Jochen Laufer (Hrsg.), Sowjetische Demontagen in Deutsch-

land 1944–1949. Hintergründe, Ziele und Wirkungen, Berlin 2002, S. 403–446, hier S. 412.

329 StA Leipzig, 20124 Amtsgericht Leipzig, L 20064.

330 Gottfried Plumpe, *Die I.G. Farbenindustrie AG. Wirtschaft, Technik, Politik 1904–1945*, Berlin 1990, S. 750–756; Alexander Jehn/Albrecht Kirschner/Nicola Wurthmann (Hrsg.), *IG Farben zwischen Schuld und Profit. Abwicklung eines Weltkonzerns*, Marburg 2022.

331 Vernehmung Hans Führer vom 3.8.1945, National Archives Washington, RG 238.

332 StA Leipzig, 20031 Polizeipräsidium Leipzig, PP-S 2317/51; Sächsisches Hauptstaatsarchiv Dresden, 13471, NS-Archiv des MfS, ZAst 076 A.1.

333 Marco Brödel, *Georg Mumme – Ein Beispiel für versäumte Strafverfolgung*, in: Newsletter des Fördervereins »Dr. Margarete Blank« e.V., Ausgabe 2, Dezember 2013, S. 10 f.

334 Hugo Schneider Aktiengesellschaft, Protokoll über die Sitzung des Aufsichtsrats vom 23. April 1937, StA Leipzig, 21006, ADCA/1044.

335 Karay, *Wir lebten zwischen Granaten und Gedichten*, S. 204 f.

336 Kamienna-Prozess, Zeuge Hessen, 6. Dezember 1948, BArch Berlin: DO 1-32731, Bl. 7–10.

337 Hermann, *Führungsverhalten*, S. 122.

338 Vgl. Von Schoen an Alfred Busch, 1.9.1942, HAC, 500/1112-2001, Bd. 2.

339 Vgl. Besuch von Schoen bei Herrn Hölling am 28.7.1944, HAC, 500/29544-2001. BE.

340 Vgl. Walter Cramer, *Die letzten Wochen*, S. 26 f.

341 In diesem Punkt sind die Anmerkungen von Haikal, in: *Von der Petroleumlampe*, S. 38, zur Biografie Schoens zu korrigieren.

342 Vgl. von Schoen an Jacques Keller, 23.7.1946, in: Walter Cramer, *Die letzten Wochen*, S. 222–224.

343 Vgl. Nora Michalski, *Amerikanische Besetzung*, in: Ulrich von Hehl (Hg.), Geschichte der Stadt Leipzig. Vom Ersten Weltkrieg bis zur Gegenwart, Leipzig 2019, S. 455.

344 Vgl. von Schoen an Jacques Keller, 19.9.1946, in: Walter Cramer, *Die letzten Wochen*, S. 227.

345 Ebd.

346 Herrmann, *Führungsverhalten*, S. 123.

347 Johannes Bähr, *Innere Machtkämpfe und politische Vernetzungen 1938–1945*, in: ders. (Hg.), Die Dresdner Bank, S. 102 f., 105 und S. 126 f.

348 Ralf Ahrens, *Von der »Säuberung« zum Generalpardon, Die Entnazifizierung der westdeutschen Wirtschaft*, in: Jahrbuch für Wirtschaftsgeschichte, Vol. 51, 2010, S. 25–46.

349 Spruchkammerakte Hugo Zinßer, Hessisches Hauptstaatsarchiv, Abt. 520, BW, Nr. 6.

350 Betriebsrat Dresdner Bank München, EHRI-Portal, https://portal.ehri-project.eu/units/de-002624-verbakt-ed_800 [letzter Zugriff 10.12.2022].

351 Martin Clemens Winter, *Die internationale Ahndung von NS-Verbrechen beim Rüstungskonzern HASAG 1945–1995*, in: Friebel/Ulbricht (Hrsg.), Zwangsarbeit beim Rüstungskonzern HASAG, S. 103–124.

352 Ebd., S. 106.

353 Schwurgerichtsverhandlungen gegen Arno Wetzold am 21.4.1947, Staatsarchiv Chemnitz, 39074/14 ZD 54/3905.

354 Haikal, *Einige Bemerkungen*, S. 84.

355 Andrea Lorz, *Die vergessene Aufarbeitung, 60 Jahre Leipziger Prozesse um die nationalsozialistischen Verbrechen in den HASAG-Werken in Skarżysko-Kamienna und Czestochowa* [PDF], https://calendar.boell.de [letzter Zugriff 4.2.2022].

356 Ebd.

357 Zitiert nach: Martin Clemens Winter, *Der Leipziger »Kamienna-Prozess« im Westdeutschen Rundfunk (I)*, in: Das HASAG Puzzle, https://hasagpuzzle.hypotheses.org/64 [letzter Zugriff 5.11.2022].

358 Unterschriftenliste der Vorstandsmitglieder und Prokuristen der HASAG, Januar 1936, StA Leipzig, 21018 Dresdner Bank in Leipzig, Nr. 742.

359 Handelsregistereintrag 4.6.1940, neue Gesamtprokuristen, Amtsgericht Leipzig, Registrierakten, Hugo Schneider AG, StA Leipzig 20124, AGL/27064.

360 Martin Clemens Winter, *Egon Dalski, Leipziger Ratsherr, HASAG-Direktor und international gesuchter Kriegsverbrecher*, in: Das HASAG Puzzle, https://hasagpuzzle.hypotheses.org/1726 [letzter Zugriff 6.7.2022].

361 Liste über SD-Angehörige des Abschnitts Leipzig, o.J. [1945], in: BA-DH, ZA VI 1758, A. 2. V.

362 Hermann, *Führungsverhalten*, S. 123.

363 Handelsregistereintrag, 13.5.1946, Löschung von Prokura, Amtsgericht Leipzig, Registrierakten, Hugo Schneider AG, StA Leipzig 20124 AGL/27064.

364 Kamienna-Prozess, Zeuge Hessen, 6. Dezember 1948, BArch Berlin: DO 1-32731, Bl. 7–10.

365 Massenvernichtungsverbrechen in Lagern, Tatort ZAL Skarżysko-Kamienna, Gerichtsentscheidungen LG Leipzig vom 22.12.1948, S. 539–541.

366 Kamienna-Prozess, Zeuge Hessen, 6. Dezember 1948, BArch Berlin: DO 1-32731.

367 Hans Frey, *Die Hölle von Kamienna*, Berlin/Potsdam 1949, S. 91.

368 Andrea Lorz, *Die vergessene Aufarbeitung*.

369 Florian Havemann, *Menschenrechte – und ihre ungewollten Nebenwirkungen*, in: Berliner Zeitung, 9.10.2022.

370 *Vergessener Rüstungsgigant – die Leipziger HASAG*.

371 Kreis Rottweil, Politische Überprüfung, Edmund Heckler, 18.5.1948, LA BaWü – StA Sig, Wü 13 T 2, 1743/033.

372 So ist er nicht schon 1933 in die NSDAP aufgenommen worden, sondern erst im Januar 1940. Er gehörte nicht der Werkleitung in Altenburg an und war auch nicht an der Entwicklung und Produktion der Panzerfaust beteiligt.

Die Ingenieure, das Erbe und die Bundeswehr – Gründung und Aufstieg der Heckler & Koch GmbH

1 Joachim Scholtyseck, *Der Aufstieg der Quandts. Eine deutsche Unternehmerdynastie*, München 2011, S. 307.

2 Ratssitzung vom 17. Juli 1935, in: Stadtarchiv Oberndorf [künftig StadtA ObN], B65, Gemeinderatssitzungen, S. 415. Zu diesem Anlass schenkte er der Stadt das sogenannte Obere Werk der Mauser-Werke AG.

3 Ratssitzung vom 17. Juli 1935, in: StadtA ObN, B65, Gemeinderatssitzungen, S. 416.

4 StadtA ObN, B65, Gemeinderatssitzungen, S. 2, Anhang.

5 Ratssitzung vom 17. Juli 1935, in: StadtA ObN, B65, Gemeinderatssitzungen, S. 415.

6 Scholtyseck, *Der Aufstieg der Quandts*, S. 812.

7 Scholtyseck, *Der Aufstieg der Quandts*, S. 812, sowie Zeitzeugenaussagen lt. Oberbürgermeister a. D. Klaus Laufer. In Württemberg-Hohenzollern wurden die Entnazifizierungsmaßnahmen 1951 eingestellt, ca. 150.000 Fälle waren bearbeitet worden, über 50 Prozent als »unbelastet« eingestuft und 38 Prozent als »Mitläufer« verurteilt. Vgl. Otto Kenntner, *Oberndorfer Stadtgeschichte 1945–1975*, Oberndorf 1998, S. 299.

8 Hinweis Klaus Laufer, Bürgermeister a. D.

9 Jochen Thies/Kurt von Daak, *Südwestdeutschland Stunde Null. Die Geschichte der französischen Besatzungszone 1945–1958*, Düsseldorf 1979.

10 Jüngst die Studie von Stephan H. Lindner, *Aufrüstung – Ausbeutung – Ausschwitz. Eine Geschichte des I.G.-Farben-Prozesses*, Göttingen 2020.

11 Francoise Berger/Hervé Joly, *»Fall 13«, Das Rastattater Röchling-Verfahren*, in: Kim Christian Priemel/Alexa Stiller (Hrsg.), Die Nürnberger Militärtribunale zwischen Geschichte, Gerechtigkeit und Rechtsschöpfung, Hamburg 2013; Heide-Marie Göbbel, *Das fast vergessene Kapitel der Nachkriegsjustiz*, in: Jüdische Allgemeine, 4. Juli 2023.

12 Berger/Joly, *»Fall 13«*; Hans Horch, *Röchlings Verbrechen oder: Der deutsche Imperialismus vor Gericht*, Saarbrücker Hefte Nr. 92 (2004), S. 15–28.

13 In Spaichingen hatte die Mauser-Werke AG in den letzten Kriegsjahren einen Ausweichbetrieb unterhalten (Metallwerke Spaichingen). Vor Ort befand sich ein Außenlager des Konzentrationslagers Natzweiler-Struthof. Vgl. *Spaichinger Stadtchronik. Beiträge zur Geschichte der Stadt unter dem Dreifaltigkeitsberg*, Spaichingen 1990.

14 Kenntner, *Oberndorfer Stadtgeschichte 1945–1975*, S. 28.

15 *Ein Jurist und Kirchenmann. Historie. Früherer Oberndorfer Bürgermeister Albrecht Eißler wäre jetzt 125 Jahre alt*, Schwarzwälder Bote, 17.3.2018, in: Privatsammlung Bürgermeister a. D. Klaus Laufer, Oberndorf [künftig Sammlung Laufer].

16 Otto Kenntner, *Die Anfänge in Oberndorf a. N. nach dem Krieg*, Oberndorf 1997, S. 3.

17 Kenntner, *Oberndorfer Stadtgeschichte 1945–1975*, S. 28.

18 Er machte sich auch später noch einen Namen, indem er mancherlei Aufsätze zur Geschichte Oberndorfs verfasste. Vgl. u. a. Kenntner, *Die Anfänge in Oberndorf a. N. nach dem Krieg*.

19 Werner Augenstein, *Oberndorf lebt und baut auf. Das Ende der Mauser-Werke*, in: Festschrift zum Heimat- und Jubiläumsfest der Stadt Oberndorf a. N. Oberndorf 1951, S. 99–120, S. 99.

20 Gerhard Sonnenberg, *Oberndorf – tote Stadt?*, 1954, in: StadtA ObN, BO, O8, AF38, Mitteilungen, Berichte und Zeitungsausschnitte zur wirtschaftlichen Lage von Oberndorf.

21 Schreiben Robert Gleichauf an das Bürgermeisteramt vom 24.1.1947, in: StadtA ObN, BO, O8, AF 582, verschiedene Akten zu der Mauser-Werke AG.

22 StadtA ObN, B458-B476, Niederschriften des Gemeindesrats und seiner Ausschüsse einschließlich Anlagen.

23 Umsätze in Fertigungserzeugnissen der Firma Mauser-Werke A.G. in Oberndorf a. N., in: StadtA ObN, BO, O8, AF 582, verschiedene Akten zu der Mauser-Werke AG.

24 Auszug aus Gliederung des Personals der Mauser-Werke A.G. in Oberndorf in den Jahren 1933–1940 vom 28. September 1948, in: StadtA ObN, BO, O8, AF 582, verschiedene Akten zu der Mauser-Werke AG.

25 Peter Dalhammer, *Abschrift und Übersetzung »Waffenforschung 1945. Visit to Mauser-Werke«, Ausfertigung* Nr. 2020, Books on Demand, Norderstedt 2020, S. 11.

26 Das beschlagnahmte Material wurde unter U.S. Ordnance, Col. H.A. Quinn nach Paris verbracht, dort teils geplündert und die Reste nach London weitergeschickt. Vgl. Dalhammer, *Abschrift und Übersetzung »Waffenforschung 1945. Visit to Mauser-Werke«*, S. 11.

27 Zunächst sollte man in der Nähe von Kufstein eine Maschinenfabrik beziehen. Dalhammer, *Abschrift und Übersetzung »Waffenforschung 1945. Visit to Mauser-Werke«*, S. 56.

28 Ebd., S. 21.

29 John Gimbel, *Science, Technology and Reparations. Exploitation and Plunder in Postwar Germany*, Stanford 1990.

30 Von Loßnitzer emigrierte 1947 in die USA, wo er 1989 verstarb, und entwarf dort weiterhin, nun für die US-Militärs, Waffen. Vgl. auch seine diktierte Autobiografie, Leslie E. Field/Bas J. Martens (Hrsg.), *Ott-Helmuth von Lossnitzer, Technical Director of the Mauser Company, 1933–1945. An Oral Recollection*, o.O. 2011.

31 Blake Stevens, *Full Circle. A Treatise on Roller Locking*, Collector Grade Publications, 2006.

32 Vgl. Kostenstellenverzeichnis, in: Dalhammer, *Abschrift und Übersetzung »Waffenforschung 1945. Visit to Mauser-Werke«*, Anhang, S. 18.

33 Stevens, *Full Circle*, o.S.; vgl. Schreiben Karl-Heinz Dittberner VDI an Vorstand Rheinmetall AG, Mez, 30.5.1955, in: Zentral Archiv Rheinmetall [künftig ZARh] B 5320, Nr. 16 Mauser, HK 30.5.1955; Joachim Heitz, *Müllheimer Stadtgeschichte nach 1945*, Müllheim 2016, S. 2, in: Sammlung Klaus Laufer.

34 Vgl. zur technischen Entwicklung und Beurteilung Stevens, *Full Circle*. Stevens führt aus, Vorgrimler habe sein Gewehr bis 1949 erfolgreich weiterentwickelt.

35 Ebd.

36 Augenstein, *Das Ende der Mauser-Werke*, S. 103, schreibt noch von 150 Ingenieuren. Vermutlich ist dies für die unmittelbare Nachkriegszeit zutreffend. Eine spätere Liste nennt nur noch knapp über 100 Arbeitskräfte. Vgl. Liste anlässlich eines 50. Geburtstags; eine Mitgliederliste der DEFA benennt 140 Namen und wurde am 21.10.2017 angefertigt; auch hier wird Lossnitzer gelistet. Vgl. Zeugnis, D.E.F.A. Centre d'Etudes vom 31.3.1964, alle in: Sammlung Klaus Laufer, DEFA.

37 Kopie Mauser-Werke an Bürgermeister vom 27.2.1947, in: StadtA ObN, 08, AF1197 Auflistung der zur Arbeit nach Frankreich verpflichteten Spezialarbeiter der Mauser-Werke AG.

38 Vgl. *Woher kommt mein Interesse für dieses Land?*, in: Sammlung Klaus Laufer.

39 Joachim Heitz listet die ihm bekannten ehemaligen Mauser-Mitarbeiter, die nun bei der DEFA arbeiteten, auf, unter anderen war hier von Lossnitzer zu finden. Vgl. Personalmanagement der Mulhouse-Werkstatt, Verzeichnis Nr. 1098 – Version vom 23. September 2016, CAAPC /DAP, als Kopie in: Sammlung Klaus Laufer. Scholtyseck schreibt, dass von Lossnitzer als Waffenberater zur staatlichen Springfield Armory in die USA ging. Scholtyseck, *Der Aufstieg der Quandts*, S. 811.

40 So beschreibt es Carlos Collado Seidel, *Die deutsch-spanischen Beziehungen in der Nachkiegszeit: Das Projekt deutscher Militärstützpunkte in Spanien 1960*, Saarbrücken 1991, S. 32. Seidel bezieht sich möglicherweise auf einen Informationshinweis zum CETME-Gewehr vom 16.6.1961, in: Archivo del Ministerio de Asuntos Exteriores (AMAE) [künftig AMAE], Alcalá de Henares (Madrid), 82 Nr. 16831 (früher Leg. R-6574, Exp. 21), Exportaciones de armas a Alemania. In dieser Quelle ist

jedoch nicht beschrieben, dass die Ingenieure direkt 1945 nach Spanien flohen, sondern nur, dass sie nach Spanien flohen und Konstruktionspläne mitbrachten.

41 Vgl. Walter Lehmann, *Die Bundesrepublik und Franco-Spanien in den 50er Jahren. NS-Vergangenheit als Bürde?*, München 2010, S. 130.

42 Christoph Buchheim, *Kriegsschäden, Demontagen und Reparationen. Deutschland nach dem Zweiten Weltkrieg*, in: Materialien der Enquete-Kommission »Aufarbeitung von Geschichte und Folgen der SED-Diktatur in Deutschland«, Band II/3, Machtstrukturen und Entscheidungsmechanismen im SED-Staat und die Frage der Verantwortung, Baden-Baden 1995, S. 1030–1069, hier S. 1042.

43 Ebd., S. 1049.

44 Ebd., S. 1056.

45 Vgl. L. von Hoffmann, *Wiederaufbau nach Demontage. Ein Überblick über die wirtschaftlichen Folgen der Demontagepolitik*, in: Wirtschaftsdienst Nr. 10 (Vol. 31), 42–47; Buchheim, *Kriegsschäden*, S. 1062, kommt zu einem Gesamtwert von ca. 6,7 Mrd. RM bei einem Wert der Demontagen in Höhe von 4 Mrd. RM.

46 Scholtyseck, *Der Aufstieg der Quandts*, S. 803.

47 Verfügung Nr. 252, in: StadtA ObN, BO, O8, AF 582, Verschiedene Akten zu der Mauser-Werke AG.

48 Anlage Entwurf »Stillegung der Mauser-Werke A.G., Oberndorf am Necker« vom 4.12.1946, Schreiben an Bürgermeister Kenntner, Alex Mauser, Robert Gleichauf vom 4. Dezember 1946, in: StadtA ObN, BO, O8, AF 582, Verschiedene Akten zu der Mauser-Werke AG. Dieser Entwurf wurde dann als deutlich gekürzte Fassung am 7. Dezember 1946 an den Alliierten Kontrollrat und die französische Militärregierung versendet. Dieser Passus fehlte. Vgl. ebd. Eine Denkschrift übernahm den Passus jedoch.

49 StadtA ObN, BO, O8, AF 582, Verschiedene Akten zu der Mauser-Werke AG.

50 Mappe Unterlagen über den Vorschlag über den Aufbau einer Friedenswirtschaft an Oberst Menier, in: StadtA ObN, O8, AF 582, Mauser; Schreiben Bürgermeisteramt Oberndorf an Landesdirektion der Wirtschaft vom 25.11.1946; Schreiben Zentralamt für Wirtschaft und Arbeit, beide in: StadtA ObN, BO, O8, AF 567, Ansiedlung von neuen Unternehmen in Oberndorf am Neckar.

51 Schreiben Bürgermeister Oberndorf an Industrieplanung vom 7.11.1946, in: StadtA ObN, BO, O8, AF 567, Ansiedlung von neuen Unternehmen in Oberndorf am Neckar.

52 Ebd.

53 So die Lederwarenfabrik Hempting & Co., die Industrie- und Vulka-Betrieb GmbH und die Herbert Lindner GmbH. Vgl. Schreiben Bürgermeisteramt Oberndorf an Industrieplanung, 17.11.1946, in: StadtA ObN, BO, O8, AF 567, Ansiedlung von neuen Unternehmen in Oberndorf am Neckar.

54 U.a. Aktennotiz Bürgermeister Kenntner vom 28. März 1947, in: StadtA ObN, BO, O8, AF 582, Verschiedene Akten zu der Mauser-Werke AG.

55 Aktennotiz Akt.Nr. 4073/1, 17.6.1947, in: StadtA ObN, BO, O8, AF 582, Verschiedene Akten zu der Mauser-Werke AG.

56 Schreiben Bürgermeister Kenntner an Zentralamt für Wirtschaft und Arbeit vom 30.01.1947, in: StadtA ObN, BO, O8, AF 567, Ansiedlung von neuen Unternehmen in Oberndorf am Neckar.

57 Aktenvermerk Akt. Nr. 8051 vom 28. März 1947; eine Besichtigung der Waffenforschungsanstalt fand am 10. Juni 1947 statt, da waren sämtliche Fenster schon entfernt und die Böden herausgerissen, sodass sich die Nutzungsoption

als Krankenhaus zerschlug. Vgl. Aktennotiz, Akt.Nr. 4073, 16.6.1947, beide in: StadtA ObN, BO, O8, AF 582, Verschiedene Akten zu der Mauser-Werke AG.

58 Abschrift Landratsamt Rottweil an Bürgermeisteramt Oberndorf, 2. Juli 1947, in: StadtA ObN, BO, O8, AF 582, Verschiedene Akten zu der Mauser-Werke AG.

59 Aktennotiz vom 3. Okt. 47, in: StadtA ObN, BO, O8, AF 582, Verschiedene Akten zu der Mauser-Werke AG.

60 Scholtyseck, *Der Aufstieg der Quandts*, S. 813.

61 Aktennotiz über die Besprechung mit dem Administrateur und Liquidateuer der Mauser-Werke A.G. und dem Bürgermeister Otto Kenntner am 1. April 1947, Akt. Nr. 4073/1, in: StadtA ObN, BO, O8, AF 582, Verschiedene Akten zu der Mauser-Werke AG.

62 Ebd.

63 Akt.Nr. 5030, Stadtbauamt vom 23.9.1947, in: StadtA ObN, BO, O8, AF 582, Verschiedene Akten zu der Mauser-Werke AG. Trümmer und Gebäudeteile des C-Baus sollten der Stadt Tübingen als Baumaterial geliefert werden; auch zwei Baracken verkaufte Bouyssee für je 25.000 Reichsmark nach Tübingen.

64 Aktennotiz über die am 22.9.1947 mit der franz. Direktion der Mauser-Werke stattgefundene Besprechung wegen des vorgesehenen Abbruchs der Gebäude, in: StadtA ObN, BO, O8, AF 582, Verschiedene Akten zu der Mauser-Werke AG.

65 Aktennotiz, Akt.Nr. 4070, 21.11.1947, in: StadtA ObN, BO, O8, AF 582, Verschiedene Akten zu der Mauser-Werke AG.

66 Entschließung der am 23.7.1948 versammelten Einwohner- und Bürgerschaft der Stadt Oberndorf a. N., gerichtet an die französische Militärregierung, in: StadtA ObN, O8, AF 38, Mitteilungen, Berichte und Zeitungsausschnitte zur wirtschaftlichen Lage von Oberndorf.

67 Ausschnitt »Was bleibt von den Mauser-Werken stehen?«, in: StadtA Obn, BO, O8, AF 586, Demontage der Mauser-Werke AG.

68 Schreiben Kenntner an Wirtschaftsministerium Prof. Dr. Kiekebusch, 23.10.47, in: StadtA ObN, BO, O8, AF 567, Ansiedlung von neuen Unternehmen in Oberndorf am Neckar.

69 Aktenvermerk, Vertraulich, 6.7.1955, Zusammenhang zwischen Stadtstreit und Rüstungsfertigung von Mauser, in: ZARh B 5320, Nr. 187 Wiedererrichtung Rüstungsindustrie 1955, S. 3.

70 Kostenstellenverzeichnis, in: Dalhammer, *Abschrift und Übersetzung »Waffenforschung 1945. Visit to Mauser-Werke«*, Anhang, S. 37.

71 Fragebogen, in: Landesarchiv Baden-Württemberg – Staatsarchiv Sigmaringen, Wü 13 T 2 Nr. 1783/02.

72 *Gleichauf, Robert*, in: Munzinger Online/Personen, Internationales Biographisches Archiv, www.munzinger.de/document/00000012465; *MdL Robert Gleichauf (CDU)*, in: Landeskunde Baden-Württemberg, www.leo-bw.de [letzter Zugriff jeweils 9.7.2023], und Paul Feuchte, *Biografie Robert Gleichauf*, in: Baden-Württembergische Biographien 2 (1999), S. 156–158.

73 Aktenvermerk, Vertraulich, 6.7.1955, Zusammenhang zwischen Stadtstreit und Rüstungsfertigung von Mauser, in: ZARh B 5320, Nr. 187 Wiedererrichtung Rüstungsindustrie 1955, S. 3.

74 Von den gesamten Demontagen in Deutschland in Höhe von 5,6 Mrd. D-Mark betrafen 2,4 Mrd. D-Mark die Privatindustrie. »Demontage und Remontage. Württemberg-Hohenzollern fordert eine gerechte Quote für Remontage-Politik, in: StadtA ObN, O8, AF 586, Demontage der Mauser-Werke AG.

75 Nutznießer der Mauser-Liquidation, Kopie Zeitungsartikel, ohne weitere Angabe, in: StadtA ObN, O8, AF 586, Demontage der Mauser-Werke AG.

76 Schreiben Bürgermeister an Bankdirektor Paul, Landeszentralbank für Württemberg-Hohenzollern vom 27. Januar 1951, vgl. Schreiben Bürgermeisteramt Oberndorf an Industrieplanung, 17.11.1946, in: StadtA ObN, BO, O8, AF 567, Ansiedlung von neuen Unternehmen in Oberndorf am Neckar.

77 Gardinenweberei Baumann GmbH, Engstattler Schuhfabrik, Textilwarenfabrik Rudolf Scheidling & Co.

78 Firma Schwarzwald (Tannenzapfen), Vasenol-Werke Dr. Arthur Köpp KG.

79 Argentophot GmbH, Meßzeug. Vgl. o.V., *Die Gewerkschaften halfen Oberndorf. Ein Stadtjubiläum im Zeichen neuer wirtschaftlicher Festigung nach einer Katastrophe*, Zeitungsausschnitt, in: StadtA ObN, O8, AF 586, Demontage der Mauser-Werke AG.

80 Hermann Höhe, Gottlieb Endriß, Karl Figge, Willi Ender, Härung und Mark und Gottfried Müller, Feinwerkbau Westinger und Altenburger, Heckler und Koch GmbH sowie Konrad Probst (Büromaschinengroßhandel) und Walter Röll (Büchsenfabrik). Vgl. Erlaubnisurkunde vom 11. Mai 1951, in: StadtA ObN, O8; AF 817, Vernichtung des städtischen Sprengkapselvorrats von Oberndorf am Neckar. Röll erhielt bereits 1951 die Genehmigung, Sportwaffen herzustellen

81 Vgl. Schreiben Landeszentralbank Württemberg-Hohenzollern an Bürgermeisteramt vom 23. Januar 1951. Vgl. Schreiben Bürgermeisteramt Oberndorf an Industrieplanung, 17.11.1946, in: StadtA ObN, BO, O8, AF 567, Ansiedlung von neuen Unternehmen in Oberndorf am Neckar.

82 Sowohl das Unternehmen als auch der Privatbesitz von Dr. Arthur Köpp wurden von der sowjetischen Besatzungsmacht beschlagnahmt. Die Wehrmacht und Waffen-SS waren mit Vasenol-Produkten beliefert worden.

83 Die in Villingen ansässige Kienzle Apparatebau GmbH war erst 1928/29 gegründet worden und erlebte in der NS-Zeit einen steilen Aufschwung, vor allem mit Tachographen und dann zunehmend eigenen Entwicklungen für die Wehrmacht.

84 Liste Belegung der Werksgebäude der f. MAUSER-WERKE A.-G. mit gewerblichen Unternehmen nach dem Stande vom 30. Januar 1951, in: StadtA ObN, AF 586 Demontage der Mauser-Werke AG.

85 Schreiben Landeszentralbank Württemberg-Hohenzollern an Bürgermeisteramt vom 23. Januar 1951, Vgl. Schreiben Bürgermeisteramt Oberndorf an Industrieplanung, 17.11.1946, in: StadtA ObN, BO, O8, AF 567, Ansiedlung von neuen Unternehmen in Oberndorf am Neckar.

86 Schreiben vom 16. Mai 1949, in: StadtA ObN, BO, O8, AF 3344, Heckler & Koch, 1949–2005

87 StadtA ObN, O8, AF 528, Lehrlingseinrichtung bei Heckler.

88 Schreiben vom 16.8.1951, in: StadtA ObN, O8, AF 586, Demontage der Mauser-Werke AG.

89 O.V., *In Oberndorf stehen riesige Werkhallen leer*, in: Stuttgarter Zeitung Nr. 223/25. September 1952, S. 8, in: StadtA ObN, O8, AF 586, Demontage der Mauser-Werke AG.

90 Scholtyseck, *Der Aufstieg der Quandts*, S. 817. Mit der Stadt Oberndorf einigte man sich 1956 in einem Teilvergleich über die Rückerstattung einiger Grundstücke.

91 Zur Geschichte der IWK vgl. Willi Schickling, *75 Jahre Industrie-Werke Karlsruhe Aktiengesellschaft*, Karlsruhe ca. 1964.

92 »Die Firma HECKLER & KOCH, die im Jahre 1947 in der Rechtsform der bürgerlichen Gesellschaft einen Betrieb zur Herstellung von Nähmaschineneinzel-

und Ersatzteilen aufgebaut hat […]«, so hielt es Bürgermeister Otto Kenntner 1950 fest. Schreiben Otto Kenntner an Finanzministerium Tübingen vom 14. Januar 1950, in: StadtA ObN, BO, O8, AF 3344, Heckler & Koch, 1949–2005.

93 Aktennotiz über die Besprechung mit dem Administrateur und Liquidateuer der Mauser-Werke AG und dem Bürgermeister Otto Kenntner am 1. April 1947, Akt. Nr. 4073/1, in: StadtA ObN, BO, O8, AF 582, Verschiedene Akten zu der Mauser-Werke AG.

94 Hecklers Ehefrau war mit den Kindern bereits früher in den Schwarzwald zurückgekehrt.

95 Abschrift Edmund Heckler an Landratsamt Rottweil über das Bürgermeisteramt Oberndorf vom 31. Mai 1948, in: StadtA ObN, BO, 08, AF 616, Anträge auf Erlaubnis zum Betrieb verschiedener Gewerbeeinrichtungen.

96 Namensverzeichnis der Belegschaft der Mauser-Werke bei Demontage, in: StadtA ObN, O8, AF 583.

97 Kostenstellenverzeichnis, in: Dalhammer, *Abschrift und Übersetzung »Waffenforschung 1945. Visit to Mauser-Werke«*, Anhang, S. 27.

98 Entnazifizierungsakte Theodor Koch, in: Landesarchiv Baden-Württemberg – Staatsarchiv Sigmaringen [im Folgenden LA BaWü – StA Sig], Wü 13 T 2 Staatskommissariat für die politische Säuberung/1945–1952, Nr. 1782/042.

99 Ebd.

100 Entnazifizierungsakte Alex Seidel, in: LA BaWü – StA Sig, Wü 13 T 2 Staatskommissariat für die politische Säuberung/1945–1952, Nr. 1819/054 und 2803/238; Staatskommissariat für die pol. Säuberung, Az. N/7903 vom 19.4.1950, in: LA BaWü – StA Sig, Wü 13 T 2 Staatskommissariat für die politische Säuberung/1945–1952, Nr. 2606-272.

101 Entnazifizierungsakte Alex Seidel, in: LA BaWü – StA Sig, Wü 13 T 2 Staatskommissariat für die politische Säuberung/1945–1952, Nr. 1819/054.

102 Stevens, *Full Circle*.

103 Abschrift Edmund Heckler an Landratsamt Rottweil über das Bürgermeisteramt Oberndorf vom 31. Mai 1948, in: StadtA ObN, BO, 08, AF 616, Anträge auf Erlaubnis zum Betrieb verschiedener Gewerbeeinrichtungen.

104 Die Akte enthält sie nicht, da die Anlagen Heckler mit dem Rückschreiben wieder übersendet wurden.

105 »Zur Erteilung der gewünschten Unbedenklichkeitsbescheinigung ist es notwendig, dass Sie uns berichten, zu welchem Zwecke Sie eine solche benötigen. Nach Eingang Ihrer Rückantwort geht Ihnen die Bescheidung unverzüglich zu.« Vgl. Politische Überprüfung vom 2. Juli 1948, in: LA BW-StA Sig, Wue 13 T 2_1815-024.

106 Schreiben Staatskommissar an Ing. Edmund Heckler vom 26. Juli 1948, in: LA BaWü – StA Sig, Wue 13 T 2_1815-024.

107 Abschrift Edmund Heckler an Landratsamt Rottweil über das Bürgermeisteramt Oberndorf vom 31. Mai 1948, in: StadtA ObN, BO, 08, AF 616, Anträge auf Erlaubnis zum Betrieb verschiedener Gewerbeeinrichtungen.

108 Ebd.

109 Dies ging auf eine Weisung des Landesgewerbeamtes in Tübingen vom 12. August 1948 zurück, die feststellte, dass nur solche Betriebe genehmigungspflichtig waren, die sich mit der »Erzeugung, Verarbeitung, Bearbeitung und Verwertung von Waren befassen. Dazu gehören Ingenieur-, Architektur- u. Konstruktionsbüros solange nicht, als mit ihnen nicht eine Fertigung (z. B. Versuchs- und Entwicklungsabteilung u.ä.) verbunden sind«. Vgl. Schreiben Landratsamt Rottweil an Bürgermeisteramt Oberndorf, 24.22.1948, in: StadtA ObN, BO, 08, AF 616, Anträge auf Erlaubnis zum Betrieb verschiedener Gewerbeeinrichtungen.

110 Gewerbeanmeldung Bürgermeisteramt Oberndorf, vom 17.1.1949, in: StadtA ObN, BO, O8, AF 3344, Heckler & Koch, 1949–2005. Die Abmeldung des Betriebs wurde später auf dieser Karteikarte vermerkt, jedoch ohne Datum.

111 Manfred Kersten/Walter Schmid, *HK Heckler & Koch. Die offizielle Geschichte der Oberndorfer Firma Heckler & Koch. Einblicke in die Historie – Beschreibung der Waffenmodelle – Darstellung der Technik*, Wuppertal 1999.

112 Entwurf Stadtverwaltung Oberndorf an Landratsamt Rottweil vom 3.1.1949, in: StadtA ObN, BO, O8, AF 3344, Heckler & Koch, 1949–2005.

113 25 Jahre HECKLER & KOCH GMBH, Stichworte für eine Ansprache, in: StadtA ObN, BO, O8, AF 3344, Heckler & Koch, 1949–2005.

114 So erhielten Ernst Altenburger, Karl Westinger und Otto Hirt, die im Dachgeschoss eines der Mauser-Gebäude eine Saldiermaschine entwickelten, keine Genehmigung.

115 Kenntner, *Die Anfänge in Oberndorf a. N. nach dem Krieg*, S. 54.

116 Und so ist auch folgende Aussage Otto Kenntners nicht korrekt, »Edmund Heckler, Theodor Koch und Alex Seidel hatten nach längeren Bemühungen 1949 die Genehmigung zur Gründung eines Kleinbetriebs zur Herstellung für Nähmaschinen und Fahrräder erhalten.« Vgl. Kenntner, *Die Anfänge in Oberndorf a. N. nach dem Krieg*. Antragsteller und Namensgeber war zu diesem Zeitpunkt Edmund Heckler.

117 Kenntner, *Die Anfänge in Oberndorf a. N. nach dem Krieg*, S. 54. Die 1918 in Dresden gegründete Nähmaschinenteile AG (Nähmatag) war 1945 unter Zwangsverwaltung gestellt und teils demontiert worden.

118 Schreiben Stadtverwaltung Oberndorf an Landratsamt Rottweil vom 3.1.1949; Schreiben Stadtverwaltung Oberndorf an Sonderbeauftragten für die Städte Oberndorf und Friedrichshafen vom 1. Februar 1949, in: StadtA ObN, BO, O8, AF 3344, Heckler & Koch, 1949–2005.

119 Schreiben Stadtverwaltung Oberndorf an IHK Rottweil vom 7.2.1949, in: StadtA ObN, BO, O8, AF 3344, Heckler & Koch, 1949–2005.

120 Vgl. Schreiben Innenministerium, Referat Oberndorf, an Bürgermeister Kenntner vom 3. Februar 1949, in: StadtA ObN, BO, O8, AF 3344, Heckler & Koch, 1949–2005.

121 Vgl. Schreiben Stadtverwaltung Oberndorf an Wirtschaftsministerium, Industrieplanung, vom 8. April 1949, in: StadtA ObN, BO, O8, AF 3344, Heckler & Koch, 1949–2005.

122 Vgl. Entnazifizierungsfragenbogen, in: LA BaWü – StA Sig, Wue 13 T 2_1743—033.

123 Entnazifizierungsakte zu Erich Unterkofler, geb. 7.6.1900, in: LA BaWü – StA Sig, Wü 13 T 2, Staatskommissariat für die politische Säuberung/1945–1952, Nr. 1743/033.

124 Interview Stefanie van de Kerkhof mit Gertrud Koch und Hans-Theodor Koch am 24.08.2022.

125 Schreiben Heckler & Koch an Bundesministerium für Wirtschaft vom 16. Juli 1951, in: StadtA ObN, BO, O8, AF 3344, Heckler & Koch, 1949–2005; vgl. auch Werner Augenstein: *Das Ende der Mauser-Werke*, o.J., S. 114;

126 Ob dieser Bezug zur Schweiz schon auf die Fertigung von Betriebsmitteln für SIG zurückzuführen ist, lässt sich nicht belegen. Die Lieferung von Konstruk-

tionszeichnungen in die Schweiz hingegen ist belegt in Schreiben Heckler & Koch an Schwäbische Treuhand A.G. vom 20.10.1955, in: Heckler & Koch, Altakten. Woher Blake die Informationen hat, gibt er nicht an. Vgl. Stevens, *Full Circle*, S. 163.

127 Schreiben Bürgermeisteramt Oberndorf an Wirtschaftsministerium Tübingen vom 22.8.1949, in: StadtA ObN, BO, O8, AF 3344, Heckler & Koch, 1949–2005.

128 Schreiben Stadtverwaltung Oberndorf an Wirtschaftsministerium, Industrieplanung, vom 8. April 1949, in: StadtA ObN, BO, O8, AF 3344, Heckler & Koch, 1949–2005.

129 Schreiben Bürgermeisteramt Oberndorf an Wirtschaftsministerium Tübingen vom 22.8.1949. Edmund Heckler musste einige Unterlagen über bereits erledigte Arbeiten beim Staatsministerium in Tübingen vorlegen, um das Darlehen zu erhalten. Vgl. Stadtverwaltung Oberndorf an Edmund Heckler vom 30.4.1949, beide in: StadtA ObN, BO, O8, AF 3344, Heckler & Koch, 1949–2005.

130 StadtA ObN, BO, O8, AF 3344, Heckler & Koch, 1949–2005.

131 Schreiben Stadtverwaltung Oberndorf an Edmund Heckler, Kreissparkasse Rottweil vom 24.6.1949, in: StadtA ObN, BO, O8, AF 3344, Heckler & Koch, 1949–2005.

132 Schreiben Stadtverwaltung Oberndorf an Wirtschaftsministerium Tübingen vom 22.8.1949; am 27. Januar 1950 wurde Heckler & Koch dann ein weiteres Darlehen über 10.000 D-Mark in Aussicht gestellt. Vgl. Schreiben Heckler & Koch, 30. Januar 1950, beide in: StadtA ObN, BO, O8, AF 3344, Heckler & Koch, 1949–2005.

133 Schreiben Otto Kenntner an Finanzministerium Tübingen vom 14. Januar 1950, in: StadtA ObN, BO, O8, AF 3344, Heckler & Koch, 1949–2005.

134 Amtsblatt-Bekanntgabe zu Heckler & Koch GmbH am 21.7.1950, Amtsblatt des Kreises Rottweil, Nr. 29, in: StadtA ObN, BO, O8, AF 3344, 1949–2005, Heckler & Koch. Vgl. Amtsblatt vom 21.7.1950, in: StadtA ObN, BO (BO), O8, AF 3344, Heckler & Koch, 1949–2005.

135 Handelsregisterauszug, HAB 480028, in: Amts- und Registergericht Stuttgart.

136 Die erste Wirtschaftsprüfung im Jahr 1960 bestätigte, dass das Ing.Büro Heckler im Wert von 6.000 D-Mark in die Gesellschaft eingebracht worden war und alle weiteren Einlagen der Gesellschafter in »Maschinen, Rohstoffen und Einrichtungsgegenständen« eingebracht worden waren. Vgl. Bericht über die Prüfung der dem Beschluss über die Kapitalerhöhung aus Gesellschafsmitteln zugrunde gelegten Jahresbilanz der Heckler & Koch GmbH zum 31. Dezember 1959, Schwäbische Treuhand-AG, Ausfertigung Nr. 12, in: Heckler & Koch, Altakten.

137 Schreiben Otto Kenntner an Kreissparkasse Rottweil vom 29. Dezember 1950, in: StadtA ObN, BO, O8, AF 3344, 1949–2005, Heckler & Koch.

138 Ebd.

139 Aktennotiz vom 21.12.1950, Überprüfung des Geschäftsgebarens der Firma HECKLER & KOCH GmbH, in: StadtA ObN, BO (BO), O8, AF 3344, Heckler & Koch, 1949–2005.

140 Schreiben Otto Kenntner an Kreissparkasse Rottweil vom 29. Dezember 1950, in: StadtA ObN, BO, O8, AF 3344, Heckler & Koch, 1949–2005.

141 Vertrauliches Schreiben Otto Kenntner an Innenministerium, Referat Oberndorf, vom 21. Dezember 1950, in: StadtA ObN, BO, O8, AF 3344, Heckler & Koch, 1949–2005.

142 StadtA ObN, BO (BO), O8, AF 3344, Heckler & Koch, 1949–2005; 25 Jahre HECK-

LER & KOCH GMBH, Stichworte für eine Ansprache, in: StadtA ObN, BO, O8, AF 3344, Heckler & Koch, 1949–2005.

143 Schreiben Kenntner an Heckler & Koch vom 4.2.1950, in: StadtA ObN, BO, O8, AF 3344, Heckler & Koch, 1949–2005.

144 Schreiben Land Württemberg-Hohenzollern, Finanzministerium an Heckler & Koch GmbH, 24.3.1950, in: StadtA ObN, BO, O8, AF 3344, Heckler & Koch, 1949–2005.

145 Finanzstatus der Firma Heckler & Koch GmbH, Oberndorf, 1.2.1954, in: StadtA ObN, BO, O8, AF 3344, Heckler & Koch, 1949–2005.

146 Ebd.

147 Aktennotiz betr. Käufliche Übernahme von Werkzeugmaschinen der Firma Ungarische Waggon- und Maschinenfabrik i.L., Augsburg, vom 5.2.1954, von Heckler & Koch, in: StadtA ObN, BO, O8, AF 3344, Heckler & Koch, 1949–2005. Auf den Maschinen wurde 30 Prozent der Fertigung von Heckler & Koch abgewickelt. Die Kaufsumme lag bei 75.000 DM; Schreiben Otto Kenntner an Heckler & Koch vom 10.2.1954, in: StadtA ObN, BO, O8, AF 3344, Heckler & Koch, 1949–2005.

148 Vgl. die Ausführungen im Beitrag von Stefanie van de Kerkhof zu diesem Band.

149 Vgl. Aktennotiz, Bm/Az.4077/1 vom 27.7.1950, in: StadtA ObN, BO, O8, AF 567, Ansiedlung von neuen Unternehmen in Oberndorf am Neckar.

150 Stadt Oberndorf a. N., Auszug aus Niederschrift der Verhandlung, 2.8.1950, Reg.Nr. 4071/1/Bm, Raumbeschaffung für metallverarbeitende Betriebe. Vgl. Schreiben Bürgermeisteramt Oberndorf an Industrieplanung, 17.11.1946, in: StadtA ObN, BO, O8, AF 567, Ansiedlung von neuen Unternehmen in Oberndorf am Neckar.

151 Stadt Oberndorf a. N., Auszug aus Niederschrift der Verhandlung, 2.8.1950, Reg.Nr. 4071/1/Bm, Raumbeschaffung für metallverarbeitende Betriebe. Vgl. Schreiben Bürgermeisteramt Oberndorf an Industrieplanung, 17.11.1946, in: StadtA ObN, BO, O8, AF 567, Ansiedlung von neuen Unternehmen in Oberndorf am Neckar.

152 Einladung zur Besprechung vom 20. Juli 1950, in: StadtA ObN, BO, O8, AF 567, Ansiedlung von neuen Unternehmen in Oberndorf am Neckar.

153 Stadt Oberndorf a. N., Auszug aus Niederschrift der Verhandlung, 2.8.1950, Reg.Nr. 4071/1/Bm, Raumbeschaffung für metallverarbeitende Betriebe. Vgl. Schreiben Bürgermeisteramt Oberndorf an Industrieplanung, 17.11.1946, in: StadtA ObN, BO, O8, AF 567, Ansiedlung von neuen Unternehmen in Oberndorf am Neckar. Edmund Heckler und Theodor Koch regten bei dieser Gelegenheit an, mit der Wiederverwendung von Gebäudetrümmern die Baukosten zu senken.

154 Schreiben Stadtverwaltung an Oberndorf an Gemeindetag Tübingen vom 9.7.1951, in: StadtA ObN, O8, AF 528, Lehrlingseinrichtung bei Heckler&Koch.

155 Ein Grundstück für Meßzeugbau GmbH habe oberste Priorität mit 1.100 qm, dann folgte Heckler & Koch mit 2.000 qm (aktuell 1.200 qm in Baracken) und Erhart & Co. erhielt die niedrigste Priorität, da es bereits Räume der Vasenol-Werke mit nutzte.

156 Aktennotiz Az. 4070 vom 24.7.1950; die Akten geben keine Auskunft, für welches Unternehmen die Anfrage gestellt wurde, sie könnte Heckler & Koch und Meßzeugbau Boll betroffen haben, die beide dringend einen Neubau benötigten. Vgl. Schreiben Robert Gleichauf, Mitglied des Gemeinderates, an Bürgermeister Otto

Kenntner vom 19.6.50, beide in: StadtA ObN, BO, O8, AF 567, Ansiedlung von neuen Unternehmen in Oberndorf am Neckar.

157 Schreiben Heckler & Koch GmbH an Gemeinderat Stadt Oberndorf vom 5.10.1950. Die Holzhaupt GmbH hatte Zahlungsschwierigkeiten und beabsichtigte ihr Grundstück und Gebäude im Wert von 135.000 D-Mark zu veräußern. Aktennotiz, beide in: StadtA ObN, BO, O8, AF 3344, Heckler & Koch, 1949–2005.

158 Auszug aus der Gemeinderatssitzung, 12. Oktober 1950, in: StadtA ObN, BO, O8, AF 3344, Heckler & Koch, 1949–2005.

159 Ebd.

160 Vgl. Schreiben Otto Kenntner an Innenministerium, Referat Oberndorf, vom 21. Oktober 1950, Auszug aus der Gemeinderatssitzung, 12. Oktober 1950, in: StadtA ObN, BO, O8, AF 3344, Heckler & Koch, 1949–2005.

161 Auszug aus der Gemeinderatssitzung, 12. Oktober 1950, in: StadtA ObN, BO, O8, AF 3344, Heckler & Koch, 1949–2005.

162 Schreiben Otto Kenntner an Heckler & Koch vom 19. Oktober 1950, Auszug aus der Gemeinderatssitzung, 12. Oktober 1950, in: StadtA ObN, BO, O8, AF 3344, Heckler & Koch, 1949–2005.

163 Noch 1951 unterhielt Heckler & Koch ein Materiallager und den Versand im Erdgeschoss des Feuerwehrgerätehauses, eine Härterei in der Sägewerkstraße im früheren Elektrizitätswerk sowie eine 500 qm große Baracke für Betriebsmittel und Vorräte auf dem Gelände der früheren »Adolf-Hitler-Siedlung« sowie den Sitz der Verwaltung in der Hauptstraße 8.

164 Schreiben Heckler & Koch GmbH an Gemeinderat Oberndorf vom 31.10.1950, Auszug aus der Gemeinderatssitzung, 12. Oktober 1950, in: StadtA ObN, BO, O8, AF 3344, Heckler & Koch, 1949–2005.

165 Aktennotiz, Kenntner, 16.11.1950, Auszug aus der Gemeinderatssitzung, 12. Oktober 1950, in: StadtA ObN, BO, O8, AF 3344, Heckler & Koch, 1949–2005.

166 Arbeitsminister Wirsching in Oberndorf, in: Schwarzwälder Bote Nr. 184, in: StadtA ObN, BO, O8, AF 3344, Heckler & Koch, 1949–2005.

167 Schreiben Otto Kenntner an Innenministerium, Referat Oberndorf, vom 28. November 1950, in: StadtA ObN, BO, O8, AF 3344, Heckler & Koch, 1949–2005.

168 Ebd.

169 Schreiben Otto Kenntner an Heckler & Koch vom 21. Dezember 1950, in: StadtA ObN, BO, O8, AF 3344, Heckler & Koch, 1949–2005.

170 Vertrauliches Schreiben Otto Kenntner an Innenministerium, Referat Oberndorf, vom 21. Dezember 1950, in: StadtA ObN, BO, O8, AF 3344, Heckler & Koch, 1949–2005.

171 Aktennotiz Otto Kenntner vom 3.1.1951, in: StadtA ObN, BO, O8, AF 3344, Heckler & Koch, 1949–2005.

172 Ebd.

173 Gemeinderat an Heckler & Koch, in: StadtA ObN, BO, O8, AF 3344, Heckler & Koch, 1949–2005.

174 Der Betriebsrat sprach sich jedoch dagegen aus. Vgl. Aktennotiz, BM/Az.Rn.4077/1; Schreiben Otto Kenntner an Wirtschaftsministerium, Tübingen, vom 18. Januar 1951, beide in: StadtA ObN, BO, O8, AF 3344, Heckler & Koch, 1949–2005.

175 Aktennotiz, BM/Az.Rn.4077/1, in: StadtA ObN, BO, O8, AF 3344, Heckler & Koch, 1949–2005.

176 Schreiben Otto Kenntner an Wirtschaftsministerium, Tübingen, vom 18. Januar 1951, in: StadtA ObN, BO, O8, AF 3344, Heckler & Koch, 1949–2005.

177 Aktennotiz, Bm/Az.Nr., 4077/1; Aktennotiz Otto Kenntner vom 8. Februar 1951; Schreiben Otto Kenntner an Innenministerium, Referat Oberndorf, 27. März 1951; Aktennotiz, Bm/Az.Nr. 4077/1, Otto Kenntner, vom 16. April 1951, alle in: StadtA ObN, BO, O8, AF 3344, Heckler & Koch, 1949–2005.

178 Aktennotiz, Bm/Az.Nr. 4077/1 vom 19.3.1951, Otto Kenntner; Schreiben Kenntner an Heckler & Koch vom 10. Mai 1951, beide in: StadtA ObN, BO, O8, AF 3344, Heckler & Koch, 1949–2005.

179 Es ließ sich im Rahmen dieser Studie nicht klären, in welchem Verhältnis der Ministerialrat Stahlecker zur Firma Wilhelm Stahlecker stand, mit der Heckler & Koch im Folgenden direkte Gespräche bezüglich des D-Baus führte. Vgl. Heckler & Koch GmbH an Stadtverwaltung Oberndorf vom 26.4.1951, in: StadtA ObN, BO, O8, AF 3344, Heckler & Koch, 1949–2005.

180 Aktennotiz, Otto Kenntner, 14.3.1951, in: StadtA ObN, BO, O8, AF 3344, Heckler & Koch, 1949–2005.

181 Aktennotiz, BM/Az.Nr.4073/1, in: StadtA ObN, O, O8, AF 3344, Heckler & Koch, 1949–2005. Im Juni 1951 gab es erste Vorschläge für die Verwendung der 100.000 D-Mark aus Mitteln des »Arbeitsstockes«, die an erster Stelle für die Errichtung eines Neubaus für Heckler & Koch verwendet werden sollten, an zweiter Stelle für einen Erweiterungsbau der Firma Feinwerkbau Altenburg und Westinger und drittens für ein Betriebsgebäude, in dem mehrere Kleinunternehmen Platz finden sollten.

182 Heckler & Koch GmbH an Stadtverwaltung Oberndorf vom 11. Mai 1951, in: StadtA ObN, BO, O8, AF 3344, Heckler & Koch, 1949–2005.

183 Aktennotiz, BM/Az.4077/1, Otto Kenntner, vom 22.8.1951, in: StadtA ObN, BO, O8, AF 3344, Heckler & Koch, 1949–2005. Während die Olympia-Werke 400.000 D-Mark und die Vasenol-Werke 200.000 D-Mark ausbezahlt bekommen hatten, waren die lange Zeit für Heckler & Koch reservierten 100.000 D-Mark nun vergeben.

184 Aktennotiz, Bm/A.4077/1, vom 22.8.1951, in: StadtA ObN, BO, O8, AF 3344, Heckler & Koch, 1949–2005.

185 Schreiben Otto Kenntner an Heckler & Koch vom 20. September 1951, in: StadtA ObN, BO, O8, AF 3344, Heckler & Koch, 1949–2005. Für die dann beantragte Erhöhung des Kredits übernahm die Stadt eine Ausfallbürgschaft. Vgl. Schreiben Otto Kenntner an Wirtschaftsministerium vom 2. Oktober 1951.

186 Schreiben Heckler & Koch an Finanzministerium vom 31.12.1951, in: StadtA ObN, BO, O8, AF 3344, Heckler & Koch, 1949–2005.

187 Schreiben Otto Kenntner an Finanzamt, Entwurf, in: StadtA ObN, BO, O8, AF 3344, Heckler & Koch, 1949–2005.

188 Der Schaden an der »Betriebsbaracke im Gewand ERLEN« betrug 120.000 D-Mark. Da ein Teil der Baracke auf dem bereits an Feinwerkbau Altenburger & Westinger verkauften Gelände stand, verzichtete Oberndorf auf den Wiederaufbau. 25 Jahre HECKLER & KOCH GMBH, Stichworte für eine Ansprache; Beschluss Stadt Oberndorf, § 364, Reg.Nr. 1543/Sta, beide in: StadtA ObN, BO, O8, AF 3344, Heckler & Koch, 1949–2005.

189 Beschluss § 477, Reg.Nr. 1543/Sta, in: StadtA ObN, BO, O8, AF 3344, Heckler & Koch, 1949–2005.

190 Ebd.

191 StadtA ObN, BO, O8, AF 3344, Heckler & Koch, 1949–2005; Schreiben Otto Kenntner an Wirtschaftsministerium vom 29. Februar 1952, in: StadtA ObN, BO, O8, AF 3344, Heckler & Koch, 1949–2005.

192 StadtA ObN, BO, O8, AF 60, Neubenennung Adolf Hitler Siedlung; StadA ObN, O8, AF60, Neubennennung Adolf-Hitler-Siedlung in Lindenhof am 2.9. 1953.

193 1963 entstand ein erster Zweigbetrieb von Heckler & Koch in Boll (das 1971 nach Bonndorf eingemeindet wurde) im Landkreis Waldshut.

194 Schreiben Otto Kenntner an IHK Rottweil, 16. Sept. 1952, in: StadtA ObN, BO, O8, AF 567, Ansiedlung von neuen Unternehmen in Oberndorf am Neckar.

195 Aktennotiz, Akt.Nr. 4070, 21.11.1947, in: StadtA ObN, BO, O8, AF 582, Verschiedene Akten zu der Mauser-Werke AG.

196 Aktenvermerk vom 17. Oktober 1950, in: Auszug aus der Gemeinderatssitzung, 12. Oktober 1950, in: StadtA ObN, BO, O8, AF 3344, Heckler & Koch, 1949–2005; eine Liste der Oberndorfer Arbeitslosen findet sich in: StadtA ObN, BO, O8, AF 586, Verzeichnung der Unternehmen, mit denen über die Ansiedlung gesprochen wurde, Mappe 4073.

197 Liste der Oberndorfer Arbeitslosen in: StadtA ObN, BO, O8, AF 586, Verzeichnung der Unternehmen über denen mit der Ansiedlung gesprochen wurde, Mappe 4073.

198 Entwurf, Schreiben Otto Kennter an Finanzamt, in: StadtA ObN, BO, O8, AF 3344, Heckler & Koch, 1949–2005.

199 Notiz Kenntner, in: AF 797, Anträge auf Ausreisegenehmigung aus der französisch besetzten Zone ins Ausland. Allerdings erledigte sich der Nachzug 1953 nach Haiti z. B. von selbst, als klar wurde, dass die dortigen Arbeitsbedingungen »recht ungünstig« waren. Schreiben Wirtschaftsministerium Baden/Württemberg an Regierungspräsidium Südwürttemberg-Hohenzollern vom 30.11.1953, in: StadtA ObN, BO, O8 AF 797 – Abwerbung von Facharbeitern ins Ausland und Dringlichkeitsgenehmigungen.

200 Schreiben Wirtschaftsministerium Baden/Württemberg an Regierungspräsidium Südwürttemberg-Hohenzollern vom 30. Nov. 1953, in: StadtA ObN, O8, AF 797 – Abwerbung von Facharbeitern ins Ausland und Dringlichkeitsgenehmigungen.

201 Schreiben Regierungspräsidium Württemberg-Hohenzollern an Bürgermeisteramt Oberndorf vom 27. Oktober 1953, in: StadtA Obn, A 797, Anträge auf Ausreisegenehmigung aus der französisch besetzten Zone ins Ausland.

202 Schreiben Bürgermeister an Dr. Bothfeld, Goslar, vom 15. Okt. 1955, in: StadtA ObN, BO, O8, AF 567, Ansiedlung von neuen Unternehmen in Oberndorf am Neckar.

203 Schreiben Kenntner an Finanzministerium Tübingen vom 14. Januar 1950, in: StadtA ObN, BO, O8, AF 3344, Heckler & Koch, 1949–2005.

204 Schreiben Otto Kenntner an Innenministerium, Referat Oberndorf, vom 28. November 1950; der Zuschuss wurde auch schon für 1949 gewährt. Vgl. Gewerbeförderungsausschuss an die Fa. Heckler & Koch für 1950, beide in: StadtA ObN, BO, O8, AF 3344, Heckler & Koch, 1949–2005.

205 Allerdings hatte die Stadt keine finanziellen Mittel, die damit fälligen 2.000 D-Mark zu erstatten, sondern nur 900 D-Mark, sodass die Differenz über Mietnachlässe geregelt werden sollte. Vgl. Auszug & 694, Reg.-Nr.4077/Sta vom 21.11.1951, in: StadtA ObN, BO, O8, AF 3344, Heckler & Koch, 1949–2005.

206 Wirtschaftsprüfungs-Bericht der Bilanz zum 31. Dezember 1959, in: Altakten Heckler & Koch.

207 Schreiben Stadtverwaltung Oberndorf an Wirtschaftsministerium Tübingen vom 24.10.1951, StadtA ObN, O8, AF 528, Lehrlingseinrichtung bei Heckler & Koch.

208 Vgl. StadtA ObN, O8, AF 528, Lehrlingseinrichtung bei Heckler&Koch.

209 Vgl. Schreiben Heckler & Koch an Finanzministerium vom 31.1.1951, in: StadtA ObN, BO, O8, AF 3344, Heckler & Koch, 1949–2005.

210 Die Feinwerkbau Westinger und Altenburger firmierte ab 1957 als GmbH & Co. KG.

211 Aktennotiz, BM/Az. Nr. 5117/32, in: StadtA ObN, AF 528 Gewerbe- und Wirtschaftsförderung.

212 Schreiben vom 17.1.1952 Az. II-4030/R., in: StadtA ObN, O8, AF 528, Lehrlingseinrichtung bei Heckler & Koch.

213 Vgl. Aktennotiz, Lehrlingswesen, BM/Az.Nr. 5117/22, in: StadtA ObN, AF 528 Gewerbe- und Wirtschaftsförderung.

214 Interview Andrea Schneider-Braunberger mit Georg Egeler am 17.11.2020 in Oberndorf.

215 StadtA ObN, BO, O8, AF 3344, Heckler & Koch, 1949–2005.

216 Amtsblatt vom 21.7.1950; Aktennotizen vom 05.01.1949-04.11.2005; 25 Jahre HECKLER & KOCH GMBH, Stichworte für eine Ansprache, alle in: StadtA ObN, BO, O8, AF 3344, Heckler & Koch, 1949–2005.

217 StadtA ObN, BO, O8, AF 3344, Heckler & Koch, 1949–2005.

218 25 Jahre HECKLER & KOCH GMBH, Stichworte für eine Ansprache, in: StadtA ObN, BO, O8, AF 3344, Heckler & Koch, 1949–2005.

219 Vgl. Ausführungen Georg Egeler in diesem Beitrag.

220 Schreiben Kenntner an Heckler & Koch vom 16. Sept. 1950, in: StadtA ObN, BO, O8, AF 3344, Heckler & Koch, 1949–2005.

221 Schreiben vom 16. Mai 1949, in: StadtA ObN, BO, O8, AF 3344, Heckler & Koch, 1949–2005.

222 Interview mit Georg Egeler.

223 Vgl. Prospekt von Heckler & Koch, in: StadtA ObN, BO, O8, AF 3344, Heckler & Koch, 1949–2005.

224 Schreiben Heckler & Koch an Bundesministerium für Wirtschaft vom 16. Juli 1951, in: StadtA ObN, BO, O8, AF 3344, Heckler & Koch, 1949–2005.

225 Schreiben Otto Kenntner an Landratsamt Rottweil vom 10. Juni 1952, in: StadtA ObN, BO, O8, AF 3344, Heckler & Koch, 1949–2005.

226 Eine Genehmigung konnte nach Bundesanzeiger Nr. 9 vom 13.1.1951, § 2 Ziff. 4 nur dann erfolgen, wenn der Antragssteller Deutscher war, einen festen Wohnsitz und eine gewerbliche Niederlassung in Deutschland hatte. Ferner musste die kaufmännische und technische Qualifikation zur Leitung des Betriebs vorliegen sowie eine persönliche Zuverlässigkeit gegeben sein. Schreiben Otto Kenntner an Heckler & Koch vom 16. Juni 1952, in: StadtA ObN, BO, O8, AF 3344, Heckler & Koch, 1949–2005.

227 Schreiben Otto Kenntner an Landratsamt Rottweil vom 4. Juni 1952, in: StadtA ObN, BO, O8, AF 3344, Heckler & Koch, 1949–2005.

228 Schreiben Heckler & Koch an Bundesministerium für Wirtschaft vom 16. Juli 1951, in: StadtA ObN, BO, O8, AF 3344, Heckler & Koch, 1949–2005.

229 Abschrift Schreiben Der Bundesminister für Wirtschaft an Heckler & Koch

GmbH, 2. Dezember 1952, in: StadtA ObN, BO, O8, AF 3344, Heckler & Koch, 1949–2005. Heckler & Koch sollte bezüglich des Produktionsprogramms quartalsweise zwei Monate vor Quartalsbeginn die Produktionspläne vorlegen.

230 Manfred Kersten/Walter Schmid, *HK Heckler & Koch*, Wuppertal 1999.

231 Werner Abelshauser, *Anfänge westdeutscher Sicherheitspolitik, 1945–1956*, Bd. 4, München 1997, S. 182. Vgl. dort auch Aufbau des Amtes Blankes sowie weitere Hintergründe.

232 Schreiben Geist an Graf Schwerin: 11.1.1952, in: Bundesarchiv-Militärarchiv, Freiburg [künftig BArch-MA], N/713/3, Wehrtechnische Zusammenarbeit 1951/52.

233 Aide mémorie Nr. 6, 9. Oktober 1950, in: BArch-MA, BW 9, Dienststellen zur Vorbereitung des westdeutschen Verteidigungsbeitrages (Amt Blank), 3110.

234 Das Sturmgewehr aus Belgien wurde von der belgischen Firma Fabrique nationale Herstal (FN) hergestellt als Fusil Automatique Léger (FAL). In den Akten sowie umgangssprachlich wird das Sturmgewehr als FN-Sturmgewehr bezeichnet.

235 Ebd.

236 https//www.lexikon-der-wehrmacht.de/Waffen/sturmgewehre.htm [letzter Zugriff 15.10.2023].

237 Günter Nagel, *Wissenschaft für den Krieg. Die geheimen Arbeiten der Abteilung Forschung des Heereswaffenamtes*, Stuttgart 2012.

238 Den Amerikanern war klar, dass es solcher Funktionen bedurfte, um die Wiederbewaffnung Deutschlands vorzubereiten: »aber sehr wohl verdeckt unter amerikanischer Ägide und damit gleichsam kontrolliert«. Agilolf Keßelring, *Die Organisation Gehlen und die Neuformierung des Militärs in der Bundesrepublik*, Berlin 2017, S. 372.

239 Der Gehlendienst entstand, als Generalmajor Reinhard Gehlen sich 1946 mit seinem Spitzenpersonal und wichtigen Akten aus dem NS-Regime »der amerikanischen Besatzungsmacht zur Verfügung« stellte. Keßelring, *Die Organisation Gehlen*, S. 19.

240 Keßelring, *Die Organisation Gehlen*, S. 370.

241 Ebd., S. 373 f.

242 Abelshauser, *Anfänge westdeutscher Sicherheitspolitik*, S. 137 f. 1956 schloss sich eine Gruppe um Schneider zur Arbeitsgemeinschaft Wehrtechnik zusammen, sozusagen als Protest gegen die Unterrepräsentation technischer Fragen in Koblenz.

243 S/2 – Aufzeichnung Nr. 113/51, 21.12.1951, in: BArch-MA, N/713/3, Wehrtechnische Zusammenarbeit 1951/52.

244 Ebd.

245 Schreiben Dipl.-Ing. F. Geist an Beauftragten des Bundeskanzlers für die mit der Vermehrung der Allliierten Truppen zusammenhängenden Fragen, 8.6.1952, S. 4, in: BArch-MA, N/713/3, Wehrtechnische Zusammenarbeit 1951/52.

246 Im Frühjahr 1950 sollte gemäß den Wünschen der Alliierten unter dem Namen »Staatsschutz« eine bewaffnete Bundespolizei in der Stärke von 5.000 Mann entstehen. 1951 wurde dann mit dem Aufbau unter dem Namen Bundesgrenzschutz begonnen.

247 Lehmann, *Die Bundesrepublik und Franco-Spanien*, S. 125; Seidel, *Die deutsch-spanischen Beziehungen*, S. 31; im Sommer 1953 beschloss der BGS die Einführung einer spanischen Handgranate. Aktenvermerk II, 2/4, 17.7.1953, in: BArch-MA, BW/9/3688.

248 Zunächst aber wurde der Bundesgrenzschutz mit einer Maschinenpistole des

Modells Beretta ausgestattet. Im Februar 1954 sollte eine weitere Bestellung über 4.000 Stück erfolgen, sodass am 25. Februar 1954 verschiedene Modelle vorgeführt wurden: Baretta, Dux, START, Madsen, Vigneron, SIG und Carl Gustav. Vgl. BArch-MA, BW/1/381112.

249 Lehmann, *Die Bundesrepublik und Franco-Spanien*, S. 131; Stevens, *Full Circle*, S. 163.

250 Notiz zur Besprechung am 4.11.1951, in: BArch-MA, N/713/3, Wehrtechnische Zusammenarbeit 1951/52.

251 Dieter Hölsken, *Die V-Waffen, Entwicklung und Einsatzgrundsätze*, in: MGM 2 (1985), S. 95–122; Franz Kurowski, *Unternehmen Paperclip*, München 1982, S. 71 ff. zur Konstruktion der Rakete »Feuerpfeil«; Albert Presas i Puig, *Deutsche Wissenschaftler in Spanien*, in: Rüdiger Vom Burch/Uta Gerhardt/Aleksandra Paliczek (Hrsg.), Kontinuitäten und Diskontinuitäten in der Wissenschaftsgeschichte des 20. Jahrhunderts, Stuttgart 2006, S. 153–166, S. 162.

252 Presas i Puig, *Deutsche Wissenschaftler in Spanien*, S. 161 ff.

253 Stevens, *Full Circle*.

254 Lehmann, *Die Bundesrepublik und Franco-Spanien*, S. 130

255 Stevens, *Full Circle*.

256 Lehmann, *Die Bundesrepublik und Franco-Spanien*, S. 129.

257 Dr. Hartmann hatte als Waffenfabrikant im Ministerium unter Albert Speer gearbeitet, war nach dem Krieg zu 1 ½ Jahren Gefängnis verurteilt worden, 1947 aus der Haft entlassen und nach Spanien übersiedelt.

258 Abschrift Bericht über meine Besprechung mit Herrn Dr. Ing. Reiner Hartmann, am Donnerstag, den 15.11.56 in Madrid, in: ZARh B 5131, Nr. 1_03 Deutsche Cetme-Ingenieure. Inwieweit die übrigen Mitarbeiter tatsächlich mit Waffenplänen nach Spanien geflüchtet waren oder auf ähnliche Weise direkt angeworben wurden, ist nicht überliefert. Jedoch ist die Annahme Collado Seidels, dass die Spitze dieser Gruppe 1945 nach Spanien floh, nicht zutreffend. Vgl. Lehmann, *Die Bundesrepublik und Franco-Spanien*, S. 130; Seidel, *Die deutsch-spanischen Beziehungen*, S. 32. Ludwig Vorgrimler verfasste am 19. März 1977 eine Geschichte des CETME-Gewehres/G 3 und Werner Heyen bereits 15 Jahre zuvor im März 1962 eine Geschichte der Sturmgewehre. Die Existenz beider Dokumente ist auch durch die Arbeit von Walter Lehmann bestätigt, der beide einsehen konnte und für seine Studie nutzte. Auch Stevens, *Full Circle*.

259 Manfred Griehl, *Rheintochter*, in: Waffen Arsenal Sonderband S-67 Waffen und Fahrzeuge der Heere und Luftstreitkräfte Deutsche Flakraketen bis 1945 Podzun-Pallas-Verlag, 2002, S. 19–24; vgl. auch die eigene Publikation von Heinrich Klein: *Vom Geschoß zum Feuerpfeil. Der große Umbruch der Waffentechnik in Deutschland* 1900–1970, Neckargemünd 1977.

260 Lehmann, *Die Bundesrepublik und Franco-Spanien*, S. 131. Für Franco wurde dann eine Nullserie aufgelegt.

261 Achim H. Oster, Internationales Biographisches Archiv 28/1983 vom 4. Juli 1983, in: Munzinger-Archiv Online, www.munzinger.de/search/portrait/Achim+H+Oster/0/11662.html [letzter Zugriff 15.10.2023].

262 Notiz über eine Besprechung mit Dr. Klein am 21. Nov. 1951, S. 2, in: BArch-MA, N/713/3, Wehrtechnische Zusammenarbeit 1951/52.

263 Anlage 1 mit anliegender Notiz, Zusammenstellung vom 10.9.1951, in: BArch-MA, N/713/3, Wehrtechnische Zusammenarbeit 1951/52.

264 Ergänzung zur Aktennotiz Nr. 4, Zusammenstellung vom 10.9.1951, in: BArch-MA, N/713/3, Wehrtechnische Zusammenarbeit 1951/52.

265 Besprechungen am 2. und 5. April 1951, Zusammenstellung vom 10.9.1951, in: BArch-MA, N/713/3, Wehrtechnische Zusammenarbeit 1951/52.

266 S/2 – Aufzeichnung Nr. 113/51, 21.12.1951, in: BArch-MA, N/713/3, Wehrtechnische Zusammenarbeit 1951/52.

267 Vgl. zur Rolle Dörges im Quandt-Imperium Scholtyseck, *Der Aufstieg der Quandts.*

268 Zusammenstellung vom 10.9.1951, in: BArch-MA, N/713/3, Wehrtechnische Zusammenarbeit 1951/52.

269 Note 2, Anfang Juli 1951, Zusammenstellung vom 10.9.1951, in: BArch-MA, N/713/3, Wehrtechnische Zusammenarbeit 1951/52.

270 Nagel, *Wissenschaft für den Krieg.*

271 S/2 – Aufzeichnung Nr. 108/51, 12.12.1951, in: BArch-MA, N/713/3, Wehrtechnische Zusammenarbeit 1951/52.

272 Aus welchem Kontext er stammte, ließ sich nicht ermitteln, insbesondere nicht, ob es einen Bezug zu den Merz-Werken in Frankfurt am Main gab.

273 S/2 – Aufzeichnung Nr. 108/51, 12.12.1951, in: BArch-MA, N/713/3, Wehrtechnische Zusammenarbeit 1951/52.

274 Joachim (Achim) Oster (1914–1983) war der Sohn von Hans Oster, der nach dem Hitler-Attentat vom 20. Juli 1944 hingerichtet worden war. Oster jun. war seit 1950 Mitarbeiter im Bundeskanzleramt und bald Mitarbeiter im Amt Blank, ab 1958 Militärattaché an der Deutschen Botschaft in Spanien.

275 S/2 – Aufzeichnung Nr. 113/51, 21.12.1951, in: BArch-MA, N/713/3, Wehrtechnische Zusammenarbeit 1951/52.

276 Zusammenstellung vom 10.9.1951, in: BArch-MA, N/713/3, Wehrtechnische Zusammenarbeit 1951/52.

277 Notiz für Herrn Blank, Betr., Abendessen beim spanischen Militär-Attaché in Paris am 30.10.51, in: BArch-MA, N/713/3, Wehrtechnische Zusammenarbeit 1951/52.

278 Notiz über eine Besprechung am 4.11.1951, in: BArch-MA, N/713/3, Wehrtechnische Zusammenarbeit 1951/52.

279 Ebd.

280 Ebd.

281 Ebd.

282 Lehmann, *Die Bundesrepublik und Franco-Spanien*, S. 128.

283 Aktennotiz, 25.9.1952, in: BArch-MA, BW 9, Dienststellen zur Vorbereitung des westdeutschen Verteidigungsbeitrages (Amt Blank), 267 Aufstellungsplan des deutschen Kontingents. Vonseiten des Amts Blank nahmen Diedrichsen, WG4, und Heinrich, HG4, teil.

284 Die konfrontative Haltung der Stadt Oberndorf gegen die IWK und den Quandt-Konzern wurde durch die Rolle von Altenburger als Mitglied des Gemeinderats verfestigt. Vgl. Aktenvermerk, Vertraulich, 6.7.1955, Zusammenhang zwischen Stadtstreit und Rüstungsfertigung von Mauser, in: ZARh B 5320, Nr. 187 Wiedererrichtung Rüstungsindustrie 1955, S. 6.

285 Dies zielte in Richtung Material, Maschinen, Dokumente und geistiges Eigentum und war nicht ganz von der Hand zu weisen. Heckler gab an, in Besitz von Konstruktionsplänen vormaliger Mauser-Waffen zu sein, Mauser-Maschinen waren erworben worden, und neue Mitarbeiter brachten Werkzeuge, die aus Mauser-Bestand stammen konnten, mit. Vgl. Aktenvermerk, Vertraulich, 6.7.1955, Zusammenhang zwischen Stadtstreit und Rüstungsfertigung von Mauser, in: ZARh B 5320, Nr. 187 Wiedererrichtung Rüstungsindustrie 1955, S. 3.

286 Aktenvermerk, Vertraulich, 6.7.1955, Zusammenhang zwischen Stadtstreit und Rüstungsfertigung von Mauser, in: ZARh B 5320, Nr. 187 Wiedererrichtung Rüstungsindustrie 1955, S. 4.

287 Ebd.

288 Aktennotiz, Betr., Mauserwerke, Oberndorf/Neckar, 25.9.1952, in: BArch-MA, BW 9, Dienststellen zur Vorbereitung des westdeutschen Verteidigungsbeitrages (Amt Blank), 267 Aufstellungsplan des deutschen Kontingents.

289 Ob die bezüglich des MG 42 bestehende »lose Verbindung« zu Rheinmetall in dieser Ersatzteilfertigung liegt, bleibt unklar. Vermerk über eine Besprechung am 21.5.55 mit Herrn Heckler von der Firma Heckler & Koch, Oberndorf in Anwesenheit von Herrn Bohlan, in: BA-MA Freiburg, BW/1/381129, Bd. 3, FN und CETME, 1954–1971.

290 Aktenvermerk, Vertraulich, 6.7.1955, Zusammenhang zwischen Stadtstreit und Rüstungsfertigung von Mauser, in: ZARh B 5320, Nr. 187 Wiedererrichtung Rüstungsindustrie 1955, S. 3.

291 Ebd., S. 4.

292 Aktennotiz, Betr., Mauserwerke, Oberndorf/Neckar 25.9.1952, in: BArch-MA, BW 9, Dienststellen zur Vorbereitung des westdeutschen Verteidigungsbeitrages (Amt Blank), 267 Aufstellungsplan des deutschen Kontingents.

293 Lehmann, *Die Bundesrepublik und Franco-Spanien*; Abelshauser, *Wirtschaft und Rüstung in den fünziger Jahren*, S. 66. Lehmann ordnet Heckler & Koch zusätzlich unzutreffend als »ehemaligen Rüstungsbetrieb« ein.

294 Lehmann, *Die Bundesrepublik und Franco-Spanien*, S. 131; Werner Abelshauser, *Wirtschaft und Rüstung in den fünfziger Jahren*.

295 Vortrags-Notiz vom 28.10.1952, Betr., Fertigungsfragen für Waffen und Munition, in: BA-MA Freiburg, BW/9/3688.

296 Abschrift Schreiben Der Bundesminister für Wirtschaft an Heckler & Koch GmbH, 2. Dezember 1952, in: StadtA ObN, BO, O8, AF 3344, Heckler & Koch, 1949–2005. Auch wenn die Genehmigung vorsah, dass Heckler das Produktionsprogramm quartalsweise vorlegte, lässt sich nicht daraus ableiten, dass schon hier eine Weiterentwicklung des Sturmgewehrs stattfand.

297 Interview mit Georg Egeler; Schreiben Landratsamt Rottweil an Mauser-Werke AG vom 7.12.1955, es gibt keine Unterlagen mehr über die Erlaubnis der Mauser-Werke, Waffen herzustellen (Zapf). Antrag ist neu zu stellen, da der Antrag gemäß Waffengesetzt von 1938 kein sachlicher, sondern persönlicher war. Mauser musste die Genehmigung beantragen, während der Büchsenmacher Walter Röll gemäß 1938 noch über eine Jagdwaffenherstellungs-Erlaubnis verfügte.

298 Die Konzentration der »bedeutendsten Jagdwaffenfabriken Westdeutschlands« (H. Krieghoff GmbH, Karl Walther GmbH, J.G. Anschütz GmbH & Co. KG) führte im Übrigen 1952 zur Eröffnung eines staatlichen Beschußamtes in Ulm, das die Materialbeschaffenheit der Gewehre prüfte.

299 Aktennotiz, BM/Az.Nr. 4077/1 über eine Besprechung mit Reg.-Amtmann WEINMANN im Beisein von Reg.-Rat Dr. Schlitzer und Dr. Hartmann am 29.10.1953, von Otto Kenntner, 2. November 1953, in: StadtA ObN, BO, O8, AF 3344, Heckler & Koch, 1949–2005.

300 Ebd. Weinmann bat Kenntner, die Geschäftsführung von Heckler & Koch darüber in Kenntnis zu setzen, dass wohl die IWK (Mauser-Werke) finanziert werden würde.

301 Lehmann, *Die Bundesrepublik und Franco-Spanien*, S. 132.

302 Vgl. auch z. B. »There a group of ›frozen‹ German weapon designers, led by a former colleague of the H&K founders, had developed the so-called CETME assault rifle based on a German design from 1945«, in: Stevens, *Full Circle*, S. 165. Die Aussagen, dass sich die in Spanien befindlichen ehemaligen Mauser-Mitarbeiter und die Inhaber wie auch Mitarbeiter von Heckler & Koch kannten, bestätigen auch Zeitzeugen.

303 Schreiben Otto Kenntner an Reg.-Amtmann Weinmann vom 2. November 1953, in: StadtA ObN, BO, O8, AF 3344, Heckler & Koch, 1949–2005.

304 Nagel, *Wissenschaft für den Krieg*. Denkbar ist zumindest, dass sich Schneider und Heckler dem Namen nach schon von früher kannten. Schneider stand dem Offizierswiderstand um Stauffenberg nahe, wurde aber nach seiner Inhaftierung 1944 wieder entlassen.

305 Schreiben Erich Schneider an Friedrich Geist vom 28.12.1953, in: BA-MA, Freiburg BW/1/381129.

306 Bericht über die Vorführung des Cetme-Gewehres am 18.12.1953 an Verteiler vom 23.12.1953, in: BArch-MA, Freiburg, BW9/1067, Bd. 17, 1952–1955.

307 Ebd.

308 Wirtschaftlicher Beitrag zur EVG, Rüstungspool I, 29.3.1955, in: BW/9/952, Produktion – Standardisierung, 1955.

309 Abschrift Merkzettel, Betr., NATO(belg.FN-)Gewehr und CETME (span.) Sturmgewehr, in: BW/9/1067, Bd. 17, 1952–1955.

310 Stellungnahme, Antrag zu G4/215/54, S. 2, in: BW/9/1067, Bd. 17, 1952–1955.

311 Erprobung u. a. M.P. 44 und M.G. 42, in: BW/9/1067, Bd. 17, 1952–1955.

312 Stellungnahme, Antrag zu G4/215/54, S. 2, in: BW/9/1067, Bd. 17, 1952–1955.

313 Vertraulicher Bericht Dipl.Ing. Erich Schneider vom 26.12.1953, in: BArch-MA, Freiburg, BW9/1067, Bd. 17, 1952–1955.

314 Rücksprache mit General Schneider am 3.2.1954, Anwesend, General Schneider, Herr von Uslar-Gleichen, Herr Bohlan und Herr Bucklisch, in: BA-MA Freiburg, BW/1/381129.

315 Nicht erst seit Sommer, wie die Konkurrenz annahm. Vgl. Aktenvermerk, Vertraulich, 6.7.1955, Zusammenhang zwischen Stadtstreit und Rüstungsfertigung von Mauser, in: ZARh B 5320, Nr. 187 Wiedererrichtung Rüstungsindustrie 1955, S. 4; Antrag an Bundesminister der Finanzen vom 20. Januar 1956, in: Heckler & Koch, Altakten.

316 Schreiben Heckler & Koch an Bundesminister für Verteidigung, 26.8.1958, S. 2, in: BArch-MA, BW 9, Dienststellen zur Vorbereitung des westdeutschen Verteidigungsbeitrages (Amt Blank), 347492 Beschaffung bei der Firma Heckler & Koch.

317 Antrag an Bundesminister der Finanzen vom 20. Januar 1956, in: Heckler & Koch, Altakten.

318 Vermerk vom 30. Juli 1956, in: ZARh B 5131, Nr. 1_02 Besprechung Cetme mit Heckler.

319 Informationen über die Entwicklung und den aktuellen Stand des CETME Sturmgewehrs vom Typ »CETME« 27.10.1955, Exportaciones de armas a Alemania, in: AMAE, 82/10293 (früher Leg. R-3864, Exp. 18).

320 Ebd.

321 Ebd.

322 Für eine Stückzahl von 5.000 Gewehren. 28. Januar 1955, »Wirtschaftliche Untersuchung für die Fertigung des spanischen Sturmgewehrs«, in: BA-MA Freiburg,

BW/1/381129. Material pro 100 = 2.042 DM, 9 3/4h pro Gewehr, Vorrichtungen, Werkzeuge, Lehren einmalig 450.000 DM, Investitionsbedarf für Maschinen, Härteeinrichtungen und Oberflächenbehandlung 3 Mio. DM.

323 Antrag an Bundesminister der Finanzen vom 20. Januar 1956, in: Heckler & Koch, Altakten.

324 Vermerk vom 30. Juli 1956, in: ZARh B 5131, Nr. 1_02 Besprechung Cetme mit Heckler, S. 2.; Antrag an Bundesminister der Finanzen vom 20. Januar 1956, S. 3, in: Heckler & Koch, Altakten.

325 Vermerk über eine Besprechung am 21.5.55 mit Herrn Heckler von der Firma Heckler & Koch, Oberndorf in Anwesenheit von Herrn Bohlan, in: BA-MA Freiburg, BW/1/381129, Bd. 3, FN und CETME, 1954–1971. Auch die spanische Seite bestätigte die Fertigung und Lieferung von Teilen durch WMF. Eine historisch fundierte Geschichte von WMF liegt bis heute nicht vor, sodass keine weiterführenden Erkenntnisse für diese Studie gefunden wurden. Lehmann, *Die Bundesrepublik und Franco-Spanien*, S. 132.

326 Abschrift von Schreiben Innenministerium Baden-Württemberg an Regierungspräsidium Südwürttemberg-Hohenzollern vom 19. Januar 1956, Herstellung von Waffen durch die Firma Heckler & Koch in Oberndorf/Neckar, in: StadtA ObN, O8, AF 817, Vernichtung des städtischen Sprengkapselvorrats von Oberndorf am Neckar.

327 Lehmann, *Die Bundesrepublik und Franco-Spanien*, S. 132, Fßn. 64. Lt. Bericht Vorgrimler.

328 Informationen über die Entwicklung und den aktuellen Stand des CETME Sturmgewehrs vom Typ »CETME« 27.10.1955, Exportaciones de armas a Alemania, in: AMAE, 82/10293 (früher Leg. R-3864, Exp. 18).

329 Betr. Notiz über Besprechung beim Bundesgrenzschutz am 25.5.1955 10 Uhr – FN- und Cetme-Gewehr, in: BA-MA Freiburg, BW/1/381129, Bd. 3, FN und CETME, 1954–1971.

330 Vermerk, Betr., Sturmgewehre vom 25. Mai 1955, Treffen im BMI, in: BA-MA Freiburg, BW/1/381129, Bd. 3, FN und CETME, 1954–1971.

331 Ebd.

332 Schreiben CETME an Heckler & Koch vom 17. Mai 1955, in: BA-MA Freiburg, BW/1/381129.

333 Schreiben CETME an Bundesminister des Inneren, 16. Mai 1955, in: BA-MA Freiburg, BW/1/381129.

334 Schlußprotokoll vom 22. Januar 1955 über die Vorführung von Munition T 65 sowie des spanischen Sturmgewehr und des belgischen leichten vollautomatischen Gewehrs, in: BA-MA Freiburg, BW/1/381129.

335 Anlage, 1a BMI 660230. Vorführung des spanischen Sturmgewehrs CETME am 17. Januar 1955 auf den Schießständen des Bundesgrenzschutzes, Bonn.

336 Hergestellt wurden Tiefziehteile aus einfachem Blech im Prägeverfahren: »Das einzige spanabnehmende Verfahren wird bei der Herstellung des Verschlusses und in der Abzugstelle angewandt. Sämtliche Abzugsteile sind ebenfalls in einem Blechprägegehäuse untergebracht und bilden ein eigenes Aggregat.« […] »Die Waffe ist so konstruiert, daß Einzelteile durch verschiedene Firmen hergestellt werden können. Es braucht sich bei diesen Firmen nicht um reine Waffenbetriebe handeln, sondern, da es sich hauptsächlich um Blechprägeteile handelt, kann man Firmen mit entsprechenden Erfahrungen auf diesem Gebiet einschalten.« Vgl. Anlage, 1a BMI 660230. Vorführung des spanischen Sturmge-

wehrs CETME am 17. Januar 1955 auf den Schießständen des Bundesgrenzschutzes, Bonn, S. 3f.

337 Die Begeisterung in beiden Ländern belegte man gegenüber Blank mit einem Zeitungsartikel in Spanien. Jedoch war auch den Spaniern bewusst, als Nicht-NATO-Mitglied und gegenüber Frankreich und Großbritannien »nicht auf gutem Fuß« stehend, nur geringe Chancen zu haben, dass das CETME-Gewehr das Einheitsgewehr der NATO werden würde. Vgl. Veröffentlichung in Zeitung in Madrid »Spanisches Modell als Standardgewehr geeignet«, übersendet an Blank am 13.8.1954, in: BW/1/381129.

338 Für eine Stückzahl von 5.000 Gewehren. 28. Januar 1955, »Wirtschaftliche Untersuchung für die Fertigung des spanischen Sturmgewehrs«, in: BA-MA Freiburg, BW/1/381129. Material pro 100 = 2.042 DM, 9 3/4h pro Gewehr, Vorrichtungen, Werkzeuge, Lehren einmalig 450.000 DM, Investitionsbedarf für Maschinen, Härteeinrichtungen und Oberflächenbehandlung 3 Mio. DM.

339 Vermerk von Schmidt für Herrn Bundesminister des Innern, Vertraulich, Betr., Sturmgewehre, vom 22.8.1955, in: BA-MA Freiburg, BW/1/381129.

340 Vermerk vom 20. Januar 1955, Betr., Entscheidung über Inf.Waffen, S. 6 des Schlussprotokolls, in: BA-MA Freiburg, BW/1/381129.

341 Besprechung mit Generalleutnant a. D. Dr. Speidel, 5. April 1955, Schreiben Heusinger; Merkzettel vom 5.4.1955, in: BA-MA Freiburg, BW/1/381129. Die Rolle der befreundeten Generäle Heusinger und Speidel wird auch in Keßelring, *Die Organisation Gehlen* beschrieben.

342 Basis der Kalkulation war ein Bedarf von 20.000 Stück, Preis 260 DM. Schreiben CETME an Bundesminister des Inneren, 16. Mai 1955, in: BA-MA Freiburg, BW/1/381129.

343 Telefonat am 4.7.1955 Matzuke mit Büscher, Vermerk an Verteiler, Betr., Augenblicklicher Stand, Cetme-Gewehr, 4. Juli 1955, in: BA-MA Freiburg, BW/1/381129.

344 Antrag an Bundesminister der Finanzen vom 20. Januar 1956, in: Heckler & Koch, Altakten.

345 Vermerk, Betr., CETME – Waffe vom 1. Juli 1955, in: BA-MA Freiburg, BW/1/381129.

346 Vermerk an Verteiler, Betr., Augenblicklicher Stand, Cetme-Gewehr, 4. Juli 1955, in: BA-MA Freiburg, BW/1/381129.

347 Ebd.

348 Schreiben Heckler & Koch an Bundeskanzleramt, Abtlg. Beschaffungsamt vom 6. Juni 1955, in: BA-MA Freiburg, BW/1/381129.

349 Informationsvermerk über die Entwicklung und den aktuellen Stand der Herstellung des spanischen Sturmgewehrs Typ »CETME« vom 27.10.1955, in: Exportaciones de armas a Alemania, AMEA 82/10293 (früher Leg. R-3864, Exp. 18).

350 Vermerk an C 1 1e, in: BA-MA Freiburg, BW/1/381129.

351 Schreiben Erich Schneider an Oberst Bohlan vom 19.10.1955, in: BA-MA Freiburg, BW/1/381129.

352 Aktenvermerk Herrn C 1 Betr., Beschaffung von 200 CETME-Gewehren und Herstellung einer Nullserie von CETME-Gewehren, in: BA-MA Freiburg, BW/1/381129.

353 Ebd.

354 Ebd.

355 Vermerk vom 30. Juli 1956, in: ZARh B 5131, Nr. 1_02 Besprechung Cetme mit Heckler, S. 3.

356 Antrag an Bundesminister der Finanzen vom 20. Januar 1956, S. 6, in: Heckler & Koch, Altakten.

357 An C Q c im Hause, Betr., Beschaffung von 200 Cetme-Gewehren und Herstellung einer Nullserie, in: BA-MA Freiburg, BW/1/381129.

358 Informationsvermerk über die Entwicklung und den aktuellen Stand der Herstellung des spanischen Sturmgewehrs Typ »CETME« vom 27.10.1955, in: Exportaciones de armas a Alemania, AMEA 82/10293 (früher Leg. R-3864, Exp. 18); der Lieferauftrag für die Einzelteile wurde endgültig am 5.12.1955 durch CETME erteilt. Vgl. Antrag an Bundesminister der Finanzen vom 20. Januar 1956, S. 4, in: Heckler & Koch, Altakten.

359 Antrag an Bundesminister der Finanzen vom 20. Januar 1956, S. 3f.; noch im Oktober 1957 waren die leihweise überlassenen Werkzeuge, Vorrichtungen und Lehren nicht nach Spanien überstellt worden. Vgl. Schreiben Heckler & Koch an Finanzamt Oberndorf, 16.10.1957, beide in: Heckler & Koch, Altakten.

360 Antrag an Bundesminister der Finanzen vom 20. Januar 1956, S. 4, in: Heckler & Koch, Altakten.

361 Notas informativas, Ayunto, Fusil CETME (Informationsnote) vom 27. Oktober 1955, Madrid, in: AMEA 82/16381 (früher Leg. R-6574, Exp. 21).

362 Ebd.

363 Der Ausschuss für wirtschaftliche Fragen der Verteidigung tagte in seiner 8. Sitzung am 11. Oktober 1955 und diskutierte nach der »Einführungsverfügung für Pistole, Maschinenpistole und Maschinengewehr« über die Möglichkeiten, diese in der Bundesrepublik Deutschland herzustellen. Vorhandene Produktionsstätten sollten genutzt, mögliche Eigeninvestitionen berücksichtigt sowie die Patentfrage geklärt werden. Vgl. Abschrift Mat/A an Abteilung V, Koblenz, 13. Oktober 1955, in: BA-MA Freiburg, BW/9/3726.

364 *Deutsches Sturmgewehr erprobt*, in: Schwarzwälder Bote, Nr. 46 vom 24.2.19?? [vermutlich 1956; nicht lesbar], in: StadtA ObN, BO, O8, AF 3344, Heckler & Koch, 1949–2005. Vgl. o.V., *Gruß durch Blickwendung im Stillsitzen. 601 neue Vorschriften für die Bundeswehr*, in: Frankfurter Allgemeine Zeitung, 24.2.1956, S. 4; Werner Schulz, *Tritt Spanien dem Atlantikpakt bei? Zusammenarbeit mit Deutschland*, in: Frankfurter Allgemeine Zeitung, 14.1.1956, S. 2.

365 Schreiben Vorwald, XI cC1 1e an Bundesminister des Inneren, Betr., CETME-Gewehr, 17.12.1955, in: BA-MA Freiburg, BW/1/381129.

366 Vermerk »Fertigung CETME-Gewehr« vom 15.12.1955, in: BA-MA Freiburg, BW/1/381129. 290.000 Grundausstattung, 77.000 Bevorratung, 81.000 für ausgemusterte US-Waffen, dann 18.500 pro Jahr.

367 Schreiben Bundesminister des Inneren an Bundesminister für Verteidigung, Betr., CETME-Gewehre vom 23. Dezember 1955, in: BA-MA Freiburg, BW/1/381129.

368 Fertigung CETME-Gewehr, 15.12.1955, H&K, in: BArch MA, N/713/3 Wehrtechnische Zusammenarbeit 1951/52.

369 Ebd. Allerdings war seitens der Bundesbehörden, die eine Finanzierung der Investitionen zugesagt hatten, gewünscht, diese Mittel durch eine »weitgehend gestreute Fertigung« möglichst gering zu halten.

370 Schlußprotokoll vom 22. Januar 1955 über die Vorführung von Munition T 65 sowie des spanischen Sturmgewehrs und des belgischen leichten vollautomatischen Gewehrs in der Zeit vom 17.–21. Januar 1955, Anlage, 1a BMI 660230. Vorführung des spanischen Sturmgewehrs CETME am 17. Januar 1955 auf den

Schießständen des Bundesgrenzschutzes, Bonn, in: BW/1/381129. Rheinmetall gegenüber veranschlagte Heckler eine Investitionssumme von 700.000 D-Mark. Vermerk vom 30. Juli 1956, in: ZARh B 5131, Nr. 1_02 Besprechung Cetme mit Heckler, S. 3. Davon benötigte man 300.000 DM sofort.

371 Vermerk vom 30. Juli 1956, in: ZARh B 5131, Nr. 1_02 Besprechung Cetme mit Heckler, S. 5. Ein Vermerk von Rheinmetall, Heckler & Koch habe einen Aufbaukredit erhalten und verfüge bereits über die Lizenzen zum Nachbau, trafen für 1955 noch nicht zu. Siehe Aktenvermerk vom 4.7.55, in: ZARh B 5320, Nr. 187 Wiedererrichtung Rüstungsindustrie 1955, S. 3.

372 Vermerk, Betr., Vertrag mit der Firma Heckler & Koch über Cetme-Gewehre; hier Besprechung vom 17.4.1958, 18. April 1958, in: BArch-MA, BW 9, Dienststellen zur Vorbereitung des westdeutschen Verteidigungsbeitrages (Amt Blank), 347491 Spanien-Deutschland.

373 Ebd.

374 Schreiben Heckler & Koch an Bundesminister für Verteidigung vom 26.8.1958, in: BArch-MA, BW 9, Dienststellen zur Vorbereitung des westdeutschen Verteidigungsbeitrages (Amt Blank), 347492 Beschaffung bei der Firma Heckler & Koch.

375 Schreiben an CETME, 5. Januar 1956, Null-Serie, Vorschlag Besprechung 24. bis 17.1.1956, in: BA-MA Freiburg, BW/1/381129.

376 Schreiben Erich Schneider an Oberst Bohlan vom 14.2.1956, in: BA-MA Freiburg, BW/1/381129.

377 Vermerk Vorwald an XI D vom 22.3.1956, am 10.1.56 übersandte Ministerialvorlage zum Einkauf der 200 CETME für Truppenversuch, in: BA-MA Freiburg, BW/1/381129.

378 An C1 (1e) Betr., Cetme-Gewehr, 22. Februar 1956; Beschaffungsanweisung Nr. 200 über 400 Gewehre vom 6. März 1956, in: BA-MA Freiburg, BW/1/381129.

379 Schreiben Heckler & Koch an Bundesminister für Verteidigung, 26. 8.1958, S. 2, in: BArch-MA, BW 9, Dienststellen zur Vorbereitung des westdeutschen Verteidigungsbeitrages (Amt Blank), 347492 Beschaffung bei der Firma Heckler & Koch.

380 Schreiben Rentrop, Abt. XI an CETME vom 17. April 1956, Betr., Cetme Sturmgewehr, in: BA-MA Freiburg, BW/1/381129; Vermerk vom 30. Juli 1956, in: ZARh B 5131, Nr. 1_02 Besprechung Cetme mit Heckler, S. 2; Abschrift Bericht über meine Besprechung mit Herrn Dr. Ing. Reiner Hartmann, am Donnerstag, den 15.11.56 in Madrid, in: ZARh B 5131, Nr. 1_03 Deutsche Cetme-Ingenieure.

381 Geheimes Schreiben an Bundeswirtschaftsministerium, Sturmgewehr-Fertigung, 26.2.1956, in: BA-MA Freiburg, BW/1/381129.

382 Einschreiben Heckler & Koch an Verteidigungs-Ministerium, Bohlan, vom 27.2.1956, in: BA-MA Freiburg, BW/1/381129.

383 Geheimes Schreiben an Bundeswirtschaftsministerium, Sturmgewehr-Fertigung, 26.2.1956, in: BA-MA Freiburg, BW/1/381129

384 Schreiben Heckler & Koch an Bohlan, vom 19.4.1956, in: BA-MA Freiburg, BW/1/381112.

385 Bericht ueber die Besprechung mit Herrn Dr. Hartmann von der CETME am 13. Dezember 1956, in: ZARh B 5131, Nr. 3_01 Cetme-Besprechung.

386 Lehmann, *Die Bundesrepublik und Franco-Spanien*, S. 132. Da der Bericht heute nicht mehr auffindbar ist, können Details nicht geprüft werden, inwiefern Heynen

diese Angaben auf die Serienherstellung des Gewehrs in Spanien bezog oder tatsächlich auch die spätere Serie meinte.

387 Aktennotiz XII / 1, Betr., CETME – Sturmgewehr, Besprechung am 4.12.1956, in: ZARh B 5131, Nr. 1_04 Fertigungsansprüche Heckler.

388 Ebd., S. 2.

389 Informationen über die Entwicklung und den aktuellen Stand des CETME Sturmgewehrs vom Typ »CETME« 27.10.1955, Exportaciones de armas a Alemania, in: AMAE, 82/10293 (früher Leg. R-3864, Exp. 18).

390 Vermerk vom 30. Juli 1956, in: ZARh B 5131, Nr. 1_02, Besprechung Cetme mit Heckler, S. 2. Grundsätzlich schätzte Edmund Heckler den Patentschutz für schwach und erklärte die von Heckler & Koch gefertigten Betriebsmittel für das Wichtigste im Produktionsprozess.

391 Bericht ueber die Besprechung mit Herrn Dr. Hartmann von der CETME am 13. Dezember 1956, in: ZARh B 5131, Nr. 3_01 Cetme-Besprechung.

392 Aktennotiz XII / 1, Betr., CETME – Sturmgewehr, Besprechung am 4.12.1956, in: ZARh B 5131, Nr. 1_04 Fertigungsansprüche Heckler; Daniel D. Musgrave/Thomas B. Nelson, *The world's assault rifles and automatic carbines*. Bd. 2. T. B. N. Enterprises, 1967, S. 64.

393 Schreiben Karl-Heinz Dittberner VDI an Vorstand Rheinmetall AG, Mez, 30.5.1955, in: ZARh B 5320, Nr. 16 Mauser, HK 30.5.1955; Aktenvermerk, Vertraulich, 6.7.1955, Zusammenhang zwischen Stadtstreit und Rüstungsfertigung von Mauser, in: ZARh B 5320, Nr. 187, Wiedererrichtung Rüstungsindustrie 1955, S. 2; auch Bürgermeisteramt, 23. Februar 1956, in: StadtA ObN, BO, O8, AF 3344, Heckler & Koch, 1949–2005.

394 Aktenvermerk vom 4.7.55, in: ZARh B 5320, Nr. 187 Wiedererrichtung Rüstungsindustrie 1955.

395 Aktenvermerk, Vertraulich, 6.7.1955, Zusammenhang zwischen Stadtstreit und Rüstungsfertigung von Mauser, in: ZARh B 5320, Nr. 187, Wiedererrichtung Rüstungsindustrie 1955, S. 5.

396 Aktenvermerk vom 4.7.55, in: ZARh B 5320, Nr. 187 Wiedererrichtung Rüstungsindustrie 1955, S. 2.

397 Aktenvermerk, Vertraulich, 6.7.1955, Zusammenhang zwischen Stadtstreit und Rüstungsfertigung von Mauser, in: ZARh B 5320, Nr. 187 Wiedererrichtung Rüstungsindustrie 1955, S. 5.

398 Aktennotiz XII / 1, Betr., CETME – Sturmgewehr, Besprechung am 4.12.1956, in: ZARh B 5131, Nr. 1_04 Fertigungsansprüche Heckler.

399 Schreiben an Federico C. Hartwig vom 16.1.1957, in: ZARh B 5131, Nr. 3_03 Zusammenarbeit Rh mit HK.

400 Manfred Pohl/Andrea H. Schneider, *VIAG Aktiengesellschaft 1923–1998, Vom Staatsunternehmen zum internationalen Konzern*, München 1998, S. 145 f.

401 Stefanie van de Kerkhof, *Waffen und Sicherheit im Kalten Krieg. Das Marketing der westdeutschen Rüstungsindustrie 1949–1990*, Berlin 2019, S. 120 ff.

402 Aktennotiz XII / 1, Betr., CETME – Sturmgewehr, Besprechung am 4.12.1956, in: ZARh B 5131, Nr. 1_04 Fertigungsansprüche Heckler.

403 Ebd.

404 Vermerk, Betr., Cetme-Gewehr, Besprechung am 5.11.1957, 4. November 1957, in: BArch-MA, BW 9, Dienststellen zur Vorbereitung des westdeutschen Verteidigungsbeitrages (Amt Blank), 347491 Spanien-Deutschland. Vgl. zum Erwerb van de Kerkhof, *Waffen und Sicherheit im Kalten Krieg*, S. 129.

405 https://www.lexikon-der-wehrmacht.de/Waffen/sturmgewehre.htm [letzter Zugriff 15.10.2023]. Auch die Firma Gustloff hatte eine solche Weiterentwicklung vorgelegt. Vgl. Dieter Handrich, *Sturmgewehr 44 Vorgänger. Entwicklung und Fertigung der revolutionärsten Infanteriewaffe*, Blaufelden 2016.

406 Vermerk, Betr., Großfuß-Patente; Lizenzzahlungen an Hispano-Suiza, 5. November 1957, in: BArch-MA, BW 9, Dienststellen zur Vorbereitung des westdeutschen Verteidigungsbeitrages (Amt Blank), 347491 Spanien-Deutschland. Mit Rheinmetall einigte man sich aufgrund der besonderen Sachlage darauf, falls sich die Ansprüche bestätigen, diese gegen eine symbolische Gebühr von 1,– DM anzuerkennen.

407 Bericht ueber die Besprechung mit Herrn Dr. Hartmann von der CETME am 13. Dezember 1956, in: ZARh B 5131, Nr. 3_01 Cetme-Besprechung, vgl. auch van de Kerkhof, *Waffen und Sicherheit im Kalten Krieg*.

408 Van de Kerkhof, *Waffen und Sicherheit im Kalten Krieg*, S. 126.

409 Schreiben Erich Schneider an Oberst Bohlan vom 14.2.1956, in: BA-MA Freiburg, BW/1/381129.

410 *Röchling kauft Rheinmetall-Borsig*, in: Frankfurter Allgemeine Zeitung, 30.6.1956. Röchlings Rolle im NS wurde kürzlich im Auftrag der Universität des Saarlandes untersucht. Die Kernbefunde des Gutachtens sind zu finden unter www.uni-saarland.de/aktuell/ehrensenator-ehrenbuerger-obe-roechling-25419.html [letzter Zugriff 19.5.2023]. Darin wird deutlich, dass Röchling im Windschatten seines Onkels agierte, selbst kein Kriegsverbrecher war; seine Unterstützung eines Widerstandskämpfers, die ihn in Haft brachte, wurde erneut bestätigt. Zur Geschichte Röchlings vgl. Gerhard Seibold, *Röchling. Kontinuität im Wandel*, Stuttgart 2001.

411 Bericht ueber die Besprechung mit Herrn Dr. Hartmann von der CETME am 13. Dezember 1956, in: ZARh B 5131, Nr. 3_01 Cetme-Besprechung.

412 Schreiben Ernst Röchling an Direktor Caesar, Rheinmetall AG, 5. Januar 1957, in: ZARh B 5131; Nr. 3_02 Zusammenarbeit Rheinmetall mit Heckler & Koch.

413 Schreiben Ernst Röchling an Direktor Caesar, Rheinmetall AG, 5. Januar 1957, in: ZARh B 5131; Nr. 3_02 Zusammenarbeit Rheinmetall mit Heckler & Koch.

414 Vermerk vom 30. Juli 1956, in: ZARh B 5131, Nr. 1_02 Besprechung Cetme mit Heckler, S. 4.

415 Schreiben an Federico C. Hartwig, 8.10.1957, in: ZARh B 5131, Nr. 3_04 Cetme-Fertigung in Spanien.

416 Die Ausgliederung der Waffenproduktion in eine GmbH in Düsseldorf dürfte aufgrund der Publizitätspflicht von Publikumsgesellschaften erfolgt sein, sodass seither keine betrieblichen Daten – nur in konsolidierter Form in der Konzernbilanz – veröffentlicht wurden. Vgl. van de Kerkhof, *Waffen und Sicherheit im Kalten Krieg*, S. 129.

417 Schreiben an Federigo [sic!] C. Hartwig vom 16.1.1957, in: ZARh B 5131, Nr. 3_03 Zusammenarbeit Rh mit HK, S. 2.

418 Ebd., S. 3.

419 Aktennotiz XII / 1, Betr., CETME – Sturmgewehr, Besprechung am 4.12.1956, in: ZARh B 5131, Nr. 1_04 Fertigungsansprüche Heckler.

420 Lehmann, *Die Bundesrepublik und Franco-Spanien*, S. 133.

421 Aktennotiz, Betrifft CETME – Sturmgewehr vom 21.3.1957, in: ZARh B 5131, Nr. 1_05 DEFA-Entwicklungen.

422 Schreiben an Federigo [sic!] C. Hartwig vom 16.1.1957, in: ZARh B 5131, Nr. 3_03 Zusammenarbeit Rh mit HK.

423 Ebd.
424 Schreiben an Federico C. Hartwig, 8.10.1957, in: ZARh B 5131, Nr. 3_04 Cetme-Fertigung in Spanien.
425 Schreiben an Federigo [sic!] C. Hartwig vom 16.1.1957, in: ZARh B 5131, Nr. 3_03 Zusammenarbeit Rh mit HK.
426 Schreiben Erich Schneider an Oberst Bohlan vom 14.2.1956, in: BA-MA Freiburg, BW/1/381129.
427 Schreiben Heckler & Koch GmbH an Bundesverteidigungsministerium, Oberst-Ing. Bolan, vom 13.9.1955, in: BA-MA Freiburg, BW/1/381112; Vfg. C 1(1e) – Az., 914.1005 vom 3.10.1955, in: BA-MA Freiburg, BW/1/381112.
428 Vfg. C1(1e) – Az., 914.1005 vom 3.10.1955, in: BA-MA Freiburg, BW/1/381112.
429 Heckler & Koch rechnete für den Auftrag insgesamt 10.629 D-Mark für 561 Arbeitsstunden ab. Vgl. Vfg.,20.7.1956, Vermerk, Betr., Sachverständigengutachten an Firma Heckler & Koch sowie Rechnungen Heckler & Koch, in: BA-MA Freiburg, BW/1/381112.
430 E-Monatsbericht Oktober/November 1957 vom 13. November 1957, in: BA-MA Freiburg, BW/1/381138. Getestet und bewertet wurden dabei SIG, US Gewehr Cal 30, Armalite, Cetme. Beim Cetme-MG wurde die zu schwache Feder moniert.
431 O.V., *Das Waffenprogramm der Bundeswehr. Nur zwölf Autotypen / Panzer für Infanteristen werden in der Schweiz montiert*, in: Frankfurter Allgemeine Zeitung, 7.9.1956, S. 4.
432 Schreiben Werner Heynen an Dipl.Ing. Hauser vom 2. Sept. 1958, in: BArch-MA, BW 9, Dienststellen zur Vorbereitung des westdeutschen Verteidigungsbeitrages (Amt Blank), 347492 Beschaffung bei der Firma Heckler & Koch.
433 Ebd.
434 Vermerk, Betr., Vereinbarung mit der spanischen Regierung über den Nachbau des Cetme-Gewehrs, 24. Januar 1958, in: Bundesarchiv-Militärarchiv, Freiburg, BW 9, Dienststellen zur Vorbereitung des westdeutschen Verteidigungsbeitrages (Amt Blank), 347491 Spanien-Deutschland.
435 Vermerk, Betr., Stand der Beschaffung von 131 000 Cetme-Gewehren, 27. September 1957, in: BArch-MA, BW 9, Dienststellen zur Vorbereitung des westdeutschen Verteidigungsbeitrages (Amt Blank), 347491 Spanien-Deutschland.
436 Vermerk, XA5, Betr., Stand der Beschaffung von 131 000 Cetme-Gewehren, 27. September 1957, in: BArch-MA, BW 9, Dienststellen zur Vorbereitung des westdeutschen Verteidigungsbeitrages (Amt Blank), 347492 Beschaffung bei der Firma Heckler & Koch; Vermerk, Betr., Cetme-Gewehr, 10.10.1957, in: BArch-MA, BW 9, Dienststellen zur Vorbereitung des westdeutschen Verteidigungsbeitrages (Amt Blank), 347491 Spanien-Deutschland.
437 Schreiben Bundesminister für Verteidigung an Centro de Estudios Técnicos de Materiales Especiales, Betr., Gewehr 7,62 mm Cetme, vom 19. März 1958, in: BArch-MA, BW 9, Dienststellen zur Vorbereitung des westdeutschen Verteidigungsbeitrages (Amt Blank), 347491 Spanien-Deutschland; Lehmann, *Die Bundesrepublik und Franco-Spanien*, S. 133 mit Verweis auf die beiden Berichte.
438 Schreiben W I 4 – 90-10-05-47 an W I 5, Betr., Vertrag mit der Heckler & Koch GmbH über 7,62 mm Cetme-Gewehre, Vermerk, Betr. Vertrag mit der Firma Heckler & Koch über Cetme-Gewehre; in: BArch-MA, BW 9, Dienststellen zur Vorbereitung des westdeutschen Verteidigungsbeitrages (Amt Blank), 347491 Spanien-Deutschland.

439 BArch-MA, BW 9, Dienststellen zur Vorbereitung des westdeutschen Verteidigungsbeitrages (Amt Blank), 347491 Spanien-Deutschland.

440 Vermerk W I 5, Betr., Vertrag mit Firma Heckler & Koch über Sturmgewehre, 12.6.58, in: BArch-MA, BW 9, Dienststellen zur Vorbereitung des westdeutschen Verteidigungsbeitrages (Amt Blank), 347491 Spanien-Deutschland.

441 Schreiben Werner Heynen an Dipl.Ing. Hauser vom 2. Sept. 1958, in: BArch-MA, BW 9, Dienststellen zur Vorbereitung des westdeutschen Verteidigungsbeitrages (Amt Blank), 347492 Beschaffung bei der Firma Heckler & Koch.

442 Ebd.

443 Ebd.

444 Vermerk, Betr., Zinslose Vorauszahlung im Vertrag mit Heckler & Koch G.m.b.H. Oberndorf/Necker über 75.000 Cetme-Gewehre, 9. April 1958, in: BArch-MA, BW 9, Dienststellen zur Vorbereitung des westdeutschen Verteidigungsbeitrages (Amt Blank), 347491 Spanien-Deutschland.

445 Bericht über die Prüfung der dem Beschluß über die Kapitalerhöhung aus Gesellschaftsmitteln zugrunde gelegten Jahresbilanz der Heckler & Koch GmbH zum 31. Dezember 1959, in: Heckler & Koch, Altakten.

446 Fertigung CETME-Gewehr, 15.12.1955, H&K, in: BArch MA, N/713/3 Wehrtechnische Zusammenarbeit 1951/52.

447 Bericht über die Prüfung der dem Beschluß über die Kapitalerhöhung aus Gesellschaftsmitteln zugrunde gelegten Jahresbilanz der Heckler & Koch GmbH zum 31. Dezember 1959, in: Heckler & Koch, Altakten.

448 Vermerk, Betr., Vertrag mit der Firma Heckler & Koch über Cetme-Gewehre; hier, Besprechung vom 17.4.1958, 18. April 1958, S. 7., in: BArch-MA, BW 9, Dienststellen zur Vorbereitung des westdeutschen Verteidigungsbeitrages (Amt Blank), 347491 Spanien-Deutschland.

449 Kommentar bezgl. Vertrag, Dr. Bergmann, Mitzeichnung, in: BArch-MA, BW 9, Dienststellen zur Vorbereitung des westdeutschen Verteidigungsbeitrages (Amt Blank), 347491 Spanien-Deutschland.

450 Vermerk, Betr., Vertrag mit der Firma Heckler & Koch über Cetme-Gewehre; hier Besprechung vom 17.4.1958, 18. April 1958, in: BArch-MA, BW 9, Dienststellen zur Vorbereitung des westdeutschen Verteidigungsbeitrages (Amt Blank), 347491 Spanien-Deutschland.

451 Bürgermeisteramt, 23. Februar 1956, in: StadtA ObN, BO, O8, AF 3344, Heckler & Koch, 1949–2005.

452 Vermerk, Betr., Cetme-Gewehr, 6. Mai 1958, in: BArch-MA, BW 9, Dienststellen zur Vorbereitung des westdeutschen Verteidigungsbeitrages (Amt Blank), 347491 Spanien-Deutschland.

453 Aktennotiz über Telefongspräch ORBR Bühler – Dr. Milewski, W I 5, 13. Juni 1958, in: BW/1/388471, Bd. 15, Automatische Gewehre, 1957–1963.

454 Vermerk des Fernmeldedienstes an Bundesminister für Wirtschaft, Betr., MSA-IV-Kredit an Firma Heckler & Koch GmbH, Oberndorf/Neckar, 23.8.1958, in: BArch-MA, BW 9, Dienststellen zur Vorbereitung des westdeutschen Verteidigungsbeitrages (Amt Blank), 347491 Spanien-Deutschland.

455 Schreiben Ministerial Thomsen im BMF an Ministerialdirektor Holtz im BMfVtdg. Vom 2. Aug. 1958, in: BArch-MA, BW 9, Dienststellen zur Vorbereitung des westdeutschen Verteidigungsbeitrages (Amt Blank), 347492 Beschaffung bei der Firma Heckler & Koch.

456 Schreiben Ministerial Thomsen im BMF an Ministerialdirektor Holtz im

BMfVtdg. Vom 2. Aug. 1958, S. 2, in: BArch-MA, BW 9, Dienststellen zur Vorbereitung des westdeutschen Verteidigungsbeitrages (Amt Blank), 347492 Beschaffung bei der Firma Heckler & Koch.

457 Schreiben Dr. Milewski an Abteilungsleiter W vom 13. August 1958, 1. Entwurf, S. 8, in: BArch-MA, BW 9, Dienststellen zur Vorbereitung des westdeutschen Verteidigungsbeitrages (Amt Blank), 347492 Beschaffung bei der Firma Heckler & Koch.

458 Schreiben Dr. Milewski an Abteilungsleiter W vom 13. August 1958, 1. Entwurf, in: BArch-MA, BW 9, Dienststellen zur Vorbereitung des westdeutschen Verteidigungsbeitrages (Amt Blank), 347492 Beschaffung bei der Firma Heckler & Koch.

459 Bericht über die Prüfung der dem Beschluß über die Kapitalerhöhung aus Gesellschaftsmitteln zugrunde gelegten Jahresbilanz der Heckler & Koch GmbH zum 31. Dezember 1959, in: Heckler & Koch, Altakten.

460 Schreiben Heckler & Koch an Finanzamt Oberndorf vom 16.10.1957, in: Heckler & Koch, Altakten.

461 Schreiben Heckler & Koch an Finanzamt Oberndorf vom 23.9.1959, in: Heckler & Koch, Altakten.

462 Schreiben Heckler & Koch an Bundesminister für Verteidigung vom 26.8.1958, in: BArch-MA, BW 9, Dienststellen zur Vorbereitung des westdeutschen Verteidigungsbeitrages (Amt Blank), 347492 Beschaffung bei der Firma Heckler & Koch.

463 Ebd.

464 Vermerk WI2, Betr., Cetme-Gewehr vom 6. Mai 1958, in: BArch-MA, BW 9, Dienststellen zur Vorbereitung des westdeutschen Verteidigungsbeitrages (Amt Blank), 347492 Beschaffung bei der Firma Heckler & Koch.

465 Vfg. Major Schulze, 12.02.1958; Vermerk für Herrn Min.Dir. Dr. Bergemann, Betr., Lieferung von 65 000 Cetme-Gewehren, 30. August 1958, in: BW1/388471, Bd. 15, Automatische Gewehre, 1957–1963; Schreiben Heckler & Koch an Bundesminister für Verteidigung, 26.8.1958, S. 2, in: BArch-MA, BW 9, Dienststellen zur Vorbereitung des westdeutschen Verteidigungsbeitrages (Amt Blank), 347492 Beschaffung bei der Firma Heckler & Koch.

466 Schreiben Amt für Wehrtechnik und Beschaffung an WI, Bonn, 5. März 1958, in: BArch-MA, BW 9, Dienststellen zur Vorbereitung des westdeutschen Verteidigungsbeitrages (Amt Blank), 347491 Spanien-Deutschland.

467 Schreiben T VIII 914.10 Nr. 4242/58 an Abt. W vom 3. April 1958, in: BArch-MA, BW 9, Dienststellen zur Vorbereitung des westdeutschen Verteidigungsbeitrages (Amt Blank), 347491 Spanien-Deutschland.

468 Schreiben T VIII 914.10 Nr. 4242/58 an Abt. W vom 3. April 1958, in: BArch-MA, BW 9, Dienststellen zur Vorbereitung des westdeutschen Verteidigungsbeitrages (Amt Blank), 347491 Spanien-Deutschland.

469 Vermerk, Betr., Vertragsabschluss mit der Firma Heckler & Koch über 60 000 CETME-Gewehre, 10.4.1958, in: Schreiben T VIII 914.10 Nr. 4242/58 an Abt. W vom 3. April 1958, in: BArch-MA, BW 9, Dienststellen zur Vorbereitung des westdeutschen Verteidigungsbeitrages (Amt Blank), 347491 Spanien-Deutschland.

470 Vermerk für Herrn Ministerdirektor Dr. Holtz vom 28. August 1958, in: BArch-MA, BW 9, Dienststellen zur Vorbereitung des westdeutschen Verteidigungsbeitrages (Amt Blank), 347492 Beschaffung bei der Firma Heckler & Koch.

471 Überlegungen über die Weiterbehandlung des Problems »Cetme«, 4. September

1958, WI5, in: BArch-MA, BW 9, Dienststellen zur Vorbereitung des westdeutschen Verteidigungsbeitrages (Amt Blank), 347492 Beschaffung bei der Firma Heckler & Koch; Schreiben Heckler & Koch an Bundesminister für Verteidigung, 26.8.1958, S. 2, in: BArch-MA, BW 9, Dienststellen zur Vorbereitung des westdeutschen Verteidigungsbeitrages (Amt Blank), 347492 Beschaffung bei der Firma Heckler & Koch.

472 Schreiben Heckler & Koch an Bundesminister für Verteidigung, 26.8.1958, S. 2, in: BArch-MA, BW 9, Dienststellen zur Vorbereitung des westdeutschen Verteidigungsbeitrages (Amt Blank), 347492 Beschaffung bei der Firma Heckler & Koch.

473 Protokoll über die Besprechung am 22. und 23. September 1958 in Oberndorf am Neckar bei der Firma Heckler & Koch GmbH, in: BArch-MA, BW 9, Dienststellen zur Vorbereitung des westdeutschen Verteidigungsbeitrages (Amt Blank), 347492 Beschaffung bei der Firma Heckler & Koch.

474 Vermerk WI2, Betr., Cetme-Gewehr vom 6. Mai 1958, in: BArch-MA, BW 9, Dienststellen zur Vorbereitung des westdeutschen Verteidigungsbeitrages (Amt Blank), 347492 Beschaffung bei der Firma Heckler & Koch.

475 Vermerk Fischer an AWB, 3.5.58, in: BArch-MA, BW 9, Dienststellen zur Vorbereitung des westdeutschen Verteidigungsbeitrages (Amt Blank), 347492 Beschaffung bei der Firma Heckler & Koch.

476 Telegramm Verteidigungsministerium Koblenz an Verteidigungsministerium Bonn, 13. Juni 1958, in: BArch-MA, BW 9, Dienststellen zur Vorbereitung des westdeutschen Verteidigungsbeitrages (Amt Blank), 347491 Spanien-Deutschland.

477 Schreiben Heckler & Koch an Bundesminister f. Verteidigung, Abtlg. W, 1.8.58, in: BArch-MA, BW 9, Dienststellen zur Vorbereitung des westdeutschen Verteidigungsbeitrages (Amt Blank), 347492 Beschaffung bei der Firma Heckler & Koch.

478 Vermerk, Betr., Heckler & Koch, Cetme-Gewehr – Anruf Oberst Propfe, 19. August 1958, in: BArch-MA, BW 9, Dienststellen zur Vorbereitung des westdeutschen Verteidigungsbeitrages (Amt Blank), 347492 Beschaffung bei der Firma Heckler & Koch.

479 Vermerk, Betr., Cemte-Gewehr; hier Vertragsverhandlungen mit der Firma Heckler & Koch, 18. August 1958, in: BArch-MA, BW 9, Dienststellen zur Vorbereitung des westdeutschen Verteidigungsbeitrages (Amt Blank), 347492 Beschaffung bei der Firma Heckler & Koch.

480 Überlegungen über die Weiterbehandlung des Problems »Cetme«, WI, 11. September 1958, S. 1, in: BArch-MA, BW 9, Dienststellen zur Vorbereitung des westdeutschen Verteidigungsbeitrages (Amt Blank), 347492 Beschaffung bei der Firma Heckler & Koch.

481 Vermerk, Betr., Heckler & Koch, Cetme-Gewehr – Anruf Oberst Propfe, 19. August 1958, in: BArch-MA, BW 9, Dienststellen zur Vorbereitung des westdeutschen Verteidigungsbeitrages (Amt Blank), 347492 Beschaffung bei der Firma Heckler & Koch.

482 Schreiben WI5, Holtz, an AWB Koblenz, 18. August 1958, in: BArch-MA, BW 9, Dienststellen zur Vorbereitung des westdeutschen Verteidigungsbeitrages (Amt Blank), 347492 Beschaffung bei der Firma Heckler & Koch; Überlegungen über die Weiterbehandlung des Problems »Cetme«, WI, 11. September 1958, S. 1, in: BArch-MA, BW 9, Dienststellen zur Vorbereitung des westdeutschen Verteidigungsbeitrages (Amt Blank), 347492 Beschaffung bei der Firma Heckler & Koch.

483 Vermerk für Herrn Min.Dgt. Dr. Bergemann vom 22.8.1958, Betr., MAS-IV-Kredit an Firma Heckler & Koch GmbH, Oberndorf/Neckar, in: BArch-MA, BW 9, Dienststellen zur Vorbereitung des westdeutschen Verteidigungsbeitrages (Amt Blank), 347492 Beschaffung bei der Firma Heckler & Koch; Schreiben WII an WI5, Betr., CETME-Gewehr (Beschaffungsanweisung Nr. 3055), 26. August 1958, in: BArch-MA, BW 9, Dienststellen zur Vorbereitung des westdeutschen Verteidigungsbeitrages (Amt Blank), 347492 Beschaffung bei der Firma Heckler & Koch.

484 Überlegungen über die Weiterbehandlung des Problems »Cetme«, WI, 11. September 1958, S. 3, in: BArch-MA, BW 9, Dienststellen zur Vorbereitung des westdeutschen Verteidigungsbeitrages (Amt Blank), 347492 Beschaffung bei der Firma Heckler & Koch.

485 Schreiben Heckler & Koch an Bundesminister für Verteidigung vom 26.8.1958, in: BArch-MA, BW 9, Dienststellen zur Vorbereitung des westdeutschen Verteidigungsbeitrages (Amt Blank), 347492 Beschaffung bei der Firma Heckler & Koch.

486 BArch-MA, BW 9, Dienststellen zur Vorbereitung des westdeutschen Verteidigungsbeitrages (Amt Blank), 347492 Beschaffung bei der Firma Heckler & Koch.

487 Schreiben MinDir Dr. Krautwig, BMW, an MinDir. Dr. Holtz, BMVtdg vom 27.8.1958, in: BArch-MA, BW 9, Dienststellen zur Vorbereitung des westdeutschen Verteidigungsbeitrages (Amt Blank), 347492 Beschaffung bei der Firma Heckler & Koch.

488 Vermerk für Herrn Min.Dgt. Dr. Bergemann vom 22.8.1958, Betr., MAS-IV-Kredit an Firma Heckler & Koch GmbH, Oberndorf/Neckar, in: BArch-MA, BW 9, Dienststellen zur Vorbereitung des westdeutschen Verteidigungsbeitrages (Amt Blank), 347492 Beschaffung bei der Firma Heckler & Koch; Schreiben WII an WI5, Betr., CETME-Gewehr (Beschaffungsanweisung Nr. 3055), 26. August 1958, in: BArch-MA, BW 9, Dienststellen zur Vorbereitung des westdeutschen Verteidigungsbeitrages (Amt Blank), 347492 Beschaffung bei der Firma Heckler & Koch.

489 Schreiben Landtagsabgeordneter Robert Gleichauf an Bundestagsabgeordneten Dr. Bruno Heck, 27.8.1958, in: BArch-MA, BW 9, Dienststellen zur Vorbereitung des westdeutschen Verteidigungsbeitrages (Amt Blank), 347492 Beschaffung bei der Firma Heckler & Koch.

490 Im November 1958 informierte das Bundesverteidigungsministerium Dr. Heck, dass man nicht beabsichtige, H&K auszuschließen. Schreiben BMV, persön. Referent, an Abgeordneten Dr. Bruno Heck, 4. November 1958, in: BArch-MA, BW 9, Dienststellen zur Vorbereitung des westdeutschen Verteidigungsbeitrages (Amt Blank), 347492 Beschaffung bei der Firma Heckler & Koch.

491 Auch hielt Ministerialrat Bergemann fest: »Der Herr Minister habe anlässlich des Gesprächs mit den Firmen Rheinmetall und Diehl, an der Oberst Becker teilgenommen hat, keine endgültige Entscheidung getroffen, dass der Auftrag von der Firma Heckler & Koch auf Rheinmetall umzulegen sei.« Vermerk, 11. September 1958, S. 2, in: BArch-MA, BW 9, Dienststellen zur Vorbereitung des westdeutschen Verteidigungsbeitrages (Amt Blank), 347492 Beschaffung bei der Firma Heckler & Koch.

492 Entwurf, Schreiben Minister an Ministerpräsidenten Dr. Gebhard Müller, Baden-Württemberg vom September 1958, in: BArch-MA, BW 9, Dienststellen zur Vorbereitung des westdeutschen Verteidigungsbeitrages (Amt Blank), 347492 Beschaffung bei der Firma Heckler & Koch.

493 Schreiben Dr. Acker, Persönlicher Referent an Abgeordneten des Deutschen Bundestages, Dr. Bruno Heck, vom 4. November 1958, in: BArch-MA, BW 9, Dienststellen zur Vorbereitung des westdeutschen Verteidigungsbeitrages (Amt Blank), 347492 Beschaffung bei der Firma Heckler & Koch.
494 Überlegungen über die Weiterbehandlung des Problems »Cetme«, 4. September 1958, WI5, S. 2, in: BArch-MA, BW 9, Dienststellen zur Vorbereitung des westdeutschen Verteidigungsbeitrages (Amt Blank), 347492 Beschaffung bei der Firma Heckler & Koch.
495 Vermerk für Ministerialdirektor Dr. Holtz, Betr., Fertigung des CETME-Gewehrs; hier Besprechung mit der Fa Heckler & Koch am 28.8.1958, in: BArch-MA, BW 9, Dienststellen zur Vorbereitung des westdeutschen Verteidigungsbeitrages (Amt Blank), 347492 Beschaffung bei der Firma Heckler & Koch.
496 Überlegungen über die Weiterbehandlung des Problems »Cetme«, 4. September 1958, WI5, S. 6, in: BArch-MA, BW 9, Dienststellen zur Vorbereitung des westdeutschen Verteidigungsbeitrages (Amt Blank), 347492 Beschaffung bei der Firma Heckler & Koch.
497 Protokoll über die Besprechung am 22. und 23. September 1958 in Oberndorf am Neckar bei der Firma Heckler & Koch GmbH, in: BArch-MA, BW 9, Dienststellen zur Vorbereitung des westdeutschen Verteidigungsbeitrages (Amt Blank), 347492 Beschaffung bei der Firma Heckler & Koch.
498 Ebd.
499 Schreiben an Präsidenten des Bundesamtes für Wehrtechnik und Beschaffung vom 14.11.58, in: BArch-MA, BW 9, Dienststellen zur Vorbereitung des westdeutschen Verteidigungsbeitrages (Amt Blank), 347491 Spanien-Deutschland.
500 Vermerk für Präsidenten des Bundesamtes für Wehrtechnik und Beschaffung vom 14.11.58, in: BArch-MA, BW 9, Dienststellen zur Vorbereitung des westdeutschen Verteidigungsbeitrages (Amt Blank), 347491 Spanien-Deutschland.
501 Schreiben BMFV an Bundesamt für Wehrtechnik und Beschaffung vom 14. November 1958, in: BArch-MA, BW 9, Dienststellen zur Vorbereitung des westdeutschen Verteidigungsbeitrages (Amt Blank), 347491 Spanien-Deutschland.
502 Schreiben Dr. Bergemann, WI, an WI12, Betr., Beschaffung von Cetme-Gewehren, 24. Oktober 1958, in: BArch-MA, BW 9, Dienststellen zur Vorbereitung des westdeutschen Verteidigungsbeitrages (Amt Blank), 347492 Beschaffung bei der Firma Heckler & Koch. Die Kochs Adler AG war aus der Kochs Adler-Nähmaschinen AG hervorgegangen und gehörte während der Zeit des Nationalsozialismus zur Bielefelder Dürkopp AG.
503 Schreiben BMFV an Bundesamt für Wehrtechnik und Beschaffung vom 14. November 1958, in: BArch-MA, BW 9, Dienststellen zur Vorbereitung des westdeutschen Verteidigungsbeitrages (Amt Blank), 347491 Spanien-Deutschland; Telegramm Verteidigungsministerium Koblenz an Verteidigungsministerium Bonn, 13. Juni 1958, in: BArch-MA, BW 9, Dienststellen zur Vorbereitung des westdeutschen Verteidigungsbeitrages (Amt Blank), 347491 Spanien-Deutschland.
504 Fernschreiben an Abteilungsleiter T, Betr., Cetme-Gewehre vom 3.12.58, in: BArch-MA, BW 9, Dienststellen zur Vorbereitung des westdeutschen Verteidigungsbeitrages (Amt Blank), 347491 Spanien-Deutschland.
505 Die Preisvorstellungen von Rheinmetall seien indiskutabel, ebd.
506 Schreiben an BMVtdg W I 5, BEtr., Beschaffung von Cetme-Gewehren, 22.11.58, in: BArch-MA, BW 9, Dienststellen zur Vorbereitung des westdeutschen Verteidigungsbeitrages (Amt Blank), 347491 Spanien-Deutschland.

507 Bundesamt für Wehrtechnik und Beschaffung an BMfVtdg. Vom 4. Dezember 1958, S. 4, in: BArch-MA, BW 9, Dienststellen zur Vorbereitung des westdeutschen Verteidigungsbeitrages (Amt Blank), 347491 Spanien-Deutschland.

508 Schreiben W II an MinDir. Dr. Holtz, Betr., Waffenlage; hier, Gewehre, vom 4. Dezember 1958, in: BArch-MA, BW 9, Dienststellen zur Vorbereitung des westdeutschen Verteidigungsbeitrages (Amt Blank), 347491 Spanien-Deutschland.

509 Schreiben Bundesamt für Wehrtechnik an Bundesminister für Verteidigung vom 4. Dezember 1958, S. 4 f., in: BArch-MA, BW 9, Dienststellen zur Vorbereitung des westdeutschen Verteidigungsbeitrages (Amt Blank), 347492 Beschaffung bei der Firma Heckler & Koch.

510 Nota Informativa, Asunto Fusil CETME, 21. Jun 1961, in: AMAE, 82/16381. [Übersetzung aus dem Spanischen].

511 Lehmann, *Die Bundesrepublik und Franco-Spanien*, S. 132; Collado Seidel, *Die deutsch-spanischen Beziehungen in der Nachkriegszeit*, Saarbrücken/Fort Lauderdale 1991.

512 Bilanz Heckler & Koch.

513 Nota Informativa, Asunto Fusil CETME, 21. Jun 1961, in: AMAE, 82/16381. [Übersetzung aus dem Spanischen].

514 Heckler & Koch fertigte z. B. 1958 11.000 Einzelteile im Auftrag von Cetme. Vgl. Schreiben Heckler & Koch an Bundesminister für Verteidigung, 26. 8.1958, S. 2, in: BArch-MA, BW 9, Dienststellen zur Vorbereitung des westdeutschen Verteidigungsbeitrages (Amt Blank), 347492 Beschaffung bei der Firma Heckler & Koch.

515 Schreiben AWB an Abt. W, Bonn, vom 29. April 1958, in: BArch-MA, BW 9, Dienststellen zur Vorbereitung des westdeutschen Verteidigungsbeitrages (Amt Blank), 347492 Beschaffung bei der Firma Heckler & Koch.

516 Nota Informativa, Asunto Fusil CETME, 21. Jun 1961, in: AMAE, 82/16381.

517 Vermerk für Herrn Ministerialdirigenten Dr. Bergemann vom 30. August 1958, in: BArch-MA, BW 9, Dienststellen zur Vorbereitung des westdeutschen Verteidigungsbeitrages (Amt Blank), 347492 Beschaffung bei der Firma Heckler & Koch.

518 WI5 an Abteilungsleiter W, 17. Juni 1958, in: BArch-MA, BW 9, Dienststellen zur Vorbereitung des westdeutschen Verteidigungsbeitrages (Amt Blank), 347491 Spanien-Deutschland.

519 Niederschrift über die am 6.5.1958 in Bonn (Abt. W) stattgefundene Besprechung betreffend Sturmgewehr 7,62 mm x 51 DM 3, vom 7. Mai 1958, in: BArch-MA, BW 9, Dienststellen zur Vorbereitung des westdeutschen Verteidigungsbeitrages (Amt Blank), 347492 Beschaffung bei der Firma Heckler & Koch.

520 Vermerk für Herrn Ministerialdirigenten Dr. Bergemann vom 30. August 1958, in: BArch-MA, BW 9, Dienststellen zur Vorbereitung des westdeutschen Verteidigungsbeitrages (Amt Blank), 347492 Beschaffung bei der Firma Heckler & Koch.

521 Vermerk für Herrn Ministerialdirigenten Dr. Bergemann vom 30. August 1958, in: BArch-MA, BW 9, Dienststellen zur Vorbereitung des westdeutschen Verteidigungsbeitrages (Amt Blank), 347492 Beschaffung bei der Firma Heckler & Koch.

522 Schreiben AWB an Abt. W vom 29. April 1958, S. 3, in: BArch-MA, BW 9, Dienststellen zur Vorbereitung des westdeutschen Verteidigungsbeitrages (Amt Blank), 347492 Beschaffung bei der Firma Heckler & Koch.

523 Telegramm bwb koblenz vom 7. November 1958, in: BArch-MA, BW 9, Dienststellen zur Vorbereitung des westdeutschen Verteidigungsbeitrages (Amt Blank), 347492 Beschaffung bei der Firma Heckler & Koch.

524 Schreiben Bundesminister der Finanzen an Bundesminister der Verteidigung vom 15. Januar 1959, in: BArch-MA, BW 9, Dienststellen zur Vorbereitung des westdeutschen Verteidigungsbeitrages (Amt Blank), 347492 Beschaffung bei der Firma Heckler & Koch.

525 Vertrag zwischen BRD, BMVtdg. BAWB und Firma Heckler & Koch über 100.000 Gewehre, 7,62 mm, S. 4, in: BW/1/1907, Waffen und Munition, Bd. 4/2.

526 Vertragsfassungen, in: BArch-MA, BW 9, Dienststellen zur Vorbereitung des westdeutschen Verteidigungsbeitrages (Amt Blank), 347492 Beschaffung bei der Firma Heckler & Koch.

527 Schreiben Bundesamt für Wehrtechnik an Bundesminister für Verteidigung vom 4. Dezember 1958, S. 4 f., in: BArch-MA, BW 9, Dienststellen zur Vorbereitung des westdeutschen Verteidigungsbeitrages (Amt Blank), 347492 Beschaffung bei der Firma Heckler & Koch.

528 O.V., *Lizenzvertrag für Bundeswehr-Aufträge*, in: Frankfurter Allgemeine Zeitung, 13.6.1960, S. 17.

529 W I 1, Az. 76-20-00-(Cetme) vom 29. März 1962, Betr., Vereinbarung zwischen der BRD und der Fa. INI-Cetme über die Ablösung der Rechte der Fa. am Sturmgewehr G 3 als Voraussetzung für die Vergabe von Lizenzen für das Gewehr in das Ausland, in: BW/1/456649, Bd. 4/1, Gewehr G3, Zubehör, Beschaffung, 1960–67.

530 Nota Informativa, Asunto Fusil CETME, 21. Juni 1961, in: AMAE, 82/16381. [Übersetzung aus dem Spanischen

531 Ebd.

532 Spruchvordruck an BMfWB Betr., Zusatzvereinbarung mit INI-Cetme über die Fertigung des Gewehres G3, in: BW/1/456649, Bd. 4/1, Gewehr G3, Zubehör, Beschaffung, 1960–67.

533 BW/1/1907, Waffen und Munition, Bd. 4/2.

534 Vfg. An Fü H V %, 8. Mai 1961, in: BW/1/1907, Waffen und Munition, Bd. 4/2.

535 W I 1, Az. 76-20-00-(Cemte) vom 29. März 1962, Betr., Vereinbarung zwischen der BRD und der Fa. INI-Cetme über die Ablösung der Rechte der Fa. Am Sturmgewehr G 3 als Voraussetzung für die Vergabe von Lizenzen für das Gewehr in das Ausland. , in: BW/1/456649, Bd. 4/1, Gewehr G3, Zubehör, Beschaffung, 1960–67.

536 Vfg. Herrn UALT – VIII vorzulegen, 1. Okt. 1959, in: BW/1/388471, Bd. 15, Automatische Gewehre, 1957–1963.

537 Vertragsentwurf, Stand, 14.11.1957, S. 9. in: BArch-MA, BW 9, Dienststellen zur Vorbereitung des westdeutschen Verteidigungsbeitrages (Amt Blank), 347491 Spanien-Deutschland; Vermerk, Betr., Zinslose Vorauszahlung im Vertrag mit Heckler & Koch G.m.b.H. Oberndorf/Necker über 75.000 Cetme-Gewehre, 9. April 1958, in: BArch-MA, BW 9, Dienststellen zur Vorbereitung des westdeutschen Verteidigungsbeitrages (Amt Blank), 347491 Spanien-Deutschland; vgl. Vertragsfassungen, in: BArch-MA, BW 9, Dienststellen zur Vorbereitung des westdeutschen Verteidigungsbeitrages (Amt Blank), 347492 Beschaffung bei der Firma Heckler & Koch.

538 Amtsgericht Oberndorf am Neckar, Handelsregister, Veränderungen, HR B 28, Schwarzwälder Bote, 13.11.1959, in: StadtA ObN, BO, O8, AF 3344, Heckler & Koch, 1949–2005.

539 Schreiben Heckler & Koch an Amtsgericht, Abt. Handelsregister, 1.2.1960, in: Amtsgericht Stuttgart, Handelsreigster HRB 480028.

540 Übernahme-Erklärung vom 24. Februar 1959; Bilanz zum 31. Dezember 1959, beide in: Amtsgericht Stuttgart, Handelsregister HRB 480028.

541 Aktennotiz, Otto Kenntner, BM/Az. Nr. 4074, vom 4. März 1959, in: StadtA ObN, BO, O8, AF 3344, Heckler & Koch, 1949–2005.
542 2. Anlage zur notariellen Vollmacht vom 22. Februar 1959, Übernahme-Erklärung vom 24. Februar 1959, in: Amtsgericht Stuttgart, Handelsregister HRB 480028.
543 Todesanzeige, in: Frankfurter Allgemeine Zeitung, 5.7.1960, S. 9.
544 Gesellschafterversammlung vom 27. Juli 1960, in: Amtsgericht Stuttgart, Handelsreigster HRB 480028.
545 So bezog man in Oberndorf Verschlussköpfe von Rheinmetall und lieferte noch bis Herbst 1960 20 bis 30 Prozent der eigenen Fertigung an Rheinmetall. Protokoll über die Besprechung am 2.5.1960 mit der Firma Heckler & Koch, Oberndorf/Neckar und der Firma Rheinmetall G.m.b.H. am 3./5.1960, in: BW/1/456649, Bd. 4/1, Gewehr G3, Zubehör, Beschaffung, 1960–67.
546 Schreiben Heckler & Koch an Bundesamt für Wehrtechnik und Beschaffung vom 21.3.1960; III 2 – AZ., 90-1005 an BAfWB vom 16. Februar 1961, beide in: BW/1/456649, Bd. 4/1, Gewehr G3, Zubehör, Beschaffung, 1960–67.
547 Bundesministerium für Verteidigung an Bundesamt für Wehrtechnik und Beschaffung vom 7. Nov. 1960, in: BW/1/456649, Bd. 4/1, Gewehr G3, Zubehör, Beschaffung, 1960–67.
548 Fernschreiben, Vfg., 28. Februar 1961, BAfWB, in: BW/1/456649, Bd. 4/1, Gewehr G3, Zubehör, Beschaffung, 1960–67.
549 FS, BMVtdg – W III 1 – Bonn vom 27. Oktober 62, in: BW/1/456649, Bd. 4/1, Gewehr G3, Zubehör, Beschaffung, 1960–67.
550 VS – Nur für Dienstgebrauch, W I an Fp B V, W III, Betr., Auslieferung G3 – Gewehre vom 12.11.962, in: BW/1/456649, Bd. 4/1, Gewehr G3, Zubehör, Beschaffung, 1960–67.
551 VS – Nur für den Dienstgebrauch, 30.10.1962 Betr., Kapazitätserhöhung für Cetme-Gewehre (G3), in: BW/1/456649, Bd. 4/1, Gewehr G3, Zubehör, Beschaffung, 1960–67.

Schluss

1 Felicja Karay, *Death Comes in Yellow Skarżysko-Kamienna Slave Labor Camp*, Amsterdam 1996, S. 73.
2 Vertrauliches Schreiben Otto Kenntner an Innenministerium, Referat Oberndorf, vom 28. November 1950, in: StadtA ObN, Bestand Oberndorf, O8, AF 3344, 1949–2005, Fa. Heckler & Koch.
3 Abschrift Edmund Heckler an Landratsamt Rottweil über das Bürgermeisteramt Oberndorf vom 31. Mai 1948, in: StadtA ObN, Bestand Oberndorf, 08, AF 616, Anträge auf Erlaubnis zum Betrieb verschiedener Gewerbeeinrichtungen.

Quellenverzeichnis

Amtsgericht Oberndorf a.N.
Amtsgericht Stuttgart (Registergericht)
Archivo del Ministerio de Asuntos Exteriores (AMAE), Alcalá de Henares (Madrid)
Archives du Ministère des Affaires étrangères, La Courneuve
Arolsen Archives, International Center on Nazi Persecution, Bad Arolsen
Bundesarchiv Berlin
Bundesarchiv Koblenz
Bundesarchiv Ludwigsburg
Bundesarchiv-Militärarchiv, Freiburg im Breisgau
Deutsche Nationalbibliothek Leipzig
Gedenkstätte für Zwangsarbeit Leipzig
Historisches Archiv der Commerzbank AG, Frankfurt am Main
Landesarchiv Baden-Württemberg – Staatsarchiv Ludwigsburg
Landesarchiv Baden-Württemberg – Staatsarchiv Sigmaringen
Landesarchiv Berlin
Landesarchiv Thüringen – Staatsarchiv Altenburg
Landesarchiv Thüringen – Hauptstaatsarchiv Weimar
National Archives, Washington
Paul Mauser Archive
Privatsammlung Jon Speed
Privatsammlung Klaus Laufer
Sächsisches Staatsarchiv Chemnitz
Sächsisches Staatsarchiv Leipzig
Stadtarchiv Altenburg
Stadtarchiv Leipzig
Stadtarchiv Oberndorf a.N.
Stadtgeschichtliches Museum Leipzig
Städtisches Museum – Stadt Taucha
Württembergische Landesbibliothek, Stuttgart
Zentralarchiv der Rheinmetall AG, Düsseldorf/Hahn i. Rh.

Literaturverzeichnis

Werner Abelshauser, *Anfänge westdeutscher Sicherheitspolitik 1945–1956*, Bd. 4/1, München 1997.

Ralf Ahrens, *Von der »Säuberung« zum Generalpardon: Die Entnazifizierung der westdeutschen Wirtschaft*, in: Jahrbuch für Wirtschaftsgeschichte, Bd. 51 (2010), S. 25–46.

Antique-Light.com, https://www.antike-petroleumlampen.de [letzter Zugriff 20.10.2022].

Werner Augenstein, *Oberndorf lebt und baut auf. Das Ende der Mauser-Werke*, in: Festschrift zum Heimat- und Jubiläumsfest der Stadt Oberndorf a. N. Oberndorf 1951, S. 99–120.

Johannes Bähr, *Die Dresdner Bank in der Wirtschaft des Dritten Reichs*, München 2006.

Ders./Ralf Banken/Thomas Flemming, *Die MAN. Eine deutsche Industriegeschichte*, München 2009 (4. Aufl. 2019).

Ders./Paul Erker/Maximiliane Rieder, *180 Jahre KraussMaffei. Die Geschichte einer Weltmarke*, München 2018.

Martin Baumert, *Autarkiepolitik in der Braunkohlenindustrie. Ein diachroner Systemvergleich anhand des Braunkohlenindustriekomplexes Böhlen-Espenhain, 1933 bis 1965*, Oldenbourg 2022.

Ingrid Bauz/Sigrid Brüggemann/Roland Maier (Hrsg.), *Die Geheime Staatspolizei in Württemberg und Hohenzollern*, Stuttgart 2012.

Gesine Becher-Sofuoglu, *Erinnerungsarbeit in Oberndorf. Zwangsarbeiter und Arbeitserziehungslager Aistaig – Aufarbeitung und Umgang mit der eigenen Geschichte*, Masch. Magisterarbeit in Empirischen Kulturwissenschaften, Univ. Tübingen 1988 (StA Oberndorf a. N. Sign. XII Bb 3 Nr. 14).

Wolfgang Benz/Barbara Distel (Hrsg.), *Der Ort des Terrors. Geschichte der nationalsozialistischen Konzentrationslager*, 9 Bde., München 2005–2009.

Francoise Berger/Hervé Joly, *»Fall 13«: Das Rastatter Röchling-Verfahren*, in: Kim Christian Priemel/Alexa Stiller (Hrsg.), Die Nürnberger Militärtribunale zwischen Geschichte, Gerechtigkeit und Rechtsschöpfung, Hamburg 2013.

Volker Berghahn/Stefan Unger/Dieter Ziegler (Hrsg.), *Die deutsche Wirtschaftselite im 20. Jahrhundert. Kontinuität und Mentalität*, Bochumer Schriften zur Unternehmens- und Industriegeschichte, Bd. 11, Essen 2003.

O. V., *Betriebsrat Dresdner Bank München*, in: EHRI-Portal, https://portal.ehri-project.eu/units/de-002624-verbakt-ed_800 [letzter Zugriff 10.12.2022].

Charles-Claude Biedermann, *Taucha (Männer)*, in: Wolfgang Benz/Barbara Distel (Hrsg.): Der Ort des Terrors. Geschichte der nationalsozialistischen Konzentrationslager, Bd. 3, München 2006.

Adolf Bihl/Friedrich Hassler, *50 Jahre Deutsche Waffen- und Munitionsfabriken Aktiengesellschaft*, Berlin 1939.

Dies., *Geschichte der Mauser-Werke*, Berlin 1938.

Diana Blaas/Christian Brumme/Felix Otto, *Die HASAG in Altenburg*, Altenburg 2008.

Wolfgang Bleck, *Werkstoffkunde Stahl für Studium und Praxis*, Aachen 2010.

Heinz-J. Bontrup/Norbert Zdrowomyslaw, *Die deutsche Rüstungsindustrie. Vom Kaiserreich bis zur Bundesrepublik. Ein Handbuch*, Heilbronn 1988.

Karin-Anne Böttcher, *»Schuld daran sind nur Faschismus und der verfluchte Krieg«. Zwangsarbeiterinnen und Zwangsarbeiter in Reutlingen während des Zweiten Weltkrieges*, in: Reutlinger Geschichtsblätter NF 34 (1995), S. 29–102.

Leonie Braam/Benigna Schönhagen/Henning Tümmers/Stefan Wannenwetsch (Hrsg.), *Entgrenzte Anatomie: Eine Tübinger Wissenschaft und der Nationalsozialismus*, Ausstellungskatalog, Tübingen 2023.
Paul Bramstedt, *Die Krisis der sächsischen Industriewirtschaft*, Berlin 1932.
Hans Brenner u. a. (Hrsg.), *NS-Terror und Verfolgung in Sachsen. Von den frühen Konzentrationslagern bis zu den Todesmärschen*, Dresden 2018.
Marco Brödel, *Georg Mumme – Ein Beispiel für versäumte Strafverfolgung*, in: Newsletter des Fördervereins »Dr. Margarete Blank« e.V., Ausgabe 2, Dezember 2013, S. 10 f.
Christoph Buchheim, *Kriegsschäden, Demontagen und Reparationen. Deutschland nach dem Zweiten Weltkrieg*, in: Materialien der Enquete-Kommission »Aufarbeitung von Geschichte und Folgen der SED-Diktatur in Deutschland«, Bd. 2/3, Baden-Baden 1995.
Walter Buschmann/Stefanie van de Kerkhof, *Schwerindustrie und Waffenschmieden im Westen Deutschlands 1890–1918. Expansionsdrang, wirtschaftliche Innovationen und Modernität in Technik und Architektur*, in: Thomas Schleper im Auftrag des Landschaftsverbands Rheinland (Hg.), Aggression und Avantgarde. Zum Vorabend des Ersten Weltkrieges, Essen 2014, S. 107–129.

Chroniken deutscher Radiofirmen von 1923 bis 1945. 3.5 Ahemo, Berlin, in: Radiogeschichte.de [letzter Zugriff 20.9.2022].
CIOS, *Hugo Schneider Aktiengesellschaft Leipzig*, Item No. 2, File No. XXV–37.
CIOS, *Hugo Schneider Aktien Gesellschaft*, Report on CIOS trip No. 192.
Patricia Clough, *Hannelore Kohl. Zwei Leben*, Stuttgart/München 2002.
Walter Cramer, *Die letzten Wochen. Gefängnisbriefe und -notizen an seine Familie nach dem 20. Juli 1944*, hg. von Beatrix Heintze, Leipzig 2013.

Peter Dalhammer, *Waffenforschung 1945. Visit to Mauser-Werke*, Abschrift und Übersetzung, Ausfertigung Nr. 2020, Books on Demand, Norderstedt 2020.
Das deutsche Führerlexikon, Berlin 1934.
Das Internationale Militärtribunal (ITM): *Der Nürnberger Prozess*, Bd. XXXVIII.
Robrecht Declercq, *World market transformation: Inside the German Fur Capital Leipzig 1870–1939*, London 2017.

Dietrich Eichholtz, *Geschichte der deutschen Kriegswirtschaft 1939–1945*, München 2003.
Ruth Elias, *Die Hoffnung erhielt mich am Leben. Mein Weg von Theresienstadt und Auschwitz nach Israel*, München u. a. 1988.

Fabrique Nationale d'Armes de Guerre S.A. Herstal Belgique 1889–1964, Lüttich 1965.
Paul Feuchte, *Biografie Robert Gleichauf*, in: Baden-Württembergische Biographien 2 (1999), S. 156–158.
Leslie E. Field/Bas J. Martens (Hrsg.), *Ott-Helmuth von Lossnitzer: Technical Director of the Mauser Company, 1933–1945. An Oral Recollection*, o.O. 2011.
Sebastian Fink, *Das Stahl- und Walzwerk Riesa in beiden deutschen Diktaturen 1933 bis 1963. Ein Vergleich*, Leipzig 2012.
Wolfgang Fleischer, *Die Entwicklung der Panzerfaust durch die Hasag*. In: UFZ-Umweltforschungszentrum Leipzig-Halle GmbH (Hg.), Leipzig Permoserstraße. Zur Geschichte eines Industrie- und Wissenschaftsstandorts, Leipzig 2001, S. 80–84.
Jan Fleischhauer, *Sehnsucht nach dem Ende*, in: Der Spiegel, 11.6.2011.
Wolfgang Flume/Heinz-Jürgen Witzke, *WT-Industrieporträt – IWKA: Viel Eigeninitiative in der Wehrtechnik*, in: Wehrtechnik 8 (1977), S. 79–84.

Hans Frey, *Die Hölle von Kamienna*, Potsdam 1949.
Anne Friebel/Josephine Ulbricht (Hrsg.), *Zwangsarbeit beim Rüstungskonzern HASAG. Der Werksstandort Leipzig im Nationalsozialismus und seine Nachgeschichte*, Leipzig 2023.
Fritz Bauer Institut (Hg.), *»Arisierung« im Nationalsozialismus*, Frankfurt/New York 2000.

G-2 Report, No. 307, *The HASAG Panzerfaust Factory and Concentration Camp*, 28. April 1945, PDF, https://www.eisenhowerlibrary.gov/research/online-documents/world-war-ii-holocaust-extermination-european-jews [letzter Zugriff 2.10.2023].
Lothar Gall (Hg.), *Krupp im 20. Jahrhundert. Die Geschichte des Unternehmens vom Ersten Weltkrieg bis zur Gründung der Stiftung*, Berlin 2002.
Michael Geyer, *Deutsche Rüstungspolitik 1860–1980*, Frankfurt a. M. 1984.
Robert Giesel, *Leipzigs nationalsozialistische Bürgermeister (1937–1945)*, in: Markus Cottin/Detlef Döring/Gerald Kolditz (Hrsg.), Leipziger Stadtgeschichte. Jahrbuch 2011, Beucha 2012, S. 117–132.
John Gimbel, *Science, Technology and Reparations. Exploitation and Plunder in Postwar Germany*, Stanford 1990.
Robert Gleichauf, in: Munzinger Online/Personen, Internationales Biographisches Archiv, www.munzinger.de/document/00000012465 [letzter Zugriff 9.7.2023].
Heide-Marie Göbbel, *Das fast vergessene Kapitel der Nachkriegsjustiz*, in: Jüdische Allgemeine, 4. Juli 2023.
Jacques Goldberg, *Die deutsche Lampe in Wort und Bild*, Berlin 1911.
Jürgen Grässlin, *Schwarzbuch Waffenhandel. Wie Deutschland am Krieg verdient*, München 2013.
Andreas Graul, *Zur Entwicklung des Bankwesens in Sachsen im Stadium des monopolistischen Kapitalismus (1914–1933)*, Diss. Leipzig 1984.
Manfred Grieger/Rainer Karlsch/Ingo Köhler, *Expansion um jeden Preis. Studien zur Wintershall AG zwischen Krise und Krieg, 1929–1945*, Frankfurt a. M. 2020.
Manfred Griehl, *Rheintochter*, in: ders., Waffen-Arsenal: Waffen und Fahrzeuge der Heere und Luftstreitkräfte, Sonderband S-67: Deutsche Flakraketen bis 1945, Wölfersheim-Berstadt 2002, S. 19–24.

Peter Haertel, *Kriegsfolgen zwingen zum Handeln. Kleinrechenmaschinen der Mauser Werke AG von 1939 und ihre Vermarktung im Nürnberg-Fürther Industriewerk NFI ab 1950*, in: Historische Bürowelt 78 (2008), S. 15–20.
Michaela Häffner, *Nationalsozialismus von 1933 bis 1945*, in: Stadt Oberndorf a. N. (Hg.), Geschichte der Stadt Oberndorf a. N., Band 2 – Vom Übergang an Württemberg bis heute, Oberndorf a. N. 2006, S. 96–158.
Fritz Hahn, *Waffen und Geheimwaffen des deutschen Heeres 1933–1945*, Bd. 1, Koblenz 1986.
Mustafa Haikal, *Einige Bemerkungen zur Auseinandersetzung mit der Geschichte der Hugo Schneider Aktiengesellschaft (Hasag)*, in: Sächsisches Staatsarchiv Leipzig (Hg.), Fremd- und Zwangsarbeit in Sachsen 1939 – 1945, Halle (Saale) 2002, S. 81–89.
Ders., *Chronik*, in: UFZ-Umweltforschungszentrum Leipzig-Halle GmbH (Hg.), Leipzig Permoserstraße. Zur Geschichte eines Industrie- und Wissenschaftsstandorts, Leipzig 2001, 12–24.
Ders., *Von der Petroleumlampe zur Panzerfaust*, in: UFZ-Umweltforschungszentrum Leipzig-Halle GmbH (Hg.), Leipzig Permoserstraße. Zur Geschichte eines Industrie- und Wissenschaftsstandorts, Leipzig 2001, S. 25–54.
Ders., *Exkurse und Dokumente zur Geschichte der Hasag*; in: UFZ-Umweltforschungszen-

trum Leipzig-Halle GmbH (Hg.): Leipzig Permoserstraße. Zur Geschichte eines Industrie- und Wissenschaftsstandorts, Leipzig 2001, S. 55–73.

Ders., *Die Standorte der Firma im Zweiten Weltkrieg*, in: UFZ-Umweltforschungszentrum Leipzig-Halle GmbH (Hg.), Leipzig Permoserstraße. Zur Geschichte eines Industrie- und Wissenschaftsstandorts, Leipzig 2001, S. 74–79.

George F. Hallgarten, *Das Wettrüsten. Seine Geschichte bis zur Gegenwart*, Frankfurt a. M. 1977.

Dieter Hangebruch, *Die Vereinigte Seidenwebereien A.G. Krefeld (Verseidag)*, Teil 1 in: Der Niederrhein. Zeitschrift für Heimatpflege und Wandern 2 (2005), S. 66–77, und Teil 2: ebd., 3 (2005), S. 122–132.

Wilhelm Harmelin, *Juden in der Leipziger Rauchwarenwirtschaft*, in: Zeitschrift für Firmengeschichte und Unternehmerbiographien 6 (1966), S. 248 – 282.

Christian Hartmann, *Unternehmen Barbarossa. Der deutsche Krieg im Osten 1941–1945*, München 2011.

HASAG, *Katalog Starklichtlaternen, Tischlampen und Aussenlampen*, Leipzig 1938, in: Antique-Light.com, https://www.antike-petroleumlampen.de/images/data/Katalog_HASAG_Starklicht_1938.pdf [letzter Zugriff 20.10.2022].

Friedrich Hassler/Adolf Bihl, *50 Jahre Deutsche Waffen- und Munitionsfabriken, Aktiengesellschaft*, o.O. 1939.

Klaus-Dietmar Henke, *Die amerikanische Besetzung Deutschlands*, München 1995.

Sabine Hennig, *Entnazifizierungsunterlagen in Württemberg-Hohenzollern*, https://www.leo-bw.de/themenmodul/sudwestdeutsche-archivalienkunde/archivaliengattungen/akten/inhaltliche-unterscheidung/entnazifizierungsakten-wurttemberg-hohenzollern [letzter Zugriff 20.07.2023].

Ulrich Herbert, *Geschichte der Ausländerpolitik in Deutschland. Saisonarbeiter, Zwangsarbeiter, Gastarbeiter, Flüchtlinge*, München 2001.

Ders., *Fremdarbeiter. Politik und Praxis des »Ausländer-Einsatzes« in der Kriegswirtschaft des Dritten Reiches*, Neuaufl. Bonn 1999, zugl. Diss. Essen 1985.

Dieter Herrmann, *Führungsverhalten und Handeln reichsdeutscher Unternehmer/Manager und deren Verstrickung in den NS-Terror im Generalgouvernement der besetzten polnischen Gebiete (GG) 1939 bis 1945*, Diss. Hamburg 2012.

Ulrich Heß, *Sachsens Industrie in der Zeit des Nationalsozialismus. Ausgangspunkte, struktureller Wandel, Bilanz*, in: ders./Werner Bramke (Hrsg.): Wirtschaft und Gesellschaft in Sachsen im 20. Jahrhundert, Leipzig 1998.

Martin Himmelheber, *Die geheime Nazi-Akte Heckler & Koch*, in: Bild am Sonntag, 7.9.2020.

Eric Hobsbawm, *Das Zeitalter der Extreme. Weltgeschichte des 20. Jahrhunderts*, München 1995.

L. von Hoffmann, *Wiederaufbau nach Demontage. Ein Überblick über die wirtschaftlichen Folgen der Demontagepolitik*, in: Wirtschaftsdienst 10 (1951), 42–47.

James Holland, *Sicily 43: The first assault on fortress Europe*, New York 2020.

Dieter Hölsken, *Die V-Waffen, Entwicklung und Einsatzgrundsätze*, in: MGM 2 (1985), S. 95–122.

Barbara Hopmann/Mark Spoerer/Birgit Weitz/Beate Brüninghaus, *Zwangsarbeit bei Daimler Benz*, Stuttgart 1994.

Hans Horch, *Röchlings Verbrechen oder: Der deutsche Imperialismus vor Gericht*, Saarbrücker Hefte 92 (2004), S. 15–28.

Walther Hubatsch (Hg.), *Hitlers Weisungen für die Kriegführung 1939–1945. Dokumente des Oberkommandos der Wehrmacht*, Frankfurt am Main 1983.

Initiative Flößberg gedenkt,http://www.floessberg-gedenkt.de [letzter Zugriff 15.12.2022].
Ferdinando Innocenti: A Short Biography, in: lambretta.be/innocenti-story [letzter Zugriff 10.12.2022].
Interrogation of Dr. Heinrich Langweiler, by Captain H. Pollard (BIOS) and Dr. H. R. Calvert (CSAR), BIOS Target Numbers 2/52.

Heiderose Jaacks, *Die industrielle Entwicklung von 1945 bis 1975*, in: Stadt Oberndorf a. N. (Hg.), Geschichte der Stadt Oberndorf a. N., Bd. 2, Oberndorf a. N. 2006, S. 435–444.
Yoel Jaari, *Choosing to be human*, in: Newsletter der Gedenkstätte für Zwangsarbeit, Ausgabe 9, Dezember 2020.
Harold James, *Deutschland in der Weltwirtschaftskrise 1924–1936*, Stuttgart 1988.
Bettina Jauch, *Alltagsleben in einer Kleinstadt während der NS-Zeit 1933–1939: Oberndorf am Neckar als Beispiel. Eine lokalgeschichtliche Untersuchung mit Überlegungen zur Unterrichtspraxis*, Hausarbeit zur Ersten Staatsprüfung für das Lehramt, PH Lörrach 1998 (Bibliothek StA Oberndorf).
Alexander Jehn/Albrecht Kirschner/Nicola Wurthmann (Hrsg.), *IG Farben zwischen Schuld und Profit. Abwicklung eines Weltkonzerns*, Marburg 2022.
Rüdiger Jungbluth, *Die Quandts. Ihr leiser Aufstieg zur mächtigsten Wirtschaftsdynastie Deutschlands*, Bergisch-Gladbach [4]2006.

Felicja Karay, *Death Comes in Yellow Skarżysko-Kamienna Slave Labor Camp*. Amsterdam 1996.
Dies., *Wir lebten zwischen Granaten und Gedichten. Das Frauenlager der Rüstungsfabrik Hasag im Dritten Reich*, Köln u. a. 2001.
Rainer Karlsch, *Leipzig als Zentrum der sächsischen Gaswirtschaft*, in: Markus A. Denzel/Susanne Schötz (Hrsg.): Industrialisierungsprozesse und Industriekultur im Leipzig im 19. und 20. Jahrhundert, Leipzig 2022, S. 75–102.
Ders./Raymond G. Stokes, *Faktor Öl. Die Mineralölwirtschaft in Deutschland 1859–1974*, München 2003.
Katalog zur Dresdner Ausstellung Funk 1926 (Drefuka), Dresden 1926.
Otto Kenntner, *50 Jahre Heckler und Koch GmbH*, Oberndorf a. N. 2000.
Ders., *Oberndorfer Stadtgeschichte 1945–1975*, Oberndorf a. N. 1998.
Ders., *Die Anfänge in Oberndorf a. N. nach dem Krieg*, Oberndorf a. N. 1997.
Stefanie van de Kerkhof, *Die westdeutsche Rüstungsindustrie zwischen Wiederaufbau, Boom und Krise – Das Fallbeispiel Rheinmetall in vergleichender Betrachtung*, in: Lars Bluma/Jule Czierpka (Hrsg.), Der Steinkohlenbergbau in Boom und Krise nach 1945, Bochum 2021, S. 185–209.
Dies., *100 Jahre Innovationen in Industrietextilien. Eine Unternehmensgeschichte der Vereinigten Seidenwebereien AG (Verseidag), 1920–2020* (Manuskript, 550 S.), Krefeld 2021.
Dies., *Waffen und Sicherheit im Kalten Krieg. Das Marketing der westdeutschen Rüstungsindustrie 1949–1990* (Beihefte des Jahrbuchs für Wirtschaftsgeschichte, Bd. 24), Berlin 2019.
Dies., *»Wir produzieren Sicherheit!« Rüstungsmarketing bundesdeutscher Heerestechnikunternehmen im Kalten Krieg, 1949–1990* (Manuskript Habil. Schr. 2016, 2 Bde., 720 S.).
Dies., *Krieg als Unternehmenskrise? Wahrnehmung und Verhalten schwerindustrieller Unternehmer und Manager im Ersten Weltkrieg und in der Nachkriegszeit*, in: Jahrbuch für Wirtschaftsgeschichte 2 (2006), S. 31–61.
Dies., *Von der Friedens- zur Kriegswirtschaft. Unternehmensstrategien der deutschen Eisen- und Stahlindustrie vom Kaiserreich bis zum Ende des Ersten Weltkrieges* (Bochumer Schriften zur Unternehmens- und Industriegeschichte, Bd. 15), Essen 2006, Diss. Köln 2004.

Dies., Rüstungsindustrie und Kriegswirtschaft, in: Thomas Kühne/Benjamin Ziemann (Hg.), Was ist Militärgeschichte?, Paderborn 2000, S. 175–194.

Manfred Kersten, *Der Mauser-Zug – Tagebuch einer Odyssee*, Blaufelden 2016.

Ders./Walter Schmid, *HK Heckler & Koch. Die offizielle Geschichte der Oberndorfer Firma Heckler & Koch. Einblicke in die Historie – Beschreibung der Waffenmodelle – Darstellung der Technik*, Wuppertal 1999.

Agilolf Keßelring, *Die Organisation Gehlen und die Neuformierung des Militärs in der Bundesrepublik*, Berlin 2017.

Heinrich Klein, *Vom Geschoß zum Feuerpfeil. Der große Umbruch der Waffentechnik in Deutschland 1900–1970*, Neckargemünd 1977.

Friedrich Kleinhempel, *Glashüttes größter Sohn. Der Erfinder Reinhold Burger*, in: Berlinische Monatsschrift 4 (2001), S. 72–77.

Jürgen Klöckler, *Entnazifizierung im französisch besetzten Südwestdeutschland. Das Verfahren der »auto-épuration« in Baden und Württemberg-Hohenzollern*, in: Entnazifizierung im regionalen Vergleich, hrsg. von Walter Schuster/Wolfgang Weber, Linz 2004, S. 511–528.

Wolfgang König, *Technokratie, Demokratie und Diktatur. Die Ingenieure in den Weltkriegen und in der Zwischenkriegszeit 1914–1945*, in: ders./Walter Kaiser (Hrsg.), Geschichte des Ingenieurs, München 2006, S. 217–222.

Peter Kohl/Peter Bessel. *Auto Union und Junkers. Die Geschichte der Mitteldeutschen Motorenwerke GmbH Taucha 1935–1948* (Beiträge zur Unternehmensgeschichte, Bd. 16), Stuttgart 2003.

Carsten Kohlmann, *Erinnerungen ehemaliger polnischer Zwangsarbeiter an Oberndorf am Neckar*, in: Schwäbische Heimat 2 (2005), S. 177–184.

Dona Kujacinski, *Hannelore Kohl – ein deutsches Leben*, München 2011.

Dona Kujacinski/Peter Kohl, *Hannelore Kohl. Ihr Leben*, München 2002.

Franz Kurowski, *Unternehmen Paperclip*, München 1982.

Gerhard Kroll, *Von der Weltwirtschaftskrise zur Staatskonjunktur*, Berlin 1958.

Walter Lehmann, *Die Bundesrepublik und Franco-Spanien in den 50er Jahren. NS-Vergangenheit als Bürde?* München 2010.

Leipzig am Ende des Krieges. Neubeginn in Trümmern 1945/1946, Ausstellung des Stadtarchivs Leipzig 2005/2006.

Christian Leitzbach, *Rheinmetall. Vom Reiz, im Rheinland ein großes Werk zu errichten*, 2 Bde., Köln 2014.

LG Stuttgart, 25.Oktober 1951, in: Justiz und NS-Verbrechen. Sammlung deutscher Strafurteile wegen nationalsozialistischer Tötungsverbrechen 1945–1966, Bd. VIII, bearbeitet von Adelheid L. Rüter-Ehlermann/H. H. Fuchs/C. F. Rüter, Amsterdam 1972, Nr. 295, S. 783–788 (Haftstättenpersonal AEL Oberndorf-Aistaig. Misshandlung von Häftlingen, zum Teil mit Todesfolge).

Liebergeld, Max, https://goodip.io/iq/assignee/liebergeld-max [letzter Zugriff 20.11.2022].

Stephan H. Lindner, *Aufrüstung – Ausbeutung – Ausschwitz. Eine Geschichte des I.G.-Farben-Prozesses*, Göttingen 2020.

Gabriele Lofti, *KZ der Gestapo. Arbeitserziehungslager im Dritten Reich*, Stuttgart/München 2000.

Andrea Lorz, »*Die vergessene Aufarbeitung: 60 Jahre Leipziger Prozesse um die nationalsozialistischen Verbrechen in den HASAG-Werken in Skarżysko-Kamienna und Czestochowa*«, https://calendar.boell.de [letzter Zugriff 4.2.2022].

Rudolf Lusar, *Die deutschen Waffen und Geheimwaffen des 2. Weltkrieges und ihre Weiterentwicklung*, 1956.

Helmut Maier (Hg.), *Rüstungsforschung im Nationalsozialismus. Organisation, Mobilisierung und Entgrenzung der Technikwissenschaften* (Geschichte der Kaiser-Wilhelm-Gesellschaft im Nationalsozialismus, Bd. 3), Göttingen 2002.

Major A.R.F. Martin, *Development of the German Panzerfaust and other hollow charge weapons*, BIOS report, No. 99, 23.8.1945.

Major A.R.F. Martin, Capt. S.A.B. Hitchins, *Development of Panzerfaust*, BIOS report, No. 100, September 1945.

Manfred Maul-Ilg, *Erster Weltkrieg und Weimarer Republik (1914–1933)*, in: Stadt Oberndorf a. N. (Hg.), Geschichte der Stadt Oberndorf a. N., Bd. 2, Oberndorf a. N. 2006, S. 54–95.

Herbert Mehrtens, *Kollaborationsverhältnisse. Natur- und Technikwissenschaften im NS-Staat und ihre Historie*, in: Christoph Meinel/Peter Voswinckel (Hrsg.), Medizin, Naturwissenschaft, Technik und Nationalsozialismus. Kontinuitäten und Diskontinuitäten, Stuttgart 1994, S. 13–32.

Nora Michalski, *Amerikanische Besetzung*, in: Ulrich von Hehl (Hg.), Geschichte der Stadt Leipzig. Vom Ersten Weltkrieg bis zur Gegenwart, Leipzig 2019.

Militärgeschichtliches Forschungsamt (Hg.), *Das Deutsche Reich und der Zweite Weltkrieg*, Stuttgart 1988, Bd. 5.2.

Gerhard Mollin, *Montankonzerne und »Drittes Reich«. Der Gegensatz zwischen Monopolindustrie und Befehlswirtschaft in der deutschen Rüstung und Expansion 1936–1944*, Göttingen 1988.

Hans Peter Müller, *Oberndorf im Königreich Württemberg und im Deutschen Kaiserreich*, in: Stadt Oberndorf a. N. (Hg.), Geschichte der Stadt Oberndorf a. N., Bd. 2, Oberndorf a. N. 2006, S. 12–53.

Rolf-Dieter Müller, *Der Feind steht im Osten. Hitlers geheime Pläne für einen Krieg gegen die Sowjetunion im Jahre 1939*, Berlin 2011.

Dr. [Georg] Mumme, *Vom Sinn und Wesen der Gemeinschaftsschulung*, in: Unsere Hasag. Werkzeitung der Betriebsgemeinschaft der Hugo Schneider Aktiengesellschaft, 1. Jg., 1 (Oktober 1937).

Daniel D. Musgrave/Thomas B. Nelson, *The world's assault rifles and automatic carbines*, Bd. 2, Alexandria (Va.) 1967.

Günter Nagel, *Himmlers Waffenforscher. Physiker, Chemiker, Mathematiker und Techniker im Dienste der SS*, Aachen 2011.

Günter Nagel, *Wissenschaft für den Krieg. Die geheimen Arbeiten der Abteilung Forschung des Heereswaffenamtes*, Stuttgart 2012.

Herbert Naumann, Das KZ-Außenlager Taucha, Taucha 2018, https://www.herbert-naumann.de [letzter Zugriff 4.12.2022].

Franz Neumann, *Behemoth. The structure and practice of national socialism 1933–1944*, London 1944 (dt. 1977).

Lutz Niethammer, *Ihre Gräber schmücken keine Kränze*, in: Schwarzwälder Bote, 31.10.1962.

Oberndorf [Thüringen], https://www.aussenlager-buchenwald.de/details.html?camp=120 [letzter Zugriff 22.9.2023].

Stadt Oberndorf a. N. (Hg.), *Geschichte der Stadt Oberndorf a. N., Bd. 1 – Von der Frühzeit bis zum Übergang an Württemberg*, Oberndorf a. N. 1982.

Dies. (Hg.), *Geschichte der Stadt Oberndorf a. N., Bd. 2 – Vom Übergang an Württemberg bis heute*, Oberndorf a. N. 2006.

Ludwig Olson, Mauser Rifles, Fairfax (Va.) 2005.

Achim H. Oster, in: Munzinger Online/Personen, Internationales Biographisches Archiv, https://www.munzinger.de/search/portrait/Achim+H+Oster/0/11662.html [letzter Zugriff 15.10.2023].

Dietmar [Dieter] Petzina, *Die Mobilisierung deutscher Arbeitskräfte vor und während des Zweiten Weltkrieges*, in: Vierteljahrshefte für Zeitgeschichte 18 (1970), S. 442–455.

Ders., *Autarkiepolitik im Dritten Reich. Der nationalsozialistische Vierjahresplan*, Stuttgart 1968.

Falk Pingel, *Die KZ-Häftlinge zwischen Vernichtung und NS-Arbeitseinsatz*, in: Wolfgang Michalka im Auftrag des Militärgeschichtlichen Forschungsamtes (Hg.), Der Zweite Weltkrieg. Analysen – Grundzüge – Forschungsbilanz, ND Weyarn 1997 (OA München 1989), S. 784–797.

Regina Plasswilm, *Grenzen des Erzählbaren, Erinnerungsdiskurse von NS-Zwangsarbeiterinnen und Zwangsarbeitern in Ost- und Westeuropa*, Essen 2011.

Gottfried Plumpe, *Die I.G. Farbenindustrie AG. Wirtschaft, Technik, Politik 1904–1945*, Berlin 1990.

Hans Pohl, *Quandt, Günther*, in: Neue Deutsche Biographie, Bd. 21 (2003), S. 34–35, http://www.deutsche-biographie.de/pnd124997821.html [letzter Zugriff 25.9.2023].

Manfred Pohl/Andrea H. Schneider, *VIAG Aktiengesellschaft 1923–1998, Vom Staatsunternehmen zum internationalen Konzern*, München 1998.

Albert Presas i Puig, *Deutsche Wissenschaftler in Spanien*, in: Rüdiger Vom Bruch/Uta Gerhardt/Aleksandra Paliczek (Hrsg.), Kontinuitäten und Diskontinuitäten in der Wissenschaftsgeschichte des 20. Jahrhunderts, Stuttgart 2006, S. 153–166.

Klaus D. Rack/Monica Kingreen/Dirk Richhardt, *Fern der Heimat unter Zwang – Der Einsatz »fremdländischer Arbeitskräfte« während des Zweiten Weltkrieges in der Wetterau*, Butzbach 2004.

Jürgen Roth, *Die illegalen deutschen Waffengeschäfte und ihre internationalen Verflechtungen*, Frankfurt a. M. 1988.

Gordon L. Rottman, *Panzerfaust and Panzerschreck*, Oxford 2014.

Erika Rowald, *Die deutsche Rauchwarenveredlung eine Lohnindustrie*, Inauguraldissertation, Leipzig, ohne Datum [ca. 1930/31].

Magdalena Sacha, *Polinnen und polnische Jüdinnen im Außenlager Hasag-Leipzig: Zusammen aber getrennt*, in: Sabine Moller u. a. (Hrsg.), Abgeschlossene Kapitel? Zur Geschichte der Konzentrationslager und der NS-Prozesse, Tübingen 2002, S. 69–87.

Annette Schäfer, *Zwangsarbeiter und NS-Rassenpolitik. Russische und polnische Arbeitskräfte in Württemberg 1939–1945*, Stuttgart 2000, Diss. FU Berlin 1997.

Tim Schanetzky, Jubiläen und Skandale, in: Norbert Frei/Tim Schanetzky (Hrsg.), Unternehmen im Nationalsozialismus – Zur Historisierung einer Forschungskonjunktur, Göttingen 2010.

Martin Schellenberg, *Die »Schnellaktion Panzerfaust". Häftlinge in den Außenlagern des KZ Buchenwald bei der Leipziger Rüstungsfirma Hasag*, in: Dachauer Hefte 21 (2005), S. 237–272.

Jonas Scherner, *Die Logik der Industriepolitik im Dritten Reich. Die Investitionen in die Autarkie- und Rüstungsindustrie und ihre staatliche Förderung*, Stuttgart 2008.

Willi Schickling, *75 Jahre Industrie-Werke Karlsruhe Aktiengesellschaft*, Karlsruhe ca. 1964.

Martin Schiller, *Bread, Butter and Sugar: A Boy's Journey Through the Holocaust and Postwar Europe*, Lanham 2007.

Dorothea Schmidt, *Denn sie wissen, was sie tun. Das Geschäft mit Kleinwaffen*, in: Prokla 143 (2006), S. 185–202.
Dies., *Kleinwaffen in »alten« und »neuen« Kriegen*, in: Prokla 127 (2002), S. 271–295.
Michael C. Schneider, *Der Fall Hugo Schneider AG (Hasag)*, in: Johannes Bähr (Hg.): Die Dresdner Bank in der Wirtschaft des Dritten Reiches, München 2006, S. 371–382.
Joachim Scholtyseck, *Der Aufstieg der Quandts. Eine deutsche Unternehmerdynastie*, München 2011.
Sebastian Schönemann, *Das Frauen-Außenlager »HASAG-Leipzig« in Leipzig-Schönefeld: Neue Forschungen zur Geschichte und zum Ort des Lagers*, in: Medaon – Magazin für jüdisches Leben in Forschung und Bildung, 8 (2014), 15, S. 1–5.
Carsten Schreiber, *Elite im Verborgenen. Ideologie und regionale Herrschaftspraxis des Sicherheitsdienstes der SS und seines Netzwerks am Beispiel Sachsens*, München 2008.
Ders., *»Eine verschworene Gemeinschaft«. Regionale Verfolgungsnetzwerke des SD in Sachsen*, in: Michael Wild (Hg.): Nachrichtendienste, politische Elite und Mordeinheit. Der Sicherheitsdienst des Reichsführers SS, Hamburg 2003.
Frank Schulz, *Demontagen in Leipzig – »geeignet, den Lebensnerv der Stadt abzutöten«?*, in: Rainer Karlsch/Jochen Laufer (Hrsg.): Sowjetische Demontagen in Deutschland 1944–1949. Hintergründe, Ziele und Wirkungen, Berlin 2002, S. 403–446.
Ulrike Schulz, *Simson. Vom unwahrscheinlichen Überleben eines Unternehmens 1856–1993*, Göttingen 2013.
Werner Schulz, *Tritt Spanien dem Atlantikpakt bei? Zusammenarbeit mit Deutschland*, in: Frankfurter Allgemeine Zeitung, 14.1.1956, S. 2.
[Schützengesellschaft 1558 e.V. Oberndorf/Neckar], *Die geschichtlichen Bausteine der Oberndorfer Sportschützen …*, https://www.schuetzengesellschaft-oberndorf.de/unser-verein/historie-chronik.html [letzter Zugriff 5.8.2023].
Heribert Schwan, *Die Frau an seiner Seite: Leben und Leiden der Hannelore Kohl*, Berlin 2011.
Wolfgang Seel, *Mauser, Paul v.*, in: Neue Deutsche Biographie, Bd. 16, Berlin 1990, S. 448 f.
Ders., *Mauser. Von der Waffenschmiede zum Weltunternehmen*, Dietikon-Zürich 1986.
Gerhard Seibold, *Röchling. Kontinuität im Wandel*, Stuttgart 2001.
Carlos Collado Seidel, *Die deutsche-spanischen Beziehungen in der Nachkriegszeit: Das Projekt deutscher Militärstützpunkte in Spanien 1960*, Saarbrücken 1991.
Irmgard Seidel, *Altenburg (Frauen)*, in: Wolfgang Benz/Barbara Distel (Hrsg.), Der Ort des Terrors. Geschichte der nationalsozialistischen Konzentrationslager, Bd. 3, München 2006, S. 363 f.
Dies., *Leipzig-Schönefeld (Frauen)*, in: Wolfgang Benz/Barbara Distel (Hrsg.), Der Ort des Terrors. Geschichte der nationalsozialistischen Konzentrationslager, Bd. 3, München 2006, S. 495–500.
Dies., *Taucha (Frauen)*, in: Wolfgang Benz/Barbara Distel: (Hrsg.), Der Ort des Terrors, Geschichte der nationalsozialistischen Konzentrationslager, Bd. 3, München 2006, S. 582–585.
Dies., *Der Einsatz von KZ-Häftlingen in den Werken der Hasag 1944/45*, in: UFZ Umweltforschungszentrum Leipzig-Halle GmbH (Hg.), Leipzig Permoserstraße. Zur Geschichte eines Industrie- und Wissenschaftsstandorts, Leipzig 2001, S. 84–96.
Robert Seidel, *Deutsche Besatzungspolitik in Polen 1939–1945. Der Distrikt Radom 1939–1945*, Paderborn 2006.
Ferdinand Siebert, *Der deutsch-italienische Stahlpakt. Entstehung und Bedeutung des Vertrages vom 22. Mai 1939*, Vierteljahrshefte für Zeitgeschichte 4 (1959), S. 356–395.
Stadt Spaichingen (Hg.), *Spaichinger Stadtchronik. Beiträge zur Geschichte der Stadt unter dem Dreifaltigkeitsberg*, Spaichingen 1990.

Mark Spoerer, *Zwangsarbeit unter dem Hakenkreuz. Ausländische Zivilarbeiter, Kriegsgefangene und Häftlinge im Deutschen Reich und im besetzten Europa 1939–1945*, Stuttgart 2001.
Vincent Steinkohl, *Die unrühmliche Vergangenheit der deutschen Rüstungsindustrie*, in: Jüdische Rundschau, 6.6.2022.
Blake Stevens, *Full Circle. A Treatise on Roller Locking*, o.O. [Collector Grade Publications], 2006.
Stiftung für Sozialgeschichte des 20. Jahrhunderts (Hg.), *Das Daimler-Benz-Buch – ein Rüstungskonzern im »Tausendjährigen Reich«*, Nördlingen 1987.
Mordechai Strigler, *In den Fabriken des Todes Ein früher Zeitzeugenbericht vom Arbeitslager Skarżysko-Kamienna* (Verloschene Lichter II), hg. von Frank Beer, aus dem Jidd. übers. von Sigrid Beisel, Springe 2017.
Ders., *Werk C. Ein Zeitzeugenbericht aus den Fabriken des Todes* (Verloschene Lichter III), hg. von Frank Beer, aus dem Jidd. übers. von Sigrid Beisel, Springe 2019.
Sturmgewehre, https://www.lexikon-der-wehrmacht.de/Waffen/sturmgewehre.htm [letzter Zugriff 15.10.2023].
Rüdiger Stutz, *Die Wilhelm-Gustloff-Stiftung in Weimar. Antijüdischer Gemeinschaftsmythos, Aufrüstung und Zwangsarbeit*, in: Bill Niven (Hg.), Die Wilhelm Gustloff. Geschichte und Erinnerung eines Untergangs, Halle/Saale 2011, S. 143–170.

Sebastian Teupe, *Zeit des Geldes. Die deutsche Inflation zwischen 1914 und 1923*, Frankfurt a. M./NewYork 2002.
Jochen Thies/Kurt von Daak, *Südwestdeutschland Stunde Null. Die Geschichte der französischen Besatzungszone 1945–1958*, Düsseldorf 1979.
Christa Tholander, *Fremdarbeiter 1939–1945. Ausländische Arbeitskräfte in der Zeppelinstadt Friedrichshafen*, Essen 2001.
Todesanzeige Edmund Heckler, Frankfurter Allgemeine Zeitung, 5.7.1960, S. 9.
Adam Tooze, *Ökonomie der Zerstörung. Die Geschichte der Wirtschaft im Nationalsozialismus*, München 2006.
Wilhelm Treue, Dokumentation: *Hitlers Denkschrift zum Vierjahresplan 1936*. Vierteljahrshefte für Zeitgeschichte 2 (1955), S. 184–210.

Universität des Saarlandes, *Entscheidung des Senats der Universität über Ehrenwürden von Dr. Max Obé und Dr. h.c. Ernst Röchling*, Presse-Information, Nr. 144, 20.7.2022, www.uni-saarland.de/aktuell/ehrensenator-ehrenbuerger-obe-roechling-25419.html [letzter Zugriff 19.5.2023].
Unsere Hasag. Werkzeitung der Betriebsgemeinschaft der Hugo Schneider Aktiengesellschaft, Leipzig 1937–1944.

Vergessener Rüstungsgigant – die Leipziger HASAG, Fernsehsendung des MDR, 23.3.2021.
Mario Wenzel, *Zwangsarbeitslager für Juden in den besetzten polnischen und sowjetischen Gebieten*, in: Wolfgang Benz/Barbara Distel (Hrsg.): Der Ort des Terrors. Geschichte der nationalsozialistischen Konzentrationslager, Bd. 9, München 2009, S. 125–154.
Jörg Widmann, *Die Mauser-Werke*, in: Stadt Oberndorf a. N. (Hg.), Geschichte der Stadt Oberndorf a. N., Bd. 2, Oberndorf a. N. 2006, S. 445–458.
Mary-Kay Wilmers, *The Eitingons – A Twentieth-Century-Story*, London 2010.
Martin Clemens Winter, *Das* HASAG *Puzzle. Forschungsblog zur nationalsozialistischen Unternehmenskultur, Zwangsarbeit und Judenmord*, https://hasagpuzzle.hypotheses.org/ [letzter Zugriff 5.11.2022].
Ders., *Die* HASAG *im Generalgouvernement: ein firmeneigenes Lagersystem inmitten des Holo-*

caust, in: Anne Friebel/Josephine Ulbricht (Hrsg.), Zwangsarbeit beim Rüstungskonzern HASAG. Der Werksstandort Leipzig im Nationalsozialismus und seine Nachgeschichte, Leipzig 2023, S. 27–46.

Ders., *Die internationale Ahndung von NS-Verbrechen beim Rüstungskonzern HASAG 1945–1995*, in: Anne Friebel/Josephine Ulbricht (Hrsg.): Zwangsarbeit beim Rüstungskonzern HASAG. Der Werksstandort Leipzig im Nationalsozialismus und seine Nachgeschichte, Leipzig 2023, S. 103–124.

Ders., *Nicht nur irgendein Klinkerbau: Die HASAG in Taucha (III)*, in: Kreuzer. Leipziger Stadtmagazin 5 (2022).

Ders., *Egon Dalski: Leipziger Ratsherr, HASAG-Direktor und international gesuchter Kriegsverbrecher*, in: Das HASAG-Puzzle. Forschungsblog zur nationalsozialistischen Unternehmenskultur, Zwangsarbeit und Judenmord, 23.6.2022, https://hasagpuzzle.hypotheses.org/1726 [letzter Zugriff 6.7.2022].

Ders., *Der Leipziger »Kamienna-Prozess« im Westdeutschen Rundfunk (I)*, in: Das HASAG Puzzle. Forschungsblog zur nationalsozialistischen Unternehmenskultur, Zwangsarbeit und Judenmord, 4.5.2021, https://hasagpuzzle.hypotheses.org/64, Eintrag 4.5.2021 [letzter Zugriff 5.11.2022].

Ders., *Antisemitismus – »Arisierung« – Abriss? Die HASAG in Taucha*, in: Newsletter der Gedenkstätte für Zwangsarbeit in Leipzig, Nr. 10 (2021), S. 31–34.

Ders., *Estera Epstein, Überlebende der HASAG: Juristin – Zeugin – Erinnerungsakteurin*, in: Newsletter der Gedenkstätte für Zwangsarbeit in Leipzig, Nr. 9 (2020), S. 23–26.

Hellmut Wolf, *Die wirtschaftliche Entwicklung der Stadt Oberndorf a. N. mit besonderer Berücksichtigung der Mauserwerke und des Schwarzwälder Boten*, Diss. Tübingen 1933.

Holger Worm, *Die Hugo Schneider A-G Leipzig. Kurzübersicht ihrer Entwicklungsgeschichte und Produkte*, Fockendorf 2007, PDF, https://www.wachauer-petromax.at/hasag_info.htm [letzter Zugriff 15.8.202].

Dieter Ziegler, *Der Ordnungsrahmen*, in: Johannes Bähr (Hg.): Die Dresdner Bank in der Wirtschaft des Dritten Reiches, S. 43–74.

Ders., *Die Verdrängung der Juden aus der Dresdner Bank 1933–1938*, in: Vierteljahrshefte für Zeitgeschichte 2 (1999), S. 187–215.

Heidi Zogbaum, *Diesen Schuss der ganzen Welt. Der Aufstieg der Waffenfabrik Mauser und die kaiserliche Weltpolitik bis 1914*, Darmstadt 2022.

Bildnachweis

BPK Bildagentur
Abb. 44 (BildNr: 70664346; Fotograf Willy van Heekern), 47 (BildNr: 30008761), 50 (BildNr: 50135402),

Bundesarchiv Bilddatenbank
Abb. 60 (BildNr. DP1 Bild-88-09)

Bundesarchiv Berlin
Abb. 31 (R 4606/4902 Mauser-Werke AG)

Deutsche Nationalbibliothek Leipzig
Abb. 42 (2000 B 5090), 45 (1.1937 – 7.1944,1, ZA 24773.), 53 (1.1937 – 7.1944,1, ZA 24773.), 61 (2000 B 5090),

Gedenkstätte für Zwangsarbeit Leipzig
Titelbild des Gesamtabschnitts, Abb. 46, 49, 55 (Fotograf Maria Caroli)

Heckler & Koch GmbH
Abb. 34, 37, 38, 69, 70, 71, 79, 80, 81, 83, 85, 86, 88, 89, 90, 92

Landesamt für Geoinformation und Landentwicklung Baden-Württemberg (www.lgl-bw.de)
Abb. 24 (Bearbeitet von ARCHÄO Rottenburg, K. Sieber-Seitz)

Landesarchiv Baden-Württemberg
Abb. 72 (LA BaWü – StA Sig], Wü 13 T 2, Nr. 1782/042), 73 (StA Sig, Wü 13 T 2, Nr. 1819/054.)

Privatsammlung Klaus Laufer
Abb. 20, 76

Privatsammlung Marc Roth
Abb. 78, 84, 87, 91

Sächsisches Staatsarchiv Leipzig
Abb. 43 (21006, 1406/2), 48 (21006, ADCA-984), 51 (21006, ADCA1042), 56 (20626, Nr. 2272, Bl. 53.), 59 (21018, 457)

Stadtarchiv Oberndorf a. N. (Bildbestand)
Abb. 1, 2, 3, 4, 5, 6, 7, 8, 9, 10, 11, 12, 13, 14, 15, 16, 17, 18, 19, 21, 22, 23, 25, 26, 27, 28, 29, 30, 32, 33, 35, 36, 39, 40, 41, 62, 63, 64, 65, 66, 68, 75, 77

Stadtarchiv Oberndorf a. N.
67 (StadtA Obn, BO, O8, AF 586), 74 (StadtA ObN, BO, 08, AF 616), 82 (StadtA ObN, BO, O8, AF 3344)

SZ Photos
Abb. 52 (BildNr. 02970751), 54 (BildNr. 00382821), 57 (BildNr. 02909458)

Ullstein Bild
Abb. 58 (BildNr. 00373267)

Register